Die Käuferrechtsbehelfe des UN-Kaufrechts im Vergleich
zu denen des neuen internen deutschen Handelskaufrechts
aus Sicht eines deutschen Warenexporteurs

Beiträge zum UN-Kaufrecht

Herausgegeben von Ulrich Magnus

Band 3

PETER LANG
Frankfurt am Main · Berlin · Bern · Bruxelles · New York · Oxford · Wien

Urs Verweyen

Die Käuferrechtsbehelfe des UN-Kaufrechts im Vergleich zu denen des neuen internen deutschen Handelskaufrechts aus Sicht eines deutschen Warenexporteurs

PETER LANG
Europäischer Verlag der Wissenschaften

Bibliografische Information Der Deutschen Bibliothek
Die Deutsche Bibliothek verzeichnet diese Publikation in der Deutschen Nationalbibliografie; detaillierte bibliografische Daten sind im Internet über <http://dnb.ddb.de> abrufbar.

Zugl.: Hamburg, Univ., Diss., 2005

D 18
ISSN 1613-995X
ISBN 3-631-54465-0

www.peterlang.de

Vorwort

Die vorliegende Untersuchung analysiert die Käuferrechtsbehelfe des UN-Kaufrechts auf praktisch relevante Vor- und Nachteile im Vergleich zu den Käuferrechtsbehelfen des zum 1. Januar 2002 in Kraft getretenen, umfassend reformierten deutschen Handelskaufrechts aus Sicht eines deutschen Warenexporteurs. Anlass hierfür bietet neben den (vielfach am UN-Kaufrecht orientierten) Änderungen im internen deutschen Recht die beständige Bedeutungszunahme des grenzüberschreitenden Handels und damit des UN-Kaufrechts als einem der erfolgreichsten internationalen Rechtsvereinheitlichungsprojekte.

Die Arbeit lag im Frühsommer 2004 dem Fachbereich Rechtswissenschaft der Universität Hamburg als Dissertation zur Erlangung des Doktorgrades vor. Mit Ausnahme der Einarbeitung einiger Anregungen meiner Gutachter habe ich auf Änderungen nach diesem Zeitpunkt verzichtet; insbesondere war es mir nicht möglich, jüngere Rechtsprechung und Aufsätze zum 'neuen Schuldrecht' nachzutragen.

Mein besonderer Dank gilt Prof. Dr. Ulrich Magnus, der – bei aller Freiheit die mir gegeben war – die Arbeit fürsorglich betreute und sie in diese Reihe aufnahm. Mein Dank gilt zudem Prof. Dr. Peter Behrens für die Erstellung des Zweitgutachtens und seine überzeugende Kritik an einzelnen meiner Thesen, Prof. Dr. Michael Joachim Bonell für vielerlei Anregungen und spannende Einblicke in die Prozesse der Rechtsvereinheitlichung während meines Aufenthaltes bei UNIDROIT in Rom im Sommer 2003 sowie Bettina Maxion für ihre großartige Unterstützung in der UNIDROIT-Bibliothek. Darüber hinaus gilt mein Dank Rechtsanwalt Viktor Foerster für erste Kontakte mit der Materie, meinem Vater für das überaus gründliche Korrekturlesen sowie McKinsey & Company für die großzügige Freistellung und die teilweise Übernahme der Druckkosten. Schließlich danke ich all jenen, die mich mit Kost & Logis, Ermunterung, Ablenkung etc. bei der Erstellung dieser Arbeit unterstützt haben: meiner Mutter, Petra, Linda, Franca und Andreas Verweyen, Johannes Verweyen, Oliver "Zeigermann" Zeigermann, Felix Gaul, Jan Henning Martens, Irene Maria Papa, Ralph Mercedat, Biggi, Charlotte und Maik Hirschfelda/Söhler sowie Tanja Sieg.

Die Arbeit ist meinen Eltern und dem Andenken an meine 'Oma' Maria Wilmes gewidmet.

Berlin, Juni 2005, *Urs Verweyen*

Inhalt

Abkürzungsverzeichnis

A.	Auflage
a. A.	andere Ansicht
a. a. O.	am angegebenen Ort
a. E.	am Ende
a. F.	alte Fassung
Abs.	Absatz
AcP	Archiv für die civilistische Praxis (Zeitschrift)
AG	Amtsgericht
AGB	Allgemeine Geschäftsbedingungen
AGBG	Gesetz zur Regelung des Rechts der Allgemeinen Geschäftsbedingungen
ähnl.	ähnlich
Akt.	Aktualisierungsband
allg.	allgemein
allg. A.	allgemeine Ansicht
Anm.	Anmerkung
Art.	Artikel (Einzahl und Mehrzahl)
AT	Allgemeiner Teil
AwPrax	Außenwirtschaftliche Praxis (Zeitschrift)
BB	Betriebsberater (Zeitschrift)
Bd.	Band
Begr.	Begründung, Begründer
Beschl.	Beschluss
Beschlussempf.	Beschlussempfehlung
BG	Bundesgericht (Schweiz)
BGB	Bürgerliches Gesetzbuch
BGBl. I	Bundesgesetzblatt Teil I
BGBl. II	Bundesgesetzblatt Teil II
BGH	Bundesgerichtshof
BGHZ	Entscheidungen des Bundesgerichtshofs in Zivilsachen
BMJ	Bundesministerium der Justiz
BR	Bundesrat
BRD	Bundesrepublik Deutschland
bspw.	beispielsweise
BT	Besonderer Teil
BT-Drucks.	Bundestagsdrucksache
Buchst.	Buchstabe
bzgl.	bezüglich
bzw.	beziehungsweise
c. i. c.	culpa in contrahendo, Verschulden bei Vertragsschluss

CISG-Vertrags-gesetz, CISG-VertragsG	Gesetz zu dem Übereinkommen der Vereinten Nationen vom 11. April 1980 über Verträge über den internationalen Warenkauf sowie zur Änderung des Gesetzes zum dem Übereinkommen vom 19. Mai 1965 über den Beförderungsvertrag im internationalen Straßengüterverkehr (CMR) vom 5. Juli 1989
CLOUT	Case Law on UNCITRAL Texts
Conf.	Conference
d. h.	das heißt
DAJV	Deutsch-Amerikanische Juristen-Vereinigung
DB	Der Betrieb (Zeitschrift)
DDR	Deutsche Demokratische Republik
ders.	derselbe
dgl.	dergleichen
dies.	dieselbe
diesbzgl.	diesbezüglich
DIHK	Deutscher Industrie und Handelskammertag
dogm.	dogmatisch
DStR	Deutsches Steuerrecht (Zeitschrift)
dt.	deutsch
E. D.	Eastern District
Ed.	Edition, Editor, Editors
EG	Europäische Gemeinschaft
EGBGB	Einführungsgesetz zum Bürgerlichen Gesetzbuch
Einf.	Einführung
engl.	englisch
einh.	einheitlich
Einl.	Einleitung
EKG	(Haager) Einheitliches Gesetz über den internationalen Kauf beweglicher Sachen
Erg.	Ergänzung, Ergänzungsband, Ergänzungslieferung
EU	Europäische Union
EuGH	Europäischer Gerichtshof
EuGVO	Verordnung (EG) Nr. 44/2001 des Rates vom 22.12.2000 über die gerichtliche Zuständigkeit und die Anerkennung und Vollstreckung von Entscheidungen in Zivil- und Handelssachen
EuGVÜ	Brüsseler EWG-Übereinkommen über die gerichtliche Zuständigkeit und die Vollstreckung gerichtlicher Entscheidungen in Zivil- und Handelssachen vom 27.9.1968 in der Fassung vom 25.10.1982
europ.	europäisch

evt.	eventuell
EWiR	Entscheidungen zum Wirtschaftrecht
f.	folgende (Einzahl)
FAZ	Frankfurter Allgemeine Zeitung
ff.	folgende (Mehrzahl)
Fn.	Fußnote
FS	Festschrift
gem.	gemäß
GG	Grundgesetz für die Bundesrepublik Deutschland
ggf.	gegebenenfalls
gegenüber	gegenüber
grdstzl.	grundsätzlich
GPO	Geschäftsprozessoptimierung
h. M.	herrschende Meinung
Haager EAG	Einheitliches Gesetz über den Abschluss von internationalen Kaufverträgen über bewegliche Sachen
Haager EKG	Einheitliches Gesetz über den internationalen Kauf beweglicher Sachen
HGB	Handelsgesetzbuch
hins.	hinsichtlich
Hrsg.	Herausgeber
HS	Halbsatz
i. a. R.	in aller Regel
i. d.	in der, in dem
i. d. F.	in der Fassung
i. d. R.	in der Regel
i. E.	im Ergebnis
i. e. S.	im engeren Sinne
i. H. d.	in Höhe des
i. H. v.	in Höhe von
i. S. d.	im Sinne des
i. S. e.	im Sinne eines
i. S. v.	im Sinne von
i. Ü.	im Übrigen
i. V. m.	in Verbindung mit
i. Vgl.	im Vergleich
i. w. S.	im weiteren Sinne
ICC	International Chamber of Commerce
IHR	Internationales Handelsrecht (Zeitschrift)
insb.	insbesondere
InsO	Insolvenzordnung
int.	international

Intro.	Introduction
IPR	Internationales Privatrecht
IPRax	Praxis des Internationalen Privat- und Verfahrensrechts (Zeitschrift)
iw-trends	Vierteljahrsschrift zur empirischen Wirtschaftsforschung des Instituts der deutschen Wirtschaft Köln
Jb.j.ZivRWiss	Jahrbuch junger Zivilrechtswissenschaftler
JBl	Juristische Blätter (Österreich)
jur.	juristisch
JURA	Juristische Ausbildung (Zeitschrift)
JuS	Juristische Schulung (Zeitschrift)
JZ	Juristenzeitung
Kap.	Kapitel
KG	Kammergericht
LG	Landgericht
LM	Lindenmaier-Möhring: Nachschlagewerk des Bundesgerichtshofs
Luganer Ü.	Luganer (Parallel-) Übereinkommen vom 16.9.1988 über die gerichtliche Zuständigkeit und die Anerkennung und Vollstreckung von Entscheidungen in Zivil- und Handelssachen
m. E.	meines Erachtens
m. N.	mit Nachweisen
m. w. N	mit weiteren Nachweisen
Mio.	Millionen
MDR	Monatsschrift für deutsches Recht (Zeitschrift)
mglw.	möglicherweise
Mrd.	Milliarden
n. F.	neue Fassung
NJW	Neue Juristische Wochenschrift
NJW-RR	Neue Juristische Wochenschrift Rechtsprechungsreport
NL	Newsletter
Nr.	Nummer
NY	New York
o. w.	ohne weiteres
OGH	Oberster Gerichtshof (Österreich)
OLG	Oberlandesgericht
ÖJZ	Österreichische Juristenzeitung
öst.	Österreichisch
PC	Personalcomputer
PECL	Principles of European Contract Law

RabelsZ	Rabels Zeitschrift für ausländisches und internationales Privatrecht
RegE	Regierungsentwurf
RG	Reichsgericht
RGZ	Entscheidungen des Reichsgerichts in Zivilsachen
RIW	Recht der Internationalen Wirtschaft (Zeitschrift)
Rn.	Randnummer
Rspr.	Rechtsprechung
RÜ	Rechtsprechungsübersicht
Rz.	Randzeichen
S.	Seite
SchuldR	Schuldrecht
Schuldrechtsmod.	Schuldrechtsmodernisierung
Schuldrechtsref.	Schuldrechtsreform
schweiz.	schweizerisch
SJZ	Schweizerische Juristen-Zeitung
sog.	sogenannte
str.	strittig
SZIER	Schweizerische Zeitschrift für Internationales und Europäisches Recht
teilw.	teilweise
Thüring.	Thüringisches
u. a.	unter anderem
u. U.	unter Umständen
U. v.	Urteil vom
UCC	Uniform Commercial Code (USA)
UCP	UNIDROIT Principles of International Commercial Contracts
ULR	Uniform Law Review (Zeitschrift)
UN	United Nations
UNCITRAL	United Nations Commission on Internationale Trade Law
Univ.	Universität, University
UN-Kaufrecht	Übereinkommen der Vereinten Nationen vom 11. April 1980 über Verträge über den internationalen Warenkauf
UNO	United Nations Organization (Vereinte Nationen)
unterschiedl.	unterschiedlich
usf.	und so fort
usw.	und so weiter
v.	von
v.	versus (englisch)
v. a.	vor allem

veröff.	veröffentlicht
vertragl.	vertraglich
VersR	Versicherungsrecht (Zeitschrift)
vgl.	vergleiche
vglw.	vergleichsweise
Vorbem.	Vorbemerkung
WM	Wertpapiermitteilungen (Zeitschrift)
z.	zur, zum
z. B.	zum Beispiel
ZEuP	Zeitschrift für europäisches Privatrecht
ZfS	Zeitschrift für Schadensrecht
ZGS	Zeitschrift für das gesamte Schuldrecht
ZHR	Zeitschrift für das gesamte Handelsrecht und Wirtschaftrecht
Ziff.	Ziffer
ZIP	Zeitschrift für Wirtschaftsrecht und Insolvenzpraxis
ZPO	Zivilprozessordnung
ZRP	Zeitschrift für Rechtspolitik
ZVglRWiss	Zeitschrift für vergleichende Rechtswissenschaft
zw.	zwischen

Im Übrigen entsprechen die Abkürzungen dem Abkürzungsverzeichnis der Rechtssprache von Hildebert Kirchner, 4. Auflage, Berlin u. a. 1993

Literaturverzeichnis

Achilles, Wilhelm-Albrecht: Kommentar zum UN-Kaufrechtsübereinkommen (CISG), Neuwied u. a. 2000

Ackermann, Thomas: Die Nacherfüllungspflicht des Stückverkäufers, JZ 2002, S. 378 ff.

Ady, Johannes: Schadensersatz statt der Leistung bei Vermögens- und Nichtvermögensschäden, ZGS 2003, S. 13 ff.

Altmeppen, Holger: Schadensersatz wegen Pflichtverletzung – Ein Beispiel für die Überhastung der Schuldrechtsreform, DB 2001, S. 1131 ff.

Altmeppen, Holger: Untaugliche Regeln zum Vertrauensschaden und Erfüllungsinteresse im Schuldrechtsmodernisierungsentwurf, DB 2001, S. 1399 ff.

Altmeppen, Holger: Nochmals: Schadensersatz wegen Pflichtverletzung, anfängliche Unmöglichkeit und Aufwendungsersatz im Entwurf des Schuldrechtsmodernisierungsgesetzes, DB 2001, S. 1821 ff.

Anwaltkommentar (Hrsg. Dauner-Lieb, Barbara/Heidel, Thomas/Lepa, Manfred/ Ring, Gerhard): Schuldrecht, Bonn 2002

Arnold, Arnd: Das neue Recht der Rücktrittsfolgen, JURA 2002, S. 154 ff.

Arnold, Arnd: Die vorübergehende Unmöglichkeit nach der Schuldrechtsreform, JZ 2002, S. 866 ff.

Arnold, Arnd: Rücktritt und Schadensersatz, ZGS 2003, S. 427 ff.

Arnold, Arnd/Dötsch, Wolfgang: Ersatz von "Mangelfolgeaufwendungen", BB 2003, S. 2250 ff.

Auktor, Christian: Die Verjährung der Gewährleistungsrechte bei mangelhafter Nacherfüllung nach § 439 BGB, NJW 2003, S. 120 ff.

Bamberger, Heinz Georg/Roth, Herbert (Hrsg.): Kommentar zum Bürgerlichen Gesetzbuch, Band 1, §§ 1 - 610, München 2003

Basedow, Jürgen: Grundlagen des europäischen Privatrechts, JuS 2004, S. 89 ff.

Basedow, Jürgen: Worldwide Harmonization of Private Law and Regional Economic Integration – General Report, ULR 2003, S. 31 ff.

Baumbach, Adolf (Begr.)/Hopt, Klaus J. (Hrsg.): Handelsgesetzbuch, 31. A., München 2003

Benicke, Christoph: Zur Vertragsaushebung nach UN-Kaufrecht bei Lieferung mangelhafter Ware, IPrax 1997, S. 326 ff.

Bereska, Christian: Der neue Lieferantenregress nach §§ 478, 479 BGB – eine Arbeitshilfe, ZGS 2002, S. 59 ff.

Berger, Klaus Peter: Transnational Commercial Law in the Age of Globalization, Centro di Studi e Ricerche di Diritto Comparato e Straniero – Saggi, Conferenze e Seminari, Nr. 42, Rom 2001

Berger, Klaus Peter: Lex Mercatoria Online, RIW 2002, S. 256 ff.

Berger, Klaus Peter/Dubberstein Holger/Lehmann, Sascha/Petzold, Viktoria: Anwendung Transnationalen Rechts in der Internationalen Vertrags- und Schiedspraxis, ZVglRWiss 101 (2002), S. 12 ff.

Bernstein, Herbert/Lookofsky, Joseph: Understanding the CISG in Europe, 2. Ed., Den Haag u. a. 2003

Bianca, C. M./Bonell, M. J.: Commentary on the International Sales Law, The 1980 Vienna Sales Convention, Mailand 1987

Bitter, Georg/Meidt, Eva: Nacherfüllungsrecht und Nacherfüllungspflicht des Verkäufers im Neuen Schuldrecht, ZIP 2001, S. 2114 ff.

Blaurock, Uwe: Übernationales Recht des internationalen Handels, ZEuP 1993, S. 247 ff.

Boerner, Dietmar: Kaufrechtliche Sachmängelgewährleistung und Schuldrechtsreform, ZIP 2001, S. 2264 ff.

Bonell, Michael Joachim: An International Restatement of Contract Law. The UNIDROIT Principles of International Commercial Contracts, 2. Ed., Ardsley (NY) 1997

Bonell, Michael Joachim: The Unidroit Principles of Transnational Law, ULR 2000, S. 199 ff.

Bonell, Michael Joachim: Modernization and Harmonization of Contract Law: Objectives, Methods and Scope, ULR 2003, S. 91 ff.

Bonsau, Michael/Feuerriegel, Stefan: Die Probleme der Bestimmung von Fälligkeitszinsen im UN-Kaufrecht, IPrax 2003, S. 421 ff.

Boujong, Karlheinz/Joost, Detlev (Hrsg.): Handelsgesetzbuch, Aktualisierungsband, München 2003

Brand, Ronald A.: Art. 79 and a Transactions Test Analysis of the CISG, in: Ferrari, Franco/Flechtner, Harry/Brand, Roland A. (Ed.), The Draft UNCITRAL Digest and Beyond: Cases, Analysis and Unresolved Issues in the U.N. Sales Convention, München u. a. 2004, S. 392 ff.

Bredow, Jens/Seiffert, Bodo: Incoterms 1990, Wegweiser für die Praxis, Bonn 1990

Brox, Hans: Handels- und Wertpapierrecht, 16. A., München 2003

Brox, Hans/Walker, Wolf-Dietrich: Allgemeines Schuldrecht, 29. A., München 2003

Brox, Hans/Walker, Wolf-Dietrich: Besonderes Schuldrecht, 27. A., München 2002

Brüggemeier, Gert: Zur Reform des deutschen Kaufrechts, JZ 2000, S. 529 ff.

Brüggemeier, Gert: Das neue Kaufrecht des Bürgerlichen Gesetzbuches, WM 2002, S. 1376 ff.

Büdenbender, Ulrich: Die Bedeutung der Verbrauchsgüterkaufrichtlinie für das deutsche Kaufrecht nach der Schuldrechtsreform, ZeuP 2004, S. 36 ff.

Bundesministerium der Justiz: Begründung des Entwurfes eines Gesetzes zur Modernisierung des Schuldrechts, Bundestagsdrucksache 14/6040 (14.5.2001), S. 79 ff. (zitiert: RegE)

Bundesministerium der Justiz: Gegenäußerung der Bundesregierung zur Stellungnahme des Bundesrates zu dem Entwurf eines Gesetzes zur Modernisierung des Schuldrechts, BT-Drucks. 14/6857 (31.8.2001), S. 42 ff. (zitiert: Gegenäußerung)

Bundesministerium der Justiz: Entwurf eines Gesetzes gegen den unlauteren Wettbewerb vom 7.5.2003, www.bmj.bund.de/images/11596.pdf (zitiert: RegE UWG)

Bundesrat: Stellungnahme zu dem Entwurf eines Gesetzes zur Modernisierung des Schuldrechts, BT-Drucks. 14/6857 (31.8.2001), S. 6 ff. (zitiert: Stellungnahme)

Butler, Allison E.: Caveat Emptor: Remedy-Oriented Approach Restricts Buyer's Right to Avoidance Under Article 49(I)(a) of the United Nations Convention on Contracts for the International Sale of Goods, IHR 2003, S. 208 ff.

Canaris, Claus-Wilhelm: Schuldrechtsform 2002, München 2002

Canaris, Claus-Wilhelm: Handelsrecht, 23. A., München, 2000

Canaris, Claus-Wilhelm: Schadensersatz wegen Pflichtverletzung, anfängliche Unmöglichkeit und Aufwendungsersatz im Entwurf des Schuldrechtsmodernisierungsgesetzes, DB 2001, S. 1815 ff.

Canaris, Claus-Wilhelm: Die Reform des Rechts der Leistungsstörungen, JZ 2001, S. 499 ff.

Canaris, Claus-Wilhelm: Die Nacherfüllung durch Lieferung einer mangelfreien Sache beim Stückkauf, JZ 2003, S. 831 ff.

Canaris, Claus-Wilhelm: Die Behandlung nicht zu vertretender Leistungshindernisse nach § 275 II BGB beim Stückkauf, JZ 2004, S. 214 ff.

Canaris, Claus-Wilhelm: Begriff und Tatbestand des Verzögerungsschadens im neuen Leistungsstörungsrecht, ZIP 2003, S. 321 ff.

Canaris, Claus-Wilhelm: Das allgemeine Leistungsstörungsrecht im Schuldrechtsmodernisierungsgesetz, ZRP 2001, S. 329 ff.

Coen, Christoph: Teilbeendigung von Verträgen wegen Leistungsstörung im Einheitsrecht, in: Schwenzer, Ingeborg/Hager, Günter, Festschrift für Peter Schlechtriem zum 70. Geburtstag, Tübingen 2003, S. 189 ff.

Coester-Waltjen, Dagmar: Die internationale Zuständigkeit deutscher Gerichte in Zivil- und Handelssachen, JURA 2003, S. 320 ff.

Däubler-Gmelin, Herta: Die Entscheidung für die so genannte Große Lösung bei der Schuldrechtsreform, NJW 2001, S. 2281 ff.

Dauner-Lieb, Barbara/Heidel, Thomas/Lepa, Manfred/Ring, Gerhard (Hrsg.): Das neue Schuldrecht in der anwaltlichen Praxis, Bonn 2002

Dauner-Lieb, Barbara: Ein Jahr Schuldrechtsreform – Eine Zwischenbilanz, ZGS 2003, S. 10 ff.

Dauner-Lieb, Barbara/Dötsch, Wolfgang: Schuldrechtsreform: Haftungsgefahren für Zwischenhändler nach neuem Recht? DB 2001, S. 2535 ff.

Dauner-Lieb, Barbara/Dötsch, Wolfgang: Selbstvornahme im Kaufrecht? ZGS 2003, S. 250 ff.

Dauner-Lieb, Barbara/Dötsch, Wolfgang: Nochmals: Selbstvornahme im Kaufrecht? ZGS 2003, S. 455 ff.

Dauner-Lieb, Barbara/Thiessen, Jan: Das neue Leistungsstörungsrecht – leistungshemmend und störanfällig? DStR 2002, S. 89 ff.

Del Duca, Louis F./Del Duca, Patrick: Practice Under the Convention on International Sale of Goods (CISG), A Primer for Attorneys and International Traders, Part I: 27 Uniform Commercial Code Law Journal 1995, S. 331 ff.; Part II: 29 Uniform Commercial Code Law Journal 1996, S. 99 ff., http://www.cisg.law.pace.edu/cisg/biblio/bib2.html

Derleder, Peter: Das ius variandi des Käufers bei Sach- und Rechtsmängeln, in: Dauner-Lieb, Barbara/Konzen, Horst/Schmidt, Karsten (Hrsg.), Das neue Schuldrecht in der Praxis, München 2003, S. 411 ff.

Derleder, Peter: Der Wechsel zwischen den Gläubigerrechtsbehelfen bei Leistungsstörungen und Mängeln, NJW 2003, S. 998 ff.

Derleder, Peter: Sachmängel- und Arglisthaftung nach neuem Schuldrecht, NJW 2004, S. 969 ff.

Deutsch, Erwin: Allgemeines Haftungsrecht, 2. Aufl., Köln u. a. 1995

Deutsch, Erwin: Die Fahrlässigkeit im neuen Schuldrecht, AcP 202 (2002), S. 889 ff.

Dölle, Hans (Hrsg.): Kommentar zum Einheitlichen Kaufrecht – Die Haager Kaufrechtsübereinkommen vom 1. Juli 1964, München 1976

Duncan, John C. Jr.: Nachfrist Was Ist? Thinking Globally and Acting Locally: Considering Time Extension Principles of the U.N. Convention on Contracts for the International Sale of Goods in Revising the Uniform Commercial Code, Birmingham Young University Law Review 2000, S. 1363 ff.

Ehmann, Horst/Rust, Ulrich: Die Verbrauchsgüterkaufrichtlinie, JZ 1999, S. 853 ff.

Ehmann, Horst/Sutschet, Holger: Schadensersatz wegen kaufrechtlicher Schlechtleistung – Verschuldens- und oder Garantiehaftung? JZ 2004, S. 62 ff.

Eiselen, Siegfried: Adoption of the Vienna Convention for the International Sale of Goods (the CISG) in South Africa, 116 South African Law Journal 1999, S. 323 ff., http://www.cisg.law.pace.edu/cisg/biblio/bib2.html

Enderlein, Fritz/Maskow, Dietrich/Strohbach, Heinz: Internationales Kaufrecht, Berlin 1991

Ernst, Wolfgang, Neues Vertragsrecht für die deutsche Wirtschaft? Wider eine unzulänglich vorbereitete und inhaltlich folgenschwere Reform, FAZ 19.5.2001, S. 8

Ernst, Wolfgang: Die Zurückweisung der Ware, NJW 1997, S. 896 ff.

Ernst, Wolfgang/Gsell, Beate: Kritisches zum Stand der Schuldrechtsmodernisierung, ZIP 2001, S. 1389 ff.

Escher, Alfred: UN-Kaufrecht: Stillschweigender Verzicht auf Einwand einer verspäteten Mängelrüge? RIW 1999, S. 495 ff.

Farnsworth, E. Allan: Modernization and Harmonization of Contract Law: an American Perspective, ULR 2003, S. 97 ff.

Faust, Florian: Von beiden Teilen zu vertretende Unmöglichkeit, JuS 2001, S. 133 ff.

Faust, Florian: Garantie und Haftungsbeschränkung in § 444 BGB, ZGS 2002, S. 271 ff.

Ferrari, Franco/Flechtner, Harry/Brand, Roland A. (Ed.): The Draft UNCITRAL Digest and Beyond: Cases, Analysis and Unresolved Issues in the U.N. Sales Convention, München, London 2004

Ferrari, Franco: European Sales Law and International Sales Law: Can they Coincide? In: Hartkamp, Artur/Hesselink, Martijn/Honduis, Ewoud/Joustra, Carla/du Perron, Edgar (Hrsg.): Towards a European Civil Code, 2. Ed., Nijmegen u. a. 1998, S. 367 ff.

Ferrari, Franco: Applying the CISG in a Truly Uniform Manner: Tribunale di Vigenevano (Italy), 12 July 2000, ULR 2001, S. 203 ff.

Ferrari, Franco: Zum vertraglichen Ausschluss des UN-Kaufrechts, ZEuP 2002, S. 737 ff.

Finkenauer, Thomas: "Garantiehaftung" des Verkäufers für Sachmängel? WM 2003, S. 665 ff.

Finn, Markus: Kann der Gläubiger die (Nach-) Erfüllung zwischen Fristablauf und Schadensersatzverlangen zurückweisen? ZGS 2004, 32, 32

Flechtner, Harry M.: Buyer's obligation to give notice of lack of conformity (Articles 38, 39, 40 and 44), in: Ferrari, Franco/Flechtner, Harry/Brand, Roland A. (Ed.), The Draft UNCITRAL Digest and Beyond: Cases, Analysis and Unresolved Issues in the U.N. Sales Convention, München u. a. 2004, S. 377 ff.

Flechtner, Harry M.: Recovering Attorneys' Fees as Damages under the U.N. Sales Convention: A Case Study on the New International Commercial Practice and the Role of Case Law in CISG Jurisprudence, with Comments on Zapata Hermanos Sucesores, S.A. v. Hearthside Baking Co., 22 Northwestern Journal of International Law & Business 2002, S. 121 ff., http://www.cisg.law.pace.edu/cisg/biblio/bib2.html

Flechtner, Harry M./Lookofsky, Joseph: Viva Zapata! American Procedure and CISG Substance in a U.S. Circuit Court of Appeal, 7 Vindobona Journal of International Commercial Law and Arbitration 2003, S. 93 ff., http://www.cisg.law.pace.edu/cisg/biblio/bib2.html

Flume, Werner: Vom Beruf unserer Zeit für Gesetzgebung, ZIP 2000, S. 1427 ff.

Foerste, Ulrich: Unklarheit im künftigen Schuldrecht: Verjährung von Kaufmängel-Ansprüchen in zwei, drei oder 30 Jahren? ZRP 2001, S. 342 ff.

Fogt, Morten M: Urteilsanmerkung zu Dänisches Østre Landsret, Urteil v. 4.12.2000, IPRax 2003, S. 364 ff.

Fogt, Morten M: Urteilsanmerkung zu Dänisches Vestre Landsret, Urteil v. 10.11.1999, ZEuP 2002, S. 580 ff.

Folsom, Ralph H./Gordon, Michael Wallace/Spanogle, John A.: International Business Transactions, St. Paul (Minnesota) 2000

Fountoulakis, Christina: Das Verhältnis von Nacherfüllungsrecht des Verkäufers und Vertragsaufhebungsrecht des Käufers im UN-Kaufrecht, IHR 2003, S. 160 ff.

Fuller, Ron L./Eisenberg, Melvin Aron: Basic Contract Law, 5. Ed., St. Paul (Minnesota) 1990

Gabriel, Henry Deeb: General Provisions, Obligations of the Seller, and Remedies for Breach of Contract by the Seller, in: Ferrari, Franco/Flechtner, Harry/Brand, Roland A. (Ed.), The Draft UNCITRAL Digest and Beyond: Cases, Analysis and Unresolved Issues in the U.N. Sales Convention, München u. a. 2004, S. 336 ff.

Gaier, Reinhard: Das Rücktritts(folgen)recht nach dem Schuldrechtsmodernisierungsgesetz, WM 2002, S. 1 ff.

Garro, Alejandro M.: Cases, Analyses and Unresolved Issues in Articles 25-34, 45-52, in: Ferrari, Franco/Flechtner, Harry/Brand, Roland A. (Ed.), The Draft UNCITRAL Digest and Beyond: Cases, Analysis and Unresolved Issues in the U.N. Sales Convention, München u. a. 2004, S. 362 ff.

Gieseler, Dieter: Die Strukturen der Schlechterfüllung im Leistungsstörungsrecht, ZGS 2003, S. 408 ff.

Gillette, P. Clayton; Walt, Steven D.: Sales Law – Domestic and International, 2. Ed., New York 2002

Graffi, Leonardo: Divergences in the Interpretation of the CISG: the Concept of "Fundamental Breach", in: Ferrari, Franco (Ed.), The 1980 Uniform Sales Law - Old Issues Revisited in the Light of Recent Experience (Verona Conference 2003), Mailand 2003, S. 305 ff.

Griegoleit, Hans Christoph: Weiterfresserschäden und Mangelfolgeschäden nach der Schuldrechtsreform: Der mangelhafte Traktor, ZGS 2002, S. 78 ff.

Griegoleit, Hans Christoph/Herresthal, Carsten: Grundlagen der Sachmängelhaftung im Kaufrecht, JZ 2003, S. 118 ff.

Griegoleit, Hans Christoph/Herresthal, Carsten: Die Beschaffenheitsvereinbarung und ihre Typisierungen in § 434 I BGB, JZ 2003, S. 233 ff.

Griegoleit, Hans Christoph/Riehm, Thomas: Grenze der Gleichstellung zwischen Zuwenig-Leistung und Sachmangel, ZGS 2002, S. 115 ff.

Grömling, Michael: Zur Weltmarktposition der deutschen Wirtschaft, iw-trends (Institut der Deutschen Wirtschaft, Köln) 2003, Heft 4

Gruber, Urs Peter: Die Nacherfüllung als zentraler Rechtsbehelf im neuen deutschen Kaufrecht – eine methodische und vergleichende Betrachtung zur Auslegung, Jb.j.ZivRWiss. 2001, S. 187 ff.

Gruber, Urs Peter: Schuldrechtsmodernisierung 2001/2002 – Die beiderseits zu vertretende Unmöglichkeit, JuS 2002, S. 1066 ff.

Gruber, Urs Peter: Das neue deutsche Zwischenhändler-Schutzrecht – eine Benachteiligung inländischer Hersteller und Großhändler? NJW 2002, S. 1180 ff.

Gruber, Urs Peter: Der Anspruch auf Ersatz von Nutzungs- und Betriebsausfall bei Lieferung einer mangelhaften Sache, ZGS 2003, S. 130 ff.

Gruber, Urs Peter: Zur Rolle der Rechtsvergleichung nach der Schuldrechtsreform, ZVglRWiss 101 (2002), S. 38 ff.

Grunewald, Barbara: Schadensersatz für Mangel- und Mangelfolgeschäden, in: Dauner-Lieb, Barbara/Konzen, Horst/Schmidt, Karsten (Hrsg.), Das neue Schuldrecht in der Praxis, München 2003, S. 313 ff.

Gsell, Beate: Aufwendungsersatz nach § 284 BGB, in: Dauner-Lieb, Barbara/ Konzen, Horst/Schmidt, Karsten (Hrsg.), Das neue Schuldrecht in der Praxis, München 2003, S. 321 ff.

Gsell, Beate: Schadensersatz statt der Leistung nach dem neuen Schuldrecht, Jb.j.ZivRWiss. 2001, S. 105 ff.

Gsell, Beate: Nutzungsentschädigung bei kaufrechtlicher Nacherfüllung? NJW 2003, S. 1969 ff.

Haas, Lothar/Medicus, Dieter/Rolland, Walter/Schäfer, Carsten/Wendtland, Holger: Das Neues Schuldrecht, München 2002

Haas, Lothar: Entwurf eines Schuldrechtsmodernisierungsgesetzes: Kauf- und Werkvertragsrecht, BB 2001, S. 1313 ff.

Harke, Dirk: Zur Ablaufhemmung der Verjährung beim Lieferantenregress, ZGS 2004, S. 14 ff.

Hartkamp, Artur: Principles of Contract Law, in: Hartkamp, Artur/Hesselink, Martijn/Honduis, Ewoud/Joustra, Carla/du Perron, Edgar (Hrsg.): Towards a European Civil Code, 2. Ed., Nijmegen u. a. 1998, S. 105 ff.

Hartkamp, Artur: Modernization and Harmonization of Contract Law: Objectives, Methods and Scope, ULR 2003, S. 81 ff.

Häublein, Martin: Der Beschaffenheitsbegriff und seine Bedeutung für das Verhältnis der Haftung aus culpa in contrahendo zum Kaufrecht, NJW 2003, S. 388 ff.

Heck, Philipp: Grundriss des Schuldrechts, Tübingen 1929 (2. Neudruck, Aalen 1974)

Heinemann, Andreas/Pickartz, Thomas: Die Nacherfüllung beim Stückkauf, ZGS 2003, S. 149 ff.

Heinemann, Andreas/Ramsauer, Thomas: Weiterfresserschäden und gestörter Gesamtschuldnerausgleich, JURA 2004, S. 198 ff.

Heinrich, Martin: Die Abwehr des Anspruchs des Käufers auf Nacherfüllung, ZGS 2003, S. 253 ff.

Heinrichs, Helmut: Die Pflichtverletzung, ein Zentralbegriff des neuen Leistungsstörungsrechts, in: Schwenzer, Ingeborg/Hager, Günter (Hrsg.), Festschrift für Peter Schlechtriem zum 70. Geburtstag, Tübingen 2003, S. 503 ff.

Henssler, Martin/von Westphalen, Friedrich Graf (Hrsg.): Praxis der Schuldrechtsreform, Recklinghausen 2001

Herber, Rolf/Czerwenka, Beate: Internationales Kaufrecht, UN-Übereinkommen über Verträge über den internationalen Warenkauf, München 1991

Herber, Rolf: The German Experience, in: Ferrari, Franco (Ed.), The 1980 Uniform Sales Law – Old Issues Revisited in the Light of Recent Experience (Verona Conference 2003), Mailand 2003, S. 59 ff.

Herber, Rolf: "Lex Mercatoria" und "Principles" – gefährliche Irrlichter im internationalen Kaufrecht, IHR 2003, S. 1 ff.

Hirsch, Christoph: Schadensersatz statt der Leistung, JURA 2003, S. 289 ff.

Hoeren, Thomas/Martinek, Michael (Hrsg.): Systematischer Kommentar zum Kaufrecht, Recklinghausen 2002

Hoeren, Thomas: Internetrecht, Münster 2003 (Stand: Juni 2003), http://www.uni-muenster.de/Jura.itm/hoeren/material/Skript/skript.pdf

Hoeren, Thomas: Gestaltungsvorschläge für Musterverträge und Einkaufsbedingungen nach In-Kraft-Treten des Schuldrechtsmodernisierungsgesetzes – Teil 1, ZGS 2002, S. 10 ff.

Hönn, Günther: Positive Vertragsverletzung und kaufmännische Untersuchungs- und Rügeobliegenheit, BB 1978, S. 685 ff.

Honnold, John O.: Uniform Law for International Sales under the 1980 United Nations Convention, 2. Ed., Deventer u. a. 1991

Honsell, Heinrich (Hrsg.): Kommentar zum UN-Kaufrecht, Berlin u. a. 1997

Honsell, Heinrich: Die EU-Richtlinie über den Verbrauchsgüterkauf und ihre Umsetzung ins BGB, JZ 2001, S. 278 ff.

Honsell, Heinrich: Die Vertragsverletzung des Verkäufers nach dem Wiener Kaufrecht, SJZ 1992, S. 345 ff. und S. 362 ff.

Huber, Peter/Faust, Florian: Schuldrechtsmodernisierung – Eine Einführung in das neue Recht, München 2002

Huber, Peter: Der Nacherfüllungsanspruch im Neuen Kaufrecht, NJW 2002, S. 1004 ff.

Huber, Peter/Kröll, Stefan: Deutsche Rechtsprechung zum UN-Kaufrecht in den Jahren 2001/2002, IPRax 2003, S. 309 ff.

Huber, Ulrich: Die Schadensersatzhaftung des Verkäufers wegen Nichterfüllung der Nacherfüllungspflicht und die Haftungsbegrenzung des § 275 II BGB neuer Fassung, in: Schwenzer, Ingeborg/Hager, Günter (Hrsg.), Festschrift für Peter Schlechtriem zum 70. Geburtstag, Tübingen 2003, S. 521 ff.

Huber, Ulrich: Die Pflichtverletzung als Grundtatbestand der Leistungsstörung im Diskussionsentwurf eines Schuldrechtsmodernisierungsgesetzes, ZIP 2000, S. 2273 ff.

Jacobs, Matthias: Die kaufrechtliche Nacherfüllung, in: Dauner-Lieb, Barbara/ Konzen, Horst/Schmidt, Karsten (Hrsg.), Das neue Schuldrecht in der Praxis, München 2003, S. 371 ff.

Jacobs, Matthias: Der Rückgriff des Unternehmers nach § 478 BGB, JZ 2004, S. 225 ff.

Jaensch, Michael: Schadensersatz beim vorweggenommenen Vertragsbruch und relativen Fixgeschäft, ZGS 2004, S. 134 ff.

Jansen, Nils: Gewährleistung trotz Annahmeverzugs und Untergangs der Kaufsache? ZIP 2002, S. 877 ff.

Janser, Jacqueline: Die Haftung des Verkäufers für Vorlieferanten, insbesondere bei mangelhafter Ware, nach CISG, OR und BGB, Zürich u. a. 2003

Jasmer, Stefan/Ramm, Melanie/Stöterau, Markus: Handels- und Gesellschaftsrecht, Grasberg bei Bremen 2002

Jauernig, Othmar: Bürgerliches Gesetzbuch, 10. A., München 2003

Jorden, Simone/Lehmann, Michael: Verbrauchsgüterkauf und Schuldrechtsmodernisierung, JZ 2001, S. 952 ff.

Jud, Brigitta: Die Rangordnung der Gewährleistungsbehelfe, Jb.j.ZivRWiss. 2001, S. 205 ff.

Kaiser, Dagmar: Die Rechtsfolgen der Schuldrechtsreform, JZ 2001, S. 1057 ff.

Kamanabrou, Sudabeh: Haftung des Rücktrittsberechtigten bei Untergang der empfangenen Leistung, NJW 2003, S. 30 ff.

Kamanabrou, Sudabeh: Der Nachlieferungsanspruch beim Stückkauf, ZGS 2004, S. 57 ff.

Karollus, Martin: UN-Kaufrecht – Eine systematische Darstellung für Studium und Praxis, Wien u. a. 1991

Karollus, Martin: UN-Kaufrecht: Vertragsaufhebung und Nacherfüllungsrecht bei Lieferung mangelhafter Ware, ZIP 1993, S. 490 ff.

Katzenstein, Matthias: Kostenersatz bei eigenmächtiger Selbstvornahme der Mängelbeseitigung nach § 326 Abs. 2 Satz 2 BGB? ZGS 2004, S. 144 ff.

Keil, Andreas: Die Haftungsbefreiung des Schuldners im UN-Kaufrecht, Frankfurt a. M. 1993

Keily, Troy : How Does the Cookie Crumble? Legal Costs under a Uniform Interpretation of the United Nations Convention on Contracts for the International Sale of Goods, July 2003, http://www.cisg.law.pace.edu/cisg/biblio/bib2.html

Kindl, Johann: Das Recht der Leistungsstörungen nach dem Schuldrechtsmodernisierungsgesetz, WM 2002, S. 1313 ff.

King, Christopher: U.S. Rechtsentwicklungen im Wirtschaftsrecht Dezember 2003, DAJV-Newsletter 2003, S. 167 ff.

Klunzinger, Eugen: Grundzüge des Handelsrechts, 12. A., München 2003

Knapp, Charles L.: Contract Law, in: Morrison, Alan B. (General Editor): Fundamentals of American Law, Oxford u. a. 1997, S. 228 ff.

Knöfel, Susanne: Bewegung im Vertragsrecht in Europa? – Der Aktionsplan der Europäischen Kommission für "ein kohärentes europäisches Vertragsrecht", ZGS 2004, S. 26 ff.

Koch, Robert: Wider den formularmäßigen Ausschluss des UN-Kaufrechts, NJW 2000, S. 910 ff.

Koch, Robert: Auswirkungen der Schuldrechtsreform auf die Gestaltung Allgemeiner Geschäftsbedingungen (Teil I), WM 2002, S. 2173 ff.

Kohler, Jürgen: Nutzungsvergütung in den Fällen der §§ 439 Abs. 4 und 635 Abs. 4 BGB? ZGS 2004, S. 48 ff.

Koller, Ingo/Roth, Wulf-Henning/Morck, Winfried: Handelsgesetzbuch, 4. A., München 2003

Koller, Ingo: Die Risikozurechnung bei Vertragstörungen in Austauschverträgen, Eine Untersuchung zur Rechtsfortbildung auf dem Gebiet der materiellen Leistungserschwerung, Zweckstörung sowie Schadensersatzhaftung bei Sach- und Dienstleistungen, München 1979

Kommission der Europäischen Gemeinschaften: Mitteilung der Kommission an den Rat und das Europäische Parlament zum Europäischen Vertragsrecht, Brüssel, 11.07.2001, KOM (2001) 398 endgültig

Kommission der Europäischen Gemeinschaften: Mitteilung der Kommission an das Europäische Parlament und den Rat – Ein Kohärentes Europäisches Vertragsrecht – Ein Aktionsplan, Brüssel, 12.2.2003, KOM (2003) 68 endgültig

Kötz, Hein/Wagner, Gerhard: Deliktsrecht, 9. A., Neuwied u. a. 2001

Kötz, Hein: Rechtsvereinheitlichung – Nutzen, Kosten, Methoden, Ziele, RabelsZ 50 (1986), S. 1 ff.

Kötz, Hein: Europäische Juristenausbildung, ZEuP 1 (1993), S. 268 ff.

Kritzer, Albert H.: Guide to Practical Applications of the United Nations Convention on Contracts for the International Sale of Goods, Deventer u. a. 1989

Kronke, Herbert: Brauchen wir ein europäisches Zivilgesetzbuch? Rechtpolitisches Forum (Universität Trier, Institut für Rechtspolitik), Heft Nr. 11, Trier 2002

Krüger, Ulrich: Modifizierte Erfolgshaftung im UN-Kaufrecht – Die Haftungsbefreiung bei Lieferung vertragswidriger Ware gem. Art. 79 CISG (Internationalrechtliche Studien, Bd. 9), Berlin u. a. 1999

Lando, Ole: Die Regeln des europäischen Vertragsrechts, in: von Bar, Christian (Gesamtleitung)/Barendrecht, Maurits/Basedow, Jürgen/Drobnig, Ulrich/van Gerven, Walter/Hondius, Ewoud/Kerameus, Konstantinos/Koussoulis, Stelios/ Lando, Ole/ Loos, Marco/Tilmann, Winfried in Absprache mit der Study Group on a European Civil Code, Untersuchung der Privatrechtsordnungen der EU im Hinblick auf Diskriminierungen und die Schaffung eines Europäischen Zivilgesetzbuchs, Arbeitsdokument der Generaldirektion Wissenschaft des Europäischen Parlaments (Hrsg.), Reihe Rechtsfragen, JURI 103 DE, Luxemburg 1999, S. 125 ff.

Lando, Ole: Principles of European Contract Law and Unidroit Principles: Similarities, Differences and Perspectives, Centro di Studi e Ricerche di Diritto Comparato e Straniero – Saggi, Conferenze e Seminari, Nr. 49, Rom 2002

Lando, Ole: Das Neue Schuldrecht des Bürgerlichen Gesetzbuchs und die Grundregeln des europäischen Vertragsrechts, RabelsZ 67 (2003), S. 231 ff.

Lange, Hermann: Neuere Rechtsprechung zum Schadensersatzrecht, WM 1990, Sonderbeilage Nr. 7

Lehmann, Michael: Die Haftung für Werbeangaben nach neuem Schuldrecht, DB 2002, S. 1090 ff.

Lehmkuhl, Heiko: Das Nacherfüllungsrecht des Verkäufers im UN-Kaufrecht bei Lieferung fehlerhafter Ware, IHR 2003, S. 115 ff.

Lettl, Tobias: Die Falschlieferung durch den Verkäufer nach den Schuldrechtsreform, JuS 2002, S. 866 ff.

Lookofsky, Joseph: Alive and Well in Scandinavia: CISG Part II, Journal of Law and Commerce 1999, S. 289 ff., http://www.cisg.law.pace.edu/cisg/biblio/bib2.html

Lookofsky, Joseph: Case Note on Zapata Hermanos v. Hearthside Baking, 6 Vindobona Journal of International Commercial Law and Arbitration 2002, S. 27 ff., http://www.cisg.law.pace.edu/cisg/biblio/bib2.html

Looschelders, Dirk: Beschaffenheitsvereinbarung, Zusicherung, Garantie, Gewährleistungsausschluss, in: Dauner-Lieb, Barbara/Konzen, Horst/Schmidt, Karsten (Hrsg.), Das neue Schuldrecht in der Praxis, München 2003, S. 395 ff.

Lorenz, Stephan/Riehm, Thomas: Lehrbuch zum neuen Schuldrecht, München 2002

Lorenz, Stephan: Aliud, peius und indebitum im neuen Kaufrecht, JuS 2003, S. 36 ff.

Lorenz, Stephan: Leistungsgefahr, Gegenleistungsgefahr und Erfüllungsort beim Verbrauchsgüterkauf – BGH, NJW 2003, 3341, JuS 2004, S. 105 ff.

Lorenz, Stephan: Schadensersatz wegen Pflichtverletzung – ein Beispiel für die Überhastung der Kritik an der Schuldrechtsreform, JZ 2001, S. 742 ff.

Lorenz, Stephan: Rücktritt, Minderung und Schadensersatz wegen Sachmängeln im neuen Kaufrecht: Was hat der Verkäufer zu vertreten? NJW 2002, S. 2497 ff.

Lorenz, Stephan: Selbstvornahme der Mängelbeseitigung im Kaufrecht, NJW 2003, S. 1417 ff.

Lorenz, Stephan: Zur Abgrenzung von Teilleistung, teilweiser Unmöglichkeit und teilweiser Schlechtleistung im neuen Schuldrecht, NJW 2003, S. 3097 ff.

Lorenz, Stephan: Anmerkung zu AG Daun, U. v. 15.1.2003, ZGS 2003, S. 398 ff.

Lorenz, Stephan: Gattungsschuld, Konkretisierung und Gefahrtragung beim Verbrauchsgüterkauf nach neuem Schuldrecht, ZGS 2003, S. 421 ff.

Lurger, Brigitta: Die wesentliche Vertragsverletzung nach Art. 25 CISG, IHR 2001, S. 91 ff.

Magnus, Ulrich: Der Tatbestand der Pflichtverletzung, in: Schulze, Reiner/Schulte-Nölke, Hans: Die Schuldrechtsreform vor dem Hintergrund des Gemeinschaftsrechts, Tübingen 2001, S. 67 ff.

Magnus, Ulrich: Aufhebungsrecht des Käufers und Nacherfüllungsrecht des Verkäufers im UN-Kaufrecht, in: Schwenzer, Ingeborg/Hager, Günter (Hrsg.), Festschrift für Peter Schlechtriem zum 70. Geburtstag, Tübingen 2003, S. 599 ff.

Magnus, Ulrich: The CISG's Impact on European Legislation, in: Ferrari, Franco (Ed.), The 1980 Uniform Sales Law – Old Issues Revisited in the Light of Recent Experience (Verona Conference 2003), Mailand 2003, S. 129 ff.

Magnus, Ulrich: Beyond the Digest: Part III (Articles 25-34, 45-52), in: Ferrari, Franco/Flechtner, Harry/Brand, Roland A. (Ed.), The Draft UNCITRAL Digest and Beyond: Cases, Analysis and Unresolved Issues in the U.N. Sales Convention, München u. a. 2004, S. 319 ff.

Magnus, Ulrich: Die Rügeobliegenheit des Käufers im UN-Kaufrecht, IHR 1999, S. 29 ff.

Magnus, Ulrich: Das UN-Kaufrecht und die Erfüllungsortzuständigkeit in der neuen EuGVO, IHR 2002, S. 45 ff.

Magnus, Ulrich: Die allgemeinen Grundsätze im UN-Kaufrecht, RabelsZ 59 (1995), S. 469 ff.

Magnus, Ulrich: Die Auslegung des neuen Schuldrechts, RIW 2002, S. 1

Magnus, Ulrich: UN-Kaufrecht und neues Verjährungsrecht des BGB – Wechselwirkungen und Praxisfolgen, RIW 2002, S. 577 ff.

Magnus, Ulrich: Aktuelle Fragen des UN-Kaufrechts, ZEuP 1993, S. 59 ff.

Magnus, Ulrich: Wesentliche Fragen des UN-Kaufrechts, ZEuP 1999, S. 643 ff.

Magnus, Ulrich: UN-Kaufrecht – aktuelle Entwicklungen und Rechtsprechungspraxis, ZEuP 2002, S. 523 ff.

Mailänder, K. Peter: Die Lieferung falscher Mengen im Handelsrecht, ZHR 126 (1963), S. 89 ff.

Mankowski, Peter: Ein Zulieferer ist kein Lieferant, DB 2002, S. 2419 ff.

Mankowski, Peter: Überlegungen zur sach- und interessengerechten Rechtswahl für Verträge des internationalen Wirtschaftsverkehrs, RIW 2003, S. 2 ff.

Mankowski, Peter: Wie setzt man eine Nachfrist richtig? ZGS 2003, S. 451 ff.

Marburger, Peter: Die Sachmängelhaftung beim Handelskauf, JuS 1983, S. 1 ff.

Marx, Claudius: Handlingkosten im Unternehmerrückgriff, BB 2002, S. 2566 ff.

Matthes, Jens: Der Herstellerregress nach § 478 BGB in Allgemeinen Geschäftsbedingungen – ausgewählte Probleme, NJW 2002, S. 2505 ff.

Matusche-Beckmann, Annemarie: Unternehmerregress im neuen Kaufrecht: Rechtsprobleme in der Praxis, BB 2002, S. 256 ff.

Maultzsch, Felix: Zum zeitlichen Anwendungsbereich der kauf- und werkvertraglichen Mängelrechte am Beispiel der §§ 439 III, 635 III BGB, ZGS 2003, S. 411 ff.

Medicus, Dieter: Schuldrecht I, Allgemeiner Teil, 13. A., München 2002

Medicus, Dieter: Schuldrecht II, Besonderer Teil, 11. A., München 2003

Medicus, Dieter: Geld muss man haben, Unvermögen und Schuldnerverzug bei Geldmangel, AcP 188 (1988), S. 490 ff.

Medicus, Dieter: Die Leistungsstörungen im neuen Schuldrecht, JuS 2003, S. 521 ff.

Meier, Sonja: Neues Leistungsstörungsrecht: Nachträgliche Unmöglichkeit und nachträgliches Unvermögen in der Fallbearbeitung, JURA 2002, S. 118 ff

Mertens, Hans-Joachim: Nichtlegislatorische Rechtsvereinheitlichung durch transnationales Wirtschaftsrecht und Rechtsbegriff, RabelsZ 56 (1992), S. 219 ff.

Mischke, Winfried: Zur Haftung des Verkäufers für Sachmängel und Produktfehler der verkauften Waren nach deutschem, europäischem und internationalem Recht, BB 1997, S. 1494 ff.

Mohs, Florian: Die Vertragswidrigkeit im Rahmen des Art. 82, Abs. 2, lit. c CISG, IHR 2002, S. 59 ff.

Mossler, Patrick: Rücktrittsrecht vor Fälligkeit bei solvenzbedingten Zweifeln an der Leistungsfähigkeit des Schuldners (§ 323 Abs. 4 BGB), ZIP 2002, S. 1831 ff.

Müller, Gerd: Zu den Folgen des Rügeversäumnisses i. S. d. § 377 HGB, ZIP 2002, S. 1178 ff.

Müller-Graff, Peter-Christian: EC Directives as a Means of Private Law Unification, in: Hartkamp, Artur/Hesselink, Martijn/Honduis, Ewoud/Joustra, Carla/du Perron, Edgar (Hrsg.): Towards a European Civil Code, 2. Ed., Nijmegen u. a. 1998, S. 71 ff.

Münchner Kommentar: Bürgerliches Gesetzbuch, Band 2a, Schuldrecht Allgemeiner Teil, §§ 241 - 432 (Redakteur: Wolfgang Krüger), 4. A., München 2003

Neumayer, Karl H.: Offene Fragen zur Anwendung des Abkommens der Vereinten Nationen über den internationalen Warenkauf, RIW 1994, S. 99 ff.

Nicholas, Barry: Prerequisites and Extent of Liability for Breach of Contract under the U.N. Convention, in: Schlechtriem, Peter (Hrsg.), Einheitliches Kaufrecht und nationales Obligationenrecht, Baden-Baden 1987, S. 283 ff.

Nicholas, Barry: The United Kingdom and the Vienna Sales Convention: Another Case of Splendid Isolation? Centro di Studi e Ricerche di Diritto Comparato e Straniero – Saggi, Conferenze e Seminari, Nr. 9, Rom 1993

Oetker, Hartmut/Maultzsch, Felix: Vertragliche Schuldverhältnisse, Berlin u. a. 2002

Oetker, Hartmut: Handelsrecht, 3. A., Berlin u. a. 2003

Palandt: Bürgerliches Gesetzbuch und Nebengesetze, Gesetz zur Modernisierung des Schuldrechts, Ergänzungsband zur 61. A., München 2002, 62. A., München 2003, 63. A., München 2004

Pammler, Sebastian: Zum Ersatzlieferungsanspruch beim Stückkauf, NJW 2001, S. 1992 ff.

Paulusch, Bernd A.: Kurzkommentar zu BGH, Urteil vom 16.9.1987 ("Weinkorken"), EWiR 1987, S. 1113 f.

Pellegrino, Mario: Subjektive oder objektive Vertragshaftung? Ein rechtsvergleichender Blick auf die Rolle des Verschuldens im Vertragsrecht, ZEuP 1997, S. 41 ff.

Petersen, Jens: Die Nacherfüllung, JURA 2002, S. 461 ff.

Pfeiffer, Thomas: Systemdenken im neuen Leistungsstörungs- und Gewährleistungsrecht, ZGS 2002, S. 23 ff.

Piliounis, Peter A. : The Remedies of Specific Performance, Price Reduction and Additional Time (Nachfrist) under the CISG: Are these worthwhile changes or additions to English Sales Law? Pace International Law Review 2000, S. 1 ff., http://www.cisg.law.pace.edu/cisg/biblio/bib2.html

Piltz, Burghard: Internationales Kaufrecht – Das UN-Kaufrecht (Wiener Übereinkommen von 1980) in praxisorientierter Darstellung, München 1993

Piltz, Burghard: Das UN-Kaufrecht in der Exportpraxis, AwPrax 2002, S. 259 ff.

Piltz, Burghard: Gestaltung von Exportverträgen nach der Schuldrechtsreform, IHR 2002, S. 2 ff.

Piltz, Burghard: Neue Entwicklungen im UN-Kaufrecht, NJW 2000, S. 553 ff.

Piltz, Burghard: Neue Entwicklungen im UN-Kaufrecht, NJW 2003, S. 2056 ff.

Rabel, Ernst: Das Recht des Warenkaufs, 1. Band, Berlin 1957 (unveränderter Nachdruck Berlin 1967)

Rabel, Ernst: Jahresbericht der juristischen Gesellschaft Berlin 38 (1931), S. 28 ff. = Hans G. Leser (Hrsg.), Ernst Rabel – Gesammelte Aufsätze, Bd. 3, Tübingen 1967, S. 496 ff.

Rabel, Ernst: A Draft of an International Law of Sales, University of Chicago Law Review 5 (1938), S. 543 ff. = Hans G. Leser (Hrsg.), Ernst Rabel – Gesammelte Aufsätze, Bd. 3, Tübingen 1967, S. 613 ff.

Ramberg, Jan: Unification of Sales Law: a Look at the Scandinavian States, ULR 2003, S. 201 ff.

Ramming, Klaus: Vorzeitiges Rücktrittsrecht und Schadensersatz statt der Leistung, ZGS 2002, S. 412 ff.

Ramming, Klaus: Die Aufforderung zur Bestätigung der Leistungsbereitschaft und -fähigkeit als weiterer vorzeitiger "Rechtsbehelf" des Gläubigers, ZGS 2003, S. 209 ff.

Ranieri, Filippo: Europäisches Obligationenrecht, Wien u. a. 1999

Rauscher, Thomas: Die von beiden Seiten zu vertretende Unmöglichkeit im neuen Schuldrecht, ZGS 2002, S. 333 ff.

Rechtsausschuss (6. Ausschuss) des Bundestages: Beschlussempfehlung und Bericht des Rechtsausschusses zu dem Entwurf eines Gesetzes zur Modernisierung des Schuldrechts, BT-Drucks. 14/7051 (09. 10. 2001), S. 1 ff. (zitiert: Beschlussempf. Rechtsausschuss)

Recker, Wilfried: Schadensersatz statt der Leistung – oder: Mangelschaden und Mangelfolgeschaden, NJW 2002, S. 1247 f.

Regula, Sven/Kannowski, Bernd: Nochmals: UN-Kaufrecht oder BGB? Erwägungen zur Rechtswahl aufgrund einer vergleichenden Betrachtung, IHR 2004, S. 45 ff.

Reim, Uwe: Der Ersatz vergeblicher Aufwendungen, NJW 2003, S. 3662 ff.

Reinhart, Gert: UN-Kaufrecht, Heidelberg 1991

Reinking, Kurt: Auswirkungen der Nacherfüllung auf die Beweislastumkehr, ZGS 2004, S. 130 ff.

Reinking, Kurt: Nacherfüllung beim Autokauf, ZfS 2003, S. 57 ff.

Rogers, Vikki M.: Attorney's Fees: Is the "American Rule" Applicable to International Sales Law Cases? NY State Bar Association New York International Chapter News, Vol. 7, No.1 Spring 2002, S. 21 ff., http://www.cisg.law.pace.edu/cisg/biblio/bib2.html

Röhricht, Volker/von Westphalen, Friedrich Graf (Hrsg.): Handelsgesetzbuch, 2. A., Köln 2001, Ergänzungslieferung: Das neue Schuldrecht 2003

Rolland, Walter: Die Aufhebung des Vertrages nach den Vorschlägen zur Schuldrechtsreform auf dem Hintergrund internationaler Entwicklungen, in: Schwenzer, Ingeborg/Hager, Günter (Hrsg.), Festschrift für Peter Schlechtriem zum 70. Geburtstag, Tübingen 2003, S. 629 ff.

Rösler, Hannes: Störung der Geschäftsgrundlage nach der Schuldrechtsreform, ZGS 2003, S. 383 ff.

Roßmeier, Daniela: Schadensersatz und Zinsen nach UN-Kaufrecht – Art. 74 bis 78 CISG, RIW 2000, S. 407 ff.

Roth, Herbert: Standzeit von Kraftfahrzeugen als Sachmangel, NJW 2004, S. 330 f.

Roth, Wulf-Henning: Die Schuldrechtsmodernisierung im Kontext des Europarechts, in: Ernst, Wolfgang/Zimmermann, Reinhard (Hrsg.), Zivilrechtswissenschaft und Schuldrechtsreform, Tübingen 2001, S. 225 ff.

Šarčević, Petar: The CISG and Regional Unification, in: Ferrari, Franco (Ed.), The 1980 Uniform Sales Law – Old Issues Revisited in the Light of Recent Experience (Verona Conference 2003), Mailand 2003, S. 3 ff.

Schack, Haimo: Internationales Zivilverfahrensrecht, München, 3. A. 2002

Schackmar, Rainer: Die Lieferpflicht des Verkäufers in internationalen Kaufverträgen, UN-Kaufrecht und Incoterms, Berlin 2001

Schäfer, Hans-Bernd/Ott, Claus: Lehrbuch der ökonomischen Analyse des Zivilrechts, 3. Auflage, Berlin u. a. 2000

Scheibach, Ralf: Die Anpassung der Neuwagenverkaufsbedingungen, in: Dauner-Lieb, Barbara/Konzen, Horst/Schmidt, Karsten (Hrsg.), Das neue Schuldrecht in der Praxis, München 2003, S. 739 ff.

Schillo, Franz-Josef: UN-Kaufrecht oder BGB – Die Qual der Wahl beim Internationalen Warenkaufvertrag – Vergleichende Hinweise zur Rechtswahl beim Abschluss von Verträgen, IHR 2003, S. 257 ff.

Schlechtriem, Peter (Hrsg.): Kommentar zum Einheitlichen UN-Kaufrecht, 3. A., München 2000

Schlechtriem, Peter: Internationales UN-Kaufrecht, 1. A., Tübingen 1996, 2. A., Tübingen 2003

Schlechtriem, Peter: Schuldrecht, Allgemeiner Teil, 5. A., München 2003

Schlechtriem, Peter: Schuldrecht, Besonderer Teil, 6. A., München 2003

Schlechtriem, Peter: Die Pflichten des Verkäufers und die Folgen ihrer Verletzung, insbesondere bezüglich der Beschaffenheit der Ware, in: Bucher, Eugen (Hrsg.), Wiener Kaufrecht – Der schweizerische Außenhandel unter dem UN-Übereinkommen über den internationalen Warenkauf, Bern 1991, S. 103 ff.

Schlechtriem, Peter: International Einheitliches Kaufrecht und neues Schuldrecht, in: Dauner-Lieb, Barbara/Konzen, Horst/Schmidt, Karsten (Hrsg.), Das neue Schuldrecht in der Praxis, München 2003, S. 71 ff.

Schlechtriem, Peter: 10 Jahre CISG – Der Einfluss des UN-Kaufrechts auf die Entwicklung des deutschen und des internationalen Schuldrechts, IHR 2001, S. 12 ff.

Schlechtriem, Peter: Einheitliches UN-Kaufrecht, JZ 1988, S. 1037 ff.

Schlechtriem, Peter: Rechtsvereinheitlichung in Europa und Schuldrechtsreform in Deutschland, ZEuP 1993, S. 217 ff.

Schmidt, Karsten: Handelsrecht, 5. A., Köln u. a. 1999

Schmidt, Karsten: Der gesetzliche Händlerregress bei Käuferketten (§§ 478, 479 BGB) – Gesetzesregel, akademische Diskussion und Problemlösungen in der Praxis, in: Dauner-Lieb, Barbara/Konzen, Horst/Schmidt, Karsten (Hrsg.), Das neue Schuldrecht in der Praxis, München 2003, S. 427 ff.

Schmidt-Kessel, Martin: Auf dem Weg zu einem Europäischen Vertragsrecht, RIW 2003, S. 418 ff.

Schroeter, Ulrich G.: Das einheitliche Kaufrecht der afrikanischen OHADA-Staaten im Vergleich zum UN-Kaufrecht, in: Recht in Afrika 2001, S. 163 ff.

Schubel, Christian: Schuldrechtsmodernisierung 2001/2002 – Das neue Kaufrecht, JuS 2002, S. 313 ff.

Schubel, Christian: Schuldrechtsreform: Perspektivenwechsel im Bürgerlichen Recht und AGB-Kontrolle für den Handelskauf, JZ 2001, S. 1113 ff.

Schubel, Christian: Mysterium Lieferkette, ZIP 2002, S. 2061 ff.

Schubert, W.: Anmerkung zu BGH, Urteil vom 16.9.1987, JR 1988, S. 414 ff.

Schulte-Nölke, Hans: Eine neue Chance für das UN-Kaufrecht (Editorial zu ZGS 11/2003), ZGS 2003, S. 401

Schulze, Reiner/Ebers, Martin: Streitfragen im neuen Schuldrecht, JuS 2004, S. 265 ff., S. 366 ff.

Schwab, Martin: Schuldrechtsmodernisierung 2001/2002 – Die Rückabwicklung von Verträgen nach §§ 346 ff., JuS 2002, S. 630 ff.

Schwab, Martin: Leistungsstörungen im Sukzessivlieferungsvertrag nach neuem Schuldrecht, ZGS 2003, S. 73 ff.

Schwenzer, Ingeborg: Aufwendungsersatz bei nicht durchgeführten Verträgen, in: Schwenzer, Ingeborg/Hager, Günter (Hrsg.), Festschrift für Peter Schlechtriem zum 70. Geburtstag, Tübingen 2003, S. 657 ff.

Sekretariatskommentar: Commentary on the Draft Convention on Contracts for the International Sale of Goods, prepared by the UNCITRAL Secretariat, UN DOC. A/CONF. 97/5b

Soergel: Bürgerliches Gesetzbuch, Band 3, Schuldrecht II (§§ 433 - 515), 12. A., Stuttgart u. a. 1991

Sommerer, Tanja: Die Anwendung des UN-Kaufrechts in der Praxis – Wunschdenken und Wirklichkeit, AwPrax 2002, S. 19 ff.

Spanogle, John A./Winship, Peter: International Sales Law – A Problem-Oriented Coursebook, St. Paul (Minnesota) 2000

Stadie, Volker/Nietzer, Wolf M.: CISG – Das UN-Kaufrecht in der Anwaltspraxis, MDR 2002, S. 428 ff.

Statistisches Bundesamt: Außenhandel, Leitfaden über Methoden, Erhebung und Aufbereitung sowie Veröffentlichung der Außenhandelsstatistik, Wiesbaden 2002

Staub, Hermann (Begr.)/Canaris, Claus-Wilhelm, Schilling, Wolfgang/Ulmer, Peter (Hrsg.): HGB Großkommentar, §§ 343 - 351 (Bearbeiter: Ingo Koller, Claus-Wilhelm Canaris), 4. A., Berlin 2001, §§ 377 - 382 (Bearbeiter: Dieter Brüggemann), 4. A., Berlin 1983

Staudenmayer, Dirk: Die EG-Richtlinie über den Verbrauchsgüterkauf, NJW 1999, S. 2393 ff.

Staudinger: Julius von Staudingers Kommentar zum Bürgerlichen Gesetzbuch und Nebengesetzen, Zweites Buch: Recht der Schuldverhältnisse, §§ 433 - 534 (Bearbeiter: Matthias Cremer, Heinrich Honsell, Helmut Köhler, Peter Mader, Theo Mayer-Maly), 13. Bearbeitung, Berlin 1995; Ergänzungsband Wiener UN-Kaufrecht (CISG) (Bearbeiter: Ulrich Magnus), Neubearbeitung, Berlin u. a. 1999

Staudinger, Ansgar: Der Rückgriff des Unternehmers in grenzüberschreitenden Sachverhalten, ZGS 2002, S. 63 f.

Staudinger, Ansgar: Das Schicksal der Judikatur zu "weiterfressenden Mängeln" nach der Schuldrechtsreform, ZGS 2002, S. 145 f.

Stoll, Hans: Inhalt und Grenzen der Schadensersatzpflicht sowie Befreiung von der Haftung im UN-Kaufrecht im Vergleich zum EKG und BGB, in: Schlechtriem, Peter (Hrsg.), Einheitliches Kaufrecht und nationales Obligationenrecht, Baden-Baden 1987, S. 257 ff.

Stone, Bradford: Uniform Commercial Code, St. Paul (Minnesota) 1995

Stoppel, Jan: Die beiderseits zu vertretende Unmöglichkeit nach neuem Schuldrecht, JURA 2003, S. 224 ff.

Su, Yingxia: Die Rechtsmängelhaftung des Verkäufers nach UN-Kaufrecht im Vergleich mit dem chinesischen Vertragsgesetz, ZVglRWiss 102 (2003), S. 101 ff.

Teichmann, Arndt: Strukturveränderungen im Recht der Leistungsstörungen nach dem Regierungsentwurf eines Schuldrechtsmodernisierungsgesetzes, BB 2001, S. 1485 ff.

Thiele, Christian: Das UN-Kaufrecht vor US-amerikanischen Gerichten, IHR 2002, S. 8 ff.

Treitel, Guenter H.: Remedies for Breach of Contract (Courses of Action Open to a Party Aggrieved), International Encyclopedia of Comparative Law, Vol. VII (Contracts in General), Chapter 16

Triebel, Volker/Hölzle, Gerrit: Schuldrechtsreform und Unternehmenskaufverträge, BB 2002, S. 521 ff.

Tröger, Tobias: Aufwendungsersatz nach § 478 Abs. 2 BGB, ZGS 2003, S. 296 ff.

Troiano, Stefano: The Exclusion of the Seller's Liability for Recognizable Lacks of Conformity under the CISG and the New European Sales Law: the Changing Fortunes of a Notion of Variable Content, in: Ferrari, Franco (Ed.), The 1980 Uniform Sales Law – Old Issues Revisited in the Light of Recent Experience (Verona Conference 2003), Mailand 2003, S. 147 ff.

Trommler, Andreas: Die Auslegung des Begriffs "wesentliche Vertragsverletzung" in Art. 25 CISG, Frankfurt a. M. u. a. 2001

Vahle, Oliver: Der Erfüllungsanspruch des Käufers nach UN-Kaufrecht im Vergleich mit dem deutschen Kaufrecht, ZVglRWiss 98 (1999), S. 54 ff.

Vanto, Jarno: Attorneys' fees as damages in international commercial litigation, 2003, http://www.cisg.law.pace.edu/cisg/biblio/bib2.html

Vollkommer, Gregor: Haftungserweiterung durch Neufassung des § 276 BGB? In: Dauner-Lieb, Barbara/Konzen, Horst/Schmidt, Karsten (Hrsg.), Das neue Schuldrecht in der Praxis, München 2003, S. 123 ff.

von Hoffmann, Bernd: Gewährleistungsansprüche im UN-Kaufrecht – verglichen mit dem EKG und BGB, in: Schlechtriem, Peter (Hrsg.), Einheitliches Kaufrecht und nationales Obligationenrecht, Baden-Baden 1987, S. 293 ff.

von Jhering, Rudolf: Das Schuldmoment im Römischen Privatrecht, Festschrift für Johann Michael Franz Birnbaum, Giessen 1867

von Sachsen Gessaphe, Karl August: Der Rückgriff des Letztverkäufers – neues europäisches und deutsches Kaufrecht, RIW 2001, S. 721 ff.

von Westphalen, Friedrich Graf: Nach der Schuldrechtsreform: Neue Grenzen der Haftungsfreizeichnungs- und Haftungsbegrenzungsklauseln, BB 2002, S. 209 ff.

von Westphalen, Friedrich Graf: Die Umsetzung der Verbrauchsgüterkauf-Richtlinie im Blick auf den Regress zwischen Händler und Hersteller, DB 1999, S. 2553 ff.

von Westphalen, Friedrich Graf: Kettengarantie und kein Ende? ZGS 2002, S. 19 ff.

von Westphalen, Friedrich Graf: Beschaffungsrisiko – Vertretenmüssen – Haftung des Verkäufers auf Schadensersatz, ZGS 2002, S. 154 ff.

von Westphalen, Friedrich Graf: Ein Stein des Anstoßes: § 444 BGB n. F., ZIP 2001, 2107

Wagner, Axel-Michael/Neuenhahn, Stefan: Die Anwendbarkeit der §§ 478 und 479 BGB auf die "Beschaffungskette" des Herstellers, ZGS 2002, S. 395 ff., ZGS 2003, S. 64 ff.

Wagner, Gerhard: Ansprüche auf Unmögliches? JZ 1998, S. 482 ff.

Wagner, Gerhard: Mangel- und Mangelfolgeschäden im neuen Schuldrecht? JZ 2002, S. 475 ff.

Walter, Mark S.: Revisiting the North-South Debate in Light of the Draft Digest: Articles 38, 39 and 44, in: Ferrari, Franco/Flechtner, Harry/Brand, Roland A. (Ed.), The Draft UNCITRAL Digest and Beyond: Cases, Analysis and Unresolved Issues in the U.N. Sales Convention, München u. a. 2004, S. 408 ff.

Weiler, Frank: Haftung für Werbeangaben nach neuem Kaufrecht, WM 2002, S. 1784 ff.

Werner, Olaf: Die Quantitätsabweichung beim Handelskauf, BB 1984, S. 221 f.

Wertenbruch, Johannes: Gefahrtragung beim Versendungskauf nach neuem Schuldrecht, JuS 2003, S. 625 ff.

Wertenbruch, Johannes: Die eingeschränkte Bindung des Käufers an Rücktritt und Minderung, JZ 2003, S. 862 ff.

Westermann, Harm-Peter/Buck: Das neue Schuldrecht 2002, Stuttgart u. a. 2002

Westermann, Harm Peter: Kaufrecht im Wandel, in: Schulze, Reiner/Schulte-Nölke, Hans: Die Schuldrechtsreform vor dem Hintergrund des Gemeinschaftsrechts, Tübingen 2001, S. 109 ff.

Westermann, Harm Peter: Das neue Kaufrecht einschließlich des Verbrauchsgüterkaufs, JZ 2001, S. 530 ff.

Westermann, Harm Peter: Das neue Kaufrecht, NJW 2002, S. 241 ff.

Windel, Peter A.: Mankoleistung im modernisierten Schuldrecht, JURA 2003, S. 793 ff.

Witz, Wolfgang/Salger, Hanns-Christian/Lorenz, Manuel: International einheitliches UN-Kaufrecht, Heidelberg 2000

Witz, Wolfgang: Zurückbehaltungsrechte im internationalen Kaufrecht – Eine praxisorientierte Analyse zur Durchsetzung des Kaufpreisanspruchs im CISG, in: Schwenzer, Ingeborg/Hager, Günter (Hrsg.), Festschrift für Peter Schlechtriem zum 70. Geburtstag, Tübingen 2003, S. 291 ff.

Zahraa, Mahdi/Ghith, Aburima Abdullah: Specific Performance in the Light of the CISG, the UNIDROIT Principles and Libyan Law, ULR 2002, S. 751 ff.

Zerres, Thomas: Recht auf Nacherfüllung im deutschen und englischen Kaufrecht, RIW 2003, S. 746 ff.

Ziegler Ulrich: Leistungsstörungsrecht nach dem UN-Kaufrecht, Baden-Baden 1995

Zimmer, Daniel: Das geplante Kaufrecht, in: Ernst, Wolfgang/Zimmermann, Reinhard (Hrsg.), Zivilrechtswissenschaft und Schuldrechtsreform, Tübingen 2001, S. 190 ff.

Zimmer, Daniel: Das neue Recht der Leistungsstörungen, NJW 2002, S. 1 ff.

Zimmer, Daniel/Eckhold, Thomas: Das neue Mangelgewährleistungsrecht beim Kauf, JURA 2002, S. 145 ff.

Zimmermann, Reinhard: Schuldrechtsmodernisierung? In: Ernst, Wolfgang/ Zimmermann, Reinhard (Hrsg.), Zivilrechtswissenschaft und Schuldrechtsreform, Tübingen 2001, S. 1 ff.

Zimmermann, Reinhard : Breach of Contract and Remedies under the New German Law of Obligations, Centro di Studi e Ricerche di Diritto Comparato e Straniero – Saggi, Conferenze e Seminari, Nr. 48, Rom 2002

Zimmermann, Reinhard/Leenen, Detlef/Mansel, Heinz-Peter/Ernst, Wolfgang: Finis Litium? Zum Verjährungsrecht nach dem Regierungsentwurf eines Schuldrechtsmodernisierungsgesetzes, JZ 2001, S. 684 ff.

Zwernemann, Dieter/Sutorius, Claudia (DIHK Hrsg.): Die Schuldrechtsreform, Auswirkungen für den Außenhandel, Bonn 2002

Zur Zitierung:

Gesetzesnormen werden mit einer Kombination aus arabischen und römischen Zahlen wie folgt zitiert:

- Art. 48 I 1 CISG = Artikel 48, Absatz 1, Satz 1 CISG
- § 434 I 1 BGB = § 434, Absatz 1, Satz 1 BGB

Kommentare und ähnlich aufgebaute Sammelwerke werden mit ihrem/ihren Herausgeber(n) oder einer sonstigen geläufigen, das Werk kennzeichnenden Bezeichnung, gefolgt von dem Namen des Bearbeiters in Klammern, einer Kurzform des Titels sowie der Fundsstelle zitiert, z. B. Staudinger (Magnus), Wiener UN-Kaufrecht, Art. 48, Rn. 1; Dauner-Lieb/Heidel/Lepa/Ring (Dauner-Lieb), Neues Schuldrecht, § 2, Rn. 1.

Beiträge aus Festschriften und ähnlich aufgebauten Sammelwerken werden mit dem Namen des Autors des Beitrags, einer Kurzform des Titels des Beitrags, einer Kurzform des Titels des Sammelwerkes in Klammern sowie der Fundstelle (Seitenzahl) zitiert, z. B. Schwenzer, Aufwendungsersatz (FS Schlechtriem), S. 657.

Entscheidungen, die elektronischen, über das Internet zugänglichen Datenbanken entnommen wurden, werden mit der Bezeichnung des Gerichts bzw. Spruchkörpers, dem Herkunftsland in Klammern (sofern nicht Deutschland), dem Entscheidungsdatum sowie der Internetadresse der Datenbank zitiert, z. B. BGH, U. v. 8.3.1995, www.unilex.info; Handelsgericht Aargau (Schweiz), U. v. 26.9.1997, www.unilex.info.

Die Zitierung im Übrigen entspricht den allgemeinen Konventionen, ggf. unter zusätzlicher Angabe der Internet-Fundstelle (Adresse) eines Beitrags.

Kapitel 1 – Einführung

A. Hintergrund

I. Rechtsvereinheitlichung im internationalen Handel

Mit grenzüberschreitendem Handel sind, neben den Risiken und Kosten, die jedem Handelsvorgang eigentümlich sind, zusätzliche Unsicherheiten verbunden, die zum einen aus der typischerweise großen Distanz zwischen den Geschäftspartnern in räumlicher, wirtschaftlicher, kultureller und sprachlicher Hinsicht herrühren und zum anderen ihren Ursprung darin haben, dass ein solcher Handelsvorgang Berührungspunkte mit einer Mehrzahl von Rechtssystemen aufweist.[1] Von der Bewältigung der dem innewohnenden Schwierigkeiten, der Ermittlung des jeweils einschlägigen Rechts, seiner Anwendung und der Durchsetzung oder Abwehr der daraus (vermeintlich) folgenden Ansprüche leben ganze Heerscharen von Rechtsanwälten und von anderen Beratern nicht eben schlecht.[2]

Seit es grenzüberschreitenden Handel gibt – und in zunehmendem Maße angesichts einer immer weiter fortschreitenden 'Globalisierung' – liegen daher Bestrebungen nahe, diese (und andere) Handelshemmnisse zu beseitigen. Die jüngeren Anstrengungen auf diesem Gebiet sind vielfältig: so wird bspw. durch Organisationen mit supranationaler Regelungskompetenz an verbindlichen einheitlichen Handelsregeln[3] oder durch die Gesetzgeber verschiedener Staaten an der gegensei-

---

1 Vgl. anschaulich den Aktionsplan der europ. Gemeinschaften für ein kohärentes Vertragsrecht vom 12.2.2003, KOM (2003) 68, Ziff. 3.2, Rz. 25 ff., sowie in der Anlage dazu Ziff. 3.1. Vgl. Rabel, Univ. of Chicago Law Review 5 (1938), 543, 544 ff. = Gesammelte Aufsätze, S. 613 ff.; ders., Recht des Warenkaufs I, S. 36 ("Verwirrung" durch die Vielheit nationaler Kaufrechte); Enderlein/Maskow/Strohbach (Enderlein), Int. Kaufrecht, Einl., Anm. 1.1; Enderlein/Maskow/Strohbach (Maskow), Int. Kaufrecht, Einl., Anm. 2.2; Folsom/Gordon/Spanogle, Int. Business Transactions, S. 1 ff., S. 33 f.; Berger, Transnational Commercial Law, S. 3 f. *(globalization trap, non-tariff trade barrier);* Mankowski, RIW 2003, 1, 2 ff.; Eiselen, 116 South African Law Journal, Part II 1999, 323, 324 ff.

2 Vgl. auch Mankowski, RIW 2003, 1, 7; Basedow, JuS 2004, 89, 90.

3 Auf europäischer Ebene etwa durch den Erlass zahlreicher Richtlinien, bspw. der sog. "Verbrauchsgüterkaufrichtlinie", sowie durch die geplante Vereinheitlichung des europäischen Vertragsrechts, vgl. einerseits Hondius, European Civil Code, S. 7; Müller-Graff, EC-Directives (Towards a European Civil Code), S. 73; Knöfel, ZGS 2004, 26, 26, Basedow, JuS 2004, 89, 93 f., andererseits Mitteilung der europäischen Kommission zum europäischen Vertragsrecht vom 11.7.2001, KOM (2001) 398 und den "Aktionsplan" vom 12.2.2003, KOM (2003) 68; von Bar u. a., Untersuchung der Privatrechtsordnungen der EU, Vorwort/S. iii; Knöfel, ZGS 2004, 26, 26 ff.; Šarčević, Regional Unification (Verona Conf. 2003), S. 10 ff. Vgl. zum Ganzen Lando, Regeln des Europäischen Vertragsrechts (Untersuchung der Privatrechtsordnungen der EU), S. 126 ff.; Schmidt-Kessel, RIW 2003, 481, 481 f., 486 f.; Basedow, ULR 2003, 31, 40 f.; ders., JuS 2004, 89, 95 ff.; Däubler-Gmelin, NJW 2001, 2281, 2283. Kritisch hins. der Notwendigkeit internationaler Rechtsharmonisierung, ihrer wirtschaftlichen Relevanz und der damit verbundenen Kosten Kötz, RabelsZ 50 (1986), 1, 3; ders., ZEuP 1 (1993), 268 ff.; Mertens, RabelsZ 56 (1992), 219, 220 ff.; Hart-

tigen Angleichung ihrer nationalen Regeln gearbeitet.[4] In zunehmendem Maße wird aber auch auf die inhaltliche Überzeugungskraft unverbindlicher Regelwerke gesetzt; so wird den nationalen Gesetzgebern anheim gestellt, fachkundig erarbeitete Empfehlungen und *model laws*[5] in ihr eigenes Recht zu übernehmen, oder es werden den jeweiligen Vertragsparteien mehr oder minder vollständige Regelwerke – *principles,* Musterbedingungen und *trade terms* – als Vorlage für oder zur Übernahme in ihren Vertrag angeboten.[6] Schließlich gibt es ständig Versuche, die dem internationalen Handel (angeblich) auch ohne umfassende Kodifikation innewohnenden, allgemein akzeptierten Regeln des Handels, die sog. *lex mercatoria,* zu ermitteln und zu dokumentieren.[7]

---

kamp, ULR 2003, 81, 82 f.; Farnsworth, ULR 2003, 97, 99; Kronke, Rechtspolitisches Forum 2002, Heft 11.

4 So schon die praktisch identischen *Sale of Goods-Acts* von Dänemark (1906), Schweden (1905) und Norwegen (1907), vgl. Ramberg, ULR 2003, 201, 201. Später, 1988 ff., haben Schweden und Finnland das UN-Kaufrecht als Vorlage für ihre intern-nationalen Kaufrechte genommen, in Norwegen ist es auch auf Kaufgeschäfte ohne Auslandsbezug anzuwenden, vgl. Ramberg, ULR 2003, 201, 202 f.; Lookofsky, Journal of Law and Commerce 1999, 289, 289; ders. Scandinavian Experience (Verona Conf. 2003), S. 95 ff. Die 16 afrikanischen Mitgliedsstaaten der *Organisation pour l'harmonisation en Afrique du droit des affaires* (OHADA) haben sich ebenfalls ein gemeinsames Handelsrecht gegeben, vgl. Schroeter, Recht in Afrika 2001, 163, 163 ff.; Šarčević, Regional Unification (Verona Conf. 2003), S. 13 ff.; Schlechtriem, Int. UN-Kaufrecht, Rn. 3.

5 Bspw. das *Model Law on Electronic Commerce* von UNCITRAL (www.uncitral.org). Auch der US-amerikanische *Uniform Commercial Code* (UCC) des *American Law Institute* und der *National Conference of Commissioners on Uniform Sales Law* ist *per se* unverbindlich. Allerdings haben alle 50 US-Bundesstaaten sowie der Verwaltungsdistrikt Columbia den UCC in ihr jeweiliges innerstaatliches Recht übernommen, wobei mit Ausnahme des Staates Louisiana, der Art. 2 des UCC (Kaufvertrag) nicht übernommen hat, meist nur geringfügige Modifikationen vorgenommen wurden, vgl. Stone, UCC, S. XI; Bonell, ULR 2003, 91, 91 f.; Farnsworth, ULR 2003, 97, 98 f.

6 Bspw. die umfassenden *Principles of European Contract Law* (PECL) der europäischen Vertragsrechtkommission unter Vorsitz von Ole Lando und die von UNIDROIT in Rom (Internationales Institut für die Vereinheitlichung des Privatrechts, www.unidroit.org) erarbeiteten *Principles of International Commercial Contracts* (UCP) sowie die INCOTERMS (2000) der Internationalen Handelskammer (ICC) in Paris. Zu den *principles* und der Möglichkeiten ihrer Nutzung vgl. die Präambel der UNIDROIT Contract Principles; Bonell, ULR 2000, 199, 199 ff.; Hartkamp, Principles of Contract Law (Towards a European Civil Code), S. 105 ff.; ders. ULR 2003, 81, 85 ff. Kritisch dazu Herber, IHR 2003, 1, 1 ff.; ders., German Experience (Verona Conf. 2003), S. 61 f. Vgl. Schmidt-Kessel, RIW 2003, 481, 483; Eiselen, 116 South African Law Journal, Part II 1999, 323, 337 f.

7 Vgl. Mertens, RabelsZ 56 (1992), 219, 226 ff.; Berger, Transnational Commercial Law, S. 1 ff.; ders., RIW 2002, 256, 256 f. (zur Bewältigung dieser Aufgabe durch die Online-Datenbank *Transnational Law Database TLDB*, www.tldb.de); Blaurock, ZEuP 1993, 247, 261 ff.; Lando, Regeln des Europäischen Vertragsrechts (Untersuchung der Privatrechtsordnungen der EU), S. 131 ff.; Mankowski, RIW 2002, 2, 12 f. Ähnlich in den USA die *Resta-*

Aus diesem Reigen an Bestrebungen zur Rechtsvereinheitlichung sticht das Übereinkommen der Vereinten Nationen über Verträge über den internationalen Warenkauf[8] (künftig: UN-Kaufrecht oder CISG[9]), das durch eine diplomatische Konferenz 1980 in Wien aufgrund eines Beschlusses der UN-Generalversammlung vom 16.12.1978 erarbeitet wurde und am 1.1.1988 in Kraft getreten ist,[10] nicht zuletzt aufgrund seines vergleichsweise großen Erfolges hervor: bis *dato*[11] sind 63 Staaten der Konvention beigetreten, darunter alle derzeitigen EU-Mitgliedstaaten außer Großbritannien, Irland und Portugal, acht der zehn EU-Neu-Mitglieder,[12] die USA, China und zahlreiche sog. 'Dritte Welt'-Staaten.[13] In der Bundesrepublik ist das UN-Kaufrecht am 1.1.1991 in Kraft getreten, in der DDR galt es schon seit dem 1.3.1990.[14]

Dieser internationale Erfolg des UN-Kaufrechts erklärt sich teilweise aus seiner Vor- und Entstehungsgeschichte, die mit den Arbeiten *Ernst Rabels* und des

---

tement of Contracts des American Law Institutes, das die Vertragsgrundsätze des Common Law zu dokumentieren versucht, vgl. Fuller/Eisenberg, Contract Law, S. 5 f.; Farnsworth, ULR 2003, 97, 99; Bonell, ULR 2003, 91, 91; Knapp, Contract Law (Fundamentals of American Law), S. 202 f. Vgl. Rabel, Jahresbericht der jur. Gesellschaft Berlin 38 (1931), S. 28 ff. = Gesammelte Aufsätze, S. 496 ff., S. 498 ("Der Kauf ist das tägliche Geschäft der ganzen Verkehrswelt. Sein wirtschaftlicher Charakter und die Rechtsfolgen, die sich an Abschluss und Vollzug knüpfen, sind überall im Grunde identisch. Die nationalen Besonderheiten von Recht und Wirtschaft treten im Leben des Handels derart zurück, dass manche ja eben glauben, sie seien vom Handel schon überwunden"). Vgl. zum Ganzen Basedow, JuS 2004, 89, 91 ff.

8 BGBl. II 1989, 586, 588.

9 Nach der englischsprachigen Bezeichnung *(United Nations) Convention on Contracts for the International Sale of Goods.*

10 Vgl. Staudinger (Magnus) Wiener UN-Kaufrecht, Einl., Rn. 27.

11 Stand: 1.5.2005 (zuletzt ist die Republik Korea der Konvention beigetreten).

12 Estland, Lettland, Litauen, Polen, die Slowakei, Slowenien, Tschechien und Ungarn. Die der EU beitretenden Nichtmitgliedstaaten sind Malta und der griechische Teil Zyperns. Vgl. Magnus, CISG's Impact on European Legislation (Verona Conf. 2003), S. 130.

13 Außer den genannten sind von den besonders volumenträchtigen Exportempfängerstaaten Deutschlands Japan, die Türkei und Brasilien der Konvention noch nicht beigetreten. Zur wirtschaftlichen Bedeutung des UN-Kaufrechts für den deutschen Warenexport vgl. die Erläuterungen im Anschluss.

14 Es ist streitig, ob das UN-Kaufrecht in den neuen Bundesländern mit deren Beitritt zur BRD am 3.10.1990 zunächst wieder außer Kraft getreten ist oder ob es weite galt, vgl. Staudinger (Magnus), Wiener UN-Kaufrecht, Einl. zum CISG, Rn. 15; Schlechtriem (Ferrari), Einh. UN-Kaufrecht, Vor Art. 1-6, Rn. 17. Zur darüber hinausgehenden Bedeutung des UN-Kaufrechts aufgrund seiner Vorbildfunktion für andere Rechtsvereinheitlichungsprojekte Magnus, ZEuP 1993, 59, 61; Schlechtriem, Int. UN-Kaufrecht, Rn. 3; Witz/Salger/Lorenz (M. Lorenz), Int. Einh. Kaufrecht, Einl., Rn. 5; Schröter, Recht in Afrika 2001, 163 166 f.; Bonell, ULR 2003, 91, 92. Auch UCC Art. 2 wurde jüngst reformiert, u. a. um die Unterschiede zum UN-Kaufrecht zu verringern; insoweit bedarf es allerdings noch der Umsetzung durch die einzelnen Bundesstaaten, vgl. King, DAJV-NL 2003, 167, 169.

UNIDROIT-Instituts in Rom 1928 begann und über das weniger erfolgreiche Haager Kaufrecht[15] in die Arbeiten der UNCITRAL-Arbeitsgruppen zum UN-Kaufrecht einmündete. Als Produkt diplomatischer Verhandlungen von Vertretern aus 62 Staaten aller geographischen Regionen der Welt und unterschiedlicher Gesellschafts-, Wirtschafts- und Rechtsordnungen war es in hohem Maße konsensfähig und die nachfolgend große Akzeptanz vorgezeichnet.[16]

Entstanden ist ein Kaufrechtsregime, das zwar nicht alle, aber doch die in der Praxis anwendungsintensivsten Teile eines Handelsgeschäfts selbst regelt. Neben allgemeinen Regeln betreffend die Auslegung von Willenserklärungen (Art. 8 CISG), zur Geltung von Handelsbräuchen (Art. 9 CISG), zur maßgeblichen Niederlassung (Art. 10 CISG) und zur Form von Rechtsgeschäften (Art. 11 ff. CISG) trifft das UN-Kaufrecht v. a. Regelungen betreffend den Abschluss eines Kaufvertrages (Art. 14 ff. CISG), die Pflichten der Vertragsparteien (Art. 30 ff. CISG für den Verkäufer, Art. 53 ff. CISG für den Käufer) und die jeweiligen Rechtsbehelfe im Falle einer Vertragsverletzung (Art. 45 ff. CISG für den Käufer, Art. 61 ff. CISG für den Verkäufer, jeweils unter Hinzunahme der für beide Parteien gleichermaßen geltenden Vorschriften der Art. 25 ff. und Art. 71 ff. CISG). In den Art. 66 ff. CISG ist der Gefahrübergang normiert. Hinzu kommen Vorschriften, nach denen das UN-Kaufrecht seine Anwendbarkeit autonom bestimmt, Regelungen zu den Fragen, wie die Konvention auszulegen und wie etwaige Regelungslücken zu schließen sind (Art. 1 ff. und Art. 7 I, II CISG, dazu sogleich), sowie völkerrechtliche Schlussklauseln (Art. 95 ff. CISG). Ausdrücklich ausgenommen sind Fragen der Wirksamkeit eines Kaufvertrages, von darin enthaltenen Einzelvereinbarungen und von Handelsbräuchen, die Haftung für Personenschäden sowie Eigentumsfragen betreffend die Kaufware, vgl. Art. 4 Satz 2, Art. 5 CISG.

Da das UN-Kaufrecht mit dem Beitritt eines Staates Teil des nationalen Rechts des beitretenden Staates wird, ist es bei Vorliegen seiner Anwendungsvoraussetzungen 'automatisch', d. h. auch ohne eine entsprechende Rechtswahl durch die Vertragsparteien, auf einen Vertrag anzuwenden.[17] Innerhalb seines sachlichen

---

[15] Übereinkommen vom 1.7.1964 zur Einführung eines Einheitlichen Gesetzes über den internationalen Kauf beweglicher Sachen, BGBl. II 1973, 885, und Übereinkommen vom 1.7.1964 zur Einführung eines Einheitlichen Gesetzes über den Abschluss von internationalen Kaufverträgen über bewegliche Sachen, BGBl. II 1973, 919.

[16] Vgl. Staudinger (Magnus) Wiener UN-Kaufrecht, Einl. zum CISG, Rn. 20 ff., Rn. 26; Schlechtriem (Schlechtriem), Einh. UN-Kaufrecht, Einl. I., III.; ders., Int. UN-Kaufrecht, Rn. 2; Herber/Czerwenka, Int. Kaufrecht, Einf., Rn. 6; Honnold, Uniform Law, Intro., Rn. 4 ff.; Schmidt-Kessel, RIW 2003, 481, 482; Del Duca/Del Duca, 27 Uniform Commercial Code Law Journal 1995, 331, 336.

[17] Vgl. Staudinger (Magnus), Wiener UN-Kaufrecht, Einl. zum CISG, Rn. 37; Schlechtriem (Ferrari), Einh. UN-Kaufrecht, Vor Art. 1-6, Rn. 24; ders., ZEuP 2002, 737, 739; Herber/Czerwenka, Int. Kaufrecht, Einf., Rn. 3; Piltz, Int. Kaufrecht, § 1, Rn. 5; ders. IHR 2002, 2, 4; Schlechtriem, Int. UN-Kaufrecht, Rn. 15, Rn. 20; Del Duca/Del Duca, 27 Uniform Commercial

Anwendungsbereichs gehen dann seine Regelungen den entsprechenden Regelungen des internen[18] nationalen Sachrechts vor und schließen deren Anwendung aus. Dies gilt auch für zwingende Vorschriften des jeweiligen intern-nationalen Rechts.[19] Regelt das UN-Kaufrecht eine bestimmte Sachfrage oder einen bestimmten Fragenkomplex im Zusammenhang mit einem Warenkaufvertrag hingegen nicht (Regelungslücke), so ist zu differenzieren: eine Frage, die außerhalb des sachlichen Geltungsbereichs des UN-Kaufrechts i. S. v. Art. 4 Satz 1 CISG liegt (sog. "externe Lücke"), ist unter Zuhilfenahme des ergänzend zum UN-Kaufrecht anzuwendenden internen nationalen Sachrechts, das seinerseits nach den Regeln des Internationalen Privatrechts (IPR) des Forums zu bestimmen ist, zu beantworten.[20] Insoweit kommt es weiterhin zur Anwendung unvereinheitlichten Sachrechts und des nationalen IPR. Sog. "interne Lücken", d. h. Regelungslücken in Sachbereichen, die im UN-Kaufrecht an sich geregelt sind, sind demgegenüber vorrangig nach den "allgemeinen Grundsätzen", die dem UN-Kaufrecht "zugrunde liegen", und nur subsidiär, d. h. mangels solcher Grundsätze, nach dem intern-nationalen Recht zu entscheiden, welches nach den Regeln des IPR ergänzend anzuwenden ist, Art. 7 II CISG.[21]

II. Bedeutung des UN-Kaufrechts

Die wirtschaftliche Bedeutung des UN-Kaufrechts für die Bundesrepublik und deutsche Warenexporteure ist anhand weniger Zahlen schnell aufgezeigt: von den 50 volumenträchtigsten Exportempfängerstaaten der Bundesrepublik sind 35 Ver-

---

Code Law Journal 1995, 331, 334 ff.; dies., 29 Uniform Commercial Code Law Journal 1996, 99, 157; OLG Hamburg, U. v. 26.1.2000, www.unilex.info; OLG Schleswig-Holstein, U. v. 29.10.2001, www.unilex.info. Zu den Anwendungsvoraussetzungen unten, Kapitel 1 – B.II.2.

18 Den Begriff "internes Sachrecht" verwende ich, dem verbreiteten, wenngleich nicht völlig korrekten Gebrauch entsprechend, um das originäre Recht eines Staates (z.B. das deutsche Kaufrecht in den §§ 433 ff. BGB) zu bezeichnen. Freilich kann ein solches Recht mit Hilfe der Regeln des IPR auch international anwendbar sein.

19 Dies ist streitig für Rechtsakte der Europäischen Gemeinschaften und darauf beruhenden nationalstaatlichen Rechtsakten. Wie hier: Staudinger (Magnus), Wiener UN-Kaufrecht, Art. 90, Rn. 4, Rn. 10; ders., ZEuP 1999, 642, 645 ff.; ders., CISG's Impact on European Legislation (Verona Conf. 2003), S. 131; Piltz, IHR 2002, 2, 4 f.; ders., AwPrax 2002, 259, 260; Schlechtriem (Ferrari), Einh. UN-Kaufrecht, Art. 90, Rn. 3; Enderlein/Maskow/Strohbach (Maskow), Int. Kaufrecht, Art. 6, Anm. 3.1; Schlechtriem, Int. UN-Kaufrecht, Rn. 345a.

20 Das betrifft insb. die Rechts- und Geschäftsfähigkeit der Parteien, Fragen der Vertretungsmacht, Aufrechnung, Abtretung, Schuldübernahme, Verjährung und Eigentumsfragen. Streitig ist dies für die Vertragsübernahme, Fragen der *culpa in contrahendo,* bestimmte Irrtumskonstellationen, vgl. Staudinger (Magnus), Wiener UN-Kaufrecht, Art. 4, Rn. 18 ff. Rn. 19; Schlechtriem, Int. UN-Kaufrecht, Rn. 41 f.

21 Staudinger (Magnus), Wiener UN-Kaufrecht, Art. 7, Rn. 38 f.; ders., RabelsZ 59 (1995), 475 f.; Schlechtriem, Int. UN-Kaufrecht, Rn. 45 f.

tragsstaaten des UN-Kaufrechts.[22] Auf diese 35 Staaten entfiel 2002 ein bundesdeutsches Exportvolumen von etwa 530 Mrd. EUR, rund 83% des auf die "Top 50"-Staaten entfallenden Exportvolumens. Alle 62 Staaten, in denen das UN-Kaufrecht derzeit in Kraft ist,[23] vereinen rund 80% des gesamten deutschen Exportvolumens (ca. 660 Mrd. EUR)[24] sowie über 2/3 des gesamten Welthandels[25] auf sich.

Auf die sich hinter diesen Zahlen verbergenden Warenverkehre ist innerhalb seines sachlichen Anwendungsbereichs (vgl. insbesondere Art. 2 CISG)[26] vorrangig das UN-Kaufrecht anzuwenden, sofern die Vertragsparteien es nicht abwählen *(opting out,* vgl. Art. 6 CISG). Hinzu kommen diejenigen Warenverkehre, auf die das UN-Kaufrecht nach Art. 1 I b) CISG und den Regeln des IPR anzuwenden ist. Bei einem deutschen Warenexporteur (Verkäufer) ist daher ungeachtet des Niederlassungssitzes des Käufers regelmäßig davon auszugehen, dass das UN-Kaufrecht anzuwenden ist, sofern eine anderweitige Parteivereinbarung nicht getroffen wurde (vgl. Art. 28 I, II EGBGB).[27] Die überwiegende Mehrzahl deutscher Exportgeschäfte mit Nicht-Verbrauchern ist demnach im Ausgangspunkt dem UN-Kaufrecht unterworfen, HGB und BGB spielen an sich nur eine untergeordnete Rolle.[28]

---

22 Taiwan und Hongkong werden zu diesem Zweck als Teil Chinas angesehen. Es fehlen, wie schon angesprochen, v. a. Großbritannien, Irland, Portugal, die Türkei, Japan und Brasilien.

23 In der Republik Korea tritt das UN-Kaufrecht erst zum 1.3.2005 in Kraft.

24 Alle Angaben beziehen sich auf 2003; Quelle: Statistisches Bundesamt, Wiesbaden, www.destatis.de (Daten für 2003 vorläufig; gegenüber den Zahlen des Statistischen Bundesamtes ergeben sich leichte Rundungsfehler, die hier nicht ins Gewicht fallen). Zum Vergleich: das wirtschaftliche Volumen des deutschen Binnenhandels, des 'natürlichen Lebensraums' des internen deutschen Kaufrechts, liegt bei knapp 1 Bill. EUR jährlich (Umsatz in Groß- und Einzelhandel).

25 Bernstein/Lokofsky, CISG in Europe, S. 1.

26 Die genannten Zahlen enthalten insb. eine Position von knapp 500 Mio. EUR für den Export elektrischer Energie (Klassifikationsnummer 98 des Stat. Bundesamtes), auf den das UN-Kaufrecht nicht anzuwenden ist (Art. 2, Ziff. f CISG), sowie eine Position von knapp 30 Mrd. EUR für "Sonstige Fahrzeuge" (Klassifikationsnummer 35), die vermutlich teilweise Fahrzeuge i. S. v. Art. 2 Ziff. e) CISG beinhaltet und auf die daher das UN-Kaufrecht teilweise ebenfalls nicht anzuwenden ist. Zudem erfasst die Außenhandelsstatistik auch Veredelungsgeschäfte (vgl. Statistisches Bundesamt, Außenhandel, S. 7), die gem. Art. 3 I CISG nur teilweise dem UN-Kaufrecht unterliegen, sowie Kaufgeschäfte, die erkennbar für den persönlichen Gebrauch vorgenommen wurden. Auch auf diese ist das UN-Kaufrecht nicht anzuwenden, Art. 2 a) CISG. Zu den Anwendungsvoraussetzungen unten, Kapitel 1 – B.II.2.

27 Schack, Int. Zivilverfahrensrecht, Rn. 260 ff., Rn. 269; Staudinger (Magnus), Wiener UN-Kaufrecht, Einl. zum CISG, Rn. 4; Witz/Salger/Lorenz (M. Lorenz), Int. Einh. Kaufrecht, Einl., Rn. 6; Piltz, Int. Kaufrecht, § 1, Rn. 26; ders. IHR 2002, 2, 3 f.; Mischke, BB 1997, 1494, 1495. Vgl. Schlechtriem, Int. UN-Kaufrecht, Rn. 14.

28 Vgl. Staudinger (Magnus) Wiener UN-Kaufrecht, Einl. zum CISG, Rn. 4; Piltz, IHR 2002, 2, 3, 5; Roßmeier, RIW 2000, 407, 407; Witz, Zurückbehaltungsrechte (FS Schlechtriem),

III. Anmerkungen zur Schuldrechtsreform

Die Schlacht, Schlammschlacht wie es gelegentlich schien, ist geschlagen: zum 1.1.2002 ist das neue interne deutsche Schuldrecht Wirklichkeit geworden. Der nach Jahrzehnten der Vorarbeit im August 2000 wieder aufgenommene, zuletzt recht zügige, vielfach als überstürzt empfundene Reformprozess war in zeitlicher Hinsicht insbesondere von der Notwendigkeit getrieben, die europäische Verbrauchsgüterkaufrichtlinie[29] in internes deutsches Recht umzusetzen.[30] Ob dieser Umsetzungsdruck für die umfassende Schuldrechtsreform Anlass oder nur Vorwand war,[31] kann an dieser Stelle dahinstehen. Auch die vielfältige, teilweise heftige und nicht immer sachliche Kritik am Reformprozess und am inhaltlichen Ergebnis soll hier nicht noch einmal rekapituliert werden.[32] Angemerkt sei nur, dass auch das jüngst so hochgelobte "Kulturdenkmal"[33] BGB seinerzeit heftigst kritisiert wurde.[34]

S. 293; Hoeren, Internetrecht, S. 236 f. (für über das Internet abgeschlossene Verträge). Vergleich demgegenüber aber die empirische Untersuchung von Sommerer, AwPrax 2003, 19, 20, unter oberfränkischen (der IHK Bayreuth oder der IHK Coburg zugehörigen) Außenhandelsunternehmen, wonach diese das UN-Kaufrecht zu 37% bewusst ausschließen, zu 55% nicht kennen und nur zu 8% bewusst anwenden.

29 Richtlinie 1999/44/EG vom 25.5.1999, Amtsblatt der europ. Gemeinschaften, Nr. L 171 (7.7.1999), S. 12 ff.

30 Vgl. Begr. RegE, BT-Drucks. 14/6040, S. 79, linke Spalte, a. E.; Däubler-Gmelin, NJW 2001, 2281, 2281, 2288; Dauner-Lieb/Heidel/Lepa/Ring (Büdenbender), Neues SchuldR, § 8, Rn. 3; ders., ZeuP 2004, 36, 36; Lorenz/Riehm, Neues SchuldR, Rn. 1 ff., Rn. 156 ff.; Piltz, IHR 2002, 2, 2; Honsell, JZ 2001, 278, 281. Nach der Verbrauchsgüterkaufrichtlinie selbst bestand kein Zwang zur Neuregelung der hier in Frage stehenden Materie der Kaufverträge zwischen Kaufleuten/Unternehmern (zu dieser Eingrenzung unten, Kapitel 1 – B.II.2), Begr. RegE, BT-Drucks. 14/6040, S. 80, rechte Spalte; Büdenbender, ZeuP 2004, 36, 36 ff. Gegen den Vorwurf der Überhastung schon Begr. RegE, BT-Drucks. 14/6040, S. 79.

31 Vgl. Piltz, IHR 2002, 2, 2.

32 Vgl. Zimmer, NJW 2002, 1, 1. *Pars pro toto* sei auf die von Altmeppen und Wilhelm initiierte "Gemeinsame Erklärung" (unter www.uni-passau.de/altmeppen), die Aufsätze Altmeppens in DB 2001, 1131 ff. und DB 2001, 1399 ff., Canaris' Replik darauf in DB 2001, 1815 ff., Altmeppens Duplik darauf in DB 2001, 1821 ff. sowie auf die Kritik Pickers an § 275 II BGB in JZ 2003, 1035 ff. und Canaris' Replik darauf in JZ 2004, 214 ff. verwiesen.

33 Flume, ZIP 2000, 1427, 1429.

34 Vgl. Zimmermann, Schuldrechtsmodernisierung? (Zivilrechtswissenschaft und Schuldrechtsref.), S. 3 f. Zudem hat schon jetzt so manch einer erheblich von der Schuldrechtsreform profitiert. Dazu gehören, neben der Druckindustrie, insb. die juristischen Fachverlage, denn zahlreichen Autoren diente und dient die Schuldrechtreform als dankbares Betätigungsfeld. Neben der Vielzahl neu verfasster Lehrbücher und Kommentare wurde und wird eine schiere Flut von Aufsätzen produziert. Selbst eine neue "Zeitschrift für das gesamte Schuldrecht (ZGS)" hat Dank der Schuldrechtsreform das Licht der Welt erblickt.

Der Gesetzgeber entschied sich, ausgehend von der sog. "großen Lösung"[35] der 14. Bundesregierung, für eine nahezu vollständigen Umgestaltung insbesondere des Kauf- und allgemeinen Leistungsstörungsrechts, u. a. um eine weitergehende Zersplitterung des deutschen Kaufrechts in vier Unterkaufrechte – ein allgemeines Kaufrecht, ein durch die Vorschriften des HGB modifiziertes intern-nationales Handelskaufrecht, das im internationalen Umfeld zu beachtende UN-Kaufrecht sowie ein separates Verbraucherkaufrecht – zu vermeiden.[36]

Inhaltlich hat sich der Reformgesetzgeber dabei in doppelter Hinsicht am UN-Kaufrecht orientiert: zum einen wurden die strukturellen Grundlagen und manche Detailregelung direkt aus dem UN-Kaufrecht 'abgeschrieben', zum anderen diente dieses bereits als Vorlage für die Verbrauchsgüterkaufrichtlinie und floss somit indirekt, dafür aber mit verbindlichen Vorgaben, in das Reformwerk ein.[37] Freilich wurden die meisten Regelungen umfänglich angepasst, und insbesondere in der Schlussphase des Reformprozesses wurden verstärkt diejenigen Stimmen berücksichtigt, die eine engere Orientierung an Dogmatik und Begrifflichkeiten des 'alten' BGB suchten.[38] Auf die daraus resultierenden Unterschiede zum UN-Kaufrecht wird eingegangen.

---

35 Insb. Däubler-Gmelin, NJW 2001, 2281, 2281 ff. Vgl. zum Begriff und kritisch zur Zielsetzung Dauner-Lieb/Heidel/Lepa/Ring (Dauner-Lieb), Neues SchuldR, Einf., S. 15. ff. Zur Begründung der Zielsetzung Begr. RegE, BT-Drucks. 14/6040, S. 79.

36 Vgl. Begr. RegE, BT-Drucks. 14/6040, S. 86; Däubler-Gmelin, BT Plenarprotokoll 14/171, S. 16720, Rz. B; dies., NJW 2001, 2281, 2289; Canaris, DB 2001, 1815, 1821; Lorenz/Riehm, Neues SchuldR, Rn. 460; Dauner-Lieb/Heidel/Lepa/Ring (Büdenbender), Neues SchuldR, § 8, Rn. 3; ders., ZeuP 2004, 36, 36; Basedow, JuS 2004, 89, 94. Diesem Argument gegen über kritisch: Altmeppen, DB 2001, 1399, 1405, Fn. 53. Dagegen Canaris, DB 2001, 1815, 1821.

37 Vgl. Begr. RegE, BT-Drucks 14/6040, S. 84, linke Spalte, S. 86, rechte Spalte, S. 133 ff.; Däubler-Gmelin, NJW 2001, 2281, 2281, 2287, 2289; Magnus, ZEuP 2002, 52, 52; ders., CISG's Impact on European Legislation (Verona Conf. 2003), S. 133 f.; Pfeiffer, ZGS 2002, 23, 24 f.; Herber, German Experience (Verona Conf. 2003), S.64 ff; Dauner-Lieb/Heidel/Lepa/Ring (Dauner-Lieb), Neues SchuldR, Einf., S. 15 und § 2, Rn. 11; dies., ZGS 2003, 10, 11 f.; Lorenz/Faust, Neues SchuldR, Rn. 3 f., Rn. 158; Schlechtriem, Int. einh. Kaufrecht und neues SchuldR (Neues SchuldR i. d. Praxis), S. 71 f., S. 82.; Brüggemeier, WM 2002, 1376, 1376; Schmidt-Kessel, RIW 2003, 481, 482; Staudenmayer, NJW 1999, 2393, 2393 ff.; Regula/Kannowski, IHR 2004, 45, 45; Zimmermann, Breach of Contract, S. 8.

38 Dauner-Lieb/Heidel/Lepa/Ring (Dauner-Lieb), Neues SchuldR, § 2 Rn. 11; Haas/Medicus/Rolland/Schäfer/Wendtland (Rolland), Neues SchuldR, Kap. 1, Rn. 5; Zimmer, NJW 2002, 1, 1 f.; Zimmermann, Breach of Contract, S. 9. Vgl. Westermann, NJW 2002, 241, 243; Lando, RabelsZ 67 (2003), 231, 244; Schlechtriem, Int. einh. Kaufrecht und neues SchuldR (Neues SchuldR i. d. Praxis), S. 73 f., S. 76 ff.

B. Untersuchungsgegenstand

I. Ausgangspunkt und Ziele der Untersuchung

Entgegen dem zuvor aufgezeigten großen Anwendungsbereich des UN-Kaufrechts empfehlen Rechtsberater und Verbandsjuristen bisher oft routinemäßig den vollständigen Ausschluss des UN-Kaufrechts.[39] Die (vermuteten) Gründe dafür reichen von schierer Unkenntnis[40] und dem *horror alieni*[41] über Eigeninteressen der Rechtsberatungsindustrie, der Branchenverbände und anderer,[42] die (vermeintlich) erhöhten Rechtsermittlungskosten[43] bis hin zu, freilich vielfach wohl auch vorgeschobenen,[44] sachlich-inhaltlichen Begründungen. So werden die Regelungen des UN-Kaufrechts oftmals als ungeeignet und übermäßig käuferfreundlich empfunden;[45] auch wird auf die aus der Anwendung des UN-Kaufrechts resultierende Rechtsunsicherheit hingewiesen, die daraus folgen soll, dass das UN-Kaufrecht offene, vage Tatbestände verwendet[46] und es keine gemeinsame oberste Gerichts-

---

[39] Vgl. Mankowski, RIW 2003, 2, 8; Ferrari, ZEuP 2002, 737, 737; Koch, NJW 2000, 910, 910; Stadie/Nietzer, MDR 2002, 428, 431; Schillo, IHR 2003, 257, 259; Zwernemann/Sutorius, Schuldrechtsref., S. 7; Ferrari, European and Int. Sales Law (Towards a European Civil Code), S. 366; Herber, German Experience (Verona Conf. 2003), S.62 ff.; Bonsau/Feuerriegel, IPRax 2003, 421, 421 (Fn. 1); Piltz, AwPrax 2002, 259, 260; Witz/Salger/Lorenz, Int. Einh. Kaufrecht, Vorwort. Vgl. auch die empirischen Untersuchungen von Sommerer, AwPrax 2002, 19, 20 (Fn. 28) und bei Berger/Dubberstein/Lehmann/Petzold, ZVglRWiss 101 (2002), 12, 12 ff.; zur vergleichsweise geringen Verbreitung in den USA Thiele, IHR 2002, 8, 8 f.; Spanogle/ Winship, Int. Sales Law, Preface, S. v.

[40] Mankowski, RIW 2003, 2, 8; Koch, NJW 2000, 910, 910; Witz/Salger/Lorenz, Int. Einh. Kaufrecht, Vorwort. Für die USA Thiele, IHR 2002, 8, 8 f.; Spanogle/Winship, Int. Sales Law, Preface, S. v. Vgl. Ferrari, European and Int. Sales Law (Towards a European Civil Code), S. 366; Regula/Kannowski, IHR 2004, 45, 45 f. Empirische Nachweise bei Sommerer, AwPrax 2002, 19, 20; Berger/Dubberstein/Lehmann/Petzold, ZVglRWiss 101 (2002), 12, 35.

[41] Mankowski, RIW 2003, 2, 8.

[42] Vgl. Mankowski, RIW 2003, 2, 8; Nicholas, United Kingdom and Vienna Sales Convention, S. 2 ff. (kein Beitritt Großbritanniens zum UN-Kaufrecht u. a. auch deswegen, weil der Londoner Rechtsberatungsmarkt ein Interesse am Erhalt seines Wettbewerbsvorteils, der besseren Kenntnis des *Common Law,* hat).

[43] Vgl. Mankowski, RIW 2003, 2, 3, 8; Ferrari, ZEuP 2002, 737, 737; Koch, NJW 2000, 910, 910, 915; Stadie/Nietzer, MDR 2002, 428, 431; Witz/Salger/Lorenz, Int. einh. Kaufrecht, Vorwort.

[44] Vgl. Mankowski, RIW 2003, 2, 8 f.

[45] Vgl. Mankowski, RIW 2003, 2, 8 f.; Piltz, Int. Kaufrecht, § 1, Rn. 27; Mischke, BB 1997, 1494, 1496; Herber, German Experience (Verona Conf. 2003), S. 62 ff.; Schillo, IHR 2003, 257, 259. A. A. Kappus, NJW 1994, 984, 984 f.

[46] Vgl. Mankowski, RIW 2003, 2, 8 f.; Nicholas, United Kingdom and Vienna Sales Convention, S. 2 ff.; Schillo, IHR 2003, 257, 259.

instanz gibt, die allgemein bindend Klärung in streitigen Fragen herbeiführen könne.[47]

Neuerdings ist allerdings die Tendenz festzustellen, die bisherige *Opting out*-Praxis zu überdenken.[48] Aus Sicht eines deutschen Rechtsanwenders und Exporteurs wird dies nicht zuletzt befördert durch die Schuldrechtsreform, die ihrerseits erhebliche Rechtsunsicherheit hinsichtlich des internen deutschen Kaufrechts erzeugt hat[49] und zudem als stark verbraucherorientiert – sprich: käuferfreundlich – gilt.[50] Hinzu kommt, dass das neue Kaufrecht strukturell eine weitgehende Angleichung an das UN-Kaufrecht erfahren hat,[51] so dass die Kenntnis des eigenen (neuen) Rechts den Zugang zum UN-Kaufrecht künftig erheblich vereinfachen wird.[52] D. h. auch: die Kosten der Rechtsermittlung und Rechtsanwendung betreffend das UN-Kaufrecht werden weiter sinken und psychologische Blockaden ("Kenn' ich nicht, mag ich nicht") werden leichter zu überwinden sein. Dies alles lässt eine weitere Bedeutungszunahme des UN-Kaufrechts erwarten.[53] Eine Überprüfung alter Positionen ist somit angezeigt. Mit vorliegender Arbeit soll daher untersucht werden, ob die alte Mär vom verkäuferfeindlichen und daher zu meidenden UN-

---

47 Vgl. Staudinger (Magnus) Wiener UN-Kaufrecht, Einl. zum CISG, Rn. 7. Zu kurz greift auch das Argument von Schillo, IHR 2003, 257, 265, wonach die Unerfahrenheit der nationalen Gerichte mit dem CISG dessen Anwendung zu einem unkalkulierbaren "Ritt über den Bodensee" mache (ähnlich Bälz, RIW 2003, 416, 418 f. für die Sondersituation des Wiederaufbaus des Irak), denn ein nationales Gericht wird i. a. R. wohl noch weniger Erfahrung mit einem rein ausländischen Recht haben, auch dann, wenn es sich um ein vermeintlich 'neutrales' Recht, bspw. das schweizer Recht handelt – der Bodenseeritt wäre dann wohl noch unkalkulierbarer.

48 Vgl. Zwernemann/Sutorius, Schuldrechtsref., S. 1, S. 16 f., S. 24; P. Huber/Kröll, IPRax 2003, 309, 309; Herber, IHR 2003, 1, 1; Piltz, IHR 2002, 2, 8; Stadie/Nietzer, MDR 2002, 428, 431; Schillo, IHR 2003, 257, 259 f.; Schulte-Nölke, ZGS 2003, 401, 401.

49 Vgl. Däubler-Gmelin, NJW 2001, 2281, 2288; Dauner-Lieb/Heidel/Lepa/Ring (Dauner-Lieb), Neues SchuldR, Vorwort; dies., ZGS 2003, 10, 10; P. Huber/Faust, Schuldrechtsmodernisierung, Vorwort; Faust, ZGS 2002, 271, 271; Lorenz/Riehm, Neues SchuldR, Vorwort; v. Westphalen, ZIP 2001, 2107, 2107; Triebel/Hölzle, BB 2002, 521, 529 ("Die Vertragspraxis schwimmt führerlos in unbekannten Gewässern"); Regula/Kannowski, IHR 2004, 45, 52, Fn. 87. Vgl. illustrativ BGH, U. v. 16.7.2003, ZGS 2003, 438 ff. = NJW 2003, 3341 ff. und dazu Lorenz, ZGS 2003, 421, 421 ff.; ders., JuS 2004, 105, 105; AG Daun, ZGS 2003, 397 f. und dazu Lorenz, ZGS 2003, 398, 398 ff.

50 Piltz, IHR 2002, 2, 2; ders. AwPrax 2002, 259, 261; Zwernemann/Sutorius, Schuldrechtsref., S. 1, S. 16 f., S. 24. Vgl. Schubel, JuS 2002, 313, 314 f.; Regula/Kannowski, IHR 2004, 45, 52 f.

51 Begr. RegE, BT-Drucks 14/6040, S. 86, rechte Spalte; Däubler-Gmelin, NJW 2001, 2281, 2287 f. Vgl. Lorenz/Riehm, Neues SchuldR, Rn. 3; Dauner-Lieb/Heidel/Lepa/Ring (Dauner-Lieb), Neues SchuldR, Kap. Einf., S. 15, § 2, Rn. 11. Vgl. schon zuvor, Kapitel 1 – A.III.

52 Gruber, ZVglRWiss 101 (2002), 38, 42 f.; Schlechtriem, Int. einh. Kaufrecht und neues SchuldR (Neues SchuldR i. d. Praxis), S. 86. Vgl. Pfeiffer, ZGS 2002, 23, 24; Mankowski, IHR 2003, 2, 3, 9 f.; Hoeren, ZGS 2002, 10, 11. Zweifelnd Schillo, IHR 2003, 257, 266.

53 Vgl. Schulte-Nölke, ZGS 2003, 401, 401.

Kaufrecht weiterhin aufrechterhalten werden kann, oder ob man als deutscher Warenexporteur nicht ganz im Gegenteil sein Heil in der 'Flucht in das UN-Kaufrecht' suchen sollte.[54]

II. Vorgehen und Gang der Untersuchung

1. Ermittlung der relativen Vor- und Nachteile aus Sicht eines deutschen Warenexporteurs anhand der Kriterien *Haftungsrisiko, Planungssicherheit* und *GPO-Potential*

Will man die Vorzüge und Nachteile einer Regelung oder eines Rechtsregimes untersuchen, so bedarf es neben eines Maßstabs und eines Standpunkts auch Kriterien, anhand derer bestimmt werden kann, ob die eine Regel, beurteilt vom eingenommenen Standpunkt aus, der Vergleichsregel gegenüber über- oder unterlegen ist.

Vergleichsmaßstab ist vorliegend, jeweils wechselseitig, das System der Käuferrechtsbehelfe des UN-Kaufrechts bzw. das des internen deutschen Handelskaufrechts. Als Betrachtungsstandpunkt wird der eines deutschen Warenexporteurs (Verkäufers) eingenommen, was sich ohne weiteres aus dem beständig zunehmenden bundesdeutschen Exportüberschuss erklärt.[55] Es wird also zu fragen sein, ob sich die Einzelregelungen und Regelungskomplexe des UN-Kaufrechts gegenüber denjenigen des internen deutschen Kaufrechts für einen deutschen Warenexporteur als vergleichsweise vor- oder nachteilhaft erweisen.[56] Insoweit der Untersuchungsbereich dieser Arbeit berührt ist (dazu im Anschluss), wird damit die Entscheidung eines deutschen Warenexporteurs für oder wider das UN-Kaufrecht als Vertragsgrundlage für ein bestimmtes Exportgeschäft und für seine Exportbeziehungen allgemein unterstützt.

Die jeweils anzulegenden Vergleichskriterien werden nachfolgend kurz abstrakt aufgeführt und erläutert. Es findet dabei eine Konzentration auf drei aus unternehmerischer Perspektive besonders relevante Hauptkriterien statt, die sich aber auch in weitere (Sub-) Kriterien herunterbrechen ließen und untereinander nicht

---

54 Vgl. schon Mischke, BB 1997, 1494, 1496; v. Westphalen, ZIP 2001, 2107, 2107 (mit Blick auf § 444 BGB n. F.); Piltz, IHR 2002, 2, 5; Ernst, FAZ vom 19.5.2001, S. 8.

55 Im Jahre 2003 wies die bundesdeutsche Außenhandelsbilanz ein Exportvolumen von rund 660 Mrd. EUR und einen Außenhandelsüberschuss von rund 126 Mrd. EUR auf, vgl. Statistisches Bundesamt, Wiesbaden, www.destatis.de (Zahlen vorläufig). Damit wird Deutschland in 2003 auf Basis jeweils aktueller Dollar-Kurse erstmals seit der Wiedervereinigung vor den USA wieder zum "Exportweltmeister", vgl. Grömling, iw-trends 2003, Heft 4.

56 Hingegen befasst sich die Wirtschaftswissenschaft und ihre Teil- oder Schwesterdisziplin der ökonomischen Rechtsanalyse mit der Frage nach der optimalen (effizienten oder verschwendungsfreien) Verteilung der insgesamt vorhandenen (knappen) Ressourcen, vgl. Schäfer/Ott, Ökonomische Analyse des Zivilrechts, Einl., S. 1. Aus diesem unterschiedlichen Blickwinkel folgt, dass sich Methoden und Erkenntnisse dieser Wissenschaften auf vorliegende Fragestellung nur begrenzt übertragen lassen.

überschneidungsfrei sind. Auch werden die einzelnen Kriterien für unterschiedliche Verkäufer unterschiedliches Gewicht haben, was bspw. von der jeweiligen Branche und der in Frage stehenden Warenart (Reproduzierbarkeit, Komplexität, Verderblichkeit, Größe und Masse, etc.) abhängt, hier aber keine Berücksichtigung finden kann.

¶ Erstes Vergleichskriterium ist vorliegend das *Haftungsrisiko* des Verkäufers, als Produkt der (betragsmäßigen) Höhe der verkäuferischen Haftung im Haftungsfall und der Wahrscheinlichkeit des Eintritts eines Haftungsfalls.

Die Höhe der verkäuferischen Haftung im Haftungsfall wird zunächst durch gesetzliche Begrenzungen der Haftsumme, bspw. durch die Beschränkung der Schadensersatzhaftung auf vorhersehbare oder adäquate Schadensfolgen, bestimmt. Mittelbar ist die Zulässigkeit vertraglicher Haftungsbeschränkungen (durch AGB oder Individualvereinbarungen) bedeutsam, was vorliegend, dem Fokus der Untersuchung entsprechend, nur am Rande angesprochen wird.

Die Höhe der Verkäuferhaftung wird zudem durch die Modalitäten der Haftsummenberechnung beeinflusst, insbesondere dadurch, ob der Käufer die Möglichkeit (und den Anreiz) hat, darauf (zum Nachteil des Verkäufers) Einfluss zu nehmen, bspw. indem er Zeit und Ort für die Bestimmung von Vergleichsmarktpreisen bei der Berechnung der Kaufpreisminderung oder die Art der Berechnungsmethode (konkret oder abstrakt) bei der Schadensersatzberechnung bestimmen kann. Auch (sonstige) Spekulationsspielräume des Käufers anlässlich einer verkäuferischen Vertrags-/Pflichtverletzung, die es dem Käufer erlauben, die ursprünglich ausgehandelte Vertragsbalance nachträglich zu seinen Gunsten zu verschieben, tragen zu einer Erhöhung der verkäuferischen Haftung bei.

Darüber hinaus sind die mit einem Haftungsfall einhergehenden Neben-, Begleit- und Folgekosten von erheblicher Bedeutung, d. h. solche Kosten, die nicht in dem an den Käufer zu leistenden Ausgleich, bspw. der an ihn zu bezahlenden Schadensersatzsumme, bestehen, sondern in sonstigen vom Verkäufer zu tragenden Kosten im Rahmen der Abwicklung des Ausgleichs der Vertrags- bzw. Pflichtverletzung. Hierunter fallen Kosten, die dem Verkäufer aus der notwendigen Vorhaltung doppelter Ressourcen zum Ausgleich der Vertrags-/Pflichtverletzung entstehen, z. B. weil der Käufer zwischen mehreren, ihrer Art nach unterschiedlichen Varianten des Ausgleichs (bspw. Lieferung von Ersatzware, Reparatur und Schadensersatz in Geld) wählen kann. Hierdurch wird der Verkäufer gezwungen, sich hinsichtlich aller in Frage kommenden Ausgleichsvarianten leistungsbereit zu halten, er muss also bspw. sowohl seine Reparatur- und Nachlieferungsfähigkeit erhalten, als auch ausreichende finanzielle Rückstellungen bilden. Diese Haftungs-Nebenkosten steigen mit zunehmender Dispositionsfreiheit des Käufers anlässlich eines Haftungsfalles in sachlicher (Umfang und sachliche Einschränkungen des Wahlrechts) und zeitlicher Hinsicht (Fristvorgaben für die Ausübung des Wahlrechts).

Die Haftungsbegleitkosten des Verkäufers steigen zudem dann, wenn dem Käufer die Möglichkeit gegeben ist, eine Art des Ausgleichs zu wählen, die, ohne sein Leistungsinteresse besser als eine andere Ausgleichsart zu befriedigen, dem Verkäufer größere Kosten verursacht (also ineffizient ist).

Auch die aus der Wahl eines bestimmten Rechtsbehelfs resultierenden Folgekosten sind hier zu berücksichtigen, wie bspw. die vom Verkäufer zu tragenden Kosten des Rücktransports der Ware vom Bestimmungsort zu seinem Niederlassungssitz oder Lager bei einer außerplanmäßigen Vertragsauflösung.[57]

Mittelbar sind schließlich die auf die Vermeidung des Haftungsfalles abzielenden Vorsorgekosten, insbesondere Informations- und Qualitätssicherungskosten, zu berücksichtigen, die eng mit der Wahrscheinlichkeit des Eintritts eines Haftungsfalles verbunden sind (dazu sogleich).

Die Wahrscheinlichkeit des Eintritts eines Haftungsfalls wird zum einen von dem dem Verkäufer abverlangten Pflichtenumfang, zum anderen von dem ihm bei der Pflichterfüllung auferlegten Sorgfaltsmaßstab bestimmt; denn die Wahrscheinlichkeit einer Pflichtverletzung seitens des Verkäufers steigt mit zunehmendem Pflichtenumfang und mit zunehmender Reduzierung der zulässigen Spielräume bei der Leistungserbringung in qualitativer, quantitativer und zeitlicher Hinsicht (bspw. durch eine genaue, enge Bestimmung des Fälligkeitszeitpunktes) an. Zudem ist zu berücksichtigen, ob der Käufer die ihm wegen der Vertrags-/Pflichtverletzung zustehenden Rechtsbehelfe/Ausgleichsansprüche tatsächlich ausüben wird. Dies wird v. a. dadurch beeinflusst, welche (weiteren) positiven und negativen Voraussetzungen für die Verfügbarkeit der Käuferrechtsbehelfe (zusätzlich zu einer Vertrags-/Pflichtverletzung des Verkäufers) jeweils erfüllt sein müssen, unter welchen Umständen der Verkäufer von seiner Haftung wieder frei wird und welche Kosten für den Käufer mit der Ausübung eines Rechtsbehelfs verbunden sind.

Die Höhe der Haftung im Haftungsfall sowie die Wahrscheinlichkeit des Eintritts eines Haftungsfalles und der Ausübung von Rechtsbehelfen deswegen bestimmt auch, wie schon angesprochen, die Höhe der damit assozi-

---

[57] Vgl. v. Hoffmann, Gewährleistungsansprüche (Einh. Kaufrecht und nat. Obligationenrecht), S. 295 f.

ierten Vorsorgekosten des Verkäufers einerseits zur Vermeidung des Eintritts eines Haftungsfalles (Informations-, Qualitätssicherungs- und -kontrollkosten, etc.) und andererseits für den Haftungsfall selbst (Rückstellungen für die Haftsumme und die Haftungsbegleitkosten, Versicherungskosten, etc.).

¶ Zweites Vergleichskriterium ist das Maß an unternehmerischer *Planungssicherheit,* das das jeweilige rechtliche Regime dem Verkäufer bei seiner Teilnahme am Wettbewerbsgeschehen bietet. Vorteilhaft ist eine Regelung, die dem Verkäufer eine möglichst stabile Planungsgrundlage bietet, d. h. es ihm ermöglicht, den Ausgang eines Geschäftsvorgangs, den daraus zu erwartenden Gewinn oder Verlust und den Zeitpunkt seiner Realisierung mit möglichst hoher Wahrscheinlichkeit und Genauigkeit richtig vorherzusagen; dies reduziert seine Unsicherheitskosten und erweitert seinen Spielraum für strategische Planungen.

Wichtigster Einzelpunkt ist hier die Stärke der Vertragsbindung *(pacta sunt servanda*-Grundsatz) bei einer Vertrags-/Pflichtverletzung: bei hoher Vertragsbindungsstärke kann sich der Verkäufer trotz der Vertrags-/Pflichtverletzung eher auf die vollständige Ausführung des Vertrages verlassen und mit den Erlösen (Deckungsbeitrag) daraus rechnen (wenngleich evt. reduziert um gewisse Ausgleichskosten) und seine bereits mit Blick auf die Vertragsdurchführung getätigten Investitionen sind nicht verloren. Nachteilhaft ist demgegenüber ein Rechtsregime, das die Dispositionsfreiheit des Käufers stärker betont und diesem das Recht gibt, sich bei/anlässlich jeder oder zumindest bei/anlässlich einer geringfügigen Vertrags-/Pflichtverletzung von dem Vertrag zu lösen.

Die Vertragsbindung wird dadurch verstärkt, dass insbesondere die Rechtsbehelfe des Käufers, die eine (teilweise) Vertragsauflösung implizieren, nur unter strengen Voraussetzungen (bspw. kurz bemessener und inhaltlich anspruchsvoller Untersuchungs- und Rügeobliegenheit) verfügbar sind und der Käufer bei Versäumnissen seinerseits trotz einer (erheblichen) Vertrags-/Pflichtverletzung an den Vertrag gebunden bleibt.

Auch die sachlichen und zeitlichen Voraussetzungen der Verfügbarkeit der Käuferrechtsbehelfe allgemein spielen hier eine tragende Rolle, ebenso Einschränkungen der käuferischen Dispositionsfreiheit bei der Wahl zwischen Rechtsbehelfen mit ihrer Art nach unterschiedlichen Rechtsfolgen. Strenge Anforderungen und kurze Fristen führen zu einer Erhöhung der verkäuferischen Planungssicherheit, da der Verkäufer dadurch schneller weiß, ob und ggf. wie bzw. was er zum Ausgleich leisten muss, und sich entsprechend darauf einstellen kann.

Schließlich ist auch die Ausgestaltung der Zurückweisungs- und Zurückbehaltungsrechte des Käufers eine Frage, die die Planungsgrundlage des Verkäufers betrifft, denn dies beeinflusst, unter welchen Bedingungen der Verkäufer die verkaufte Ware weiterhin (vorübergehend) be- und erhalten muss ('Handlingkosten') und wann er den Erlös aus dem Vertrag (endgültig) verbuchen kann.

¶ Drittes und letztes Vergleichskriterium, seiner Art nach weiter als die vorgenannten und sich mit diesen überschneidend, ist, in welchem Umfang die jeweilige gesetzliche Regelung eine Optimierung (Standardisierung und Rationalisierung) der Geschäftsprozesse bzw. Geschäftsabläufe innerhalb der verkäuferischen Organisation und damit mittel- und langfristig die Realisierung entsprechender Kosteneinsparungspotentiale erlaubt (Potential zur Geschäftsprozessoptimierung, *GPO-Potential).*

Dies wird maßgeblich durch den Umfang der Dispositionsfreiheit des Käufers hinsichtlich des "Wie" des Ausgleichs einer etwaigen Vertrags-/ Pflichtverletzung, d. h. der Wahlfreiheit hinsichtlich der ihm zur Verfügung stehenden Rechtsbehelfe der Art ihrer Rechtsfolge nach, beeinflusst: kann der Käufer bei einer Vertrags-/Pflichtverletzung des Verkäufers bspw. zwischen Ausgleich durch Neulieferung, Reparatur oder in Geld wählen, so muss die Betriebsorganisation des Verkäufers grundsätzlich alle diese Ausgleichsvarianten leisten können, d. h. ein entsprechend leistungsfähiges Beschaffungswesen, eine Reparaturwerkstatt oder geschäftliche Verbindungen zu einer solchen sowie ausreichende finanzielle Rückstellungen aufweisen. Ist der Ausgleich hingegen von vornherein auf eine Variante beschränkt oder steht das Wahlrecht insoweit nicht dem Käufer, sondern dem Verkäufer zu, kann dieser seine Betriebsorganisation auf diese eine Ausgleichsvariante bzw. die eine seiner Erfahrung nach regelmäßig kostengünstigste/effizienteste Ausgleichsvariante ausrichten und entsprechend straffen.

Auch der Pflichtenumfang und der dem Verkäufer bei der Pflichtenerfüllung auferlegte Sorgfaltsmaßstab beeinflusst die Komplexität der verkäuferischen Betriebsorganisation, da mit zunehmendem Pflichtenumfang und steigendem Sorgfaltsmaßstab die betrieblichen Einrichtungen zur Qualitätssicherung und -kontrolle, Informationsbeschaffung, Risk Management, etc. an Komplexität und Umfang zunehmen.

2. Eingrenzung des Untersuchungsumfangs (zugleich Anwendungsvoraussetzungen des UN-Kaufrechts)

Umfangbedingt kann vorliegende Untersuchung nicht alle Aspekte, welche die Vor- und Nachteilhaftigkeit eines Rechtsregimes ausmachen, umfassen. Der Fokus der vorliegenden Arbeit liegt daher auf den Rechtsbehelfen des Käufers im Falle einer Vertrags- bzw. Pflichtverletzung des Verkäufers, denn das System der Käuferrechtsbehelfe macht wohl das Rückgrat einer jeden Kaufrechtsordnung aus und hat ganz erheblichen Anteil daran, ob eine solche insgesamt als vorzugswürdig anzusehen ist oder nicht.[58]

Einschränkungen des Untersuchungsprogramms folgen auch aus dem räumlichen und sachlichen Anwendungsbereich des UN-Kaufrechts und seinem tatsächlichen Einsatzbereich. Sachlich ist der Anwendungsbereich des UN-Kaufrechts auf *Kauf- und Werklieferungsverträge* beschränkt, vgl. Art. 1 I, 3 I, II CISG,[59] was neuerdings gleichermaßen für die Vorschriften des internen allgemeinen und handelsspezifischen deutschen Kaufrechts gilt, vgl. § 651 Satz 1 BGB und § 381 II HGB.[60] Maßgeblich ist dabei der Gesamtcharakter des Vertrages. Darin enthaltene nicht kaufvertragliche Zusatzpflichten sind dann, wenn das UN-Kaufrecht zur Anwendung kommt, ebenfalls nach den Regeln des UN-Kaufrechts zu beurteilen.[61] Bestimmte Käufe, bspw. anlässlich von Versteigerungen und Zwangsvollstreckungsmaßnahmen, unterliegen allerdings nicht dem UN-Kaufrecht, vgl. Art. 2 b), c) CISG, und bleiben hier daher außen vor.

Die Anwendung des UN-Kaufrechts setzt zudem einen *Warenkauf* voraus (vgl. Art. 1 I CISG), wobei allerdings bestimmte Warengruppen dem Anwendungsbereich des UN-Kaufrechts entzogen sind, vgl. insbesondere Art. 2 a), d) - f) CISG. Dazu gehören Wertpapiere und Zahlungsmittel, bestimmte Schiffe und Luftfahr-

---

58 Für die Rechtswahl müssen selbstverständlich auch die Käuferpflichten und Verkäuferrechtsbehelfe und andere Kriterien angemessen berücksichtigt werden; vgl. zudem nachfolgend Kapitel 1 – B.III.

59 Schlechtriem, Int. UN-Kaufrecht, Rn. 24.

60 Vgl. Anwaltkommentar (Büdenbender), SchuldR, § 433, Rn. 10.

61 Staudinger (Magnus), Wiener UN-Kaufrecht, Art. 3, Rn. 11, Rn. 26, Rn. 29, Art. 25, Rn. 7, Art. 30, Rn. 18 f.; ders., ZEuP 1999, 642, 653; Schlechtriem (Ferrari), Einh. UN-Kaufrecht, Art. 3, Rn. 4 ff.; Reinhart, UN-Kaufrecht, Art. 3, Rn. 4; Schlechtriem, Int. UN-Kaufrecht, Rn. 27 f. (a. A. aber ders., JZ 1988, 1037, 1039); Piltz, Int. Kaufrecht, § 1, Rn. 96; Karollus, UN-Kaufrecht, S. 24; Fogt, IPRax 2003, 364, 366 ff.; Honsell, SJZ 1992, 345, 348. Vgl. Handelsgericht Aargau (Schweiz), U. v. 26.9.1997, www.unilex.info; OLG Schleswig-Holstein, U. v. 29.10.2001, nicht veröffentlicht; OLG Köln, U. v. 8.1.1997, www.unilex.info. Liegen hingegen zwei getrennte Verträge, bspw. ein Kauf- und ein Werkvertrag vor, so ist auf den Kaufvertrag (vorrangig) das UN-Kaufrecht, auf den Werkvertrag ausschließlich unvereinheitlichtes Werkvertragsrecht anzuwenden, vgl. Staudinger (Magnus), Wiener UN-Kaufrecht, Art. 3, Rn. 9; Karollus, UN-Kaufrecht, S. 24.

zeuge, elektrische Energie[62] sowie, insbesondere, Waren, die erkennbar dem persönlichen Gebrauch dienen. Aufgrund letzterer Einschränkung kommt das UN-Kaufrecht v. a. zwischen 'professionellen' Kaufleuten zur Anwendung, wenngleich dies rechtlich nicht zwingend ist.[63] Vorliegend wird aber davon ausgegangen, dass beide Vertragsparteien 'professionelle' Händler sind und als solche die *Kaufmannseigenschaft* des § 1 HGB und auch die *Unternehmereigenschaft* des § 14 BGB erfüllen.[64] Damit, und unter Zugrundelegung eines Warenkaufs, sind 'auf deutscher Seite' die Sondervorschriften der §§ 373 ff. HGB über den Handelskauf und die §§ 474 ff. BGB über den Verbrauchsgüterkauf zu berücksichtigen.[65]

Schließlich und letztlich muss Untersuchungsgegenstand ein *grenzüberschreitender* Warenkaufvertrag, also ein Vertrag zwischen Vertragsparteien mit maßgeblichem Niederlassungssitz in verschiedenen Staaten, sein, vgl. Art. 1 I a), b) CISG i. V. m. Art. 10 CISG.[66] Da vorliegend der Blickwinkel eines deutschen Warenexporteurs eingenommen wird, liegt der maßgebliche Niederlassungssitz des Verkäufers in Deutschland.

3. Gang der Untersuchung

Am Anfang der Untersuchung steht, als Ausgangs- und Anknüpfungspunkt der käuferischen Rechtsbehelfe, ein Vergleich des verkäuferischen Pflichtenprogramms in UN-Kaufrecht und internem deutschem Handelskaufrecht (Kapitel 2). Dem schließt sich ein Vergleich der strukturellen Merkmale der Käuferrechtsbehelfe beider Rechtsregimes anhand der vorgenannten Kriterien an (Kapitel 3), gefolgt von der Gegenüberstellung der einzelnen Käuferrechtsbehelfe (Kapitel 4) und, abschließend, einem zusammenfassenden Gesamtvergleich (Kapitel 5).

Als strukturelle, das System der Käuferrechtsbehelfe charakterisierende Merkmale, werden vorliegend angesehen:[67]

¶ die Art und Weise, wie die Verfügbarkeit der einzelnen Käuferrechtsbehelfe bestimmt ist. Als grundsätzlich Ansätze stehen hier die Anknüpfung an die Schwere oder die Anknüpfung an die Art einer Vertrags- bzw. Pflichtverletzung zur Verfügung;

---

62 Teilweise handelt es sich bereits definitorisch nicht um Waren i. S. v. beweglichen Sachen.

63 Vgl. Schlechtriem, Int. UN-Kaufrecht, Rn. 9, Fn. 6 und Rn. 29.

64 Freilich ist die Kaufmannsdefinition des internen deutschen Rechts im UN-Kaufrecht rechtlich ohne Bedeutung.

65 Die Vorschriften der §§ 474 ff. BGB kommen auch zwischen zwei Unternehmern i. S. v. § 14 BGB zur Anwendung, wenn nur an einem anschließenden Kaufvertrag ein Verbraucher i. S. v. § 13 BGB beteiligt ist, vgl. unten, Kapitel 3 – F.II.

66 Vgl. Schlechtriem, Int. UN-Kaufrecht, Rn. 11.

67 Vgl. zu einer teilweise abweichenden Aufzählung von 'Grundentscheidungen' Staudinger (Magnus), Wiener UN-Kaufrecht, Einl., Rn. 31.

- das Bestehen einer Rangfolge zwischen den Käuferrechtsbehelfen, insbesondere eines Vorrangs der Nacherfüllung vor den übrigen Käuferrechtsbehelfen;
- die Ausgestaltung der Schadensersatzhaftung des Verkäufers, wobei grundsätzlich das Modell einer Garantiehaftung einer an einem Verschuldensvorwurf ansetzenden Haftung gegenüber steht;
- die allgemeinen sachlichen Schranken der verkäuferischen Haftung, bspw. aufgrund der Kenntnis des Käufers von einem Mangel, aufgrund eines käuferischen Verantwortungsbeitrags zu einer Vertrags-/Pflichtverletzung des Verkäufers oder aufgrund von Obliegenheitsversäumnissen seitens des Käufers;
- die Beschränkung der verkäuferischen Haftung in zeitlicher Hinsicht aufgrund von Verjährungs- und Ausschlussfristen;
- die Ausgestaltung der Rückabwicklung eines gescheiterten Vertrages, insbesondere ob Störungen in der Rückabwicklung die Vertragsauflösung ausschließen (bspw. dann, wenn die Rückgabe der bereits gelieferten Ware nicht möglich ist);
- schließlich die Ausgestaltung der verkäuferischen Regressmöglichkeiten im Falle der Inanspruchnahme durch den Käufer.

III. Ergänzende Anmerkungen zu weiteren Faktoren bei der Rechtswahl

Neben der im folgenden zu ermittelnden inhaltlichen Vor- und Nachteilhaftigkeit der Ausgestaltung der Verkäuferpflichten und der Käuferrechtsbehelfe des UN-Kaufrechts im Vergleich zu dem neuen internen deutschen Handelskaufrecht sind bei der Entscheidung für oder wider ein bestimmtes Rechtsregime (Rechtswahl) selbstverständlich auch die Käuferpflichten, die Verkäuferrechtsbehelfe sowie die allgemeinen Vor- und Nachteile, die gleichermaßen für den Verkäufer und den Käufer gelten, zu berücksichtigen.

Hinsichtlich letzterem sind – hier, der Fokussierung der Arbeit entsprechend, nur kursorisch sowie unter dem Vorbehalt individueller Gewichtung im Einzelfall – als Vorteile gegenüber der Anwendung eines unvereinheitlichten intern-nationalen Rechts insbesondere folgende Punkte zu nennen: die Tatsache, dass die Parteien sich leichter auf das UN-Kaufrecht als *governing law* einigen können mögen, da es weder das Recht des Verkäufers noch das des Käufers, sondern ein 'neutrales' Recht ist;[68] das relative Maß an Rechtssicherheit und Verlässlichkeit, das daraus

---

68 Vgl. Mankowski, RIW 2002, 2, 4, 9; Piltz, Int. Kaufrecht, § 1, Rn. 32; Schackmar, Lieferpflicht, Rn. 177; Piliounis, Pace Int. Law Review 2000, Kap. 7. Dies reduziert die Verhand-

folgt, dass ein erheblicher, schwieriger Teil der Rechtsermittlung, die Anwendung der Regeln des IPR, und die damit einhergehenden Anreize zum *forum shopping* weitgehend entfallen;[69] die im Vergleich zur Anwendung eines ausländischen Rechts deutlich geringeren Kosten der Rechtsermittlung und -anwendung, die aus dem internationalen Charakter des UN-Kaufrechts – es gibt sechs offizielle Sprachversionen sowie zahlreiche amtliche Übersetzungen –, seinem klaren Aufbau und seiner deskriptiven Sprache,[70] der Vielfalt und Qualität einschlägiger Sekundärliteratur[71] und, nicht zuletzt, aus der einfachen Zugänglichkeit der zum UN-Kaufrecht ergangenen internationalen Rechtsprechung über mehrere frei zugängliche Internet-Datenbanken, folgt;[72] schließlich die Standardisierungs- und Rationalisierungspotentiale, die sich ergeben zum einen aus der Möglichkeit, alle Auslandsgeschäfte (und zumindest theoretisch auch die Inlandsgeschäfte[73]) auf die rechtliche Basis des UN-Kaufrechts, d. h. auf *eine* einheitliche rechtliche Basis zu stellen,[74] sowie zum anderen aus der hohen Flexibilität (Nachgiebigkeit) des UN-Kaufrechts und der daraus folgenden Möglichkeit, es weitgehend an die eigenen Bedürfnisse anpassen zu können (vgl. Art. 6 CISG).[75] Dies alles bedeutet in Summe eine erhebliche Reduzierung der Transaktionskosten.[76]

---

lungskosten sowie die Kosten für eine Kompensation, die ggf. als Ausgleich für das Nachgeben eines Vertragspartners in der Rechtwahlfrage zu leisten ist, vgl. Mankowski, RIW 2002, 2, 4.

69 Staudinger (Magnus), Wiener UN-Kaufrecht, Einl. zum CISG, Rn. 6; vgl. ders., CISG's Impact on European Legislation (Verona Conf. 2003), S. 144; Mankowski, RIW 2002, 2, 9 (dadurch Reduzierung der Rechtsunsicherheits- und Vorsichtskosten).

70 Vgl. Mankowski, RIW 2002, 2, 9; Schlechtriem, Int. UN-Kaufrecht, Rn. 5 f.; ders., Int. einh. Kaufrecht und neues SchuldR (Neues SchuldR i. d. Praxis), S. 73; Piltz, Int. Kaufrecht, § 1, Rn. 32; Lando, RabelsZ 67 (2003), 231, 232 ff. Dazu unten Kapitel 3 – B.III.

71 Vgl. Piltz, NJW 2003, 2056, 2057; Mankowski, RIW 2002, 2, 9 f.

72 Insb. CLOUT (*Case Law on* UNCITRAL *Texts*; www.uncitral.org); UNILEX (www.unilex.info); CISG-online (www.cisg-online.ch) und die Datenbank der Pace Univ. (www.cisg.law.pace.edu). Dies reduzierte die Rechtsermittlungs- und Rechtsinformationskosten, vgl. Magnus, CISG's Impact on European Legislation (Verona Conf. 2003), S. 144 f.; Mankowski, RIW 2002, 2, 9 f.

73 Vgl. Piltz, Int. Kaufrecht, § 1, Rn. 35; v. Westphalen, ZIP 2001, 2107, 2107.

74 Vgl. Witz/Salger/Lorenz (M. Lorenz), Int. Einh. Kaufrecht, Einl., Rn. 6; Magnus, CISG's Impact on European Legislation (Verona Conf. 2003), S. 144; Mankowski, RIW 2002, 2, 9. Zum Ganzen Staudinger (Magnus), Wiener UN-Kaufrecht, Einl. zum CISG, Rn. 6.

75 Vgl. Staudinger (Magnus), Wiener UN-Kaufrecht, Einl. zum CISG, Rn. 35; Witz/Salger/Lorenz (M. Lorenz), Int. einh. Kaufrecht, Art. 6, Rn. 20 ff; Mankowski, RIW 2002, 2, 10; Piltz, IHR 2002, 2, 2 ff.; Koch, NJW 2000, 910, 910 ff. Hingegen sind die Vorschriften des internen deutschen Kaufrechts weitgehend zwingender Natur, da als gesetzliches Leitbild i. S. v. § 307 II Nr. 1 BGB die auf der Verbrauchsgüterkaufrichtlinie beruhenden, gezielt verbraucherschützenden Regelungen des internen deutschen Rechts, sowie §§ 444, 474 ff. BGB zu berücksichtigen sind, vgl. Dauner-Lieb/Heidel/Lepa/Ring (Dauner-Lieb), Neues SchuldR, Einf., S. 19; Dauner-Lieb/Thiessen, DStR 2002, 809, 815; dies., ZIP 2002, 108 ff.; Henssler/v. Westphalen (v. Westphalen), Schuldrechtsref., § 439, Rn. 9; ders., ZGS 2002, 19, 20 f.; ders., BB 2002, 209, 201 ff.; Koch, WM 2002, 2173, 2174 ff.; Schubel, JZ 2001, 1113,

Mit Inkrafttreten der EuGVO[77] zum 1.3.2002 ist hingegen ein wesentlicher Vorteil des Verkäufers bei der Rechtsverfolgung bei ausbleibender Kaufpreiszahlung teilweise entfallen: immer dann nämlich, wenn der Beklagte seinen Wohnsitz in einem EU-Mitgliedsstaat hat (dazu vgl. Art. 299 EG-Vertrag) sowie vertraglicher Erfüllungsort und Forum in einem anderen EU-Mitgliedsstaat liegen, vgl. Art. 5 Nr. 1 a) EuGVO,[78] erfolgt die Bestimmung des Erfüllungsortes (und damit des internationalen Gerichtsstands für eine Zahlungsklage des Verkäufers) jetzt autonom nach Art. 5 Nr. 1 b), 1. Spiegelstrich EuGVO. Erfüllungsort ist demnach derjenige Ort, an den die Waren geliefert wurden oder zu liefern gewesen wären.[79] Er liegt damit i. a. R. am Wohn- bzw. Niederlassungssitz des Käufers, und nicht, wie bisher aufgrund des oft als unglücklich empfundenen[80] Zusammenspiels von Art. 57 I a) CISG mit Art. 5 Nr. 1 EuGVÜ/Luganer Übereinkommen[81]/§ 29 ZPO, am Niederlassungssitz des Verkäufers.[82]

Fehlt es jedoch an einem ausreichenden räumlichen Bezug zum EU-Bereich, liegen also die Voraussetzungen des Art. 5 Nr. 1 EuGVO nicht vor, so bleibt es, wie bisher, bei diesem ausgesprochen verkäuferfreundlichen Gläubigergerichtsstand.[83] Zudem muss der Käufer die Kaufpreisschuld gem. Art. 78 CISG ab ihrer Fälligkeit verzinsen, unabhängig davon, ob er die nicht rechtzeitige Zahlung zu vertreten hat oder nicht.[84]

1113 ff.; Ernst, FAZ v. 19.5.2001, S. 8. Vgl. auch Schlechtriem (Huber), Einh. UN-Kaufrecht, Art. 45, Rn. 67 ff. (noch zum alten Recht). Insb. §§ 444, 478 IV BGB gelten im UN-Kaufrecht nicht, vgl. Piltz, IHR 2002, 2, 5; unten, Kapitel 3 – H.I.

76 Vgl. Mankowski, RIW 2003, 2, 9.

77 Verordnung (EG) Nr. 44/2001 des Rates vom 22.12.2000 über die gerichtliche Zuständigkeit und die Anerkennung und Vollstreckung von Entscheidungen in Zivil- und Handelssachen. Sie löst das entsprechende Brüssler EWG-Übereinkommen vom 27.9.1968 (EuGVÜ) ab, vgl. Magnus, IHR 2002, 45, 45; Coester-Waltjen, JURA 2003, 320, 321.

78 Magnus, IHR 2002, 45, 49 f.; Coester-Waltjen, JURA 2003, 320, 322 f. Ausnahmen gelten für Dänemark und Luxemburg.

79 Magnus, IHR 2002, 45, 46 ff.; ders., ZEuP 2002, 523, 540 f.; Coester-Waltjen, JURA 2003, 320, 326 f.; P. Huber/Kröll, IPRax 2003, 309, 312.

80 Sehr kritisch insb. Schack, Int. Zivilverfahrensrecht, Rn. 260 ff., Rn. 272 ("geradezu absurd").

81 Luganer (Parallel-) Übereinkommen vom 16.9.1988 über die gerichtliche Zuständigkeit und die Anerkennung und Vollstreckung von Entscheidungen in Zivil- und Handelssachen.

82 Vgl. Schack, Int. Zivilverfahrensrecht, Rn. 260 ff., Rn. 272; Magnus, ZEuP 2002, 523, 540 ff.; ders., IHR 2002, 45, 46; Piltz, IHR 2002, 2, 6; Stadie/Nietzer, MDR 2002, 428, 430. Bei Zahlungsklagen aus Ansprüchen auf Basis internen deutschen Kaufrechts galt nach §§ 270 I, IV, 269 I BGB i. V. m. Art. 5 Nr. 1 EuGVÜ/Luganer Ü. hingegen schon immer der Schuldnergerichtsstand, vgl. Schack, Int. Zivilverfahrensrecht, Rn. 269; Magnus IHR 2002, 45, 46.

83 Vgl. Magnus, IHR 2002, 45, 49 f.; ders., ZEuP 2002, 523, 541; OGH (Österreich), ÖJZ 2004, 305, 306 f.

84 Bonsau/Feuerriegel, IPrax 2003, 421, 422 f.

Den genannten Vorteilen stehen als allgemeine Nachteile gegenüber, dass das UN-Kaufrecht völlige Rechtssicherheit nicht bieten kann, da unterschiedliche Gerichte es mangels einheitlicher oberster Instanz unterschiedlich auslegen und anwenden können (vgl. aber Art. 7 II CISG). Dies wird erleichtert durch die Verwendung von Begriffen, die dem einzelnen Gericht in hohem Maße Bewertungsspielräume eröffnen (bspw. "wesentlich"/"*fundamental*", "angemessen"/"*reasonable*").[85] Insoweit besteht auch ein Anreiz zum *forum shopping*. Zudem kann im Einzelfall der Rückgriff auf ein internes nationales Rechts unter vorheriger Anwendung des jeweiligen IPR notwendig werden, da das UN-Kaufrecht nicht umfassend alle Fragen einer Kaufbeziehung regelt.[86] Auf eine Geschäftsbeziehung sind in diesem Fall dann zwei von einander abzugrenzende Rechtsregimes anzuwenden. Schließlich wird es regelmäßig bei der Anwendung des eigenen internen Rechts auf rein inländische Sachverhalte bleiben, so dass mit zumindest zwei Rechtsordnungen hantiert werden muss.[87]

---

85 Vgl. Schlechtriem, Int. UN-Kaufrecht, Rn. 7.

86 Vgl. zum Ganzen Staudinger (Magnus), Wiener UN-Kaufrecht, Einl. zum CISG, Rn. 7; Schillo, IHR 2003, 257, 257 ff.

87 Vgl. zum Ganzen Staudinger (Magnus), Wiener UN-Kaufrecht, Einl. zum CISG, Rn. 7.

Kapitel 2 – Inhalt des Kaufvertrages, Verkäuferpflichten

Ausgangspunkt der in den Kapiteln 3 und 4 nachfolgenden Überlegungen zu den Käuferrechtsbehelfen sind zunächst die verkäuferischen Pflichten aus einem Kaufvertrag.

A. Übersicht Verkäuferpflichten

Unabhängig von dem maßgeblichen Rechtsregime bestehen bei einem Kaufvertrag die Hauptpflichten des Verkäufers darin, dem Käufer das Eigentum und den Besitz an den verkauften Gegenständen zu verschaffen, vgl. Art. 30 CISG bzw. § 433 I 1 BGB (Lieferpflicht). Im Gegenzug hat der Käufer die Ware abzunehmen und den Kaufpreis zu bezahlen, Art. 53 CISG bzw. § 433 II BGB.[88] Diese Pflichten charakterisieren den Vertrag als einen Vertrag vom Typus Kaufvertrag.[89] Zugleich ist es Voraussetzung für die Anwendbarkeit des UN-Kaufrechts und der §§ 433 ff. BGB, 373 ff. HGB, dass es diese Pflichten sind, die den Schwerpunkt des Vertrages ausmachen, wobei andersartige Pflichten (bspw. Montagepflichten) als Zusatzpflichten unschädlich sind, vgl. Art. 1 I, 3 I, II CISG.[90]

Art und Weise der Lieferung bzw. Besitzverschaffung – wie, wo und wann der Verkäufer diese Pflicht zu erfüllen hat – ergeben sich nach dem gesetzlichen Leitbild des UN-Kaufrechts und des BGB sowie in der Praxis vorrangig aus der vertraglichen Vereinbarung der Parteien und nur ergänzend aus den gesetzlichen Regelungen (Grundsatz der Privatautonomie; vgl. Art. 30 CISG: "... nach Maßgabe des Vertrages..." und Art. 6 CISG).[91] Art. 31 ff. CISG bzw. §§ 269 ff., 446 f. BGB, in denen diese Pflicht ansatzweise normiert ist, werden im Anschluss (Kapitel 2 – B) erörtert.

---

88 Vgl. Staudinger (Magnus), Wiener UN-Kaufrecht, Art. 30, Rn. 1 ff., Art. 53, Rn. 4 ff.; Schlechtriem, Int. UN-Kaufrecht, Rn. 121, Rn. 209; ders., SchuldR AT, Rn. 127, Rn. 135; Lorenz/Riehm, Neues SchuldR, Rn. 476; Haas/Medicus/Rolland/Schäfer/Wendtland (Haas), Neues SchuldR, Kap. 5, Rn. 31, Rn. 58; Spanogle/Winship, Int. Sales Law, S. 163; Honsell, SJZ 1992, 345, 347; Palandt (Putzo), BGB, Erg. 61. A., Einf. v. § 433, Rn. 1. Im Rahmen dieser Arbeit erfolgt eine Beschränkung auf Waren (bewegliche Sachen), da dies Anwendungsvoraussetzung für das UN-Kaufrecht ist, vgl. Art. 1 I CISG; zuvor, Kapitel 1 – B.II.2.

89 Vgl. Schlechtriem, SchuldR BT, Rn. 15, Rn. 126; Haas/Medicus/Rolland/Schäfer/Wendtland (Haas), Neues SchuldR, Kap. 5, Rn. 25 ff.; Spanogle/Winship, Int. Sales Law, S. 163; Palandt (Putzo), BGB, Erg. 61. A., § 433, Rn. 1; Schackmar, Lieferpflicht, Rn. 6.

90 Vgl. zuvor, Kapitel 1 – B.II.2; Magnus, ZEuP 1999, 642, 652; Schackmar, Lieferpflicht, Rn. 33 ff.

91 Vgl. Staudinger (Magnus), Wiener UN-Kaufrecht, Art. 30, Rn. 4; ders., ZEuP 1999, 642, 656; ders., ZEuP 2002, 521, 533; Schlechtriem, Int. UN-Kaufrecht, Rn. 120 f.; ders., SchuldR AT, Rn. 66; ders., SchuldR BT, Rn. 14, Rn. 16; Spanogle/Winship, Int. Sales Law, S. 163, S. 165; Honsell, SJZ 1993, 345, 346; P. Huber/Kröll, IPRax 2003, 309, 312; Palandt (Putzo), BGB, Erg. 61. A., § 433, Rn. 3; Schackmar, Lieferpflicht, Rn. 52 ff. Vgl. Gillette/Walt, Sales Law, S. 7 f., S. 11 ff. zu den Gründen unvollständiger Verträge.

Wie das Eigentum an der Ware dem Käufer zu verschaffen ist, ist im UN-Kaufrecht ausdrücklich nicht geregelt, vgl. Art. 4 b) CISG. Insoweit ist auf das (regelmäßig zwingende) Sachrecht am Belegenheitsort der Sache *(lex rei sitae)* zurückzugreifen (vgl. Art. 43, 45 EGBGB).[92]

Neben der Pflicht zur Eigentums- und Besitzverschaffung/Lieferung hat der Verkäufer in UN-Kaufrecht und internem deutschem Recht zudem die Pflicht zur Verschaffung von sach- und rechtsmangelfreier Ware, vgl. Art. 35 I und Art. 41, 42 I CISG bzw. § 433 I 2 BGB (sog. "Gutleistungspflicht").[93] Hierauf wird nachfolgend (Kapitel 2 – C) eingegangen.

Typischerweise treten aufgrund vertraglicher Vereinbarung weitere Verkäuferpflichten hinzu. Dabei kann es sich bspw. um die Pflicht handeln, die Ware zu versenden,[94] sie in einer bestimmten Art und Weise zu verpacken, sie zu versichern,[95] die die Ware betreffenden Dokumente, die ihrerseits vertragsgemäß sein müssen, zu übergeben (vgl. für das UN-Kaufrecht Art. 30, Art. 35 I CISG[96]) oder die Kosten des Transportes zu tragen (vgl. § 448 I BGB).[97] Auch Schutzpflichten hinsichtlich des käuferischen Integritätsinteresses sind zu berücksichtigen.

---

92 Staudinger (Magnus), Wiener UN-Kaufrecht, Art. 30, Rn. 10 f.; Schlechtriem, Int. UN-Kaufrecht, Rn. 37; Folsom/Gordon/Spanogle, Int. Business Transactions, S. 73; Schackmar, Lieferpflicht, Rn. 9; Honsell, SJZ 1993, 345, 348.

93 Vgl. Staudinger (Magnus), Wiener UN-Kaufrecht, Art. 30, Rn. 5; ders., Pflichtverletzung (Schuldrechtsref. vor dem Hintergrund des Gemeinschaftsrechts), S. 71; Schlechtriem, Int. UN-Kaufrecht, Rn. 120, Rn. 123, Rn. 132; Schackmar, Lieferpflicht, Rn. 186 ff.; Folsom/Gordon/Spanogle, Int. Business Transactions, S. 77 ff. (für das UN-Kaufrecht) / Haas/Medicus/Rolland/Schäfer/Wendtland (Haas), Neues SchuldR, Kap. 5, Rn. 35, Rn. 37 f.; Lorenz/Riehm, Neues SchuldR, Rn. 472 ff.; Dauner-Lieb/Heidel/Lepa/Ring (Büdenbender), Neues SchuldR, § 8, Rn. 6, Rn. 21; Schlechtriem, SchuldR AT, Rn. 32 ff.; ders., SchuldR BT, Rn. 32; Canaris, DB 2001, 1815, 1816; Westermann, NJW 2002, 241, 242 f.; Brüggemeier, WM 2002, 1376, 1377; Grigoleit/Herresthal, JZ 2003, 118, 119 f.; Jorden/Lehmann, JZ 2001, 952, 952; Dauner-Lieb/Dötsch, DB 2001, 2535, 2535; Dauner-Lieb/Thiessen, DStR 2002, 809, 811; Boerner, ZIP 2001, 2264, 2265; Finkenauer, WM 2003, 665, 665; Schubel, JuS 2002, 313, 315 (für das interne deutsche Recht).

94 Vgl. Schackmar, Lieferpflicht, Rn. 489 ff.

95 Vgl. Schackmar, Lieferpflicht, Rn. 495 ff.

96 Vgl. Schlechtriem, Int. UN-Kaufrecht, Rn. 122.

97 Vgl. Haas/Medicus/Rolland/Schäfer/Wendtland (Haas), Neues SchuldR, Kap. 5, Rn. 47 ff.; Schackmar, Lieferpflicht, Rn. 529 ff.; Honsell, SJZ 1992, 345, 349. Zum Ganzen Folsom/Gordon/Spanogle, Int. Business Transactions, S. 75.

B. Inhalt der Lieferpflicht, Erfüllungsort und Gefahrübergang

Die Lieferpflicht des Verkäufers – wie, wann und wo er dem Käufer den Besitz an der Ware zu verschaffen hat[98] – ist im UN-Kaufrecht und im internen deutschen Recht nur rudimentär geregelt. In der Praxis wird dies regelmäßig detailliert ausverhandelt und entsprechend vertraglich fixiert. Gleiches gilt für den Übergang der Preisgefahr, d. h. der Gefahr des zufälligen, beiderseits nicht zu vertretenden Unterganges oder der zufälligen Verschlechterung der Kaufsache,[99] vom Verkäufer auf den Käufer.[100] Insbesondere im internationalen Handel werden dabei regelmäßig handelsübliche nationale oder internationale Vertragsklauseln (Handelsklauseln oder *trade terms*), insbesondere die *International Commercial Terms* (INCOTERMS) der Internationalen Schiedsgerichtskammer in Paris (ICC), verwendet.[101] Nur wenn bzw. insoweit keine vertraglichen Vereinbarungen hins. der Lieferpflicht und/oder der Gefahrtragung getroffen wurden, ist auf die gesetzlichen Vorschriften des CISG bzw. des BGB zurückzugreifen.[102]

I. UN-Kaufrecht

Im UN-Kaufrecht bestimmen die Art. 30 und 31 CISG den Inhalt der Lieferpflicht und den Lieferort. Ergänzende lieferbezogene Pflichten normiert Art. 32 CISG (Versendungsanzeige, Abschluss des Beförderungsvertrages und Transportversicherung)[103] sowie Art. 33 CISG (Lieferzeitpunkt).

Handelt es sich um einen Vertrag, der die Beförderung der Ware erfordert,[104] so besteht (vorbehaltlich abweichender vertraglicher Vereinbarung) die Lieferpflicht des Verkäufers darin, die Ware am sog. Liefer- oder Erfüllungsort dem Beförderer für den Transport zum Käufer (zum Bestimmungsort) zu übergeben, Art. 31 a) CISG.[105] Der Erfüllungsort liegt regelmäßig am Sitz der maßgeblichen Niederlassung des Verkäufers (vgl. Art. 10 CISG) oder an einem davon verschiedenen La-

---

98 Vgl. Staudinger (Magnus), Wiener UN-Kaufrecht, Art. 30, Rn. 4 f.; Folsom/Gordon/Spanogle, Int. Business Transactions, S. 73; Schackmar, Lieferpflicht, Rn. 181.

99 Vgl. Art. 66 CISG und § 446 BGB; Staudinger (Magnus), Wiener UN-Kaufrecht, Vorbem. zu Art. 66 ff., Rn. 1, Art. 66, Rn. 6; Schlechtriem, Int. UN-Kaufrecht, Rn. 222 f.; Lorenz/Riehm, Neues SchuldR, Rn. 478; Haas/Medicus/Rolland/Schäfer/Wendtland (Haas), Neues SchuldR, Kap. 5, Rn. 368; Gillette/Walt, Sales Law, S. 263 f., S. 277; Wertenbruch, JuS 2003, 625, 631 f.

100 Gillette/Walt, Sales Law, S. 277; Schlechtriem, SchuldR BT, Rn. 125.

101 Vgl. Staudinger (Magnus), Wiener UN-Kaufrecht, Art. 31, Rn. 6; Schlechtriem, Int. UN-Kaufrecht, Rn. 127; ders., SchuldR BT, Rn. 125; ders., SchuldR AT, Rn. 155; Gillette/Walt, Sales Law, S. 277 f.; Spanogle/Winship, Int. Sales Law, S. 165 ff.; Bredow/Seiffert, Incoterms, Rn. 1 ff.; Schackmar, Lieferpflicht, Rn. 88 ff., Rn. 100 ff.; Honsell, SJZ 1992, 345, 349.

102 Vgl. Gabriel, General Provisions (Draft UNCITRAL Digest), S. 346.

103 Vgl. Schlechtriem, Int. UN-Kaufrecht, Rn. 129.

104 Nach deutscher Terminologie ein Versendungskauf. Dies ist nach dem UN-Kaufrecht der Regelfall, vgl. Staudinger (Magnus), Wiener UN-Kaufrecht, Art. 31, Rn. 8.

105 Staudinger (Magnus), Wiener UN-Kaufrecht, Art. 31, Rn. 12 ff.; Schlechtriem, Int. UN-Kaufrecht, Rn. 124; Schackmar, Lieferpflicht, Rn. 235 ff.; Honsell, SJZ 1992, 345, 347, 349.

ger- oder Herstellungsort der Ware;[106] es kann aber auch ein anderer Ort als Lieferort vereinbart werden, vgl. Art. 67 I CISG. Immer handelt es sich um eine Schickschuld des Verkäufers.[107] Für die Rechtzeitigkeit der Leistung ist die Rechtzeitigkeit der Absendung bzw. Übergabe der Ware an den ersten Beförderer maßgeblich.[108]

Sieht der Vertrag keine Beförderung vor, so hat der Verkäufer die Ware dem Käufer je nach Vereinbarung am Ort seiner Niederlassung (Art. 31 c) CISG, ggf. i. V. m. Art. 10 CISG) oder am Lager- bzw. Produktionsort der Ware (Art. 31 b) CISG) zur Abholung zur Verfügung zu stellen.[109] Erfüllungsort ist dieser Bereitstellungsort und es liegt dann eine Holschuld des Käufers vor.[110] Für die Rechtzeitigkeit der Leistung ist die Rechtzeitigkeit der Bereitstellung an diesem Ort maßgeblich.[111]

Der Fall einer Bringschuld ist im UN-Kaufrecht nicht explizit angesprochen, kann aber vertraglich vereinbart werden.[112]

Die Lieferzeit, d. h. die Fälligkeit der Lieferung, ist vorrangig dem Vertrag zu entnehmen, Art. 33 a), b) CISG (Zeitpunkt oder Zeitraum vertraglich vereinbart).[113] Mangels Vereinbarung ist die Lieferung innerhalb einer "angemessenen Frist" nach Vertragsschluss fällig, Art. 33 c) CISG.[114]

Die Art. 66 ff. CISG knüpfen an die Erfüllung der Lieferpflicht den Übergang der Preisgefahr: erfordert der Kaufvertrag eine Beförderung der Ware, so geht die Gefahr auf den Käufer über, sobald der Verkäufer die Ware dem ersten (selbständigen) Beförderer am vereinbarten Erfüllungsort zur Übermittlung an den Käufer

---

106 Staudinger (Magnus), Wiener UN-Kaufrecht, Art. 31, Rn. 24; Schlechtriem, Int. UN-Kaufrecht, Rn. 124; Folsom/Gordon/Spanogle, Int. Business Transactions, S. 74 f.; Schackmar, Lieferpflicht, Rn. 205, Rn. 296 ff.; Piltz, NJW 2003, 2056, 2061; Honsell, SJZ 1992, 345, 349.

107 Vgl. Schlechtriem, Int. UN-Kaufrecht, Rn. 124; Schackmar, Lieferpflicht, Rn. 205; Schillo, IHR 2003, 257, 262.

108 Staudinger (Magnus), Wiener UN-Kaufrecht, Art. 33, Rn. 26; Honsell, SJZ 1992, 345, 349.

109 Schackmar, Lieferpflicht, Rn. 242 ff., Rn. 315 ff.

110 Vgl. Staudinger (Magnus), Wiener UN-Kaufrecht, Art. 31, Rn. 26, Rn. 29; ders., ZEuP 2002, 521, 533; Schlechtriem, Int. UN-Kaufrecht, Rn. 125 f.; Schackmar, Lieferpflicht, Rn. 300 ff.; Folsom/Gordon/Spanogle, Int. Business Transactions, S. 75; Honsell, SJZ 1992, 345, 349; Schillo, IHR 2003, 257, 262.

111 Staudinger (Magnus), Wiener UN-Kaufrecht, Art. 33, Rn. 26.

112 Honsell, SJZ 1992, 345, 350.

113 Staudinger (Magnus), Wiener UN-Kaufrecht, Art. 33, Rn. 1, Rn. 21 ff.; Schlechtriem, Int. UN-Kaufrecht, Rn. 130; Schackmar, Lieferpflicht, Rn. 387 ff.

114 Schlechtriem, Int. UN-Kaufrecht, Rn. 130; Schackmar, Lieferpflicht, Rn. 404 ff.; Folsom/Gordon/Spanogle, Int. Business Transactions, S. 76; Honsell, SJZ 1992, 345, 350.

übergibt, Art. 67 I CISG.[115] Bei einer Holschuld geht die Preisgefahr hingegen mit der Übernahme der Kaufware durch den Käufer auf diesen über bzw. mit ihrer Bereitstellung zur Abholung, wenn der Käufer die Ware nicht rechtzeitig übernimmt, Art. 69 CISG.[116] Eine eigene Regelung besteht für den Verkauf reisender Ware, d. h. Ware, die bereits vor Vertragsschluss einem selbständigen Beförderer übergeben wurde:[117] hier geht die Gefahr grundsätzlich im Zeitpunkt des Vertragsschlusses auf den Käufer über, Art. 68 Satz 1 CISG. Aus den Umständen des Einzelfalles (und absent einer expliziten Vereinbarung) kann sich jedoch ergeben, dass die Gefahr bereits zuvor mit Übergabe der Ware an den ersten Beförderer auf den (späteren) Käufer übergegangen ist, Art. 68 Satz 2 CISG.[118] Letzteres ist insbesondere dann anzunehmen, wenn eine Transportversicherung zugunsten des Käufers abgeschlossen wurde, was in der Praxis die Regel ist.[119]

Die Gefahr geht grundsätzlich auch dann auf den Käufer über, wenn der Verkäufer eine (auch wesentliche) Vertragsverletzung begangen hat, sofern nicht gerade durch die Handlung oder Unterlassung, die die Vertragsverletzung darstellt, der Untergang bzw. die Beschädigung der Ware verursacht wurde (vgl. Art. 66 CISG). Der Käufer behält jedoch seine Rechtsbehelfe wegen der Vertragsverletzung,[120] im Falle einer wesentlichen Vertragsverletzung also insbesondere sein Recht zur Vertragsaufhebung. Dadurch kann er sich von seiner zunächst entstandenen Pflicht zur Kaufpreiszahlung wieder befreien, womit i. E. die Preisgefahr auf den Verkäufer zurückfällt.[121]

---

[115] Staudinger (Magnus), Wiener UN-Kaufrecht, Art. 67, Rn. 8 f., Rn. 17, Rn. 19; Schlechtriem, Int. UN-Kaufrecht, Rn. 124, Rn. 225; P. Huber/Kröll, IPRax 2003, 309, 315; Gillette/Walt, Sales Law, S.279 f.

[116] Staudinger (Magnus), Wiener UN-Kaufrecht, Art. 69, Rn. 7 ff., Rn. 12; Schlechtriem, Int. UN-Kaufrecht, Rn. 126, Rn. 232; Gillette/Walt, Sales Law, S. 278 f.

[117] Staudinger (Magnus), Wiener UN-Kaufrecht, Art. 68, Rn. 6.

[118] Staudinger (Magnus), Wiener UN-Kaufrecht, Art. 68, Rn. 5, Rn. 10 f.; Schlechtriem, Int. UN-Kaufrecht, Rn. 230 f.; Gillette/Walt, Sales Law, S. 280 f.

[119] Staudinger (Magnus), Wiener UN-Kaufrecht, Art. 68, Rn. 11; Schlechtriem (Hager), Einh. UN-Kaufrecht, Art. 68, Rn. 4; Herber/Czerwenka, Int. Kaufrecht, Art. 68, Rn. 3; Schlechtriem, Int. UN-Kaufrecht, Rn. 230.

[120] Staudinger (Magnus), Wiener UN-Kaufrecht, Art. 70, Rn. 6; Schlechtriem (Hager), Einh. UN-Kaufrecht, Art. 70, Rn. 5a; Bianca/Bonell (Nicholas), Art. 70, Anm. 2.2; Enderlein/Maskow/Strohbach (Maskow), Int. Kaufrecht, Art. 70, Anm. 2; Honsell (Schönle), UN-Kaufrecht, Art. 70, Rn. 15; Honnold, Uniform Law, Rn. 380. Teilw. a. A. Herber/Czerwenka, Int. Kaufrecht, Art. 70, Rn. 4 (Erlöschen des käuferischen Schadensersatzanspruchs bei Untergang der Kaufsache nach Gefahrübergang).

[121] Staudinger (Magnus), Wiener UN-Kaufrecht, Art. 70, Rn. 1, Rn. 5, Rn. 9, Rn. 12 ff.; Gillette/Walt, Sales Law, S. 282. Vgl. unten, Kapitel 3 – G.II.1. Zum Vertragsaufhebungsrecht unten, Kapitel 4 – B.I.

II. Internes deutsches Kaufrecht

Im internen deutschen Recht ist Leistungsort (Erfüllungsort) grundsätzlich (absent einer anderweitigen vertraglichen Vereinbarung) der Niederlassungssitz des Verkäufers, § 269 I, II BGB.[122] Hier muss der Verkäufer die geschuldete Leistungshandlung vornehmen, d. h. die Ware dem Käufer zur Verfügung stellen bzw. den Besitz daran verschaffen.[123]

Handelsüblich ist insbesondere die Vereinbarung eines Versendungskaufes, bei dem gem. § 269 I, II BGB der Erfüllungsort der Niederlassungssitz des Verkäufers bleibt (vgl. § 269 III und § 447 I BGB), dieser aber die zusätzliche Verpflichtung übernommen hat, die Ware an einen anderen Ort (Bestimmungsort) zu versenden.[124] Schließlich kann vertraglich auch eine Bringschuld (Erfüllungsort = Niederlassungssitz des Käufers) vereinbart werden.

Die Leistung des Verkäufers ist nach § 271 I BGB grundsätzlich sofort, d. h. mit Abschluss des Vertrages fällig.[125]

Die Preisgefahr geht grundsätzlich mit der tatsächlichen Übergabe der Ware auf den Käufer über,[126] oder dann wenn der Käufer in Annahmeverzug (§§ 293 ff. BGB) gerät, § 446 Satz 1, 3 BGB.[127] Im Falle der vertraglichen Vereinbarung eines Versendungskaufes (Schickschuld) geht die Preisgefahr jedoch schon dann auf den Käufer über, wenn der Verkäufer die Ware vertragsgemäß an den ersten Beförderer übergibt, § 447 I BGB.[128] Beim Verkauf reisender Ware gilt i. E. das gleiche wie im UN-Kaufrecht, auch wenn eine entsprechende Normierung fehlt: grundsätzlich geht die Gefahr erst mit Abschluss des Kaufvertrages auf den Käufer über, die Vertragsauslegung (§§ 133, 157 BGB) kann jedoch ergeben, dass der Käufer die vollständige Transportgefahr übernehmen wollte, wofür auch hier eine Transportversicherung zu Gunsten des Käufers spricht.

---

[122] Schlechtriem, SchuldR AT, Rn. 153 f.; ders., SchuldR BT, Rn. 20; Wertenbruch, JuS 2003, 625, 625; Palandt (Heinrichs), BGB, 62. A., § 269, Rn. 8, Rn. 16; § 446, Rn. 11.

[123] Palandt (Heinrichs), BGB, 62. A., § 269, Rn. 1 f.

[124] BGH, NJW 2003, 3341, 3341 f.; Schlechtriem, SchuldR AT, Rn. 154; ders., SchuldR BT, Rn. 17; Palandt (Heinrichs), BGB, 62. A., § 269, Rn. 1; Palandt (Putzo), BGB, 62. A., § 447, Rn. 6 f.; Wertenbruch, JuS 2003, 625, 625 f. Vgl. Lorenz, ZGS 2003, 421, 422. § 474 II BGB ist vorliegend nicht anwendbar, vgl. Kapitel 1 – B.II.2.

[125] Schlechtriem, SchuldR AT, Rn. 159; ders., SchuldR BT, Rn. 20; ders., Int. UN-Kaufrecht, Rn. 130; Palandt (Heinrichs), BGB, § 271, Rn. 4, Rn. 9 f. Vgl. Hopt (Hopt), HGB, § 358, Rn. 1; Koller/Roth/Morck (Roth), HGB, § 359, Rn. 2.

[126] Lorenz/Riehm, Neues SchuldR, Rn. 478; Haas/Medicus/Rolland/Schäfer/Wendtland (Haas), Neues SchuldR, Kap. 5, Rn. 368; Schlechtriem, SchuldR BT, Rn. 48; Palandt (Putzo), BGB, Erg. 61. A., § 446, Rn. 13.

[127] Palandt (Putzo), BGB, Erg. 61. A., § 446, Rn. 13, Rn. 17.

[128] Lorenz/Riehm, Neues SchuldR, Rn. 479; Haas/Medicus/Rolland/Schäfer/Wendtland (Haas), Neues SchuldR, Kap. 5, Rn. 374; Schlechtriem, SchuldR BT, Rn. 48; Palandt (Putzo), BGB, Erg. 61. A., § 446, Rn. 15.

Eine Pflichtverletzung seitens des Verkäufers, die nicht die Ursache für den Untergang bzw. die Verschlechterung der Ware ist, lässt den Übergang der Preisgefahr, ebenso wie die dem Käufer wegen der Pflichtverletzung zustehenden Rechtsbehelfe, grundsätzlich unberührt.[129] Soweit der Käufer aufgrund einer Pflichtverletzung zum Rücktritt von dem Vertrag berechtigt ist, fällt die Preisgefahr damit auch hier faktisch auf den Verkäufer zurück. Beruhen der Untergang bzw. die Verschlechterung auf der Pflichtverletzung, so richten sich die Rechte des Käufers nach den allgemeinen Regeln (§§ 280 ff. und §§ 323 ff., ggf. i. V. m. §§ 437 ff. BGB, dazu unten). Es handelt sich dann nicht um den Fall eines nach den §§ 446 f. BGB zu beurteilenden "zufälligen" Untergangs bzw. der "zufälligen" Verschlechterung der Ware.

C. Pflicht zur Lieferung mangelfreier Ware

Sowohl im UN-Kaufrecht als auch im internen deutschen Kaufrecht ist der Verkäufer verpflichtet, dem Käufer Ware zu liefern, die frei ist von Sach- und Rechtsmängeln (Art. 35 I CISG bzw. § 433 I 2 BGB; sog. Gutleistungspflicht).

Im internen deutschen Recht ist die Mangelfreiheit der Ware (jetzt) zudem Voraussetzung für die Erfüllung der kaufvertraglichen Lieferpflicht des Verkäufers; mit mangelbehafteter Ware kann der Verkäufer diese nicht erfüllen.[130] Im UN-Kaufrecht kann der Verkäufer seine Lieferpflicht hingegen (anders noch als im Haager Kaufrecht) auch mit mangelbehafteter Ware erfüllen; wegen der Mängel stehen dem Käufer dann aber (selbstverständlich) die im Folgenden (Kapitel 3, 4) zu besprechenden Rechtsbehelfe zur Verfügung.[131] Praktische Bedeutung hat dieser technische Unterschied v. a. hinsichtlich der Frage, ob und unter welchen Voraussetzungen der Käufer mangelbehaftete Ware, die der Verkäufer ihm andient bzw. anzudienen versucht, als "erfüllungsuntauglich" zurückweisen und sich so seinen (ursprünglichen, nicht modifizierten) Erfüllungsanspruch erhalten kann;[132] darauf wird im Rahmen des Zurückweisungsrechts eingegangen (unten Kapitel 4 – D.I).

---

[129] Vgl. Schlechtriem, SchuldR BT, Rn. 123; Palandt (Putzo), BGB, § 446, Rn. 5.

[130] P. Huber/Faust (P. Huber), Schuldrechtsmod., Kap. 13, Rn. 44 f.; Dauner-Lieb/Heidel/Lepa/Ring (Büdenbender), SchuldR, § 8, Rn. 21; Lorenz/Riehm, Neues SchuldR, Rn. 500, 567; Brüggemeier, WM 2002, 1376, 1377; Ehmann/Sutschet, JZ 2004, 62, 63; Palandt (Putzo), BGB, 62. A., § 433, Rn. 21, § 434, Rn. 5. Vgl. Regula/Kannowski, IHR 2004, 45, 46.

[131] Staudinger (Magnus), Wiener UN-Kaufrecht, Art. 35, Rn. 6; Schlechtriem (Huber), Einh. UN-Kaufrecht, Art. 31, Rn. 34; Schlechtriem (Schwenzer), Einh. UN-Kaufrecht, Art. 35, Rn. 2; Herber/Czerwenka, Int. Kaufrecht, Art. 35, Rn. 2; Regula/Kannowski, IHR 2004, 45, 46.

[132] Dazu unten, Kapitel 4 – D.I.

I. Sachmängel

1. Gemeinsame Definition

Sowohl das UN-Kaufrecht als auch das interne deutsche Recht arbeitet vorrangig mit dem subjektiven Fehlerbegriff. Ein Mangel liegt demnach vor, wenn die Ist-Beschaffenheit der Ware von ihrer (auch konkludent) vertraglich festgelegten Soll-Beschaffenheit abweicht, vgl. Art. 35 I CISG bzw. § 434 I BGB.[133]

Nur ergänzend wird auf objektive Kriterien zurückgegriffen: fehlt eine vertragliche Vereinbarung der Sollbeschaffenheit der Ware so ist maßgeblich, ob sie sich zur Verwendung für den vereinbarten bzw. subsidiär für den gewöhnlichen Verwendungszweck derartiger Waren eignet und die Beschaffenheit aufweist, die bei Ware gleicher Art üblich ist, ob also eine Übereinstimmung mit den allgemeinen Standards und Gepflogenheiten vorliegt (vgl. Art. 35 II CISG/§ 434 I 2 BGB).[134]

Unter beiden Regimes stellen dabei auch ganz geringfügige Beschaffenheitsabweichungen einen Mangel dar;[135] eine etwaige Unerheblichkeit wird lediglich

---

133 Staudinger (Magnus), Wiener UN-Kaufrecht, Art. 35, Rn. 13; ders., Pflichtverletzung (Schuldrechtsref. vor dem Hintergrund des Gemeinschaftsrechts), S. 71; Schlechtriem, Int. UN-Kaufrecht, Rn. 133; ders., SchuldR BT, Rn. 33; ders., Int. einh. Kaufrecht und neues SchuldR (Neues SchuldR i. d. Praxis), S. 84; Enderlein/Maskow/Strohbach (Enderlein), Int. Kaufrecht, Art. 35, Anm. 1; Gillette/Walt, Sales Law, S. 321 f.; Honsell, SJZ 1992, 345, 349; Stadie/Nietzer, MDR 2002, 428, 429 (für das UN-Kaufrecht) / Canaris, Schuldrechtsref., Einf., S. XXI; Haas/Medicus/Rolland/Schäfer/Wendtland (Haas), Neues SchuldR, Kap. 5, Rn. 92, Rn. 94; Haas, BB 2001, 1313, 1314; P. Huber/Faust (P. Huber), Schuldrechtsmod., Kap. 12, Rn. 10 f., Rn. 19 ff.; Dauner-Lieb/Heidel/Lepa/Ring (Büdenbender), Neues SchuldR, § 8, Rn. 29; Lorenz/Riehm, Neues SchuldR, Rn. 482 f.; Westermann, NJW 2002, 241, 243; ders., JZ 2001, 530, 532; Brüggemeier, WM 2002, 1376, 1377 f.; Grigoleit/Herresthal, JZ 2003, 118, 120 f.; dies., JZ 2003, 233, 233; Boerner, ZIP 2001, 2264, 2266; Schubel, JuS 2002, 313, 315; Jorden/Lehmann, JZ 2001, 952, 953; Lehmann, DB 2002, 1090, 1091; H. Roth, NJW 2004, 330, 330 f. (für das interne deutsche Recht). Vgl. Schlechtriem, IHR 2001, 12, 13.

134 Sekretariatskommentar, Art. 33, Anm. 5; Staudinger (Magnus), Wiener UN-Kaufrecht, Art. 35, Rn. 17 ff.; Schlechtriem, Int. UN-Kaufrecht, Rn. 135 ff., Rn. 139; Honsell, SJZ 1992, 345, 350. Vgl. Gillette/Walt, Sales Law, S. 323 f.; Spanogle/Winship, Int. Sales Law, S. 188 f.; Rechtbank van Koophandel (Belgien), U. v. 18.1.2003, www.unilex.info (für das UN-Kaufrecht) / Dauner-Lieb/Heidel/Lepa/Ring (Büdenbender), Neues SchuldR, § 8, Rn. 30; Lorenz/Riehm, Neues SchuldR, Rn. 485; Westermann, NJW 2002, 241, 243; Haas, BB 2001, 1313, 1314. Vgl. Jorden/Lehmann, JZ 2001, 952, 954, 956; Grigoleit/Herresthal, JZ 2003, 233, 234 f. (für das interne deutsche Recht).

135 Staudinger (Magnus), Wiener UN-Kaufrecht, Art. 35, Rn. 4, Rn. 11; Honsell (Magnus), UN-Kaufrecht, Art. 35, Rn. 8; Piltz, Int. Kaufrecht, § 5, Rn. 27 (für das UN-Kaufrecht) / Begr. RegE, BT-Drucks. 14/6040, S. 216 f. (hins. Sachmängeln), S. 280, linke Spalte (hins. Rechtsmängeln); Haas/Medicus/Rolland/Schäfer/Wendtland (Haas), Neues SchuldR, Kap. 5, Rn. 123 ff.; Dauner-Lieb/Heidel/Lepa/Ring (Büdenbender), Neues SchuldR, § 8, Rn. 39; P. Huber/Faust (P. Huber), Schuldrechtsmodernisierung, Kap. 13, Rn. 44 f.; Lorenz/Riehm,

rechtsfolgenseitig dadurch berücksichtigt, dass bestimmte Rechtsbehelfe (Ersatz- bzw. Nachlieferung, Vertragsaufhebung bzw. Rücktritt, "großer" Schadensersatz) nur dann zur Verfügung stehen, wenn ein Mangel eine wesentliche Vertragsverletzung darstellt (UN-Kaufrecht) bzw. nicht lediglich unerheblich ist (internes deutsches Kaufrecht).[136] Keinen Mangel stellt es jedoch dar, wenn sich die Abweichung innerhalb der aufgrund eines internationalen Handelsbrauchs oder einer entsprechende Parteigepflogenheit zulässigen Toleranzen bewegt[137] bzw., im internen deutschen Recht, wenn bei einem Gattungskauf, bei dem gem. § 243 I BGB, § 360 HGB nur Handelsgut "mittlerer Art und Güte" geschuldet ist, sich die Beschaffenheitsabweichung innerhalb der hierdurch vorgegebenen Qualitätsspannbreite bewegt.[138] Ausreichend ist dafür aber nicht, dass die Ware (gerade noch) handelbar ist.[139]

Ob ein Mangel vorliegt, ist bei Anwendung des UN-Kaufrechts nach überwiegender Ansicht unter Berücksichtigung der (technischen, gesetzlichen etc.) Standards des Exportstaates, d. h. des Staates, in dem der Verkäufer seinen maßgeblichen Niederlassungssitz hat, zu beurteilen.[140] Darauf, ob der Verwendung der

---

Neues SchuldR, Rn. 482; Jorden/Lehmann, JZ 2001, 952, 957 (für das interne deutsche Recht).

136 Dazu unten, Kapitel 3 – B.I.2 und Kapitel 3 – B.II.2.

137 Staudinger (Magnus), Wiener UN-Kaufrecht, Art. 35, Rn. 11, Art. 52. Rn. 19; Honsell (Magnus), UN-Kaufrecht, Art. 35, Rn. 8; Schlechtriem (Schwenzer), Einh. UN-Kaufrecht, Art. 35, Rn. 15 (Eignung für "kaufmännische Verwendung", insb. Wiederverkäuflichkeit, maßgeblich); Achilles, UN-Kaufrecht, Art. 35, Rn. 3; Reinhart, UN-Kaufrecht, Art. 35, Rn. 3; wohl auch Herber/Czerwenka, Int. Kaufrecht, Art. 35, Rn. 4 (Orientierung an § 243 I BGB). Vgl. Draft UNCITRAL Digest (Flechtner), Art. 35, Anm. 8.

138 Staub (Canaris), HGB, § 360, Rn. 1; Röhricht/v. Westphalen (Wagner), HGB, § 360, Rn. 1 f.; Hopt (Hopt), HGB, § 361, Rn. 3 f.; Koller/Roth/Morck (Roth), HGB, § 360, Rn. 3; Brox, Handelsrecht, Rn. 357. Vgl. Werner, BB 1984, 221, 222 zur Zuviellieferung.

139 Sekretariatskommentar, Art. 33, Anm. 5; Staudinger (Magnus), Wiener UN-Kaufrecht, Art. 35, Rn. 19; Herber/Czerwenka, Int. Kaufrecht, Art. 35, Rn. 4; Schlechtriem (Schwenzer), Einh. UN-Kaufrecht, Art. 35, Rn. 15; LG Berlin, U. v. 15.9. 1994, www.unilex.info. Zweifelnd Schillo, IHR 2003, 257, 262. Vgl. Draft UNCITRAL Digest (Flechtner), Art. 35, Anm. 8; BGH, U. v. 8.3.1995 ("Neuseelandmuscheln"), www.unilex.info. Vgl. auch OLG Frankfurt, U. v. 20.4.1994, www.unilex.info (Waren können auch trotz fehlender Handelbarkeit vertragskonform i. S. v. Art. 35 II a) CISG sein) (für das UN-Kaufrecht) / Vgl. Hopt (Hopt), HGB, § 360, Rn. 3; Brox, Handelsrecht, Rn. 357 (für das interne deutsche Recht).

140 Str. So: BGH, U. v. 8.3.1995 ("Neuseelandmuscheln"), www.unilex.info; OGH (Österreich), U. v. 13.4.2000, www.unilex.info; OGH (Österreich), U. v. 27.2.2003, www.unilex.info; Staudinger (Magnus) Wiener UN-Kaufrecht, Art. 35, Rn. 21 f.; Honsell (Magnus), UN-Kaufrecht, Art. 35, Rn. 14; Bianca/Bonell (Bianca), Int. Sales Law, Art. 35, Anm. 2.5.1; Enderlein/ Maskow (Strohbach), Int. Kaufrecht, Art. 35, Anm. 8; Witz/Salger/Lorenz (Salger), Int. Kaufrecht, Art. 35, Rn. 10; Achilles, UN-Kaufrecht, Art. 35, Rn. 6; Gillette/Walt, Sales Law, S. 324; Piltz, Int. Kaufrecht, § 5, Rn. 41; ders., IHR 2002, 2, 6; Zwernemann/Sutorius, Schuldrechtsref., S. 21. Vgl. Magnus, ZEuP 2002, 521, 534. Differenzierend: Schlechtriem,

Ware öffentlich-rechtliche Vorschriften des Importlandes entgegen stehen, kommt es nicht an, auch dann nicht, wenn die Ware ersichtlich für den Export bestimmt ist.[141] Das Verwendungsrisiko liegt damit grundsätzlich beim Käufer.[142] Etwas anderes gilt nur dann, wenn der Verkäufer bspw. aufgrund langjähriger Geschäftsbeziehungen in das Importland mit dessen Regeln und Standards gut vertraut ist[143] oder wenn die Erfüllung der Standards des Importlandes vertraglich vereinbart wurde.[144] Hingegen ist im internen deutschen Kaufrecht der Erwartungshorizont eines "vernünftigen Durchschnittskäufers" maßgeblich (vgl. § 434 I 2, Nr. 2 BGB),[145] was dazu führt, dass auf die Standards und gesetzlichen Produktvorgaben (bspw. Richtwerte hins. bestimmter Inhaltsstoffe bei Lebensmitteln) des Käuferlandes abzustellen ist. Dies führt i. E. dazu, dass sich der Verkäufer über die entsprechenden gesetzlichen Vorschriften und Standards in allen Ländern, in die er Waren exportiert, informieren muss.

Dem 'echten' Sachmangel sind übereinstimmend (auch krasse) *aliud*-Lieferungen und die Lieferung von Mindermengen gleichgestellt, Art. 35 I CISG bzw. § 434 III BGB,[146] wobei der Verkäufer in beiden Fällen für den Käufer erkennbar mit Bezug

---

Int. UN-Kaufrecht, Rn.139 (Frage der individuellen Vertragsauslegung, tendenziell Standards des Importlandes maßgeblich); Schlechtriem (Schwenzer), Einh. UN-Kaufrecht, Art. 35, Rn. 16 f. (dito); ähnlich Honnold, Uniform Law, Rn. 225 ff.

141 Staudinger (Magnus) Wiener UN-Kaufrecht, Art. 35, Rn. 22; Schlechtriem (Schwenzer), Einh. UN-Kaufrecht, Art. 35, Rn. 17; Herber/Czerwenka, Int. Kaufrecht, Art. 35, Rn. 4; Bianca/Bonell (Bonell), Int. Sales Law, Art. 35, Anm. 3.2; Lurger, IHR 2001, 91, 99 f.; Honsell, SJZ 1992, 345, 350 f.; Piltz, NJW 2003, 2056, 2062, ders., IHR 2002, 2, 6; OGH (Österreich), U. v. 13.4.2000, www.unilex.info.

142 BGH, NJW 1995, 2099, 2100; OGH (Österreich), U. v. 13.4.2000, www.unilex.info; vgl. Magnus, ZEuP 2002, 521, 534.

143 Schlechtriem (Schwenzer), Einh. UN-Kaufrecht, Art. 35, Rn. 17; Bianca/Bonell (Bonell), Int. Sales Law, Art. 35, Anm. 2.5.1; District Court, E. D. Louisiana (USA), U. v. 17.5.99 (Medical Marketing International Inc. v. Internationale Medico Sientifica S.R.L.), www.unilex.info.

144 Vgl. Audiencia Provincial de Pontevedro (Spanien), U. v. 3.10.2002, www.unilex.info; LG Ellwangen, U. v. 21.8.1995, www.unilex.info. Vgl. Schlechtriem (Schwenzer), Einh. UN-Kaufrecht, Art. 35, Rn. 16 f.; Honnold, Uniform Law, Rn. 225 ff.; Schlechtriem, Int. UN-Kaufrecht, Rn. 139; Lurger, IHR 2001, 91, 99 ff.

145 Begr. RegE, BT-Drucks. 14/6040, S. 213, rechte Spalte, f.; Haas/Medicus/Rolland/Schäfer/Wendtland (Haas), Neues SchuldR, Kap. 5, Rn. 105 f.; Bamberger/Roth (Faust), BGB, § 434, Rn. 57; Anwaltkommentar (Büdenbender), SchuldR, § 434, Rn. 9; Piltz, IHR 2002, 2, 6; Palandt (Putzo), BGB, 62. A., § 434, Rn. 27; Zwernemann/Sutorius, Schuldrechtsref., S. 21. Vgl. Schlechtriem, Int. einh. Kaufrecht und neues SchuldR (Neues SchuldR i. d. Praxis), S. 84.

146 Staudinger (Magnus), Wiener UN-Kaufrecht, Art. 35, Rn. 7 ff.; Schlechtriem, Int. UN-Kaufrecht, Rn. 132, Rn. 134; Honsell, SJZ 1992, 345, 351 (für das UN-Kaufrecht) / Haas/Medicus/Rolland/Schäfer/Wendtland (Haas), Neues SchuldR, Kap. 5, Rn. 126; ders., BB 2001, 1313, 1315; P. Huber/Faust (P. Huber), Schuldrechtsmod., Kap. 12, Rn. 59 ff., Rn. 65; Dauner-Lieb/ Heidel/Lepa/Ring (Büdenbender), Neues SchuldR, § 8, Rn. 38; Brüggemeier, WM 2002, 1376, 1377; Westermann, NJW 2002, 241, 245 f.; vgl. ders., JZ 2001, 530, 534;

auf seine (ganze) Verbindlichkeit geliefert haben muss, da andernfalls schon keine Leistung auf die (dann unverändert fortbestehende) kaufvertragliche Verpflichtung vorliegt.[147] Darüber hinaus stellt im UN-Kaufrecht, anders als im internen deutschen Kaufrecht (vgl. § 434 III BGB), auch eine Zuviellieferung einen Mangel i. S. v. Art. 35 I CISG dar.[148] Eine Zuviellieferung löst daher im UN-Kaufrecht die Käuferrechtsbehelfe aus, während sie im internen deutschen Recht nach den Vorschriften der §§ 812 ff. BGB zu kondizieren ist. Bedeutung hat dies v. a. hinsichtlich der Frage, ob eine Zuviellieferung seitens des Käufers zu rügen ist und ob der Käufer für das Zuviel bezahlen muss.[149]

Maßgeblicher Zeitpunkt für die Bestimmung eines Sachmangels ist, wiederum übereinstimmend, der Zeitpunkt des Gefahrübergangs, vgl. Art. 36 I CISG bzw. § 434 I BGB.[150] Dennoch können dem Käufer Mangelgewährleistungsrechte auch schon vor diesem Zeitpunkt zur Verfügung stehen, wenn klar ist, dass die Ware im Zeitpunkt des Gefahrübergangs mangelhaft sein wird.[151]

---

vgl. Jorden/ Lehmann, JZ 2001, 952, 957; Boerner, ZIP 2001, 2264, 2267 f. (für das interne deutsche Recht).

147 Vgl. Sekretariatskommentar, Art. 29, Anm. 3; Witz/Salger/Lorenz (Salger), Int. einh. Kaufrecht, Art. 35, Rn. 7; Enderlein/Maskow/Strohbach (Enderlein), Int. Kaufrecht, Art. 35, Anm. 3, Anm. 5 (für das UN-Kaufrecht). Nach vereinzelter Ansicht sind ganz krasse *aliud*-Lieferungen nicht erfasst. / Begr. RegE, BT-Drucks, 14/6040, S. 216, rechte Spalte; Canaris, Schuldrechtsref. 2002, S. XXIII f.; Lorenz/Riehm, Neues SchuldR, Rn. 495, Rn. 496; Lorenz, JuS 2003, 36, 37; Dauner-Lieb/Heidel/Lepa/Ring (Büdenbender), Neues SchuldR, § 8, Rn. 38; Anwaltkommentar (Büdenbender), SchuldR, § 434, Rn. 20; Haas/Medicus/Rolland/Schäfer/Wendtland (Haas), Neues SchuldR, Kap. 5, Rn. 127; Schlechtriem, SchuldR BT, Rn. 36; Lettle, JuS 2002, 866, 869 f.; Jauernig (Chr. Berger), BGB, § 434, Rn. 21. Vgl. Windel, JURA 2003, 793, 794 (für das interne deutsche Recht).

148 Staudinger (Magnus), Wiener UN-Kaufrecht, Art. 35, Rn. 9; Schlechtriem (Schwenzer), Einh. UN-Kaufrecht, Art. 35, Rn. 8; Herber/Czerwenka, Int. Kaufrecht, Art. 35, Rn. 2; OLG Rostock, U. v. 25.9.2002, www.unilex.info (für das UN-Kaufrecht) / Canaris, Handelsrecht, § 31, Rn. 44; Hopt (Hopt), HGB, § 377, Rn. 19; Lorenz/Riehm, Neues SchuldR, Rn. 496; Jauernig (Chr. Berger), BGB, § 434, Rn. 24; Palandt (Putzo), BGB, 62. A., § 434, Rn. 53. Vgl. Westermann, NJW 2002, 241, 246. A. A. Hoeren/Martinek (Malzer), Kaufrecht, § 434, Rn. 102; Henssler/v. Westphalen (v. Westphalen), Schuldrechtsref., § 434, Rn. 3 (für das interne deutsche Recht).

149 Dazu unten, Kapitel 3 – E.III.

150 Staudinger (Magnus), Wiener UN-Kaufrecht, Art. 35, Rn. 12, Art. 36, Rn. 6; Schlechtriem (Huber), Einh. UN-Kaufrecht, Art. 50, Rn. 4; Schlechtriem, Int. UN-Kaufrecht, Rn. 145; ders., IHR 2001, 12, 14; Honsell, SJZ 1992, 345, 351 (für das UN-Kaufrecht) / Hass/Medicus/Rolland/Schäfer (Haas), Neues SchuldR, Kap. 5, Rn. 100, Rn. 256, Rn. 262; Lorenz/Riehm, Neues SchuldR, Rn. 497, Rn. 499; P. Huber/Faust (P. Huber), Schuldrechtsmod., Kap. 12, Rn. 13, Kap. 13, Rn. 44 f.; Dauner-Lieb/Heidel/Lepa/Ring (Büdenbender), Neues SchuldR, § 8, Rn. 21 f.; Schlechtriem, SchuldR BT, Rn. 48; Brüggemeier, WM 2002, 1376, 1378 (für das interne deutsche Recht).

151 Dazu unten, Kapitel 4 – C.I.

2. Besonderheiten im internen deutschen Kaufrecht (Herstellerangaben, Montage)

Ohne unmittelbare Entsprechung im UN-Kaufrecht ist die Einstandspflicht des Verkäufers für Herstellerangaben im internen deutschen Kaufrecht, wonach auch die hinreichend konkreten, nicht lediglich 'marktschreierischen' öffentlichen Äußerungen des Verkäufers oder des Herstellers der Ware sowie deren Gehilfen (Marketingagenturen etc.) zur Beschaffenheit der Ware gehören, vgl. § 434 I 3 BGB.[152] Erfasst sind hiervon insbesondere Angaben in der Werbung, die dadurch verbindlicher Vertragsbestandteil werden,[153] und zwar trotzdem sie nicht vom Verkäufer selbst, sondern von einem Dritten (Hersteller, Herstellergehilfen), gemacht wurden.[154] Dies gilt nur dann nicht, wenn der Verkäufer solche Angaben rechtzeitig, d. h. vor der Kaufentscheidung, und in gleichwertiger Weise korrigiert hat, diese sonst nicht für die Kaufentscheidung kausal wurden, oder dann, wenn der Verkäufer die werblichen Äußerungen weder kannte noch kennen musste.[155] Mit Blick auf letzteres ist fraglich, in welchen Grenzen den Verkäufer eine Erkundigungspflicht über Äußerungen des Warenherstellers trifft.[156] I. E. wird es, abhängig von der individuellen Situation des jeweiligen Verkäufers (Grad der Integration in die Vertriebsorganisation des Herstellers, Sortimentsvielfalt, organisatorische Gegebenheiten, etc.), auf eine begrenzte Beobachtungs- und Marktinformationspflicht des Verkäufers hinauslaufen.[157] Die Beweislast dafür, dass es an der Kausalität zwischen Angabe und Kaufentscheidung fehlt, liegt aber in jedem Fall

---

152 Haas/Medicus/Rolland/Schäfer/Wendtland (Haas), Neues SchuldR, Kap. 5, Rn. 111; Dauner-Lieb/Heidel/Lepa/Ring (Büdenbender), Neues SchuldR, § 8, Rn. 31; Lorenz/Riehm, Neues SchuldR, Rn. 487; Grigoleit/Herresthal, JZ 2003, 233, 236 f.; Boerner, ZIP 2001, 2264, 2266; Zwernemann/Sutorius, Schuldrechtsref., S. 11. Vgl. Medicus, SchuldR II, Rn. 47; Westermann, NJW 2002, 241, 245; Jorden/Lehmann, JZ 2001, 952, 955 f.; Lehmann, DB 2002, 1090, 1092; Weiler, WM 2002, 1784, 1786 ff. Vgl. Magnus, CISG's Impact on European Legislation (Verona Conf. 2003), S. 141 (zu Art. 2 II d) der Verbrauchsgüterkaufrichtlinie).

153 Dauner-Lieb/Heidel/Lepa/Ring (Büdenbender), Neues SchuldR, § 8, Rn. 31; Haas, BB 2001, 1313, 1314.

154 Dauner-Lieb/Heidel/Lepa/Ring (Büdenbender), Neues SchuldR, § 8, Rn. 31; Haas, BB 2001, 1313, 1314; Lehmann, DB 2002, 1090, 1091. Vgl. Boerner, ZIP 2001, 2264, 2266; Weiler, WM 2002, 1784, 1788 f.; Westermann, NJW 2002, 241, 245; Brüggemeier, WM 2002, 1376, 1378. Vgl. Begr. RegE UWG, S. 27 (im Falle unlauter irreführender Werbung liegt künftig regelmäßig auch ein Sachmangel i. S. v. § 434 I 3 BGB vor).

155 Haas/Medicus/Rolland/Schäfer/Wendtland (Haas), Neues SchuldR, Kap. 5, Rn. 114, Rn. 115 f.; Dauner-Lieb/Heidel/Lepa/Ring (Büdenbender), Neues SchuldR, § 8, Rn. 32; Lorenz/Riehm, Neues SchuldR, Rn. 487; Brüggemeier, WM 2002, 1376, 1378; Grigoleit/Herresthal, JZ 2003, 233, 238; vgl. Westermann, JZ 2001, 530, 533.

156 Vgl. Dauner-Lieb/Heidel/Lepa/Ring (Büdenbender), Neues SchuldR, § 8, Rn. 32.

157 Haas/Medicus/Rolland/Schäfer/Wendtland (Haas), Neues SchuldR, Kap. 5, Rn. 114; Dauner-Lieb/Heidel/Lepa/Ring (Büdenbender), Neues SchuldR, § 8, Rn. 32 f.; Weiler, WM 2002, 1784, 1791.

beim Verkäufer (Entlastungsbeweis).[158] Bei Geltung des UN-Kaufrechts können Aussagen und Angaben Dritter dem Verkäufer hingegen nur dann zugerechnet werden, wenn er sich diese (konkludent) zu eigen gemacht hat,[159] oder wenn der Käufer aufgrund der Angaben von einer bestimmten Beschaffenheit ausgehen durfte.[160] Beides ist bei Werbeangaben des Herstellers zwar denkbar (einzelfallbezogene Auslegungsfrage),[161] die Beweislast liegt hier aber beim Käufer, der sich auf den Beschaffenheitsmangel beruft.[162]

Eine weitere Auffälligkeit des Fehlerbegriffs des neuen internen deutschen Kaufrechts stellt die Einbeziehung einer fehlerhaften Montage bzw. fehlerhaften Montageanleitungen dar (sog. "IKEA-Klausel"), vgl. § 434 II BGB.[163] Im UN-Kaufrecht kommt man bei einem einheitlichen Kaufvertrag mit einer Montageverpflichtung des Verkäufers aber zu einem ähnlichen Ergebnis, denn in diesem Fall ist der gesamte Vertrag, nicht nur der kaufrechtliche Teil, nach UN-Kaufrecht, insbesondere nach den Art. 45 ff. CISG, zu beurteilen.[164] Ein Montagefehler ist damit im Ergebnis auch hier einem sonstigen Mangel gleichgestellt.[165]

---

[158] Begr. RegE, BT-Drucks. 14/6040, S. 214, rechte Spalte; Haas/Medicus/Rolland/Schäfer/Wendtland (Haas), Neues SchuldR, Kap. 5, Rn. 113; ders., BB 2001, 1313, 1314; Westermann, NJW 2002, 241, 245; Grigoleit/Herresthal, JZ 2003, 233, 238; Weiler, WM 2002, 1784, 1791. Vgl. Ehmann/Rust, JZ 1999, 853, 856; Magnus, CISG's Impact on European Legislation (Verona Conf. 2003), S. 138, Fn. 46 (zu Art. 2 II d) der Verbrauchsgüterkaufrichtlinie)

[159] Schlechtriem, Int. UN-Kaufrecht, Rn. 134. Vgl. Begr. RegE, BT-Drucks. 14/6040, S. 218, linke Spalte; Lorenz/Riehm, Neues SchuldR, Rn. 487; Westermann, NJW 2002, 241, 245; Grigoleit/Herresthal, JZ 2003, 233, 236.

[160] Vgl. Staudinger (Magnus), Wiener UN-Kaufrecht, Art. 35, Rn. 16, Rn. 18; ders., CISG's Impact on European Legislation (Verona Conf. 2003), S. 139; Schlechtriem (Schwenzer), Einh. UN-Kaufrecht, Art. 35, Rn. 7; Canaris, Schuldrechtsref., Einf., S. XXI (schon im alten internen dt. Recht Haftung für Herstellerangaben begründbar); Jorden/Lehmann, JZ 2001, 952, 955.

[161] Schlechtriem, Int. UN-Kaufrecht, Rn. 134. Vgl. Begr. RegE, BT-Drucks. 14/6040, S. 218, linke Spalte; Lorenz/Riehm, Neues SchuldR, Rn. 487; Westermann, NJW 2002, 241, 245. Vgl. generell zur Problematik vom Werbeangaben Gillette/Walt, Sales Law, S. 289 ff. (zum UCC), S. 322 f.

[162] Vgl. Staudinger (Magnus), Wiener UN-Kaufrecht, Art. 35, Rn. 55; Stadie/Nietzer, MDR 2002, 428, 432.

[163] Vgl. Lorenz/Riehm, Neues SchuldR, Rn. 489; Canaris, Schuldrechtsref., Einf., S. XXII; P. Huber/Faust (P. Huber), Schuldrechtsmod., Kap. 12, Rn. 51 ff.; Haas/Medicus/Rolland/Schäfer/Wendtland (Haas), Neues SchuldR, Kap. 5, Rn. 117 f.; ders., BB 2001, 1313, 1314; Boerner, ZIP 2001, 2264, 2267.

[164] Vgl. oben, Kapitel 1 – B.II.2. Der Gesamtcharakter des Vertrages muss dem eines Kaufvertrages entsprechen, andernfalls ist das UN-Kaufrecht nicht anwendbar.

[165] Vgl. Magnus, CISG's Impact on European Legislation (Verona Conf. 2003), S. 139; Schlechtriem (Schwenzer), Einh. UN-Kaufrecht, Art. 35, Rn. 14.

II. Rechtsmängel

1. UN-Kaufrecht

Nach Art. 41 CISG hat der Verkäufer Ware zu liefern, die frei ist von (tatsächlich bestehenden) Rechten und (auch nur behaupteten) Ansprüchen Dritter, sofern der Käufer diese nicht vertraglich übernommen hat.[166] Ein Rechtsmangel liegt also schon dann vor, wenn ein Dritter einen Anspruch geltend macht, auch wenn der Anspruch tatsächlich (was u. U. erst nach langwierigen Rechtstreitigkeiten feststeht) nicht besteht (sog. *right to quiet possession).*[167] Dies gilt zumindest dann, wenn der geltend gemachte Anspruch nicht offensichtlich unbegründet ist.[168] Damit ist es Sache des Verkäufers, den Käufer auch von unberechtigten Anspruchserhebungen freizustellen.[169]

Maßgeblicher Zeitpunkt für die Bestimmung eines Rechtsmangels ist der Zeitpunkt der Lieferung, der, vgl. oben, regelmäßig mit dem Zeitpunkt des Gefahrübergangs zusammenfällt.[170] Bei einem Versendungskauf hat der Verkäufer aber auch für die u. U. erst nach der Lieferung (Übergabe der Ware an den Beförderer) entstehenden Pfand- oder Sicherungsrechte des Beförderers einzustehen.[171]

Gleiches gilt gem. Art. 42 CISG hinsichtlich solcher Rechte und Ansprüche, die auf gewerblichem oder geistigem Eigentum beruhen (Immaterialgüterrechte, bspw. Patente, Gebrauchs- und Geschmacksmuster, Marken- und Urheberrech-

---

166 Staudinger (Magnus), Wiener UN-Kaufrecht, Art. 41, Rn. 9 ff., Rn. 15 ff., Rn. 22.

167 Sekretariatskommentar, Art. 39, Anm. 3 f; Staudinger (Magnus), Wiener UN-Kaufrecht, Art. 41, Rn. 15 ff.; Schlechtriem (Schwenzer), Einh. UN-Kaufrecht, Art. 41, Rn. 9 ff.; Enderlein/Maskow/Strohbach (Enderlein), Int. Kaufrecht, Art. 41, Anm. 4; Herber/Czerwenka, Int. Kaufrecht, Art. 41, Rn. 5; Bianca/Bonell (Date-Bah), Int. Sales Law, Art. 41, Anm. 2.1; Schlechtriem, Int. UN-Kaufrecht, Rn. 163, Rn. 165; Karollus, UN-Kaufrecht, S. 123; Piltz, IHR 2002, 2, 6; Su, ZVglRWiss 102 (2003), 101, 106; Schillo, IHR 2003, 257, 263.

168 Sekretariatskommentar, Art. 39, Anm. 4; Herber/Czerwenka, Int. Kaufrecht, Art. 41, Rn. 6; Enderlein/Maskow/Strohbach (Enderlein), Int. Kaufrecht, Art. 41, Anm. 4; Achilles, UN-Kaufrecht, Art. 41, Rn. 3. Vgl. Begr. RegE, BT-Drucks. 14/6040, S. 218 f. Weiter (auch leichtfertig erhobene Ansprüche erfasst) Staudinger (Magnus), Wiener UN-Kaufrecht, Art. 41, Rn. 16; Honsell (Magnus), UN-Kaufrecht, Art. 41, Rn. 10; Schlechtriem (Schwenzer), Einh. UN-Kaufrecht, Art. 41, Rn. 10.

169 Schlechtriem (Schwenzer), Einh. UN-Kaufrecht, Art. 41, Rn. 9 ff.; Schlechtriem, Int. UN-Kaufrecht, Rn. 163 ff.; ders., Int. einh. Kaufrecht und neues SchuldR (Neues SchuldR i. d. Praxis), S. 83; Karollus, UN-Kaufrecht, S. 123; Magnus, RIW 2002, 577, 582.

170 Staudinger (Magnus), Wiener UN-Kaufrecht, Art. 41, Rn. 19, Art. 42, Rn. 25; Honsell (Magnus), UN-Kaufrecht, Art. 41, Rn. 11; Schlechtriem (Schwenzer), Einh. UN-Kaufrecht, Art. 41, Rn. 15, Art. 42, Rn. 8; Enderlein/Maskow/Strohbach (Enderlein), Int. Kaufrecht, Art. 41, Anm. 5; Schlechtriem, Int. UN-Kaufrecht, Rn. 145.

171 Honsell (Magnus), UN-Kaufrecht, Art. 41, Rn. 12; Schlechtriem (Schwenzer), Einh. UN-Kaufrecht, Art. 41, Rn. 15; Achilles, UN-Kaufrecht, Art. 41, Rn. 5.

te).[172] Allerdings bestehen hier subjektive und territoriale Einschränkungen: derartige Rechte sind i. d. R. nur dann beachtlich, wenn der Verkäufer sie kannte oder grob fahrlässig nicht kannte[173] und sie auf dem Recht des vertraglich vereinbarten bzw. bei Vertragsschluss absehbaren Bestimmungslandes (Art. 42 I a) CISG) oder, subsidiär, auf dem Recht des Staates, in dem der Käufer seine maßgebliche Niederlassung hat (Art. 42 I b) CISG), beruhen.[174]

Liefert der Verkäufer rechtsmangelbehaftete Ware, so handelt es sich, ebenso wie bei der Lieferung sachmangelhafter Ware, um eine Vertragsverletzung, die grundsätzlich die gleichen Rechtsfolgen auslöst wie ein Sachmangel;[175] auf Unterschiede in den Voraussetzungen hinsichtlich einzelner Rechtsbehelfe wird eingegangen.

2. Internes deutsches Kaufrecht

Auch im internen deutschen Kaufrecht hat der Verkäufer die Ware frei von Rechtsmängeln zu verschaffen, § 433 I 2 BGB. Eine dem UN-Kaufrecht vergleichbare Differenzierung zwischen Immaterialgüterrechten und sonstigen Rechten/Ansprüchen Dritter besteht nicht, beides fällt gleichermaßen unter den Begriff des Rechtsmangels i. S. v. § 435 BGB.[176] Der Verkäufer hat daher grundsätzlich ohne subjektive und territoriale Einschränkung für die Freiheit von gewerblichen oder geistigen Schutzrechten einzustehen, sofern die Auslegung des Vertrags keinen anderen Parteiwillen ergibt.[177]

Anders als im UN-Kaufrecht stellt aber grundsätzlich nur ein tatsächlich bestehendes Recht einen Rechtsmangel dar, nicht schon der Umstand, dass sich jemand eines Rechts berühmt;[178] ein *right to quiet possession* hat der Käufer also nicht. Denkbar sind allerdings Interessenlagen, in denen der Verkäufer dafür einstehen will, dass ein Dritter keine Rechte hinsichtlich der Ware geltend macht. Dies ist

---

172 Staudinger (Magnus), Wiener UN-Kaufrecht, Art. 42, Rn. 9, Rn. 13; Schlechtriem (Schwenzer), Einh. UN-Kaufrecht, Art. 42, Rn. 4 ff., Rn. 6.

173 Vgl. Staudinger (Magnus), Wiener UN-Kaufrecht, Art. 42, Rn. 22; Herber/Czerwenka, Int. Kaufrecht, Art. 42, Rn. 5; Su, Rechtsmängelhaftung, ZVglRWiss 102 (2003), 101, 105.

174 Staudinger (Magnus), Wiener UN-Kaufrecht, Art. 42, Rn. 1, Rn. 6, Rn. 14 ff.; Schlechtriem (Schwenzer), Einh. UN-Kaufrecht, Art. 42, Rn. 9 ff., Rn. 14 f.; Schlechtriem, Int. UN-Kaufrecht, Rn. 173 f.; Karollus, UN-Kaufrecht, S. 123.

175 Vgl. Staudinger (Magnus), Wiener UN-Kaufrecht, Art. 41, Rn. 7 f., Rn. 23 ff., Art. 42, Rn. 32.

176 Schlechtriem, SchuldR BT, Rn. 45; Haas/Medicus/Rolland/Schäfer/Wendtland (Haas), Neues SchuldR, Kap. 5, Rn. 135. Vgl. BGHZ 110, 196, 200; BGH, NJW-RR 2001, 268, 269.

177 Begr. RegE, BT-Drucks. 14/6040, S. 218, linke Spalte. Vgl. Haas/Medicus/Rolland/Schäfer/Wendtland (Haas), Neues SchuldR, Kap. 5, Rn. 134.

178 Begr. RegE, BT-Drucks. 14/6040, S. 217 f.; Haas/Medicus/Rolland/Schäfer/Wendtland (Haas), Neues SchuldR, Kap. 5, Rn. 138; ders., BB 1313, 1315; P. Huber/Faust (P. Huber), Schuldrechtsmod., Kap. 12, Rn. 69; Schlechtriem, SchuldR BT, Rn. 46; ders., Int. einh. Kaufrecht und neues SchuldR (Neues SchuldR i. d. Praxis), S. 83; Piltz, IHR 2002, 2, 6.

eine Frage, die im Wege der Vertragsauslegung zu beantworten ist: ggf. hat dann der Verkäufer die erhobenen Ansprüche abzuwehren.[179]

Maßgeblicher Zeitpunkt für die Bestimmung eines Rechtsmangels ist, ebenso wie bei einem Sachmangel, grdstzl. der Zeitpunkt des Gefahrübergangs.[180]

Ihren Rechtsfolgen nach sind Rechts- und Sachmängel grundsätzlich gleichgestellt, vgl. § 433 I, §§ 437 ff. BGB.[181]

D. Sonstige Pflichten

I. UN-Kaufrecht: Zusatz- und Schutzpflichten

Zusätzlich zu den vorgenannten Pflichten normiert das UN-Kaufrecht keine allgemeine Neben- und Schutzpflicht des Verkäufers gegenüber dem Käufer.[182] Allerdings sind einzelne (kauf-) spezifische Zusatzpflichten[183] des Verkäufers explizit benannt. Dazu gehören bspw. die Pflicht zur Dokumentenübergabe, Art. 30, 34 CISG,[184] Zusatzpflichten bei vereinbarter Versendung, Art. 31, 32 CISG, sowie verschiedene Mitteilungs- und Informationspflichten (etwa nach Art. 32 III, Art. 71 III oder nach Art. 79 IV CISG).[185] Auch insoweit gilt Art. 6 CISG, d. h. eine abweichende Vereinbarung ist möglich und vorrangig zu berücksichtigen. Zudem trifft den Verkäufer implizit die Pflicht, alles zu tun, was notwendig ist, um die ordnungsgemäße Vertragserfüllung sicherzustellen.[186] Dazu kann z. B. die Beschaffung von Ausfuhr- und Transportgenehmigungen gehören.[187]

---

179 Vgl. Begr. RegE, BT-Drucks. 14/6040, S. 217 f.; Haas/Medicus/Rolland/Schäfer/Wendtland (Haas), Neues SchuldR, Kap. 5, Rn. 138.

180 Schlechtriem, SchuldR BT, Rn. 48; Hass/Medicus/Rolland/Schäfer (Haas), Neues SchuldR, Kap. 5, Rn. 256, Rn. 262. Vgl. Dauner-Lieb/Heidel/Lepa/Ring (Büdenbender), Neues SchuldR, § 8, Rn. 21 f. I. E. ebenso Palandt (Putzo), BGB, 62. A., § 435, Rn. 7 (Zeitpunkt des Rechtserwerbs maßgeblich). Vgl. Ehmann/Rust, JZ 1999, 853, 856

181 Vgl. Begr. RegE, BT-Drucks. 14/6040, S. 84, linke Spalte unten, S. 94, S. 202 ff.; Däubler-Gmelin, NJW 2001, 2281, 2285; P. Huber/Faust (P. Huber), Schuldrechtsmod., Kap. 12, Rn. 67; Lorenz/Riehm, Neues SchuldR, Rn. 569; Brüggemeier, WM 2002, 1376, 1379.

182 Vgl. Karollus, UN-Kaufrecht, S. 132; Magnus, Pflichtverletzung (Schuldrechtsref. vor dem Hintergrund des Gemeinschaftsrechts), S. 71; Honsell, SJZ 1992, 345, 347.

183 Das UN-Kaufrecht differenziert nicht zwischen vertraglichen Haupt- und Nebenpflichten, so dass die Bezeichnung "Nebenpflicht" irreführend ist, vgl. Staudinger (Magnus), Wiener UN-Kaufrecht, Art. 30, Rn. 20; ders. ZEuP 1999, 642, 652 f.; Herber/Czerwenka, Int. Kaufrecht, Art. 30, Rn. 9; Schlechtriem, Int. UN-Kaufrecht, Rn. 114, Rn. 199.

184 Vgl. Schlechtriem, Int. UN-Kaufrecht, Rn. 122.

185 Schlechtriem, Int. UN-Kaufrecht, Rn. 129; Piltz, Int. Kaufrecht, § 4, Rn. 103, Rn. 115 ff.; Schackmar, Lieferpflicht, Rn. 489, Rn. 495 f. Vgl. Staudinger (Magnus), Wiener UN-Kaufrecht, Art. 30, Rn. 14; Piltz, Int. Kaufrecht, § 4, Rn. 95 ff.; Honsell, SJZ 1993, 345, 348.

186 Staudinger (Magnus), Wiener UN-Kaufrecht, Art. 30, Rn. 15 f.; Herber/Czerwenka, Int. Kaufrecht, Art. 30, Rn. 9; Piltz, Int. Kaufrecht, § 4, Rn. 95 ff. Vgl. Honsell, SJZ 1992, 345, 348.

187 Herber/Czerwenka, Int. Kaufrecht, Art. 30, Rn. 9.

Auch eine allgemeine Pflicht zur Rücksichtnahme auf die Belange des Käufers (Schutz des Integritätsinteresses) ist der Konvention zu entnehmen.[188] Da eine Verletzung dieser Zusatzpflicht regelmäßig Schadensersatzansprüche auslöst,[189] erstreckt sie sich auf sonstige Rechtsgüter des Käufers allerdings nur insoweit, als ein Schaden aus der Verletzung dieser Pflicht für den Verkäufer bei Vertragsschluss vorhersehbar war.[190] Ein darüber hinausgehender Schutz des käuferischen Integritätsinteresses kann nur durch vertragliche Vereinbarung erreicht werden.

II. Internes deutsches Kaufrecht: Neben- und Schutzpflichten

Ebenso wie im UN-Kaufrecht ist der Verkäufer auch im internen deutschen Kaufrecht zu allem verpflichtet, was für die ordnungsgemäße Vertragsdurchführung und die Erfüllung seiner vertraglichen Pflichten notwendig ist, ohne dass einzelne Nebenpflichten hier durch gesetzliche Normierung besonders hervorgehoben sind.[191] Allgemein und umfassend ist aber die verkäuferische Verpflichtung zur Rücksichtnahme auf das käuferische Integritätsinteresse in § 241 II BGB festgehalten.[192] Auch hier sind insbesondere Schadensersatzansprüche des Käufers denkbar.[193] Der Schutzbereich des internen deutschen Rechts ist daher, was sonstige Schutzgüter des Käufers betrifft, weiter als im UN-Kaufrecht.[194]

E. Vergleich

Die Ausgestaltung des kaufvertraglichen Pflichtenkatalogs des Verkäufers betrifft von den in Kapitel 1 – B.II.1 dargestellten Vergleichskriterien v. a. das Kriterium Haftungsrisiko: je weiter (breiter) der Pflichtenumfang ist, der dem Verkäufer abverlangt wird, und je strenger die Maßstäbe sind, an denen er sich bei der Pflichterfüllung messen lassen muss, desto größer ist die Wahrscheinlichkeit eines Pflichtverstoßes seinerseits und damit des Eintritts eines Haftungsfalles. Berührt ist auch das Kriterium GPO-Potential (Möglichkeit zur Optimierung von Geschäftsprozessen), da mit zunehmendem Pflichtenumfang und zunehmend strengen Maßstäben die Anforderungen an die Organisation des Verkäufers bspw. hinsichtlich der betrieblichen Qualitätssicherung steigen.

---

188 Staudinger (Magnus), Wiener UN-Kaufrecht, Art. 30, Rn. 17; Honsell, SJZ 1993, 345, 348.

189 Vgl. Magnus, ZEuP 1999, 642, 653; Honsell, SJZ 1992, 345, 349. Zur Schadensersatzpflicht unten, Kapitel 4 – C.II.

190 Vgl. Magnus, Pflichtverletzung (Schuldrechtsref. vor dem Hintergrund des Gemeinschaftsrechts), S. 71. Zum Kriterium der Vorhersehbarkeit als Begrenzung der verkäuferischen Schadensersatzpflicht vgl. unten, Kapitel 4 – C.II.1.d.

191 Vgl. Begr. RegE, BT-Drucks. 14/6040, S. 203, linke Spalte; Lorenz/Riehm, Neues SchuldR, Rn. 475.

192 Lorenz/Riehm, Neues SchuldR, Rn. 475; Haas/Medicus/Rolland/Schäfer/Wendtland (Haas), Neues SchuldR, Kap. 5, Rn. 50 ff.

193 Lorenz/Riehm, Neues SchuldR, Rn. 475. Zum Schadensersatz unten, Kapitel 4 – C.II.2.

194 Vgl. Magnus, Pflichtverletzung (Schuldrechtsref. vor dem Hintergrund des Gemeinschaftsrechts), S. 71.

Vergleicht man unter diesen Gesichtspunkten die Verkäuferpflichten in UN-Kaufrecht und internem deutschen Kaufrecht miteinander, so lässt sich zunächst feststellen, dass praktisch Übereinstimmung hinsichtlich der charakteristischen Kernpflichten – Lieferung von und Verschaffung des Eigentums an mangelfreier Ware[195] – besteht und dass auch die gesetzliche Ausgestaltung von Lieferpflicht und Gefahrübergang weitgehend identisch ist:[196] grundsätzlich ist der Niederlassungssitz des Verkäufers Erfüllungsort, ab der Vornahme der geschuldeten Lieferhandlung durch den Verkäufer an diesem Ort reist die Ware auf Gefahr des Käufers. Zudem werden der genaue Inhalt der Lieferpflicht und der Zeitpunkt des Gefahrübergangs in der Praxis von den Vertragspartnern meist vertraglich detailliert geregelt, bspw. unter Verwendung einer INCOTERMS-Klausel.[197] Vorteilhaft ist das UN-Kaufrecht aus Verkäufersicht aber deswegen, weil ein 'Rückfall' der Preisgefahr im UN-Kaufrecht nur im Zusammenhang mit einer Vertragsaufhebung, d. h. regelmäßig nur bei Vorliegen einer wesentlichen Vertragsverletzung, stattfindet und nicht, wie im internen deutschen Recht, bei jedem nicht lediglich unerheblichen Mangel (der den Käufer zum Rücktritt berechtigt).[198]

Auch hinsichtlich der Fälligkeit der Lieferung gilt übereinstimmend vorrangig das vertraglich Vereinbarte. Fehlt eine Vereinbarung, so ist der dem Verkäufer eingeräumte Spielraum im UN-Kaufrecht größer, da er hier lediglich in angemessener Frist nach Vertragsschluss liefern muss, während er nach internem deutschen Recht grundsätzlich sofort zu liefern hat. Dieser etwas laxere Standard des UN-Kaufrechts ist aus Sicht des Verkäufers vorzugswürdig, da, vgl. zuvor, dadurch sein Haftungsrisiko vergleichsweise geringer ist.

Hinsichtlich der Qualität (i. w. S.) der zu liefernden Ware besteht wiederum zunächst Übereinstimmung: gleichermaßen ist die Lieferung mangelfreier Ware geschuldet und sowohl nach UN-Kaufrecht wie nach internem deutschen Recht gilt vorrangig der subjektive Fehlerbegriff, wonach die vertraglich vereinbarte Sollbeschaffenheit maßgeblich ist.[199]

---

195 Auf die Unterschiede hinsichtlich des käuferischen Zurückweisungsrechts bei Andienung mangelbehafteter Ware, die sich daraus ergeben, dass die Gutleistungspflicht nur im internen deutschen Recht unmittelbar mit der verkäuferischen Lieferpflicht verknüpft ist, wird unten, Kapitel 4 – D.I, eingegangen.

196 Vgl. Wertenbruch, JuS 2003, 625, 625 f., Fn. 10; Stadie/Nietzer, MDR 2002, 428, 432.

197 Vgl. Staudinger (Magnus), Wiener UN-Kaufrecht, Art. 31, Rn. 3; Schackmar, Lieferpflicht, Rn. 88.

198 Zu den Voraussetzungen von Vertragsaufhebung und Rücktritt vom Vertrag unten, Kapitel 4 – B.I.1, Kapitel 4 – B.II.1

199 Schlechtriem, Int. einh. Kaufrecht und neues SchuldR (Neues SchuldR i. d. Praxis), S. 84. Vgl. Magnus, CISG's Impact on European Legislation (Verona Conf. 2003), S. 136 (im Vgl. zur Verbrauchsgüterkaufrichtlinie, die insoweit in das deutsche Recht umgesetzt wurde).

Auch wenn es mangels vertraglicher Festlegung der Sollbeschaffenheit zu einem Rückgriff auf die objektiven Kriterien der jeweiligen gesetzlichen Auffangregeln kommt, besteht vielfach Übereinstimmung: gleichermaßen ist Ware geschuldet, die die vom Käufer berechtigterweise zu erwartende Beschaffenheit aufweist, Artabweichungen und Mindermengen[200] stellen gleichermaßen einen Mangel dar,[201] eine etwaige Montageverpflichtung ist i. E. übereinstimmend Teil der verkäuferischen Gutleistungspflicht, und auch ein geringfügiger Mangel ist ein Mangel. Ebenso ist in beiden Rechtsregimes der Zeitpunkt des Gefahrübergangs maßgeblich für die Bestimmung des Vorliegens eines Mangels und der Käufer ist mit der Geltendmachung eines Mangels ausgeschlossen, wenn er diesen bei Vertragsschluss kannte und sich seine Rechte deswegen nicht vorbehalten hat.

Insoweit besteht aber auch erhebliche Unterschiede: so kommt es im UN-Kaufrecht für die geschuldete Warenbeschaffenheit auf diejenigen Produktstandards an, die im Land des Verkäufers gelten, während im internen deutschen Recht auf das Importland (regelmäßig das Land des Käufers) abzustellen ist. Daher muss sich der Verkäufer hier fortlaufend über die entsprechenden gesetzlichen Bestimmungen des Importstaates informieren und seine Waren daran anpassen oder eine abweichende Beschaffenheit – soweit zulässig – vertraglich absichern. Zudem kann der Käufer den Verkäufer im internen deutschen Recht weitergehend an (nicht korrigierten) Werbeaussagen insbesondere des Produktherstellers festhalten, was es dem Verkäufer aufbürdet, sich mit der Öffentlichkeitsarbeit des Herstellers und der ihm vorgelagerten Lieferanten auseinanderzusetzen und etwaige Aussagen (beweisbar) zu korrigieren.[202] Neben den mit diesen Informationspflichten direkt assoziierten Informationskosten erhöht dies auch das Haftungsrisiko des Verkäufers. Beides lässt das UN-Kaufrecht aus Verkäufersicht vorzugswürdig erscheinen.[203]

Auch hinsichtlich der grundsätzlich gleichermaßen geschuldeten Rechtsmangelfreiheit der Ware bestehen Unterschiede. Der Pflichtenumfang des Verkäufers ist

---

200 Eine Zuviellieferung stellt allerdings nur im UN-Kaufrecht einen Mangel dar, was v. a. Bedeutung hinsichtlich der Frage hat, ob eine solche seitens des Käufers zu rügen ist und ob bzw. unter welchen Voraussetzungen es zu einer Vertragserweiterung und Kaufpreiserhöhung kommt. Hierauf wird unten im Rahmen der käuferischen Rügeobliegenheit eingegangen, Kapitel 3 – E.III.

201 Schlechtriem, Int. einh. Kaufrecht und neues SchuldR (Neues SchuldR i. d. Praxis), S. 85; Stadie/Nietzer, MDR 2002, 428, 432.

202 Vgl. Schlechtriem, Int. einh. Kaufrecht und neues SchuldR (Neues SchuldR i. d. Praxis), S. 84 f.; Stadie/Nietzer, MDR 2002, 428, 432.

203 Bei Geltung des internen deutschen Rechts muss der Verkäufer allerdings auch (nur) die Produktstandards des Käuferstaates erfüllen, die möglicherweise geringer sind als die hierzulande maßgeblichen Produktstandards. In diesem Fall empfiehlt es sich aus Sicht des Verkäufers, die Geltung der Produktstandards des Käuferstaates vertraglich zu vereinbaren (vgl. Art. 6 CISG).

diesbezüglich im UN-Kaufrecht insoweit weiter, als der Käufer das Recht auf *quiet possession* hat.[204] Dem steht gegenüber, dass der Verkäufer hier die Freiheit von gewerblichen Schutzrechten Dritter nur insoweit schuldet, als er diese kannte oder grob fahrlässig nicht kannte und die zudem auf den gesetzlichen Vorschriften (vorrangig) des Bestimmungslandes beruhen. Insoweit ist der Pflichtenumfang des Verkäufers im UN-Kaufrecht gegenüber dem internen deutschen Recht, das vergleichbare subjektive und geographische Einschränkungen nicht kennt, enger. Betreffend die Rechtsmängelfreiheit ist damit eine eindeutige Bewertung des UN-Kaufrechts als aus Verkäufersicht vor- oder nachteilhaft nicht möglich. Ausschlaggebend sind Einzelfallumstände, die zu einer unterschiedlichen Gewichtung des einen oder anderen Pflichtenelements führen können.

Schließlich ist der Kreis der verkäuferischen Schutzpflichten hinsichtlich anderer Güter als des Vertragsgegenstandes im UN-Kaufrecht (wohl) enger als im internen deutschen Recht. Dies stellt aus Verkäufersicht wiederum einen leichten Vorteil des UN-Kaufrechts dar.

Was die Verkäuferpflichten insgesamt betrifft, ist das UN-Kaufrecht aus Verkäufersicht daher das zu bevorzugende Rechtsregime, wofür insbesondere die Geltung der Produktstandards des Importlandes hinsichtlich der Warenbeschaffenheit und die grundsätzliche Haftung des Verkäufers für Herstellerangeben im internen deutschen Recht verantwortlich sind. Von geringerer praktischer Bedeutung erscheinen hingegen die leichten Unterschiede bei der Fälligkeit der Lieferung und des 'geographischen Einzugsbereichs' gewerblicher Schutzrechte. Im Einzelfall kann in Abhängigkeit von der jeweiligen Branche eine andere Gesamtbewertung aber insbesondere aus dem käuferischen *right to quiet possession* des UN-Kaufrechts folgen.

---

204 Vgl. Schlechtriem, Int. einh. Kaufrecht und neues SchuldR (Neues SchuldR i. d. Praxis), S. 83; ders., Int. UN-Kaufrecht, Rn. 163.

Kapitel 3 – Strukturelle Merkmale des Systems der Käuferrechtsbehelfe und gemeinsame Voraussetzungen

Nachfolgend werden, anknüpfend an das zuvor dargestellte verkäuferische Pflichtenprogramm und, sogleich, einen kurzen Überblick über die jeweils verfügbaren Käuferrechtsbehelfe, zunächst die strukturellen Merkmale des Käuferrechtsbehelfssystems des UN-Kaufrechts und des internen deutschen Kaufrechts erläutert und miteinander verglichen.[205]

A. Übersicht Käuferrechtsbehelfe

I. UN-Kaufrecht

Auf die dem Käufer im UN-Kaufrecht bei einer Vertragsverletzung durch den Verkäufer zustehenden Rechtsbehelfe verweist Art. 45 I, II CISG. Demnach hat der Käufer zunächst den vertraglichen Anspruch auf Erfüllung, der ab der Lieferung durch den Verkäufer zum Nacherfüllungsanspruch wird. Der Nacherfüllungsanspruch kann dabei die Gestalt eines Anspruchs auf Nachbesserung oder auf Ersatzlieferung annehmen, Art. 45 I a) i. V. m. Art. 46 CISG, wobei letzteres grundsätzlich nur dann in Betracht kommt, wenn die Ware nicht vertragsgemäß ist (Art. 35 CISG) und dieser Mangel eine "wesentliche" Vertragsverletzung darstellt. Unter bestimmten Umständen kann der Käufer eine Pflichtverletzung des Verkäufers auch selbst beseitigen oder beseitigen lassen und die ihm dadurch entstehenden Kosten als Schadensersatz beim Verkäufer liquidieren, ohne dass es dafür eines Verschuldens des Verkäufers bedarf.[206]

Bei Nichtlieferung oder einer (sonstigen) wesentlichen Vertragsverletzung hat der Käufer einen Anspruch auf Aufhebung des Vertrages, Art. 45 I a) i. V. m. Art. 49 CISG. Zudem kann er gem. Art. 72 CISG wegen eines "antizipierten Vertragsbruchs" bereits dann, wenn schon vor Fälligkeit der Lieferung klar ist, dass der Verkäufer eine wesentliche Vertragsverletzung begehen wird, den Vertrag aufheben.[207]

Auf monetären Ausgleich einer Vertragsverletzung gerichtet sind das Recht des Käufers, im Falle der Lieferung sachmangelhafter Ware den Kaufpreis zu mindern, Art. 45 I a) i. V. m. Art. 50 CISG, sowie der Anspruch auf Schadensersatz, Art. 45 I b) CISG.[208]

Alle Rechtsbehelfe, insbesondere auch der Anspruch auf Schadensersatz (vgl. Art. 45 II CISG), stehen dem Käufer dabei kumulativ zur Verfügung, wobei aber der Anspruch auf Vertragsaufhebung den Erfüllungsanspruch und den Anspruch auf Kaufpreisminderung ausschließt. Außerdem scheidet ein Rechtsbehelf (insb.

---

[205] Zur Auswahl der strukturellen Merkmale vgl. oben, Kapitel 1 – B.II.2.
[206] Zum Nacherfüllungsanspruch unten, Kapitel 4 – A.I.
[207] Dazu unten, Kapitel 4 – B.I.
[208] Dazu unten Kapitel 4 – C.I.1 und Kapitel 4 – C.II.1.

der Schadensersatzanspruch) selbstverständlich insoweit aus, als durch die Inanspruchnahme eines anderen Rechtsbehelfs der Nachteil/Schaden des Käufers bereits ausgeglichen ist. Ein doppelter/mehrfacher Ausgleich desselben Nachteils, der zu einer Besserstellung des Käufers durch das zunächst nachteilige Ereignis führen würde, kommt nicht in Betracht.[209]

Die endgültigen Rechtsbehelfe des Käufers werden ergänzt durch das Recht des Käufers, ihm angediente Kaufware unter bestimmten Voraussetzungen zurückweisen zu dürfen und die Erfüllung seiner eigenen Leistungspflichten (insbesondere zur Kaufpreiszahlung) vorübergehend auszusetzen, Art. 58 I, II CISG. Die Erfüllung seiner eigenen Vertragspflichten kann er auch schon vor Fälligkeit der Lieferung aussetzen, wenn sich nach Vertragsschluss herausstellt, dass der Verkäufer einen "wesentlichen Teil" seiner Pflichten nicht erfüllen wird (Unsicherheits- oder Verschlechterungseinrede), Art. 71 CISG.[210]

II. Internes deutsches Kaufrecht

Die Rechtsbehelfe, die dem Käufer im internen deutschen Handelskaufrecht bei einer Pflichtverletzung durch den Verkäufer zustehen, entsprechen auf den ersten Blick weitgehend denen, die ihm das UN-Kaufrecht zur Verfügung stellt.

So steht dem Käufer der vertragliche Anspruch auf Erfüllung zu, solange der Verkäufer seiner Lieferverpflichtung noch nicht nachgekommen ist. Ab Lieferung durch den Verkäufer wird dieser Anspruch durch die §§ 437 Nr. 1, 439 BGB modifiziert (Anspruch auf Nacherfüllung). Gemäß § 439 I BGB hat dabei der Käufer die Wahl zwischen Nachbesserung und Nachlieferung. Ein Recht zur Selbstvornahme (und einen entsprechenden Kostenersatzanspruch gegen den Verkäufer) hat der Käufer regelmäßig nur dann, wenn die Nacherfüllung durch den Verkäufer fehlgeschlagen ist, da der Verkäufer Schadensersatz grundsätzlich nur dann schuldet, wenn er das schädigende Ereignis zu vertreten hat.[211] Aus § 313 BGB kann sich bei einem sog. "Wegfall der Geschäftsgrundlage" zugunsten des Verkäufers ein Anspruch auf Anpassung seiner Leistungspflicht ergeben.

Im Falle einer mangelbehafteten Lieferung kann der Käufer nach §§ 437 Nr. 2, 1. Alt., 440, 323, 326 V BGB, i. Ü. unmittelbar aus den §§ 323 ff. BGB, von dem Vertrag zurücktreten. Wird der Verkäufer wegen Unmöglichkeit der Leistungserbringung von seiner Leistungspflicht frei (§ 275 BGB), so wird im Gegenzug auch der Käufer von seiner Leistungspflicht, insbesondere der Pflicht zur Kauf-

---

[209] Staudinger (Magnus), Wiener UN-Kaufrecht, Art. 45, Rn. 2, Art. 74, Rn. 12; Schlechtriem (Huber), Einh. UN-Kaufrecht, Art. 45, Rn. 39 ff.; Schlechtriem (Stoll), Einh. UN-Kaufrecht, Art. 74, Rn. 5; Karollus, UN-Kaufrecht, S. 93; P. Huber/Kröll, IPRax 2003, 309, 315 f.; Honsell, SJZ 1993, 361, 361; OLG Schleswig-Holstein, U. v. 22.08.2002, www.unilex.info. Vgl. Mischke, BB 1997, 1494, 1497.

[210] Dazu unten, Kapitel 4 – C.II.3.e.

[211] Dazu unten, Kapitel 4 – A.II.2.

preiszahlung, frei, § 326 I BGB. Schließlich kann er bereits vor Fälligkeit der verkäuferischen Leistungspflicht von dem Vertrag zurücktreten, wenn "offensichtlich" ist, dass die Voraussetzungen des Rücktritts eintreten werden, § 323 IV BGB.

Bei mangelhafter Ware hat der Käufer zudem das Recht, den Kaufpreis zu mindern, §§ 437 Nr. 2, 2. Alt., 441 BGB. Daneben hat er einen im Grundsatz verschuldensabhängigen Anspruch auf Schadens- oder Aufwendungsersatz, der im Falle eines Mangels i. S. v. §§ 434, 435 BGB aus §§ 437 Nr. 3, 280, 281, 283, 311a BGB (Schadensersatz) bzw. §§ 437 Nr. 2, 284 BGB (Aufwendungsersatz) folgt, im Falle einer andersartigen Pflichtverletzung direkt aus den §§ 280 ff. BGB.

Alle Rechtsbehelfe, einschließlich des Anspruchs auf Schadensersatz, stehen dem Käufer kumulativ zur Verfügung.[212] Dies kann aber auch im internen deutschen Recht nicht dazu führen, dass der Käufer eine Pflichtverletzung mehrfach, bspw. einmal im Wege des Rücktritts, einmal im Wege des Schadensersatzes, ausgleichen kann.[213]

Ergänzend kann der Käufer Ware, die der Verkäufer ihm andient, unter bestimmten Umständen zurückweisen und es stehen ihm Zurückbehaltungsrechte und Einreden hinsichtlich seiner eigenen Leistungspflichten, teilweise auch schon im Vorfeld einer Vertragsverletzung, zu, vgl. §§ 273 I BGB i. V. m. § 369 HGB und §§ 320 ff. BGB.[214]

B. Anknüpfungspunkt und Differenzierung der Verfügbarkeit der Käuferrechtsbehelfe

I. UN-Kaufrecht

1. Einheitlicher Tatbestand der Vertragsverletzung und Ausnahmen

Das UN-Kaufrecht geht grundsätzlich von einem einheitlichen Tatbestand der Vertragsverletzung bzw. Nichterfüllung *(breach of contract* bzw. *non performance)* aus, vgl. Art. 45 I CISG: jegliches Zurückbleiben des Verkäufers hinter dem vertraglich geschuldeten Erfolg löst die Rechtsbehelfe des Käufers aus. Die Art der Vertragsverletzung und die Art der verletzten Vertragspflicht ist grundsätzlich

---

[212] Vgl. § 325 BGB für das Verhältnis von Rücktritt zu Schadensersatz und § 437 Nr. 2 BGB a. E. ("und") für das Verhältnis der Rechtsbehelfe des Käufers zueinander bei Mangelhaftigkeit. Vgl. Begr. RegE, BT-Drucks 14/6040, S. 93, rechte Spalte; Arnold, ZGS 2003, 427, 428.

[213] Vgl. Lorenz/Riehm, Neues SchuldR, Rn. 237 (Berücksichtigung eines Rücktritts bei der Berechnung des (noch) auszugleichenden Schadens im Wege der Differenzhypothese). § 285 II BGB ordnet dies ausdrücklich an.

[214] Dazu unten, Kapitel 4 – C.II.3.e.

ohne Bedeutung.[215] Auch die anfängliche (objektive) Unmöglichkeit der Leistungserbringung stellt eine Vertragsverletzung dar, die die Wirksamkeit des Vertrages an sich unberührt lässt.[216]

Dennoch kann der Käufer nicht bei jeder Vertragsverletzung auch jeden Rechtsbehelf geltend machen, bspw. kann er bei nur geringfügigen Vertragsverletzungen regelmäßig nicht den gesamten Vertrag aufheben. Die Verfügbarkeit dieses und anderer Rechtsbehelfe des Käufers richten sich aber nicht nach der Art der verletzten Vertragspflicht oder der Art der Pflichtverletzung, sondern grundsätzlich nur nach der Schwere einer Vertragsverletzung (dazu im Anschluss).[217]

Hiervon als Ausnahme kann der Käufer gem. Art. 50 CISG nur dann Kaufpreisminderung verlangen, wenn der Verkäufer seine Pflicht zur Lieferung einer vertragskonformen Kaufsache verletzt hat, d. h. bei einem Sachmangel i. S. v. Art. 35 I CISG (Ware nicht vertragsgerechter Qualität oder Art *(aliud),* Lieferung einer falschen Menge, nicht vertragsgerecht verpackter Ware).[218] Dieser Rechtsbehelf steht dem Käufer bei andersartigen Vertragsverletzungen[219] und, streitig, selbst bei Lieferung einer rechtsmangelhaften Kaufsache hingegen nicht zu.[220]

Keine Ausnahme zum an der Schwere einer Vertragsverletzung orientierten Einheitskonzept des UN-Kaufrechts stellt es hingegen dar, dass der Käufer bei einer Verletzung der Lieferpflicht nach erfolgloser Setzung einer Liefernachfrist den Vertrag gem. Art. 49 I b) CISG ohne weiteres aufheben kann. Zwar hat er die Möglichkeit der Vertragsaufhebung sonst nur, wenn die Vertragsverletzung des Verkäufers "wesentlich" i. S. v. Art. 25 CISG ist, Art. 49 I a) CISG, so dass augenscheinlich eine Differenzierung der verfügbaren Rechtsbehelfe nach der Art der verletzten Vertragspflicht – Lieferpflichtverletzung/sonstige Pflichtverletzung – vorliegt. Allerdings stellt die endgültige Nichtlieferung immer auch eine i. S. v.

---

215 Schlechtriem (Huber), Einh. UN-Kaufrecht, Art. 45, Rn. 2, Rn. 7; Magnus, Pflichtverletzung (Schuldrechtsref. vor dem Hintergrund des Gemeinschaftsrechts), S. 68; Piltz, Int. Kaufrecht, § 1, Rn. 13 ff.; Karollus, UN-Kaufrecht, S. 90; Huber, ZIP 2000, 2273, 2277; Benicke, IPrax 1997, 326, 326. Vgl. Ranieri, Europ. Obligationenrecht, S. 111 ff.; BGH, U. v. 3.4.1996 ("Kobaltsulfat"), www.unilex.info. Zu den Begriffen vgl. Schlechtriem (Huber), Einh. UN-Kaufrecht, Art. 45, Rn. 6.

216 Staudinger (Magnus), Wiener UN-Kaufrecht, Art. 4, Rn. 44; Schlechtriem, Int. UN-Kaufrecht, Rn. 36; Karollus, Int. Kaufrecht, S. 43.

217 Staudinger (Magnus), Wiener UN-Kaufrecht, Art. 45, Rn. 10; Schlechtriem (Huber), Einheitliches UN-Kaufrecht, Art. 45, Rn. 7, Art. 25, Rn. 4. Vgl. Karollus, UN-Kaufrecht, S. 90.

218 Vgl. Schlechtriem, Int. UN-Kaufrecht, Rn. 5, Fn. 11; Benicke, IPrax 1997, 326, 326.

219 Insoweit aus Sinn und Zweck der Minderung, einen Ausgleich für den Minderwert der mangelbehafteten Ware zu gewähren, erklärlich.

220 Vgl. unten, Kapitel 4 – C.I.

Art. 25 CISG "wesentliche" Vertragsverletzung dar[221] (dazu sogleich), so dass die Differenzierung systemkonform an die Schwere der Vertragsverletzung anknüpft.

Weniger eindeutig liegt der Fall dann, wenn der Verkäufer eine mit einem Rechtsmangel i. S. v. Art. 41 oder Art. 42 CISG behaftete Ware liefert. Nach vorherrschender Auffassung kann der Käufer in diesem Fall gem. Art. 46 I CISG Nacherfüllung auch in der Form der Ersatzlieferung verlangen, ohne an die Einschränkungen des Art. 46 II CISG gebunden zu sein.[222] Hingegen kann er bei einem Sachmangel i. S. v. Art. 35 I CISG Ersatzlieferung nur dann verlangen, wenn der Sachmangel einer wesentlichen Vertragsverletzung gleichkommt, vgl. Art. 46 II CISG.

Diese dem Wortlaut nach an die Art der verletzten Vertragspflicht bzw. der Art der Vertragsverletzung anknüpfende Differenzierung wird v. a. damit begründet, dass Art. 46 II CISG, ebenso wie Art. 50 CISG für die Minderung, nur auf die in Art. 35 I CISG als i. w. S. sachmangelfrei legaldefinierte Vertragsgemäßheit der Ware abstellt, nicht jedoch auch auf die Art. 41, 42 CISG (Rechtsmängel) verweist.[223] Auch die Abschnittsüberschrift zu Abschnitt II in Kapitel II des dritten Teils des UN-Kaufrechts (Art. 35 - 44) – "Vertragsmäßigkeit der Ware *sowie* Rechte oder Ansprüche Dritter" – stützt diese Auslegung. Als sachliche Rechtfertigung wird angeführt, dass rechtsmangelbehaftete Ware für den Käufer regelmäßig nicht anderweit absetzbar bzw. nutzbar sei[224] und Drittansprüche für den Käufer typischerweise undurchsichtiger seien als Sachmängel.[225] Noch mehr als am Erhalt einer sachmangelfreien Sache habe der Käufer daher ein Interesse am Erhalt einer von Rechten und Ansprüchen Dritter unbelasteten Sache.[226]

Diese Argumentation impliziert, dass ein Rechtsmangel (anders als ein Sachmangel) regelmäßig eine Vertragsverletzung von einigem Gewicht darstellt, womit die Verfügbarkeit des Ersatzlieferungsanspruchs mittelbar ebenfalls von der Schwere der Vertragsverletzung abhängig ist. Allerdings stellt ein Rechtsmangel keinesfalls immer auch eine i. S. v. Art. 25 CISG "wesentliche" Vertragsverletzung dar. Dies folgt im Umkehrschluss aus der Formulierung des Art. 49 I a) CISG, der nicht wie

---

221 Vgl. Rolland, Aufhebung (FS Schlechtriem), S. 644; wohl auch Gillette/Walt, Sales Law, S. 359.

222 Staudinger (Magnus), Wiener UN-Kaufrecht, Art. 46, Rn. 17; Schlechtriem (Huber), Einh. UN-Kaufrecht, Art. 46, Rn. 27, Rn. 57, Fn. 104a; Schlechtriem, Int. UN-Kaufrecht, Rn. 184.

223 Staudinger (Magnus), Wiener UN-Kaufrecht, Art. 46, Rn. 15, Rn. 17; Schlechtriem (Huber), Einh. UN-Kaufrecht, Art. 46, Rn. 27, Rn. 28; Karollus, UN-Kaufrecht, S. 136. Zweifelnd Schlechtriem, Int. UN-Kaufrecht, Rn. 184. Vgl. Mohs, IHR 2002, 59, 60. Die Rechtsprechung hat sich mit dieser Frage, soweit ersichtlich, noch nicht befasst.

224 So insb. Staudinger (Magnus), Wiener UN-Kaufrecht, Art. 46, Rn. 17.

225 So insb. Karollus, UN-Kaufrecht, S. 136

226 Zum Ganzen Schlechtriem (Huber), Einh. UN-Kaufrecht, Art. 46, Rn. 27, Rn. 57, Fn. 104a; Schlechtriem, Int. UN-Kaufrecht, Rn. 184.

Art. 46 II, III CISG auf die mangelnde Vertragsgemäßheit der Ware, sondern, ganz allgemein, auf "die Nichterfüllung einer dem Verkäufer nach dem Vertrag oder diesem Übereinkommen obliegenden Pflicht" abstellt, also Sach- und Rechtsmängel erfasst, und für beide Mangelarten vorschreibt, dass Vertragsaufhebung nur dann möglich ist, wenn sich der jeweilige Mangel (ausnahmsweise) als wesentlich darstellt. In sachlicher Hinsicht ist zudem zu berücksichtigen, dass Fälle denkbar sind, in denen ein Rechtsmangel, bspw. das Sicherungsrecht einer Finanzierungsbank des Verkäufers, relativ einfach abgelöst werden kann, so dass eine sofortige Vertragsaufhebung nicht gerechtfertigt wäre und eine "wesentliche" Vertragsverletzung nicht angenommen werden kann.

Die vorgestellte Ansicht misst Sach- und Rechtsmängel hinsichtlich des Ersatzlieferungsanspruchs daher mit zweierlei Maß: während der Käufer bei jedem, also auch einem nicht wesentlichen Rechtsmangel ohne weiteres einen Anspruch auf Ersatzlieferung hat, hat er dieses Recht im Falle eines Sachmangels nur dann, wenn dieser eine wesentliche Vertragsverletzung darstellt.

Diese unterschiedliche Gewichtung von Sach- und Rechtsmängeln bzw. die daraus resultierende Differenzierung der verfügbaren Käuferrechtsbehelfe nach der Art der Vertragsverletzung vermeidet die Ansicht, die mit Hinweis auf den allgemeinen Sprachgebrauch und die u. U. schwierige Grenzziehung zwischen Sach- und Rechtsmängeln die Einschränkungen des Art. 46 II CISG auch bei Rechtsmängeln anwenden will.[227] Stützen lässt sich diese Ansicht damit, das sich den Formulierungen des Art. 35 I CISG einerseits und der Art. 41, 42 CISG andererseits entnehmen lässt, dass das UN-Kaufrecht Sach- und Rechtsmängel als gleichwertig ansieht, was eine Gleichbehandlung auch hinsichtlich der verfügbaren Rechtsbehelfe geboten erscheinen lässt. Auch aus Art. 50 CISG i. V. m. Art. 44 CISG lässt sich begründen, dass vom Begriff der Vertragsgemäßheit i. S. v. Art. 46 II CISG auch Sachmängel erfasst sein sollen; denn Art. 50 CISG verwendet ebenfalls nur den Begriff der Vertragsgemäßheit als Anknüpfungspunkt für die Kaufpreisminderung, Art. 44 CISG setzt durch seinen Verweis auch auf Art. 43 I CISG jedoch voraus, dass auch bei einem Rechtsmangel Minderung verlangt werden kann.[228] Zudem ist eine Differenzierung von Sach- und Rechtsmängeln auch in sachlicher Hinsicht nicht immer gerechtfertigt, denn es sind ohne weiteres Rechtsmängel denkbar, die sich kaum negativ auf die Ware auswirken bzw. leicht zu beseitigen sind (vgl. zuvor).

---

227 So Bianca/Bonell (Will), International Sales Law, Art. 46, Anm. 3.1.; Enderlein/Maskow/Strohbach (Enderlein), Int. Kaufrecht, Art. 46, Anm. 3; Herber/Czerwenka, Art. 46, Rn. 6; Reinhart, UN-Kaufrecht, Art. 6, Rn. 3; Neumayer, RIW 1994, 99, 106 ("unstreitig"); Vahle, ZVglRWiss 98 (1999), S. 54, S. 58. Vgl. Schlechtriem, Int. UN-Kaufrecht, Rn. 184; Mohs, IHR 2002, 59, 59 f.

228 Vgl. unten, Kapitel 4 – C.I.

Schließlich trägt diese Ansicht der Tatsache Rechnung, dass bei Ersatzlieferung und Vertragsaufhebung gleichermaßen eine (teilweise) Rückabwicklung des Vertrages ansteht, die regelmäßig mit einem kostspieligen und risikoreichen Rücktransport der Ware zu Lasten des Verkäufers verbunden ist, so dass es nicht einleuchtet, dass der Käufer im Falle eines Rechtsmangels diese Nachteile ohne weiteres durch ein Ersatzlieferungsverlangen herbeiführen können soll, nicht aber dadurch, dass er Vertragsaufhebung verlangt. Konsequent wäre nur, ihm im Falle eines Rechtsmangels auch den Rechtsbehelf der Vertragsaufhebung ohne weiteres unmittelbar zuzubilligen. M. E. sprechen die besseren Argumente dafür, auch bei einem Rechtsmangel den die einschränkenden Voraussetzungen der Art. 46 II, III CISG anzuwenden, was einen Bruch mit dem i. Ü. weitgehend stringenten System der Differenzierung der Käuferrechtsbehelfe anhand nur der Schwerere einer Vertragsverletzung im UN-Kaufrecht vermeiden würde.

2. Differenzierung der Rechtsbehelfe nach der Schwere der Vertragsverletzung

Wie schon angesprochen ist die Verfügbarkeit der Käuferrechtsbehelfe im konkreten Einzelfall v. a. nach der Schwere einer Vertragsverletzung zu bestimmen:[229] bei einer i. S. v. Art. 25 CISG "wesentlichen" Vertragsverletzung (zur Definition im Anschluss) steht dem Käufer ein umfangreicherer Rechtsbehelfkatalog zur Verfügung bzw. es gelten erleichterte Voraussetzungen für die Geltendmachung eines bestimmten Rechtsbehelfs. Insbesondere diejenigen Rechtsbehelfe, die in eine (teilweise) Rückabwicklung des Vertrages resultieren und die daher typischerweise mit einem kostspieligen und risikoreichen Rücktransport der Ware zum Verkäufer verbunden sind, kann der Käufer regelmäßig nur dann ausüben, wenn die verkäuferische Vertragsverletzung wesentlich ist. Im Einzelnen:

Vertragsaufhebung kann der Käufer nur im Falle einer wesentlichen Vertragsverletzung durch den Verkäufer verlangen. Dies gilt, vgl. zuvor, auch im Fall einer endgültigen Lieferpflichtverletzung (d. h. nach Nichtlieferung und erfolglosem Ablauf einer Nachfrist), die immer eine wesentliche Vertragsverletzung darstellt. Auch bei Rechtsmängeln ist Vertragsaufhebung nur dann möglich, wenn der jeweilige Mangel eine wesentliche Vertragsverletzung darstellt (vgl. zuvor). Bei einer leichteren Vertragsstörung ist der Käufer auf die weniger einschneidenden Rechtsbehelfe Nachbesserung, Minderung und Schadensersatz beschränkt.[230]

Gleiches gilt sinngemäß bei einer Vertragsverletzung hinsichtlich eines Teils der Leistung und bei einem Sukzessivliefervertrag hinsichtlich der gestörten Teillieferung: Aufhebung kommt immer nur insoweit in Betracht, wie sich die Vertrags-

---

229 Die Differenzierung der Rechtsfolgen nach der Schwere der Vertragsverletzung kennzeichnet auch verschiedene "moderne" Kaufrechtskodifikationen, bspw. die UNIDROIT- und *Lando*-Vertragsprinzipien, vgl. Schlechtriem (Schlechtriem), Einh. UN-Kaufrecht, Art. 25, Rn. 1 ff.

230 Dazu unten, Kapitel 4 – B.I.

verletzung als wesentlich darstellt, vgl. Art. 51 I i. V. m. Art. 49 I a) CISG und Art. 51 II CISG bzw. Art. 73 I, II CISG; die Aufhebung des gesamten Vertrages ist nur dann zulässig, wenn sich die Vertragsverletzung bezogen auf den gesamten Vertrag als wesentlich darstellt, Art. 51 II CISG bzw. Art. 73 II CISG.[231] Eine drohende wesentliche Vertragsverletzung ist zudem Voraussetzung für eine antizipierte Vertragsaufhebung nach Art. 72 I CISG.[232]

Auch Nacherfüllung in der Form der Ersatzlieferung kann der Käufer nur dann fordern, wenn ein wesentlicher Sachmangel, Art. 46 II CISG, oder – so die wohl h. M. – ein (beliebiger) Rechtsmangel vorliegt.[233]

Schließlich kann der Käufer auch den "großen Schadensersatz", d. h. Ersatz des gesamten Erfüllungsinteresses unter Rückgabe bereits gelieferter Ware bei gleichzeitiger Befreiung der Vertragsparteien von ihren jeweiligen Primärleistungspflichten, nur bei gleichzeitiger Aufhebung des Vertrags verlangen, also regelmäßig dann, wenn die verkäuferische Vertragsverletzung wesentlich ist; andernfalls bleibt der Käufer an den Vertrag gebunden und kann Schadensersatz nur daneben geltend machen.[234]

Auch ein Zurückweisungsrecht hinsichtlich der ihm vom Verkäufer angedienten Ware steht dem Käufer im UN-Kaufrecht explizit nur hinsichtlich zu viel und zu früh gelieferter Ware zu, Art. 52 II bzw. I CISG. Bei einer (sonstigen) Vertragsverletzung durch den Verkäufer (insbesondere der Andienung mangelbehafteter Ware) wird eine Zurückweisung der gelieferten mangelbehafteten Waren als "erfüllungsuntauglich" überwiegend nur dann zugelassen, wenn der Käufer deswegen zu Vertragsaufhebung oder Ersatzlieferung berechtigt wäre, also dann, wenn es sich um einen wesentlichen Mangel handelt.[235]

3. "Wesentlichkeit" einer Vertragsverletzung (Art. 25 CISG)

Nach Art. 25 CISG ist eine Vertragsverletzung wesentlich, "wenn sie für die andere Partei solchen Nachteil zur Folge hat, dass ihr im wesentlichen entgeht, was sie nach dem Vertrag hätte erwarten dürfen, es sei denn, dass die vertragsbrüchige Partei diese Folge nicht vorausgesehen hat und eine vernünftige Person der gleichen Art diese Folge unter den gleichen Umständen auch nicht vorausgesehen hätte."

---

231 Die englische Sprachfassung ist hier eindeutiger: *"The buyer may declare the contract avoided in its entirety only if the failure to make delivery completely or in conformity with the contract amounts to a fundamental breach of the contract"*, vgl. Schlechtriem (Huber), Einh. UN-Kaufrecht, Art. 51, Rn. 5. Dazu unten, Kapitel 4 – B.I.2.

232 Dazu unten, Kapitel 4 – B.I.3.

233 Vgl. zuvor, Kapitel 3 – B.I.1; unten, Kapitel 4 – A.I.4.

234 Dazu unten, Kapitel 4 – C.II.1.a.

235 Dazu unten, Kapitel 4 – D.I, Kapitel 4 – D.II.

"Diese Formel ist ebenso flexibel wie vage",[236] was die zweifelsfreie Beantwortung der Frage, ob eine Vertragsverletzung wesentlich ist, schwer macht. Die Vielzahl der verwendeten unbestimmten Rechtsbegriffe und die außerordentliche praktische Wichtigkeit der Frage hat zu einer Fülle von akademischen Erklärungsversuchen und Gerichtsentscheidungen geführt.[237] Daraus lassen sich drei mehr oder weniger unstreitige Grundelemente einer wesentlichen Vertragsverletzung ableiten:[238]

¶ Zunächst muss überhaupt eine Vertragsverletzung durch den Verkäufer vorliegen. Die verletzte Pflicht kann dabei zum Pflichtenprogramm des UN-Kaufrechts gehören, oder eine von den Parteien geschaffene Pflicht sein. Entscheidend ist nur, dass der Vertrag seinem Gesamtcharakter nach einen Kaufvertrag darstellt, da er andernfalls dem Geltungsbereich des UN-Kaufrechts entzogen und nach dem über das IPR berufenen internen Sachrecht zu beurteilen ist.[239]

¶ Zudem muss die Vertragsverletzung ein substantielles Vertragsinteresse des Käufers derart beeinträchtigen, dass dieser das Interesse an der Durchführung des Vertrages verloren hat.[240] Ob dies der Fall ist, ist durch Bewertung des Interesses des Käufers an der Einhaltung der verletzten Vertragspflicht

---

236 Staudinger (Magnus), Wiener UN-Kaufrecht 1999, Art. 25, Rn. 3. Vgl. ders., Beyond the Digest (Draft UNCITRAL Digest), S. 321 f.

237 Prof. Will fasst die Situation wie folgt zusammen: *"Mediation over terms as pregnant with connotations as 'fundamental', 'substantial', or 'foreseeable' never ends, nor does controversy about their meaning. But while philosophers have time to muse, lawyers usually have not; and merchants even less."* Er fährt fort mit dem Hinweis, dass es den Vertragsparteien freistehe, sich den mit der vagen Definition der wesentlichen Vertragsverletzung in Art. 25 CISG entstehenden Schwierigkeiten durch entsprechende Vertragsgestaltung zu entziehen: *"Those who do not want to be bothered or who distrust esoteric phraseology quickly find ways around Art. 25: the parties may chose to exclude the application of the convention altogether, or to derogate from or vary the effects of that provision only. Another way out would be for them to redefine, in so many words, which instances in their contractual relations are to be considered a fundamental breach,"* vgl. Bianca/Bonell (Will), Int. Sales Law, Art. 25, Anm. 2. Nicht zulässig ist ein Rückgriff auf Rspr. und Literatur zum Begriff *"fundamental breach"* des *Common Law*, denn dieser Begriff hat nichts gemein mit seinem Namenspendant des UN-Kaufrechts, vgl. etwa Bianca/Bonell (Will), Int. Sales Law, Art. 25, Anm. 2.

238 Vgl. zur Einteilung Staudinger (Magnus), Wiener UN-Kaufrecht, Art. 25, Rn. 7 ff.; Schlechtriem (Schlechtriem), Einh. UN-Kaufrecht, Art. 25, Rn. 6 ff.; Trommler, Wesentliche Vertragsverletzung, S. 99.

239 Vgl. oben, Kapitel 1 – B.II.2; Trommler, Wesentliche Vertragsverletzung, S. 60 f.

240 Staudinger (Magnus), Wiener UN-Kaufrecht, Art. 25, Rn. 9, Rn. 13; Bianca/Bonell (Will), Int. Sales Law, Art. 25, Anm. 2.1.2.1. f.

zu ermitteln.[241] Keine Rolle spielt, ob der Verkäufer die Vertragsverletzung zu vertreten hat;[242] ebenfalls ohne Bedeutung sind grundsätzlich Ausmaß und Höhe des durch die Vertragsverletzung entstandenen Nachteils bzw. Schadens. Zwar hat ein objektiv hoher Schaden eine gewisse Indizwirkung für das Vorliegen einer wesentlichen Vertragsverletzung,[243] auch ein objektiv nur geringfügiger Mangel, bspw. ein Lackschaden an einem Möbelstück, kann aber, wenn eine Ausbesserung des Mangels unmöglich ist oder vom Verkäufer verweigert wird, und wenn dem Verkäufer bekannt ist, dass der Käufer die Ware im Einzelhandel weiterverkaufen will, eine wesentliche Vertragsverletzung darstellen; denn es kann für den Käufer von großer Bedeutung sein, seinen Kunden nur einwandfreie Ware anzubieten.[244] Umgekehrt stellt auch die Verletzung einer besonders bedeutsamen Vertragspflicht, wenn sie folgenlos bleibt oder nur unbedeutende Folgen hat, regelmäßig keine wesentliche Vertragsverletzung dar.[245] Unerheblich ist schließlich auch, welche Pflicht oder welcher Pflichtenteil verletzt wurde. Allenfalls tendenziell ist die Verletzung einer kaufvertraglichen Kernpflicht eher wesentlich,[246] dies kann aber auch auf die Verletzung einer vereinbarten Zusatzpflicht (bspw. einer Montagepflicht) zutreffen.

Bei der Bestimmung des Gewichts der verletzten Pflicht kommt dem zwischen den Parteien geschlossenen Vertrag maßgebliche Bedeutung zu. Aus ihm ist zu ermitteln, welches Gewicht der Käufer den einzelnen Vertragspflichten des Verkäufers jeweils beigelegt hat.[247] So kommt es bspw. hin-

---

241 Schlechtriem (Schlechtriem), Einh. UN-Kaufrecht, Art. 25, Rn. 9; Herber/Czerwenka, Int. Kaufrecht, Art. 25, Rn. 3; Karollus, UN-Kaufrecht, S. 91.

242 Schlechtriem (Schlechtriem), Einh. UN-Kaufrecht, Art. 25, Rn. 4; Schlechtriem (Huber), Einh. UN-Kaufrecht, Art. 49, Rn. 4; Trommler, Wesentliche Vertragsverletzung, S. 62.

243 Schlechtriem (Schlechtriem), Einh. UN-Kaufrecht, Art. 25, Rn. 9; Karollus, UN-Kaufrecht, S. 91. Vgl. Graffi, Concept of Fundamental Breach (Verona Conf. 2003), S. 316 f. (Rspr. tendiert unausgesprochen wohl zu diesem *economic loss approach).*

244 Vgl. Herber/Czerwenka, Int. Kaufrecht, Art. 49, Rn. 5. Vgl. Staudinger (Magnus), Wiener UN-Kaufrecht, Art. 49, Rn. 14 (Lackschaden keine wesentliche Vertragsverletzung, wenn Möglichkeit zu verbilligter Weiterveräußerung).

245 Staudinger (Magnus), Wiener UN-Kaufrecht, Art. 25, Rn. 12; Bianca/Bonell (Will), Int. Sales Law, Art. 25, Anm. 2.1.1.2. Insoweit ist der Käufer beweispflichtig, vgl. Staudinger (Magnus), Wiener UN-Kaufrecht, Art. 25, Rn. 20; Schlechtriem (Huber), Einh. UN-Kaufrecht,
Art. 49, Rn. 17a; Schlechtriem (Schlechtriem), Einh. UN-Kaufrecht, Art. 25, Rn. 16. Als Beispiel wird der Fall genannt, dass die Ware trotz völlig unzulänglicher Verpackung und fehlenden Versicherungsschutzes unversehrt beim Käufer eintrifft.

246 Vgl. Staudinger (Magnus), Wiener UN-Kaufrecht, Art. 33, Rn. 27, Art. 25, Rn. 7, Art. 49, Rn. 17 ff.; Trommler, Wesentliche Vertragsverletzung, S. 79 f.

247 Schlechtriem (Schlechtriem), Einh. UN-Kaufrecht, Art. 25, Rn. 9, Rn. 12 ff.; Herber/Czerwenka, Int. Kaufrecht, Art. 25, Rn. 8; Karollus, UN-Kaufrecht, S. 91 f.

sichtlich eines Lieferzeitpunktes, dessen Überschreitung *per se* grundsätzlich keine wesentliche Vertragverletzung darstellt, entscheidend darauf an, ob dem Verkäufer aufgrund der vertraglichen Gestaltung ersichtlich ist, dass dem Käufer die genaue Einhaltung des Liefertermins besonders wichtig ist.[248] Damit haben es die Vertragsparteien weitgehend selbst in der Hand, das Gewicht einzelner Leistungspflichten des Verkäufers und der damit korrespondierenden Interessen des Käufers vertraglich festzulegen.

¶ Schließlich muss die nachteilige Folge, welche die Vertragsverletzung für den Käufer hat, dem Verkäufer bzw. einem durchschnittlich sorgsamen Verkäufer in dessen Position objektiv vorhersehbar gewesen sein,[249] wobei die Beweislast für die fehlende Vorhersehbarkeit den Verkäufer trifft.[250] Wiederum kommt dem Vertrag maßgebliche Bedeutung zu, da dann, wenn eine bestimmte Vertragspflicht darin als wesentlich ausgewiesen ist, zugleich sichergestellt ist, dass ein auf der Verletzung einer solchen Pflicht beruhender Nachteil dem Verkäufer vorhersehbar war.[251]

Basierend hierauf haben sich Fallgruppen herausgebildet:[252]

Zunächst stellt die endgültige Nichtlieferung, bspw. aufgrund Unmöglichkeit oder subjektiven Unvermögens des Verkäufers zur Leistungserbringung, eine wesentliche Vertragsverletzung dar.[253] Gleiches gilt dann, wenn der Verkäufer, ohne ein Leistungsverweigerungsrecht zu haben, die Erfüllung ernsthaft und endgültig

---

248 Staudinger (Magnus), Wiener UN-Kaufrecht, Art. 25, Rn. 14 ff.; Schlechtriem (Schlechtriem), Einh. UN-Kaufrecht, Art. 25, Rn. 11 ff.; Herber/Czerwenka, Int. Kaufrecht, Art. 25, Rn. 8.

249 Staudinger (Magnus), Wiener UN-Kaufrecht, Art. 25, Rn. 14; Schlechtriem (Schlechtriem), Einh. UN-Kaufrecht, Art. 25, Rn. 11.

250 Schlechtriem (Schlechtriem), Einh. UN-Kaufrecht, Art. 25, Rn. 16; Magnus, Beyond the Digest (Draft UNCITRAL Digest), S. 325; Bianca/Bonell (Will), Int. Sales Law, Art. 25, Anm. 2.2.1; Herber/Czerwenka, Int. Kaufrecht, Art. 25, Rn. 10; Karollus, UN-Kaufrecht, S. 92; Garro, Cases (Draft UNCITRAL Digest), S. 364.

251 Staudinger (Magnus), Wiener UN-Kaufrecht, Art. 25, Rn. 13; Schlechtriem (Schlechtriem), Einh. UN-Kaufrecht, Art. 25, Rn. 5, Rn. 9, Rn. 12. Vgl. Bianca/Bonell (Will), Int. Sales Law, Art. 25, Anm. 2. Dies entspricht konzeptionell den UNIDROIT- und *Lando*-Vertragsprinzipien, vgl. Schlechtriem (Schlechtriem), Einh. UN-Kaufrecht, Art. 25, Rn. 1; Art. 7.3.1. UCP, Anm. 3.a. und Beispiel 2 dazu.

252 Vgl. Staudinger (Magnus), Wiener UN-Kaufrecht, Art. 25, Rn. 20 ff., Art. 49; Rn. 9 ff.; Schlechtriem (Schlechtriem), Einh. UN-Kaufrecht, Art. 25, Rn. 17 ff.

253 Staudinger (Magnus), Wiener UN-Kaufrecht, Art. 25, Rn. 20; Ferrari/Flechtner/Brand (Magnus), Draft UNCITRAL Digest, Art. 25, Anm. 5; Schlechtriem (Schlechtriem), Einh. UN-Kaufrecht, Art. 25, Rn. 17; ders., Int. UN-Kaufrecht, Rn. 189; Piltz, Int. Kaufrecht, § 5, Rn. 222 f., Rn. 252; Lurger, IHR 2001, 91, 95. Vgl. Herber/Czerwenka, Int. Kaufrecht, Art. 49, Rn. 4, Rn. 7.

verweigert[254] oder sie von unzulässigen Bedingungen abhängig macht.[255] Eine Lieferverzögerung an sich stellt hingegen grundsätzlich nur dann eine wesentliche Vertragsverletzung dar, wenn die genaue Einhaltung des Liefertermins vertraglich zu einer wesentlichen Vertragspflicht aufgewertet wurde oder sich die besondere Bedeutung der genauen Einhaltung des Liefertermins aus den Umständen, bspw. aus der Beschaffenheit der Ware, ergibt.[256] Dies ist regelmäßig bei einem absoluten oder relativen Fixgeschäft (bspw. aufgrund der Vereinbarung der INCOTERMS-Klausel "CIF"),[257] bei Saisonware, oder wenn dem Verkäufer ein Fixtermin des Käufers gegenüber dessen Abnehmern mitgeteilt wurde,[258] der Fall.

Bei Sachmängeln verneinen die Rechtsprechung und die überwiegende Mehrheit in der Literatur das Vorliegen einer wesentlichen Vertragsverletzung dann, wenn dem Käufer die Verwertung der mangelhaften Kaufsache zumutbar möglich ist, sei es durch Verarbeitung, sei es durch Weiterverkauf auch zu einem deutlich reduzierten Preis.[259] Auch wenn bzw. solange die Möglichkeit besteht, die Vertragsverletzung durch Nachbesserung oder Nachlieferung in für den Käufer zumutbarer, ihn zeitlich oder sonst nicht übermäßig belastender Art und Weise zu beheben,

---

254 Staudinger (Magnus), Wiener UN-Kaufrecht, Art. 25, Rn. 20, Art. 48, Rn. 13; Ferrari/Flechtner/Brand (Magnus), Draft UNCITRAL Digest, Art. 25, Anm. 5; Schlechtriem (Schlechtriem), Einh. UN-Kaufrecht, Art. 25, Rn. 17; Schlechtriem (Huber), Einh. UN-Kaufrecht, Art. 49, Rn. 6, Rn. 7; Rolland, Aufhebung (FS Schlechtriem), S. 644; Lurger, IHR 2001, 91, 94.

255 Schlechtriem (Huber), Einh. UN-Kaufrecht, Art. 49, Rn. 12.

256 Staudinger (Magnus), Wiener UN-Kaufrecht, Art. 25, Rn. 22 f.; Ferrari/Flechtner/Brand (Magnus), Draft UNCITRAL Digest, Art. 25, Anm. 6, Art. 49, Anm. 9; Piltz, Int. Kaufrecht, § 5, Rn. 223, Rn. 254 f.; ders., NJW 2003, 2056, 2063; Lurger, IHR 2001, 91, 94; LG München, U. v. 20.2.2002, www.unilex.info. Vgl. Graffi, Concept of Fundamental Breach (Verona Conf. 2003), S. 312 ff.; Garro, Cases (Draft UNCITRAL Digest), S. 364 f.

257 Staudinger (Magnus), Wiener UN-Kaufrecht, Art. 49, Rn. 17; Hopt (Hopt), HGB, (6) Incoterms, CIF/Nr. 6, Rn. 2; OLG Hamburg, U. v. 28.2.1997, www.unilex.info.

258 Staudinger (Magnus), Wiener UN-Kaufrecht, Art. 25, Rn. 22; Schlechtriem (Schlechtriem), Einh. UN-Kaufrecht, Art. 25, Rn. 18; Schlechtriem (Huber), Einh. UN-Kaufrecht, Art. 49, Rn. 5; Herber/Czerwenka, Int. Kaufrecht, Art. 25, Rn. 7; Honsell, SJZ 1993, 345, 352; Lurger, IHR 2001, 91, 94; LG München, U. v. 20.2.2002, www.unilex.info. Vgl. Ontario Supreme Court of Justice (Kanada), U. v. 6.10.2003, www.unilex.info; P. Huber/Kröll, IPRax 2003, 309, 314.

259 Staudinger (Magnus), Wiener UN-Kaufrecht, Art. 25, Rn. 27; Ferrari/Flechtner/Brand (Magnus), Draft UNCITRAL Digest, Art. 25, Anm. 7, Art. 49, Anm. 11; ders., ZEuP 2002, 521, 538; Schlechtriem (Huber), Einh. UN-Kaufrecht, Art. 46, Rn. 34 ff., Art. 49 Rn. 12 ff.; Piltz, Int. Kaufrecht, § 5, Rn. 247; Lurger, IHR 2001, 901, 96 ff.; BGH, U. v. 3.4.1996 ("Kobaltsulfat"), www.unilex.info; OLG Köln, U. v. 14.10.2002, www.unilex.info; BG (Schweiz), U. v. 28.10.1998, www.unilex.info. Vgl. Graffi, Concept of Fundamental Breach (Verona Conf. 2003), S. 317 f.; Garro, Cases (Draft UNCITRAL Digest), S. 365. Kritisch Butler, IHR 2003, 208, 210.

liegt regelmäßig keine wesentliche Vertragsverletzung vor.[260] Das leuchtet ein: besteht die Möglichkeit der Mangelbeseitigung und wird der Käufer dadurch nicht über das Maß hinaus belastet, so liegt deswegen gerade noch keine wesentliche Vertragverletzung vor, weil der Käufer, abgesehen von einer gewissen zeitlichen Verzögerung, die ja auch für sich genommen nicht die Wesentlichkeit einer Vertragsverletzung begründet, das, "was er nach dem Vertrag erwarten durfte", erhält. Zudem lässt sich so auch das Verhältnis von Art. 48 I CISG (Recht des Verkäufers zur zweiten Andienung)[261] zu Art. 49 I CISG (Recht des Käufers zur Vertragsaufhebung bei einer wesentlichen Vertragsverletzung) widerspruchsfrei klären: da nach diesem Verständnis mangels einer wesentlichen Vertragsverletzung ein Recht des Käufers nach Art. 49 I CISG nicht besteht, solange noch der Verkäufer nach Art. 48 I CISG zur Nacherfüllung berechtigt ist, kann es zu einer Kollision nicht kommen. Schließlich dürfte dies auch den Anforderungen der Praxis am besten Rechnung tragen: kann und will der Verkäufer eine Vertragsverletzung beseitigen, ohne dass dies den Käufer in zeitlicher oder sonstiger Hinsicht unzumutbar belastet, so ist es im gemeinsamen Interesse der Vertragsparteien, dass der Vertrag weiterhin durchgeführt und die mit seiner Aufhebung und Rückabwicklung verbundenen Kosten und Risiken vermieden werden.[262] Nur wenn die dem Käufer in Folge der Vertragsverletzung entstehenden Belastungen bzw. Kosten das Maß des

---

260 So Schlechtriem (Schlechtriem), Einh. UN-Kaufrecht, Art. 25, Rn. 20; ders., Int. UN-Kaufrecht, Rn. 180, Rn. 197 f.; ders., Pflichten des Verkäufers (Wiener Kaufrecht), Diskussion, S. 131, S. 136 f.; Schlechtriem (Huber), Einh. UN-Kaufrecht, Art. 48, Rn. 23; Piltz, Int. Kaufrecht, § 5, Rn. 247; ders., NJW 2000, 553, 559; ders., NJW 2003, 2056, 2063; Folsom/Gordon/Spanogle, Int. Business Transactions, S. 87; Rolland, Aufhebung (FS Schlechtriem),
S. 645; Lurger, IHR 2001, 91, 98 f. I. E. ebenso Karollus, ZIP 1993, 490, 496; Gillette/Walt, Sales Law, S. 234 f.; OLG Köln, U. v. 14.10.2002, www.unilex.info; OLG Koblenz, U. v. 31.1.97, www.unilex.info; LG Regensburg, U. v. 17.12.1998, www.unilex.info. Vorsichtiger Staudinger (Magnus), Wiener UN-Kaufrecht, Art. 48, Rn. 29 f. (wesentliche Vertragsverletzung bei Behebungsmöglichkeit nur ausnahmsweise), vgl. aber auch Art. 49, Rn. 14; ders. Aufhebungsrecht (FS Schlechtriem), S. 605 ff., S. 612; ders., Beyond the Digest (Draft UNCITRAL Digest), S. 323 (keine wesentliche Vertragsverletzung bei *"serious, but easily and quickly reparable defects."*); ähnlich Herber/Czerwenka, Int. Kaufrecht, Art. 25, Rn. 7, Art. 48, Rn. 9. Kritisch Karollus, UN-Kaufrecht, S. 142 f. A. A. Neumayer, RIW 1994, 99, 105 f.; Bucher (Neumayer), Pflichten des Verkäufers, Diskussion, S. 136; v. Hoffmann, Gewährleistungsansprüche (Einh. Kaufrecht und nat. Obligationenrecht), S. 299. Vgl. Ferrari/ Flechtner/Brand (Magnus), Draft UNCITRAL Digest, Art. 25, Anm. 8, Art. 49, Anm. 12; Graffi, Concept of Fundamental Breach (Verona Conf. 2003), S. 319 f.; Garro, Cases (Draft UNCITRAL Digest), S. 366; Trommler, Wesentliche Vertragsverletzung, S. 82 ff.; Vahle, ZVglRWiss 98 (1999), 54, 66; P. Huber/Kröll, IPRax 2003, 309, 314; Benicke, IPrax 1997, 326, 329; Fountoulakis, IHR 2003, 160, 162 ff.

261 Dazu im Anschluss, Kapitel 3 – C.I.

262 Vgl. Staudinger (Magnus), Wiener UN-Kaufrecht, Art. 46, Rn. 38; Schlechtriem, Pflichten des Verkäufers (Wiener Kaufrecht), S. 131, S. 137; Fountoulakis, IHR 2003, 160, 167.

Zumutbaren überschreiten, kann er ein berechtigtes Interesse an der Auflösung des Vertrages haben.[263]

Trotz bestehender Verwendungs- oder Ausbesserungsmöglichkeit kann eine Vertragsverletzung jedoch dann (ausnahmsweise) wesentlich sein, wenn sie auf Umständen beruht oder solche hinzutreten, die mit der Kaufware selbst nichts zu tun und zu einer Zerstörung der Vertrauensgrundlage des Vertrages geführt haben, wie bspw. ein betrügerisches Verhalten des Verkäufers oder wenn die Art der Vertragsverletzung zeigt, dass der Verkäufer zu ordnungsgemäßer Vertragserfüllung außer Stande ist.[264]

I. Ü. ist bei Sachmängeln maßgeblich, ob diese, nach der Verkehrsanschauung unter Beachtung der Umstände im Einzelfall, von hinreichendem Gewicht sind.[265]

Eine *aliud*-Lieferung ist nach den gleichen Grundsätzen zu behandeln, wie eine sonst mangelhafte Lieferung. Dies ergibt sich schon aus Art. 35 I CISG, der Qualitäts-, Quantitäts- und Artmängel grundsätzlich gleichstellt. Trotzdem es nach den dargestellten Grundsätzen auf das objektive Ausmaß der Vertragsverletzung grundsätzlich nicht ankommt, wird eine wesentliche Vertragsverletzung oft dann anzunehmen sein, wenn die Artabweichung ganz krass ist, weil dann der Käufer die gelieferte Ware in seinem normalen Geschäftsgang regelmäßig nicht oder nur unter erheblichen Unannehmlichkeiten weiterveräußern oder sonst verwerten kann.[266]

Auch bei einer Minderlieferung gilt grundsätzlich das gleiche wie bei einem Qualitätsmangel i. e. S., vgl. Art. 35 I CISG. Demnach liegt eine wesentliche Vertragsverletzung hier in aller Regel dann nicht vor, wenn der Verkäufer in für den Käufer zumutbarer Weise nachliefern kann. I. Ü. ist die Bedeutung der Vollstän-

---

[263] Der daraus resultierende Vorrang der Nacherfüllung ist ausdrücklich verankert in Art. 8:104 PECL und Art. 7.1.4 UCP, vgl. Fountoulakis, IHR 2003, 160, 163.

[264] Schlechtriem (Huber), Einh. UN-Kaufrecht, Art. 46, Rn. 34, Art. 48, Rn. 20, Art. 49, Rn. 12; Karollus, ZIP 1993, 490, 496 f.; Lurger IHR 2001, 91, 102; OLG Frankfurt, U. v. 17.9.1991, www.unilex.info. Vgl. Staudinger (Magnus) Wiener UN-Kaufrecht, Art. 48, Rn. 30. Nach Huber, a. a. O., Art. 48, Rn. 20, soll außerdem ein (sonstiges) "besonderes Interesse" des Käufers diesen zur sofortigen Vertragsaufhebung berechtigen und nennt als Beispiel insb. Fixgeschäfte. Bei einem Fixgeschäft bedeutet die Überschreitung des Liefertermins jedoch bereits *per se* eine wesentliche Vertragsverletzung. Dieser Fall ist also bereits durch die hier vertretene Abgrenzung zwischen Art. 48 I und 49 I CISG hinreichend erfasst. Hierzu vgl. Gillette/ Walt, Sales Law, S. 235.

[265] Staudinger (Magnus) Wiener UN-Kaufrecht, Art. 25, Rn. 26; Herber/Czerwenka, Int. Kaufrecht, Art. 25, Rn. 7. Vgl. Piltz, Int. Kaufrecht, § 5, Rn. 251.

[266] Vgl. Staudinger (Magnus), Wiener UN-Kaufrecht, Art. 46, Rn. 39, Art. 49, Rn. 15; Schlechtriem (Schlechtriem), Einh. UN-Kaufrecht, Art. 25, Rn. 21; Schlechtriem (Huber), Einh. UN-Kaufrecht, Art. 46, Rn. 39; Graffi, Concept of Fundamental Breach (Verona Conf. 2003), S. 315 ff.

digkeit der Lieferung für den Käufer maßgeblich, wobei praktisch dem Umfang der Zuwenigglieferung eine gewisse Indizwirkung zukommt: wird nur 20% (mangelfrei) geliefert, wird meist eine wesentliche Vertragsverletzung vorliegen. Schwierig wird die Beurteilung aber dann, wenn die Minderleistung unter 50% liegt.[267]

Rechte Dritter, die den Käufer zur sofortigen Herausgabe der Kaufsache zwingen, stellen regelmäßig eine wesentliche Vertragsverletzung dar. Manche Sicherungsrechte, bspw. einer Bank, können jedoch problemlos abgelöst, d. h. der Mangel behoben werden und stellen deswegen keine wesentliche Vertragsverletzung dar.[268] Insoweit ist es systemwidrig, wenn – so die herrschende Ansicht[269] – der Käufer im Falle eines (beliebigen) Rechtsmangels ohne weiteres Ersatzlieferung verlangen können soll.

Maßgeblicher Zeitpunkt für die Bestimmung, ob die verletzte Verkäuferpflicht wesentlich ist, ist nach überwiegender Auffassung der Zeitpunkt des Abschlusses des Kaufvertrags.[270]

II. Internes deutsches Kaufrecht

1. Einheitlicher Tatbestand der Pflichtverletzung als Ausgangspunkt, Differenzierungen der Rechtsbehelfsvoraussetzungen nach der Art der Pflichtverletzung

Mit der Schuldrechtsreform hat der Gesetzgeber auch in das interne deutsche Schuldrecht einen einheitlichen Leistungsstörungs-Grundtatbestand, im BGB "Pflichtverletzung" genannt,[271] als Ausgangspunkt sämtlicher Rechtsbehelfe des Gläubigers (hier: des Käufers) eingeführt.[272] Dieser Einheitsgedanke wurde jedoch

---

[267] Staudinger (Magnus), Wiener UN-Kaufrecht, Art. 51, Rn. 18; Schlechtriem (Schlechtriem), Einh. UN-Kaufrecht, Art. 25, Rn. 19; Herber/Czerwenka, Int. Kaufrecht, Art. 25, Rn. 7.

[268] Schlechtriem (Schlechtriem), Einh. UN-Kaufrecht, Art. 25, Rn. 20; Herber/Czerwenka, Int. Kaufrecht, Art. 25, Rn. 7; Piltz, Int. Kaufrecht, § 5, Rn. 252. Vgl. zuvor.

[269] Vgl. oben, Kapitel 3 – B.I.1.

[270] Vgl. Staudinger (Magnus), Wiener UN-Kaufrecht, Art. 25, Rn. 16 ff.; Schlechtriem (Schlechtriem), Einh. UN-Kaufrecht, Art. 25, Rn. 15; Herber/Czerwenka, Int. Kaufrecht, Art. 25, Rn. 8; Karollus, UN-Kaufrecht, S. 91; Gabriel, General Provisions (Draft UNCITRAL Digest), S. 337 f.

[271] Zum Begriff: Begr. RegE, BT-Drucks. 14/6040, S. 92, rechte Spalte, a. E., S. 134 ff.; Dauner-Lieb/Heidel/Lepa/Ring (Dauner-Lieb), Neues SchuldR, § 2, Rn. 14; Medicus, JuS 2003, 521, 521, 527.

[272] Vgl. Begr. RegE, BT-Drucks. 14/6040, S. 134 ff.; Däubler-Gmelin, NJW 2001, 2281, 2284; dies., 171. Sitzung des dt. Bundestages (18.5.2001), Plenarprotokoll 14/171, S. 16720, rechte Spalte ("Das mag manchem, der viele elegante und differenzierte Kurven hat lernen und anwenden müssen, ein wenig zu Herzen gehen"); Magnus, Pflichtverletzung (Schuldrechtsref. vor dem Hintergrund des Gemeinschaftsrechts), S. 69; Schlechtriem, SchuldR AT, Rn. 267; Kindl, WM 2002, 1313, 1313; Grigoleit/Herresthal, JZ 2003, 118, 118; Zimmer, NJW 2003,

weniger deutlich als im UN-Kaufrecht umgesetzt: um die für die Praxis notwendige Transparenz herzustellen,[273] entschied man sich im Laufe des Reformprozesses dafür, den Grundtatbestand der Pflichtverletzung entlang den einzelnen typischen Erscheinungsformen einer Leistungsstörung auszudifferenzieren.[274] Im Ergebnis entstand dadurch eine Kompromisslösung[275] zwischen einem am UN-Kaufrecht orientierten Einheitsmodell[276] und dem komplexeren, an der konkreten Leistungsstörung orientierten Regelungsmodell des 'alten' BGB.[277] So finden sich in der Folge des § 280 I BGB, der klarstellt, dass dem Gläubiger bei einer Pflichtverletzung gleich welcher Art grundsätzlich Schadensersatz zusteht,[278] in den § 280 II ff. BGB jeweils weitere, zusätzliche Voraussetzungen, die von der Art der jeweiligen Pflichtverletzung – Unmöglichkeit der Leistungserbringung und sonstige Nichtleistung, Leistungsverzögerung, Schlechtleistung (Mangel) oder Verletzung einer

---

1, 1 f. ("Schlüsselbegriff"), 8; Regula/Kannowski, IHR 2004, 45, 47; Zimmermann, Breach of Contract, S. 8. Kritisch Huber, ZIP 2000, S. 2273 ff.

273 Begr. RegE, BT-Drucks. 14/6040, S. 92, rechte Spalte; Canaris, JZ 2001, 499, 509 f. (hins. der Rücktrittsregeln), 511 (hins. Schadensersatz); Dauner-Lieb/Heidel/Lepa/Ring (Dauner-Lieb), Neues SchuldR, § 2, Rn. 11; Zimmermann, Breach of Contract, S. 9.

274 Vgl. Begr. RegE, BT-Drucks. 14/6040, S. 92, rechte Spalte, S. 134 f.; Dauner-Lieb/Heidel/Lepa/Ring (Dauner-Lieb), Neues SchuldR, § 2, Rn. 11; Zimmermann, Breach of Contract, S. 9 *("[...] the specific types of breach of contract re-entered the scene – albeit under the general umbrella concept of breach of duty.")*; Lorenz, JZ 2001, 742, 742 ("Die Kategorien [der 'alten' Pflichtverletzungstatbestände] werden [...] geradezu wie die Perlen an einer Schnur nacheinander aufgereiht."); Canaris, JZ 2001, 499, 512 ("[es] treten die unterschiedlichen Grundtypen deutlich hervor: Verzug, Nichterfüllung, Erfüllungsverweigerung, Schlechterfüllung, Verletzung einer nicht leistungsbezogenen Nebenpflicht bzw. Schutzpflicht und Unmöglichkeit,"); Westermann, NJW 2002, 241, 243. Begr. RegE BT-Drucks. 14/6040 S. 135 sieht freilich in § 280 I BGB (von § 311a II BGB als Sonderregel für die anfängliche Unmöglichkeit abgesehen) die "einzige Anspruchsgrundlage" für Schadensersatz; vgl. auch Magnus, Pflichtverletzung (Schuldrechtsref. vor dem Hintergrund des Gemeinschaftsrechts), S. 76 (zum Diskussionsentwurf).

275 Vgl. Begr. RegE, BT-Drucks. 14/6040, S. 135, rechte Spalte, zu § 280 RE; Dauner-Lieb/Heidel/Lepa/Ring (Dauner-Lieb), Neues SchuldR, § 2, Rn. 18, Rn. 19; Schlechtriem, Int. einh. Kaufrecht und neues SchuldR (Neues SchuldR i. d. Praxis), S. 72 f.

276 Vgl. oben, Kapitel 1 – A.III; Begr. RegE, BT-Drucks 14/6040, S. 86, rechte Spalte, S. 133 ff.; Däubler-Gmelin, NJW 2001, 2281, 2284; Magnus, Pflichtverletzung (Schuldrechtsref. vor dem Hintergrund des Gemeinschaftsrechts), S. 67 f.; Dauner-Lieb/Heidel/Lepa/Ring (Dauner-Lieb), Neues SchuldR, § 2, Rn. 11; Schlechtriem, Int. einh. Kaufrecht und neues SchuldR (Neues SchuldR i. d. Praxis), S. 75 f.; Zimmermann, Breach of Contract, S. 8.

277 Kritisch hinsichtlich der weitgehenden Orientierung des Gesetzgebers an der Struktur des alten BGB, insb. aus Sicht des Ausländers: Lando, RabelsZ 67 (2003), 231, 234.

278 Canaris, JZ 2001, 499, 511; Lorenz/Riehm, Neues SchuldR, Rn. 161, Rn. 166, Rn. 169 f., Rn. 172; Lorenz, NJW 2002, 2497, 2500; Dauner-Lieb/Heidel/Lepa/Ring (Dauner-Lieb), Neues SchuldR, § 2, Rn. 32; Kindl, WM 2002, 1313, 1313.

Nebenpflicht[279] – und von dem Umfang des begehrten Ersatzes – Schadensersatz "statt" oder "neben" der Leistung sowie "großer" und "kleiner" Schadensersatz[280] – abhängen.[281] In Ergänzung hierzu stellt § 311a I BGB in Abweichung zum alten Recht (§ 306 BGB a. F.) klar, dass auch im Falle anfänglicher Unmöglichkeit der Leistungserbringung durch den Verkäufer der Vertrag als solcher wirksam ist, und § 311a II BGB ordnet an, dass der Käufer wegen der in der Unmöglichkeit der Leistungserbringung liegenden Pflichtverletzung einen Anspruch auf Schadens- oder Aufwendungsersatz hat.[282] Wiederum ist dann nach der Art der Pflichtverletzung und dem Umfang des begehrten Ersatzes zu differenzieren, vgl. § 311a II 3 i. V. m § 281 I, V BGB.[283]

Die Bestimmungen zum Rücktrittsrecht verzichten nahezu ganz auf die Verwendung des Begriffs "Pflichtverletzung".[284] Vielmehr sind die §§ 323 ff. BGB bereits tatbestandlich in die Fälle der Nicht- oder Schlechtleistung (§ 323 BGB), der Nebenpflichtverletzung (§ 324 i. V. m. § 241 II BGB), sowie der Unmöglichkeit der Leistungserbringung (§ 326 V i. V. m. § 275 I - III BGB)[285] ausdifferenziert,[286] ohne dass damit in der Summe sachlich etwas anderes als die umfassende Pflichtverletzung in § 280 I BGB gemeint wäre: grundsätzlich kann der Käufer bei jeder

---

279 Vgl. §§ 280 I, III, 281 für die Fälle der Nicht- und Schlechterfüllung, §§ 280 I, 282 BGB für die Fälle der Verletzung einer Schutzpflicht nach § 241 II BGB, §§ 280 I, 283 BGB für die Fälle der Unmöglichkeit der Leistungserbringung durch den Verkäufer nach § 275 I - III BGB und §§ 280 I, II, 286 BGB hins. Verzögerungsschäden.

280 So kann der umfangreichere Schadensersatz statt der *ganzen* Leistung nur unter den Voraussetzungen der §§ 280 I, III, 281 I 2 BGB verlangt werden.

281 Vgl. Lorenz/Riehm, Neues SchuldR, Rn. 185; Lorenz, NJW 2002, 2497, 2500; P. Huber/Faust (P. Huber), Schuldrechtsmod., Kap. 13, Rn. 96, Rn. 98; Dauner-Lieb/Heidel/Lepa/Ring (Dauner-Lieb), Neues SchuldR, § 2, Rn. 33; Haas/Medicus/Rolland/Schäfer/Wendtland (Haas), Neues SchuldR, Kap. 5, Rn. 233; Heinrichs, Pflichtverletzung (FS Schlechtriem), S. 503, S. 509; Kindl, WM 2002, 1313, 1313; Zimmer, NJW 2003, 1, 6 f.; Teichmann, BB 2001, 1485, 1486; Magnus, Pflichtverletzung (Schuldrechtsref. vor dem Hintergrund des Gemeinschaftsrechts), S. 76; Zimmermann, Breach of Contract, S. 20.

282 Dazu unten, Kapitel 4 – C.II.2.a. Kritisch Altmeppen, DB 2001, 1399, 1400; dagegen Canaris, DB 2001, 1815, 1817 ff.

283 Vgl. zum Ganzen Gieseler, ZGS 2003, 408, 408.

284 Vgl. Dauner-Lieb/Heidel/Lepa/Ring (Dauner-Lieb), Neues SchuldR, § 2, Rn. 16; Zimmer, NJW 2003, 1, 2.

285 Aufgrund der Verweisung auf § 275 BGB werden nachträgliche und anfängliche Unmöglichkeit erfasst. Dass auch bei anfänglicher Unmöglichkeit der Leistungserbringung der Vertrag (zunächst) wirksam ist, ergibt sich aus § 311a I BGB.

286 Vgl. Dauner-Lieb/Heidel/Lepa/Ring (Dauner-Lieb), Neues SchuldR, § 2, Rn. 18 f.; P. Huber/Faust (P. Huber), Schuldrechtsmod., Kap. 5, Rn. 9.

denkbaren Art von Pflichtverletzung durch den Verkäufer von dem Vertrag zurücktreten.[287]

Als weitere Differenzierung bleibt das Mangelgewährleistungsrecht spezieller Regelung vorbehalten, wobei freilich weitgehend auf die allgemeinschuldrechtlichen Vorschriften der §§ 280 ff. und §§ 323 ff. BGB verwiesen wird und in den §§ 437 ff. BGB überwiegend nur Anspruchsmodifikationen normiert sind.[288] "Genuin kaufrechtlich"[289] ist lediglich der Anspruch auf Kaufpreisminderung (§§ 437 Nr. 2, 441 BGB). Maßgeblicher Zeitpunkt für die Bestimmung der Mangelhaftigkeit der Kaufsache ist der Zeitpunkt des Gefahrübergangs.[290] Wichtigste Modifikation ist – dem alten Recht gegenüber jedoch deutlich entschärft – die durch § 438 I, II BGB gegenüber §§ 195, 199 I BGB verkürzte und verobjektivierte Verjährungsfrist für Gewährleistungsansprüche.[291]

Vom Einheitskonzept bleibt, dass der Käufer grundsätzlich unabhängig von der Art der Pflichtverletzung einen Anspruch auf (Nach-) Erfüllung, ein Rücktrittsrecht und, daneben, einen (verschuldensabhängigen) Schadens- bzw. Aufwendungsersatzanspruch hat.[292] Hinsichtlich der Tatbestandsvoraussetzungen der im Einzelfall verfügbaren Rechtsbehelfe bleibt es der Sache nach jedoch weitgehend bei der altbekannten Differenzierung nach der Art der Pflichtverletzung (Unmöglichkeit, Verzug, Schlechtleistung, Nebenpflichtverletzung).[293]

2. Ergebniskorrekturen bei nur geringfügigen Pflichtverletzungen

Die grundsätzliche Differenzierung der Verfügbarkeit der Käuferrechtsbehelfe orientiert sich im internen deutschen Kaufrecht demnach nicht an der Schwere der geltend gemachten Pflichtverletzung.[294] Der dem nach der Schwere einer Vertragsverletzung differenzierenden Regelungsmodell des UN-Kaufrechts und anderer 'moderner' Regelwerke wie der UNIDROIT *Contract Principles* und der *Euro-*

---

287 Vgl. Begr. RegE, BT-Drucks. 14/6040, S. 135, S. 183; Dauner-Lieb/Heidel/Lepa/Ring (Dauner-Lieb), Neues SchuldR, § 2, Rn. 16, Rn. 19; Canaris, Schuldrechtsref., Einf., S. XVII; Lorenz/Riehm, Neues SchuldR, Rn. 188. Vgl. Kaiser, JZ 2001, 1057, 1058; Gieseler, ZGS 2003, 408, 408.

288 Vgl. Begr. RegE, BT-Drucks. 14/6040, S. 219 f., Lorenz/Riehm, Neues SchuldR, Rn. 480, Rn. 518; Grigoleit/Herresthal, JZ 2003, 118, 120.

289 Lorenz/Riehm, Neues SchuldR, Rn. 480, Rn. 518; Lorenz, NJW 2002, 2497, 2499; Westermann, NJW 2002, 241, 242.

290 Vgl. oben, Kapitel 2 – C.I, Kapitel 2 – C.II.

291 Vgl. §§ 194, 214 BGB; unten, Kapitel 3 – F.I.

292 Vgl. Begr. RegE, BT-Drucks. 14/6040, S. 91 f.; Lorenz/Riehm., Neues SchuldR, Rn. 518.

293 Vgl. Schlechtriem, Int. einh. Kaufrecht und neues SchuldR (Neues SchuldR i. d. Praxis), S. 74 f.

294 Vgl. Begr. RegE, BT-Drucks. 14/6040, S. 93, rechte Spalte; Rolland, Aufhebung (FS Schlechtriem), S. 637.

pean Contract Principles der *Lando*-Kommission[295] zugrunde liegende Grundgedanke, dass nicht jede noch so geringfügige Vertrags- bzw. Pflichtverletzung dem Gläubiger das Recht geben soll, den Vertrag einseitig aufsagen zu können, ist jedoch auch im internen deutschen Recht richtig;[296] denn andernfalls hätte es der Käufer vielfach in der Hand, sich aus einem für ihn ungünstigen Vertrag anlässlich einer Nichtigkeit zu lösen und dadurch letztlich auf Kosten des Verkäufers zu spekulieren; der Verkäufer wäre vielfach der Willkür des Käufers ausgeliefert und würde seiner Planungssicherheit weitgehend beraubt.[297]

Eine dies vermeidende Differenzierung lässt sich nicht an der Art einer Pflichtverletzung festmachen, da jede Art von Pflichtverletzung im Einzelfall gravierend oder unerheblich sein kann. Der Differenzierungsmechanismus des internen deutschen Kaufrechts betreffend die Verfügbarkeit der Käuferrechtsbehelfe erfährt daher eine Korrektur dahingehend, dass der Käufer dann nicht von dem Kaufvertrag zurücktreten oder Schadensersatz bei gleichzeitiger Rückgabe der gelieferten Ware ("großer" Schadensersatz oder Schadensersatz "statt der ganzen Leistung") verlangen kann, wenn der Mangel, auf den er den Rechtsbehelf stützt, von nur ganz geringer Schwere – "unerheblich" – ist, vgl. § 323 V 2 und § 281 I 3 BGB.[298] Hinsichtlich der Frage, wann eine Pflichtverletzung unerheblich, das Leistungsinteresse des Käufers im Grunde also nicht gestört ist[299] (Bagatelle), kann weiterhin auf die Rechtsprechung des BGH zu § 459 I 2 BGB a. F. zurückgegriffen werden.[300] Maßgeblich ist demnach die Verkehrsauffassung unter Würdigung aller

---

[295] Vgl. Art. 7.3.1. UCP und Art. 9.301 PECL, sowie dazu Lando, Principles of European Contract Law and Unidroit Principles: Similarities, Differences and Perspectives, S. 4.

[296] Vgl. Begr. RegE, BT-Drucks. 14/6040, S. 182, linke Spalte, S. 187, linke Spalte; Treitel, Int. Encyclopedia of Comparative Law, Vol. VII, Chapter 16, Nr. 146, Nr. 161; Schlechtriem, SchuldR AT, Rn. 422 ("rechtsvergleichend nachweisbarer Grundgedanke"); ders., Int. einh. Kaufrecht und neues SchuldR (Neues SchuldR i. d. Praxis), S. 77 f. (dito); ders., ZEuP 1993, 217, 234 f.; Brüggemeier, WM 2002, 1376 ff., 1380 (zum Rücktrittsrecht); Rolland, Aufhebung (FS Schlechtriem), S. 639; P. Huber/Faust (P. Huber), Schuldrechtsmod., Kap. 13, Rn. 8; Canaris, Unmöglichkeit (Schuldrechtsref. vor dem Hintergrund des Gemeinschaftsrechts), S. 45 ff. Im Ausgangspunkt anders aber UCC § 2-601 (sog. *perfect tender rule)* wonach der Käufer von dem Vertrag zurücktreten kann, *"if the goods [...] fail in any respect to conform to the contract"*, vgl. Gillette/Walt, Sales Law, S. 213 ff.; Dana, Uniform Commercial Code, Sec. E, 6. A. (S. 92 ff.); Duncan, B.Y.U. Law Rev. 2000, 1363, 1377 f.

[297] Vgl. die Analyse zur *perfect tender rule* des UCC § 2-601 bei Gillette/Walt, Sales Law, S. 213 f., S. 358. Vgl. Treitel, Int. Encyclopedia of Comparative Law, Vol. VII, Chapter 16, Nr. 145.

[298] Regula/Kannowski, IHR 2004, 45, 49.

[299] Begr. RegE, BT-Drucks. 14/6040, S. 187, linke Spalte; P. Huber/Faust (Faust), Schuldrechtsmod., Kap. 3, Rn. 163.

[300] Haas/Medicus/Rolland/Schäfer/Wendtland (Haas), Neues SchuldR, Kap. 5, Rn. 173; P. Huber/Faust (Faust), Schuldrechtsmod., Kap. 3, Rn. 163.

Umstände des Einzelfalls.[301] Ein Fehler ist unerheblich, wenn er leicht erkennbar und mit geringen Kosten zu beseitigen ist.[302] Mehrere für sich unerhebliche Mängel sind zu kumulieren und können gemeinsam die Erheblichkeitsschwelle überschreiten. Auch eine entspr. Garantieübernahme kann dazu führen, dass ein an sich unerheblicher Mangel eine erhebliche Pflichtverletzung darstellt.[303] Den Verkäufer trifft die Beweislast dafür, dass der geltend gemachte Mangel lediglich unerheblich ist.[304]

Weitere Einschränkungen der verfügbaren Käuferrechtsbehelfe knüpfen ebenfalls mehr oder weniger direkt an die Schwere der Pflichtverletzung durch den Verkäufer an: bezieht sich die Pflichtverletzung des Verkäufers nur auf eine Teilleistung, so hat der Käufer die genannten Rechtsbehelfe bezogen auf die gesamte Leistung nur dann, wenn er an der (verbleibenden) Teilleistung "kein Interesse" hat, vgl. § 323 V 1 BGB und § 281 I 2.[305] Im Falle einer nicht-leistungsbezogenen Neben- oder Schutzpflichtverletzung durch den Verkäufer (§ 241 II BGB) gilt gleiches dann, wenn dem Käufer die weitere Vertragsbindung aufgrund der Pflichtverletzung nicht mehr "zuzumuten" ist, vgl. § 324 bzw. § 282 BGB.[306]

Unberührt von diesen an der Schwere der verkäuferischen Pflichtverletzung orientierten Korrekturen bleiben die übrigen Käuferrechtsbehelfe, die nicht i. S. einer "Alles oder Nichts"-Lösung zur (teilweisen) Rückabwicklung des Vertrages führen, sondern nur auf anteiligen Ausgleich der Pflichtverletzung bzw. des dadurch verursachten Minderwertes der Leistung für den Käufer abzielen; dazu gehören der Nacherfüllungsanspruch gerichtet auf Nachbesserung, der Anspruch auf Kaufpreisminderung sowie Ansprüche auf Schadensersatz im Übrigen.[307]

III. Zusammenfassung (unter Berücksichtigung von Aufbau und Sprache)

Ein Vergleich der Anknüpfungspunkte und der Differenzierungsmechanismen betreffend die Verfügbarkeit der Käuferrechtsbehelfe des UN-Kaufrechts und des

---

301 BGHZ 10, 242, 247 f.; Haas/Medicus/Rolland/Schäfer/Wendtland (Haas), Neues SchuldR, Kap. 5, Rn. 173.

302 BGH, BB 1957, 92, 92; Begr. RegE, BT-Drucks. 14/6040, S. 140, linke Spalte; Haas/Medicus/Rolland/Schäfer/Wendtland (Haas), Neues SchuldR, Kap. 5, Rn. 173; P. Huber/Faust (Faust), Schuldrechtsmod., Kap. 3, Rn. 163. Zuletzt OLG Düsseldorf, ZGS 2004, 197, 199.

303 P. Huber/Faust (Faust), Schuldrechtsmod., Kap. 3, Rn. 163.

304 Dauner-Lieb/Heidel/Lepa/Ring (Dauner-Lieb), Neues SchuldR, § 2, Rn. 43; Anwaltkommentar (Dauner-Lieb), SchuldR, § 281, Rn. 17; Lorenz, NJW 2003, 3097, 3098; Gieseler, ZGS 2003, 408, 410.

305 Canaris, JZ 2001, 499, 513 f.; Schlechtriem, SchuldR BT, Rn. 432; Lorenz/Riehm, Neues SchuldR, Rn. 217, Rn. 231; Schwab, ZGS 2003, 73, 78 f. Unten, Kapitel 4 – B.II, Kapitel 4 – C.II.2.b.

306 Schlechtriem, SchuldR BT, Rn. 434. Unten, Kapitel 4 – B.II.2, Kapitel 4 – C.II.2.b.

307 Haas/Medicus/Rolland/Schäfer/Wendtland (Haas), Neues SchuldR, Kap. 5, Rn. 172.

internen deutschen Kaufrechts auf seine jeweilige Vor- bzw. Nachteilhaftigkeit aus Verkäufersicht ist unmittelbar nicht möglich, denn mit beidem handelt es sich zunächst um rein technisch-konstruktive Unterschiede beider Regelungsmodelle, aus denen ein unmittelbarer Vor- oder Nachteil für den Verkäufer nicht fließt.

Allerdings sind mit dem jeweiligen Regelungsmodell auf zweifache Weise Auswirkungen für den Verkäufer verbunden. Zunächst hängt mit dem jeweiligen Differenzierungskonzept – vorrangig nach der Schwere der (beliebigen) Vertragsverletzung im UN-Kaufrecht einerseits, Differenzierung v. a. nach der Art der Pflichtverletzung im internen deutschen Kaufrecht andererseits – die Frage der Stärke der Bindung der Vertragsparteien an einen einmal geschlossenen Vertrag eng zusammen. Schon hier ist festzustellen, dass die einseitige Vertragsauflösung durch den Käufer im UN-Kaufrecht an erheblich strengere Voraussetzungen geknüpft ist, da dazu grundsätzlich eine wesentliche Vertragsverletzung i. S. v. Art. 25 CISG seitens des Verkäufers erforderlich ist. Gleiches gilt für die käuferischen Ansprüche auf Nacherfüllung durch Ersatzlieferung, auf den "großen" Schadensersatz unter Rückgabe der bereits gelieferten Ware sowie das Käuferrecht, mangelbehaftete Ware als erfüllungsuntauglich zurückweisen zu können; denn diese Rechtsbehelfe bedeuten i. E. ebenfalls die (teilweise) Beendigung des Vertragsverhältnisses mit der damit verbundenen unerwünschten Folge eines kostspieligen und risikoreichen Rücktransports der Ware zum Verkäufer. Hingegen sind die entsprechenden Rechtsbehelfe im internen deutschen Kaufrecht nur dann ausnahmsweise nicht verfügbar, wenn die verkäuferische Pflichtverletzung lediglich unerheblich ist. Die daraus resultierende stärkere Vertragsbindung im UN-Kaufrecht macht dieses unter dem Gesichtspunkt Planungssicherheit für den Verkäufer vorteilhaft, worauf bei der Diskussion der einzelnen Käuferrechtsbehelfe noch eingegangen wird (Kapitel 4).

Die weitgehend konsequente Differenzierung der Verfügbarkeit der Käuferrechtsbehelfe nach der Schwere der Vertragsverletzung ist zudem sowohl für den Verkäufer wie für den Käufer deswegen vorteilhaft, weil dies, zusammen mit dem sonstigen Aufbau und der verwendeten Sprache, das UN-Kaufrecht im Vergleich zum internen deutschen Kaufrecht leichter verständlich und leichter zugänglich macht. Hingegen operiert das neue interne deutsche Kaufrecht noch immer mit den unterschiedlichen Arten von Pflichtverletzungen, kommt aber nicht umhin, dann Korrekturen anhand der Schwere einer Pflichtverletzung vorzunehmen, wenn andernfalls unsachgemäße Ergebnisse die Folge wären. Zudem: während das UN-Kaufrecht entlang der 'Lebenslinie' eines Kaufvertrages – Abschluss des Vertrags, Verkäuferpflichten, Käuferrechtsbehelfe, Käuferpflichten, Verkäuferrechtsbehelfe, Gefahrübergang – unter Voran- und Hintanstellung einiger gemeinsamer Vorschriften (Anwendungsbereich, allgemeine Bestimmungen einerseits, Berechnung des Schadensersatzes, Rückabwicklung, Erhaltung der Ware u. a. andererseits) innerhalb eines Gesetzeswerkes grundsätzlich chronologisch und recht klar und übersichtlich aufgebaut ist, hält das interne deutsche Kaufrecht an der komplexen 'Schachteltechnik' des alten BGB – allgemeiner Teil, allgemeines Schuldrecht, besonderes Schuldrecht/Kaufrecht – unter Verwendung vielfältiger Verweisungen fest.[308] Dies wird kompliziert durch die handelskaufrechtlichen Ergänzungen im HGB, die zudem in einem anderen Gesetz festgehalten sind. Allerdings ist auch bei Geltung des UN-Kaufrechts der Rückgriff auf andere Gesetze, zudem unter Anwendung des IPR des Forums, oft nicht zu vermeiden, bspw. zur Bestimmung von Verjährungsfristen.

Hinsichtlich der in beiden Regelungswerken verwendeten Sprache macht das interne deutsche Kaufrecht zwar den Versuch, der gelegentlich als zu abstrakt und zu generell empfundenen Sprache des UN-Kaufrechts eine spezifischere, anwendungsorientierte Sprache entgegenzusetzen, was insbesondere in der Ausdifferenzierung des Pflichtverletzungstatbestandes entsprechend der konkreten Art der Pflichtverletzung in den §§ 280 ff. und §§ 323 ff. BGB zum Ausdruck kommt.[309] Die im internen deutschen Recht verwendete Sprache behält aber andererseits oft die juristisch stark 'aufgeladenen' Begriffe des alten Rechts bei, so dass zum Verständnis dieser Begriffe und des daraus gebildeten Rechts erhebliche juristische Vorkenntnisse erforderlich sind. Dies erschwert nicht nur dem damit regelmäßig nicht umfänglich vertrauten Ausländer die Zugänglichkeit zum internen deutschen Recht.[310]

Trotz der weitreichenden strukturellen Annäherung des internen deutschen Kaufrechts an das UN-Kaufrecht und den mit der Schuldrechtsreform einhergehenden Vereinfachungen des internen deutschen Rechts bleibt das UN-Kaufrecht aufgrund seiner insgesamt geringeren Komplexität und weniger juristisch 'durchge-

---

308 Magnus, Pflichtverletzung (Schuldrechtsref. vor dem Hintergrund des Gemeinschaftsrechts), S. 70; Canaris, DB 2001, 1815, 1815. Deutlich Lando, RabelsZ 67 (2003), 231 ff., 244 f. ("Irrgarten von Regeln"); ders., Principles of European Contract Law and UNIDROIT Principles, S. 3 f.; Zimmermann, Breach of Contract, S. 20 f. Sehr kritisch Altmeppen, DB 2001, 1821, 1822, Fn. 7. A. A. wohl Zimmer, NJW 2002, 1, 12 (Einfachheit der Regelungsstruktur des neuen Schuldrechts im Vergleich zu der des alten Schuldrechts "auffälligstes Merkmal"). Vgl. allg. Palandt (Heinrichs) BGB, 63. A., Einl., Rn. 6.

309 Schlechtriem, Int. UN-Kaufrecht, Rn. 5 f.; ders. Int. einh. Kaufrecht und neues SchuldR, S. 73 f.; Zimmermann, Breach of Contract, S. 9. Vgl. Begr. RegE, BT-Drucks. 14/6040, S. 92 f.; Lorenz/Riehm, Neues SchuldR, Rn. 164; Dauner-Lieb/Heidel/Lepa/Ring (Dauner-Lieb), Neues SchuldR, § 2, Rn. 11; Canaris, JZ 2001, 499, 509 f. (hins. der Rücktrittsregeln), 511 (hins. Schadensersatz). Kritisch Zimmer, NJW 2003, 1, 12 (hoher Abstraktionsgrad des neuen Rechts).

310 Vgl. Lando, RabelsZ 67 (2003), 231 ff., 241 ff., 244 ("Die Botschaft, welche die Regeln vermitteln sollen, ist manchmal in einer raffinierten Sprache für Eingeweihte verfasst, die jedoch für den Laien und Ausländer unverständlich ist. Der Gesetzgeber hat auf eine subtile Weise die ganze Geschichte einer Idee in einem Wort [...] angedeutet [...]. Der Leser hat den Eindruck, dass die Autoren von ihrer eigenen Geschicklichkeit und Gelehrtheit verführt worden sind. Er vermisst eine direkte, für jedermann verständliche und prägnante Botschaft."). A. A. tendenziell Westermann, JZ 2001, 530, 530 ff. (neues BGB ausländischen Kollegen künftig wohl leichter zu vermitteln). Vgl. allg. Palandt (Heinrichs) BGB, 63. A., Einl., Rn. 7.

stylten' Sprache daher leichter zugänglich. Neben den daraus folgenden Kostenvorteilen bei der Rechtsermittlung bietet die vergleichsweise leichte Zugänglichkeit des UN-Kaufrechts insbesondere bei der Vertragsanbahnung neben den bereits angesprochenen psychologischen Aspekten[311] auch deswegen Vorteile, weil dies eine leichtere, schnellere und damit kostengünstigere Einigung der Parteien auf das UN-Kaufrecht als *governing law* für den jeweiligen Vertrag erlaubt.

C. Rangfolge der Käuferrechtsbehelfe

Unter beiden Rechtsregimes besteht eine Rangfolge zwischen den einzelnen Käuferrechtsbehelfen dergestalt, dass dem Verkäufer im Falle einer mangelbehafteten Lieferung zunächst ein "Recht zur zweiten Andienung" zukommt, bevor der Käufer seine sonstigen Rechtsbehelfe ausüben kann.

I. UN-Kaufrecht

Nach Art. 45 I a), 46 I CISG, kann der Käufer Erfüllung der vertraglichen Pflichten durch den Verkäufer verlangen.[312] Mit diesem Anspruch des Käufers korrespondiert ein Recht des Verkäufers, im Falle unvollkommener Leistung zunächst erneut die vollständige, ordnungsgemäße Erfüllung des Vertrages zu versuchen. Solange dieses Nacherfüllungsrecht des Verkäufers besteht, kann der Käufer keinen Rechtbehelf ausüben, der es vereiteln würde.[313]

Hat der Verkäufer seine Lieferpflicht vor dem (letzten) Fälligkeitstermin (Zeitpunkt) bzw. (nach h. M.[314]) vor vollständigem Ablauf einer Lieferfrist (vgl. Art. 33 b) CISG) erfüllt, ergibt sich sein Recht zur zweiten Andienung aus Art. 37 CISG.[315] Da der Käufer nach Art. 52 I CISG zur Annahme einer vorzeitigen Liefe-

---

311 Dazu oben, Kapitel 1 – B.III, bei Fn. 68.

312 Dazu unten, Kapitel 4 – A.I.

313 Staudinger (Magnus), Wiener UN-Kaufrecht, Art. 37, Rn. 2, Rn. 19, Art. 45, Rn. 15 (Nacherfüllungsrecht des Verkäufers als "Schranke" der übrigen Käuferrechtsbehelfe), Rn. 38, Art. 48, Rn. 1, Rn. 31; Art. 50, Rn. 27; Ferrari/Flechtner/Brand (Magnus), Draft UNCITRAL Digest, Art. 45, Anm. 1; Schlechtriem (Schwenzer), Einh. UN-Kaufrecht, Art. 37, Rn. 15; Schlechtriem (Huber), Einh. UN-Kaufrecht, Art. 45, Rn. 1, Art. 50, Rn. 6; Herber/Czerwenka, Int. Kaufrecht, Art. 37, Rn. 4, Art. 48, Rn. 10 f., Art. 50, Rn. 9; Piltz, Int. Kaufrecht, § 5, Rn. 138; Karollus, UN-Kaufrecht, S. 122, 143 f.; ders. ZIP 1993, 490, 491. Vgl. Reinhart, UN-Kaufrecht, Art. 48, Rn. 1; Honsell, SJZ 1993, 345, 354; Spanogle/Winship, Int. Sales Law, S. 207 f. A. A. scheinbar Magnus, CISG's Impact on European Legislation (Verona Conf. 2003), S. 141 (Vorrang des käuferischen Kaufpreisminderungsrechts vor dem verkäuferischen Nacherfüllungsrecht).

314 Vgl. Staudinger (Magnus), Wiener UN-Kaufrecht, Art. 37, Rn. 9 f.; Schlechtriem (Schwenzer), Einh. UN-Kaufrecht, Art. 37, Rn. 5; Bianca/Bonell (Bianca), Int. Sales Law, Art. 37, Anm. 2.3.; Karollus, UN-Kaufrecht, S. 121 f. Insb. Schwenzer und Magnus (a. a. O.) weisen auf die generelle Aufhebungsfeindlichkeit des UN-Kaufrechts hin, die dafür spricht, dem Verkäufer bis zum Ende der Lieferfrist ein Nachbesserungsrecht einzuräumen.

315 Vgl. Fountoulakis, IHR 2003, 160, 161. Hinsichtlich einer Vertragswidrigkeit der Dokumente gilt Art. 34 Satz 2 CISG mit im wesentlichen identischem Regelungsgehalt.

rung grundsätzlich nicht verpflichtet ist, ist hier zunächst Voraussetzung, dass der Käufer die vorzeitige Lieferung angenommen hat.[316] Dann kann der Verkäufer bis zum Eintritt der Fälligkeit "fehlende Teile nachliefern, eine fehlende Menge ausgleichen, für nicht vertragsgemäße Ware Ersatz liefern oder die Vertragswidrigkeit der gelieferten Ware beheben", und zwar grundsätzlich auch mehrfach.[317] Die Wahl der Mittel steht dabei dem Verkäufer zu.[318] Allerdings dürfen dem Käufer durch die gewählte Art und Weise der Nacherfüllung keine unzumutbaren Unannehmlichkeiten oder unverhältnismäßige Kosten entstehen.[319]

Mit Ablauf des (letzten) Liefertermins richtet sich das Recht des Verkäufers zur zweiten Andienung nach Art. 48 I CISG.[320] Nach überwiegender Ansicht hat grundsätzlich auch jetzt noch der Verkäufer das Wahlrecht hinsichtlich der Art und Weise der Nacherfüllung (Nachbesserung oder Ersatzlieferung), solange sich beide Arten in den Grenzen des Art. 48 I CISG bewegen, d. h. gleichermaßen zur Vertragserfüllung geeignet sind, und für den Käufer jeweils keine unzumutbaren Verzögerungen, Unannehmlichkeiten oder Ungewissheit über die Erstattung etwaiger Auslagen nach sich ziehen.[321] Zudem kann der Käufer auch nach 'Ablauf' des verkäuferischen Nacherfüllungsrechts sowohl Nachbesserung als auch Ersatzlieferung nur jeweils unter bestimmten weiteren Voraussetzungen verlangen: Nachbesserung kommt nur dann in Betracht, wenn diese dem Verkäufer nicht unzumutbar ist, Ersatzlieferung bei einem Sachmangel (nach h. M. nicht jedoch bei einem Rechtsmangel) nur dann, wenn dieser eine wesentliche Vertragsverletzung

---

316 Vgl. Staudinger (Magnus), Wiener UN-Kaufrecht, Art. 37, Rn. 6. Weist der Käufer die vorzeitig gelieferte Ware gem. Art. 52 I CISG zurück, so bleibt der Verkäufer weiterhin zur Erfüllung zum Fälligkeitstermin verpflichtet. Der Vorrang des Nacherfüllungsrechts des Verkäufers auf den Fälligkeitszeitpunkt folgt in diesem Fall aus Art. 48 I CISG (dazu im Folgenden). Zum Zurückweisungsrecht des Käufers unten, Kapitel 4 – D.I.2.

317 Schlechtriem (Schwenzer), Einh. UN-Kaufrecht, Art. 37, Rn. 11.

318 Staudinger (Magnus), Wiener UN-Kaufrecht, Art. 37, Rn. 15; Schlechtriem (Schwenzer), Einh. UN-Kaufrecht, Art. 37, Rn. 12 ff.; Herber/Czerwenka, Int. Kaufrecht, Art. 37, Rn. 4.

319 Staudinger (Magnus), Wiener UN-Kaufrecht, Art. 37, Rn. 12; Schlechtriem (Schwenzer), Einh. UN-Kaufrecht, Art. 37, Rn. 7; Herber/Czerwenka, Int. Kaufrecht, Art. 37, Rn. 4.

320 Staudinger (Magnus), Wiener UN-Kaufrecht, Art. 37, Rn. 14, Art. 48, Rn. 1; Bianca/Bonell (Bianca), Int. Sales Law, Art. 37, Anm. 2.2 f.; Schlechtriem, Int. UN-Kaufrecht, Rn. 179; Karollus, UN-Kaufrecht, S. 142; Spanogle/Winship, Int. Sales Law, S. 207; Fountoulakis, IHR 2003, 160, 161. Vgl. Rolland, Aufhebung (FS Schlechtriem), S. 645.

321 Staudinger (Magnus) Wiener UN-Kaufrecht, Art. 48, Rn. 11 (vgl. aber Rn. 32); Schlechtriem (Huber), Art. 48, Rn. 9; Herber/Czerwenka, Int. Kaufrecht, Art. 48, Rn. 2 (vgl. aber Rn. 11); Bianca/Bonell (Will), Int. Sales Law, Art. 48, Anm. 3.1; Schlechtriem, Int. UN-Kaufrecht, Rn. 186; ders., Int. einh. Kaufrecht und neues SchuldR (Neues SchuldR i. d. Praxis), S. 85; Piltz, Int. Kaufrecht, § 4, Rn. 7; ders., IHR 2002, 2, 7; Karollus, UN-Kaufrecht, S. 138; Lehmkuhl, IHR 2003, 115, 117. Tendenziell auch Enderlein/Maskow/Strohbach (Enderlein), Int. Kaufrecht, Art. 48, Anm. 10 (Einzelfallumstände maßgeblich, Schadensminderungsobliegenheit des Käufers nach Art. 77 CISG zu berücksichtigen).

darstellt, vgl. Art. 46 III, II CISG.[322] Da eine wesentliche Vertragsverletzung dann nicht vorliegt, wenn dem Verkäufer Reparatur in den aufgezeigten Grenzen des Art. 48 I CISG möglich ist und er diese anbietet, erfolgt Ersatzlieferung in diesen Fällen freiwillig.

Erfasst ist jede Art von Vertragsverletzung durch den Verkäufer, also Sach- und Rechtsmängel ebenso wie die Verletzung einer Nebenpflicht.[323] Lediglich im Falle der Nichtlieferung besteht der ursprüngliche Erfüllungsanspruch des Käufers unverändert fort.[324] Insoweit der Mangel durch den Verkäufer beseitigt wird, scheiden andere Rechtsbehelfe aus. Hinsichtlich verbleibender, durch die Nacherfüllung nicht behobener Nachteile hat der Käufer einen Anspruch auf Schadensersatz, Art. 48 I 2 CISG.[325]

(Nach-) Erfüllung kommt nicht in Betracht, wenn sie objektiv unmöglich ist, sei es im Wege der Nachbesserung/Reparatur, sei es durch Ersatzlieferung. Allerdings findet sich im UN-Kaufrecht keine dem § 275 BGB vergleichbare Normierung dieses Grundsatzes.[326] Teilweise wird zur Begründung auf Art. 28 CISG i. V. m. § 275 I BGB – Zuständigkeit eines deutschen Gerichts vorausgesetzt – zurückgegriffen,[327] teilweise wird dem Verkäufer Befreiung nach Art. 79 I CISG gewährt, sofern dessen Voraussetzungen vorliegen.[328] Letztlich besteht im Falle objektiver Unmöglichkeit überwiegend Einigkeit dahingehend, dass der Verkäufer schlechterdings nicht zu einer (objektiv) unmöglichen Leistung verpflichtet sein kann,[329] während bei lediglich (subjektivem) Unvermögen von einem Fortbestehen seiner

---

322 Dazu im Anschluss Kapitel 3 – B.I.3, Kapitel 4 – A.I.4.

323 Für Rechtsmängel allerdings nicht ganz eindeutig. Dafür: Staudinger (Magnus), Wiener UN-Kaufrecht, Art. 37, Rn. 13, Art. 48, Rn. 8; Schlechtriem (Schwenzer) Einh. UN-Kaufrecht, Art. 37, Rn. 6, Art. 48, Rn. 4; Herber/Czerwenka, Int. Kaufrecht, Art. 37, Rn. 6, Art. 48, Rn. 2.

324 Dazu noch unten, Kapitel 4 – A.I.

325 Karollus, UN-Kaufrecht, S. 122.

326 Vgl. Staudinger (Magnus), Wiener UN-Kaufrecht, Art. 46, Rn. 26.

327 Vgl. Schlechtriem (Huber), Einh. UN-Kaufrecht, Art. 28, Rn. 29 ff.; Schlechtriem, Int. einh. Kaufrecht und neues SchuldR (Neues SchuldR i. d. Praxis), S. 75. Dafür: Schlechtriem, Int. UN-Kaufrecht, Rn. 181, Rn. 118 f. (entgegen der Vorauflage 1996); ders., SchuldR BT, Rn. 61, Fn. 2; Herber/Czerwenka, Int. Kaufrecht, Art. 79, Rn. 23; Keil, Haftungsbefreiung, S. 40 ff.; Vahle, ZVglRWiss 98 (1999), 54, 61.

328 Schlechtriem (Huber), Einh. UN-Kaufrecht, Art. 46, Rn. 15. Vgl. Staudinger (Magnus), Wiener UN-Kaufrecht, Art. 46, Rn. 26, Art. 79, Rn. 57 ff.

329 Staudinger (Magnus), Wiener UN-Kaufrecht, Art. 46, Rn. 26, Art. 79, Rn. 57 ff.; Schlechtriem, IHR 2001, 12, 17; Lurger, IHR 2001, 901, 95. I. E. Herber/Czerwenka, Int. Kaufrecht, Art. 79, Rn. 23. Zum Ganzen Neumayer, RIW 1994, 99, 107 f.; Vahle, ZVglRWiss 98/1999, 54, 61.

Erfüllungspflicht ausgegangen wird, sofern nicht ausnahmsweise Befreiung nach Art. 79 I CISG eintritt.[330]

Das Nacherfüllungsrecht des Verkäufers steht zudem unter dem Vorbehalt der Vertragsaufhebung durch den Käufer wegen einer wesentlichen Vertragsverletzung seitens des Verkäufers: das Nacherfüllungsrecht nach Art. 37 CISG ist ausgeschlossen, wenn sich bereits vor Fälligkeit herausstellt, dass der Verkäufer einen wesentlichen Vertragsbruch i. S. v. Art. 72 I CISG begehen wird;[331] dann nämlich kann der Käufer den Vertrag nach Art. 72 I CISG aufheben, ohne dass er dem Verkäufer Gelegenheit zur Nacherfüllung gegeben haben muss. Das Nacherfüllungsrecht nach Art. 48 I CISG steht unter dem (ausdrücklichen) Vorbehalt der Vertragsaufhebung nach Art. 49 I CISG. Demnach kann der Käufer bei Ausbleiben der Lieferung nach fruchtlosem Ablauf einer angemessenen Nachfrist i. S. v. Art. 47 I CISG gem. Art. 49 I a) CISG den Vertrag aufheben, ohne (zunächst) dem Verkäufer einen weiteren Erfüllungsversuch gestatten zu müssen. Eine weitere, über die Nachfrist gem. Art. 49 I a) CISG hinausgehende Verzögerung ist in diesem Fall "unzumutbar" i. S. v. Art. 48 I CISG.[332] Ebenso kann er bei einer sonstigen Vertragsverletzung, insbesondere bei einem Mangel, gem. Art. 49 I b) CISG den Vertrag unmittelbar aufheben, wenn die Vertragsverletzung wesentlich ist.

Das Verhältnis zwischen dem Aufhebungsrecht des Käufers nach Art. 49 I a) CISG und dem Nacherfüllungsrecht des Verkäufers nach Art. 48 I CISG ist dabei nach hier vertretener Auffassung dadurch gekennzeichnet, dass dann, wenn die Vertragsverletzung ohne unzumutbare Verzögerungen und Unannehmlichkeiten behebbar ist (vgl. Art. 48 I CISG), eine wesentliche Vertragsverletzung nicht vorliegt, so dass sich die Rechte des Verkäufers nach Art. 48 I CISG und die des Käufers nach Art. 49 I CISG gegenseitig ausschließen. Nur ausnahmsweise ist eine Vertragsverletzung trotz grundsätzlich bestehender Nacherfüllungsmöglichkeit wesentlich (und begründet ein sofortiges Aufhebungsrecht nach Art. 49 I a) CISG), nämlich dann, wenn die Vertragsverletzung auf einem Umstand beruht, der mit der Kaufware selbst nichts zu tun hat, also bspw. bei einem betrügerischen Verhalten des Verkäufers oder wenn offensichtlich ist, dass der Verkäufer zu ordnungsgemäßer Erfüllung außerstande ist.[333]

Schließlich entfällt das Nacherfüllungsrecht des Verkäufers dann, wenn dem Käufer durch die Nacherfüllung unzumutbare Unannehmlichkeiten oder unverhältnis-

---

[330] Staudinger (Magnus), Wiener UN-Kaufrecht, Art. 46, Rn. 27; Schlechtriem (Huber), Art. 46, Rn. 17; Karollus, UN-Kaufrecht, S. 141.

[331] Vgl. Staudinger (Magnus), Wiener UN-Kaufrecht, Art. 37, Rn. 20, Art. 52, Rn. 13; Schlechtriem (Schwenzer), Einh. UN-Kaufrecht, Art. 37, Rn. 15.

[332] Schlechtriem (Huber), Einh. UN-Kaufrecht, Art. 48, Rn. 17; Karollus, UN-Kaufrecht, S. 142, Fn. 38, S. 143 a. E.; vgl. ders., ZIP 1993, 490, 491.

[333] Vgl. oben, Kapitel 3 – B.I.3.

mäßige Kosten bzw. Ungewissheit über die Erstattung seiner Auslagen durch den Verkäufer entstehen, vgl. Art. 37 CISG und Art. 48 I CISG. Ob eine "unzumutbare Unannehmlichkeit" vorliegt, ist der Beurteilung im Einzelfall vorbehalten.[334] Die Unannehmlichkeit muss aber, das zeigt insbesondere die verbindliche englische Sprachfassung, nicht völlig unerträglich sein.[335] Unzumutbar ist es bspw., wenn es aufgrund der notwendigen Reparatur zu einer nicht unerheblichen Betriebsunterbrechung beim Käufer kommt, oder regelmäßig dann, wenn mehrere Nachbesserungsversuche erforderlich werden.[336] "Unverhältnismäßige Kosten" können dem Käufer nur dann entstehen, wenn an der Fähigkeit oder dem Willen des Verkäufers, die dem Käufer entstehenden Kosten zu ersetzten, Zweifel bestehen, also insbesondere dann nicht, wenn der Verkäufer Sicherheit oder Vorschuss leistet.[337] Nach Eintritt der Fälligkeit darf die Nacherfüllung zudem keine "unzumutbare Verzögerung" nach sich ziehen, Art. 48 I CISG. Wenn der Käufer dem Verkäufer jedoch bereits eine Nachfrist zu Erfüllung gesetzt hat – im Falle völliger Nichtlieferung nach Art. 49 I b) CISG i. V. m. Art. 47 I CISG, andernfalls nur nach Art. 47 I CISG – entfällt das Nacherfüllungsrecht des Verkäufers mit Ablauf dieser Frist;[338] eine weitere Frist steht ihm nicht zu. Hingegen muss der Käufer auch eine mehrfache Nacherfüllung grundsätzlich hinnehmen.[339] Einer Einwilligung des Käufers in die Nacherfüllung bedarf es nicht.[340]

Die Darlegungs- und Beweislast für das Vorliegen der tatsächlichen Voraussetzungen seines Nacherfüllungsrechts trägt grundsätzlich der Verkäufer.[341] Die Unzumutbarkeit der Nacherfüllung muss hingegen ggf. der Käufer darlegen und be-

---

[334] Staudinger (Magnus), Wiener UN-Kaufrecht, Art. 37, Rn. 16, Art. 48, Rn. 15; Schlechtriem (Schwenzer), Einh. UN-Kaufrecht, Art. 37, Rn. 15 ff., Art. 48, Rn. 13 ff.; Herber/Czerwenka, Int. Kaufrecht, Art. 37, Rn. 9.

[335] Staudinger (Magnus), Wiener UN-Kaufrecht, Art. 37, Rn. 16. Vgl. Art. 37 CISG *("...provided that the exercise of this right does not cause the buyer unreasonable inconvenience or unreasonable expense")* und Art. 48 I CISG *("..., if he can do so without unreasonable delay and without causing the buyer unreasonable inconvenience or uncertainty of reimbursement by the seller of expenses advanced by the buyer").*

[336] Staudinger (Magnus), Wiener UN-Kaufrecht, Art. 37, Rn. 16, Art. 48, Rn. 15; Schlechtriem (Huber), Einh. UN-Kaufrecht, Art. 48, Rn. 14; Herber/Czerwenka, Int. Kaufrecht, Art. 48, Rn. 3.

[337] Staudinger (Magnus), Wiener UN-Kaufrecht, Art. 48, Rn. 16; Herber/Czerwenka, Int. Kaufrecht, Art. 37, Rn. 9. Vgl. Bianca/Bonell, Int. Sales Law, Art. 37, Anm. 2.5.

[338] S. zuvor. Vgl. Karollus, UN-Kaufrecht, S. 143 a. E.; wohl auch Schlechtriem (Huber), Einh. UN-Kaufrecht, Art. 48, Rn. 13.

[339] Schlechtriem (Schwenzer), Einh. UN-Kaufrecht, Art. 48, Rn. 11; Herber/Czerwenka, Int. Kaufrecht, Art. 48, Rn. 2.

[340] Vgl. Schlechtriem (Schwenzer), Einh. UN-Kaufrecht, Art. 37, Rn. 17; Herber/Czerwenka, Int. Kaufrecht, Art. 37, Rn. 8; Gillette/Walt, Sales Law, S. 233.

[341] Staudinger (Magnus), Wiener UN-Kaufrecht, Art. 48, Rn. 46.

weisen,[342] da sie seinem Risikobereich entstammt[343] und zudem die ausnahmsweise Abweichung vom dem Regelfall, dass dem Verkäufer zunächst ein Nacherfüllungsrecht zukommt, darstellt.[344] Da der Käufer auch die Beweislast für die ihn nach Art. 49 I a) CISG zur sofortigen Aufhebung berechtigende Wesentlichkeit einer Vertragsverletzung trägt,[345] trägt er indirekt zudem die Beweislast für eine etwaige Unmöglichkeit der Nacherfüllung. Auch diese Beweislastverteilung stimmt mit dem vorgenannten Grundsatz überein., dass diejenige Partei, die sich in Abweichung vom gesetzlichen Regelfall auf eine Tatsache beruft, diese beweisen muss.

Verkäufer und Käufer können die Nacherfüllung auch vereinbaren, indem der Verkäufer dem Käufer seine Erfüllungsbereitschaft anzeigt und der Käufer dem zustimmt, Art. 48 II, III CISG. Schweigt der Käufer, oder antwortet er nicht innerhalb angemessener Frist, so wird seine Zustimmung fingiert, Art. 48 II CISG. Dabei trägt nach Art. 48 IV CISG (entgegen Art. 27 CISG[346]) der Verkäufer das Übermittlungsrisiko für die Anzeige seiner Erfüllungsbereitschaft.[347] Widerspricht der Käufer dem Nacherfüllungsbegehren des Verkäufers innerhalb angemessener kurzer[348] Frist, so hat es damit sein Bewenden und der Käufer kann seine gewöhn-

---

342 Staudinger (Magnus), Wiener UN-Kaufrecht, Art. 48, Rn. 46; Schlechtriem (Huber), Einh. UN-Kaufrecht, Art. 48, Rn. 16a. A. A. (ohne Begründung) Honsell (Schnyder/Staub), UN-Kaufrecht, Art. 48, Rn. 64.

343 Staudinger (Magnus), Wiener UN-Kaufrecht, Art. 48, Rn. 46.

344 Schlechtriem (Huber), Einh. UN-Kaufrecht, Art. 48, Rn. 16a.

345 Staudinger (Magnus), Wiener UN-Kaufrecht, Art. 25, Rn. 30, Art. 49, Rn. 45; Schlechtriem (Huber), Einh. UN-Kaufrecht, Art. 49, Rn. 17a.

346 Im UN-Kaufrecht sind Anzeigen, Aufforderungen und sonstige Mitteilungen, die nach den Kapiteln II und III des UN-Kaufrechts vorgesehen sind, nach Art. 27 CISG grundsätzlich, d. h. wenn nicht etwas anderes ausdrücklich angeordnet oder vertraglich vereinbart ist, mit ihrer Absendung wirksam. Auch in zeitlicher Hinsicht (Fristwahrung) ist der Absendezeitpunkt maßgeblich. D. h. der Erklärungsempfänger trägt das Verlust-, Verstümmelungs- und Verzögerungsrisiko. Voraussetzung ist aber, dass die Erklärung zugangsfähig, d. h. mit nach den Umständen geeigneten Mitteln, gemacht wurde. Dabei hat der Erklärende grundsätzlich die freie Wahl hins. des Kommunikationsmittels, solange dies geeignet ist, die Erklärung vollständig und pünktlich zum Erklärungsempfänger zu transportieren; vgl. Staudinger (Magnus), Wiener UN-Kaufrecht, Art. 27, Rn. 7, Rn. 16 ff., Rn. 20; Schlechtriem, Int. UN-Kaufrecht, Rn. 109 f. A. A. Neumayer, RIW 1994, 99, 103 (Gestaltungserklärung ohne Kenntnis des Empfängers kann keine Wirkung erlangen). Nach internem deutschen Recht sind Willenserklärungen grundsätzlich empfangsbedürftig, § 130 I BGB. Entsprechend trägt der Absender das Verlust-, Verstümmelungs- und Verzögerungsrisiko; vgl. Palandt (Heinrichs), BGB, 62. A., § 130, Rn. 21.

347 Zum Ganzen Schlechtriem (Huber), Einh. UN-Kaufrecht, Art. 48, Rn. 31, Rn. 33 ff.; Karollus, UN-Kaufrecht, S. 144 f.

348 Vgl. Staudinger (Magnus), Wiener UN-Kaufrecht, Art. 48, Rn. 42 (Frist i. d. R. "recht knapp" zu bemessen); Schlechtriem (Huber), Einh. UN-Kaufrecht, Art. 48, Rn. 33 (typischerweise un-

lichen Rechtsbehelfe geltend machen. War die Ablehnung des Käufers aber unberechtigt und verhindert der Käufer durch seine Ablehnung die Erfüllung des Vertrages durch den Verkäufer, so verliert er gem. Art. 80 CISG seine Rechtsbehelfe und Ansprüche gegen den Verkäufer.[349] Art. 48 II - IV CISG bietet dem Verkäufer damit die Möglichkeit, die erheblichen Unsicherheiten hinsichtlich seines Nacherfüllungsrechts aus Art. 48 I CISG, die insbesondere aus der Unbestimmtheit des Begriffs der noch "zumutbaren" Nacherfüllung herrühren, zu vermeiden.[350] Zudem kann der Käufer während des Laufs der Frist keinen Rechtsbehelf (insbesondere Vertragsaufhebung) ausüben, der die Erfüllung durch den Verkäufer vereiteln würde, Art. 48 II 2 CISG.[351]

Erfolgt die Nacherfüllung durch Ersatzlieferung, so kann der Verkäufer gem. Art. 81 II CISG Rückgabe der zunächst gelieferten Sache verlangen.[352] Die Kosten der Nacherfüllung hat in jedem Fall er zu tragen.[353]

II. Internes deutsches Kaufrecht

Bei Vorliegen eines Sachmangels i. S. v. § 434 BGB oder eines Rechtsmangels i. S. v. § 435 BGB kann der Käufer gem. §§ 437 Nr. 1, 439 I BGB jetzt auch im internen deutschen Kaufrecht generell "Nacherfüllung" verlangen.[354] Da er seine sonstigen Rechtsbehelfe, soweit sie auf die Leistung des Verkäufers an sich gerichtet sind, nicht unmittelbar, sondern grundsätzlich erst dann ausüben kann, wenn er dem Verkäufer eine angemessene Frist zur Nacherfüllung gesetzt hat und diese erfolglos verstrichen ist (vgl. §§ 280 I, III i. V. m. 281 I, §§ 323 I, 441 BGB),[355] ist dies zunächst sein einziger Rechtsbehelf. Damit kommt dem Verkäufer ein vorrangiges Nacherfüllungsrecht zu, wodurch der Käufer, anders als noch

---

verzüglich). Insoweit trifft den Verkäufer als Erklärungsempfänger nach Art. 27 CISG das Übermittlungsrisiko, vgl. Schlechtriem (Huber), a. a. O., Staudinger (Magnus), a. a. O., Rn. 43.

349 Schlechtriem (Huber), Einh. UN-Kaufrecht, Art. 48, Rn. 32.Wohl auch Staudinger (Magnus), Wiener UN-Kaufrecht, Art. 48, Rn. 45; Herber/Czerwenka, Int. Kaufrecht, Art. 48, Rn. 7. Zum Ausschluss der Rechtsbehelfe des Käufers nach Art. 80 CISG unten, Kapitel 3 – E.II.1.

350 Vgl. Schlechtriem (Huber), Einh. UN-Kaufrecht, Art. 48, Rn. 30; Karollus, UN-Kaufrecht, S. 144; Gillette/Walt, Sales Law, S. 233 f.

351 Vgl. Staudinger (Magnus), Wiener UN-Kaufrecht, Art. 45, Rn. 38, Art. 48, Rn. 2.

352 Dazu genauer Kapitel 3 – G.II.

353 Vgl. Art. 48 I 1 CISG; Schlechtriem (Schwenzer), Einh. UN-Kaufrecht, Art. 37, Rn. 14.

354 Zu diesem Nacherfüllungs*anspruch* des Käufers unten, Kapitel 4 – A.II. Nach altem Recht konnte der Käufer nur im Falle eines Gattungskaufes Nacherfüllung verlangen, vgl. § 488 BGB a. F. Freilich war in der gewerblichen Praxis ein vorrangiges Nacherfüllungsrecht des Verkäufers durch vertragliche Gestaltung, insb. unter Verwendung von AGB, die Regel, vgl. Zerres, RIW 2003, 746, 753; Regula/Kannowski, IHR 2004, 45, 48

355 Aus der Formulierung "satt zurückzutreten..." ergibt sich, dass für die Ausübung des Minderungsrechts die Voraussetzungen des Rücktritts, einschließlich einer erfolgloser Nachfristsetzung, vorliegen müssen, vgl. Palandt (Putzo), BGB, Erg. 61. A., § 441, Rn. 7.

im alten Recht, bei bzw. anlässlich eines Mangels nicht mehr unmittelbar von dem Vertrag zurücktreten (wandeln), Minderung verlangen oder Schadensersatz geltend machen kann, sondern zunächst dem Verkäufer eine zweite Chance zur ordnungsgemäßen Erfüllung geben muss; Rücktritt, Minderung und Schadensersatz werden damit zu sekundären Käuferrechtsbehelfen.[356]

Eine Einschränkung des verkäuferischen Nacherfüllungsrechts folgt daraus, dass die Art und Weise der Nacherfüllung – Nachbesserung oder Nachlieferung – ausdrücklich der Wahl des Käufers anheim gestellt ist, vgl. § 439 I BGB,[357] ohne dass dieser dabei auf die Interessen des Verkäufers Rücksicht zu nehmen hätte.[358] Auch innerhalb des Anspruchs auf Nachbesserung steht die Auswahl der konkreten Art und Weise der Nachbesserung (bspw. Reparatur durch Teileaustausch oder durch Teilereparatur) analog § 439 I BGB wohl ebenfalls dem Käufer zu.[359] Allerdings kann der Verkäufer die von dem Käufer gewählte Art der Nacherfüllung (Nachbesserung oder Nachlieferung) verweigern, wenn diese Art der Nacherfüllung nur unter unverhältnismäßigem Kostenaufwand möglich ist, § 439 III 1 BGB, wobei auch zu berücksichtigen ist, ob die jeweils andere Art der Nacherfüllung ohne erhebliche Nachteile für den Käufer möglich ist, § 439 III 2 BGB. Damit hat der

---

356 Vgl. Begr. RegE BT-Drucks. 14/6040, S. 230 f., zu § 439 I RegE; Lorenz/Riehm, Neues SchuldR, Rn. 195, Rn. 504 f., Rn. 520; Lorenz, JZ 2001, 742, 743 (gewisse Verstärkung des *pacta sunt servanda*-Grundsatzes); ders., NJW 2003, 1417, 1417 (Verkäufer kann sich durch zweite Andienung den Kaufpreis "verdienen"); Dauner-Lieb/Heidel/Lepa/Ring (Büdenbender), Neues SchuldR, § 8, Rn. 23, Rn. 48; P. Huber/Faust (P. Huber), Schuldrechtsmod., Kap. 13, Rn. 8 f.; ders., NJW 2002, 1004, 1005; Jacobs, Nacherfüllung (Neues SchuldR i. d. Praxis), S. 371 f., S. 386; Reinking ZfS 2003, 57, 58; Zimmer/Eckhold, JURA 2002, 145, 149; Brüggemeier, WM 2002, 1376 ff., 1379 ("Primat unter den neuen Rechtsbehelfen hat der Nacherfüllungsanspruch ... Die Vertragserhaltung hat nunmehr Vorrang vor der Vertragsvernichtung unter dem alten Recht."); Schubel, JuS 2002, 313, 316 f.; Bitter/Meidt, ZIP 2001, 2114, 2116; Boerner, ZIP 2001, 2264, 2269; Gruber, Jb.j.ZivRWiss. 2001, 187, 188; Jud, Jb.j.ZivRWiss. 2001, 205, 211; Westermann NJW 2002, 241, 248; Heinrich, ZGS 2003, 253, 253; Petersen, JURA 2002, 461, 462; Zerres, RIW 2003, 746, 747 f.; Derleder, NJW 2004, 969, 974 (Priorität der Nacherfüllung strukturprägendes Merkmal des Sachmängelrechts); Palandt (Putzo), BGB, Erg. 61. A., § 437, Rn. 4. Vgl. Canaris, Schuldrechtsref., Einf., S. XVII.; Jorden/Lehmann, JZ 2001, 952, 957; Dauner-Lieb/Thiessen, DStR 2002, 809, 811 f.; Rolland, Aufhebung (FS Schlechtriem), S. 642 f. Nacherfüllungsversuche, die der Verkäufer nach Ablauf der Nachfrist, aber noch vor bspw. einem Verlangen des Käufers auf Schadensersatz statt der Leistung (dazu unten, Kapitel 4 – C.II.2.b) unternimmt, kann der Käufer zurückweisen, vgl. Finn, ZGS 2003, 32, 33 ff., 36.

357 Zur u. U. gegenläufigen Interessenlage des Käufers und des Verkäufers hinsichtlich der Art und Weise der Nacherfüllung vgl. Bitter/Meidt, ZIP 2001, 2114, 2116, 2118; Heinrich, ZGS 2003, 253, 255; Boerner, ZIP 2001, 2264, 2268; Honsell, JZ 2001, 278, 279, 281.

358 Palandt (Putzo), BGB, 62. A., § 439, Rn. 5.

359 Jacobs, Nacherfüllung (Neues SchuldR i. d. Praxis), S. 377. A. A. P. Huber/Faust (P. Huber), Schuldrechtsmod., Kap. 13, Rn. 24 (Wahlrecht des Verkäufers als sachnäherem Vertragsteil); ders., NJW 2002, 1004, 1006 (dito); Bamberger/Roth (Faust), BGB, § 439, Rn. 26 (dito).

Verkäufer zumindest bei einem leicht zu behebenden Mangel die Möglichkeit, den Käufer an dem Vertrag festhalten, auch ohne die Ware austauschen zu müssen.[360]

Zudem ist der Grundsatz des Vorrangs der Nacherfüllung vielfach durchbrochen:[361] zunächst ist die gewählte Art der Nacherfüllung nach § 275 I BGB ausgeschlossen, wenn sie (objektiv oder subjektiv, anfänglich oder nachträglich) unmöglich ist, vgl. §§ 283, 311a II, 326 V BGB.[362] Hierunter sind auch die Fälle einer Leistungsverzögerung bei einem absoluten Fixgeschäft, bei dem die Leistungserbringung nach einem bestimmten Zeitpunkt sinnlos geworden ist, einzuordnen.[363] Sind beide Arten der Nacherfüllung unmöglich, so ist diese insgesamt ausgeschlossen.[364] Der Käufer kann seine übrigen Rechtsbehelfe dann unmittelbar ausüben.[365]

Darüber hinaus ist der Käufer vom Erfordernis der Nachfristsetzung befreit und kann, ohne zunächst Nacherfüllung verlangen und abwarten zu müssen, ebenfalls unmittelbar seine sonstigen Rechtsbehelfe ausüben, wenn die Leistung oder die von ihm gewählte Art der Nacherfüllung vom Verkäufer ernsthaft und endgültig verweigert wird (vgl. § 281 II bzw. § 323 II Nr. 1 BGB, ggf. i. V. m. § 440 BGB),[366] wenn besondere Umstände vorliegen, die unter Abwägung der beidersei-

---

360 Dazu unten, Kapitel 4 – A.II.3.

361 Vgl. zum Ganzen Dauner-Lieb/Heidel/Lepa/Ring (Büdenbender), Neues SchuldR, § 8, Rn. 48 f.; Jacobs, Nacherfüllung (Neues SchuldR i. d. Praxis), S. 387 ff.; Huber, Schadensersatzhaftung (FS Schlechtriem), S. 526; Gruber, Jb.j.ZivRWiss. 2001, 187, 188 f.; Boerner, ZIP 2001, 2264, 269 f.

362 Lorenz/Riehm, Neues SchuldR, Rn. 514; Dauner-Lieb/Heidel/Lepa/Ring (Büdenbender), Neues SchuldR, § 8, Rn. 24; P. Huber, NJW 2002, 1004, 1007. Vgl. Teichmann, BB 2001, 1485, 1486 f.

363 BGH, DB 2001, 1553, 1554; Begr. RegE, BT-Drucks. 14/6040, S. 185 f.; Lorenz/Riehm, Neues SchuldR, Rn. 202, Rn. 260; Palandt (Heinrichs), BGB, 62. A., § 323, Rn. 19. Vgl. Ramming, ZGS 2002, 412, 413 f.

364 Dauner-Lieb/Heidel/Lepa/Ring (Büdenbender), Neues SchuldR, § 8, Rn. 26; P. Huber, NJW 2002, 1004, 1007; Bitter/Meidt, ZIP 2001, 2114, 2119; Palandt (Putzo), BGB, Erg. 61. A., § 439, Rn. 15.

365 Die in § 275 II BGB geregelten Konstellationen der faktischen/praktischen Unmöglichkeit betreffen nicht das Nacherfüllungs*recht* des Verkäufers, sondern geben diesem lediglich ein Leistungsverweigerungsrecht ggü. dem Nacherfüllungs*anspruch* des Käufers, vgl. unten, Kapitel 4 – A.II.3. Der Fall des § 275 III BGB, Unzumutbarkeit der persönlichen Leistungserbringung durch den Verkäufer, ist im Kaufrecht kaum einschlägig.

366 Vgl. Lorenz/Riehm, Neues SchuldR, Rn. 191, Rn. 361; Kindl, WM 2002, 1313, 1322; BGH, NJW 1986, 842, 843. Auch eine endgültige und eindeutige Leistungsverweigerung bereits vor Fälligkeit der Leistung berechtigt unmittelbar zur Geltendmachung von Schadensersatz satt der Leistung, denn in diesem Fall wären Fristsetzung und Abwarten der Frist leere Förmlichkeiten, vgl. P. Huber/Faust (Faust), Schuldrechtsmod., Kap. 3, Rn. 138; Anwaltkommentar (Dauner-Lieb), SchuldR, § 281, Rn. 20, § 323, Rn. 22 (analoge Anwendung des § 323 IV BGB); Ramming, ZGS 2002, 412, 416 (dito); Zimmermann, Breach of Contract, S. 48.

tigen Interessen den sofortigen Rücktritt bzw. die sofortige Geltendmachung von Schadensersatz statt der Leistung rechtfertigen (vgl. § 323 II Nr. 3 BGB bzw. § 281 II BGB),[367] oder wenn die vom Käufer gewählte Art der Nacherfüllung fehlgeschlagen oder dem Käufer unzumutbar ist (vgl. § 440 Satz 1 BGB).[368] Dabei kann eine Leistungsverweigerung auch darin liegen, dass der Verkäufer einen Mangel hartnäckig bestreitet.[369] Von einem Fehlschlagen der Nachbesserung ist mangels anderweitiger vertraglicher Vereinbarung dann auszugehen, wenn diese zweimal erfolglos war, § 440 Satz 2 BGB.[370] Unzumutbarkeit kann schließlich daraus folgen, dass der Verkäufer einen Mangel arglistig verschwiegen hat.[371]

Ob eine oder beide Arten der Nacherfüllung dem Käufer unzumutbar sind, ist im Vergleich zu den übrigen Rechtsbehelfen des Käufers – Rücktritt, Minderung, Schadensersatz – zu beurteilen und kann im Einzelfall insbesondere dann vorliegen, wenn Wert, Gebrauchstauglichkeit oder Verwertbarkeit der nachgelieferten oder nachgebesserten Sache infolge der durch Zeitablauf geänderten Umstände erheblich beeinträchtigt ist.[372] Andere Fälle sind der Wegfall des käuferischen Vertrauens in die Lieferbereitschaft und -fähigkeit des Verkäufers, die mehrfache Lieferung erheblich mangelhafter Ware oder das Bestreiten des Mangels durch den Verkäufer.[373] Zudem kann auf die Kriterien zum Begriff der "unzumutbaren Unannehmlichkeiten" des Art. 48 CISG zurückgegriffen werden.[374] Abzustellen ist, anders als bei der Abwägung der beiderseitigen Interessen nach § 323 II Nr. 3 BGB bzw. § 281 II BGB,[375] allein auf die Zumutbarkeit für den Käufer.

Der Käufer kann auch dann unmittelbar von dem Vertrag zurücktreten, wenn es bei einem einfachen Fixgeschäft zu einer Lieferverspätung kommt, § 323 II Nr. 3

---

[367] Vgl. LG Bonn, U. v. 30.10.2003, nicht veröff., www.lrz-muenchen.de/~Lorenz/urteile/lgbonn10o27_03.htm.

[368] Vgl. Lorenz/Riehm, Neues SchuldR, Rn. 199 ff.; Zimmer, NJW 2003, 1, 5 f.; Schubel, JuS 2002, 313, 317.

[369] LG Bonn, U. v. 30.10.2003, nicht veröff., www.lrz-muenchen.de/~Lorenz/urteile/lgbonn10o27_03.htm.

[370] Vgl. Lorenz/Riehm, Neues SchuldR, Rn. 512; Schubel, JuS 2002, 313, 318; Jacobs, Nacherfüllung (Neues SchuldR i. d. Praxis), S. 387 ff.; Huber, Schadensersatzhaftung (FS Schlechtriem), S. 526; Gruber, Jb.j.ZivRWiss. 2001, 187, 188 f.; Boerner, ZIP 2001, 2264, 2269 f.; OLG Köln, Beschl. v. 1.9.2003, ZGS 2004, 392, 393 f.

[371] LG Bonn, U. v. 30.10.2003, nicht veröff., www.lrz-muenchen.de/~Lorenz/urteile/lgbonn10o27_03.htm; Dauner-Lieb/Heidel/Lepa/Ring (Büdenbender), Neues SchuldR, § 8, Rn. 49; Anwaltkommentar (Büdenbender), SchuldR, § 440, Rn. 9; Lorenz, JZ 2001, 742, 743, Fn. 15.

[372] Lorenz/Riehm, Neues SchuldR, Rn. 512; Bitter/Meidt, ZIP 2001, 2114, 2118; Palandt (Putzo), BGB, Erg. 61. A., § 440, Rn. 8.

[373] Vgl. BGH, ZIP 1985, 161, 172; OLG Düsseldorf, NJW-RR 1988, 845, 846; OLG Köln, VersR 1992, 584, 584. Zum Ganzen Bitter/Meidt, ZIP 2001, 2114, 2117.

[374] Jud, Jb.j.ZivRWiss. 2001, 205, 216 f.; Bitter/Meidt, ZIP 2001, 2114, 2117 f.

[375] Vgl. Palandt (Heinrichs), BGB, Erg. 61. A., § 323, Rn. 15, § 281, Rn. 22.

BGB. Ein einfaches Fixgeschäft liegt vor, wenn der Käufer sein Leistungsinteresse vertraglich derart an die Pünktlichkeit der Lieferung geknüpft hat, dass mit der Einhaltung der Leistungszeit das Geschäft "stehen und fallen" soll. Da im Rahmen der vorliegenden Untersuchung von der Kaufmannseigenschaft der Protagonisten ausgegangen wird,[376] liegt bei einer solchen Vereinbarung zudem ein Fixhandelskauf i. S. v. § 376 I HGB vor (vgl. §§ 343, 344 I, 345 HGB), so dass das unmittelbare Rücktrittsrecht des Käufers schon aus § 376 I 1 HGB folgt.[377]

Schließlich bedarf es auch in Verbraucherregressfällen, d. h. dann, wenn der Käufer (Unternehmer i. S. v. § 14 BGB), der die neu hergestellte Ware an einen Verbraucher (§ 13 BGB) verkauft hat, wegen eines Mangels der Ware von dem Verbraucher in Anspruch genommen wurde, sich seinerseits bei seinem Lieferanten (Unternehmer i. S. v. § 14 BGB) schadlos hält, regelmäßig keiner Nachfristsetzung, vgl. § 478 I BGB.[378] Diese gilt dabei in jedem Glied einer ununterbrochenen Lieferkette aus unternehmerischen Verkäufern, vgl. § 478 III BGB.[379]

Erfolgt die Nacherfüllung durch Nachlieferung, so kann der Verkäufer gem. §§ 439 IV, 346 ff. BGB Rückgabe der zunächst gelieferten Ware verlangen.[380] In jedem Fall hat er die Kosten der Nacherfüllung zu tragen, § 439 II BGB.

III. Vergleich

Ob ein Kaufrechtsregime dem Verkäufer bei einer Vertrags-/Pflichtverletzung eine zweite Chance zur Erfüllung seiner Vertragspflichten gewährt, indem es ihm ein Nacherfüllungsrecht einräumt, das den (sonstigen) Käuferrechtsbehelfen vorgeht, und wie ein solches Nacherfüllungsrecht ausgestaltet ist, betrifft v. a. die Stabilität der verkäuferischen Planungsgrundlage (Kriterium Planungssicherheit): je nach dem wie stark dadurch die Dispositionsfreiheit des Käufers anlässlich einer Vertrags-/Pflichtverletzung eingeschränkt ist, variiert auch die Wahrscheinlichkeit, dass der Vertrag trotz der Vertrags-/Pflichtverletzung vollständig durchgeführt wird und der Verkäufer die erwarteten Erlöse daraus (wenngleich reduziert um die Kosten der Nacherfüllung) realisieren kann. Mittelbar ist zudem die Höhe der Haftung wegen der Vertrags-/Pflichtverletzung (Haftungsrisiko) betroffen, da Nacherfüllung in der Gesamtschau für den Verkäufer meist wohl der kostengünstigste Rechtsbehelf ist.[381] Schließlich berührt die Ausgestaltung des Nacherfüllungsrechts, insbesondere ob die Art und Weise der Nacherfüllung der Wahl des Ver-

---

[376] Vgl. oben, Kapitel 1 – B.II.2.

[377] Hopt (Hopt), HGB, § 376, Rn. 5. Vgl. Ramming, ZGS 2002, 412, 414. Zu den Voraussetzungen des Fixhandelskaufs nach § 376 I HGB unten, Kapitel 4 – A.II.1.

[378] Dazu unten, Kapitel 3 – H.III. Vgl. Ernst/Gsell, ZIP 2001, 1389, 1399.

[379] Zu den Anwendungsvoraussetzungen der § 478 f. BGB unten, Kapitel 3 – F.II.

[380] Dazu unten, Kapitel 3 – G.III.

[381] Es ist eine Frage der Ausgestaltung des käuferischen Nacherfüllungs*anspruchs,* ob der Verkäufer auch dann zu Nacherfüllung verpflichtet ist, wenn dieser Rechtsbehelf im Kostenvergleich (ausnahmsweise) ungünstig ist.

käufers oder der des Käufers anheim gestellt ist, auch die Möglichkeiten des Verkäufers, seine internen Geschäftsprozesse konsequent auf eine Art des Ausgleichs auszurichten und entsprechend zu verschlanken.

Vergleicht man unter diesen Gesichtspunkten das verkäuferische Nacherfüllungsrecht des UN-Kaufrechts mit dem des internen deutschen Kaufrechts, so ist zunächst festzustellen, dass die Einführung eines allgemeinen vorrangigen Nacherfüllungsrechts in das interne deutsche Recht eine Angleichung an die Rechtsbehelfssystematik des UN-Kaufrechts gebracht hat, so wie dies auch beabsichtigt war.[382] Auch in der Ausgestaltung des Rechts bestehen Übereinstimmungen: so entfällt es grundsätzlich unter vergleichbaren Voraussetzungen (Unmöglichkeit, Unzumutbarkeit oder Verweigerung der Nacherfüllung), wobei der Unzumutbarkeitsmaßstab vergleichbar sein dürfte.[383] Unter dem UN-Kaufrecht kommt zwar hinzu, dass der Käufer dann unmittelbar auf seine Sekundärrechtsbehelfe zurückgreifen kann, wenn die verkäuferische Vertragsverletzung wesentlich i. S. v. Art. 25 CISG ist. Nach hier vertretenem Verständnis – keine wesentliche Vertragsverletzung, wenn/solange Nacherfüllung zumutbar möglich – bringt dies im Ergebnis aber keine praktisch relevante Ausweitung der Rechte des Käufers gegenüber dem internen deutschen Recht. Praktisch bedeutsam ist hingegen der Entfall des verkäuferischen Nacherfüllungsrechts im internen deutschen Recht in Verbraucherregressfällen, also dann, wenn die Ware am Ende der Lieferkette an eine Verbraucher verkauft wird und dieser seinen Verkäufer wegen eines Mangels in Anspruch nimmt. Dies kann jeden Verkäufer treffen, der ein Produkt verkauft, das grundsätzlich für den Verkauf an einen Verbraucher geeignet ist, unabhängig davon, ob es dafür auch bestimmt ist.[384]

Bezüglich des Scheiterns der Nacherfüllung sind die Voraussetzungen wiederum vergleichbar. Allerdings impliziert im internen deutschen Recht das zweimalige Scheitern eines Nachbesserungsversuchs regelmäßig das Fehlschlagen der Nacherfüllung, so dass dann den Verkäufer die Beweislast für das Gegenteil trifft.[385] Im UN-Kaufrecht verbleibt hingegen auch nach mehreren erfolglosen Reparaturversuchen die Beweislast für eine daraus resultierende Unzumutbarkeit beim Käufer, wenngleich freilich eine zunehmende Anzahl erfolgloser Reparaturversuche tendenziell eher unzumutbar ist.[386]

---

382 Vgl. Begr. RegE, BT-Drucks. 14/6040, S. 89.

383 Vgl. Bitter/Meidt, ZIP 2001, 2114, 2117 f.; Jud, Jb.j.ZivRWiss. 2001, 205, 216 f. Genaueres wird man freilich erst dann wissen, wenn sich die obergerichtliche Rechtsprechung mit dieser Frage befasst hat.

384 Vgl. insb. Schubel, ZIP 2002, 2061, 2061 (Aktenschrank, der als Büroausstattung bestimmt ist, landet auf Umwegen bei einem Verbraucher). Vgl. unten, Kapitel 3 – F.II.

385 Palandt (Putzo), BGB, Erg. 61. A., § 440, Rn. 7.

386 Vgl. Staudinger (Magnus), Wiener UN-Kaufrecht, Art. 48, Rn. 15, Rn. 46; Herber/Czerwenka, Int. Kaufrecht, Art. 48, Rn. 3.

Ein Unterschied von einiger praktischer Relevanz besteht zudem darin, dass im internen deutschen Kaufrecht die Bestimmung der Art und Weise der geschuldeten Nacherfüllung – Nachlieferung oder Nachbesserung, ferner Art und Weise der Nachbesserung – Sache des Käufers ist, während dieses Wahlrecht im UN-Kaufrecht bei dem sachnäheren und an einem möglichst kostengünstigen Ausgleich unmittelbar selbst interessierten Verkäufer liegt.

Schließlich räumt Art. 48 II CISG dem Verkäufer die Möglichkeit ein, die nicht immer eindeutig zu beantwortende Frage, ob ihm im konkreten Einzelfall ein Nacherfüllungsrecht zukommt, zu klären und bis zur Klärung dieser Frage die Ausübung sekundärer Rechtsbehelfe (insbesondere die Vertragsaufhebung) durch den Käufer zu blockieren.[387]

Die genannten Unterschiede bewirken, für sich und in Summe, dass das interne deutsche Recht unter dem Gesichtpunkt Planungssicherheit für den Verkäufer nachteilig ist, da hier die käuferische Dispositionsfreiheit hinsichtlich der Art und Weise der Nacherfüllung wesentlich größer ist als im UN-Kaufrecht. Auch das Haftungsrisiko des Verkäufers ist hier höher: zum einen deswegen, weil er sich bis zu einer Entscheidung des Käufers, u. U. bis zum Ablauf der Verjährungsfrist,[388] auf beide Arten der Nacherfüllung – Reparatur und Neulieferung – einstellen und entsprechende Ressourcen vorhalten muss, zum anderen deshalb, weil die dem Käufer eingeräumte Wahlmöglichkeit (wenngleich eingeschränkt durch §§ 275 II, 439 III BGB[389]) zwangsläufig zu Ineffizienzen führt, da der Käufer innerhalb dieses Rahmens keinen Anreiz hat, eine insgesamt kostengünstige Art der Nacherfüllung zu wählen.[390]

Schließlich führt insbesondere das käuferische Wahlrecht hins. der Art und Weise der Nacherfüllung dazu, dass der Verkäufer seine Geschäftsorganisation unter internem deutschen Recht nicht im gleichen Maße wie im UN-Kaufrecht konsequent auf die ihm seiner Erfahrung nach eine im Regelfall effizientere/kostengünstigere Art der Nacherfüllung beschränken und so seine Geschäftsprozesse entsprechend verschlanken kann.

---

387 Vgl. Staudinger (Magnus), Wiener UN-Kaufrecht, Art. 48, Rn. 36 ff.

388 Dazu unten, Kapitel 3 – F.I.

389 Vgl. Schlechtriem, SchuldR BT, Rn. 75. Dazu unten, Kapitel 4 – A.II.3.

390 Vgl. zur vielfältigen, teils scharfen Kritik am generellen (nicht auf Verbraucher beschränkten) Wahlrecht des Käufers Schlechtriem, SchuldR BT, Rn. 75; P. Huber/Faust (P. Huber), Schuldrechtsmodernisierung, Kap. 13, Rn. 24; ders., NJW 2002, 1004, 1006; Jacobs, Nacherfüllung (Neues SchuldR i. d. Praxis), S. 375 f.; Boerner, ZIP 2001, 2264, 2268; Ehmann/Rust, JZ 1999, 853, 858; Honsell, JZ 2001, 278, 279, 281; Zimmer/Eckhold, Jura 2002, 145, 148; Westermann, JZ 2001, 530, 536. Für das Wahlrecht des Käufers Begr. RegE, BT-Drucks. 14/6040, S. 231, linke Spalte; Jorden/Lehmann, JZ 2001, 952, 958.

Insgesamt ist daher festzustellen, dass sich die Rechtsposition des Verkäufers im UN-Kaufrecht hinsichtlich seines Nacherfüllungsrechts als vorteilhaft erweist.

D. Ausgestaltung der Schadensersatzhaftung des Verkäufers

Sowohl im UN-Kaufrecht als (jetzt auch) im internen deutschen Kaufrecht haftet der Verkäufer im Falle einer Vertrags- bzw. Pflichtverletzung gleich welcher Art grundsätzlich auch auf Schadensersatz.[391] Beide Haftungssysteme unterscheiden sich in ihrem dogmatischen Ausgangspunkt – Garantiehaftung einerseits, Verschuldenshaftung andererseits.[392] Die übrigen Käuferrechtsbehelfe sind gleichermaßen unabhängig von einem Vertretenmüssen durch den Verkäufer.

I. Garantiehaftung und Exkulpationsmöglichkeit im UN-Kaufrecht

Im UN-Kaufrecht sind die Schadensersatzhaftung des Verkäufers ebenso wie die sonstigen Käuferrechtsbehelfe als verschuldensunabhängige Garantiehaftung angelegt.[393] Haftungsauslösendes Moment ist allein die Nichterfüllung einer im Vertrag übernommenen Pflicht, das Ausbleiben des vertraglich geschuldeten Erfolges.[394]

Allerdings kann sich der Verkäufer gem. Art. 79 I, V CISG (nur) von seiner Pflicht zur Schadensersatzleistung befreien,[395] indem er sich hinsichtlich der Vertragsverletzung exkulpiert, d. h. indem er darlegt und beweist, dass "die Nichterfüllung auf einem außerhalb [seines] Einflussbereichs liegenden Hinderungsgrund beruht und dass von [ihm] vernünftigerweise nicht erwartet werden konnte, den Hinderungsgrund bei Vertragsabschluss in Betracht zu ziehen oder den Hinde-

---

391 Vgl. oben, Kapitel 3 – B.II.

392 Zu den Anspruchsvoraussetzungen im Übrigen unten, Kapitel 4 – C.II.

393 Staudinger (Magnus), Wiener UN-Kaufrecht, Art. 45, Rn. 18, Art. 74, Rn. 11; Ferrari/Flechtner/Brand (Magnus), Draft UNCITRAL Digest, Art. 45, Anm. 7; Schlechtriem (Huber), Einh. UN-Kaufrecht, Art. 45, Rn. 37; Herber/Czerwenka, Int. Kaufrecht, Art. 45, Rn. 3, Rn. 5, Art. 74, Rn. 3; Schlechtriem, Int. UN-Kaufrecht, Rn. 287; Roßmeier, RIW 2000, 407, 407; Schillo, IHR 2003, 257, 264.

394 Staudinger (Magnus), Wiener UN-Kaufrecht, Art. 74, Rn. 9; ders., Pflichtverletzung (Schuldrechtsref. vor dem Hintergrund des Gemeinschaftsrechts), S. 75; Schlechtriem (Stoll), Einh. UN-Kaufrecht, Art. 74, Rn. 6, Rn. 7, Art. 79, Rn. 6; Schlechtriem (Huber), Einh. UN-Kaufrecht, Art. 45, Rn. 37; ders., ZIP 2000, 2273, 2277; Keil, Haftungsbefreiung, S. 18 f., S. 31; Ranieri, Europ. Obligationenrecht, S. 109 ff. In der Konzeption als Gefährdungshaftung folgen die UNIDROIT Contract Principles und die Principles of European Contract Law dem UN-Kaufrecht, vgl. Art. 7.1.7. UCP; Art. 8:108 PECL; Lando, RabelsZ 67 (2003), 231 ff., 239; Huber, ZIP 2000, 2773, 2777.

395 Die übrigen Rechtsbehelfe des Käufers bleiben von einer etwaigen Exkulpation des Verkäufers unberührt, Staudinger (Magnus), Wiener UN-Kaufrecht, Art. 74, Rn. 7, Rn. 10, Art. 79, Rn. 51 f.; Schlechtriem (Stoll), Einh. UN-Kaufrecht, Art. 79, Rn. 6, Rn. 8; Ferrari/Flechtner/Brand (Flechtner), Draft UNCITRAL Digest, Art. 79, Anm. 4, Anm. 22; Keil, Haftungsbefreiung, S. 39.

rungsgrund oder seine Folgen zu vermeiden oder zu überwinden."[396] Leistungshindernisse in diesem Sinne sind dabei nicht nur solche, die die Leistungserfüllung faktisch unmöglich machen, sondern auch solche, die einen Fall wirtschaftlicher Unmöglichkeit darstellen.[397]

Grundsätzlich muss das Leistungshindernis objektiv außerhalb des Einflussbereichs bzw. Verantwortungsbereichs des Verkäufers liegen,[398] wobei vorrangig auf die vertraglich fixierte Risikosphärenabgrenzung abzustellen ist.[399] Es muss sich um ein Ereignis handeln, dass von außen auf die Leistung des Verkäufers einwirkt (wichtigster Fall: sog. *force majeure).*[400] Persönliche Hinderungsgründe und Hinderungsgründe, die in der Organisation und, weiter, in der Einflusssphäre des Verkäufers liegen (bspw. Leistungsvorbereitung, -organisation und -durchführung) befreien ihn nicht.[401] Einzustehen hat der Verkäufer daher immer auch für das Verhalten seiner eigenen Leute und, gem. Art. 79 II CISG, Dritter, derer er sich zur Erfüllung des Vertrages bedient.[402]

Zweitens muss es für den Verkäufer unmöglich gewesen sein, den Hinderungsgrund "in Betracht zu ziehen." War der Hinderungsgrund bei Vertragsschluss bekannt, oder war er nach Einschätzung eines i. S. v. Art. 8 II CISG vernünftigen

---

396 Vgl. Staudinger (Magnus), Wiener UN-Kaufrecht, Art. 79, Rn. 7; Schlechtriem (Stoll), Einh. UN-Kaufrecht, Art. 79, Rn. 6; Herber/Czerwenka, Int. Kaufrecht, Art. 79, Rn. 6; Schlechtriem, Int. UN-Kaufrecht, Rn. 288.

397 Staudinger (Magnus), Wiener UN-Kaufrecht, Art. 79, Rn. 24; Schlechtriem (Stoll). Einh. UN-Kaufrecht, Art. 79, Rn. 39 f.; Herber/Czerwenka, Int. Kaufrecht, Art. 79, Rn. 8; Schlechtriem, Int. UN-Kaufrecht, Rn. 291.

398 Staudinger (Magnus), Wiener UN-Kaufrecht, Art. 79, Rn. 16; Honsell (Magnus), UN-Kaufrecht, Art. 79, Rn. 12; Schlechtriem (Stoll), Einh. UN-Kaufrecht, Art. 79, Rn. 17.

399 Staudinger (Magnus), Wiener UN-Kaufrecht, Art. 79, Rn. 2; Schlechtriem (Stoll), Einh. UN-Kaufrecht, Art. 79, Rn. 7; Schlechtriem, Int. UN-Kaufrecht, Rn. 290; Karollus, UN-Kaufrecht, S. 208 f.; Keil, Haftungsbefreiung, S. 37 ff.

400 Staudinger (Magnus), Wiener UN-Kaufrecht, Art. 79, Rn. 16, Rn. 20; Schlechtriem (Stoll), Einh. UN-Kaufrecht, Art. 79, Rn. 17; Herber/Czerwenka, Int. Kaufrecht, Art. 79, Rn. 8; Schlechtriem, Int. UN-Kaufrecht, Rn. 289; Keil, Haftungsbefreiung, S. 105 ff.

401 Staudinger (Magnus), Wiener UN-Kaufrecht, Art. 79, Rn. 18; Honsell (Magnus), UN-Kaufrecht, Art. 79, Rn. 13; Schlechtriem (Stoll), Einh. UN-Kaufrecht, Art. 79, Rn. 27 ff.; Herber/Czerwenka, Int. Kaufrecht, Art. 79, Rn. 8; Karollus, UN-Kaufrecht, S. 208 f.; Schlechtriem, Int. UN-Kaufrecht, Rn. 289; Gillette/Walt, Sales Law, S. 255 f.; Keil, Haftungsbefreiung, S. 105; Schillo, IHR 2003, 257, 264.

402 Dazu unten, Kapitel 4 – C.II.1.c.

Beobachters[403] zu erwarten, so wird der Verkäufer nicht nach Art. 79 I CISG frei.[404]

Schließlich ist, drittens, maßgeblich, ob die nachteiligen Folgen des schädigenden Ereignisses vom Verkäufer hätten vermieden, umgangen oder überwunden werden können. D. h., auch wenn der Verkäufer das schädigende Ereignis vernünftigerweise nicht zu erwarten hatte, muss er dennoch alles tun, was in seiner Macht steht, um dessen nachteilige Folgen einzugrenzen bzw. zu vermeiden.[405] Angesichts einer Vertragsverletzung darf er nicht 'die Hände in den Schoß legen.'[406]

Die dargestellten Kriterien legen nahe, dass Entlastung nach Art. 79 I CISG der ganz seltene Ausnahmefall ist:[407] entlastend wirken Ereignisse wie vorsätzliche Sabotageakte und Arbeitsniederlegungen, die zu Erfüllungshindernissen führen.[408] Entlastung tritt auch in den Fällen 'echter' höherer Gewalt (Krieg, Naturkatastrophen etc.) und regelmäßig bei staatlichen Eingriffen (Kontingentierungen, Ein- und Ausfuhrverbote, Schließung von Transportwegen etc.) ein.[409] Freilich gilt dies immer nur dann, wenn diese Ereignisse sowohl unvorhersehbar als auch unvermeidbar waren.[410] Störungen aus dem Betrieb und Einflussbereich des Verkäufers – Tod, plötzliche Krankheit, weisungswidriges Verhalten von Angestellten, allge-

---

403 Vgl. Bianca/Bonell (Tallon), Int. Sales Law, Art. 79, Anm. 2.6.3 *("The reasonable person, the bon père de famille, [...] i. E., halfway between the inveterate pessimist who foresees all sorts of disasters and the resolute optimist who never anticipates the least misfortune").*

404 Staudinger (Magnus), Wiener UN-Kaufrecht, Art. 79, Rn. 32; Honsell (Magnus), UN-Kaufrecht, Art. 79, Rn. 15; Schlechtriem (Stoll), Einh. UN-Kaufrecht, Art. 79, Rn. 123 f.; Bianca/Bonell (Tallon), Int. Sales Law, Art. 79, Anm. 2.6.7.; Herber/Czerwenka, Int. Kaufrecht, Art. 79, Rn. 9 ff.; Reinhart, UN-Kaufrecht, Art. 79, Rn. 4; Keil, Haftungsbefreiung, S. 110 ff. Vgl. Gillette/Walt, Sales Law, S. 256.

405 Staudinger (Magnus), Wiener UN-Kaufrecht, Art. 79, Rn. 34; Honsell (Magnus), UN-Kaufrecht, Art. 79, Rn. 16; Schlechtriem (Stoll), Einh. UN-Kaufrecht, Art. 79, Rn. 23 f.; Herber/Czerwenka, Int. Kaufrecht, Art. 79, Rn. 11 ff; Schlechtriem, Int. UN-Kaufrecht, Rn. 289; Karollus, UN-Kaufrecht, S. 210; Gillette/Walt, Sales Law, S. 257; Keil, Haftungsbefreiung, S. 122 ff.

406 Staudinger (Magnus), Wiener UN-Kaufrecht, Art. 79, Rn. 34

407 Vgl. Honsell (Magnus), UN-Kaufrecht, Art. 79, Rn. 9; ders., ZEuP 2002, 521, 540; Ferrari/Flechtner/Brand (Flechtner), Draft UNCITRAL Digest, Art. 79, Anm. 7.

408 Staudinger (Magnus), Wiener UN-Kaufrecht, Art. 79, Rn. 18 ff. Zweifelnd hinsichtlich Arbeitskämpfen und ähnlichem Schlechtriem (Stoll), Einh. UN-Kaufrecht, Art. 79, Rn. 41 ff.

409 Staudinger (Magnus), Wiener UN-Kaufrecht, Art. 79, Rn. 27 ff.; Schlechtriem (Stoll), Einh. UN-Kaufrecht, Art. 79, Rn. 20 ff.; Honsell, SJZ 1993, 361, 364; vgl. Schillo, IHR 2003, 257, 264.

410 Vgl. Gillette/Walt, Sales Law, S. 257.

meines Personalrisiko, Leistungsfähigkeit der Produktion etc. – entlasten den Verkäufer ebenso wenig wie mangelnde finanzielle Leistungsfähigkeit.[411]

Den Gattungsverkäufer trifft zudem, entsprechend dem typischen Vertragszweck und mangels anderweitiger vertraglicher Vereinbarung (bspw. bei "vorbehaltener Selbstbelieferung"), das Beschaffungsrisiko hinsichtlich mangelfreier Ware und der zu ihrer Herstellung notwendigen Zutaten, und zwar auch von Zulieferern und Vorlieferanten.[412] Eine Entlastung nach Art. 79 CISG kommt nur dann in Betracht, wenn die Hinderungsgründe außerhalb des Beschaffungsrisikos liegen.[413] Auch bei einem Stückkauf ist die Übernahme des Beschaffungsrisikos durch den Verkäufer nicht ausgeschlossen. Freilich bedarf es dann einer genauen, einzelfallbezogenen Vertragsauslegung hinsichtlich der übernommenen Risiken.[414]

II. Internes deutsches Kaufrecht

1. Verobjektivierte Verschuldenshaftung mit Verschuldensvermutung (Grundsatz)

a. Bei Pflichtverletzungen

Im internen deutschen Kaufrecht ist die Schadensersatzhaftung des Verkäufers weiterhin als Verschuldenshaftung angelegt:[415] für einen Schadensersatzanspruch (bzw., statt dessen, einen Aufwendungsersatzanspruch) ist neben einer Pflichtverletzung seitens des Verkäufers und, sofern die Pflichtverletzung in einem Sach-

---

411 Vgl. Staudinger (Magnus), Wiener UN-Kaufrecht, Art. 79, Rn. 18 ff.; Honsell (Magnus), UN-Kaufrecht, Art. 79, Rn. 14; Schlechtriem (Stoll), Einh. UN-Kaufrecht, Art. 79, Rn. 27 ff.; Keil, Haftungsbefreiung, S. 106 ff.

412 Staudinger (Magnus), Wiener UN-Kaufrecht, Art. 79, Rn. 22 f., Rn. 25, Rn. 40; Honsell (Magnus), UN-Kaufrecht, Art. 79, Rn. 14; ders., ZEuP 2002, 521, 539; Schlechtriem (Stoll), Einh. UN-Kaufrecht, Art. 79, Rn. 30; Bianca/Bonell (Tallon), Int. Sales Law, Art. 79, Anm. 2.6.5. *("...as a rule, generic goods are not affected by force majeure [...]. Others may be obtained to replace them...");* Gillette/Walt, Sales Law, S. 261; Keil, Haftungsbefreiung, S. 124 ff.; Janser, Haftung für Vorlieferanten, S. 25 f. Vgl. Schlechtriem, SchuldR BT, Rn. 85; Honsell, SJZ 1993, 361, 364; Schillo, IHR 2003, 257, 264; BGH, U. v. 24.3.1999 ("Rebwachs"), www.unilex.info; OLG Hamburg, U. v. 28.2.1997, www.unilex.info.

413 Staudinger (Magnus), Wiener UN-Kaufrecht, Art. 79, Rn. 22; Schlechtriem (Stoll), Einh. UN-Kaufrecht, Art. 79, Rn. 30; Keil, Haftungsbefreiung, S. 124 ff.

414 Schlechtriem (Stoll), Einh. UN-Kaufrecht, Art. 79, Rn. 32; Keil, Haftungsbefreiung, S. 126 f.

415 Dies wird gelegentlich (noch immer) als das "moralisch" oder "rechtsethisch" überlegene Haftungsmodell angesehen, vgl. Begr. RegE, BT-Drucks. 14/6040, S. 165, rechte Spalte; Canaris, JZ 2001, 499, 506; ders., DB 2001, 1815, 1819; ausführlich Deutsch, Allg. Haftungsrecht, Rn. 5 ff.; ders., AcP 202 (2002), 889, 892. Kritisch demgegenüber Koller, Risikozurechnung bei Vertragstörungen, S. 269 f., S. 272 f.; Brüggemeier, WM 2002, 1376, 1382 (mit Blick auf die abweichenden Regelungen im übrigen Europa); Schäfer/Ott, Ökonomische Analyse, Kap. 5.1 (S. 145) (unter ökonomischen Gesichtspunkten). Wagner, JZ 1998, 482, 493 f. (bei anfänglichem Unvermögen). Vgl. auch schon Heck, Grundriss des Schuldrechts, § 26, 2. Kap., 1. Unterkap. (S. 76 ff.).

mangel[416] besteht, dessen rechtzeitiger und ordnungsgemäßer Rüge,[417] Anspruchsvoraussetzung, dass der Verkäufer die Pflichtverletzung zu vertreten hat, vgl. § 280 I 2 BGB.[418] Die Schadensersatzhaftung knüpft also grundsätzlich an ein Fehlverhalten des Verkäufers an und sanktioniert dieses: "Nicht der Schaden verpflichtet zum Schadensersatz, sondern die Schuld."[419] Diese Funktion tritt neben die Ausgleichsfunktion des Schadensersatzes.

Zu vertreten hat der Verkäufer, seine generelle Verschuldensfähigkeit vorausgesetzt, grundsätzlich vorsätzliches und fahrlässiges Handeln, vgl. § 276 I BGB,[420] wobei er sich das Verhalten eigener Leute und Dritter, derer er sich zur Vertragserfüllung bedient, nach § 278 BGB zurechnen lassen muss.[421] Fahrlässigkeit ist definiert als das "Außerachtlassen der im Verkehr erforderlichen Sorgfalt", § 276 II BGB.[422] D. h. zum einen, dass eingerissene Unsitten, mögen sie im jeweiligen Verkehrskreis auch üblich sein, keine Entlastung bringen *(erforderliche* Sorgfalt).[423] Zum anderen ist die verkehrserforderliche Sorgfalt objektiv zu bestimmen: maßgeblich ist nicht die individuelle Person des Verkäufers, sondern der Idealtypus des jeweiligen Berufskreises;[424] dies ist für § 276 BGB ganz h. M. und wird für den kaufmännischen Bereich in § 347 HGB ausdrücklich festgeschrieben.[425] Der Verkäufer kann sich also nicht auf unzureichende Ausbildung oder mangelnde Erfahrung berufen, muss sich höhere Fähigkeiten und Spezial-

---

416 Nach wohl h. M nicht jedoch auch bei einem Rechtsmangel, vgl. unten, Kapitel 3 – E.III.2.

417 Dazu unten, Kapitel 3 – E.III.2.

418 Vgl. P. Huber/Faust (P. Huber), Schuldrechtsmod., Kap. 13, Rn. 110; Kindl, WM 2002, 1313, 1314. Die anderen Käuferrechtsbehelfe sind hingegen unabhängig von einem Verschulden oder sonstigen Vertretenmüssen des Verkäufers, vgl. §§ 437 Nr. 1, 439 BGB (Nacherfüllungsanspruch), §§ 437 Nr. 2, 440, 323, 326 V BGB (Rücktrittsrecht), §§ 437 Nr. 2, 441 BGB (Kaufpreisminderung); Lorenz/Riehm, Neues SchuldR, Rn. 614, Rn. 504; Magnus, Pflichtverletzung (Schuldrechtsref. vor dem Hintergrund des Gemeinschaftsrechts), S. 73 f.; Heinrichs, Pflichtverletzung (FS Schlechtriem), 503, 516 f.; Medicus, JuS 2003, 521, 522.

419 Jhering, Schuldmoment im Römischen Privatrecht, S. 40.

420 Lorenz/Riehm, Neues SchuldR, Rn. 174; Lorenz, NJW 2002, 2497, 2501; Schlechtriem, SchuldR AT, Rn. 321; Haas/Medicus/Rolland/Schäfer/Wendtland (Haas), Neues SchuldR, Kap. 5, Rn. 225 f.

421 Dazu unten, Kapitel 4 – C.II.2.e.

422 Vgl. Schlechtriem, SchuldR AT, Rn. 326; Canaris, JZ 2001, 499, 512.

423 Schlechtriem, SchuldR AT, Rn. 326; Deutsch, AcP 202 (2002), 889, 899 f.; Palandt (Heinrichs), BGB, Erg. 61. A., § 276, Rn. 16.

424 RGZ 128, 39, 43 f.; Kötz, Deliktsrecht, Rn. 112 ff.; Schlechtriem, SchuldR AT, Rn. 326; Palandt (Heinrichs), BGB, Erg. 61. A., § 276, Rn. 15, Rn. 17; schon Heck, Grundriss des Schuldrechts, § 26, 2. Kap., 1. Unterkap., a) (S. 77 f.). Vgl. Schäfer/Ott, Ökonomische Analyse, Kap. 5.3.2 (S. 148 f.); Deutsch, AcP 202 (2002), 889, 904.

425 Staub (Koller), HGB, § 346, Rn. 5; Hopt (Hopt), HGB, § 347, Rn. 1; Brox, Handelsrecht, Rn. 323; Schlechtriem, SchuldR AT, Rn. 326.

kenntnisse jedoch zurechnen lassen.[426] Dadurch hat sich die Verschuldenshaftung des internen deutschen Rechts weitgehend in eine objektive Haftung verkehrt; gehaftet wird für die Einhaltung bestimmter Standards.[427]

Die Schadensersatzhaftung des Verkäufers wird schließlich entscheidend dadurch geprägt, dass das verkäuferische Vertretenmüssen von Gesetzes wegen vermutet wird, was aus der negativen "es sei denn"-Formulierung des § 280 I 2 BGB folgt.[428] D. h. dass der Kläger nur die verkäuferische Pflichtverletzung und seinen daraus resultierenden Schaden darzulegen und zu beweisen hat, um die Schadensersatzpflicht des Verkäufers auszulösen; hingegen trägt der Verkäufer die Beweislast dafür, dass er die Pflichtverletzung nicht zu vertreten hat. Um der Schadensersatzpflicht zu entgehen, muss sich der Verkäufer also exkulpieren.[429]

Ein praxisrelevantes Beispiel für die Schadensersatzhaftung des Verkäufers ist der Fall des Zwischenhändlers, der Waren ein- und weiterverkauft. Es stellt sich die Frage, ob ein solcher Verkäufer Mängel an Waren, die er ohne eigene Untersuchung (in Unkenntnis der Mängel) weiterverkauft hat, zu vertreten hat.[430] Sofern er keine Garantie oder das Beschaffungsrisiko dafür, dass die Ware mangelfrei ist, übernommen hat (dazu im Anschluss), ist eine generelle Antwort für diese Fallgruppe deswegen nicht möglich, weil sie sehr vielgestaltig ist.[431] Abgelehnt wird

---

[426] Schlechtriem, SchuldR AT, Rn. 326.

[427] Vgl. Kötz, Deliktsrecht, Rn. 112; Magnus, Pflichtverletzung (Schuldrechtsref. vor dem Hintergrund des Gemeinschaftsrechts), S. 73 f.; Schlechtriem, SchuldR AT, Rn. 322, Rn. 333; ders., Int. UN-Kaufrecht, Rn. 288; Schäfer/Ott, Ökonomische Analyse, Kap. 5.1, Kap. 5.3.2. (S. 145 f.).

[428] Gleiches gilt für die Fälle des § 311a II BGB, vgl. dort Satz 2.

[429] Vgl. Lorenz/Riehm, Neues SchuldR, Rn. 173, 180 ff.; Schlechtriem, SchuldR AT, Rn. 334; P. Huber/Faust (Faust), Schuldrechtsmod., Kap. 3, Rn. 16; Haas/Medicus/Rolland/Schäfer/Wendtland (Haas), Neues SchuldR, Kap. 5, Rn. 225, Rn. 232; Deutsch, AcP 202 (2002), 889, 891; Canaris, JZ 2001, 499, 512; Medicus, JuS 2003, 521, 522; Kindl, WM 2002, 1313, 1313; Brüggemeier, WM 2002, 1376, 1376, 1382 f.; Magnus, Pflichtverletzung (Schuldrechtsref. vor dem Hintergrund des Gemeinschaftsrechts), S. 74; Heinrichs, Pflichtverletzung (FS Schlechtriem), 503, 517 f.; Huber, Schadensersatzhaftung (FS Schlechtriem), S. 521; Zimmermann, Breach of Contract, S. 18; Hirsch, JURA 2003, 289, 293; Schulze/Ebers, JuS 2004, 266, 269. I. E. Finkenauer WM 2003, 665, 665 f. (Nicht-Vertretenmüssen vom Verkäufer zu erhebende, rechtsvernichtende Einrede); Palandt (Heinrichs), BGB, Erg. 61. A., § 280, Rn. 34 (dito).

[430] Vgl. Begr. RegE, BT-Drucks. 14/6040, S. 210, linke Spalte, P. Huber/Faust (P. Huber), Schuldrechtsmod., Kap. 13, Rn. 112 ff.; Vollkommer, Haftungserweiterung? (Neues SchuldR i. d. Praxis), S. 128; Finkenauer, WM 2003, 665, 665 ff.; Altmeppen, DB 2001, 1131, 1132 (sehr kritisch); Canaris, DB 2001, 1815, 1815.

[431] Begr. RegE, BT-Drucks. 14/6040, S. 210, linke Spalte; P. Huber/Faust (P. Huber), Schuldrechtsmod., Kap. 13, Rn. 112; Haas/Medicus/Rolland/Schäfer/Wendtland (Haas), Neues SchuldR, Kap. 5, Rn. 45, Rn. 227. Vgl. Altmeppen, DB 2001, 1131, 1131; ders., DB 2001, 1821, 1822; Canaris, DB 2001, 1815, 1815.

jedenfalls, dass der Verkäufer für seine Vorlieferanten und Zulieferer nach § 278 BGB einzustehen hat,[432] so dass es nicht darauf ankommt, ob diese die Mangelhaftigkeit der Ware zu vertreten haben. Nach dem zuvor aufgezeigten Maßstab ist vielmehr entscheidend, ob und in welchem Umfang ein idealtypischer Zwischenhändler die Waren vor einem Weiterverkauf untersucht hätte.[433] Einfluss gewinnen damit einzelfallbezogene Faktoren wie die Art der Waren (Massenartikel oder hochwertige, komplexe Waren; typische Fehleranfälligkeit und bisherige Marktbewährung; Verpackung; etc.) und die Situation des Verkäufers (eigene Werkstatt/Labore oder sonstige Möglichkeiten zur Untersuchung, besondere Sachkunde etc.).[434] Der BGH und weite Teile der Literatur gehen allerdings davon aus, dass den Zwischenhändler grundsätzlich keine Untersuchungspflicht trifft.[435] Bei allem obliegt es dem Verkäufer, sich zu exkulpieren, sein Verschulden wird (zunächst) vermutet.

b. Bei anfänglicher Unmöglichkeit der Leistungserbringung

Wenn die Leistungserbringung durch den Verkäufer bereits bei Vertragsschluss nach § 275 I BGB unmöglich ist oder von diesem gem. § 275 II BGB verweigert werden kann, richtet sich der Schadensersatzanspruch des Käufers nach § 311 a II 1 BGB.[436] Auch hier ist ein Vertretenmüssen des Verkäufers i. S. v. § 276 I 1 BGB erforderlich, vgl. § 311a II 2 BGB. Bezugspunkt des Verschuldens ist aber nicht die aus der Unmöglichkeit der Leistungserbringung resultierende Verletzung der Vertragspflichten des Verkäufers, sondern seine Kenntnis bzw. Unkenntnis hin-

---

[432] BGHZ 48, 118, 120; BGH, NJW 1968, 2238, 2239; Begr. RegE, BT-Drucks. 14/6040, S. 210; Huber, Schadensersatzhaftung (FS Schlechtriem), S. 522; Lorenz, NJW 2002, 2497, 2501, Fn. 37; Finkenauer, WM 2003, 665, 668; Janser, Haftung für Vorlieferanten, S. 32; Palandt (Heinrichs), BGB, Erg. 61. A, § 278, Rn. 13. Zweifelnd Brüggemeier, WM 2002, 1376, 1382; ders., JZ 2000, 529, 536; Bamberger/Roth (Faust), BGB, § 437, Rn. 81. Vgl. Vollkommer, Haftungserweiterung? (Neues SchuldR i. d. Praxis), S. 133 f.

[433] Vgl. Begr. RegE, BT-Drucks. 14/6040, S. 210, linke Spalte; Heinrichs, Pflichtverletzung (FS Schlechtriem), 503, 517; Huber, Schadensersatzhaftung (FS Schlechtriem), S. 528, Fn. 13; Finkenauer, WM 2003, 665, 667 f.; Canaris, Schuldrechtsref. 2002, XXVII; ders., DB 2001, 1815, 1815; Bamberger/Roth (Faust), BGB, § 437, Rn. 81.

[434] Vgl. Begr. RegE, BT-Drucks. 14/6040, S. 210, linke Spalte; P. Huber/Faust (P. Huber), Schuldrechtsmod., Kap. 13, Rn. 114;Haas/Medicus/Rolland/Schäfer/Wendtland (Haas), Neues SchuldR, Kap. 5, Rn. 228; Canaris, DB 2001, 1815, 1815; Bamberger/Roth (Faust), BGB, § 437, Rn. 82.

[435] BGH, NJW 1968, 2238, 2239; BGH, NJW 1981, 1269, 1270; Haas/Medicus/Rolland/Schäfer/Wendtland (Haas), Neues SchuldR, Kap. 5, Rn. 45, Rn. 227; Canaris, Schuldrechtsref. 2002, XXVII; Altmeppen, DB 2001, 1131, 1131; Finkenauer WM 2003, 665, 667; Huber, Schadensersatzhaftung (FS Schlechtriem), S. 528, Fn. 13; Hoeren/Martinek (Martinek/Wimmer-Leonhardt), Kaufrecht, § 433, Rn. 67; Bamberger/Roth (Faust), BGB, § 437, Rn. 82; Palandt (Heinrichs) BGB, 63. A., § 280, Rn. 19. Vgl. Brüggemeier, WM 2002, 1376, 1382 (bei neu hergestellten Waren); Schlechtriem, IHR 2001, 12, 15; Ehmann/Sutschet, JZ 2004, 62, 66.

[436] Vgl. unten, Kapitel 4 – C.II.2.a.

sichtlich seiner Fähigkeit zur Leistungserbringung.[437] Auch in diesem Fall wird das verkäuferische Verschulden vermutet.[438]

Ob der Verkäufer die Unkenntnis seiner Fähigkeit zur Leistungserbringung zu vertreten hat oder nicht, wird maßgeblich davon bestimmt, inwieweit er sich vor Vertragsschluss hinsichtlich seiner Leistungsfähigkeit vergewissern muss. Wiederum gilt der 'Idealtypischer Verkäufer'-Test, wobei die Umstände des Einzelfalls (bspw. Wert der Kaufsache und der Grad ihrer Gefährdung) entscheidend sind.[439] Denkbar ist auch, dass aus einer (auch konkludent möglichen) Garantieübernahme durch den Verkäufer hinsichtlich seiner eigenen Leistungsfähigkeit eine verschuldensunabhängige Garantiehaftung folgt.[440] Das Leistungsversprechen an sich genügt dafür aber nicht.[441]

2. Konstellationen mit (faktischer) Garantiehaftung

Außer Vorsatz und Fahrlässigkeit hat der Verkäufer das Ausbleiben der geschuldeten Leistung auch dann zu vertreten, wenn dies vertraglich (nicht notwendigerweise explizit) so vereinbart ist.[442] Insbesondere aus der Übernahme einer Garantie oder aus der Übernahme des sog. Beschaffungsrisikos[443] kann sich eine solche verschuldensunabhängige Garantiehaftung des Verkäufers ergeben, vgl. § 276 I 1, 2. HS BGB.[444]

---

437 Begr. RegE, BT-Drucks. 14/6040, S. 165 f.; Schlechtriem, SchuldR BT, Rn. 65, Rn. 83 ff.; P. Huber/Faust (P. Huber), Schuldrechtsmod., Kap. 13, Rn. 117, Rn. 142; Dauner-Lieb/Heidel/Lepa/Ring (Dauner-Lieb), Neues SchuldR, § 2, Rn. 87; Kindl, WM 2002, 1313, 1317.

438 Begr. RegE, BT-Drucks. 14/6040, S. 166, linke Spalte; P. Huber/Faust (P. Huber), Schuldrechtsmod., Kap. 13, Rn. 142; Canaris, JZ 2001, 499, 507; Lorenz, NJW 2002, 2497, 2500 f.; ders., JZ 2001, 742, 743; Kindl, WM 2002, 1313, 1317.

439 P. Huber/Faust (P. Huber), Schuldrechtsmod., Kap. 13, Rn. 117; Haas/Medicus/Rolland/Schäfer/Wendtland (Medicus), Neues SchuldR, Kap. 3, Rn. 68; Schlechtriem, SchuldR AT, Rn. 353; ders., SchuldR BT, Rn. 85.

440 So Schlechtriem, Int. einh. Kaufrecht und neues SchuldR (Neues SchuldR i. d. Praxis), S. 80 f.; Zimmer, NJW 2002, 1, 3; Vollkommer, Haftungserweiterung? (Neues SchuldR i. d. Praxis), S. 128. Vgl. Lorenz, NJW 2002, 2497, 2502; Westermann, JZ 2001, 530, 531.

441 Begr. RegE, BT-Drucks. 14/6040, S. 165, rechte Spalte; Kindl, WM 2002, 1313, 1317, Fn. 46. A. A. Zimmer, NJW 2002, 1, 3; ders., Geplantes Kaufrecht (Zivilrechtswissenschaft und Schuldrechtsref.), S. 196.

442 Vgl. Zimmer, NJW 2003, 1, 11; v. Westphalen, ZGS 2002, 154, 155, 156.

443 Kritisch zum Begriff Lando, RabelsZ 67 (2003), 231, 242, 244 ("Der Fremde und der Laie [... weiß nicht...,] was man unter einem Beschaffungsrisiko versteht. Er weiß auch nicht, wann ein solches übernommen wurde. Die Autoren des BGB haben die ganze Geschichte, die ganze Entwicklung einer Idee, in ein Wort gepackt").

444 Begr. RegE, BT-Drucks. 14/6040, S. 131 f.; Canaris, JZ 2001, 499, 518 (Garantiehaftung als "zweite Spur" neben der Verschuldenshaftung); Lorenz/Riehm, Neues SchuldR, Rn. 174; Lorenz, NJW 2002, 2497, 2501; P. Huber/Faust (Faust), Schuldrechtsmod., Kap. 3, Rn. 19; Schlechtriem, SchuldR AT, Rn. 342; Medicus, JuS 2003, 521, 522; Brüggemeier, WM 2002,

a. Garantiehaftung bei Garantieübernahme

Inhalt und Umfang einer Garantie sind gesetzlich nicht festgelegt und fallen, abhängig insbesondere von Branche und Vertragszweck, unterschiedlich aus. Sie sind im Wege der Auslegung inhaltlich zu bestimmen[445] und von reinen Beschaffenheitsangaben, bei denen dem Verkäufer der rechtliche Einstandswille fehlt, abzugrenzen.[446] Eine Beschaffenheits- oder eine Haltbarkeitsgarantie i. S. v. § 443 I BGB löst die verschuldensunabhängige Schadensersatzhaftung aus, wenn entgegen der Garantieaussage die Kaufware die zugesagte Beschaffenheit nicht aufweist oder ein Mangel vor Ablauf des 'Haltbarkeitsdatums' auftritt.[447]

b. Garantiehaftung bei Übernahme des Beschaffungsrisikos

Bei einer (echten, "marktbezogenen"[448]) Gattungsschuld ist regelmäßig (ggf. im Wege der Vertragsauslegung) davon auszugehen, dass der Verkäufer das Beschaffungsrisiko, d. h. das Risiko, dem Käufer die Ware zu verschaffen, vertraglich übernommen hat.[449] Dies führt aber nur insoweit zu einer Garantiehaftung des Verkäufers, als es um die Überwindung von Beschaffungshindernissen geht. Dazu gehören solche Risiken nicht, die nicht mit der Eigenart der Beschaffungsschuld zusammenhängen, wie beispielsweise eine unvorhergesehene Erkrankung des

---

1376, 1382; Zimmermann, Breach of Contract, S. 18 f.; Lando, RabelsZ 67 (2003), 231, 240 f.; v. Westphalen, ZGS 2002, 154, 155.

445 Beschlussempf. Rechtsausschuss, BT-Drucks. 14/7052, S. 184; Dauner-Lieb/Heidel/Lepa/Ring (Büdenbender), Neues SchuldR, § 8, Rn. 46; Haas/Medicus/Rolland/Schäfer/Wendtland (Medicus), Neues SchuldR, Kap. 3, Rn. 141; P. Huber/Faust (Faust), Schuldrechtsmod., Kap. 3, Rn. 21; Vollkommer, Haftungserweiterung? S. 126; Bamberger/Roth (Faust), BGB, § 437, Rn. 72 ff.

446 Begr. RegE, BT-Drucks. 14/6040, S. 132, linke Spalte; Haas/Medicus/Rolland/Schäfer/Wendtland (Medicus), Neues SchuldR, Kap. 3, Rn. 141; Lorenz, NJW 2002, 2497, 2502; Looschelders, Beschaffenheitsvereinbarung (Neues SchuldR i. d. Praxis), S. 402 f.; Palandt (Heinrichs), BGB, Erg. 61. A., § 276, Rn. 19.

447 Vgl. Lorenz/Riehm, Neues SchuldR, Rn. 175; Dauner-Lieb/Heidel/Lepa/Ring (Büdenbender), Neues SchuldR, § 8, Rn. 45.

448 Vgl. Canaris, JZ 2001, 499, 518.

449 Begr. RegE, BT-Drucks. 14/6040, S. 132, rechte Spalte; Haas/Medicus/Rolland/Schäfer/Wendtland (Medicus), Neues SchuldR, Kap. 3, Rn. 142; ders., JuS 2003, 521, 528; P. Huber/Faust (Faust), Schuldrechtsmod., Kap. 3, Rn. 23; Lorenz/Riehm, Neues SchuldR, Rn. 176; Schlechtriem, SchuldR AT, Rn. 343; Canaris, JZ 2001, 499, 518; Zimmermann, Breach of Contract, S. 19; Kindl, WM 2002, 1313, 1315; Henssler/v. Westphalen (Dedek), Schuldrechtsref., § 276, Rn. 9; Anwaltkommentar (Dauner-Lieb), SchuldR, § 276, Rn. 22 ff., Rn. 25; Palandt (Heinrichs), BGB, Erg. 61. A., § 276, Rn. 28. Vgl. Schlechtriem (Huber), Einh. UN-Kaufrecht, Art. 45, Rn. 1, Rn. 10; Schlechtriem (Stoll), Art. 79, Rn. 9, Fn. 36; Schlechtriem, Int. UN-Kaufrecht, Rn. 288, Fn. 256; Keil, Haftungsbefreiung, S. 96 ff. (zu § 279 BGB a. F.). Die Übernahme des Beschaffungsrisikos durch den Verkäufer ist nicht (mehr) auf Gattungsschulden beschränkt, vgl. Haas/Medicus/Rolland/Schäfer/Wendtland (Medicus), Neues SchuldR, Kap. 3, Rn. 142; Lorenz/Riehm, Neues SchuldR, Rn. 176; P. Huber/Faust (Faust), Schuldrechtsmod., Kap. 3, Rn. 23; Canaris, JZ 2001, 499, 518.

Verkäufers.[450] Soweit der Verkäufer das Beschaffungsrisiko trägt, kann er sich nicht nach § 280 I 2 BGB entlasten.

Nach verbreiteter Ansicht trägt der Verkäufer einer Gattungssache auch das Beschaffungsrisiko für die Mangelfreiheit der Ware. Dafür sprechen zunächst § 243 I und § 433 I 2 BGB, wonach der Verkäufer eine mangelfreie Sache "mittlerer Art und Güte" schuldet.[451] Demnach würde der Gattungsverkäufer auch für Mängel regelmäßig verschuldensunabhängig auf Schadensersatz haften. Andere verneinen die konkludente Übernahme des Beschaffungsrisikos durch den Schuldner einer Gattungsschuld, soweit es die Mangelfreiheit der Sache betrifft:[452] eine Haftungsverschärfung gegenüber der bisherigen Rechtslage sei vom Gesetzgeber nicht gewollt, "Beschaffen" bedeute zunächst einmal nur "Herbeischaffen" und beziehe sich nicht auf die Qualität des zu besorgenden Gegenstandes, die Übernahme eines Beschaffungsrisikos sei daher keine Garantie für eine ordnungsgemäße Beschaffenheit.[453] Letztlich, insbesondere bis die obergerichtliche Rechtsprechung hier eine Leitlinie vorgibt, ist insoweit die vertragliche Vereinbarung, die es auszulegen gilt, von maßgeblicher Bedeutung.[454]

Auch für seine finanzielle Leistungsfähigkeit, bspw. mit Blick auf die für den Einkauf von Zubehörteilen oder Verpackungsmaterial notwendigen Mittel, hat der Verkäufer verschuldensunabhängig einzustehen ("Geld hat man zu haben").[455]

---

450 Begr. RegE, BT-Drucks. 14/6040, S. 132, rechte Spalte. Vgl. Lorenz/Riehm, Neues SchuldR, Rn. 176; P. Huber/Faust (Faust), Schuldrechtsmod., Kap. 3, Rn. 23; Schlechtriem, SchuldR AT, Rn. 344; Vollkommer, Haftungserweiterung? (Neues SchuldR i. d. Praxis), S. 129; Palandt (Heinrichs), BGB, Erg. 61. A., § 276, Rn. 32.

451 Schlechtriem, SchuldR BT, Rn. 85 (in Anlehnung an die Rspr. zu Art. 79 CISG); Canaris, DB 2001, 1815, 1815 f.; Medicus, JuS 2003, 521, 528; Huber, Schadensersatzhaftung (FS Schlechtriem), S. 530 f.; v. Westphalen, ZGS 2002, 154, 156 ff.; Henssler/v. Westphalen (Dedek), Schuldrechtsref., § 276, Rn. 11. Vgl. Dauner-Lieb/Thiessen, DStR 2002, 809, 811; Piltz, IHR 2002, 2, 8. Etwas enger Bamberger/Roth (Faust), BGB, § 437, Rn. 76 (keine Garantiehaftung bei Mangel der gesamten Gattung).

452 Haas/Medicus/Rolland/Schäfer/Wendtland (Haas), Neues SchuldR, Kap. 5, Rn. 231; Dauner-Lieb/Dötsch, DB 2001, 2435, 2536; Vollkommer, Haftungserweiterung? (Neues SchuldR i. d. Praxis), S. 129; Lorenz, NJW 2002, 2497, 2502, 2503 f.; Anwaltkommentar (Dauner-Lieb), SchuldR, § 276 Rn. 26; Palandt (Heinrichs), BGB, Erg. 61. A., § 276, Rn. 32.

453 Haas/Medicus/Rolland/Schäfer/Wendtland (Haas), Neues SchuldR, Kap. 5, Rn. 231; Dauner-Lieb/Thiessen, DStR 2002, 809, 811; Anwaltkommentar (Dauner-Lieb), SchuldR, § 276, Rn. 26.

454 Vgl. Canaris, DB 2001, 1815, 1817; Lando, RabelsZ 67 (2003), 231, 240 f.

455 Vgl. Haas/Medicus/Rolland/Schäfer/Wendtland (Medicus), Neues SchuldR, Kap. 3, Rn. 143 ff.; Lorenz/Riehm, Neues SchuldR, Rn. 177; P. Huber/Faust (Faust), Schuldrechtsmod., Kap. 3, Rn. 27; Schlechtriem, SchuldR AT, Rn. 345 f.; Canaris, JZ 2001, 499, 519; Keil, Haftungsbefreiung, S. 95 f.; Palandt (Heinrichs), BGB, Erg. 61. A., § 276, Rn. 28. Grundlegend Medicus, AcP 188 (1988), 490 ff.

c. Faktische Garantiehaftung bei gescheiterter Nacherfüllung

Nach § 281 I 1 BGB ist Voraussetzung für die Haftung auf Schadensersatz statt der Leistung, dass der Verkäufer "die fällige Leistung" nicht oder schlecht erbringt. Nach einer Ansicht in der Literatur – obergerichtliche Rechtsprechung zu dieser Frage liegt ebenfalls noch nicht vor – ist die fällige Leistung dabei die vertraglich geschuldete Pflicht zur Lieferung mangelfreier Ware.[456] Andere Teile der Literatur nehmen demgegenüber an, dass bei einer Schlechtleistung, bei der dem Verkäufer auch die (fristgerechte) Nacherfüllung (sei es durch Reparatur, sei es durch Nachlieferung) nicht gelingt, Bezugspunkt der verkäuferischen Pflichtverletzung nicht nur die Lieferung der mangelbehafteten Ware ist, sondern auch das Fehlschlagen der Nacherfüllung in der dafür gesetzten Frist.[457]

Nach dieser Ansicht wird der Verkäufer (nur) dann von der Haftung auf Schadensersatz statt der Leistung gem. §§ 280 I, III, 281 I BGB frei, wenn er nachweisen kann, dass er das Fehlschlagen der Nacherfüllung nicht zu vertreten hat, und zwar unabhängig davon, ob er die ursprüngliche Schlechtlieferung zu vertreten hat.[458] Da zum einen die Pflicht zur Nacherfüllung von einem Vertretenmüssen der ursprüngliche Schlechtleistung durch den Verkäufer unabhängig ist und sie zum anderen keine höchstpersönliche Pflicht ist (der Verkäufer kann sich also beliebiger, entsprechend befähigter Hilfspersonen zur Nacherfüllung bedienen), sind kaum Fälle denkbar, in denen dem Verkäufer diese Exkulpation gelingen kann.[459] I. E. haftet der Verkäufer bei einem Fehlschlagen der Nacherfüllung nach dieser Ansicht daher immer auch auf Schadensersatz, was insbesondere dazu führt, dass dem Käufer mit Scheitern der verkäuferischen Nacherfüllung faktisch ein Selbstvornahmerecht mit Kostenersatzanspruch zukommt.[460] Die Schadensersatzhaftung entfällt nur dann, wenn Nacherfüllung (insgesamt) unmöglich ist oder vom Verkäufer gemäß §§ 275 II, III, 439 III BGB verweigert werden kann.[461]

---

456 Vgl. Schlechtriem, SchuldR BT, Rn. 82, Rn. 84; Haas/Medicus/Rolland/Schäfer/Wendtland (Haas), Neues SchuldR, Kap. 5, Rn. 224 f.; Hirsch, JURA 2003, 289, 292 f.; Zimmer/Eckhold, JURA 2002, 145, 151; Zimmer, NJW 2002, 1, 6 f., 9; Schubel, JuS 2002, 313, 318.

457 Lorenz/Riehm, Neues SchuldR, Rn. 535; Lorenz, NJW 2002, 2497, 2501, 2504; Palandt (Heinrichs), BGB, 62. A., § 281, Rn. 16. Vgl. P. Huber/Faust (Faust), Schuldrechtsmod., Kap. 3, Rn. 153; Huber, Schadensersatzhaftung (FS Schlechtriem), S. 528 ff., S. 535. Wohl auch Canaris, DB 2001, 1815, 1816. Kritisch Hirsch, JURA 2003, 289, 293.

458 Lorenz/Riehm, Neues SchuldR, Rn. 535; Canaris, DB 2001, 1815, 1816; Huber, Schadensersatzhaftung (FS Schlechtriem), S. 529 f.

459 Lorenz/Riehm, Neues SchuldR, Rn. 535; Huber, Schadensersatzhaftung (FS Schlechtriem), S. 529 f. Zur Nacherfüllungspflicht unten, Kapitel 4 – A.II.1.

460 Dazu unten, Kapitel 4 – A.II.3.

461 Vgl. Huber, Schadensersatzhaftung (FS Schlechtriem), S. 538 ff., S. 542. Ähnlich Ehmann/Sutschet, JZ 2004, 62, 62 ff. Vgl. Lorenz/Riehm, Neues SchuldR, Rn. 536. Nacherfüllung ist bspw. dann unmöglich, wenn der Käufer einen Mangel erfolgreich selbst beseitigt hat. Zum verkäuferischen Leistungsverweigerungsrecht nach § 439 III BGB unten, Kapitel 4 – A.II.3.

d. Ausgleich des Mangelschadens mit von einem Vertretenmüssen unabhängigen Rechtsbehelfen, insbesondere Kaufpreisminderung

Schließlich kann der Käufer für denjenigen Schaden, der in dem pflichtverletzungsbedingten Minderwert der Ware selbst besteht (Mangelschaden), Ausgleich auch dadurch erlangen, dass er anstelle des Schadensersatzes statt der Leistung einen anderen, von einem Vertretenmüssen des Verkäufers unabhängigen Rechtsbehelf wählt. Insbesondere das Recht zur Kaufpreisminderung bietet sich hier an. Dabei ist allerdings zu berücksichtigen, dass diese Ansprüche in Art und Höhe des gewährten Ausgleichs vom Anspruch auf Schadensersatz abweichen können, da bspw. der Betrag der Kaufpreisminderung relativ zum verhandelten Kaufpreis und zum (Markt-) Wert der mangelhaften Sache berechnet wird, der regelmäßig ebenfalls auf Geldausgleich gerichtete, Schadensersatzanspruch hingegen absolut. [462]

III. Vergleich

Welches Schadensersatz-Haftungsregime vorliegt, ist v. a. eine Frage, die das Haftungsrisiko des Verkäufers beeinflusst: während er die für ihn meist ungünstige Schadensersatzhaftung (die ja insbesondere auch Mangelfolgeschäden, die ihrer Größenordnung nach den Wert der Ware oder des Vertrages um ein Vielfaches übersteigen können, mit umfasst) in einem 'Verschuldensregime' durch ein angemessenes Risk-Management grundsätzlich vermeiden kann, kommt bei einer Garantiehaftung, bei der der Verkäufer einen bestimmten Erfolg schuldet und für dessen Ausblieben unabhängig davon haftet, ob er das Ausbleiben zu vertreten hat oder nicht,[463] eine Haftungsbefreiung nie oder nur in extremen Ausnahmefällen in Betracht. Dieser Grundsatz spricht zunächst dafür, dass das UN-Kaufrecht, das im Gegensatz zum internen deutschen Recht auch hinsichtlich der Schadensersatzhaftung[464] einen Garantiehaftungsansatz verfolgt, aus Verkäufersicht nachteilig ist. Eine genauere Analyse zeigt jedoch, dass die Unterschiede im praktischen Ergebnis marginal sind:

Zunächst unterliegt der Verkäufer auch im internen deutschen Recht hinsichtlich des Schadensersatzanspruchs dann einer Garantiehaftung, wenn er eine ent-

---

[462] Zwar ist nach §§ 249 ff. BGB Schadensersatz auf Naturalrestitution gerichtet, in der Praxis ist jedoch Schadensersatz in Geld die Regel, vgl. unten, Kapitel 4 – C.II.2.f und Fn. 1085. Zur jeweiligen Berechnung unten, Kapitel 4 – C.I.2, Kapitel 4 – C.II.2.f. Zu den möglichen Unterschieden im Ergebnis am Bsp. des UN-Kaufrechts unten, Kapitel 4 – C.II.3.d.

[463] Vgl. Staudinger (Magnus) Wiener UN-Kaufrecht, Art. 45, Rn. 11, Rn. 18; Schlechtriem, Int. UN-Kaufrecht, Rn. 201, Rn. 287; Huber ZIP 2000, 2273 ff., S. 2277; ders., Geplantes Leistungsstörungsrecht, S. 105 f.

[464] Die übrigen Käuferrechtsbehelfe sind übereinstimmend von einem Verschulden oder sonstigen Vertretenmüssen des Verkäufers unabhängig, so dass, abgesehen von dem Fall, dass ein käuferischer Verursachungsbeitrag für die Vertrags- bzw. Pflichtverletzung (mit-)ursächlich war, eine Exkulpationsmöglichkeit gleichermaßen nicht besteht (Garantiehaftung). Dazu unten, Kapitel 3 – E.II.

sprechende Garantie oder das Beschaffungsrisiko übernommen hat, oder wenn ihm die geschuldete Nacherfüllung nicht gelingt. Insoweit besteht Übereinstimmung mit der Rechtslage im UN-Kaufrecht. Der praktische Anwendungsbereich dieser Fälle ist, insbesondere wenn man mit Teilen der Literatur das Beschaffungsrisiko auch auf die Mangelfreiheit der Ware erstreckt, weit, da der überwiegende Handelsanteil wohl Gattungswaren betrifft, bei denen regelmäßig von der (konkludenten) Übernahme des Beschaffungsrisikos durch den Verkäufer auszugehen ist. Zudem kann der Käufer zumindest für den Mangelschaden immer auch Ausgleich im Wege der Kaufpreisminderung erlangen, ohne dass es dafür eines verkäuferischen Verschuldens bedarf.

Für die verbleibenden Fälle ist im internen deutschen Recht, im Unterschied zum UN-Kaufrecht, ein Verschulden des Verkäufers zwar grundsätzlich erforderlich. Da sich der Verkäufer jedoch nicht nur sein eigenes Verschulden (Vorsatz und Fahrlässigkeit), sondern auch das Verschulden eigener Leute und etwaiger Erfüllungsgehilfen zurechnen lassen und sich dabei an einem objektiven und ebenfalls strengen Maßstab messen lassen muss, und da schließlich, v. a., sein Vertretenmüssen von Gesetzes wegen vermutet wird, entpuppt sich dieser Unterschied im praktischen Ergebnis als gering;[465] denn ebenso wie sich der Verkäufer im UN-Kaufrecht gem. Art. 79 CISG nur durch den Nachweis der Einhaltung der ihm abverlangten objektiven Standards exkulpieren und so der Schadensersatzhaftung entgehen kann, kann er sich aufgrund der Verschuldensvermutung des § 280 I 2 BGB (bzw. des § 311a II BGB) auch im internen deutschen Recht nur im Wege der Exkulpation von der Schadensersatzhaftung befreien. Als praktisch relevanter

---

[465] Vgl. Schlechtriem, Int. UN-Kaufrecht, Rn. 288 (Unterschied zum weitgehend verobjektivierten Verschuldensprinzip des alten BGB "gering" und zur Neufassung "wohl noch geringer geworden"); ders., SchuldR AT, Rn. 333 (praktisch Garantiehaftung für bestimmte Standards), Rn. 312/Fn. 64 (Annäherung an die verschuldensunabhängigen Haftungsregeln in Art. 79 CISG; "Überhöhung" des Verschuldensprinzips überholt); Magnus, Pflichtverletzung (Schuldrechtsref. vor dem Hintergrund des Gemeinschaftsrechts), S. 73 f. (schon unter altem internen dt. Recht weitgehende Verkehrung in objektives Haftungsprinzip); Lando, RabelsZ 67 (2003), 231, 241; Regula/Kannowski, IHR 2004, 45, 50. Vgl. Huber, ZIP 2000, 2273, 2277 (bei aller Ähnlichkeit im praktischen Ergebnis Schadensersatzhaftung nach UN-Kaufrecht und int. dt. Kaufrecht *prinzipiell* unterschiedlich); ders., Geplantes Leistungsstörungsrecht, S. 105 f. (dito). Gewissermaßen andersherum Nicholas, Breach of Contract (Einh. Kaufrecht und nat. Obligationenrecht), S. 286 f. *("I have some difficulty therefore in accepting, that the exception [Art. 79 CISG] does not turn on fault.")*; ähnl. Pellegrino, ZEuP 1997, 41, 49 f.; Koch, NJW 2000, 910, 911 (Art. 79 V CISG als Ausnahme von der verschuldensunabhängige Haftung im UN-Kaufrecht); Schlechtriem, JZ 1998, 1037, 1047 (keine Haftung für Verschulden aber "natürlich" auch keine reine Erfolgshaftung; Schuldner muss Pflichtverletzung "zu verantworten" haben). Vgl. umfassend Krüger, Modifizierte Erfolgshaftung im UN-Kaufrecht, S. 57 ff., S. 66 f.; Brand, Art. 79 (Draft UNCITRAL Digest), S. 393 ff.

Unterschied verbleibt daher nur die Höhe des "Verantwortungsstandards",[466] der im UN-Kaufrecht wohl noch strenger ist als im internen deutschen Recht.[467] Im praktischen Ergebnis wiegt jedoch auch dieser Unterschied gering,[468] da bereits der von deutschen Gerichten für das interne deutsche Recht aufgestellte Verantwortungsstandard sehr streng ist.

E. Sachliche Schranken der Käuferrechtsbehelfe

Sowohl im UN-Kaufrecht als auch im internen deutschen Kaufrecht sind die Käuferrechtsbehelfe Schranken in sachlicher und zeitlicher[469] Hinsicht unterworfen. Sachliche Haftungseinschränkungen folgen aus der Kenntnis von oder der Einwilligung des Käufers in einen Sach- oder Rechtsmangel, aus einem eigenen Verantwortungsbeitrag des Käufers zu einer verkäuferischen Vertrags- bzw. Pflichtverletzung sowie aus der Missachtung/Verletzung eigener Obliegenheiten durch den Käufer.

I. Einwilligung in und Kenntnis des Käufers von einem Mangel

1. Mangelkenntnis und -übernahme

Übernimmt der Käufer einen Sach- oder Rechtsmangel vertraglich, willigt er darin also ausdrücklich oder konkludent ein, so kann er unter beiden Rechtsregimes auf diesen Sach- und Rechtsmangel keine Rechtsbehelfe gegen den Verkäufer stützen. Dies ergibt sich ganz allgemein aus dem Grundsatz der Vertragsfreiheit und dem subjektiven Fehlerbegriff.[470] Für das UN-Kaufrecht ist dies in Art. 35 I und Art. 41 CISG, wonach die Ware den "vertraglichen Anforderungen" entsprechen bzw. frei von Ansprüchen sein muss, in die der Käufer nicht "eingewilligt" hat, festgeschrieben. Zudem stellen Art. 35 III und Art. 42 II a) CISG klar, dass der Verkäufer nicht für solcher Sach- bzw. Rechtsmängel einzustehen hat, die der Käufer bei Vertragsschluss "kannte".[471] Im internen deutschen Kaufrecht folgen entsprechende Einschränkungen aus § 434 und § 435 BGB, wonach die Ware die "vereinbarte

---

466 Vgl. Schlechtriem, ZEuP 1993, 217, 228. Hinzu kommt, dass im internen deutschen Recht grundsätzlich erforderlich ist, dass der Verkäufer subjektiv zurechnungsfähig ist, wobei aber der unzurechnungsfähige Kaufmann im grenzüberschreitenden Warenverkehr als eine zu vernachlässigende Größe anzusehen ist, vgl. Schlechtriem, a. a. O., S. 229.

467 Vgl. Schlechtriem, Int. UN-Kaufrecht, Rn. 288; ders., SchuldR AT, Rn. 348. Vgl. Huber, WM 2000, 2273, 2279 (deutsche Autoren legen Art. 79 CISG tendenziell extensiv aus).

468 Vgl. Schlechtriem, Int. UN-Kaufrecht, Rn. 288; Magnus, Pflichtverletzung (Schuldrechtsref. vor dem Hintergrund des Gemeinschaftsrechts), S. 74 f. (gradueller Unterschied); Piltz, IHR 2002, 2, 8; Rolland, Aufhebung (FS Schlechtriem), S. 635, Fn. 33; Schwenzer, Aufwendungsersatz (FS Schlechtriem), S. 660.

469 Dazu unten, Kapitel 3 – F.

470 Dazu oben, Kapitel 2 – C.I.1.

471 Vgl. Herber/Czerwenka, Int. Kaufrecht, Art. 42, Rn. 6; Schlechtriem, Int. UN-Kaufrecht, Rn. 134 f., Rn. 163, Rn. 173.

Beschaffenheit" haben muss und nur solche Rechte Dritter einen Rechtsmangel darstellen, die der Käufer nicht im Vertrag "übernommen" hat.[472]

2. Mangelunkenntnis bei Sachmängeln

Die Haftung des Verkäufers wegen eines Sachmangels scheidet zudem dann aus, wenn der Käufer über einen Mangel bei Vertragsschluss "nicht in Unkenntnis sein konnte", Art. 35 III CISG, bzw. ihn "grob fahrlässig" nicht kannte, § 442 I BGB. Nicht in Unkenntnis sein können und grob fahrlässige Unkenntnis markieren dabei denselben Standard[473] und übereinstimmend trägt der Verkäufer die Beweislast dafür, dass dem Käufer grobe Fahrlässigkeit vorzuwerfen ist.[474]

Im internen deutschen Kaufrecht gilt der Haftungsausschluss aufgrund grob fahrlässiger Unkenntnis jedoch ausdrücklich dann nicht, wenn der Verkäufer den davon betroffenen Mangel dem Käufer arglistig verschwiegen oder insoweit eine Garantie übernommen hat, § 442 I 2, 2. HS BGB.[475] Insoweit trifft den Käufer die Beweislast.[476] Ein vergleichbarer Arglist-Einwand findet sich im UN-Kaufrecht nicht ausdrücklich, wird ihm aber als allgemeines Prinzip aus Art. 40 und Art. 7 I CISG entnommen.[477]

3. Mangelunkenntnis bei Rechtsmängeln

Hinsichtlich Rechtsmängeln ist im UN-Kaufrecht zu differenzieren: beruhen diese auf gewerblichen oder geistigen Schutzrechten Dritter, so ist die Haftung des Verkäufers gem. Art. 42 II a) CISG ausgeschlossen, wenn der Käufer das Recht oder den Anspruch kannte oder "darüber nicht in Unkenntnis sein konnte", was der

---

472 Lorenz/Riehm, Neues SchuldR, Rn. 483, Rn. 569.

473 Troiano, Exclusion of Seller's Liability (Verona Conf. 2003), S. 155 f. Vgl. Lorenz/Riehm, Neues SchuldR, Rn. 561; Palandt (Putzo), BGB, 62. A., § 442, Rn. 1. Im Vgl. zu § 460 BGB a. F., der insoweit aber unverändert in § 442 BGB n. F. übernommen wurde, vgl. Staudinger (Magnus), Wiener UN-Kaufrecht, Art. 35, Rn. 47 f.; Herber/Czerwenka, Int. Kaufrecht, Art. 35, Rn. 10; Karollus, UN-Kaufrecht, S. 119; Honsell, SJZ 1992, 345, 352. Enger für das UN-Kaufrecht: Schlechtriem (Schwenzer), Einh. UN-Kaufrecht, Art. 35, Rn. 35 ("mehr als grobe Fahrlässigkeit"); Schillo, IHR 2003, 257, 263 (Mangel muss Käufer "ins Auge springen").

474 Staudinger (Magnus), Wiener UN-Kaufrecht, Art. 35, Rn. 55; Schlechtriem (Schwenzer), Einh. UN-Kaufrecht, Art. 35, Rn. 52 (für das UN-Kaufrecht) / Palandt (Putzo), BGB, 62. A., § 442, Rn. 6 (für das interne deutsche Recht).

475 Vgl. Begr. RegE, BT-Drucks. 14/6040, S. 236, linke Spalte, f.; Schlechtriem, SchuldR BT, Rn. 49.

476 Palandt (Putzo), BGB, 62. A., § 442, Rn. 6.

477 Staudinger (Magnus), Wiener UN-Kaufrecht, Art. 35, Rn. 52; Schlechtriem Schwenzer), Einh. UN-Kaufrecht, Art. 35, Rn. 37; Karollus, UN-Kaufrecht, S. 119; OLG Köln, U. v. 21.5.1996, www.unilex.info; Arbitration Institute of the Stockholm Chamber of Commerce, Schiedspruch v. 5.6.1998, www.unilex.info. Vgl. Ferrari/Flechtner/Brand (Flechtner), Draft UNCITRAL Digest, Art. 35, Anm. 13, Art. 40, Anm. 11; Magnus, RabelsZ 59 (1995), 469, 480 f.

grob fahrlässigen Unkenntnis bei einem Sachmangel entspricht.[478] Außerdem ist die Verkäuferhaftung gem. Art. 42 II b) CISG dann ausgeschlossen, wenn sich ein solches Recht oder ein solcher Anspruch aus Unterlagen (Entwürfen, technischen Zeichnungen und Angaben, Formeln etc.) ergibt, die der Käufer dem Verkäufer zur Herstellung oder Beschaffung der Ware zur Verfügung gestellt hat. Auf derartige Angaben darf sich der Verkäufer verlassen.[479] Hinsichtlich sonstiger Rechte und Ansprüche Dritter kommt es nur dann zum Haftungsausschluss, wenn der Käufer in diese bei Vertragsschluss ausdrücklich oder konkludent "eingewilligt", d. h. sich damit einverstanden erklärt hat,[480] Art. 41 CISG.

Demgegenüber ist im internen deutschen Kaufrecht die Verkäuferhaftung gem. § 442 BGB ohne Differenzierung dann ausgeschlossen, wenn der Käufer den Mangel bei Vertragsschluss kannte oder grob fahrlässig nicht kannte, § 442 I BGB.[481] Wiederum gilt dies dann nicht, wenn der Verkäufer den davon betroffenen Mangel dem Käufer arglistig verschwiegen oder insoweit eine Garantie übernommen hat.

4. Vergleich

Ob und unter welchen Voraussetzungen ganz allgemein die Haftung des Verkäufers trotz einer Vertrags-/Pflichtverletzung seinerseits ausgeschlossen ist, ist v. a. eine Frage des Haftungsrisikos.

Was Sachmängel betrifft, besteht zwischen UN-Kaufrecht und internem deutschen Kaufrecht insoweit weitgehend Übereinstimmung: gleichermaßen ist die Haftung des Verkäufer dann ausgeschlossen, wenn der Käufer vertraglich in den Sachmangel eingewilligt hat, diesen kannte oder grob fahrlässig nicht kannte. Auch dann, wenn der Verkäufer einen Sachmangel dem Käufer arglistig verschweigt, besteht nach überwiegender Ansicht kein Unterschied, da der Käufer den Verkäufer dann auch im UN-Kaufrecht trotz eigener grob fahrlässiger Mangelunkenntnis in Anspruch nehmen kann. Aber auch wenn man dem nicht folgt, ist der daraus resultierende Vorteil des UN-Kaufrechts von nur geringer praktischer Bedeutung, da für die Haftungsausnahme des § 442 I 2, 2. HS BGB Arglist auf Seiten des Verkäufers

---

478 Staudinger (Magnus), Wiener UN-Kaufrecht, Art. 42, Rn. 26; Schlechtriem (Schwenzer), Einh. UN-Kaufrecht, Art. 42, Rn. 17; Reinhart, UN-Kaufrecht, Art. 42, Rn. 5; Su, ZVglRWiss 102 (2003), 101, 104. Weiter: Herber/Czerwenka, Int. Kaufrecht, Art. 42, Rn. 6 (keine Nachforschungspflicht). Vgl. Cour de Cassation (Frankreich), U. v. 19.3.2002, www.unilex.info.

479 Schlechtriem (Schwenzer), Einh. UN-Kaufrecht, Art. 42, Rn. 16 ff.; Herber/Czerwenka, Int. Kaufrecht, Art. 42, Rn. 7; Reinhart, UN-Kaufrecht, Art. 42, Rn. 6; Karollus, UN-Kaufrecht, S. 123.

480 Schlechtriem, Int. UN-Kaufrecht, Rn. 163; Herber/Czerwenka, Int. Kaufrecht, Art. 41, Rn. 9; Reinhart, UN-Kaufrecht, Art. 41, Rn. 5 f.

481 Lorenz/Riehm, Neues SchuldR, Rn. 561, Rn. 570; Palandt (Putzo), BGB, Erg. 61. A., § 442, Rn. 11.

bei diesbezüglicher Beweislast des Käufers und grob fahrlässige Mangelunkenntnis auf Seiten des Käufers bei entsprechender Beweislast des Verkäufers zusammentreffen muss. Gleiches gilt grundsätzlich auch bei einer Garantieübernahme durch den Verkäufer, wobei hier jedoch hinzukommt, dass dann schon im Wege der Vertragsauslegung ein Haftungsausschluss zu verneinen ist.

Auch hinsichtlich des Haftungssausschlusses für 'einfache' Rechtsmängel bestehen nur geringfügige praktische Unterschiede. Zwar wird der Verkäufer im UN-Kaufrecht, anders als im internen deutschen Recht, deswegen nicht schon durch Kenntnis des Käufers frei, sondern nur dann, wenn der Käufer in den Rechtsmangel vertraglich eingewilligt hat, doch stellt die Kenntnis eines Mangels ohne Erklärung eines entsprechenden Vorbehalts regelmäßig ein stillschweigendes Einverständnis dar.[482]

Was Rechtsmängel betrifft, die auf gewerblichen oder geistigen Schutzrechten beruhen, ist die Verkäuferhaftung im UN-Kaufrecht auch dann ausgeschlossen, wenn sich diese Rechte aus vom Käufer zur Verfügung gestellten Unterlagen ergeben. Auch diese aus Verkäufersicht vorteilhafte Einschränkung der Rechtsmängelhaftung im UN-Kaufrecht dürfte deswegen kaum ins Gewicht fallen, weil ein Käufer, der derartige Unterlagen bereitstellt, in aller Regel auch die sich daraus ergebenden Schutzrechte Dritter kennt oder die Vertragsauslegung ergeben wird, dass in einem solchen Fall die konkludente Übernahme der Drittrechte durch den Käufer i. S. v. § 435 BGB gegeben ist.

II. Verantwortungsbeitrag des Käufers zu einer Vertrags-/Pflichtverletzung des Verkäufers

Sowohl das UN-Kaufrecht als auch das interne deutsche Recht setzen sich, wenngleich nicht erschöpfend bzw. nicht völlig eindeutig, mit der Frage auseinander, welche Auswirkungen ein Verantwortungsbeitragbeitrag des Käufers zu einer Vertrags- bzw. Pflichtverletzung des Verkäufers auf die dem Käufer zur Verfügung stehenden Rechtsbehelfe und den verkäuferischen Kaufpreisanspruch hat.

1. UN-Kaufrecht

a. Auswirkungen auf die Käuferrechtsbehelfe

Nach Art. 80 CISG wird der Verkäufer nur dann, wenn die Verletzung seiner Vertragspflichten allein auf einer Handlung oder einem pflichtwidrigen Unterlassen des Käufers beruht, von allen Ansprüchen des Käufers frei, unabhängig davon, ob das Verhalten des Käufers vertragswidrig oder schuldhaft war.[483] Insoweit muss sich der Käufer das Verhalten eigener Leute und Dritter, derer er sich zu Erfüllung

---

[482] Schlechtriem, Int. UN-Kaufrecht, Rn. 163.

[483] Staudinger (Magnus), Wiener UN-Kaufrecht, Art. 80, Rn. 8 ff., Rn. 12 f.; Schlechtriem (Huber), Einh. UN-Kaufrecht, Art. 45, Rn. 11; Karollus, UN-Kaufrecht, S. 94.

seiner (Mitwirkungs-) Pflichten bedient, nach Art. 79 I, II CISG zurechnen lassen.[484]

Der Fall, dass die Verletzung einer verkäuferischen Vertragspflicht sowohl auf einer Handlung des Verkäufers als auch auf einer Handlung des Käufers, jeweils unter Berücksichtigung des zuzurechnenden Verhaltens Dritter, beruht, ist von Art. 80 CISG nicht explizit erfasst.[485] Im Ergebnis übereinstimmend wird in diesen Fällen meist eine dem jeweiligen Verantwortungsbeitrag entsprechende Reduzierung der auf Geldausgleich gerichteten, teilbaren Rechtsbehelfe des Käufers (Schadensersatz, Kaufpreisminderung) befürwortet.[486] Dies wird teilweise mit einer entsprechenden Auslegung der "soweit"-Formulierung aus Art. 80 CISG selbst begründet,[487] teilweise wird dieser Fall aus dem Anwendungsbereich des Art. 80 CISG ausgeklammert und über die nach Art. 7 II CISG zu berücksichtigenden allgemeinen Grundsätze des UN-Kaufrechts, die sich insoweit insbesondere aus Art. 77 und 80 CISG ableiten lassen, gelöst.[488]

Hinsichtlich der ihrem Wesen nach unteilbaren bzw. nicht reduzierbaren Rechtsbehelfe des Käufers – insbesondere (Nach-) Erfüllung und Vertragsaufhebung – soll jede,[489] zumindest aber eine den Verantwortungsanteil des Verkäufers übersteigende[490] Mitverantwortung der Vertragsverletzung durch den Käufer einen Ausschluss bewirken. Dem Käufer bleibt in diesem Fall nur die Möglichkeit, Minderung und Schadensersatz nach den zuvor genannten Grundsätzen geltend zu machen.[491]

b. Auswirkungen auf die käuferischen Gegenleistungspflichten

Nicht explizit geregelt ist auch, ob der Verkäufer den Anspruch auf den Kaufpreis behält, wenn ihm aufgrund des von dem Käufer (mit-) verursachten Ereignisses die geschuldete Lieferung unmöglich wird. Da im UN-Kaufrecht die Art der Vertragsverletzung unerheblich ist, ist der Fall der Unmöglichkeit der Vertragserfüllung nach den allgemein für Vertragsverletzungen geltenden Regeln aufzulösen. Demnach gilt: grundsätzlich führt eine Vertragsverletzung im UN-Kaufrecht nicht zum Erlöschen der Vertragspflichten. Bei Unmöglichkeit der Lieferung durch den

---

484 Schlechtriem (Stoll), Einh. UN-Kaufrecht, Art. 80, Rn. 8; Karollus, UN-Kaufrecht, S. 94.

485 Staudinger (Magnus), Wiener UN-Kaufrecht, Art. 80, Rn. 13; Karollus, UN-Kaufrecht, S. 94.

486 Vgl. Staudinger (Magnus), Wiener UN-Kaufrecht, Art. 80, Rn. 13 ff.

487 So etwa Bianca/Bonell (Tallon), Int. Sales Law, Art. 80, Anm. 2.5; Herber/Czerwenka, Int. Kaufrecht, Art. 80, Rn. 8.

488 So Staudinger (Magnus), Wiener UN-Kaufrecht, Art. 80, Rn. 14; Schlechtriem (Stoll), Einh. UN-Kaufrecht, Art. 80, Rn. 5.

489 So Herber/Czerwenka, Int. Kaufrecht, Art. 80, Rn. 8.

490 So Staudinger (Magnus), Wiener UN-Kaufrecht, Art. 80, Rn. 14.

491 Staudinger (Magnus), Wiener UN-Kaufrecht, Art. 80, Rn. 14; Herber/Czerwenka, Int. Kaufrecht, Art. 80, Rn. 8. Wohl auch Schlechtriem (Stoll), Einh. UN-Kaufrecht, Art. 80, Rn. 5.

Verkäufer liegt aber eine wesentliche Vertragsverletzung vor,[492] die den Käufer zur sofortigen Vertragsaufhebung berechtigt. Dadurch wird er von seiner Zahlungspflicht frei.[493] In den Fällen, in denen die Vertragsverletzung aber auf einem zumindest nicht unerheblichen eigenen Verantwortungsbeitrag des Käufers beruht, ist dieser an der Ausübung der 'unteilbaren' Rechtsbehelfe gehindert und auf die auf Geldersatz gerichteten Rechtsbehelfe beschränkt (vgl. zuvor, Ziff. a.). Der Käufer kann den Vertrag dann also nicht aufheben und bleibt weiterhin zur Kaufpreiszahlung verpflichtet. Stellt der Verursachungsbeitrag des Käufers zudem eine Vertragsverletzung dar, so ist er dem Verkäufer nach Art. 61 I b), 77 CISG zum Schadensersatz verpflichtet.[494] Ggf. hat er im Gegenzug einen dem verkäuferischen Verantwortungsbeitrag entsprechenden Minderungs- bzw. Schadensersatzanspruch (vgl. zuvor), den er mit dem Kaufpreisanspruch aufrechnen kann.[495]

2. Internes deutsches Kaufrecht

a. Auswirkungen auf die Käuferrechtsbehelfe

Im internen deutschen Kaufrecht wird der käuferische Erfüllungs- bzw. Nacherfüllungsanspruch durch einen eigenen Verantwortungsbeitrag des Käufers grundsätzlich nicht berührt: auch trotz eines gravierenden käuferischen Verantwortungsbeitrags bleibt der Verkäufer zur (Nach-) Erfüllung grundsätzlich verpflichtet; frei wird er von seiner Pflicht zur Leistungserbringung nur dann, wenn diese unmöglich ist (§ 275 I BGB). Allerdings kann er die Leistung/Nacherfüllung unter den Voraussetzungen der §§ 275 II, 439 III BGB verweigern, wobei insb. § 275 II BGB auch auf die Berücksichtigung der "Gebote von Treu und Glauben" abstellt, was es ggf. ermöglicht, auch einen Verantwortungsbeitrag des Käufers zu berücksichtigen. Stellt der käuferische Verantwortungsbeitrag eine Pflichtverletzung seinerseits dar,[496] und kann der Käufer nicht darlegen, dass er diesen nicht zu vertreten hat, so hat der Verkäufer zudem einen Anspruch auf Schadensersatz nach §§ 280 ff. BGB hinsichtlich der auf dem käuferischen Verantwortungsbeitrag beruhenden Mehrkosten der Nacherfüllung.

Das dem 'Alles oder Nichts'-Prinzip unterliegende Rücktrittsrecht des Käufers ist gem. § 323 VI BGB ausgeschlossen, wenn die Verantwortung für die Verletzung der Verkäuferpflicht ganz oder "weit überwiegend" beim Käufer liegt oder wenn

---

[492] Vgl. oben, Kapitel 3 – B.I.3.

[493] Dazu unten, Kapitel 4 – B.I.5.

[494] Vgl. Staudinger (Magnus), Wiener UN-Kaufrecht, Art. 80, Rn. 14; Schlechtriem (Stoll), Einh. UN-Kaufrecht, Art. 80, Rn. 5.

[495] Nach verbreiteter Ansicht müssen für die Aufrechnung die tatbestandlichen Voraussetzungen der ergänzend heranzuziehenden Aufrechnungsregeln des internen nationalen Sachrechts erfüllt sein, vgl. Staudinger (Magnus), Wiener UN-Kaufrecht, Art. 4, Rn. 46 f.

[496] Zu denken ist insb. an eine Vertragspflicht des Käufers aus § 241 II BGB, die Leistungserbringung durch den Verkäufer nicht zu erschweren/gefährden.

die Pflichtverletzung eintritt, während sich dieser im Gläubigerverzug befindet.[497] Die Verantwortlichkeit des Käufers muss dazu so sehr überwiegen, dass ein Schadensersatzanspruch gem. § 254 BGB ausgeschlossen wäre, nicht ausreichend ist eine lediglich überwiegende Verantwortlichkeit des Käufers. Der Käufer bleibt also auch bei beiderseitiger Verantwortlichkeit grundsätzlich zum Rücktritt berechtigt. [498] Der Verkäufer hat aber gem. §§ 280 ff. BGB einen Schadensersatzanspruch für die ihm durch den Verantwortungsbeitrag des Käufers entstehenden Kosten, wenn dessen Verursachungsbeitrag eine Pflichtverletzung seinerseits darstellt, für die sich der Käufer nicht exkulpieren kann.[499]

Wegen der konstruktiven Ankopplung des Rechts zur Kaufpreisminderung an das Rücktrittsrecht[500] ist auch die Kaufpreisminderung nur dann ausgeschlossen, wenn der Mangel, auf den die Minderung gestützt wird, weit überwiegend auf einem Verantwortungsbeitrag des Käufers beruht.[501] Bei einem weniger gravierenden Verantwortungsbeitrag des Käufers ist der Minderungsbetrag jedoch nach dem allgemeinen Rechtsgedanken des § 254 BGB entsprechend herabzusetzen.[502]

Begehrt der Käufer Schadensersatz statt der Leistung (§§ 280 I, 281 I BGB bzw. § 311a II BGB), so muss er sich einen eigenen Verantwortungsbeitrag

---

497 Haas/Medicus/Rolland/Schäfer/Wendtland (Medicus), Neues SchuldR, Kap. 3, Rn. 108; Haas/Medicus/Rolland/Schäfer/Wendtland (Haas), Neues SchuldR, Kap. 5, Rn. 174; P. Huber/Faust (P. Huber), Schuldrechtsmod., Kap. 5, Rn. 34; Canaris, JZ 2001, 499, 511; Kindl, WM 2002, 1313, 1322; Lorenz, NJW 2002, 2497, 2499.

498 Begr. RegE (zu § 325 V RegE), S. 187 (Ausschluss des Rücktrittsrechts nur bei weit überwiegender Mitverantwortung des Gläubigers); Canaris, JZ 2001, 499, 511; Kindl, WM 2002, 1313, 1318 f.; P. Huber/Faust (P. Huber), Schuldrechtsmod., Kap. 5, Rn. 35; Gruber, JuS 2002, 1066, 1067 (90%), 1069 ff.; Palandt (Heinrichs), BGB, Erg. 61. A., § 323, Rn. 29 (min. 80%); Meier, JURA 2002, 118, 128 (90% käuferisches Verschulden nicht ausreichend).

499 Meier, JURA 2002, 118, 128; Gruber, JuS 2002, 1066, 1070 f. Als verletzte Vertragspflicht ist wiederum insb. an § 241 II BGB zu denken, vgl. zuvor, Fn. 496.

500 Das ergibt sich aus der "statt zurückzutreten"-Formulierung in § 441 BGB, vgl. Lorenz/Riehm, Neues SchuldR, Rn. 525; Dauner-Lieb/Heidel/Lepa/Ring (Büdenbender), Neues SchuldR, § 8, Rn. 52; Jansen, ZIP 2002, 877, 877; unten, Kapitel 4 – C.I.2.

501 Lorenz/Riehm, Neues SchuldR, Rn. 526; Lorenz, NJW 2002, 2497, 2499. Vgl. Begr. RegE, BT-Drucks. 14/6040, S. 235, linke Spalte (nur die Ausnahme nach § 441 I 2 BGB hins. § 323 V 2 BGB wird diskutiert). Vgl. aber Jansen, ZIP 2002, 877, 879 f. (Käufer behält Minderungsrecht im Fall des § 441 I , 323 V, 2. Alt. = Pflichtverletzung des Verkäufers während Annahmeverzug des Käufers).

502 Begr. RegE, BT-Drucks. 14/6040, S. 235, rechte Spalte; P. Huber/Faust (P. Huber), Schuldrechtsmod., Kap. 13, Rn. 93; Lorenz/Riehm, Neues SchuldR, Rn. 526; Palandt (Putzo), BGB, 62. A., § 441, Rn. 17, § 254, Rn. 6.

i. S. d. § 276 BGB ebenfalls gem. § 254 BGB anspruchsreduzierend anrechnen lassen.[503]

b. Auswirkungen auf die käuferischen Gegenleistungspflichten

Der Käufer wird von seiner Verpflichtung zur Kaufpreiszahlung frei, wenn dem Verkäufer die Lieferung gem. § 275 BGB unmöglich wird, § 326 I BGB. Bei einer am Gesetzeswortlaut orientierten Auslegung gilt dies auch dann, wenn den Käufer ein eigener, auch erheblicher Verantwortungsbeitrag trifft: der Verkäufer behält den vollen Kaufpreisanspruch nur dann, wenn der Käufer allein oder "weit überwiegend" für die Pflichtverletzung verantwortlich ist, § 326 II 1 BGB. Lediglich seine ersparten Aufwendungen muss er sich anrechnen lassen, § 326 II 2 BGB.[504] Nur wenn der käuferische Verursachungsbeitrag eine Pflichtverletzung seinerseits darstellt,[505] hat der Verkäufer darüber hinaus einen Anspruch auf Schadensersatz nach §§ 280 ff., § 254 BGB.[506]

In Fortführung der zum alten Schuldrecht entwickelten Ansätze wird von Teilen der Literatur im Bereich einer käuferischen Mitverantwortung unterhalb der "weit überwiegend"-Schwelle allerdings noch immer eine anteilige Berücksichtigung der jeweiligen Verursachungsbeiträge entspr. § 254 BGB bzw. ein gem. § 254 BGB zu reduzierender Schadensersatzanspruch des Käufers gegen den Verkäufer bei ungekürztem Kaufpreisanspruch des Verkäufers vertreten.[507] M. E. lassen sich sachgerechte Ergebnisse jedoch schon mit einer eng am Wortlaut orientierten Lösung erzielen, so dass ein Rückgriff auf die vorgenannten Ergänzungen, der zusätzliche Komplexität schafft, nicht notwendig ist. Welchen Weg die Rechtsprechung hier einschlagen wird, ist derzeit offen.

3. Vergleich

Die Frage, wie ein eigener Verantwortungsbeitrag des Käufers zu einer Vertrags-/Pflichtverletzung des Verkäufers berücksichtigt wird, betrifft v. a. die Kriterien

---

503 Vgl. Begr. RegE (zu § 325 V RegE), S. 187, rechte Spalte, oben; Gruber, JuS 2002, 1066, 1067; Rauscher, ZGS 2003, 333, 336; Palandt (Heinrichs), BGB, 62. A., § 323, Rn. 28.

504 Vgl. Begr. RegE, BT-Drucks. 14/6040, S. 187 (zu § 326 II 1 RegE); Gruber, JuS 2002, 1066, 1067; Kindl, WM 2002, 1313, 1318. Hinsichtlich der Frage, was unter einem "weit überwiegenden" Verursachungsbeitrag des Käufers zu verstehen ist, gilt das zuvor zu § 323 VI BGB gesagte, vgl. Kindl, WM 2002, 1313, 1318 f.

505 Vgl. zuvor, Fn. 496.

506 Vgl. Schulze/Ebers, JuS 2004, 366, 368.

507 Vgl. Canaris, JZ 2001, 499, 511 (unterhalb der Schwelle des "weit Überwiegens" Problematik des beidseitigen Vertretenmüssens der Pflichtverletzung vom RegE offen gelassen und nach dem Rechtsgedanken des § 254 BGB zu lösen); Lorenz/Riehm, Neues SchuldR, Rn. 350 f.; P. Huber/Faust (P. Huber), Schuldrechtsmod., Kap. 5, Rn. 7, Rn. 44; Faust, JuS 2001, 133, 140; Medicus, SchuldR I, Rn. 503g; Rauscher, ZGS 2002, 333, 335 f; Teichmann, BB 2001, 1485, 1488; Stoppel, JURA 2003, 224, 225. Wohl auch Meier, JURA 2002, 118, 128. Vgl. Anwaltkommentar (Dauner-Lieb), SchuldR, § 326, Rn. 10. Kritisch Gruber, JuS 2002, 1066, 1070, 1071; Schulze/Ebers, JuS 2004, 366, 368.

Planungssicherheit und Haftungsrisiko, wobei die strenge Sanktionierung eines eigenen Verantwortungsbeitrags (schon ein relativ geringfügiger Verantwortungsbeitrag führt zu Ausschluss oder Einschränkung der Käuferrechtsbehelfe) die Planungssicherheit des Verkäufers erhöht und sein Haftungsrisiko reduziert.

Insoweit besteht zwischen UN-Kaufrecht und internem deutschen Kaufrecht Übereinstimmung dahingehend, dass der Käufer mit der Geltendmachung seiner Rechtsbehelfe ausgeschlossen ist, wenn ausschließlich er allein die Vertrags- bzw. Pflichtverletzung zu verantworten hat, wobei gleichermaßen die Beiträge eigener Leute und Erfüllungsgehilfen zu berücksichtigen sind.

Übereinstimmung besteht auch hinsichtlich der (regelmäßig) auf Geldausgleich gerichteten, 'skalierbaren' Rechtsbehelfe Kaufpreisminderung und Schadensersatz: gleichermaßen ist eine dem jeweiligen Verantwortungsbeitrag entsprechende anteilige Reduzierung vorzunehmen. Dass im internen deutschen Kaufrecht die Kaufpreisminderung bei einem "weit überwiegenden" Verantwortungsbeitrag des Käufers ganz ausgeschlossen ist, entspricht dem, denn dieser Maßstab bedeutet nahezu eine Alleinverantwortlichkeit des Käufers. Der verbleibende, demgegenüber geringe Verantwortungsbeitrag des Verkäufers geht gewissermaßen im 'Rauschen', in der unvermeidbaren Ungenauigkeit der rechnerischen Abbildung des jeweiligen Verantwortungsbeitrags, unter.

Unterhalb dieser Alleinverantwortlichkeitsschwelle bestehen jedoch Unterschiede hinsichtlich der unteilbaren Rechtsbehelfe (Erfüllung bzw. Nacherfüllung, Vertragsaufhebung/Rücktritt vom Vertrag): im UN-Kaufrecht verliert der Käufer diese Rechtsbehelfe schon dann, wenn sein Verantwortungsbeitrag erheblich war, im internen deutschen Recht bedarf es dazu hingegen eines einer Alleinverursachung nahe kommenden Verantwortungsbeitrags des Käufers (Rücktrittsrecht) bzw. des Vorliegens der allgemeinen Voraussetzungen eines verkäuferischen Leistungsverweigerungsrechts, wenngleich unter Berücksichtigung des käuferischen Verantwortungsbeitrags (Nacherfüllungsanspruch). Beides stellt ersichtlich eine höhere Ausschlussschwelle als im UN-Kaufrecht dar.

Gleiches gilt hinsichtlich des verkäuferischen Anspruchs auf Kaufpreiszahlung bei Unmöglichkeit der Leistungserbringung: während der Käufer bei Geltung des internen deutschen Rechts bei einer verkäuferischen Pflichtverletzung von der Zahlungspflicht grundsätzlich frei wird, und nur bei einem "weit überwiegenden" eigenen Verantwortungsbeitrag weiterhin zur Kaufpreiszahlung verpflichtet bleibt, muss er im UN-Kaufrecht schon bei Vorliegen eines nicht lediglich unerheblichen eigenen Verantwortungsbeitrags weiterhin den Kaufpreis bezahlen.

Insgesamt stellt sich das UN-Kaufrecht für den Verkäufer daher als vorteilhaft dar, da der Käufer seinen Erfüllungsanspruch und sein Recht zur Vertragsaufhebung vergleichsweise leichter einbüßt als im internen deutschen Recht, der Verkäufer von diesen Haftungsrisiken also leichter frei wird, und der Käufer vergleichsweise stärker an den Vertrag gebunden ist. Zudem ist der verkäuferische Kaufpreisanspruch im UN-Kaufrecht stärker abgesichert.

III. Untersuchungs- und Rügeobliegenheit des Käufers

1. UN-Kaufrecht

Im UN-Kaufrecht trifft den Käufer die Obliegenheit,[508] die Kaufware bei deren Erhalt auf Sachmängel i. S. d. Art. 35 I CISG, also auf Art-, Qualitäts-, Mengen- sowie Verpackungs- und Behältnismängel, zu untersuchen, Art. 38 CISG, und diese ggf. innerhalb angemessener Frist und hinreichend spezifiziert dem Verkäufer anzuzeigen, Art. 39 CISG. Dieser Untersuchungs- und Rügeobliegenheit unterfallen auch Zuviellieferungen, die im UN-Kaufrecht als Mängel i. S. v. Art. 35 I CISG klassifiziert sind.[509] Hinsichtlich Rechtsmängel i. S. d. Art. 41, 42 CISG trifft den Käufer keine Untersuchungsobliegenheit, auch diese muss er aber dem Verkäufer anzeigen, Art. 43 I CISG. Versäumt der Käufer die rechtzeitige und ordnungsgemäße Mängelanzeige, so verliert er grundsätzlich seine Rechtsbehelfe gegen den Verkäufer wegen der betroffenen Mängel. Allerdings hat er die Möglichkeit, sich für das Rügeversäumnis "vernünftig zu entschuldigen" und sich so den Anspruch auf Minderung und einen gekürzten Schadensersatzanspruch zu erhalten, Art. 44 CISG.

a. Untersuchungsobliegenheit bei Sachmängeln

Der Käufer hat die Kaufware bei Erhalt zunächst zu untersuchen oder untersuchen zu lassen, und zwar innerhalb einer so kurzen Frist, "wie es die Umstände erlauben", Art. 38 I CISG.

Art und Weise der notwendigen Untersuchungshandlung, bspw. die Zahl der zu entnehmenden Stichproben[510] oder die Art der vorzunehmenden Analysen, sind im UN-Kaufrecht nicht explizit festgelegt. Allgemeingültige Maßstäbe lassen sich aufgrund der Vielfalt an Waren und Verwendungen kaum aufstellen. Maßgeblich sind zunächst etwaige Vereinbarungen und Gepflogenheiten zwischen den Ver-

---

[508] Trotz des nicht eindeutigen Wortlauts des UN-Kaufrechts handelt es sich nach ganz überwiegender Auffassung um Obliegenheiten des Käufers, nicht um Pflichten: der Käufer schneidet sich durch eine unzureichende Rüge lediglich eigene Rechte ab, begeht aber keine Vertragsverletzung, vgl. Staudinger (Magnus), Wiener UN-Kaufrecht, Art. 38, Rn. 12, Art. 43, Rn. 1; Schlechtriem (Huber), Einh. UN-Kaufrecht, Art. 38, Rn. 5, Art. 39, Rn. 3; Schlechtriem (Schwenzer), Einh. UN-Kaufrecht, Art. 42, Rn. 8; Herber/Czerwenka, Int. UN-Kaufrecht, Art. 38, Rn. 2, Art. 44, Rn. 4; Schlechtriem, Int. UN-Kaufrecht, Rn. 149; Escher, RIW 1999, 495, 498.

[509] Dazu oben, Kapitel 2 – C.I.1.

[510] Dass bei einer Vielzahl von Waren die Entnahme von Stichproben grundsätzlich ausreicht, ist allgemein anerkannt, vgl. Staudinger (Magnus), Wiener UN-Kaufrecht, Art. 38, Rn. 30; ders., ZEuP 1999, 642, 657; ders., IHR 1999, 29, 30; Schlechtriem (Schwenzer), Einh. UN-Kaufrecht, Art. 38, Rn. 14; Obergericht Luzern (Schweiz), U. v. 8.1.1997, www.unilex.info; Arrondissementsrechtbank Roermond (Niederlande), U. v. 19.12.1991, www.unilex.info.

tragsparteien sowie internationale Handelsbräuche, vgl. Art. 6, Art. 9 I, II CISG.[511] Ein Rückgriff auf die (nationalen) Regeln am Untersuchungsort kommt hingegen nicht in Betracht.[512]

Grundsätzlich muss die Untersuchung dazu geeignet sein, erkennbare Mängel mit zumutbarem Aufwand zu offenbaren. Erforderlich ist eine den Umständen und der Kaufware nach angemessene, handelsübliche und fachmännische Untersuchung,[513] ggf. sind entsprechende technische oder sachverständige Prüfverfahren einzusetzen.[514] Dabei ist ein objektiver Maßstab anzulegen, wobei subjektive Fähigkeiten des Käufers, die der Verkäufer kannte oder hätte kennen müssen, zu berücksichtigen sind. Höhere Anforderungen gelten dann, wenn der Käufer mit Mängeln rechnen musste, er oder die von ihm beauftragte Untersuchungsperson besondere Fachkenntnis hat, wenn ein drohender Folgeschaden besonders hoch ist, etc.[515] Auf Eigenschaften, mit denen der Käufer nicht zu rechnen braucht (bspw. verbotene Manipulationen an der Ware wie Wasserzusatz bei Wein), muss die Untersuchung aber nicht ausgerichtet sein.[516]

Im Regelfall wird der Käufer hier nicht auf Risiko spielen, da er, sollte sich seine Untersuchung als nicht ausreichend herausstellen, seine Rechtsbehelfe gegen den Verkäufer wegen eines nicht erkannten (und daher nicht gerügten), bei ordnungsgemäßer Untersuchung aber erkennbar gewesenen Mangels, verliert.[517] Streit über Art und Umfang der notwendigen Untersuchung wird nur dann entstehen, wenn der Käufer nach einiger Zeit einen Mangel mit der Behauptung geltend macht, er habe diesen trotz einer an sich ausreichenden (und rechtzeitigen) Untersuchung nicht feststellen können.[518] In diesen Fällen muss unter Zugrundelegung der vor-

---

[511] Staudinger (Magnus), Wiener UN-Kaufrecht, Art. 38, Rn. 28; ders., IHR 1999, 29, 30; Schlechtriem (Schwenzer), Einh. UN-Kaufrecht, Art. 38, Rn. 11; Herber/Czerwenka, UN-Kaufrecht, Art. 38, Rn. 4; Reinhart, UN-Kaufrecht, Art. 38, Rn. 2.

[512] Staudinger (Magnus), Wiener UN-Kaufrecht, Art. 38, Rn. 19; ders., IHR 1999, 29, 30; Schlechtriem (Schwenzer), Einh. UN-Kaufrecht, Art. 38, Rn. 12. A. A. Herber/Czerwenka, UN-Kaufrecht, Art. 38, Rn. 3 (Recht und Gebräuche am Untersuchungsort maßgebend).

[513] Staudinger (Magnus), Wiener UN-Kaufrecht, Art. 38, Rn. 28, Rn. 31; Schlechtriem (Schwenzer), Einh. UN-Kaufrecht, Art. 38, Rn. 13; Herber/Czerwenka, UN-Kaufrecht, Art. 38, Rn. 5. Vgl. OLG Oldenburg, U. v. 5.12.2000, www.unilex.info.

[514] Magnus, IHR 1999, 29, 30.

[515] Vgl. Staudinger (Magnus), Wiener UN-Kaufrecht, Art. 38, Rn. 33; Schlechtriem (Schwenzer), Einh. UN-Kaufrecht, Art. 38, Rn. 13; Herber/Czerwenka, UN-Kaufrecht, Art. 38, Rn. 5; Gillette/Walt, Sales Law, S. 211 f. *(objective test)*. Vgl. Walter, Revisiting the North-South Debate (Draft UNCITRAL Digest), S. 418 ff.

[516] Magnus, IHR 1999, 29, 30; LG Trier, U. v. 12.10.1995, www.unilex.info. Zum Ganzen Escher, RIW 1999, 495, 498.

[517] Staudinger (Magnus), Wiener UN-Kaufrecht, Art. 39, Rn. 29, Art. 38, Rn. 3; Schlechtriem (Schwenzer), Einh. UN-Kaufrecht, Art. 39, Rn. 19, Art. 38, Rn. 1.

[518] Vgl. Staudinger (Magnus), Wiener UN-Kaufrecht, Art. 38, Rn. 12.

genannten Kriterien festgestellt werden, ob der geltend gemachte Mangel so versteckt war, dass er durch eine tatsächlich ausreichende Untersuchung nicht zu entdecken war. Hingegen kann sich der Verkäufer auf eine unterbliebene Untersuchung nicht berufen, wenn der Käufer vorhandene (offensichtliche) Mängel auch ohne Untersuchung rechtzeitig gerügt hat.[519]

Die Untersuchungsfrist ist so kurz, "wie es die Umstände erlauben", Art. 38 I CISG. Sie beginnt grundsätzlich mit der Ablieferung der Ware am richtigen Lieferort.[520] Ggf. kann mit der Untersuchung gewartet werden, bis die Ware ihren Bestimmungsort erreicht hat, und zwar gem. Art. 38 II CISG zum einen dann, wenn die Beförderung der Ware vertraglich vorgesehen ist, sowie dann, wenn die Ware vom Käufer (bspw. aufgrund eines Weiterverkaufs) umgeleitet oder von ihm weiterversandt wurde, ohne dass er ausreichend Gelegenheit hatte, diese zu untersuchen, und der Verkäufer bei Vertragsabschluss die Möglichkeit einer solchen Umleitung oder Weiterversendung kannte oder kennen musste, Art. 38 III CISG.[521]

Eine generell gültige Fristdauer lässt sich nicht bestimmen.[522] Maßgeblich sind die Umstände des Einzelfalles, insbesondere die Art der Ware (Verderblichkeit, Saisonbezogenheit, Komplexität, Umfang der Lieferung etc.), die organisatorischen, personellen und sonstigen Gegebenheiten des Käufers[523] sowie wohl auch sein Verhalten im Rahmen des Vertragsschlusses. So soll eine Verkürzung der Untersuchungsfrist dann eintreten, wenn der Käufer durch ein dringliches Lieferverlangen "schnellstens nach Zusammenstellung der Ware" und "sofort" beim Verkäufer Vertrauen auf eine unmittelbare Untersuchung und Verarbeitung der Ware nach Lieferung erzeugt hat.[524] Vielfach wird als Faustregel eine Dauer von etwa

---

[519] Vgl. Staudinger (Magnus), Wiener UN-Kaufrecht, Art. 38, Rn. 13 f.; Schlechtriem (Schwenzer), Einh. UN-Kaufrecht, Art. 38, Rn. 5; Herber/Czerwenka, Int. Kaufrecht, Art. 38, Rn. 2.

[520] Staudinger (Magnus), Wiener UN-Kaufrecht, Art. 38, Rn. 36; Schlechtriem (Schwenzer), Einh. UN-Kaufrecht, Art. 38, Rn. 19; Escher, RIW 1999, 495, 498.

[521] Staudinger (Magnus), Wiener UN-Kaufrecht, Art. 38, Rn. 51, Rn. 56; ders., IHR 1999, 29, 31; Schlechtriem (Schwenzer), Einh. UN-Kaufrecht, Art. 38, Rn. 21, Rn. 23; Schlechtriem, Int. UN-Kaufrecht, Rn. 152.

[522] Staudinger (Magnus), Wiener UN-Kaufrecht, Art. 38, Rn. 40; Escher, RIW 1999, 495, 498 f. Vgl. Ferrari/Flechtner/Brand (Flechtner), Draft UNCITRAL Digest, Art. 38, Anm. 13, Anm. 15.

[523] Staudinger (Magnus), Wiener UN-Kaufrecht, Art. 38, Rn. 40 ff.; ders., IHR 1999, 29, 31; Schlechtriem (Schwenzer), Einh. UN-Kaufrecht, Art. 38, Rn. 15 ff.; Bianca/Bonell (Bianca), Int. Sales Law, Art. 38, Anm. 2.5. Vgl. Ferrari/Flechtner/Brand (Flechtner), Draft UNCITRAL Digest, Art. 38, Anm. 14; Stadie/Nietzer, MDR 2002, 428, 430; Del Duca/Del Duca, 29 Uniform Commercial Code Law Journal 1996, 99, 135 f.; District Court, North District, Illinois, E. D. (USA), U. v. 28.5.2003, www.unilex.info; Tribunale di Rimini (Italien), U. v. 26.11.2002, www.unilex.info.

[524] LG Berlin, U. v. 21.3.2003, www.unilex.info.

einer Woche genannt,[525] die aber nach den Umständen, bspw. bei Schnittblumen, auch nur Stunden betragen kann.[526]

Letztlich kommt der Untersuchungsfrist eigenständige Bedeutung nicht zu. Ihr Ablauf markiert lediglich den Beginn der Anzeigefrist[527] (dazu im Anschluss). Entsprechend wird in der (Rechtsprechungs-) Praxis über die Rügefrist überwiegend nur einheitlich mit der Anzeigefrist entschieden.[528]

Hinsichtlich Rechtsmängel i. S. d. Art. 41, 42 CISG bedarf es keiner Untersuchung. Hier beginnt die Anzeigefrist mit der (beliebigen) Kenntniserlangung des Käufers von den vertragswidrigen Rechten bzw. Ansprüchen, Art. 43 I CISG.

b. Rügeobliegenheit bei Sach- und Rechtsmängeln

Hat der Käufer die Ware untersucht und dabei einen Mangel i. S. v. Art. 35 I CISG entdeckt, so muss er diesen Mangel innerhalb "angemessener" Frist dem Verkäufer anzeigen. Andernfalls verliert er das Recht, sich auf diese Vertragswidrigkeit zu berufen, Art. 39 I CISG. Gleiches gilt nach Art. 43 I CISG, wenn der Käufer ihm bekannt gewordene, die Ware belastende Rechte oder Ansprüche Dritter nicht innerhalb einer angemessenen Frist ab Kenntniserlangung dem Verkäufer anzeigt.

Die Anzeige unterliegt keinem Formerfordernis.[529] Inhaltlich muss der Käufer "die Art der Vertragswidrigkeit genau bezeichnen", Art. 39 I CISG, bzw., im Falle eines Rechtsmangels, "genau bezeichnen, welcher Art das Recht oder der Anspruch des Dritten ist", Art. 43 I CISG. Der Verkäufer muss durch die Rügeanzeige in die Lage versetzt werden, sich ein Bild über die Vertragswidrigkeit machen und dadurch entscheiden zu können, welche weiteren Schritte er unternehmen will.[530] Zudem muss jeder Mangel, aus dem der Käufer ein Recht herleiten will, für sich deutlich und rechtzeitig gerügt werden, damit der Käufer später ent-

---

525 Staudinger (Magnus), Wiener UN-Kaufrecht, Art. 38, Rn. 50; ders., IHR 1999, 29, 31; Herber/Czerwenka, Int. Kaufrecht, Art. 38, Rn. 7. Vgl. Ferrari/Flechtner/Brand (Flechtner), Draft UNCITRAL Digest, Art. 38, Anm. 15. A. A. OLG Oldenburg, U. v. 5.12.2000, www.unilex.info (zwei Wochen).

526 Schlechtriem (Schwenzer), Einh. UN-Kaufrecht, Art. 38, Rn. 16; Magnus, IHR 1999, 29, 31.

527 Staudinger (Magnus), Wiener UN-Kaufrecht, Art. 38, Rn. 35; ders., IHR 1999, 29, 31 f. Vgl. Ferrari/Flechtner/Brand (Flechtner), Draft UNCITRAL Digest, Art. 38, Anm. 2, Art. 39, Anm. 16; LG Berlin, U. v. 21.3.2003, www.unilex.info.

528 Staudinger (Magnus), Wiener UN-Kaufrecht, Art. 38, Rn. 50.

529 Magnus, IHR 1999, 29, 31. Vgl. Ferrari, ULR 2001, 203, 212.

530 Vgl. Staudinger (Magnus), Wiener UN-Kaufrecht, Art. 39, Rn. 21.; ders., IHR 1999, 29, 31; Schlechtriem (Schwenzer), Einh. UN-Kaufrecht, Art. 39, Rn. 6; Schlechtriem, Int. UN-Kaufrecht, Rn. 155; Ferrari/Flechtner/Brand (Flechtner), Draft UNCITRAL Digest, Art. 39, Anm. 11 ff.; Ferrari, ULR 2001, 203, 212; P. Huber/Kröll, IPRax 2003, 309, 312.

deckte Mängel nicht nachschieben kann.[531] Pauschale Angabe reichen daher nicht aus.[532]

Mit Blick auf die Praxis in solchen Ländern, deren internem Kaufrecht eine Untersuchungs- und Rügeobliegenheit in der strengen Form des deutschen Rechtskreises (vgl. § 377 HGB, dazu nachfolgend) überwiegend fremd ist, dürfen die Anforderungen hier aber nicht überspannt werden.[533] In Ausnahmefällen, insbesondere bei einem international unerfahrenen Käufer, dessen eigenes intern-nationales Recht ein Rügeerfordernis nicht kennt, kann zudem eine Entschuldigung unter teilweisem Rechtsbehelfserhalt nach Art. 44 CISG in Betracht kommen[534] (dazu im Anschluss).

Eine isolierte Anzeigefrist ist ebenso wie eine isolierte Untersuchungsfrist kaum zu bestimmen, sie muss aber "angemessen", nicht notwendigerweise kurz sein.[535] Es ist einerseits dem kalkulatorischen Interesse des Verkäufers, nicht nach längerer Zeit noch mit Forderungen des Käufers überzogen zu werden, andererseits dem Interesse des Käufers am Mangelausgleich Rechnung zu tragen.[536] Sofern keine bestimmte Rügefrist vertraglich vereinbart wurde, sind auch hier die Umstände des Einzelfalles ausschlaggebend. Zu berücksichtigen sind insbesondere die Eigenarten der Ware (Verderblichkeit, Saisonbezogenheit etc.), die betrieblichen und persönlichen Umstände des Käufers (Großorganisation? Einzelkaufmann?) und die Rechtsbehelfe, die der Käufer geltend machen will (längere Frist angemessen, wenn er die Ware behalten und lediglich Minderung oder Schadensersatz geltend machen will).[537] Fristbeginn ist bei Fehlern, die durch eine ordnungsge-

---

531 Staudinger (Magnus), Wiener UN-Kaufrecht, Art. 39, Rn. 21 ff.; ders., IHR 1999, 29, 31; Schlechtriem (Schwenzer), Einh. UN-Kaufrecht, Art. 39, Rn. 7, Rn. 10; Herber/Czerwenka, Int. Kaufrecht, Art. 39, Rn. 8.

532 Vgl. Magnus, IHR 1999, 29, 32.

533 Staudinger (Magnus), Wiener UN-Kaufrecht, Art. 39, Rn. 24; ders., IHR 1999, 29, 31 f.; Schlechtriem (Schwenzer), Einh. UN-Kaufrecht, Art. 39, Rn. 6; P. Huber/Kröll, IPRax 2003, 309, 312. Vgl. Ferrari, ULR 2001, 203, 212; Flechtner, Buyer's Obligation (Draft UNCITRAL Digest), S. 378 ff.; Walter, Revisiting the North-South Debate (Draft UNCITRAL Digest), S. 421. Vgl. OGH (Österreich), U. v. 14.1.2002, www.unilex.info; BG (Schweiz), U. v. 28.5.2002, www.unilex.info. Strenger Herber/Czerwenka, Int. Kaufrecht, Art. 39, Rn. 7.

534 Staudinger (Magnus), Wiener UN-Kaufrecht, Art. 44, Rn. 14; ders., IHR 1999, 29, 32; Schlechtriem (Huber), Einh. UN-Kaufrecht, Art. 44, Rn. 9a.

535 Staudinger (Magnus), Wiener UN-Kaufrecht, Art. 39, Rn. 35; Schlechtriem (Schwenzer), Einh. UN-Kaufrecht, Art. 39, Rn. 16; Herber/Czerwenka, Int. Kaufrecht, Art. 39, Rn. 9. Anders noch das Haager Kaufrecht, dass in Art. 39 I eine "kurze Frist" vorgab. A. A. Reinhart, UN-Kaufrecht, Art. 39, Rn. 5.

536 Vgl. Staudinger (Magnus), Wiener UN-Kaufrecht, Art. 39, Rn. 3 f.; Honsell (Magnus), UN-Kaufrecht, Art. 38, Rn. 4 f., Art. 39, Rn. 1 f.

537 Vgl. Staudinger (Magnus), Wiener UN-Kaufrecht, Art. 39, Rn. 42 ff.; ders., IHR 1999, 29, 32; Schlechtriem (Schwenzer), Einh. UN-Kaufrecht, Art. 39, Rn. 16; Herber/Czerwenka, Int.

mäße Untersuchung hätten entdeckt werden können, das Ende der Untersuchungsfrist, gleichgültig, ob eine Untersuchung tatsächlich stattgefunden hat (s. zuvor, Ziff. a.).

In der Rechtsprechungspraxis, insbesondere der Gerichte der deutschsprachigen Länder, haben sich für Sachmängel Richtwerte für eine Gesamtrügefrist bestehend aus Untersuchungs- und Anzeigefrist herausgebildet, für deren Beginn die Ablieferung der Ware maßgeblich ist.[538] Diese Frist ist bei Ware mit begrenzter Werthaltigkeit und Verkaufszeit sehr kurz (Schnittblumen: ein Tag; Obst und Gemüse, Saisonware, Weihnachtsbäume: wenige Tage; ähnlich für Käse und lebendes Vieh).[539] Für haltbare, saisonunabhängige Ware wird überwiegend und vorbehaltlich etwaiger Besonderheiten im Einzelfall eine Gesamtrügefrist von höchstens einem Monat,[540] verschiedentlich von 14 Tagen,[541] als angemessen erachtet.

Nach Art. 27 CISG trägt dabei der Verkäufer als Empfänger der Rügeanzeige das Verzögerungs-, Verstümmelungs- und Verlustrisiko, wenn die Rüge mit nach den

---

Kaufrecht, Art. 39, Rn. 9; Schlechtriem, Int. UN-Kaufrecht, Rn. 154; Escher, RIW 1999, 495, 499. Vgl. Ferrari, ULR 2001, 203, 211; District Court, North District, Illinois, E. D. (USA), U. v. 28.5.2003, www.unilex.info; Tribunale di Rimini (Italien), U. v. 26.11.2002, www.unilex.info; Arrondissementsrechtbank Roermond (Niederlande), U. v. 19.12.1991, www.unilex.info.

538 Vgl. Staudinger (Magnus), Wiener UN-Kaufrecht, Art. 38, Rn. 50; ders., IHR 1999, 29, 32; ders., ZEuP 1999, 642, 657; Schlechtriem (Schwenzer), Einh. UN-Kaufrecht, Art. 39, Rn. 15; Ferrari/Flechtner/Brand (Flechtner), Draft UNCITRAL Digest, Art. 39, Anm. 20; Fogt, ZEuP 2002, 580, 590 f.; LG Berlin, U. v. 21.3.2003, www.unilex.info. Gegen die Bildung von Gesamtfristen Schlechtriem, Int. UN-Kaufrecht, Rn. 154.

539 Schlechtriem (Schwenzer), Einh. UN-Kaufrecht, Art. 39, Rn. 16; Magnus, IHR 1999, 29, 32; ders., ZEuP 2002, 521, 535; P. Huber/Kröll, IPRax 2003, 309, 313; Vestre Landsret (Dänemark), ZeuP 2002, 580, 582; Arrondissementsrechtbank Roermond (Niederlande), U. v. 19.12.1991, www.unilex.info. Vgl. Gillette/Walt, Sales Law, S. 211; Ferrari, ULR 2001, 203, 211.

540 OLG Stuttgart, RIW 1995, 943, 944; OLG Oldenburg, U. v. 5.12.2000, www.unilex.info; Obergericht Luzern (Schweiz), SJZ 1998, 515, 518. Wohl auch BGHZ 129, 75, 85 f. Vgl. LG München, U. v. 20.2.2002, www.unilex.info (Rüge nach mehreren Monaten jedenfalls verspätet). Vgl. Staudinger (Magnus), Wiener UN-Kaufrecht, Art. 39, Rn. 49; ders., IHR 1999, 29, 32; ders., ZEuP 1999, 642, 658; ders., ZEuP 2002, 521, 535; P. Huber/Kröll, IPRax 2003, 309, 313.

541 OGH (Österreich), JBl 1999, 318, 320; OLG Karlsruhe, U. v. 25.6.1997, www.unilex.info; Thüring. OLG, U. v. 26.5.1998, www.unilex.info; Handelsgericht Zürich (Schweiz), SZIER 1999, 185, 186. Vgl. Staudinger (Magnus), Wiener UN-Kaufrecht, Art. 39, Rn. 49; Honsell (Magnus), UN-Kaufrecht, Art. 39, Rn. 22; ders., IHR 1999, 29, 32 f.; ders., ZEuP 1999, 642, 658; ders., ZEuP 2002, 521, 535; Escher, RIW 1999, 495, 499. Zum Ganzen Piltz, NJW 2000, 553, 558; ders. NJW 2003, 2056, 2062; Ferrari/Flechtner/Brand (Flechtner), Draft UNCITRAL Digest, Art. 39, Anm. 20.

Umständen geeigneten Mitteln erteilt wurde. Zur Wahrung der Käuferrechte genügt also grundsätzlich die rechtzeitige Absendung der Anzeige.[542]

Neben der Rügefrist hat der Käufer im UN-Kaufrecht auch die zweijährige Ausschlussfrist des Art. 39 II CISG, die mit der tatsächlichen Übergabe der Ware beginnt, zu beachten. Spätestens mit deren Ablauf kann der Käufer, vorbehaltlich einer vertraglich vereinbarten längeren Garantiezeit, keinerlei Sachmängel i. S. v. Art. 35 I CISG mehr geltend machen.[543] Neben den Verjährungsvorschriften des internen deutschen Rechts, wonach Verjährung regelmäßig bereits zwei Jahre nach Ablieferung (bei einem Versendungskauf also bereits mit der Übergabe an die erste Transportperson) eintritt, hat diese Ausschlussfrist jedoch nur eingeschränkte praktische Bedeutung;[544] zudem erfasst sie Rechtsmängel nicht.[545]

c. Rechtsfolgen unzureichender Rüge

Versäumt es der Käufer, einen Sach- oder Rechtsmangel rechtzeitig oder ausreichend zu rügen, so verliert er das Recht, sich darauf zu berufen, Art. 39 I, 43 I CISG: wegen der davon betroffenen Mängel kann er grundsätzlich keine Rechtsbehelfe mehr geltend machen, bei einer Zuviellieferung gilt die Mehrmenge als akzeptiert und der Kaufpreis erhöht sich gemäß Art. 52 II CISG proportional.[546]

Von diesem Grundsatz gibt es allerdings Ausnahmen: so kann sich der Verkäufer auf ein Rügeversäumnis seitens des Käufer nicht berufen, wenn er sich auf eine verspätete oder inhaltlich nicht ausreichende Mängelanzeige eingelassen hat, bspw. wenn die Parteien über einen längeren Zeitraum über die Mangelbehebung verhandelt haben, ohne dass der Verkäufer sich den Verspätungseinwand vorbehalten hat, oder wenn er mangelhafte Ware vorbehaltlos zurücknimmt. Darin kann ein stillschweigender Verzicht auf den Verspätungseinwand liegen.[547] Die bloße

---

542 Vgl. oben, Fn. 346; Schlechtriem, Int. UN-Kaufrecht, Rn. 109 f., Rn. 153; P. Huber/Kröll, IPRax 2003, 309, 313; Piltz, NJW 2003, 2056, 2062.

543 Staudinger (Magnus), Wiener UN-Kaufrecht, Art. 39, Rn. 63 f.; ders., IHR 1999, 29, 32.

544 Vgl. unten, Kapitel 3 – F.III.

545 Schlechtriem, Int. UN-Kaufrecht, Rn. 168.

546 Sekretariatskommentar, Art. 48, Anm. 8, letzter Satz; Staudinger (Magnus), Wiener UN-Kaufrecht, Art. 39, Rn. 10, Art. 52, Rn. 25; Schlechtriem (Huber), Einh. UN-Kaufrecht, Art. 52, Rn. 10; Schlechtriem (Schwenzer), Einh. UN-Kaufrecht, Art. 35, Rn. 8, Art. 39, Rn. 30; Herber/Czerwenka, Int. Kaufrecht, Art. 52, Rn. 5; Enderlein/Maskow/Strohbach (Enderlein), Int. Kaufrecht, Art. 53, Anm. 4; OLG Rostock, U. v. 25.9.2002, www.unilex.info.

547 Staudinger (Magnus), Wiener UN-Kaufrecht, Art. 39, Rn. 18; ders., ZEuP 1999, 643, 658; ders., RabelsZ 59 (1995), 469, 481; Schlechtriem (Schwenzer), Einh. UN-Kaufrecht, Art. 39, Rn. 33; Piltz, NJW 2000, 553, 559; BGH, NJW 1999, 1259, 1260 f.; BGH, NJW 1997, 3311, 3312; OGH (Österreich), U. v. 5.7.2001, www.unilex.info; Court of Appeal of Turku (Finnland), U. v. 12.4.2002, www.unilex.info. Vgl. Ferrari/Flechtner/Brand (Flechtner), Draft UNCITRAL Digest, Art. 38, Anm. 7, Art. 39, Anm. 8; Escher, RIW 495, 500 f. Ablehnend Schlechtriem, Int. UN-Kaufrecht, Rn. 47.

Aufnahme von Verhandlungen kann aber nicht ohne weiteres als entsprechender Verzicht gewertet werden.[548]

Der Verkäufer kann sich auch dann nicht auf Art. 38, 39 CISG berufen, wenn er die Tatsache, auf der die Vertragswidrigkeit beruht, kannte oder grob fahrlässig nicht kannte, ohne sie dem Käufer zu offenbaren, Art. 40 CISG.[549] Gleiches gilt bei Rechtsmängeln i. S. v. Art. 41, 42 CISG, wenn der Verkäufer diese kannte, Art. 43 II CISG.

Schließlich hat der Käufer, der eine fristgerechte und/oder inhaltlich ausreichende Rüge versäumt hat, die Möglichkeit, sich dafür zu exkulpieren und sich so einen Teil seiner Rechtsbehelfe gegen der Verkäufer wegen der betroffenen Mängel zu erhalten, Art. 44 CISG.[550] Notwendig ist dafür, dass der Käufer eine "vernünftige Entschuldigung" für das Unterlassen der erforderlichen Anzeige hat. Art. 44 CISG dient der Vermeidung unbilliger Härten in Ausnahmefällen:[551] entschuldigt ist ein Verhalten des Käufers dann, wenn es zwar an sich nicht vorschriftsmäßig ist, es den Umständen des Einzelfalles nach aber billigerweise ein gewisses Verständnis und Nachsicht verdient.[552] Maßgeblich ist das Gewicht des Pflichtverstoßes des Käufers, wobei von einem geringeren Gewicht bspw. dann auszugehen ist, wenn mit einem Mangel nicht gerechnet werden, bei nur geringer Fristüberschreitung

---

[548] OLG Oldenburg, U. v. 5.12.2000, www.unilex.info; Piltz, NJW 2003, 2056, 2062.

[549] Staudinger (Magnus), Wiener UN-Kaufrecht, Art. 40, Rn. 5; Honsell (Magnus), UN-Kaufrecht, Art. 39, Rn. 4; ders., IHR 1999, 29, 33; Herber/Czerwenka, Int. Kaufrecht, Art. 40, Rn. 2; Reinhart, UN-Kaufrecht, Art. 40, Rn. 1; Schlechtriem, Int. UN-Kaufrecht, Rn. 156; Piltz, IHR 2002, 2, 7; ICC Court of Arbitration, Arbitral Award Nr. 9474, Februar 1999, www.unilex.info; OLG München, U. v. 11.3.1998, www.unilex.info; LG Trier, U. v. 12.10.1995, www.unilex.info; OGH (Österreich), U. v. 27.2.2003, www.unilex.info; Arbitration Institute of the Stockholm Chamber of Commerce, Schiedspruch v. 5.6.1998, www.unilex.info. Enger Schlechtriem (Schwenzer), Einh. UN-Kaufrecht, Art. 40, Rn. 4 (bei "ins Auge springenden Vertragswidrigkeiten").

[550] Auch wenn das Rügeversäumnis darauf beruht, dass der Käufer die Ware nicht rechtzeitig oder hinreichend untersucht, vgl. Staudinger (Magnus), Wiener UN-Kaufrecht, Art. 44, Rn. 5; Schlechtriem (Huber), Einh. UN-Kaufrecht, Art. 44, Rn. 6 a. E. A. A. OLG Karlsruhe, BB 1998, 393, 393. Regelmäßig dürfte sich dieser Meinungsunterschied nicht auswirken, da die (deutsche) Rechtsprechung die Fristen nach Art. 38, 39 CISG gemeinsam betrachtet und darauf dann wohl Art. 44 CISG anwenden muss; hinsichtlich des notwendigen Inhalts einer Rügeanzeige gilt Art. 44 CISG unstreitig.

[551] Staudinger (Magnus), Wiener UN-Kaufrecht, Art. 44, Rn. 10; Schlechtriem (Huber), Einh. UN-Kaufrecht, Art. 44, Rn. 5; Bianca/Bonell (Sono), Int. Sales Law, Art. 44, Anm. 2.2. *("it may be to harsh to deprive this innocent party of all remedies"* und *"permitting the seller (...) to collect the full price of the goods may be unfair");* Reinhart, UN-Kaufrecht, Art. 44, Rn. 4. Teilweise andere a. A. Schlechtriem, Int. UN-Kaufrecht, Rn. 158 (keine reine Billigkeitserwägung, sondern auch im Sinne von Verschulden nach § 276 BGB zu begreifen); Escher, RIW 1999, 495, 499.

[552] Schlechtriem (Huber), Einh. UN-Kaufrecht, Art. 44, Rn. 5.

oder wenn die Rügeanzeige inhaltlich nur geringfügig zu unspezifiziert ist, sowie die persönlichen und organisatorischen Verhältnisses des Käufers wie bspw. die Art und Größe seine Unternehmens, seine Erfahrung im internationalen Geschäftsverkehr sowie seine Rechtskenntnis, ferner die Art der Ware und des Mangels.[553] Die in der Praxis sehr geringe Erfolgsquote lässt jedoch vermuten, dass die Gerichte bei der Beurteilung eines Entschuldigungsversuches strenge Maßstäbe anlegen.[554]

Ist das Rügeversäumnis entschuldigt, so behält der Käufer nach Art. 44 CISG das Recht, wegen eines Mangels, den er an sich nach Art. 39 oder Art. 43 CISG nicht mehr geltend machen kann, Minderung nach Art. 50 CISG und[555] Schadensersatz zu verlangen, wobei aber der Ersatz von entgangenem Gewinn ausgeschlossen ist. Darüber hinaus ist der Schadensersatzanspruch auch insoweit eingeschränkt, als derjenige Schaden, der gerade auf der Unzulänglichkeit der Rüge beruht, als Verletzung der Schadensminderungspflicht des Käufers nach Art. 77 CISG[556] diesem und nicht dem Verkäufer zuzurechnen ist.[557] Zu denken ist hier bspw. an einen geringeren Weiterverkaufserlös des Verkäufers aufgrund einer (entschuldigten) Verspätung der Rüge bei zwischenzeitlichem Verfall der Marktpreise oder an den Verlust von Regressansprüchen des Verkäufers gegen seinen Vorlieferanten aufgrund eines resultierenden Fristversäumnisses. Eine Verletzung der Schadensminderungspflicht kann aber nicht auf ein Verhalten des Käufers gestützt werden, das durch Art. 44 CISG gerade entschuldigt ist.[558] Die übrigen Rechtsbehelfe des Käufers, sein Anspruch auf Nacherfüllung und sein Recht zur Vertragsaufhebung, bleiben aufgrund der unzureichenden Rüge ausgeschlossen.

---

553 Vgl. Staudinger (Magnus), Wiener UN-Kaufrecht, Art. 44, Rn. 13, Rn. 14; ders., IHR 1999, 29, 33 f.; Schlechtriem (Huber), Einh. UN-Kaufrecht, Art. 44, Rn. 6 ff.; Gillette/Walt, Sales Law, S. 212.

554 Vgl. Magnus, ZEuP 99, 642, 660; ders., RIW 2002, 577, 578. Soweit ersichtlich war bisher – Stand 15.5.2004 – nur einmal ein käuferischer Versuch des Rechtsbehelfserhalts nach Art. 44 CISG erfolgreich: Int. Court of Arbitration of the Chamber of Commerce and Industry (Russland), Arbitration 054/1999, 24.1.2000, www.unilex.info; vgl. Ferrari/Flechtner/Brand (Flechtner), Draft UNCITRAL Digest, Art. 44, Anm. 6.

555 Der Wortlaut von Art. 44 CISG gewährt Minderung *oder* Schadensersatz. Das dem Käufer beides kumulativ möglich bleibt ergibt sich aus Art. 45 II CISG, vgl. Reinhart, UN-Kaufrecht, Art. 44, Rn. 3.

556 Dazu nachfolgend Kapitel 3 – E.IV.1.

557 Staudinger (Magnus), Wiener UN-Kaufrecht, Art. 44, Rn. 19; Schlechtriem (Huber), Einh. UN-Kaufrecht, Art. 44, Rn. 11; Bianca/Bonell (Sono), Int. Sales Law, Art. 44, Rn. 2.5; Herber/Czerwenka, UN-Kaufrecht, Art. 44, Rn. 4; enger Reinhart, UN-Kaufrecht, Art. 44, Rn. 5 ("nur in Ausnahmefällen").

558 Staudinger (Magnus), Wiener UN-Kaufrecht, Art. 44, Rn. 20; wohl auch Schlechtriem (Huber), Einh. UN-Kaufrecht, Art. 44, Rn. 13.

Auch das vorrangige *Recht des Verkäufers* zur Nacherfüllung (dazu unten) bleibt von Art. 44 CISG unberührt.[559] Ist der Verkäufer dazu aber nicht mehr im Stande, bspw. weil Ware der verkauften Art nicht mehr am Markt verfügbar ist, dann bleibt es dabei, dass der Käufer nach Art. 44 CISG Minderung und eingeschränkt Schadensersatz verlangen kann. Dem kann sich der Verkäufer dann nicht mit dem Hinweis entziehen, gerade aufgrund der verspäteten oder unzureichenden Rüge des Käufers sei ihm die Möglichkeit der Nacherfüllung genommen worden.[560]

2. Internes deutsches Handelskaufrecht

Auch im internen deutschen Handelskaufrecht trifft den Käufer die Obliegenheit,[561] die Ware bei ihrem Erhalt auf Sachmängel i. S. d. § 434 BGB (Qualitäts- und Artabweichungen sowie Mindermengen) zu untersuchen und diese dem Verkäufer "unverzüglich" anzuzeigen, § 377 I HGB.[562] Entsprechendes gilt, wenn sich ein Mangel später zeigt. Grundsätzlich verliert der Käufer seine Rechtsbehelfe gegen den Verkäufer vollständig, wenn er die rechtzeitige und ordnungsgemäße Mängelanzeige versäumt.

Anders als im UN-Kaufrecht stellt eine Zuviellieferung jedoch keinen Mangel dar: § 434 III BGB stellt (ausdrücklich) nur eine Minderlieferung dem Qualitätsmangel gleich.[563] Die §§ 437 BGB und insbesondere die Rügeobliegenheit nach § 377 HGB finden auf eine Zuviellieferung daher keine Anwendung; vielmehr kann der Verkäufer die das vertragliche Vereinbarte übersteigende Menge (das Zuviel) lediglich als rechtsgrundslose Leistung nach den §§ 812 ff. BGB kondizieren.[564] Der Käufer läuft daher nicht Gefahr, für das Zuviel bezahlen zu müssen, und zwar

---

559 Staudinger (Magnus), Wiener UN-Kaufrecht, Art. 44, Rn. 26; Schlechtriem (Huber), Einh. UN-Kaufrecht, Art. 44, Rn. 15.

560 Schlechtriem (Huber), Einh. UN-Kaufrecht, Art. 44, Rn. 15 (Art. 80 CISG passt als Anspruchsgrundlage nicht).

561 Staub (Brüggemann), HGB, § 377, Rn. 60 (Untersuchungs*recht* des Käufers insoweit, als er vor Untersuchung die Ware nicht an- und abnehmen muss und zudem schon vor Abnahme aufgrund § 377 HGB in Eigentumsrechte des Verkäufers untersuchungshalber eingreifen darf, vgl. Rn. 72); Schmidt, Handelsrecht, § 29 III 1. d); Marburger, JuS 1983, 1, 5 (auch Recht).

562 Zum Wegfall von § 378 HGB a. F. aufgrund der Neudefinition des kaufrechtlichen Fehlerbegriffs in § 434 BGB vgl. oben, Kapitel 2 – C.I; Müller, ZIP 2002, 1178, 1178. Vom Vorliegen der Anwendungsvoraussetzungen des § 377 HGB (beiderseitiger Handelskauf) wird vorliegend ausgegangen, vgl. oben, Kapitel 1 – B.II.2. Vgl. Schmidt, Handelsrecht, § 29 III 2.; Staub (Brüggemann), HGB, § 377, Rn. 9 ff.; Marburger, JuS 1983, 1, 1. Nach altem Recht bestand die Rügeobliegenheit nur bei Qualitätsabweichungen und, mit Einschränkungen, bei Artabweichungen (§ 378 HGB a. F.), vgl. Brüggemeier, WM 2002, 1376, 1378.

563 Vgl. oben, Kapitel 2 – C.I.1.

564 Hopt (Hopt), HGB, § 377, Rn. 13, Rn. 17 ff., Rn. 19; Koller/Roth/Morck (Roth), HGB 4. A, § 377, Rn. 5, Rn. 27b; Canaris, Handelsrecht, § 31, Rn. 44; Staub (Brüggemann), HGB, § 378, Rn. 26; Lettle, JuS 2002, 866, 870; Mailänder, ZHR 126 (1964), 89, 96 ff., 106 f.; Werner, BB 1984, 221, 221 f.

auch dann nicht, wenn er dieses behält, ohne den Verkäufer darauf aufmerksam zu machen.[565] Nur unter den Voraussetzungen einer (konkludenten) Vertragserweiterung, für die ein Behalten und Schweigen seitens des Käufers aber nicht ausreicht, oder unter den Voraussetzungen des § 818 II BGB kann der Käufer wegen der Mehrlieferung zu einer Zahlung über den vereinbarten Vertragspreis hinaus verpflichtet sein.[566]

Auch hinsichtlich Rechtsmängel trifft ihn weder eine Untersuchungsobliegenheit, noch – so die wohl noch immer h. M. – hat er diese dem Verkäufer anzuzeigen (dazu nachfolgend Ziff. c.).

a. Untersuchungsobliegenheit bei Sachmängeln

Die Untersuchung auf Sachmängel hat entsprechend einem "ordentlichen Geschäftsgang", d. h. sachgemäß und entsprechend der Handelssitte im Geschäftszweig des Käufers zu erfolgen.[567] Sie muss in solchem Umfang und in solcher Art vorgenommen werden, wie es erforderlich ist, um Mängel festzustellen.[568] Ggf. sind Stichproben zu nehmen oder die Ware ist teilweise zu verarbeiten bzw. zu gebrauchen (z. B. Wasch- und Kochtest bei gefärbten Stoffen).[569] U. U. ist ein Sachverständiger hinzuzuziehen.[570] Dabei ist der Käufer nach der Rechtsprechung des BGH auch im Rahmen langjähriger Geschäftsbeziehungen, bei denen er immer nur gute Erfahrungen mit den Waren des Verkäufers gemacht hat und selbst innerhalb eines Sukzessiv- oder Teillieferungsvertrages, nicht berechtigt, bei späteren Lieferungen weniger genaue Untersuchungen durchzuführen.[571]

Die Untersuchung muss gem. § 377 I HGB im Rahmen eines ordentlichen Geschäftsgangs "unverzüglich" nach Ablieferung der Ware stattfinden, d. h. ohne schuldhaftes Zögern unter Anlegung eines objektiven kaufmännischen Maßstabs. Zufällige persönliche Verhinderungen sind nicht zu berücksichtigen.[572] Auch hier sind ganz unterschiedliche Zeiträume anzusetzen;[573] Einfluss hat u. a. die Art der

---

565 Hopt (Hopt), HGB, § 377, Rn. 19; Werner, BB 1984, 221, 221 f.

566 Vgl. Hopt (Hopt), HGB, § 377, Rn. 19; Canaris, Handelsrecht, § 31, Rn. 44; Staub (Brüggemann), HGB, § 378, Rn. 28 f. (bei nur schwierig oder nicht ausscheidbarem Zuviel zu rügendes *aliud*); Lorenz/Riehm, Neues SchuldR, Rn. 496; Jauernig (Chr. Berger), BGB 2003, § 434, Rn. 24; Werner, BB 1984, 221, 222.

567 RG JW 1936, 805, 805; Staub (Brüggemann), HGB, § 377, Rn. 85; Hopt (Hopt), HGB, § 377, Rn. 24.

568 Staub (Brüggemann), HGB, § 377, Rn. 81.

569 Staub (Brüggemann), HGB, § 377, Rn. 81 und Rn. 90 ff.

570 Staub (Brüggemann), HGB, § 377, Rn. 87; Hopt (Hopt), HGB, § 377, Rn. 25; Zum Ganzen Marburger, JuS 1983, 1, 5 f.

571 BGHZ 101, 337, 339; Müller, ZIP 2002, 1178, 1183; Schubert, JR 1988, 411, 414; Paulusch, EWiR 1987, 1113, 1114.

572 Staub (Brüggemann), HGB, § 377, Rn. 77 f.; Hopt (Hopt), HGB, § 377, Rn. 23; Schmidt, Handelsrecht, § 29 III 3 a); Marburger, JuS 1983, 1, 6.

573 Vgl. Staub (Brüggemann), HGB, § 377, Rn. 79 f.

Ware, ob der Verdacht eines Mangels besteht, die fachlichen und technischen Möglichkeiten des Käufers etc.[574] Letztlich gilt aber hier ebenso wie im UN-Kaufrecht, dass dem Käufer eine möglichst umfassende Untersuchung anzuraten ist, da er es ist, der seine Rechtsbehelfe einbüßt, wenn er einen Mangel, den er durch ordnungsgemäße Untersuchung hätte entdecken können, (zunächst) nicht entdeckt und deswegen nicht (rechtzeitig) rügt. Auch im internen deutschen Recht hat aber die Untersuchung und die Einhaltung der Untersuchungsfrist keine eigenständige Bedeutung, denn maßgeblich für den Rechtsbehelfserhalt bzw. -verfall auf Seiten des Käufers ist lediglich, ob die rechtzeitige Mängelanzeige (dazu im Anschluss) versäumt wurde. Entsprechend wahrt auch eine Rüge 'aufs Geratewohl' die käuferischen Rechte.[575]

Hat der Verkäufer die Ware vereinbarungsgemäß unmittelbar an einen Abnehmer des Käufers (Zwischenhändler) gesandt (Streckengeschäft), so muss der Käufer dafür sorgen, dass sein Abnehmer die Ware unverzüglich untersucht und ihm das Untersuchungsergebnis unverzüglich mitteilt, damit er seinerseits unverzüglich dem Verkäufer gegenüber Rüge erheben kann. Eine eigene Untersuchung durch den Käufer/Zwischenhändler ist dann entbehrlich.[576]

b. Rügeobliegenheit bei Sachmängeln

Die Rügeanzeige gem. § 377 HGB ist ebenfalls formfrei.[577] Inhaltlich muss der Verkäufer der Anzeige Art und Umfang der Mängel entnehmen können,[578] der Käufer muss aber nicht eine in alle Einzelheiten gehende, genaue und fachlich richtig bezeichnete Rüge erheben.[579] Allgemeine Wendungen (Ware "taugt nicht", ist "nicht vertragsgemäß" oder "ist probewidrig") reichen auch hier nicht.[580]

Wenn Mängel bei einer ordnungsgemäßen Untersuchung erkannt werden oder erkennbar gewesen wären, so sind sie dem Verkäufer "unverzüglich", d. h. ohne schuldhaftes Zögern, nach Ablieferung, also der tatsächlichen Übergabe der Ware in die Verfügungsgewalt des Käufers, und Untersuchung der Ware anzuzeigen,

---

[574] Schmidt, Handelsrecht, § 29 III 3 a).

[575] BGH, LM § 377 HGB, Nr. 1; RGZ 99, 247, 249. Vgl. Staub (Brüggemann), HGB, § 377, Rn. 69 f.; Schmidt, Handelsrecht, § 29 III 3 a) ("Wer eingegangene Waren nicht untersucht, spielt mit dem Glück"); Hopt (Hopt), HGB, § 377, Rn. 19.

[576] RGZ 96, 13, 14 f.; BGH, NJW 1978, 2394, 2394; Hopt (Hopt), HGB, § 377, Rn. 26; Schmidt, Handelsrecht, § 29 III 4. b); v. Westphalen, DB 1999, 2553, 2553; Marburger, JuS 1983, 1, 7 f.

[577] Staub (Brüggemann), HGB, § 377, Rn. 139; Hopt (Hopt), HGB, § 377, Rn. 28; Schmidt, Handelsrecht, § 29 III 3. d).

[578] Staub (Brüggemann), HGB, § 377, Rn. 134; Hopt (Hopt), HGB, § 377, Rn. 30; Marburger, JuS 1983, 1, 6.

[579] BGH, NJW 1986, 3136, 3137.

[580] Zum Ganzen Hopt (Hopt), HGB, § 377, Rn. 30; Schmidt, Handelsrecht, § 29 III 3. d).

§ 377 I HGB.[581] Eine nachgeschobene Rüge ist unzulässig.[582] Offenkundige, ohne Untersuchung erkennbare, sowie bereits vorab bekannte Mängel sind daher unverzüglich nach Ablieferung zu rügen,[583] versteckte Mängel unverzüglich nachdem sich der Mangel gezeigt hat, § 377 III HGB.[584]

Bei der Bestimmung der Frist sind insbesondere das kalkulatorische Interesse des Verkäufers an einer schnellen Mangelabwicklung und das Allgemeininteresse an einer zügigen Abwicklung des Handelsverkehrs zu berücksichtigen ist.[585] Aufgrund der Vielgestaltigkeit der Konstellationen ist die abstrakte Bestimmung einer allgemeingültigen Frist kaum möglich, maßgeblich sind die Umstände des konkreten Einzelfalles,[586] Zu berücksichtigen sind die Dauer der notwendigen Untersuchung,[587] die Art der Ware,[588] Branchengepflogenheiten etc.[589] Die Rechtsprechung legt, orientiert am "unverzüglich"-Wortlaut des § 377 HGB, strenge Maßstäbe an, wobei grundsätzlich von einer einheitlichen Untersuchungs- und Anzeigefrist ausgegangen wird.[590] Schon geringe, bei ordnungsgemäßem Geschäftsgang vermeidbare Lässigkeit macht die Rüge verspätet.[591] In der Literatur wird gelegentlich ein Richtwert von einer Woche angegeben.[592] Eine erst nach sechs Wochen vorgenommene Rüge ist auch bei (haltbaren, komplexen) Industriewaren "ohne Zweifel" verspätet.[593] Ist die Ware verderblich, so verkürzt sich die Frist auf wenige Stunden.[594]

Bei einem Streckengeschäft muss der Käufer (Zwischenhändler) dafür sorgen, dass sein Abnehmer die Ware unverzüglich untersucht und ihm das Untersu-

---

581 Staub (Brüggemann), HGB, § 377, Rn. 24 ff., Rn. 69; Hopt (Hopt), HGB, § 377, Rn. 20, Rn. 26; Marburger, JuS 1983, 1, 7.

582 Vgl. Schmidt, Handelsrecht, § 29 III 3. b).

583 RGZ 73, 165, 168 f; Staub (Brüggemann), HGB, § 377, Rn. 67; Hopt (Hopt), HGB, § 377, Rn. 26.

584 RGZ 73, 165, 168 f; RGZ 99, 247, 249; Staub (Brüggemann), HGB, § 377, Rn. 66, Rn. 121; Schmidt, Handelsrecht, § 29 III 3. b).

585 Stellungnahme BR, BT-Drucks. 14/6857, S. 41, linke Spalte. Vgl. die Nachweise in Fn. 612.

586 Staub (Brüggemann), HGB, § 377, Rn. 106; Hopt (Hopt), HGB, § 377, Rn. 23.

587 BGH, LM § 377 HGB, Nr. 1; OLG München, NJW-RR 1999, 331, 331; Staub (Brüggemann), HGB, § 377, Rn. 63 ff, Rn. 73, Rn. 106; Schmidt, Handelsrecht, § 29 III 3. c).

588 BGHZ 132, 175, 179.

589 Vgl. zum Ganzen Hopt (Hopt), HGB, § 377, Rn. 23.

590 Vgl. Staub (Brüggemann), HGB, § 377, Rn. 107; Hopt (Hopt), HGB, § 377, Rn. 23; Brox, Handelsrecht, Rn. 393.

591 RGZ 106, 359, 360. Vgl. Hopt (Hopt), HGB, § 377, Rn. 23.

592 Koller/Roth/Morck (Roth), HGB, § 377, Rn. 17.

593 BGH, NJW 1986, 316, 317; vgl. Schmidt, Handelsrecht, § 29 III 3. c). Fünfwöchige und zweimonatige Rügefristen jedoch gebilligt von OLG München, NJW-RR 1999, 331, 331 und OLG Düsseldorf, NJW-RR 1999, 1714, 1714; vgl. Hopt (Hopt), HGB, § 377, Rn. 23.

594 OLG München, BB 1957, 663, 663; OLG München, BB 1955, 748; Schmidt, Handelsrecht, § 29 III 3. c). Vgl. Hopt (Hopt), HGB, § 377, Rn. 23.

chungsergebnis unverzüglich mitteilt, damit er seinerseits unverzüglich dem Verkäufer gegenüber Rüge erheben kann.[595] Die Rügepflicht des Käufers verlängert sich in diesem Fall um den Zeitraum, der für die Übermittlung der Mitteilung des Abnehmers an ihn erforderlich ist.[596]

Die rechtzeitige Absendung der Rügeanzeige in geschäftsüblicher Weise[597] wahrt die Rechte des Käufers, sofern die Rüge dem Verkäufer später zugeht, § 377 IV HGB i. V. m. § 130 I 1 BGB. Der Verkäufer trägt damit das Verzögerungs-, der Käufer hingegen das Verstümmelungs- und Verlustrisiko.[598]

Eine Art. 39 II CISG vergleichbare Ausschlussfrist besteht nicht.[599]

c. Rügeobliegenheit bei Rechtsmängeln?

Nach ganz herrschender Ansicht zur Rechtslage vor der Schuldrechtsreform traf den Käufer bei Rechtsmängeln i. S. v. § 435 BGB (n. F.) keine Rügepflicht.[600] Dies wird auch für das neue Recht vertreten.[601] Angesichts der intensiven Bestrebungen des Gesetzgebers, Rechtsmängel und Sachmängel in ihren Rechtsfolgen

---

595 RGZ 96, 13, 14 f.; Hopt (Hopt), HGB, § 377, Rn. 26; Schmidt, Handelsrecht, § 29 III 4. b).

596 BGHZ 110, 130, 138 f.; Hopt (Hopt), HGB, § 377, Rn. 26; Schmidt, Handelsrecht, § 29 III 3. c); v. Westphalen, DB 1999, 2553, 2553. Differenzierend Marburger, JuS 1983, 1, 8. Zur Rügelast des Zwischenhändlers bei Durchlieferungen ausf. Schmidt, Handelsrecht, § 29 III 4 b).

597 Vgl. Staub (Brüggemann), HGB, § 377, Rn. 143 (Käufer darf keinen "verzögerlichen Übermittlungsweg" wählen).

598 BGH, NJW 1987, 2235, 2236; Staub (Brüggemann), HGB, § 377, Rn. 142; Hopt (Hopt), HGB, § 377, Rn. 29; Schmidt, Handelsrecht, § 29 III 3. e); Schlechtriem, Int. UN-Kaufrecht, Rn. 153; vgl. Marburger, JuS 1983, 1, 6 f., 7. Zu § 130 I vgl. oben, Fn. 346.

599 Dazu unten, Kapitel 3 – F.

600 Staub (Brüggemann), HGB, § 377, Rn. 42; Hopt (Hopt), HGB, § 377, Rn. 2; Schmidt, Handelsrecht, § 29 III 2. d); Marburger, JuS 1983, 1, 2.

601 So Koller/Roth/Morck (Roth), HGB, § 377, Rn. 5; Brox, Handelsrecht, Rn. 348 ff.; Klunzinger, Handelsrecht, S. 251 f.; Jasmer/Ramm/Stöterau, Handels- und Gesellschaftsrecht, S. 68 (alle ohne Begründung). Mit Begründung Oetker, Handelsrecht, S. 209 (Gesetzgeber wollte keine Änderung der Rechtslage diesbezüglich). Wohl auch Boujong/Joost (G. Müller), HGB, Akt., § 377, Rn. 1; ders. ZIP 2002, 1178, 1178; Schlechtriem, SchuldR BT, Rn. 70 (Rügelast "wie nach Art. 38 CISG"), Rn. 181 (Parallele zu Art. 39 I CISG). Keine Behandlung der Frage bei: Haas/Medicus/Rolland/Schäfer/Wendtland (Haas), Neues SchuldR, Kap. 5, Rn. 564 ff.; Lorenz/Riehm, Neues SchuldR, Rn. 597; Dauner-Lieb/Heidel/Lepa/Ring, Neues SchuldR; Dauner-Lieb/Konzen/Schmidt, Neues SchuldR in der Praxis; Schlechtriem, Int. UN-Kaufrecht, insb. unter Rn. 153 und Rn. 168 ff.; P. Huber/Faust (Faust), Schuldrechtsmodernisierung; Begr. RegE, BT-Drucks. 14/6040 (insb. S. 211 ff., wo die Gleichstellung von Sachmangel i. e. S., *aliud* und Mindermengen diskutiert wird, was zur Streichung von § 378 HGB geführt hat); Stellungsnahme BR, BT-Drucks. 14/6857 (insb. S. 41 ff.), Beschlussempf. Rechtsausschuss, BT-Drucks. 14/7052 (insb. S. 199, wo § 377 HGB diskutiert wird). Vgl. auch Brüggemeier, WM 2002, 1376, 1378 (Ausweitung des Anwendungsbereichs des § 377 HGB durch Schuldrechtsreform, allerdings bezogen auf *aliud*- und Minderlieferung, sowie Nebenpflichtverletzungen).

weitgehend gleichzustellen,[602] erscheint diese Einschränkung jedoch nicht mehr gerechtfertigt:[603] zunächst streitet der (unveränderte) Wortlaut des § 377 HGB, der auf das Vorliegen eines "Mangels" abstellt, und der allgemeinen Sprachgebrauch, wonach sowohl ein "Sach-" als auch ein "Rechtsmangel" ein "Mangel" (Oberbegriff) ist,[604] für eine Rügeobliegenheit des Käufers auch bei Rechtsmängeln. Zudem: hätte der Gesetzgeber diese sprachliche Bezugnahme des § 377 HGB auch auf § 435 BGB n. F. nicht gewollt, so hätte er wohl im Rahmen der Neudefinition des "Sachmangel"-Begriffs unter Einbeziehung von *aliud*- und Minderlieferung (§ 434 BGB n. F.) und der damit verbundenen Änderungen im HGB, insbesondere der Streichung des § 378 HGB a. F., auch den Wortlaut des § 377 HGB dahingehend geändert, dass er dort den Begriff "Mangel" durch den in § 434 BGB n. F. umfassend legaldefinierten Begriff "Sachmangel" ersetzt hätte; dadurch wäre die alte Rechtslage aufrechterhalten worden.[605] Dass der Gesetzgeber übersehen haben soll, dass § 377 HGB künftig sprachlich auch auf § 435 BGB Bezug nimmt, erscheint unwahrscheinlich, da im Rahmen des Gesetzgebungsverfahrens gerade auch die Frage der Gleichstellung von Sach- und Rechtsmängeln ausführlich diskutiert wurde und mit der Streichung des § 378 HGB und der Anpassung des § 375 II HGB an das neu strukturierte System der §§ 280 ff. BGB entsprechende Änderungen im HGB vorgenommen wurden.[606] Zudem zeigt ein Blick auf § 442 BGB, dass die (bewusste) Verwendung des Begriffs "Mangel" gleichermaßen Sach- und Rechtsmängel bezeichnet;[607] es ist nicht ersichtlich, warum derselbe Begriff in § 377 HGB eine eingeschränktere Bedeutung haben sollte.

Die Begrenzung der Rügepflicht nur auf Sachmängel wurde (soweit ersichtlich bisher nur unter dem alten Recht) damit begründet, dass nur eine Sachmangel sich im Rahmen einer Untersuchung "zeigen" könne, wie dies § 377 I HGB als Vor-

---

[602] Vgl. § 433 I BGB; Begr. RegE, BT-Drucks. 14/6040, S. 84, linke Spalte unten (unterschiedl. Rechtsfolgen bei Sach- und Rechtsmängeln unter altem Recht "mögen nicht einleuchten"), S. 94 ("Unterschiede beseitigen oder beträchtlich verringern"), S. 202 (neues Mängelhaftungssystem behandelt Folgen von Sach- und Rechtsmängeln gleich), S. 203 (Gleichbehandlung hins. Beweislast), S. 209; Däubler-Gmelin, NJW 2001, 2281, 2285; Hopt (Hopt), HGB, § 377, Rn. 12; Zimmer/Eckhold, JURA 2002, 145, 146; oben, Kapitel 2 – C.II.2.

[603] I. E. Hopt (Hopt), HGB, § 377, Rn. 12; Röhricht/v. Westphalen (C. Wagner), HGB, Erg., § 377, Rn. N1 neu (zu Rn. 1), Rn. N 10 - 11/1 (zu Rn. 10, 11).

[604] Vgl. die amtlichen Überschriften der §§ 434, 435 ("Sachmangel", "Rechtsmangel"). Vgl. Röhricht/v. Westphalen (C. Wagner), HGB, Erg., § 377, Rn. N1 neu (zu Rn. 1), Rn. N 10 - 11/1 (zu Rn. 10, 11); Oetker, Handelsrecht, S. 209; Grigoleit/Herresthal, JZ 2003, 118, 118.

[605] Allerdings ist der Sachmangelbegriff des § 434 BGB n. F. ggü. dem der §§ 377, 378 HGB a. F. insofern (gewollt) weiter, als auch ein "nicht genehmigungsfähiges" *aliud* erfasst ist, vgl. Lorenz/Riehm, Neues SchuldR, Rn. 490, Rn. 597.

[606] Vgl. Haas/Medicus/Rolland/Schäfer/Wendtland (Haas), Neues SchuldR, Kap. 5,Rn. 564 f.

[607] Vgl. Begr. Begr. RegE, BT-Drucks. 14/6040, S. 236, linke Spalte (zu § 442 I 2); Palandt (Heinrichs), BGB, Erg. 61. A., § 442, Rn. 3.

aussetzung für die Rügeobliegenheit verlangt.[608] Dies ist nicht zwingend: vorstellbar sind bspw. Produktpirateriefälle, bei denen der (sachkundige) Käufer bei Untersuchung der zum Weiterverkauf bestimmten Ware (bspw. Armbanduhren) feststellt, dass diese Geschmacksmuster- oder Kennzeichenrechte eines dritten Markenherstellers verletzen (bspw. weil die Uhren ein imitiertes "Rolex"-Emblem tragen), und daher mit einer Beeinträchtigung seiner Weiterverkaufsmöglichkeiten rechnen muss.[609] Hier "zeigt" sich ein Rechtsmangel bei Untersuchung der Ware.[610]

Schließlich erscheint die Annahme einer Rügeobliegenheit bei Rechtsmängeln auch systematisch und sachlich richtig zu sein: in systematischer Hinsicht entspricht dies dem Streben des Gesetzgebers nach einer weitgehenden Gleichstellung von Sach- und Rechtsmängeln. Sachlich ist nichts ersichtlich, was zumindest hinsichtlich der Anzeigeobliegenheit eine unterschiedliche Behandlung von Sach- und Rechtsmängeln rechtfertigt. Zwar ist zuzugeben, dass Rechtsmängel oft nicht im Rahmen einer Untersuchung der Ware zu Tage treten, so dass eine Untersuchung regelmäßig kein Ergebnis brächte.[611] Erfährt aber der Käufer von Rechten Dritter an der Sache auf andere Weise, so ist es ihm ohne weiteres zuzumuten, dies dem Verkäufer zügig anzuzeigen. Dieser hat dadurch besser die Möglichkeit, die (vermeintlichen) Rechte zu prüfen und ggf. abzulösen, um so seiner kaufvertraglichen Verpflichtung zur Verschaffung von Eigentum an einer rechtsmangelfreien Sache nachzukommen. Die *ratio legis* des § 377 HGB – Schutz des Verkäufers vor Inanspruchnahme durch den Käufer, längere Zeit nachdem dieser von einem

---

608 Vgl. Staub (Brüggemann), HGB, § 377, Rn. 42.

609 Vgl. Staudinger (Köhler), BGB, § 434, Rn. 9; Röhricht/v. Westphalen (C. Wagner), HGB, Erg., § 377, Rn. N 10 - 11/2 (zu Rn. 10, 11); Haas/Medicus/Rolland/Schäfer/Wendtland (Haas), Neues SchuldR, Kap. 5, Rn. 135.

610 Keine tauglichen Gegenbeispiele sind hingegen die Fälle, bei denen die Untersuchung der Ware die fehlende Eigentümerstellung oder Verfügungsbefugnis des Verkäufers offenbart (bspw. Pfandsiegel an der Ware oder fehlende Voreintragung des Verkäufers als Halter im Kfz-Brief beim Autokauf), da dann die Fähigkeit des Verkäufers zur Verschaffung des Eigentums an sich, nicht seine Fähigkeit zur Verschaffung lastenfreien Eigentums, in Frage steht. Fehlendes Eigentum stellt nach allg. A. aber keinen Rechtsmangel dar, vgl. Staudinger (Köhler), BGB, § 434, Rn. 6; Palandt (Putzo), BGB, Erg. 61. A., § 435, Rn. 8. A. A. wohl Westermann, NJW 2002, 241, 246, der bei gestohlenen Sachen, bei denen der Eigentümer seine Genehmigung zur Eigentumsübertragung versagt, einen Rechtsmangel i. S. v. § 435 BGB n. F. annimmt.

611 Allerdings hat die Untersuchungsobliegenheit auch hinsichtlich Sachmängel lediglich Hilfsfunktion, vgl. zuvor. Vgl. auch die separate Regelung der Anzeigeobliegenheit in Art. 42 CISG für Rechtsmängel, die eine Untersuchung nicht erfordert.

Mangel der Ware Kenntnis erlangt hat[612] – greift auch hier. Offen ist derzeit freilich noch, welchen Weg die Rechtsprechung in dieser Frage einschlagen wird.

d. Rechtsfolgen unzureichender Rüge

Versäumt der Käufer die rechtzeitige Rüge oder ist seine Rügeanzeige nicht ordnungsgemäß, so "gilt die Ware als genehmigt" (§ 377 II, III HGB) und ist in Ansehung des nicht hinreichend reklamierten Sachmangels als vertragsgemäß anzusehen.[613] Der Käufer verliert in diesem Fall seine Ansprüche und Rechte wegen des Mangels und damit zusammenhängender Pflichtverletzungen vollständig.[614] Nicht erfasst sind nur Ansprüche wegen Nebenpflichtverletzungen i. S. v. § 241 II BGB.[615]

Ausnahmen hiervon sind nur der (stillschweigende) Verzicht des Verkäufers auf die Einhaltung der Rügeförmlichkeiten[616] und der Fall, dass der Verkäufer den Mangel arglistig verschwiegen hat (§ 377 V HGB).[617]

3. Vergleich

Wie alle Einschränkungen der verkäuferischen Haftung im Falle einer Vertrags-/Pflichtverletzung betrifft auch die Ausgestaltung der käuferischen Untersuchungs- und Rügeobliegenheit v. a. das Haftungsrisiko des Verkäufers: dieses sinkt mit deren zunehmender Strenge (kurze Fristen, strenge inhaltliche Anforderungen an Untersuchungs- und Rügeobliegenheit, keine Entschuldigungsmöglichkeit etc.). In besonderem Maße ist davon aber auch das Kriterium Planungssicherheit betroffen, da insbesondere durch die Aufstellung kurzer Rügefristen und kurzer absoluter Ausschlussfristen der Verkäufer schnell Klarheit über die weitere Vertragsdurchführung erlangt.

---

612 BGHZ 101, 49, 53; BGHZ 110, 130, 138. Vgl. Hopt (Hopt), HGB, § 377, Rn. 1; Röhricht/v. Westphalen (C. Wagner), HGB, Erg., § 377, Rn. N 10 - 11/1 (zu Rn. 10, 11); Schmidt, Handelsrecht, § 29 III 1. c); Marburger, JuS 1983, 1, 1; Schwark, JZ 1990, 374, 375.

613 BGHZ 101, 337, 347 ff.; Staub (Brüggemann), HGB, § 377, Rn. 161; Schmidt, Handelsrecht, § 29 III 5. a) (unwiderlegliche Vermutung); Müller, ZIP 2002, 1178, 1178; Paulusch, EWiR 1987, 1113, 1113; Hönn, BB 1978, 685, 685, 687 f.

614 Vgl. BGHZ 91, 293, 300; BGH, NJW 1992, 912, 914; Staub (Brüggemann), HGB, § 377, Rn. 166; Hopt (Hopt), HGB, § 377, Rn. 3; Schmidt, Handelsrecht, § 29 III 5. b); Müller, ZIP 2002, 1178, 1178 ff.; Marburger, JuS 1983, 1, 10.

615 Staub (Brüggemann), HGB, § 377, Rn. 173 ff.; Hopt (Hopt), HGB, § 377, Rn. 4; Schmidt, Handelsrecht, § 29 III 5. b); Müller, ZIP 2002, 1178, 1184 f. Vgl. BGHZ 101, 337, 347 ff.; Hönn, BB 1978, 685, 688.

616 BGH, NJW 1991, 2633, 2634; BGH, NJW 1997, 3311, 3312; Staub (Brüggemann), HGB, § 377, Rn. 172; Hopt (Hopt), HGB, § 377, Rn. 14.

617 BGH, NJW 1986, 316, 317; BGH, NJW-RR 1992, 1076, 1076; Staub (Brüggemann), HGB, § 377, Rn. 173, Rn. 206; Hopt (Hopt), HGB, § 377, Rn. 9 ff.; Schmidt, Handelsrecht, § 29 III 5. f).

Stellt man unter diesen Gesichtpunkten die Untersuchungs- und Rügeobliegenheit des UN-Kaufrechts und des internen deutschen Rechts einander gegenüber, so fallen zunächst die grundsätzlichen Übereinstimmungen ins Auge: unter beiden Regimes ist die gelieferte Ware auf Sachmängel (i. w. S.) zu untersuchen, und solche Mängel sind dem Verkäufer (formfrei) anzuzeigen, andernfalls droht der Verlust sämtlicher Rechtsbehelfe deswegen. Ebenfalls übereinstimmend besteht keine Untersuchungsobliegenheit für Rechtsmängel.

Ein Unterschied besteht darin, dass Käufer im UN-Kaufrecht, anders als im internen deutschen Recht, auch eine Zuviellieferung in der dargestellten Art und Weise (insbesondere rechtzeitig) rügen muss. Andernfalls kommt es faktisch zu einer Vertragserweiterung mit der Folge, dass der Käufer das Zuviel entsprechend dem Vertragspreis bezahlen muss. Im internen deutschen Kaufrecht kommt eine Vertragserweiterung hingegen jedenfalls nicht dadurch zustande, dass der Käufer das Zuviel behält und sich nicht dazu äußert. Zudem muss der Käufer im UN-Kaufrecht auch Rechtsmängel rügen, nach wohl h. M. trifft ihn insoweit im internen deutschen Recht jedoch keine Rügeobliegenheit. Aus Verkäufersicht ist das UN-Kaufrecht insoweit vorteilhaft.

Hinsichtlich des an eine ordnungsgemäße Untersuchung anzulegenden Standards entsprechen sich UN-Kaufrecht und internes deutsches Kaufrecht zwar weitgehend; im UN-Kaufrecht darf hier seitens des Käufers jedoch wohl etwas laxer verfahren werden, da für die anzustrebende einheitlich-autonome Auslegung des UN-Kaufrechts (vgl. Art. 7 I CISG) zu berücksichtigen ist, dass auch Käufer aus Ländern, die eine Rügeobliegenheit aus ihrem eigenen Recht und ihrer nationalen Praxis nicht kennen, damit konfrontiert werden.[618] Auch hinsichtlich der inhaltlichen Anforderungen an die Rügeanzeige bei Sachmängeln dürften bei Geltung des UN-Kaufrechts wohl weniger strenge Anforderungen gelten und Ähnliches gilt für die kombinierte Untersuchungs- und Rügefrist: während diese von der deutschen Rechtsprechung für das interne deutsche Recht streng beurteilt, d. h.: knapp bemessen wird,[619] wird hier bei Geltung des UN-Kaufrechts großzügiger verfahren.[620] Dies spiegelt den Wortlaut der jeweiligen Norm wieder: während nach § 377 HGB "unverzüglich" zu untersuchen und ebenso "unverzüglich" zu rügen ist, verlangen Art. 38, 39 CISG Untersuchung und Rüge nur innerhalb "angemessener Frist" unter Berücksichtigung der Umstände. Schließlich trägt im UN-Kaufrecht grundsätzlich der Verkäufer das gesamte Übermittlungsrisiko für die

---

618 Vgl. Magnus IHR 1999, 29, 30.

619 Vgl. Staub (Brüggemann), HGB, § 377, Rn. 107; Müller, ZIP 2002, 1178, 1183 ff. Weiter Hopt (Hopt), HGB, § 377, Rn. 23 (neuere Rechtsprechung großzügiger).

620 Vgl. Staudinger (Magnus), Wiener UN-Kaufrecht, Art. 39, Rn. 5, Rn. 35 f., Rn. 41; Schlechtriem (Schwenzer), Einh. UN-Kaufrecht, Art. 39, Rn. 17; Escher, RIW 1999, 495, 499; Stadie/ Nietzer, MDR 2002, 428, 432; Honsell, SJZ 1993, 345, 353; OGH (Österreich), U. v. 14.1.2002, www.unilex.info.

Rügeanzeige, während er im internen deutschen Recht nur das Verspätungsrisiko zu tragen hat. Insoweit stellt sich das UN-Kaufrecht aus Verkäufersicht als nachteilig dar.

Hinsichtlich der grundsätzlich wiederum übereinstimmenden Rechtsfolgen einer unzureichenden Rüge – Genehmigungswirkung mit Ausschluss der käuferischen Rechtsbehelfe wegen des in Frage stehenden Mangels – enthält das UN-Kaufrecht weitergehende Einschränkungen als das interne deutsche Recht. Zwar ist unter ähnlichen Voraussetzungen von einem stillschweigenden Verzicht des Verkäufers auf seine Rechte aus einer Verletzung der käuferischen Rügeobliegenheit auszugehen. Im UN-Kaufrecht ist dem Verkäufer die Berufung auf die Art. 38, 39 CISG aber schon dann verwehrt, wenn er den betreffenden Mangel aufgrund eigener grober Fahrlässigkeit nicht kannte, Art. 40 CISG, wohingegen er im internen deutschen Recht dafür, darüber hinausgehend, arglistig sein muss, § 377 V HGB.[621] Zudem hat der Käufer im UN-Kaufrecht zumindest theoretisch die Möglichkeit, eine unzureichende Rüge zu entschuldigen und sich so seine Rechtsbehelfe wegen des betroffenen Mangels zumindest teilweise zu erhalten. Auch insoweit ist das UN-Kaufrecht aus Verkäufersicht nachteilig.

Insgesamt stellt sich die Ausgestaltung der käuferischen Untersuchungs- und Rügeobliegenheit im UN-Kaufrecht aus Verkäufersicht demnach als überwiegend nachteilig dar: auf der einen Seite machen es die im UN-Kaufrecht insgesamt geringeren Anforderungen an die Art und Weise der Untersuchung und den Inhalt der Rügeanzeige, die tendenziell großzügigeren Fristen dafür sowie die Zuordnung des Übermittlungsrisikos betreffend die Rügeanzeige zum Verkäufer dem Käufer leichter, seiner Rügeobliegenheit nachzukommen und sich so seine Rechtsbehelfe wegen eines Mangels zu erhalten. Auf der anderen, der Rechtsfolgenseite, bietet das UN-Kaufrecht dem Käufer weitergehende Möglichkeiten, trotz unzureichender Rüge Rechtsbehelfe gegen den Verkäufer geltend zu machen. Lediglich die im internen deutschen Handelskaufrecht fehlende Obliegenheit zur Anzeige von Zuviellieferungen und, nach h. M., von Rechtsmängeln stellt aus Verkäufersicht eine Reduzierung des Haftungsrisikos bei Geltung des UN-Kaufrechts dar. Im Einzelfall, branchenabhängig, kann dies relevant sein.

IV. Weitere Obliegenheiten des Käufers

1. Schadensminderungsobliegenheit in UN-Kaufrecht und internem deutschen Kaufrecht

Sowohl im UN-Kaufrecht als auch im internen deutschen Kaufrecht trifft den Käufer die Obliegenheit, an der Eindämmung und Reduzierung eines Schadens, für

[621] Vgl. Piltz, IHR 2002, 2, 7; LG Trier, U. v. 12.10.1995, www.unilex.info; Arbitration Institute of the Stockholm Chamber of Commerce (Schweden), Schiedspruch v. 5.6.1998, www.unilex.info.

den er Schadensersatz begehrt, angemessen mitzuwirken.[622] Eine Verletzung dieser Obliegenheit führt zu einer seinem Verantwortungsbeitrag am Gesamtschaden entsprechenden anteiligen Reduzierung seines Schadensersatzanspruchs.[623] Praxisrelevante Unterschiede bestehen insoweit nicht.

Diese Obliegenheit folgt für das UN-Kaufrecht aus Art. 77 CISG. Demnach hat der Käufer alle im konkreten Fall nach Treu und Glauben angemessenen Maßnahmen zur Verringerung des Schadens zu treffen.[624] Dazu gehört die Eindämmung von Folgeschäden (bspw. durch rechtzeitige Tätigung eines Deckungsgeschäfts oder durch die Isolierung gefährlicher Ware) und die Vermeidung unnötiger Aufwendungen bei der Schadensbeseitigung.[625] Die Schadensminderungspflicht geht aber nicht soweit, dass der Käufer seinerseits seinen Vertragspartnern gegenüber vertragsbrüchig werden muss, nur weil etwaige Regressansprüche (bspw. pauschale Vertragsstrafen) in diesen Vertragsverhältnissen rein rechnerisch niedriger sind, als der sonst eintretende Schaden (bspw. die Kosten für einen Deckungskauf).[626]

Im internen deutschen Recht folgt eine vergleichbare Obliegenheit aus § 254 I, II BGB.[627] Auch hier ist maßgeblich, welche Maßnahmen der Schadenseindämmung und -verhinderung dem Käufer zumutbar sind.[628]

2. Erhaltungsobliegenheit bei Rückabwicklung im UN-Kaufrecht ("Aufhebungssperre")

Wie unten, Kapitel 3 – G.II, im einzelnen noch dargestellt wird, kann der Käufer im UN-Kaufrecht Vertragsaufhebung und Ersatzlieferung dann grundsätzlich nicht verlangen, wenn er zur Rückgabe dessen, was er im Rahmen der bisherigen Vertragsdurchführung von dem Verkäufer erlangt hat, nicht im wesentlichen in dem Zustand, in dem er es erhalten hat, an diesen zurückgeben kann, vgl. Art. 82 I CISG. Den Käufer, der sich die Möglichkeit der Vertragsaufhebung oder einen

---

622 Vgl. Staudinger (Magnus), Wiener UN-Kaufrecht, Art. 77, Rn. 19; Honsell (Magnus), UN-Kaufrecht, Art. 77, Rn. 3; Karollus, UN-Kaufrecht, S. 224 f.; Roßmeier, RIW 2000, 407, 411 f.; unten, Kapitel 4 – C.II.1.d (für das UN-Kaufrecht) / Schlechtriem, SchuldR AT, Rn. 244 (für das interne deutsche Kaufrecht).

623 Staudinger (Magnus), Wiener UN-Kaufrecht, Art. 77, Rn. 19; Honsell, SJZ 1993, 361, 363 (für das UN-Kaufrecht) / Schlechtriem, SchuldR AT, Rn. 244; Münchner Kommentar (Oetker), BGB, § 254, Rn. 105 (für das interne deutsche Kaufrecht).

624 Staudinger (Magnus), Wiener UN-Kaufrecht, Art. 77, Rn. 10, Rn. 11; Schlechtriem, Int. UN-Kaufrecht, Rn. 315 f.; Roßmeier, RIW 2000, 407, 411 f.; OGH (Österreich), U. v. 14.1.2002, www.unilex.info.

625 Vgl. Staudinger (Magnus), Wiener UN-Kaufrecht, Art. 77, Rn. 14, Rn. 16; Honsell (Magnus), UN-Kaufrecht, Art. 77, Rn. 6 ff.; Schlechtriem, Int. UN-Kaufrecht, Rn. 315; Roßmeier, RIW 2000, 407, 412; P. Huber/Kröll, IPRax 2003, 309, 316.

626 P. Huber/Kröll, IPRax 2003, 309, 316; LG Braunschweig, U. v. 30.7.2001, www.unilex.info.

627 Schlechtriem, SchuldR AT, Rn. 247; Palandt (Heinrichs) BGB, 62. A., § 254, Rn. 1, Rn. 3.

628 Schlechtriem, SchuldR AT, Rn. 248; vgl. Palandt (Heinrichs) BGB, 62. A., § 254, Rn. 32 ff.

Anspruch auf Ersatzlieferung erhalten will, trifft demnach grundsätzlich die Obliegenheit, die gelieferte Ware bestmöglich zu erhalten.

Eine vergleichbare Erhaltungsobliegenheit kennt das interne deutsche Kaufrecht nicht. Hier erfolgt die Rückabwicklung gescheiterter Verträge grundsätzlich nach einem Wertersatzmodell, so dass das Rücktrittsrecht des Käufers bzw. sein Anspruch auf Nachlieferung durch seine Unfähigkeit zu unversehrter Rückgabe nie ausgeschlossen ist.[629] Auf die hieraus resultierenden Vor- und Nachteile wird unten, Kapitel 3 – G.IV, eingegangen.

F. Zeitliche Schranken der Käuferrechtsbehelfe

I. Verjährung der Käuferansprüche nach den allgemeinen Regeln

Sowohl bei Geltung des UN-Kaufrechts als auch im internen deutschen Recht unterliegen die Rechtsbehelfe des Käufers wegen einer Vertrags- bzw. Pflichtverletzung des Verkäufers der Verjährung, d. h. dem Recht des Verkäufers, nach Ablauf der jeweils bestimmten Frist die Erfüllung der Ansprüche des Käufers dauerhaft zu verweigern, vgl. § 214 I BGB.[630] Im UN-Kaufrecht sind Fragen der Berechnung der Verjährung – Beginn, Dauer, Unterbrechung und Hemmung – allerdings bewusst nicht geregelt.[631] Insoweit bedarf es daher des ergänzenden Rückgriffs auf ein anderes Rechtsregime.

Für Vertragsparteien, die ihren maßgeblichen Niederlassungssitz in Staaten haben, die dem UN-Übereinkommen über die Verjährung im internationalen Warenkauf von 1974 (UN-Verjährungsübereinkommen)[632] beigetreten sind, gilt insoweit dieses.[633] Nach Art. 8 UN-Verjährungsübereinkommen verjähren sämtliche Ansprüche in vier Jahren, beginnend mit der tatsächlichen Übergabe der Kaufware an den Käufer (Art. 10 II UN-Verjährungsübereinkommen).[634]

Deutschland ist, ebenso wie die meisten europäischen Staaten, dem UN-Verjährungsübereinkommen bisher nicht beigetreten. Wenn eine der Vertragparteien ihren maßgeblichen Niederlassungssitz in Deutschland hat, richten sich Fragen der Verjährung daher meist nicht nach dem Übereinkommen, sondern nach den intern-

---

629 Dazu unten, Kapitel 3 – G.III.

630 Lorenz/Riehm, Neues SchuldR, Rn. 83; Haas/Medicus/Rolland/Schäfer/Wendtland (Wendtland), Neues SchuldR, Kap. 2, Rn. 2.

631 Schlechtriem, Int. UN-Kaufrecht, Rn. 347; Magnus, RIW 2002, 577, 577.

632 Maßgeblich ist die Fassung des Protokolls vom 11.4.1980.

633 Art. 3 I a) des Übereinkommens, vgl. Magnus, RIW 2002, 577, 578.

634 Diese Verjährungsfrist steht neben der Ausschlussfrist nach Art. 39 II CISG. D. h. dass der Käufer spätestens zwei Jahre nach tatsächlicher Empfangsnahme der Kaufware mit seinen Rechtsbehelfen wegen eines Sachmangels ausgeschlossen ist, wenn er einen Sachmangel nicht innerhalb dieser Zeit rügt. Rügt er hingegen rechtzeitig (Art. 39 I, II CISG und Art. 43 I CISG sind zu beachten), so läuft ab Ablieferung der Ware die vierjährige Verjährungsfrist nach dem UN-Verjährungsübereinkommen.

nationalen Verjährungsregeln, die über das IPR des Forums berufen werden.[635] Hat der Verkäufer seinen insoweit maßgeblichen Hauptverwaltungssitz in Deutschland, dann sind dies, vorbehaltlich einer anderweitigen vertraglichen Vereinbarung (vgl. Art. 27 EGBGB), regelmäßig die deutschen Verjährungsvorschriften (vgl. Art. 28 II, V, Art. 32 I Nr. 4 EGBGB).[636] Ergänzend ist Art. 3 des CISG-Vertragsgesetzes[637] heranzuziehen. Selbstverständlich richtet sich auch bei Geltung (nur) des internen deutschen Rechts die Verjährung nach den internen deutschen Verjährungsregeln, allerdings ohne die Modifikationen durch Art. 3 des CISG-Vertragsgesetzes. Insgesamt führt dies zu einem weitgehenden Gleichlauf der Verjährung, Unterschiede bestehen im Detail.

Die Verjährung aller Rechtsbehelfe wegen eines Sachmangels i. S. v. Art. 35 I CISG bzw. i. S. v. § 434 BGB (Nacherfüllung, Vertragsaufhebung bzw. Rücktritt, Schadensersatz und Kaufpreisminderung) richtet sich nach § 438 BGB.[638] Die käuferischen Ansprüche (Nacherfüllung, Schadensersatz) verjähren danach i. d. R. innerhalb von zwei Jahren ab Ablieferung der Sache,[639] unabhängig davon, ob der

---

635 Vgl. Magnus, RIW 2002, 577, 578; Schlechtriem, Int. UN-Kaufrecht, Rn. 347; Vahle, ZVglRWiss 98 (1999), 54, 61. § 438 I BGB gilt unmittelbar über die Regeln des IPR, Art. 3 CISG-Vertragsgesetz ist keine einseitige Kollisionsnorm, vgl. (zur alten Fassung) Herber/Czerwenka, Int. Kaufrecht, Art. 3 VertragsG, Rn. 4; Beschlussempf. Rechtsausschuss, BT-Drucks. 14/7052, S. 212, rechte Spalte, zu Absatz 30. Über die Regeln des IPR des Forums kann auch das UN-Verjährungsübereinkommen anzuwenden sein, vgl. Art. 3 I b) Verjährungsübereinkommen; Magnus, a. a. O.

636 Vgl. Magnus, RIW 2002, 577, 578; Schack, Int. Zivilverfahrensrecht, Rn. 260 ff., Rn. 269. Durch Rechtswahl kann freilich eine andere intern-nationale Rechtsordnung als Ergänzung zum UN-Kaufrecht gewählt werden, was mit Blick auf § 479 BGB angezeigt sein mag, hier jedoch keine weitere Berücksichtigung findet.

637 Gesetz zu dem Übereinkommen der Vereinten Nationen vom 11. April 1980 über Verträge über den internationalen Warenkauf sowie zur Änderung des Gesetzes zu dem Übereinkommen vom 19. Mai 1965 über den Beförderungsvertrag im internationalen Straßengüterverkehr (CMR) vom 5. Juli 1989, BGBl. II 1989, S. 586, in der Fassung des Schuldrechtsmodernisierungsgesetzes, BGBl. I 2001, S. 3137 ff.

638 Vgl. Begr. RegE, BT-Drucks. 14/6040, S. 229, linke Spalte, S. 284, linke Spalte; Lorenz/Riehm, Neues SchuldR, Rn. 550, Rn. 42; Haas/Medicus/Rolland/Schäfer/Wendtland (Wendtland), Neues SchuldR, Kap. 2, Rn. 57; Magnus, RIW 2002, 577, 580.

639 Lorenz/Riehm, Neues SchuldR, Rn. 552; Lorenz, JuS 2003, 36, 38; Haas/Medicus/Rolland/Schäfer/Wendtland (Haas), Neues SchuldR, Kap. 5, Rn. 331; Magnus, RIW 2002, 577, 579 ff.; Westermann, NJW 2002, 241, 250. Die vor der Schuldrechtsreform für Rechtsbehelfe des UN-Kaufrechts geltende Verschiebung des Verjährungsbeginns von der Ablieferung der Sache (vgl. § 477 BGB a. F.) auf den Zeitpunkt der Rügeanzeige des Käufers nach Art. 39 I CISG (vgl. Art. 3 Satz 1 Vertragsgesetz a. F.) ist mit der Schuldrechtsreform entfallen, vgl. Begr. RegE, BT-Drucks. 14/6040, S. 47; Beschlussempf. Rechtsausschuss, BT-Drucks. 14/7052, S. 212; Magnus, RIW 2002, 577, 579. Diese Verschiebung des Verjährungsbeginns war sinnvoll, solange über das IPR die im internationalen Vergleich sehr kurze sechsmonatige Verjährungsfrist des § 477 BGB a. F. berufen wurde (vgl. Schlechtriem (Schlechtriem),

Käufer von dem Mangel Kenntnis hatte oder nicht, § 438 I Nr. 3 BGB.[640] Wurde die Ware entsprechend ihrer üblichen Verwendungsweise für ein Bauwerk verwendet (Baumaterial) und hat dessen Mangelhaftigkeit verursacht, so beträgt die Verjährungsfrist fünf Jahre ab Ablieferung, § 438 I Nr. 2 b) BGB.[641] Ablieferung setzt bei einem Versendungskauf voraus, dass die Ware dem Käufer am vertraglichen Bestimmungsort zur Verfügung steht, i. Ü. (Hol- und Bringschuld) die Übergabe an den Käufer.[642]

Scheitert auch die Nacherfüllung, ist bspw. die als Ersatz nachgelieferte Ware wiederum mit einem Mangel behaftet oder schlägt eine Reparatur fehl, so beginnt die Verjährungsfrist gem. § 212 I Nr. 1 BGB regelmäßig erneut zu laufen, da zumindest dann, wenn der Verkäufer nicht lediglich aus Kulanz, sondern aus rechtlicher Verpflichtung nachliefert oder nachbessert, darin immer auch ein (schlüssiges) Anerkenntnis i. S. d. Vorschrift liegt.[643] Nur dann, wenn im Ausnahmefall ein Anerkenntnis seitens des Verkäufers nicht festzustellen ist, wird man lediglich von einer Hemmung der Verjährung i. S. v. § 203 BGB für die Dauer der Nacherfüllung auszugehen haben.[644]

Die käuferischen Gestaltungsrechte (Vertragsaufhebung, Art. 49 CISG, bzw. Rücktritt, §§ 437 Nr. 2, 440, 323, 326 V BGB, und Kaufpreisminderung, Art. 50 CISG bzw. § 437 Nr. 2, 441 BGB), die als solche nicht der Verjährung unterliegen (vgl. § 194 I BGB), können nach Ablauf dieser Fristen nicht mehr wirksam ausgeübt werden, § 438 IV, V i. V. m. § 218 BGB.[645] Maßgeblich ist, dass das jeweilige

---

Einh. UN-Kaufrecht, Art. 3 VertragsG, Rn. 6; Magnus, RIW 2002, 577, 580, 581), führte aber auch dazu, dass eine Verjährungsspannbreite von sechs Monaten bis zweieinhalb Jahren entstand, vgl. Schlechtriem, Int. UN-Kaufrecht (1. Auflage 1996), Rn. 162.

640 BGH, NJW 1995, 3381, 3382 f.; Lorenz/Riehm, Neues SchuldR, Rn. 554; Brüggemeier, WM 2002, 1376, 1380; wohl auch Lorenz, JuS 2003, 36, 38 (grundsätzlich tatsächliche Übergabe an Käufer notwendig).

641 Vgl. Lorenz/Riehm, Neues SchuldR, Rn. 551; Haas/Medicus/Rolland/Schäfer/Wendtland (Haas), Neues SchuldR, Kap. 5, Rn. 322 ff.

642 BGHZ 93, 338, 345 ff.; BGH, NJW 1995, 3381, 3382 f.; Lorenz/Riehm, Neues SchuldR, Rn. 553; Magnus, RIW 2002, 577, 581; Palandt, BGB, 62. A., § 438, Rn.15. Unklar Haas/Medicus/Rolland/Schäfer/Wendtland (Haas), Neues SchuldR, Kap. 5, Rn. 331.

643 Oetker/Maultzsch, Vertragl. Schuldverh., S. 107 f.; v. Westphalen, ZGS 2002, 19, 21 f. ("Kettengarantie"); Auktor, NJW 2003, 120, 121 f.; Bamberger/Roth (Faust), BGB, § 438, Rn. 59. Vgl. Reinking, ZGS 2004, 130, 130.

644 Auktor, NJW 2003, 120, 122.

645 Vgl. Lorenz/Riehm, Neues SchuldR, Rn. 86, Rn. 556; Dauner-Lieb/Heidel/Lepa/Ring (Büdenbender), Neues SchuldR, § 8, Rn. 74; Haas/Medicus/Rolland/Schäfer/Wendtland (Haas), Neues SchuldR, Kap. 5, Rn. 200, Rn. 334; Haas/Medicus/Rolland/Schäfer/Wendtland (Wendtland), Neues SchuldR, Kap. 2, Rn. 170 ff.; Magnus, RIW 2002, 577, 580; Brüggemeier, WM 2002, 1376, 1380; Westermann, NJW 2002, 241, 250. Entsprechend fingierte Art. 3 Satz 2 des CISG-Vertragsgesetzes a. F. noch, dass die Gestaltungsrechte des CISG für die Frage der Verjährung als Ansprüche galten und so verjährten. Im Ergebnis übereinstim-

Gestaltungsrecht rechtzeitig ausgeübt, d. h. erklärt wird.[646] Hinsichtlich der Vertragsaufhebung und der Kaufpreisminderung nach UN-Kaufrecht ist dabei gem. Art. 27 CISG auf die rechtzeitige Absendung der entsprechenden Erklärung abzustellen, während es bei Rücktritt und Minderung nach deutschem Recht gem. § 130 I BGB auf den rechtzeitigen Zugang beim Verkäufer als dem Erklärungsempfänger ankommt.[647]

Hat der Verkäufer den Mangel arglistig verschwiegen, so verjähren die Ansprüche des Käufers gem. §§ 438 III, 195 BGB frühestens drei Jahre, nachdem der Anspruch entstanden ist und der Käufer davon sowie von der Person des Verkäufers Kenntnis erlangt hat.[648] Nur für die käuferischen Ansprüche und Rechte nach dem UN-Kaufrecht ordnet Art. 3 CISG-Vertragsgesetz an, dass insoweit schon die Kenntnis oder grob fahrlässige Unkenntnis des Verkäufers ausreicht.[649]

Auch Ansprüche und Rechte wegen Rechtsmängeln (Art. 41, 42 CISG bzw. § 435 BGB) verjähren gem. § 438 Nr. 3 BGB grundsätzlich zwei Jahre nach Ablieferung der Sache beim Käufer bzw. können dann nicht mehr wirksam ausgeübt werden (§ 218 BGB).[650] Ansprüche wegen eines dinglichen Rechts, aufgrund dessen die

---

mend bestimmen jetzt die § 438 IV, V BGB i. V. m. § 218 BGB für die Gestaltungsrechte des BGB (Kaufpreisminderung und Vertragsrücktritt nach §§ 437 I Nr. 2 i. V. m. § 441 bzw. §§ 440, 323, 326 V BGB), dass diese "unwirksam" sind, wenn die entsprechenden Ansprüche des Käufers verjährt sind. §§ 438 IV und V BGB nehmen zwar ausdrücklich Bezug nur auf "das in § 437 BGB bezeichnet Rücktrittsrecht" bzw. "das in § 437 BGB bezeichnete Minderungsrecht", also die Gestaltungsrechte des BGB, und nicht auch auf die entsprechenden Gestaltungsrechte des UN-Kaufrechts. Auch fehlt jetzt eine dem Art. 3 Satz 2 Vertragsgesetz a. F. entsprechende Regelung. Demnach würden die Rechte zur Vertragsaufhebung und Kaufpreisminderung nie verjähren bzw. unwirksam werden. Dies war ersichtlich nicht die Intention des Gesetzgebers bei der Streichung des Art. 3 Satz 2 des CISG-Vertragsgesetzes, vgl. Beschlussempf. Rechtsausschuss, BT-Drucks. 14/7052, S. 212 und Begr. RegE, BT-Drucks. 14/6040, S. 47. § 438 IV, V i. V. m. § 218 BGB sind daher auf die Gestaltungsrechte des UN-Kaufrechts entsprechend anzuwenden.

646 Vgl. Haas/Medicus/Rolland/Schäfer/Wendtland (Haas), Neues SchuldR, Kap. 5, Rn. 343.

647 Vgl. Staudinger (Magnus), Wiener UN-Kaufrecht, Art. 49, Rn. 23 ff., Art. 50, Rn. 15 ff.; Schlechtriem (Huber), Einh. UN-Kaufrecht, Art. 49, Rn. 28 ff.; Herber/Czerwenka, Int. Kaufrecht, Art. 49, Rn. 11, Art. 50, Rn. 4; Schlechtriem, Int. UN-Kaufrecht, Rn. 109, Rn. 204 (für das UN-Kaufrecht) / Haas/Medicus/Rolland/Schäfer/Wendtland (Haas), Neues SchuldR, Kap. 5, Rn. 343 (für das interne deutsche Recht). Vgl. oben, Fn. 346.

648 Lorenz/Riehm, Neues SchuldR, Rn. 554; Haas/Medicus/Rolland/Schäfer/Wendtland (Haas), Neues SchuldR, Kap. 5, Rn. 344 ff., Rn. 354; Magnus, RIW 2002, 577, 580.

649 Vgl. Staudinger (Magnus), Wiener UN-Kaufrecht, Art. 40, Rn. 5; ders., RIW 2002, 577, 580; Schlechtriem, Int. UN-Kaufrecht, Rn. 156. Wiederum sind, entgegen dem zu engen Wortlaut des Art. 3 Vertragsgesetz, auch die käuferischen Gestaltungsrechte des UN-Kaufrechts erfasst.

650 Haas/Medicus/Rolland/Schäfer/Wendtland (Haas), Neues SchuldR, Kap. 5, Rn. 304; Lorenz/Riehm, Neues SchuldR, Rn. 571; Magnus, RIW 2002, 577, 582; Westermann, NJW 2002,

Herausgabe der Sache verlangt werden kann, verjähren hingegen gem. § 438 I Nr. 1 a) BGB in 30 Jahren. Dies betrifft insbesondere fremde Eigentumsrechte bspw. an gestohlener Ware (vgl. § 935 BGB).[651] Unter der vorrangigen Geltung des UN-Kaufrechts sind hiervon auch solche dinglichen Ansprüche auf Herausgabe erfasst, die nur behauptet werden, ohne mglw. tatsächlich zu bestehen, denn das Risiko für die Aufklärung der Rechtslage ist hier dem Verkäufer zugewiesen *(right to quiet possession).*[652] Allerdings soll bei Geltung des UN-Kaufrechts hinsichtlich eines solchen Anspruchs, wenn er sich aus ausländischem Recht ergibt und nach diesem in einer kürzeren Frist verjähren würde, diese kürzere Verjährungsfrist maßgeblich sein.[653]

Ist der Verkäufer hinsichtlich der Rechtsmängel arglistig, so verjähren die Käuferansprüche wiederum frühestens in drei Jahren nach Anspruchsentstehung und Käuferkenntnis, §§ 438 III, 195 BGB. Bei Geltung des UN-Kaufrechts soll insoweit die Kenntnis des Verkäufers vom Rechtsmangel (nicht aber grob fahrlässige Unkenntnis) ausreichen.[654] Dies erscheint deshalb zweifelhaft, weil Art. 3 des CISG-Vertragsgesetzes ausdrücklich auf "Vertragswidrigkeiten", also auf die Diktion des Art. 35 I CISG, die ausschließlich Sachmängel (i. w. S.) umschreibt, Bezug nimmt. I. E. ist dem jedoch zuzustimmen, da das UN-Kaufrecht den Begriff "Arglist" nicht verwendet und also andernfalls eine neue Begriffskategorie in das UN-Kaufrecht eingeführt würde. Es sollte daher der im UN-Kaufrecht dem Arglist-Tatbestand entsprechende Tatbestand der Mangelkenntnis verwendet werden.[655]

Der Erfüllungsanspruch des Käufers verjährt in beiden Regimes innerhalb von drei Jahren ab Ende des Jahres, in dem der Anspruch entstanden ist und der Käufer davon (sowie von der Person des Verkäufers) Kenntnis erlangt hat, §§ 195, 199 I BGB.[656] Kenntnis der anspruchsbegründenden Tatsachen hat der Käufer regelmäßig mit Abschluss des die Lieferpflicht begründenden Kaufvertrages.[657] "Ent-

---

241, 250. Vgl. Begr. RegE, BT-Drucks. 14/6040, S. 226 ff. (Gleichbehandlung von Sach- und Rechtsmängeln auch hins. der Verjährung).

651 Vgl. Lorenz/Riehm, Neues SchuldR, Rn. 571; Haas/Medicus/Rolland/Schäfer/Wendtland (Haas), Neues SchuldR, Kap. 5, Rn. 312.

652 Magnus, RIW 2002, 577, 582; vgl. oben, Kapitel 2 – C.II.1.

653 So Magnus, RIW 2002, 577, 582 (teleologische Reduktion des § 438 Nr. 1 a) BGB, der nach der gesetzgeberischen Intention nur den Gleichlauf der Verjährung bei Rechtsmängeln mit der allgemeinen Verjährung für dingliche Herausgabeansprüche von nach deutschem Recht 30 Jahren [vgl. § 197 I Nr. 1 BGB] sicherstellen will). Vgl. Begr. RegE, BT-Drucks. 14/6040, S. 227, linke Spalte; P. Huber/Faust (P. Huber), Schuldrechtsmod., Kap. 13, Rn. 177; Lorenz/ Riehm, Neues SchuldR, Rn. 571.

654 Magnus, RIW 2002, 577, 582.

655 So Magnus, RIW 2002, 577, 580 f.

656 Lorenz/Riehm, Neues SchuldR, Rn. 48 f.; Magnus, RIW 2002, 577, 582.

657 Vgl. Lorenz/Riehm, Neues SchuldR, Rn. 50 ff.

standen" ist der Lieferanspruch/Nacherfüllungsanspruch, wenn er fällig ist.[658] D. h. dass regelmäßig mit Ende des Jahres, in dem der Lieferanspruch fällig wird, die dreijährige Verjährungsfrist zu laufen beginnt. Die unterschiedliche Verjährung von Erfüllungsanspruch und Nacherfüllungsanspruch führt dazu, dass das Recht des Käufers, Ware, die der Verkäufer ihm andient, zurückzuweisen und sich so seinen nicht modifizierten Erfüllungsanspruch zu erhalten, eine gewisse Bedeutung erlangt bzw. behält.[659]

Schadensersatzansprüche, die auf anderen Vertrags- bzw. Pflichtverletzungen als der Lieferung mangelbehafteter Ware beruhen (nicht mangelbezogene Pflichtverletzungen), und sonstige Ansprüche verjähren ebenfalls nach §§ 195, 199 I BGB.[660] Ob die Rechtsprechung aufgrund der nach wie vor unterschiedlichen Verjährungsfristen für Mangelschäden (nach § 438 BGB) und sonstige Schäden (nach §§ 195, 199 I BGB) ihre bisherigen "Ausweichstrategien"[661] (Stichwort: "Weiterfresserschäden") aufgeben wird, ist derzeit nicht abzusehen.[662]

II. Verjährungsmodifikationen bei Letztverkauf an Verbraucher

Mit § 479 BGB enthält das interne deutsche Recht jetzt eine Sonderregel für die Verjährung der Käuferrechtsbehelfe, die wegen eines Sachmangels innerhalb einer Lieferkette, an deren Ende ein Verbraucher steht, geltend gemacht werden: gem. § 479 II, III BGB verjähren die Ansprüche eines Zwischenhändlers gegen seinen Vorlieferanten (bis hin zum Hersteller der Ware) jeweils *frühestens* zwei Monate, nachdem der letzte Händler die Gewährleistungsansprüche des Verbrauchers erfüllt hat bzw. nachdem der jeweilige Zwischenhändler von seinem Abnehmer in Anspruch genommen wurde.[663] D. h. dass der Zwischenhändler, der von seinem

---

658 Vgl. Lorenz/Riehm, Neues SchuldR, Rn. 49; Palandt, BGB, Erg. 61. A., § 199, Rn. 3.

659 Vgl. Haas/Medicus/Rolland/Schäfer/Wendtland (Haas), Neues SchuldR, Kap. 5, Rn. 347 (dort bezogen auf Arglistfälle); Brüggemeier, WM 2002, 1376, 1377. Vgl. oben, Kapitel 2 – B und noch unten, Kapitel 4 – D.I (zum Zurückweisungsrecht).

660 Magnus, RIW 2002, 577, 582.

661 Lorenz/Riehm, Neues SchuldR, Rn. 555; Heinemann/Ramsauer, JURA 2004, 198, 198.

662 Vgl. Begr. RegE, BT-Drucks. 14/6040, S. 229, linke Spalte; Westermann, NJW 2002, 241, 250; Foerste, ZRP 2001, 342, 342. Dafür: Dauner-Lieb/Heidel/Lepa/Ring (Mansel), Neues SchuldR, § 1, Rn. 153; Dauner-Lieb/Heidel/Lepa/Ring (Büdenbender), Neues SchuldR, § 8, Rn. 72; Griegoleit, ZGS 2002, 78, 79 f.; Lorenz/Riehm, Neues SchuldR, Rn. 555, Rn. 581 f. (allerdings skeptisch). Zweifelnd Foerste, ZRP 2001, 342, 342; A. Staudinger, ZGS 2002, 145, 145 f.; Medicus, JuS 2003, 521, 529; Häublein, NJW 2003, 388, 389; Zimmermann/Leenen/Mansel/Ernst, JZ 2001, 684, 692; Haas/Medicus/Rolland/Schäfer/Wendtland (Haas), Neues SchuldR, Kap. 5, Rn. 306. Dagegen Heinemann/Ramsauer, JURA 2004, 198, 200. Vgl. zum Ganzen Wagner, JZ 2002, 475, 479.

663 Magnus, RIW 2002, 577, 583; Lorenz/Riehm, Neues SchuldR, Rn. 593; Haas/Medicus/Rolland/Schäfer/Wendtland (Haas), Neues SchuldR, Kap. 5, Rn. 497 f.; Haas/Medicus/Rolland/Schäfer/Wendtland (Wendtland), Neues SchuldR, Kap. 2, Rn. 125; P. Huber/Faust (P. Huber), Schuldrechtsmod., Kap. 15, Rn. 43 ff.; v. Sachsen Gessaphe, RIW 2001, 721, 732; Bereska, ZGS 2002, 59, 61.

Abnehmer erst dann in Anspruch genommen wird, wenn seine Rechtsbehelfe gegen seinen Lieferanten an sich (nach den allgemeinen Regeln) bereits verjährt sind,[664] noch mindestens zwei Monte Zeit hat, um gegen diesen vorzugehen. Dadurch soll und wird regelmäßig das Zuschnappen der sog. "Verjährungsfalle" in Regresskonstellationen verhindert.[665] Allerdings besteht ein absolutes Limit in der Ausschlussfrist von fünf Jahren ab Ablieferung der Ware bei dem jeweiligen Abnehmer/Weiterverkäufer, die sich aus § 479 II 2 BGB ergibt.[666]

Voraussetzung für die Anwendung des § 479 BGB ist, dass am Ende der Lieferkette ein Verbraucher i. S. v. § 13 BGB steht und dass an diesen eine neu hergestellten Sache verkauft wurde sowie dass jeder (vom Käufer ausgehend) vorhergehende Zwischenhändler (und ggf., am anderen Ende der Lieferkette, der Hersteller) ein Unternehmer i. S. v. § 14 BGB ist, vgl. §§ 478 I, II, 479 II, III BGB.[667] Die Verjährungshemmung gilt dann in jedem Glied der (ununterbrochenen) Lieferket-

---

664 Diese "Verjährungsfalle" kann insb. bei längeren Lagerzeiten auftreten, vgl. Haas/Medicus/Rolland/Schäfer/Wendtland (Wendtland), Neues SchuldR, Kap. 2, Rn. 126; Ernst/Gsell, ZIP 2001, 1389, 1393; unten, Kapitel 3 – H.II.

665 Zur Verjährungsfalle Begr. RegE, BT-Drucks. 14/6040, S. 250, linke Spalte; Lorenz/Riehm, Neues SchuldR, Rn. 588 ("Regressfalle"); Haas/Medicus/Rolland/Schäfer/Wendtland (Haas), Neues SchuldR, Kap. 5, Rn. 476; Dauner-Lieb/Heidel/Lepa/Ring (Büdenbender), Neues SchuldR, § 8, Rn. 94 f.; Haas/Medicus/Rolland/Schäfer/Wendtland (Wendtland), Neues SchuldR, Kap. 2, Rn. 126; Harke, ZGS 2004, 14, 14. Vgl. v. Sachsen Gessaphe, RIW 2001, 721, 727. Zur eher geringen praktischen Bedeutung dieser und anderer "Regressfallen" K. Schmidt, Händlerregress (Neues SchuldR i. d. Praxis), S. 429 ff. Vgl. Haas, BB 2001, 1313, 1320.

666 Begr. RegE, BT-Drucks. 14/6040, S. 250, rechte Spalte; Lorenz/Riehm, Neues SchuldR, Rn. 595; P. Huber/Faust (P. Huber), Schuldrechtsmod., Kap. 15, Rn. 45; Dauner-Lieb/Heidel/ Lepa/Ring (Mansel), Neues SchuldR, § 1, Rn. 161; Marx, BB 2002, 2566, 2567; Bereska, ZGS 2002, 59, 61. Das meint wohl auch Haas/Medicus/Rolland/Schäfer/Wendtland (Haas), Neues SchuldR, Kap. 5, Rn. 498, der aber von Ablieferung an den Letztverkäufer spricht. Entgegen der Intention von Haas (a. a. O.) würde das aber dazu führen, dass u. U. nie Verjährung eintreten würde, da die Ware theoretisch unendlich lange in der Lieferkette bleiben kann, bevor sie schließlich den Verbraucher erreicht. Dann erst würde die Fünfjahresfrist zu laufen beginnen. Auch Dauner-Lieb/Heidel/Lepa/Ring (Büdenbender), Neues SchuldR, § 8, Rn. 98, spricht von der Ablieferung beim "Endverkäufer", was aus zuvor genannten Gründen nicht gemeint sein kann.

667 Vgl. Begr. RegE, BT-Drucks. 14/6040, S. 247, rechte Spalte; Haas/Medicus/Rolland/Schäfer/ Wendtland (Haas), Neues SchuldR, Kap. 5, Rn. 479 f.; Matthes, NJW 2002, 2505, 2505; Matusche-Beckmann, BB 2002, 2561, 2563 f.; K. Schmidt, Händlerregress (Neues SchuldR i. d. Praxis), S. 453; Bereska, ZGS 2002, 59, 59; Jacobs, JZ 2004, 225, 225 f. Weiter Dauner-Lieb/ Heidel/Lepa/Ring (Büdenbender), Neues SchuldR, § 8, Rn. 86, Rn. 100 (analoge Anwendung in Ausnahmefällen auch dann denkbar, wenn die Ware den Endverbraucher nicht erreicht, da die Vorschrift Ausfluss einer allgemeinen "Regresslogik" sei); ähnlich Westermann, NJW 2002, 241, 251; dagegen Jacobs, JZ 2004, 225, 226 (keine allgemeine Regresslogik). Kritisch hins. des Erfordernisses des Verkaufes neu hergestellter Sachen Canaris, Schuldrechtsref., S. XXXII; Jacobs, JZ 2004, 225, 227.

te, vgl. §§ 478 V, 479 III BGB.[668] Die Regresskette wird unterbrochen, wenn ein Zwischenhändler darin kein Unternehmer i. S. v. § 14 BGB[669] und/oder kein Lieferant (sondern bspw. nur ein Zulieferer)[670] ist. Ab einer solchen 'Bruchstelle' verbleibt es bei der Verjährung nach den allgemeinen Regeln. Ein erfolgreicher Regress setzt zudem voraus, dass der Zwischenhändler die Ansprüche seines Abnehmers erfüllen musste; eine Erfüllung (vermeintlicher) Ansprüche kulanzhalber, bspw. nach Ablauf der Verjährungsfrist, reicht nicht aus.[671]

Insgesamt führt die Regelung dazu, dass derjenige Verkäufer, der Waren verkauft, die grundsätzlich für den Gebrauch durch und Verkauf an einen Verbraucher geeignet sind (auch wenn sie dafür nicht bestimmt sind),[672] damit rechnen muss, bis zu fünf Jahre nach Ablieferung der Sache an seinen Abnehmer (der kein Verbraucher sein muss) von diesem in Anspruch genommen zu werden.[673] Dies ist für

---

668 Lorenz/Riehm, Neues SchuldR, Rn. 593; Schlechtriem, SchuldR BT, Rn. 96; Haas/Medicus/Rolland/Schäfer/Wendtland (Haas), Neues SchuldR, Kap. 5, Rn. 478; ders., BB 2001, 1313, 1320; P. Huber/Faust (P. Huber), Schuldrechtsmod., Kap. 15, Rn. 34 ff.; v. Sachsen Gessaphe, RIW 2001, 721, 733; Marx, BB 2002, 2566 2567 ("Dominoeffekt"); Bereska, ZGS 2002, 59, 61. Vgl. Ernst/Gsell, ZIP 2001, 1389, 1395.

669 Vgl. Lorenz/Riehm, Neues SchuldR, Rn. 593; Schlechtriem, SchuldR BT, Rn. 93, Rn. 96.

670 Vgl. Mankowski, DB 2002, 2419, 2419 f.; Matusche-Beckmann, BB 2002, 2561, 2564 ff.; K. Schmidt, Händlerregress (Neues SchuldR i. d. Praxis), S. 453; Jacobs, JZ 2004, 225, 227; wohl auch Matthes, NJW 2002, 2505, 2506. A. A. Wagner/Neuenhahn, ZGS 2002, 395, 400.

671 Vgl. Harke, ZGS 2004, 14, 14 ff.; Bamberger/Roth (Faust), BGB, § 479, Rn. 8 f. Vgl. unten zum ähnlich gelagerten Problem bei § 478 I, II BGB, Kapitel 3 – H.III.

672 Vgl. insb. Jacobs, JZ 2004, 225, 226.

673 Vgl. Haas/Medicus/Rolland/Schäfer/Wendtland (Wendtland), Neues SchuldR, Kap. 2, Rn. 127; Schubel, ZIP 2002, 2061, 2061 (Aktenschrank, der als Büroausstattung bestimmt ist, landet auf Umwegen bei einem Verbraucher), 2070; K. Schmidt, Händlerregress (Neues SchuldR i. d. Praxis), S. 439 f. ("Damoklesschwert"). Scheibach, Neuwagenverkaufsbedingungen (Neues SchuldR i. d. Praxis), S. 750 (faktische Verlängerung der Regelverjährung auf fünf Jahre und dadurch höhere Gewährleistungskosten für die industrielle Wertschöpfungskette). Die Verjährungshemmung hat auch den Nebeneffekt, dass ein Händler, der mangelhafte Ware über zwei Jahre auf Lager hat und der versäumt hat, in dieser Zeit Rechtsbehelfe wegen der Mängel geltend zu machen, so dass seine Rechte deswegen verjährt sind, ermuntert wird, diese (mangelhafte!) Ware jetzt an einen Verbraucher zu verkaufen: er ist die Ware dann trotz des Mangels los oder er kann, wenn er deswegen in Anspruch genommen wird, aufgrund der Verjährungshemmung des § 479 BGB doch wieder seinen Lieferanten in Regress nehmen – aufgrund des Verkaufs der mangelbehafteten Sache an einen Endverbraucher kommt es also zu einer nachträglichen Verbesserung der Rechtsposition des Verkäufers im Verhältnis zu seinem Lieferanten, vgl. Matusche-Beckmann, BB 2002, 2561, 2564; Jacobs, JZ 2004, 225, 226 (ähnliches Problem des "Scheinverbrauchsgüterkauf", bei dem ein Unternehmer bspw. einen PC, der nach Ablauf der Verjährungsfrist Mängel zeigt, an einen Mitarbeiter verkauft, um die Verjährungshemmung des § 479 BGB auszulösen).

den Verkäufer mit erheblicher Rechtsunsicherheit und entsprechenden kalkulatorischen Kosten verbunden.[674]

Die vorrangige Geltung des UN-Kaufrechts schließt die Anwendbarkeit von § 479 BGB in dem jeweiligen Kettenglied der Lieferkette nicht aus;[675] denn § 479 BGB trifft eine Regelung betreffend die Verjährung von Ansprüchen, eine Materie, die im UN-Kaufrecht nicht geregelt ist (externe Lücke, vgl. Art. 4 Satz 1 CISG), weshalb die Verjährungsregeln des nach dem IPR des Forums ergänzend heranzuziehenden intern-nationalen Sachrechts anzuwenden sind.[676] Im Falle der ergänzenden Anwendung internen deutschen Rechts beinhaltet dies § 479 BGB.[677]

III. Zusätzliche Ausschlussfrist im UN-Kaufrecht

1. Voraussetzungen

Neben den vorgenannten Verjährungsregeln unterliegen die Käuferrechtsbehelfe des UN-Kaufrechts wegen Sachmängeln i. S. v. Art. 35 I CISG, nicht aber wegen Rechtsmängeln und anderer Vertragsverletzungen,[678] auch der Ausschlussfrist des Art. 39 II CISG. Demnach kann der Käufer bei Geltung des UN-Kaufrechts Rechtbehelfe wegen eines Sachmangels nicht mehr geltend machen, wenn er den Mangel nicht spätestens[679] innerhalb von zwei Jahren, nachdem ihm die Ware tatsächlich übergeben wurde, dem Verkäufer anzeigt. Maßgeblich ist, wie grundsätzlich im UN-Kaufrecht, die rechtzeitige Absendung der Rügeanzeige (Art. 27 CISG).[680] Der Ablauf dieser Frist kann weder gehemmt noch unterbrochen werden.[681] Auch die Exkulpationsmöglichkeit des Art. 44 CISG ist nicht anwend-

---

674 Vgl. Begr. RegE, BT-Drucks. 14/6040, S. 250, rechte Spalte; Haas/Medicus/Rolland/Schäfer/Wendtland (Haas), Neues SchuldR, Kap. 5, Rn. 498; P. Huber/Faust (P. Huber), Schuldrechtsmod., Kap. 15, Rn. 45; v. Sachsen Gessaphe, RIW 2001, 721, 732; Schubel, ZIP 2002, 2061, 2061 f.

675 Schlechtriem, Int. UN-Kaufrecht, Rn. 348; Magnus, RIW 2002, 577, 583. A. A. insoweit v. Sachsen Gessaphe, RIW 2001, 721, 734; Matthes, NJW 2002, 2505, 2508; Gruber, NJW 2002, 1180, 1181, Fn. 13.

676 Vgl. oben, Kapitel 1 – A.I.

677 Vgl. Piltz, IHR 2002, 2, 5 zur Möglichkeit, statt des internen deutschen Rechts ein anderes internes nationales Recht in Ergänzung zum UN-Kaufrecht zu wählen und so mittelbar § 479 BGB abzubedingen; vgl. Fn. 636.

678 Staudinger (Magnus), Wiener UN-Kaufrecht, Art. 43, Rn. 7, Rn. 23; ders., RIW 2002, 577, 578; Schlechtriem (Schwenzer), Einh. UN-Kaufrecht, Art. 43, Rn. 6; Herber/Czerwenka, Int. Kaufrecht, Art. 43, Rn. 1, Rn. 3.

679 Die regelmäßig kürzere Untersuchungs- und Rügefrist nach Art. 38, 39 I CISG bleibt hiervon unberührt; die volle Ausschöpfung der Zweijahresfrist ist daher nur bei einem versteckten Sachmangel denkbar, vgl. Magnus, RIW 2002, 577, 578; oben, Kapitel 3 – E.III.1.b.

680 Schlechtriem (Schwenzer), Einh. UN-Kaufrecht, Art. 39, Rn. 22; Herber/Czerwenka, Int. Kaufrecht, Art. 39, Rn. 11; Magnus, RIW 2002, 577, 578; oben, Fn. 346.

681 Staudinger (Magnus), Wiener UN-Kaufrecht, Art. 39, Rn. 62; Schlechtriem (Schwenzer), Einh. UN-Kaufrecht, Art. 39, Rn. 23; Enderlein/Maskow/Strohbach (Enderlein), Int. Kauf-

bar.[682] Nur wenn der Verkäufer bösgläubig i. S. v. Art. 40 CISG ist oder eine längere vertragliche Garantie übernommen hat, greift die zweijährige Ausschlussfrist nicht, vgl. Art. 39 II CISG a. E.[683]

2. Nebeneinander von Ausschlussfrist und Verjährung

Neben den allgemeinen deutschen Verjährungsvorschriften (§§ 438, 194 ff. BGB) verbleibt für die Ausschlussfrist nach Art. 39 II CISG regelmäßig nur ein geringer eigenständiger Anwendungsbereich, denn etwaige Ansprüche wegen Sachmängeln (nur auf solche findet die Ausschlussfrist des Art. 39 II CISG Anwendung) verjähren regelmäßig bereits vor oder zeitgleich mit Ablauf der Ausschlussfrist nach Art. 39 II CISG. Maßgeblicher Zeitpunkt für den Beginn der Verjährungsfrist ist gem. § 438 II BGB der Zeitpunkt der Ablieferung, d. h. bei einem Versendungskauf der Zeitpunkt der Übergabe der Kaufsache an den ersten Beförderer und bei einer Hol- oder Bringschuld der Zeitpunkt der Übergabe an den Käufer. Dieser Zeitpunkt liegt vor oder auf dem für den Beginn der Ausschlussfrist maßgeblichen Zeitpunkt der tatsächlichen Übergabe der Kaufsache an den Käufer (vgl. Art. 39 II CISG).[684] Eigenständige Bedeutung hat die Ausschlussfrist des Art. 39 II CISG daher zunächst nur bei einer Verjährungsfrist von mehr als zwei Jahren, also insbesondere bei Baumaterial, vgl. § 438 Nr. 2 b) BGB, und dann, wenn der Ablauf der Verjährungsfrist nach den allgemeinen Regeln (§§ 203 ff. BGB) gehemmt oder unterbrochen wird.[685]

Von einiger Bedeutung darüber hinaus ist die Ausschlussfrist des Art. 39 II CISG aber im Hinblick auf die Verjährungsmodifikationen nach § 479 II 1, III BGB. Zwar steht die Ausschlussfrist des Art. 39 II CISG der Anwendung des § 479 BGB nicht entgegen,[686] sie führt i. E. aber zu einem weitgehenden Leerlaufen der Vorschrift. Zeigt nämlich der Zwischenhändler einen (versteckten) Sachmangel nicht innerhalb der Zweijahresfrist des Art. 39 II CISG an, so verliert er nach

---

recht, Art. 39, Anm. 6; Reinhart, UN-Kaufrecht, Art. 39, Rn. 8. Vgl. Ferrari/Flechtner/Brand (Flechtner), Draft UNCITRAL Digest, Art. 39, Anm. 23.

682 Staudinger (Magnus), Wiener UN-Kaufrecht, Art. 39, Rn. 64; ders., RIW 2002, 577, 578; Schlechtriem (Huber), Einh. UN-Kaufrecht, Art. 44, Rn. 1; Schlechtriem (Schwenzer), Einh. UN-Kaufrecht, Art. 39, Rn. 22, Rn. 32; Reinhart, UN-Kaufrecht, Art. 44, Rn. 6; Gillette/Walt, Sales Law, S. 212.

683 Vgl. Staudinger (Magnus), Wiener UN-Kaufrecht, Art. 39, Rn. 67; Schlechtriem (Schwenzer), Einh. UN-Kaufrecht, Art. 39, Rn. 22, Rn. 26.

684 Vgl. insb. die engl. Sprachfassung: "*... from the date on which the goods were actually handed over to the buyer...*"; Staudinger (Magnus), Wiener UN-Kaufrecht, Art. 39, Rn. 64; Enderlein/Maskow/Strohbach (Enderlein), Int. Kaufrecht, Art. 39, Anm. 7; Bianca/Bonell (Sono), Int. Sales Law, Art. 39, Anm. 2.7.

685 Vgl. Regula/Kannowski, IHR 2004, 45, 52.

686 Magnus, RIW 2002, 577, 578, 583; v. Sachsen Gessaphe, RIW 2001, 721, 734.

dieser Vorschrift seine Käuferrechtsbehelfe gegenüber seinem Vorlieferanten.[687] § 479 II 1 BGB, der auf die Ausschlussfrist des Art. 39 II CISG nicht anzuwenden ist, kann dem Käufer/Zwischenhändler hier nicht helfen.[688] Rügt er den Mangel hingegen zuvor (und rechtzeitig), so unterliegen seine Rechtsbehelfe in zeitlicher Hinsicht zwar nur noch den Verjährungsvorschriften (und u. a. § 479 II BGB); meist wird er dann jedoch bereits mit oder kurz nach der Mangelanzeige, i. a. R also innerhalb der 'normalen' zweijährigen Verjährungsfrist aus § 438 I BGB, seine Rechtsbehelfe ausüben, so dass es eines Rückgriffs auf § 479 II 1, III BGB schon gar nicht bedarf. Lediglich der mglw. unterschiedliche Fristbeginn – Ablieferung der Ware gem. § 438 II BGB und, u. U. später, tatsächliche Übergabe gem. Art. 39 II CISG – kann § 479 II, III BGB ausnahmsweise relevant machen. Bedeutung hat § 479 II, III BGB im UN-Kaufrecht daher regelmäßig nur bei Rechtsmängeln und sonstigen Vertragsverletzungen (auf die Art. 39 II CISG nicht anzuwenden ist), wobei die Vorschrift bei einer Nichtlieferung aber deswegen keine Rolle spielt, weil es dann an dem für die Anwendung der Norm vorausgesetzte Weiterverkauf an einen Endverbraucher noch fehlt.

IV. Vergleich

Die Ausgestaltung der Verjährung, insb. die Länge der Verjährungsfristen, und anderer zeitlicher Schranken der Käuferrechtsbehelfe beeinflusst v. a. das verkäuferische Haftungsrisiko und die Stabilität seiner betrieblichen Planungsgrundlage: je kürzer derartige Fristen sind, desto eher wird er aus der Haftung entlassen und desto sicherer kann er damit rechnen, die Erlöse aus einem Geschäft endgültig realisieren zu können.

Hinsichtlich des Vergleichs der zeitlichen Schranken in UN-Kaufrecht und internem deutschen Kaufrecht ist zunächst festzustellen, dass, da sich die Verjährung der käuferischen Ansprüche und die 'Quasiverjährung' seiner Rechte in der hier interessierenden Konstellation – deutscher Exporteur/Verkäufer – sowohl bei vorrangiger Anwendung des UN-Kaufrechts als auch bei dessen Ausschluss und ausschließlicher Anwendung des internen deutschen Kaufrechts, v. a. nach den Verjährungsvorschriften des internen deutschen Rechts richtet, und die vormals in Art. 3 CISG-Vertragsgesetz normierten Modifikationen dieser Verjährungsregelungen bei Anwendung des UN-Kaufrechts weitgehend aufgehoben wurden, die Rechtslage insoweit weitgehend identisch ist.

Die Unterschiede, die sich aus der im UN-Kaufrecht geltenden "Absendetheorie" gegenüber der im internen deutschen Recht geltenden "Zugangstheorie" (Art. 27 CISG bzw. § 130 I BGB) für die Wahrung der Verjährungsfrist, aus den unter-

[687] Schon vor Ablauf der Ausschlussfrist des Art. 39 II CISG ist der Käufer mit seinen Rechtsbehelfen ausgeschlossen, wenn er einen Mangel nicht innerhalb der kurzen Frist nach Art. 39 I CISG gerügt hat, vgl. Fn. 679.

[688] Vgl. Magnus, RIW 2002, 577, 578; v. Sachsen Gessaphe, RIW 2001, 721, 734.

schiedlichen Standards für eine Verlängerung der Verjährungsfrist nach §§ 438 III, 195 BGB (unter UN-Kaufrecht bei Sachmängeln bereits grob fahrlässige Unkenntnis des Verkäufers, bei Rechtsmängeln Kenntnis ausreichend, in beiden Fällen hingegen Arglist notwendig bei Geltung nur internen deutschen Rechts) und der unterschiedlichen Behandlung von Rechtsmängeln *(right to quiet possession* im UN-Kaufrecht) ergeben, lassen das UN-Kaufrecht für den Verkäufer unter den Gesichtpunkten Haftungsrisiko und Planungssicherheit jedoch nachteilig erscheinen.

Hingegen streitet die Ausschlussfrist des Art. 39 II CISG aus Verkäufersicht für das UN-Kaufrecht: durch sie ist sichergestellt, dass eine Inanspruchnahme des Verkäufers wegen eines Sachmangels zwei Jahre nach Ablieferung der Ware ausgeschlossen ist, es sei denn, der Käufer hat den Mangel bereits zuvor (rechtzeitig und ausreichend) gerügt. Unter Geltung nur des internen deutschen Kaufrechts, das eine vergleichbare Ausschlussfrist nicht kennt, muss der Verkäufer von Waren, die für den Verkauf an Verbraucher geeignet sind, hingegen u. U. bis zu fünf Jahren mit seiner Inanspruchnahme rechnen. Insoweit bietet das UN-Kaufrecht dem Verkäufer eine Reduzierung seines Haftungsrisikos und ein höheres Maß an Planungssicherheit. Insgesamt stellt sich die Rechtslage betreffend die zeitlichen Schranken der Käuferrechtsbehelfe bei Geltung des UN-Kaufrechts daher regelmäßig als verkäuferfreundlicher dar.

G. Rückabwicklung gescheiterter Verträge

I. Erlöschen der Primärleistungspflichten, Rückgewährschuldverhältnis

Hebt der Käufer einen Vertrag wegen einer Pflichtverletzung des Verkäufers auf bzw. tritt er von dem Vertrag zurück, so sind die Rechtsfolgen im UN-Kaufrecht und dem neuen internen deutschen Kaufrecht zunächst identisch: die gegenseitigen Primärleistungspflichten erlöschen und es entsteht ein Rückgewährschuldverhältnis, aus dem die Parteien verpflichtet sind, einander Zug um Zug zurückzugeben, was sie im Rahmen des Vertragsverhältnisses jeweils bereits erhalten haben (vgl. Art. 81 I, II CISG bzw. § 346 I BGB).[689] Ein Rückgewährschuldverhältnis

---

[689] Vgl. Staudinger (Magnus), Wiener UN-Kaufrecht, Art. 81, Rn. 10; Schlechtriem (Leser/Hornung), Einh. UN-Kaufrecht, Art. 81, Rn. 11; Schlechtriem, Int. UN-Kaufrecht, Rn. 330 f.; Rolland, Aufhebung (FS Schlechtriem), S. 651 f. (für das UN-Kaufrecht) / Begr. RegE, BT-Drucks. 14/6040, S. 194, linke Spalte; Lorenz/Riehm, Neues SchuldR, Rn. 417; P. Huber/Faust (Faust), Schuldrechtsmod., Kap. 10, Rn. 9; Schlechtriem, SchuldR AT, Rn. 468 f.; Kaiser, JZ 2001, 1057, 1058; Zimmermann, Breach of Contract, S. 42, S. 45 (für das interne deutsche Recht). Das Erlöschen der Primärleistungspflichten beim Rücktritt ist im internen deutschen Recht nicht generell ausgesprochen, versteht sich aber von selbst, vgl. Begr. RegE, BT-Drucks. 14/6040, S. 194, linke Spalte; Lorenz/Riehm, Neues SchuldR, Rn. 417; P. Huber/Faust (Faust), Schuldrechtsmod., Kap. 10, Rn. 13; Kaiser, JZ 2001, 1057, 1058; Arnold, JURA 2002, 154, 156; Coen, Teilbeendigung (FS Schlechtriem), S. 192 ("Das Synallagma

entsteht zudem dann, wenn der Käufer Nacherfüllung durch Ersatz- bzw. Nachlieferung (Art. 46 I, II CISG bzw. § 439 I, 2. Alt. BGB) verlangt (vgl. Art. 82 I CISG[690] bzw. § 439 IV BGB),[691] und schließlich auch dann, wenn der Käufer den "großen" Schadensersatz, d. h. Schadensersatz statt der ganzen Leistung geltend macht: im UN-Kaufrecht ist hierfür Voraussetzung, dass er den Vertrag aufhebt,[692] im internen deutschen Recht folgt dies aus § 281 V BGB.[693]

Aus dem Rückgewährschuldverhältnis ist der Käufer grundsätzlich zur Rückgabe der bereits gelieferten (mangelbehafteten) Ware *in natura* und in dem Zustand, in dem er sie erhalten hat, verpflichtet (Grundsatz der unversehrten Rückgabe).[694] Erfüllungsort dafür ist regelmäßig der Ort, an dem sich die Kaufsache im Zeitpunkt der Vertragsaufhebung bzw. des Rücktritts befindet.[695] Zudem muss der Käufer zwischenzeitlich gezogene Vorteile und Nutzungen ausgleichen, Art. 84 CISG bzw. § 346 I BGB.

---

begeht sozusagen Selbstmord um das Synallagma zu schützen"); Zimmermann, Breach of Contract, S. 42, S. 45. Auf die §§ 346 ff. BGB verweist zudem § 326 IV BGB, so dass auch bei einem Freiwerden des Verkäufers wegen Unmöglichkeit der Leistungserbringung nach § 326 I BGB ein Rückgewährschuldverhältnis entsteht, vgl. P. Huber/Faust (Faust), Schuldrechtsmod., Kap. 10, Rn. 8. Zu den Voraussetzungen von Vertragsaufhebung und Rücktritt, unten Kapitel 4 – B.I, Kapitel 4 – B.II.

690 Für das UN-Kaufrecht folgt dies aus Art. 82 I CISG, der das Entstehen eines Rückgewährschuldverhältnisses als selbstverständlich voraussetzt, vgl. Schlechtriem (Huber), Einh. UN-Kaufrecht, Art. 46, Rn. 53; Schlechtriem, SchuldR BT, Rn. 74.

691 Zu den Voraussetzungen von Ersatz- bzw. Nachlieferung unten, Kapitel 4 – A.I, Kapitel 4 – A.II.

692 Dazu unten, Kapitel 4 – C.II.1.a.

693 Dazu unten, Kapitel 4 – C.II.2.b.iii.

694 Vgl. Schlechtriem (Leser/Hornung), Einh. UN-Kaufrecht, Art. 81, Rn. 15; Karollus, UN-Kaufrecht, S. 153 (für das UN-Kaufrecht) / Lorenz/Riehm, Neues SchuldR, Rn. 419; Schlechtriem, SchuldR BT, Rn. 440; Zimmermann, Breach of Contract, S. 43 (für das interne deutsche Recht). Die §§ 346 ff. BGB regeln ausschließlich die Folgen des Rücktritts. Rechtsgrund und Voraussetzungen müssen sich aus einer anderen (vertraglichen oder gesetzlichen) Vorschrift ergeben.

695 Dies folgt für das UN-Kaufrecht, das insoweit keine ausdrückliche Regelung enthält, aus einer interessengerechten Vertragsauslegung im Lichte des Art. 7 II CISG: auszugehen ist vom vertraglich vereinbarten Erfüllungsort für die (ursprüngliche) Lieferpflicht, der dann spiegelbildlich auch für die Rückabwicklungspflicht gilt. War eine Schick- oder Holschuld vereinbart, so ist auch das Rückgewährschuldverhältnis eine solche. Erfüllungsort ist auch jetzt der Ort, an dem der Käufer die Sache zwecks Transports zum Verkäufer an den ersten unabhängigen Rückbeförderer übergibt bzw. dort, wo der Verkäufer die Kaufsache abholt, und damit regelmäßig der Niederlassungssitz des Käufers, vgl. Staudinger (Magnus), Wiener UN-Kaufrecht, Art. 81, Rn. 19; Schlechtriem (Leser/Hornung), Einh. UN-Kaufrecht, Art. 81, Rn. 17 f.; Herber/Czerwenka, Int. Kaufrecht, Art. 81, Rn. 12; Schlechtriem, Int. UN-Kaufrecht, Rn. 331; Piltz, NJW 2003, 2056, 2063 / Für das interne deutsche Recht: Lorenz/Riehm, Neues SchuldR, Rn. 418, Rn. 524 (Umkehrschluss aus § 357 II 1, 2 BGB); Haas/Medicus/Rolland/Schäfer/Wendtland (Rolland), Neues SchuldR, Kap. 4, Rn. 31; Kaiser, JZ 2001, 1057, 1069.

Die Kosten der Rückabwicklung hat der (vertragsbrüchige) Verkäufer zu tragen.[696] Gegenseitige Schadensersatzansprüche bleiben den Parteien auch nach Umwandlung des Schuldverhältnisses in das Rückgewährschuldverhältnis erhalten (vgl. Art. 81 I 1, 45 II CISG/§ 325 BGB).[697] Außerdem bleiben solche vertraglichen Vereinbarungen wirksam, die sich gerade mit der Vertragsabwicklung im Streitfall befassen (bspw. Schiedsklauseln), sowie solche, die die Rechte und Pflichten der Vertragsparteien nach Vertragsaufhebung regeln (vgl. Art. 81 I 2 II CISG).[698]

II. UN-Kaufrecht

1. "Aufhebungssperre" bei Unfähigkeit zu unversehrter Rückgabe

Grundsätzlich verliert der Käufer im UN-Kaufrecht sein Recht zur Vertragsaufhebung und seinen Anspruch auf Ersatzlieferung dann, wenn er nicht im Stande ist, die Kaufsache im wesentlichen in dem Zustand, in der er sie erhalten hat, an den Verkäufer zurückzugeben, Art. 82 I CISG.[699] Seine übrigen Rechtsbehelfe – Nacherfüllung durch Nachbesserung, Minderung und Schadensersatz – bleiben davon unberührt, Art. 83 CISG.

Diese Aufhebungssperre greift nur dann, wenn die Unfähigkeit des Käufers zur unversehrten Rückgabe bereits vor Ausübung des Vertragsaufhebungsrechts, d. h. vor Absendung der Aufhebungsanzeige bzw. vor Geltendmachung des Ersatzlieferungsanspruchs (vgl. Art. 27 CISG) bestand. Übt der Käufer zunächst ein solches Recht aus, und geht die zurückzugebende Sache dann unter, so wird er nur wegen Verletzung seiner Rückgabepflicht aus dem mit der Vertragsaufhebung

---

696 Staudinger (Magnus), Wiener UN-Kaufrecht, Art. 81, Rn. 17, Rn. 20; Schlechtriem (Leser/Hornung), Einh. UN-Kaufrecht, Art. 81, Rn. 19; Schlechtriem, Int. UN-Kaufrecht, Rn. 331 (für das UN-Kaufrecht) / Lorenz/Riehm, Neues SchuldR, Rn. 524; Haas/Medicus/Rolland/Schäfer/Wendtland (Rolland), Neues SchuldR, Kap. 4, Rn. 32; Palandt (Heinrichs), BGB, § 269, Rn. 16; Kaiser, JZ 2001, 1057, 1069 (für das interne deutsche Recht).

697 Staudinger (Magnus), Wiener UN-Kaufrecht, Art. 81, Rn. 6, Rn. 7; Schlechtriem (Leser/Hornung), Einh. UN-Kaufrecht, Art. 81, Rn. 10; Schlechtriem, Int. UN-Kaufrecht, Rn. 330; vgl. Karollus, UN-Kaufrecht, S. 155 (für das UN-Kaufrecht) / Zimmermann, Breach of Contract, S. 45; Haas/Medicus/Rolland/Schäfer/Wendtland (Rolland), Neues SchuldR, Kap. 4, Rn. 27; vgl. Schlechtriem, SchuldR AT, Rn. 468 (für das interne deutsche Recht).

698 Vgl. Staudinger (Magnus), Wiener UN-Kaufrecht, Art. 81, Rn. 6; Schlechtriem (Leser/Hornung), Einh. UN-Kaufrecht, Art. 81, Rn. 10; Schlechtriem, Int. UN-Kaufrecht, Rn. 330; vgl. Karollus, UN-Kaufrecht, S. 156; Zimmermann, Breach of Contract, S. 45 (für das UN-Kaufrecht). Für das interne deutsche Recht folgt dies daraus, dass das Schuldverhältnis durch den Rücktritt nicht erlischt, sondern in ein Rückgewährschuldverhältnis umgewandelt wird, vgl. Zimmermann, Breach of Contract, S. 45.

699 Vgl. Piltz, IHR 2002, 2, 7; Coen, Teilbeendigung (FS Schlechtriem), S. 198.

bzw. dem Ersatzlieferungsverlangen entstandenen Rückgewährschuldverhältnis schadensersatzpflichtig.[700]

Die Aufhebungssperre greift zudem dann nicht, wenn die Veränderung objektiv unwesentlich ist (Bagatelle)[701] oder wenn ein Fall des Art. 82 II CISG vorliegt. Danach ist zunächst das Risiko einer zufälligen, nicht auf einem Verhalten des Käufers beruhenden Verschlechterung der Kaufsache (höhere Gewalt, mangelbedingte Zerstörung etc.) dem Verkäufer zugewiesen, Art. 82 II a) CISG.[702] V. a. aber trifft den Verkäufer auch das Risiko der Beeinträchtigung der Kaufsache aufgrund ihrer geschäftsüblichen, d. h. vertragsgemäßen und dem gewöhnlichen Geschäftsgang entsprechenden Verwendung (insbesondere Verbrauch und Verkauf der Ware) durch den (die Vertragswidrigkeit noch nicht kennenden) Käufer, einschließlich der nach Art. 38 CISG obligatorischen Untersuchung der Kaufware, Art. 82 II b) und c) CISG.[703] In diesen Fällen kann der Käufer trotz seiner Unfähigkeit zur Rückgabe den Vertrag aufheben bzw. Ersatzlieferung verlangen. Das Regel-Ausnahmeverhältnis aus Art. 82 I und II CISG ist damit praktisch umgekehrt,[704] denn die Unfähigkeit zur Herausgabe wird meist darauf beruhen, dass der Käufer die Kaufsache untersucht oder in seinem Geschäftsgang verwendet, und dadurch sowohl den Mangel entdeckt als auch gleichzeitig die Ware (teilweise) verändert oder vernichtet.

Eine Wertersatzpflicht für die untergegangene oder verschlechterte Ware ordnet das UN-Kaufrecht für diese Fälle nicht an: nach Art. 84 II b) CISG schuldet der Käufer Wertersatz lediglich für "Vorteile, die er aus der Ware [...] gezogen hat," nicht hingegen für die Ware selbst.[705] D. h. dass dann, wenn der Käufer (noch)

---

700 Staudinger (Magnus), Wiener UN-Kaufrecht, Art. 82, Rn. 10 f., Rn. 15; Schlechtriem (Leser/Hornung), Einh. UN-Kaufrecht, Art. 82, Rn. 6; Herber/Czerwenka, Int. Kaufrecht, Art. 82, Rn. 3; Schlechtriem, Int. UN-Kaufrecht, Rn. 325, Rn. 332a; Karollus, UN-Kaufrecht, S. 149 a. E.

701 Staudinger (Magnus), Wiener UN-Kaufrecht, Art. 82, Rn. 6; Schlechtriem (Leser/Hornung), Einh. UN-Kaufrecht, Art. 82, Rn.11; Schlechtriem, Int. UN-Kaufrecht, Rn. 324; Karollus, UN-Kaufrecht, S. 150.

702 Vgl. Schlechtriem, Int. UN-Kaufrecht, Rn. 326; P. Huber/Kröll, IPRax 2003, 309, 314; OLG Karlsruhe, U. v. 19.12.2002, www.unilex.info. Vgl. Art. 70 CISG; dazu Staudinger (Magnus), Wiener UN-Kaufrecht, Art. 70, Rn. 1, Rn. 5; oben, Kapitel 2 – B.I.

703 Staudinger (Magnus), Wiener UN-Kaufrecht, Art. 82, Rn. 16 ff.; Schlechtriem, Int. UN-Kaufrecht, Rn. 328 f.; Honsell, SJZ 1993, 345, 354; BGH, U. v. 25.6.1997, www.unilex.info.

704 Schlechtriem (Leser/Hornung), Einh. UN-Kaufrecht, Art. 84, Rn. 12, Vor Art. 81 - 84, Rn. 12; Enderlein/Maskow/Strohbach (Maskow), Int. Kaufrecht, Art. 82, Anm. 1.2. Vorsichtiger Staudinger (Magnus), Wiener UN-Kaufrecht, Art. 82, Rn. 16; Schlechtriem, Int. UN-Kaufrecht, vor Rn. 326 ("erhebliche Einschränkung" der Aufhebungssperre); Coen, Teilbeendigung (FS Schlechtriem), S. 198.

705 Staudinger (Magnus), Wiener UN-Kaufrecht, Art. 84, Rn. 22; Schlechtriem (Leser/Hornung), Einh. UN-Kaufrecht, Art. 84, Rn. 23 ff.; Herber/Czerwenka, Int. Kaufrecht, Art. 82, Rn. 11; wohl auch Achilles, UN-Kaufrecht, Art. 82, Rn. 9. A. A. wohl Schlechtriem, Int.

keine Vorteile aus der Ware gezogen hat, bspw. weil er den zur Aufhebung berechtigenden Mangel bei der ersten, die Ware verschlechternden Untersuchung entdeckt und sofort die Aufhebung erklärt, er keinen Wertersatz zu leisten braucht. Er erhält dann 'sein Geld zurück', ohne seinerseits das Erhaltene (vollständig und unversehrt) zurückgeben zu müssen.

2. Nutzungs- und Aufwendungsersatz

Zusätzlich zur Rückgabe des jeweils Erlangten sind die Parteien verpflichtet, Vorteile, die sie damit zwischenzeitlich erwirtschaftet haben, auszugleichen, Art. 84 CISG. Insbesondere muss der Verkäufer den Kaufpreis verzinsen (Art. 84 I CISG)[706] und der Käufer muss einen Geldausgleich für Nutzungen und Gebrauchvorteile (netto, d. h. unter Abzug seiner Aufwendungen) leisten (Art. 84 II CISG).[707] Auszugleichende Vorteile i. d. S. sind auch Surrogate, die der Käufer aufgrund der Verschlechterung oder des Untergangs für die Ware erhält, bspw. eine Versicherungssumme oder einen Weiterverkaufserlös.[708] Anders als im internen deutschen Kaufrecht (dazu sogleich) ist der Käufer im UN-Kaufrecht aber nicht verpflichtet, die Ware bis zur ihrer Rückgabe nutzbringend zu verwenden. Daher ist er auch nicht zur Erstattung von Nutzungen verpflichtet, die er entgegen den Regeln "ordnungsgemäßer Wirtschaft" zu ziehen unterlassen hat.[709]

Aufwendungen, die der Käufer zwischenzeitlich auf die Kaufware getätigt hat, sind durch den Verkäufer gem. Art. 86 I, II, 87 CISG zu ersetzen, wenn es sich um

---

UN-Kaufrecht, Rn. 332 (Käufer schuldet bei Unfähigkeit zur Rückgabe nach Art. 81 II b) CISG "Gegenwert der Ware"); ähnlich Honsell, SJZ 1993, 345, 354.

706 Die Zinshöhe richtet sich bei Geltung des UN-Kaufrechts nach dem jeweils ergänzend anzuwendenden internen Sachrecht, bei einem Verkäufer mit maßgeblichem Niederlassungssitz in Deutschland, also regelmäßig nach internem deutschen Recht (vgl. §§ 27, 28 EGBGB), so dass sich keine Unterschiede zur Rechtslage bei ausschließlicher Geltung internen deutschen Rechts ergeben, vgl. Staudinger (Magnus), Wiener UN-Kaufrecht, Art. 78, Rn. 12, Art. 84, Rn. 9 f.; Schlechtriem (Leser/Hornung), Einh. UN-Kaufrecht, Art. 84, Rn. 13; Herber/Czerwenka, Int. Kaufrecht, Art. 78, Rn. 6; Schlechtriem, Int. UN-Kaufrecht, Rn. 334; Bonsau/Feuerriegel, IPrax 2003, 421, 424 (zur Verzinsungspflicht nach Art. 78 CISG). A. A. Sekretariatskommentar, Art. 69, Anm. 2, wonach der Zinssatz am Niederlassungsort des Verkäufers maßgeblich sein soll. Dies führt vorliegend zum gleichen Ergebnis.

707 Staudinger (Magnus), Wiener UN-Kaufrecht, Art. 84, Rn. 17, Rn. 22; Schlechtriem (Leser/Hornung), Einh. UN-Kaufrecht, Art. 84, Rn. 16 ff., Rn. 20; Schlechtriem, Int. UN-Kaufrecht, Rn. 333; Karollus, UN-Kaufrecht, S. 153 f.

708 Staudinger (Magnus), Wiener UN-Kaufrecht, Art. 84, Rn. 23 f.; Schlechtriem (Leser/Hornung), Einh. UN-Kaufrecht, Art. 84, Rn. 27b; Schlechtriem, Int. UN-Kaufrecht, Rn. 332a.

709 Staudinger (Magnus), Wiener UN-Kaufrecht, Art. 84, Rn. 19; Enderlein/Maskow/Strohbach (Maskow), Int. Kaufrecht, Art. 84, Anm. 4.1; Herber/Czerwenka, Int. Kaufrecht, Art. 84, Rn. 5; Schlechtriem, Int. UN-Kaufrecht, Rn. 333; Karollus, UN-Kaufrecht, S. 154. A. A. Schlechtriem (Leser/Hornung), Einh. UN-Kaufrecht, Art. 84, Rn. 22 (Nutzungsersatz für nicht gezogene Nutzungen in entspr. Anwendung von Art. 77 CISG).

angemessene Aufwendungen zur Erhaltung der Ware handelt.[710] Im übrigen sind solche Aufwendungen zu ersetzen, die dem Verkäufer zugute kommen, insbesondere den Wert der Ware erhöhen, und für die er andernfalls bezahlt hätte.[711]

III. Internes deutsche Kaufrecht

1. Rückabwicklung dem Werte nach

Anders als im UN-Kaufrecht führt die Unfähigkeit des Käufers, die empfangene Ware unverändert zurückgeben zu können, im internen deutschen Recht grundsätzlich nicht (mehr) zum Wegfall des Rücktrittsrechts. Vielmehr ist der Käufer, wenn bzw. soweit er zur Rückgabe außerstande ist, nach § 346 II BGB zum Wertersatz für die (untergegangene oder verschlechterte) Ware verpflichtet (Wertersatzmodell),[712] wobei von den in § 346 II BGB genannten Gründen im Rahmen eines Warenkaufs meist nur die Nr. 2 (Verbrauch, Weiterveräußerung, Belastung, Verarbeitung oder Umgestaltung der Sache) und Nr. 3 (Verschlechterung und Untergang der Sache) einschlägig sind.[713] Soweit die Kaufsache noch vorhanden ist (in ihrem aktuellen Zustand) muss der Käufer sie nach § 346 III 2 i. V. m. §§ 812 ff. BGB herausgeben.[714]

Die Höhe des Wertersatzes orientiert sich vorrangig am objektiven Verkehrswert der Sache bzw. Leistung, wobei der Kaufpreis der Berechnung "zugrunde zu legen" ist, § 346 II 2 BGB. Diese gegenüber dem Regierungsentwurf geänderte

---

710 Staudinger (Magnus), Wiener UN-Kaufrecht, Art. 84, Rn. 26; Herber/Czerwenka, Int. Kaufrecht, Art. 84, Rn. 8.

711 So Schlechtriem, Int. UN-Kaufrecht, Rn. 333; Schlechtriem (Leser/Hornung), Einh. UN-Kaufrecht, Art. 84, Rn. 20 (Rückgriff auf das jeweils ergänzend anzuwendende interne nationale Recht). A. A. Staudinger (Magnus), Wiener UN-Kaufrecht, Art. 84, Rn. 26 (kein Aufwendungsersatzanspruch, ggf. Anspruch auf Schadensersatz für 'frustrierte Aufwendungen'); Herber/Czerwenka, Int. Kaufrecht, Art. 84, Rn. 8. Unter ergänzender Geltung internen deutschen Rechts sind nach § 347 II 1 BGB Reparatur- und Erhaltungskosten zu ersetzen. Dies entspricht dem käuferischen Ersatzanspruch für Erhaltungsaufwendungen nach Art. 86, 87 CISG. Sonstige Verwendungen sind nach internem deutschen Recht zu ersetzen, wenn der Verkäufer durch sie "bereichert" ist, § 347 II 2 i. V. m. § 812 I BGB (dazu im Anschluss).

712 Begr. RegE, BT-Drucks. 14/6040, S. 194, rechte Spalte; Lorenz/Riehm, Neues SchuldR, Rn. 420; Dauner-Lieb/Heidel/Lepa/Ring (Hager), Neues SchuldR, § 5, Rn. 16 f.; P. Huber/Faust (Faust), Schuldrechtsmod., Kap. 10, Rn. 6, Rn. 14 f.; Schlechtriem, SchuldR AT, Rn. 472; Palandt (Heinrichs), BGB, Erg. 61. A., Einf. v. § 346, Rn. 2; Kaiser, JZ 2001, 1057, 1059; Arnold, JURA 2002, 154, 155; Piltz, IHR 2002, 2, 7; Zimmermann, Breach of Contract, S. 42 f. Vgl. Schlechtriem, IHR 2001, 12, 17 f.; Coen, Teilbeendigung (FS Schlechtriem), S. 198 f.

713 Unter § 346 II Nr. 1 (Rückgabe aus Natur der Leistung heraus nicht möglich) lassen sich hingegen nur unkörperliche Nebenleistungen eines Kaufvertrags, bspw. Montage oder Einweisung subsumieren.

714 Begr. RegE, BT-Drucks. 14/6040, S. 196, rechte Spalte; P. Huber/Faust (Faust), Schuldrechtsmod., Kap. 10, Rn. 17; Lorenz/Riehm, Neues SchuldR, Rn. 430; Palandt (Heinrichs), BGB, 62. A., § 346, Rn. 14.

Formulierung – dort hieß es noch: die Gegenleistung "tritt an die Stelle" des Wertersatzes – macht deutlich, dass der Wertersatz der Höhe nach dem Umfang der an sich geschuldeten Rückgabepflicht entsprechen soll;[715] grundsätzlich ist also Wertersatz i. H. d. Kaufpreises geschuldet. War die Kaufsache aber mangelhaft oder war das vertragliche Äquivalenzverhältnis anderweitig beeinträchtigt, so ist der Wertersatz entsprechend dem Wert der Äquivalenzstörung zu reduzieren.[716]

Nicht zu ersetzen ist eine durch den bestimmungsgemäßen Gebrauch der Ware eintretende Wertminderung, § 346 II Nr. 3, 2. HS BGB,[717] und eine allmähliche Abnutzung, die weder Verbrauch noch Verschlechterung ist (normale Abnutzung infolge Gebrauchs).[718] Nach § 346 III BGB ist die Pflicht zum Wertersatz zudem beschränkt oder ausgeschlossen, wenn bzw. soweit der Käufer als Rückgewährschuldner seine Unfähigkeit zur Rückgabe nicht veranlasst oder zu vertreten hat. Demnach entfällt die Ersatzpflicht, wenn sich der zum Rücktritt berechtigende Mangel erst bei der die Rückgabe unmöglich machenden Verarbeitung oder Umgestaltung gezeigt hat (§ 346 III Nr. 1 BGB), oder, in analoger Anwendung des § 346 III Nr. 1 BGB, wenn sich der Mangel erst beim Verbrauch zeigt.[719] Sie entfällt auch dann, wenn es der Verkäufer ist, der die Verschlechterung oder den Untergang der Kaufsache zu vertreten hat oder ein Verhalten des Käufers dafür nicht kausal war, also die Verschlechterung bzw. der Untergang gleichfalls beim Verkäufer eingetreten wäre (§ 346 III Nr. 2 BGB).[720] Hiervon sind insbesondere

---

[715] Vgl. Begr. RegE, BT-Drucks. 14/6040, S. 16, zu § 346 II 2 RegE; Stellungnahme Bundesrat, BT-Drucks. 14/6857, S. 22, Nr. 71. Kritisch Dauner-Lieb/Heidel/Lepa/Ring (Hager), Neues SchuldR, § 5, Rn. 27, wonach die vereinbarte Gegenleistung als Maßstab bspw. bei Lieferung einer mangelhaften Sache ungeeignet sei, da gerade nicht Wertersatz in Höhe des vertraglichen Kaufpreises, der auf der Annahme der Lieferung einer mangelfreien Sache beruhe, geschuldet sei. M. E. ist dies aus dem Wortlaut des § 346 II 2 BGB aber auch nicht zu entnehmen: den Kaufpreis der Wertersatzberechnung "zugrunde zu legen" bedeutet nicht, dass Wertersatz in der Höhe des Kaufpreises geschuldet ist, sondern lediglich, dass der Kaufpreis Ausgangspunkt der Berechnung ist und bspw. unter Anwendung der Berechnungsmethodik der Kaufpreisminderung zu kürzen ist. So i. E. Lorenz/Riehm, Neues SchuldR, Rn. 425; Dauner-Lieb/Heidel/Lepa/Ring (Hager), Neues SchuldR, § 5, Rn. 28. Kritisch auch P. Huber/Faust (Faust), Schuldrechtsmod., Kap. 10, Rn. 10, Rn. 41.

[716] Vgl. Lorenz/Riehm, Neues SchuldR, Rn. 425; Haas/Medicus/Rolland/Schäfer/Wendtland (Rolland), Neues SchuldR, Kap. 4, Rn. 49; P. Huber/Faust (Faust), Schuldrechtsmod., Kap. 10, Rn. 42; Kaiser, JZ 2001, 1057, 1059; Arnold, JURA 2002, 154, 157. I. E. ebenso Dauner-Lieb/Heidel/Lepa/Ring (Hager), Neues SchuldR, § 5, Rn. 28.

[717] Vgl. Dauner-Lieb/Heidel/Lepa/Ring (Hager), Neues SchuldR, § 5, Rn. 24; Lorenz/Riehm, Neues SchuldR, Rn. 424.

[718] Vgl. Begr. RegE, BT-Drucks. 14/6040, S. 193 f.; Dauner-Lieb/Heidel/Lepa/Ring (Hager), Neues SchuldR, § 5, Rn. 20; Haas/Medicus/Rolland/Schäfer/Wendtland (Haas), Neues SchuldR, Kap. 5, Rn. 203; Palandt (Heinrichs), BGB, 62. A., § 92, Rn. 2.

[719] Dauner-Lieb/Heidel/Lepa/Ring (Hager), Neues SchuldR, § 5, Rn. 30.

[720] Vgl. P. Huber/Faust (Faust), Schuldrechtsmod., Kap. 10, Rn. 29 ff.

solche Fälle erfasst, bei denen der Untergang oder die Verschlechterung der Kaufsache auf einem Mangel beruht, und zwar unabhängig davon, ob der Verkäufer diesen Mangel kannte oder kennen musste.[721]

Die Ersatzpflicht entfällt schließlich dann, wenn der zum Rücktritt berechtigte Käufer in den Grenzen grober Fahrlässigkeit (vgl. § 277 BGB) die ihm eigenübliche Sorgfalt beachtet, die Sache also nicht anders behandelt hat, als er seine eigenen Sachen zu behandeln pflegt (§ 346 III Nr. 3 i. V. m. § 347 II HGB).[722] Bis an die Grenze grober Fahrlässigkeit kommt dem Käufer damit 'persönlicher Schlendrian' zugute,[723] wobei aber streitig ist, ob dies auch dann noch gilt, wenn der Käufer sein Rücktrittsrecht kennt.[724] Auch hier bleibt Klärung durch die Rechtsprechung abzuwarten.

Verletzt der Käufer seine Pflicht zur Rückgabe der Kaufsache und Herausgabe der Nutzungen aus dem mit der Erklärung des Rücktritts entstandenen Rückgewährschuldverhältnis bzw. seine entsprechende Wertersatzpflicht, so ist er, wie § 346 IV BGB lediglich klarstellt, dem Verkäufer nach §§ 280 ff. BGB zum Schadensersatz verpflichtet.[725] Nach § 276 BGB, § 347 I HGB hat er sich dabei am Maßstab eines "ordentlichen Kaufmanns"[726] messen zu lassen. Die Haftungsprivilegierung nach § 346 III Nr. 3 BGB gilt hier, da der Käufer seit Erklärung des Rücktritts

---

721 Vgl. P. Huber/Faust (Faust), Schuldrechtsmod., Kap. 10, Rn. 30.

722 Zur Begründung Begr. RegE, BT-Drucks. 14/6040, S. 196; Lorenz/Riehm, Neues SchuldR, Rn. 429. Kritisch Kaiser, JZ 2001, 1057, 1063; Dauner-Lieb/Heidel/Lepa/Ring (Hager), Neues SchuldR, § 5, Rn. 33; Haas/Medicus/Rolland/Schäfer/Wendtland (Rolland), Neues SchuldR, Kap. 4, Rn. 79; Zimmermann, Breach of Contract, S. 43; Honsell, JZ 2001, 278, 281. Vgl. Schlechtriem, SchuldR AT, Rn. 476; Canaris, Schuldrechtsref., S. XLIV; Zimmermann, Breach of Contract, S. 43; Kaiser, JZ 2001, 1057, 1063; Kamanabrou, NJW 2003, 30, 30; Palandt (Heinrichs), BGB, Erg. 61. A., § 346, Rn. 13, Rn. 16.

723 Kaiser, JZ 2001, 1057, 1063.

724 Dafür spricht der Wortlaut des § 346 II BGB, vgl. Palandt (Heinrichs), BGB, 63. A., § 346, Rn. 18. Gegen eine teleologische Reduktion des § 346 III Nr. 3 BGB auf die Zeit, bevor der Käufer sein gesetzliches Rücktrittsrecht kennt, Kamanabrou, NJW 2003, 30, 31 (entgegen der Zitierung in Palandt, a. a. O.); Canaris, Schuldrechtsref. S. XLIV, S. XLVIII (entgegen der Zitierung in Palandt, a. a. O.); wohl auch Palandt (Heinrichs), BGB, 63. A., § 346, Rn. 13. Dafür wohl Beschlussempf. Rechtsausschuss, BT-Drucks. 147052, S. 193, rechte Spalte, f.; Anwaltkommentar (Hager), SchuldR, § 346, Rn. 50; Dauner-Lieb/Heidel/Lepa/Ring (Hager), Neues SchuldR, § 5, Rn. 34; Schwab, JuS 2002, 630, 635 f.; Schulze/Ebers, JuS 2004, 366, 370; Münchner Kommentar (Gaier), BGB, Bd. 2a, § 346, Rn. 59; ders., WM 2002, 1, 10 f. (Regelung "völlig verfehlt").

725 Schlechtriem, SchuldR AT, Rn. 470; P. Huber/Faust (Faust), Schuldrechtsmod., Kap. 10, Rn. 53. Vgl. Lorenz/Riehm, Neues SchuldR, Rn. 434.

726 Dazu oben, Kapitel 3 – D.II.1.a; Brox, Handelsrecht, Rn. 323.

sicher weiß, dass er die Kaufsache wird zurückgeben müssen, und von ihm daher eine höheres Maß an Sorgfalt erwartet werden kann, nicht.[727]

2. Nutzungs- und Aufwendungsersatz

Neben der Rückgabe des jeweils Empfangenen müssen auch im internen deutschen Kaufrecht die zwischenzeitlich gezogenen Vorteile ausgeglichen werden, § 346 I BGB. Auch wenn dies nicht mehr explizit angeordnet ist, muss ein handelserfahrener Verkäufer den Kaufpreis daher regelmäßig verzinsen[728] und der Käufer muss einen Geldausgleich für Nutzungen und Gebrauchsvorteile (netto) leisten (§ 346 I i. V. m. § 347 II 1 BGB).[729] Erlangt der Käufer für die untergegangene oder verschlechterte Sache ein Surrogat, bspw. Ersatz oder einen Ersatzanspruch, so kann der Verkäufer dieses nach § 285 I BGB herausverlangen.[730]

Nutzungsersatz ist im internen deutschen Recht auch für solche Nutzungen zu leisten, die vom Käufer entgegen den Regeln einer "ordnungsgemäßen Wirtschaft"[731] nicht gezogen wurden, § 347 I BGB.[732] Hinsichtlich der Frage, ob er solche Nutzungen hätte ziehen können, ist der Käufer allerdings wiederum nur an seiner eigenüblichen Sorgfalt zu messen, wenn sein Rücktritt auf einem gesetzlichen Rücktrittsgrund (bspw. einem Mangel) beruht, § 347 I 2 BGB.[733] Erfasst sind, entgegen der insoweit missverständlichen amtlichen Überschrift des § 347 BGB, auch solche Nutzungen, die entgegen zuvor Gesagtem bereits vor der Erklärung des Rücktritts nicht gezogen wurden.[734]

---

[727] Lorenz/Riehm, Neues SchuldR, Rn. 434. Vgl. Dauner-Lieb/Heidel/Lepa/Ring (Hager), Neues SchuldR, § 5, Rn. 41; P. Huber/Faust (Faust), Schuldrechtsmod., Kap. 10, Rn. 53.

[728] Vgl. Begr. RegE, BT-Drucks. 14/6040, S. 197; Lorenz/Riehm, Neues SchuldR, Rn. 435; P. Huber/Faust (Faust), Schuldrechtsmod., Kap. 10, Rn. 66; Haas/Medicus/Rolland/Schäfer/Wendtland (Haas), Neues SchuldR, Kap. 5, Rn. 205. Vgl. Gsell, NJW 2003, 1969, 1970. Einschränkend Kaiser, JZ 2001, 1057, 1068.

[729] Lorenz/Riehm, Neues SchuldR, Rn. 435, Rn. 436 f.; P. Huber/Faust (Faust), Schuldrechtsmod., Kap. 10, Rn. 55 ff.; Kaiser, JZ 2001, 1057, 1068; vgl. Gsell, NJW 2003, 1969, 1970. Teilweise a. A. Kohler, ZGS 2004, 48, 48 ff., 53 (keine Verpflichtung des Käufers zur Leistung von Nutzungsersatz bei berechtigtem Nachlieferungsverlangen).

[730] Haas/Medicus/Rolland/Schäfer/Wendtland (Rolland), Neues SchuldR, Kap. 4, Rn. 33; P. Huber/Faust (Faust), Schuldrechtsmod., Kap. 10, Rn. 54; Palandt (Heinrichs), BGB, 62. A., § 346, Rn. 20. Zum Anspruch aus § 285 BGB unten, Kapitel 4 – C.II.2.g.

[731] Zum Begriff Dauner-Lieb/Heidel/Lepa/Ring (Hager), Neues SchuldR, § 5, Rn. 41.

[732] Schlechtriem, SchuldR AT, Rn. 477; P. Huber/Faust (Faust), Schuldrechtsmod., Kap. 10, Rn. 60 ff.; Lorenz/Riehm, Neues SchuldR, Rn. 435; Kaiser, JZ 2001, 1057, 1066 f. Vgl. Begr. RegE, BT-Drucks. 14/6040, S. 197, linke Spalte; Dauner-Lieb/Heidel/Lepa/Ring (Hager), Neues SchuldR, § 5, Rn. 41

[733] Schlechtriem, SchuldR AT, Rn. 477; Dauner-Lieb/Heidel/Lepa/Ring (Hager), Neues SchuldR, § 5, Rn. 41; Lorenz/Riehm, Neues SchuldR, Rn. 435.

[734] Lorenz/Riehm, Neues SchuldR, Rn. 435.

Nach § 347 II 1 BGB hat der Käufer einen Anspruch auf Ersatz der "notwendigen Verwendungen", die er zwischenzeitlich auf die Ware getätigt hat. Dabei handelt es sich insbesondere um Aufwendungen zur Reparatur und zum Erhalt der Ware bis zu ihrer Rückgabe. Sonstige Aufwendungen sind dann zu ersetzen, wenn der Verkäufer durch sie "bereichert" ist, § 347 II 2 BGB,[735] insbesondere wenn durch sie der Wert der Ware noch erhöht ist.

IV. Vergleich

Von der Art und Weise der Ausgestaltung der Rückabwicklung gescheiterter Verträge sind von den oben, Kapitel 1 – B.II.1, aufgezeigten Kriterien wiederum vorrangig die Kriterien Haftungsrisiko und Planungssicherheit betroffen: während die Voraussetzungen und insbesondere die Höhe eines etwaigen Wert- und Nutzungsersatzes das verkäuferische Haftungsrisiko betreffen, betrifft die Frage, ob und ggf. unter welchen Voraussetzungen eine 'Aufhebungssperre' eingreift, v. a. die Verlässlichkeit seiner Planungsgrundlage.

Stellt man die Regelungen über die Rückgewähr der bereits empfangenen Leistungen bei Scheitern des Vertrages unter diesen Gesichtpunkten einander gegenüber, so fallen zunächst die Gemeinsamkeiten im Ausgangspunkt ins Auge: gleichermaßen entfallen durch die Vertragsaufsagung die gegenseitigen Primärleistungspflichten, und es entsteht ein Rückgewährschuldverhältnis, aus dem die Vertragsparteien verpflichtet sind, einander *in natura* zurückzugewähren, was sie in Erfüllung des (ursprünglichen) Vertrages bereits erhalten haben. Offensichtlich ist auch der Unterschied hinsichtlich der Folgen bei Unmöglichkeit der Rückgabe der Ware in unversehrtem Zustand: während im UN-Kaufrecht die Vertragsaufhebung dann grundsätzlich ausgeschlossen ist (Aufhebungssperre), lässt das interne deutsche Recht das Rücktrittsrecht des Käufers unberührt (Wertersatzmodell). Dieser Unterschied entpuppt sich im praktischen Ergebnis jedoch als gering: da der Untergang bzw. die Verschlechterung der Ware meist Folge der obligatorischen Untersuchung nach Art. 38 CISG oder ihrer bestimmungsgemäßen Verwendung (Verarbeitung oder Weiterverkauf) sein wird, kommt regelmäßig eine der Ausnahmen zur Aufhebungssperre des UN-Kaufrechts zum Tragen, so dass der Käufer den Vertrag i. a. R. trotzdem aufheben kann. Aus gleichem Grund ist es auch ohne praktische Relevanz, dass der Käufer, wenn er die Ware nicht herausgeben kann, im UN-Kaufrecht grundsätzlich nicht zum Ersatz des Wertes der Ware verpflichtet ist, im internen deutschen Recht hingegen grundsätzlich schon. Denn im internen deutschen Recht wird der Käufer unter den praktisch gleichen Voraussetzungen, unter denen im UN-Kaufrecht die Aufhebungssperre entfällt (Untergang/Verschlechterung der Ware zufällig oder aufgrund ihrer bestimmungsgemäßen Ver-

735 Vgl. Schlechtriem, SchuldR AT, Rn. 478; Lorenz/Riehm, Neues SchuldR, Rn. 436 f.; P. Huber/Faust (Faust), Schuldrechtsmod., Kap. 10, Rn. 67 ff.; Rn. 71 ff.; Dauner-Lieb/Heidel/Lepa/Ring (Hager), Neues SchuldR, § 5, Rn. 43.

wendung), von eben dieser Wertersatzpflicht frei. Demnach ist der Käufer unter beiden Regimes bei Vorliegen der Voraussetzungen für Vertragsaufhebung/Rücktritt dazu regelmäßig auch dann berechtigt, wenn er die Kaufware nicht mehr unversehrt zurückgeben kann, und zwar gleichermaßen ohne zum Wertersatz für die Ware selbst verpflichtet zu sein.[736]

Ein praktisch relevanter Unterschied besteht hier nur insoweit, als der Käufer im internen deutschen Recht auch dann, wenn seine Unfähigkeit zur Rückgabe der Kaufsache nicht auf einem der genannten 'Normalgründe' beruht, zur Vertragsauflösung berechtigt bleibt und auch keinen Wertersatz für die Ware leisten muss, solange er im Umgang mit der Ware die ihm eigene, mglw. recht laxe Sorgfalt an den Tag gelegt hat; in diesen Fällen wäre sein Aufhebungsrecht im UN-Kaufrecht gesperrt. Die daraus folgende stärkere Bindung des Käufers an den einmal geschlossenen Vertrag macht das UN-Kaufrecht unter dem Gesichtpunkt der Planungssicherheit für den Verkäufer vorzugswürdig.

Hinsichtlich gezogener Nutzungen stellt sich das UN-Kaufrecht aus Sicht des Verkäufers hingegen als nachteilig dar, da der Käufer hier, anders als im internen deutschen Kaufrecht, nicht zum Ersatz von Nutzungen, die er entgegen den Regeln einer ordnungsgemäßen Wirtschaft nicht gezogen hat, verpflichtet ist. Dieser Unterschied wird freilich ebenfalls gering ausfallen, da der Käufer im internen deutschen Recht auch insoweit nur an seinem eigenüblichen Sorgfaltsstandard zu messen ist. Aufwendungsersatz steht dem Käufer wiederum unter vergleichbaren Voraussetzungen zu.

Insgesamt fallen die Unterschiede zwischen UN-Kaufrecht und internem deutschen Recht betreffend die Folgen einer Vertragsauflösung also gering aus; im Einzelfall wird sich mal das eine, mal das andere Rechtsregime als vorzugswürdig erweisen.

H. Regress des Verkäufers

Wird der Verkäufer von einem Abnehmer wegen eines Warenmangels in Anspruch genommen, so kann er, wenn der Mangel bereits vorhanden war, als er die Ware von seinem Lieferanten bezogen hat, grundsätzlich diesen deswegen in Anspruch nehmen (Regress). Er steht seinem Lieferanten insoweit als Käufer gegen-

---

[736] Vgl. Coen, Teilbeendigung (FS Schlechtriem), S. 199 ("Letztlich trennt nur die feine Linie historischer Zufälligkeit und dogmatischer Spitzfindigkeit diese Lösung [Wertersatzmodell], in der das vertragliche Synallagma *im Rahmen* der 'Rückabwicklung' bewahrt wird, von der als veraltet und unflexibel abgelehnten Lösung, es durch einen *Ausschluss* des Rücktritts und damit der Rückabwicklung aufrechtzuerhalten").

über und hat entsprechend die allgemeinen käuferischen Gewährleistungsrechte (dazu nachfolgend).[737]

Darüber hinaus enthält das interne deutsche Recht in den §§ 478 f. BGB jetzt Sonderregeln für den Regress gegen den Lieferanten eines Verkäufers (Zwischenhändlers), der an einen Verbraucher i. S. v. § 13 BGB eine neue, jedoch bereits bei Übernahme von dem Lieferanten mangelbehaftete Sache verkauft hat, und von dem Verbraucher wegen des Mangels in Anspruch genommen wurde. Diese Sonderregeln finden gem. §§ 478 V, 479 III BGB in der gesamten Lieferkette, an deren Ende ein Verbraucher steht, Anwendung.

Im folgenden wird zunächst untersucht, unter welchen Voraussetzungen der Verkäufer im UN-Kaufrecht und im internen deutschen Recht jeweils nach den allgemeinen Regeln bei seinem Lieferanten Regress nehmen kann, sowie, im Anschluss daran, welche Modifikationen sich demgegenüber aus § 478 BGB ergeben. Relevanz für die vorliegend zu behandelnde Aufgabenstellung hat dies aber nur dann, wenn der (unternehmerische/kaufmännische[738]) Exporteur, der seinerseits an einen 'professionellen' Zwischenhändler verkauft, überhaupt die Möglichkeit hat, auf die Anwendbarkeit des § 478 BGB in seinen Geschäftsbeziehungen – zu seinem Lieferanten einerseits, zu seinem Abnehmer andererseits – Einfluss zu nehmen. Auf diese Frage wird daher vorab ein Blick geworfen.[739] Abschließend wird dazu Stellung genommen, ob es einem Zwischenverkäufer oder Hersteller anzuraten ist, auf die Anwendbarkeit des § 478 BGB hinzuwirken.

I. Anwendungsvoraussetzungen der Regress-Sonderregeln des internen deutschen Rechts (Einflussnahmemöglichkeit des Verkäufers)

Grundvoraussetzung für die Anwendbarkeit des § 478 BGB ist, neben der Anwendbarkeit deutschen Rechts, zunächst, dass am Ende der Lieferkette der Verkauf einer neu hergestellten Sache durch einen Unternehmer i. S. v. § 14 BGB an einen Verbraucher i. S. v. § 13 BGB steht, § 478 I BGB. § 478 BGB gilt dann in

---

737 Vgl. Dauner-Lieb/Heidel/Lepa/Ring (Büdenbender), Neues SchuldR, § 8, Rn. 85; Haas/Medicus/Rolland/Schäfer/Wendtland (Haas), Neues SchuldR, Kap. 5, Rn. 482, Rn. 493; P. Huber/Faust (P. Huber), Schuldrechtsmod., Kap. 15, Rn. 24 f.; v. Sachsen Gessaphe, RIW 2001, 721, 727; ausführlich v. Westphalen, DB 1999, 2553 ff.

738 Beides ist nicht identisch, hier wird aber vom Vorliegen beider Eigenschaften ausgegangen, vgl. oben, Kapitel 1 – B.II.2.

739 Hinsichtlich der Verjährungsmodifikationen des § 479 BGB wurde bereits festgestellt, dass diese auch bei Geltung des UN-Kaufrechts und nur ergänzender Geltung internen deutschen Rechts zur Anwendung kommen (Kapitel 3 – F.II), so dass insoweit eine Einflussnahme durch Rechtswahl nicht möglich ist. Hinsichtlich § 478 BGB wird vorliegend die Konstellation des Verkaufs durch einen Unternehmer-Verkäufer, der selbst an einen Endverbraucher verkauft, außer Betracht gelassen. Hier wäre das UN-Kaufrecht nur anwendbar, wenn der Verkäufer den "für den persönlichen Gebrauch"-Charakter der Transaktion nicht erkennt/erkennen konnte, vgl. Art. 2 a) CISG und oben, Kapitel 1 – B.II.2.

jedem Glied einer ununterbrochenen Lieferkette (ausgehend vom Verbraucher) aus Unternehmer-Verkäufern, vgl. § 478 V BGB. Die Regresskette wird unterbrochen, wenn ein Verkäufer darin kein Unternehmer und/oder kein Lieferant ist; es verbleibt dann beim Regress nach den allgemeinen Regeln.[740] Zudem kann der Rückgriff auf jeder Stufe an den allgemeinen Anspruchsvoraussetzungen scheitern, insbesondere am Fehlen eines Mangels (subjektiver Fehlerbegriff),[741] an einem in den Grenzen des § 478 IV 1 BGB vereinbarten Haftungsausschluss[742] oder am Fehlen einer i. S. v. § 377 HGB ordnungsgemäßen Rüge.[743]

Im UN-Kaufrecht bestehen keine dem § 478 BGB entsprechenden Sonderregeln für den Regress des Zwischenhändlers. Die Anwendbarkeit des § 478 BGB in einer Rechtsbeziehung, die vorrangig nach UN-Kaufrecht und nur ergänzend nach internem deutschen Recht zu beurteilen ist, hängt daher davon ab, ob ggf. auch § 478 BGB in Ergänzung zum UN-Kaufrecht anzuwenden ist, oder ob die Anwendung dieser Vorschrift durch das UN-Kaufrecht ausgeschlossen ist.[744] Käme § 478 BGB bei Geltung des UN-Kaufrechts nicht zur Anwendung, so ließe sich durch die Wahl des UN-Kaufrechts für das Rechtsverhältnis zwischen dem Verkäufer und seinem Abnehmer (dem Letztverkäufer oder einem weiteren Zwischenhändler) auch das Rechtsverhältnis des Verkäufers seinen Lieferanten gegenüber beeinflussen,[745] denn Voraussetzung für die Anwendung des § 478 BGB ist immer die

---

740 Zum Ganzen oben, Kapitel 3 – F.II (zu § 479 BGB).

741 Begr. RegE, BT-Drucks. 14/6040. S. 248, linke Spalte. Vgl. Lorenz/Riehm, Neues SchuldR, Rn. 591; Schlechtriem, SchuldR BT, Rn. 96; Haas/Medicus/Rolland/Schäfer/Wendtland (Haas), Neues SchuldR, Kap. 5, Rn. 478; Dauner-Lieb/Heidel/Lepa/Ring (Büdenbender), Neues SchuldR, § 8, Rn. 87; v. Sachsen Gessaphe, RIW 2001, 721, 734; Westermann, NJW 2002, 241, 253; Matthes, NJW 2002, 2505, 2506. Zum Fehlerbegriff oben, Kapitel 2 – C.

742 Dauner-Lieb/Heidel/Lepa/Ring (Büdenbender), Neues SchuldR, § 8, Rn. 88.

743 K. Schmidt, Händlerregress (Neues SchuldR i. d. Praxis), S. 437; Marburger, JuS 1983, 1, 7.

744 Aufgrund vorliegend der Konzentration auf einen deutschen Verkäufer (vgl. Kapitel 1 – B.II.2) und der Vorgabe, dass im Verhältnis zwischen Letztverkäufer und Verbraucher deutsches Recht anzuwenden ist, was gem. Art. 28 I, II EGBGB regelmäßig voraussetzt, dass der Letztverkäufer seinen Hauptverwaltungssitz ebenfalls in Deutschland hat, kommt zwischen Zwischenhändler und Letztverkäufer das UN-Kaufrecht gem. Art. 1 CISG grundsätzlich nicht zur Anwendung. Es ist aber bspw. denkbar, dass Zwischenhändler und Letztverkäufer ihre i. S. d. UN-Kaufrechts für den konkret zu betrachtenden Kaufvertrag maßgeblichen (Zweig-)Niederlassungen in unterschiedlichen Vertragsstaaten haben (vgl. Art. 1, 10 CISG, wonach es, im Gegensatz zu Art. 28 II EGBGB, nicht auf den Hauptverwaltungssitz ankommt), so dass deswegen das CISG zu Anwendung kommt, oder dass die Geltung des UN-Kaufrechts zwischen beiden vertraglich vereinbart wurde.

745 Einer Rechtswahl zugunsten des UN-Kaufrechts auch zwischen zwei inländischen Parteien steht dabei § 478 IV BGB nicht entgegen. Zum einen kommt § 478 IV BGB dann schon nicht zur Anwendung, vgl. Gruber, NJW 2002, 1180, 1181, Fn. 13. Zum anderen stellen die Regressmöglichkeiten des UN-Kaufrechts (dazu im Anschluss) einen "gleichwertigen Ausgleich" i. S. d. Vorschrift dar. § 475 I BGB greift ebenfalls nicht, da kein "Nachteil des Verbrauchers" entsteht, vgl. Matthes, NJW 2002, 2505, 2508. Eine Rechtswahl muss auch

ununterbrochene Anwendung in der gesamten Lieferkette, ausgehend vom Verbraucher (vgl. zuvor).

Nach den aus den Art. 4, 7 II CISG folgenden Grundsätzen zur Lückenfüllung im UN-Kaufrecht kommen die Regeln eines intern-nationalen Rechts neben denen des UN-Kaufrechts nur dann zur Anwendung, wenn das UN-Kaufrecht insoweit überhaupt eine Lücke enthält. Andernfalls gehen die Regelungen des UN-Kaufrechts denen des internen nationalen Rechts vor und schließen deren Anwendung aus. Dies gilt auch für zwingende Vorschriften des jeweiligen intern-nationalen Rechts.[746] Übertragen auf § 478 BGB führt dies zu der Erkenntnis, dass die Anwendung des § 478 BGB durch das UN-Kaufrecht ausgeschlossen ist, denn § 478 BGB regelt besondere Voraussetzungen für die allgemeinen Ansprüche und Rechte des Zwischenhändlers als Käufer gegen seinen Lieferanten als Verkäufer und enthält zudem, in seinem zweiten Absatz, eine eigene Anspruchsgrundlage wegen Mängeln der Sache (sog. "unselbständiger" und "selbständiger Regress").[747] § 478 BGB regelt damit nichts anderes als die Rechtsbehelfe eines Käufers gegen seinen Verkäufer.[748] Dieser Sachbereich ist mit den allgemeinen Käuferrechtsbehelfen aber auch im UN-Kaufrecht geregelt, so dass eine Regelungslücke nicht besteht und ein Rückgriff auf § 478 BGB unzulässig ist.[749] Die Lieferkette wird

---

deswegen möglich sein, weil sonst in nahezu allen Fällen, nämlich immer dann, wenn die verkaufte Ware ihrer Art nach überhaupt zum Verkauf an einen Verbraucher geeignet ist, eine Abwahl des internen deutschen Rechts ausgeschlossen wäre. Dies ist ersichtlich nicht Sinn und Zweck der §§ 478 f. BGB. Entspr. schlägt Gruber vor, zur Anwendbarkeit des UN-Kaufrechts über die Einschaltung ausländischer Zwischenhändler und Art. 1 a), 10 a) CISG zu gelangen.

746 Vgl. oben, Kapitel 1 – A.I.

747 Vgl. Begr. RegE, BT-Drucks. 14/6040, S. 247, rechte Spalte, f.; Lorenz/Riehm, Neues SchuldR, Rn. 588.

748 Ebenso Bereska, ZGS 2002, 59, 59; vgl. Magnus, ZEuP 1999, 642, 646.

749 So i. E. Matusche-Beckmann, BB 2002, 2561, 2564 (wegen §§ 437 ff. BGB keine Regelungslücke im internen deutschen Recht, die eine analoge Anwendung der § 478 f. rechtfertigen würde, wenn die zum Verkauf an einen Endverbraucher bestimmte Sache in der Lieferkette "stecken bleibt"); Piltz, IHR 2002, 2, 4 ff. (§§ 444, 478 IV BGB gelten unter UN-Kaufrecht nicht); ders., NJW 2003, 2056, 2061; ders., AwPrax 2002, 259, 260 f.; Schulte-Nölke, ZGS 2003, 401, 401; Matthes, NJW 2002, 2505, 2508; Gruber, NJW 2002, 1180, 1181, Fn. 13; A. Staudinger, ZGS 2002, 63, 63 f. ('Abwahl' des § 478 BGB kein Verstoß gegen den deutschen *ordre public)*; Janser, Haftung für Vorlieferanten, S. 34 ff.; Zwernemann/Sutorius, Schuldrechtsref., S. 28. A. A. wohl Schillo, IHR 2003, 257, 267; dagegen Regula/Kannowski, IHR 2004, 45, 51. Vgl. Staudinger (Magnus) Wiener UN-Kaufrecht, Art. 45, Rn. 43; Ferrari/ Flechtner/Brand (Magnus), Draft UNCITRAL Digest, Art. 45, Anm. 2; Schlechtriem (Huber), Einh. UN-Kaufrecht, Art. 45, Rn. 50. Vgl. auch Art. 4 Verbrauchsgüterkaufrichtlinie ("Vorgehen und Modalitäten" der Regresshaftung der Ausgestaltung durch innerstaatliches Recht, Bestandteil dessen das UN-Kaufrecht in den Mitgliedsstaaten ist, vorbehalten); vgl. Schlechtriem (Schwenzer), Einh. UN-Kaufrecht, Art. 35, Rn. 14; Magnus, CISG's Impact on European Legislation (Verona Conf. 2003), S. 141. Zuzugeben

daher hinsichtlich der Anwendung des § 478 BGB dort unterbrochen, wo auf eines der Kettenglieder vorrangig UN-Kaufrecht anzuwenden ist. Damit lässt sich durch Rechtswahl im Verhältnis zwischen dem Verkäufer und seinen Abnehmern auch die Rechtsposition des Verkäufers gegenüber seinen Lieferanten beeinflussen.

II. Regress nach den allgemeinen Regeln

Wenn das UN-Kaufrecht anzuwenden ist, kann der Verkäufer zunächst im Wege der Kaufpreisminderung und des Schadensersatzes Regress bei seinem Vorlieferanten nehmen.[750] Im Wege des Schadensersatzes kann er die Kosten, die ihm durch die Inanspruchnahme durch seinen Abnehmer wegen des Mangels entstanden sind (bspw. Reparaturkosten, Preisnachlass, Ausgleich für ein teureres Deckungsgeschäft), geltend machen. Dabei ist ohne weiteres von der Vorhersehbarkeit (Art. 74 Satz 2 CISG) dieser Schadenspositionen ihrer Art und ihrem Umfang nach auszugehen,[751] so dass auch eine Exkulpation des Verkäufers nach Art. 79 CISG regelmäßig ausscheidet. Auch Vertragsaufhebung, regelmäßig in Verbindung mit Schadensersatz, kann, sofern die entsprechenden Voraussetzungen (insbesondere eine wesentliche Vertragsverletzung) vorliegen, regresshalber geltend gemacht werden. Dies ist insbesondere dann interessant, wenn der Abnehmer des Verkäufers seinerseits den Vertrag aufgehoben und die Ware an den Verkäufer zurückgegeben hat. (Nach-) Erfüllung durch Nachbesserung oder Ersatzlieferung wird den Interessen des Verkäufers hingegen regelmäßig nicht gerecht, da er die Ware ja bereits weiterverkauft hat.

---

ist allerdings, dass sich auf diesem Wege der mit den §§ 478 f. bezweckte Verbraucherschutz durch Rechtswahl teilweise umgehen lässt. Zwar ist bei einem Kaufvertrag, bei dem auf Seiten des Käufers erkennbar ein Verbraucher i. S. v. § 13 BGB beteiligt ist, die Anwendung des UN-Kaufrechts ausgeschlossen und die verbraucherschützenden §§ 475 ff. BGB greifen ein. Dabei entspricht die Definition des Verbrauchers in § 13 BGB insoweit Art. 2 a) CISG, als es nicht auf den generellen Statuts des Käufers (als Kaufmann/Unternehmer), sondern auf den Zweck des konkreten Vertrages ankommt, wodurch Gleichlauf der Vorschriften gewährleistet sein sollte. In den nachfolgenden Gliedern der Lieferkette ist die vereinfachte (dazu im Anschluss) Regressmöglichkeit nach §§ 478 ff. BGB dann jedoch abgeschnitten, so dass ein Verkäufer stärkeren (tatsächlichen) Widerstand gegen ein Regressbegehren seines Abnehmers leisten wird, was sich durch die Lieferkette "nach unten" fortsetzt und letztlich, wenngleich nur reflexiv, den Verbraucher trifft, vgl. Schillo, IHR 2003, 257, 267; Dauner-Lieb/Heidel/Lepa/Ring (Büdenbender), Neues SchuldR, § 8, Rn. 93; Anwaltkommentar (Büdenbender), SchuldR, § 478, Rn. 1; Roth, Schuldrechtsmodernisierung und Europarecht (Zivilrechtswissenschaft und Schuldrechtsref.), S. 250 (Verbraucherschutz dadurch, dass dem Endverbraucher ein solventer Schuldner erhalten wird); K. Schmidt, Händlerregress (Neues SchuldR i. d. Praxis), S. 452.

750 Zu den Voraussetzungen dieser Rechtsbehelfe unten, Kapitel 4 – C.I.1, Kapitel 4 – C.II.1.

751 Staudinger (Magnus), Wiener UN-Kaufrecht, Art. 74, Rn. 45; Schlechtriem (Stoll), Einh. UN-Kaufrecht, Art. 74, Rn. 42. Vgl. zum Vorhersehbarkeitserfordernis unten, Kapitel 4 – C.II.1.d.

Vorraussetzung aller Rechtsbehelfe des Verkäufers gegen seine Lieferanten ist zunächst, dass er die Ware auf Sachmängel untersucht und entdeckte Mängel entsprechend Art. 39 CISG (insbesondere rechtzeitig) gerügt hat bzw. dass er, wenn er trotz ordnungsgemäßer Untersuchung einen Mangel nicht entdecken konnte, Sach- und Rechtsmängel, die sein Käufer/Abnehmer ihm gegenüber geltend macht, in angemessener Frist an seinen Lieferanten weitermeldet, Art. 39 CISG bzw. Art. 43 CISG.[752]

Zudem dürfen die Gewährleistungsansprüche des Verkäufers nicht verjährt sein. Dabei ist zu beachten, dass bei ergänzender Geltung internen deutschen Verjährungsrechts die Verjährungsfrist in jedem Glied der Lieferkette regelmäßig mit der Ablieferung der Kaufsache an den jeweiligen Abnehmer beginnt, § 438 II BGB. Wenn ein Zwischenhändler die Ware bei sich zunächst für eine gewisse Zeit einlagert, ist es deswegen möglich, dass er von seinem Abnehmer erst dann wegen eines Mangels in Anspruch genommen wird, wenn seine eigenen Gewährleistungsansprüche gegenüber seinem Lieferanten bereits verjährt sind. Diese "Verjährungsfalle" kann auch bei Geltung des UN-Verjährungsübereinkommens oder bei Geltung einer Kombination aus internem deutschen Verjährungsrecht und UN-Verjährungsübereinkommen 'zuschnappen'; die Gefahr dessen wird durch § 479 II, III BGB zwar reduziert, nicht aber völlig ausgeschlossen.[753] Bei Sachmängeln, die offen zu Tage liegen oder im Rahmen der obligatorischen Untersuchung nach Art. 38 CISG entdeckt werden können, ist die Gefahr, in die Verjährungsfalle zu geraten, allerdings gering.

Auch bei Anwendung des internen deutschen Kaufrechts hat der Verkäufer grundsätzlich die Möglichkeit, mit Hilfe der allgemeinen Käuferrechtsbehelfe (insbesondere des Schadensersatzanspruchs) unter den jeweiligen Voraussetzungen (insbesondere regelmäßig Nachfristsetzung und Erfüllung der Untersuchungs- und Rügeobliegenheit[754]) Regress bei seinen Lieferanten zu nehmen. Für einen Schadensersatzanspruch ist dabei zwar grundsätzlich ein Verschulden des Lieferanten erforderlich; dessen Vorliegen wird jedoch vermutet.[755] An der Zurechenbarkeit erforderlicher Ersatzleistungen des Zwischenhändlers an seine Abnehmer als Schaden nach Adäquanztheorie und Lehre vom Schutzzweck der Norm bestehen keine Bedenken.[756] Hinsichtlich Verjährung und Verjährungsfalle gilt hier das zum UN-Kaufrecht Gesagte entsprechend.

---

752 Vgl. oben, Kapitel 3 – E.III.1.

753 Vgl. oben, Kapitel 3 – F.II.

754 Vgl. v. Sachsen Gessaphe, RIW 2001, 721, 727 f.; v. Westphalen, DB 1999, 2553, 2553. Zur Untersuchungs- und Rügeobliegenheit oben, Kapitel 3 – E.III.2.

755 Vgl. oben, Kapitel 3 – D.II.

756 Vgl. oben, Kapitel 4 – C.II.2.f.

III. Regressmodifikationen durch § 478 BGB

Kommt es bei ausschließlicher Geltung internen deutschen Rechts und Endverkauf an einen Verbraucher zur Anwendung der §§ 478 f. BGB in der Lieferkette, so gilt, abweichend von zuvor Gesagtem, folgendes:

Gem. § 478 I BGB kann der unternehmerische Verkäufer einer neu hergestellten Sache, der diese aufgrund eines Sach- oder Rechtsmangels von dem Verbraucher zurücknehmen, diesem Kaufpreisminderung, oder (analog § 478 I BGB) den "kleinen" Schadensersatz[757] zugestehen musste, die allgemeinen Käuferrechtsbehelfe nach § 437 BGB seinem Lieferanten gegenüber ausüben, ohne dass es der Setzung einer Nachfrist bedarf:[758] es entfällt damit in diesen Konstellationen der Vorrang der Nacherfüllung.[759] I. Ü. müssen die Anspruchsvoraussetzungen des jeweils geltend gemachten Rechtsbehelfs, einschließlich (ggf.) der Erfüllung der Untersuchungs- und Rügeobliegenheit nach § 377 HGB, jedoch vorliegen.[760] Gem. § 478 III BGB gilt hinsichtlich des zum Regress berechtigenden Mangels allerdings die Beweislasterleichterung nach § 476 BGB auch im Verhältnis Verkäufer (Zwischenhändler) - Lieferant.[761] Demnach wird vermutet, dass der Mangel bereits zum Zeitpunkt des Gefahrübergangs vom Lieferanten auf den Verkäufer vorhanden war, wenn sich der Mangel innerhalb von sechs Monaten nach Verkauf der Ware an den Verbraucher zeigt, womit sich die Beweislastumkehr zeitlich weit über die in § 476 BGB genannten sechs Monate hinaus erstreckt.[762]

---

757 Lorenz/Riehm, Neues SchuldR, Rn. 589; Dauner-Lieb/Heidel/Lepa/Ring (Büdenbender), Neues SchuldR, § 8, Rn. 87; Anwaltkommentar (Büdenbender), SchuldR, § 478, Rn. 29 f.; Jacobs, JZ 2004, 225, 229 f. Kritisch Ernst/Gsell, ZIP 2001, 1389, 1398.

758 Begr. RegE, BT-Drucks. 14/6040, S. 247 f.; Lorenz/Riehm, Neues SchuldR, Rn. 590; Haas/Medicus/Rolland/Schäfer/Wendtland (Haas), Neues SchuldR, Kap. 5, Rn. 482 f.; Dauner-Lieb/Heidel/Lepa/Ring (Büdenbender), Neues SchuldR, § 8, Rn. 87; K. Schmidt, Händlerregress (Neues SchuldR i. d. Praxis), S. 434 f.; v. Sachsen Gessaphe, RIW 2001, 721, 731; Schubel, ZIP 2002, 2061, 2068; Westermann, NJW 2002, 241, 252; Matusche-Beckmann, BB 2002, 2561, 2561 f.; Bereska, ZGS 2002, 59, 60; Jacobs, JZ 2004, 225, 229.

759 Vgl. Ernst/Gsell, ZIP 2001, 1389, 1399; oben, Kapitel 3 – C.II.

760 Vgl. § 378 IV BGB; Begr. RegE, BT-Drucks. 14/6040, S. 248 f.; Schlechtriem, SchuldR BT, Rn. 93; Haas/Medicus/Rolland/Schäfer/Wendtland (Haas), Neues SchuldR, Kap. 5, Rn. 487. P. Huber/Faust (P. Huber), Schuldrechtsmod., Kap. 15, Rn. 28, Rn. 37; K. Schmidt, Händlerregress (Neues SchuldR i. d. Praxis), S. 434; Schubel, ZIP 2002, 2061, 2069 f.; Matusche-Beckmann, BB 2002, 2561, 2561. Vgl. Marburger, JuS 1983, 1, 7. Zur Untersuchungs- und Rügeobliegenheit oben, Kapitel 3 – E.III.2.

761 Vgl. Begr. RegE, BT-Drucks. 14/6040, S. 248, rechte Spalte; Lorenz/Riehm, Neues SchuldR, Rn. 591; Schlechtriem, SchuldR BT, Rn. 95; Haas/Medicus/Rolland/Schäfer/Wendtland (Haas), Neues SchuldR, Kap. 5, Rn. 486; Ernst/Gsell, ZIP 2001, 1389, 1397; v. Sachsen Gessaphe, RIW 2001, 721, 731; Schubel, ZIP 2002, 2061, 2063; Matthes, NJW 2002, 2505, 2507; Gruber, NJW 2002, 1180, 1181; Matusche-Beckmann, BB 2002, 2561, 2562.

762 Insb. Ernst/Gsell, ZIP 2001, 1389, 1397, 1398 f.; Bereska, ZGS 2002, 59, 60 f.

Zusätzlich zu den allgemeinem Käuferrechtsbehelfen folgt aus § 478 II BGB ein eigenständiger, von einem Vertretenmüssen des Lieferanten unabhängiger Aufwendungsersatzanspruch des Verkäufers gegen den Lieferanten, aus dem der Zwischenhändler Ersatz derjenigen Aufwendungen verlangen kann, die er im Verhältnis zum Verbraucher zur Nacherfüllung nach § 439 II BGB (bspw. Reparaturkosten, Kosten einer Ersatzbeschaffung) aufgewendet hat.[763] Wiederum muss dem Rügeerfordernis (§ 377 HGB) genüge getan sein, § 378 VI BGB, wiederum gilt die Beweislasterleichterung nach § 476 BGB.[764]

Insbesondere dieser Aufwendungsersatzanspruch, verschuldensunabhängig und versehen mit der Beweislasterleichterung des § 476 BGB, führt dabei wohl unweigerlich zu Ineffizienzen (Verschwendung) bei der Mangelabwicklung durch den Zwischenhändler, da Regulierungskompetenz und Kostentragungspflicht hinsichtlich des Mangels auseinander fallen: während die Entscheidung über das Wie der Mangelbeseitigung und der damit assoziierten Kosten beim Zwischenhändler liegt, sind die Kosten dafür von dem Lieferanten zu tragen.[765] Anders gewendet: i. E. erlaubt dieser Anspruch dem Zwischenhändler, fremdes Geld auszugeben. Dies wird dazu führen, dass unnötige Kosten verursacht werden, denn derjenige Zwischenhändler, der sich in der Position weiß, alle seine Kosten ersetzt zu bekommen, wird, bspw. um *good will*-Schaden wett zu machen, bei der Mangelregulierung weniger 'knauserig' sein, als derjenige, der davon ausgehen muss, auf den Kosten sitzen zu bleiben; solch ein Verkäufer wird einen (vermeintlichen) Mangel leichter als solchen anerkennen und eine nachträgliche Kaufpreisminderung darauf gewähren; er wird großzügiger reparieren, für die Reparatur u. U. Dritte einschalten, die ihrerseits eine Gewinnmarge verdienen wollen, und er wird all dies entsprechend abrechnen.[766] Zudem hat ein Zwischenhändler, der letztlich die Kosten

---

763 Begr. RegE, BT-Drucks. 14/6040, S. 249, linke Spalte; Lorenz/Riehm, Neues SchuldR, Rn. 594; Schlechtriem, SchuldR BT, Rn. 94; Haas/Medicus/Rolland/Schäfer/Wendtland (Haas), Neues SchuldR, Kap. 5, Rn. 488 f.; P. Huber/Faust (P. Huber), Schuldrechtsmod., Kap. 15, Rn. 32 f.; v. Sachsen Gessaphe, RIW 2001, 721, 731; Schubel, ZIP 2002, 2061, 2062 (Kern der Gesamtregelung); Westermann, NJW 2002, 241, 252; Matusche-Beckmann, BB 2002, 2561, 2562; Bereska, ZGS 2002, 59, 60; Tröger, ZGS 2004, 296, 298.

764 K. Schmidt, Händlerregress (Neues SchuldR i. d. Praxis), S. 434; Matthes, NJW 2002, 2505, 2507; Gruber, NJW 2002, 1180, 1181; Matusche-Beckmann, BB 2002, 2561, 2562. Nur erinnert sei hier an die bereits zuvor, Kapitel 3 – F.II diskutierten, verjährungsrechtlichen Implikationen eines Endverkaufs an einen Verbraucher nach § 479 BGB, insbesondere an die Hemmung der Verjährung in jedem Glied einer ununterbrochenen Lieferkette für zwei Monate, die durch Rechtswahl nicht zu beeinflussen/vermeidbar sind.

765 Vgl. Schubel, ZIP 2002, 2061, 2063.

766 Zwar erlauben §§ 478 I f. den Rückgriff nur bei Inanspruchnahme aufgrund "echter" Mängel, nicht auch wegen eines Ausgleichs aus Kulanz (vgl. Begr. RegE, BT-Drucks. 14/6040, S. 248, linke Spalte; Lorenz/Riehm, Neues SchuldR, Rn. 588; P. Huber/Faust (P. Huber), Schuldrechtsmod., Kap. 15, Rn. 27; Bamberger/Roth (Faust), BGB, § 478, Rn. 16, Rn. 20; Anwaltkommentar (Büdenbender), SchuldR, § 478, Rn. 32; Schubel, ZIP 2002, 2061, 2064,

des Mangelausgleichs nicht zu tragen hat, kaum Anreiz, im Rahmen der ihm durch § 439 III BGB gegebenen Möglichkeiten auf einen möglichst kostengünstigen Mangelausgleich hinzuwirken ("überobligatorische Nacherfüllung").[767] Oftmals wird es wohl so sein, dass für den Verkäufer ein Austausch des mangelhaften Produkts (Nachlieferung) günstiger ist (und ihm zudem einen *good will*-Vorteil beschert), da für ihn damit ein im Vergleich zu einer Reparatur (Nachbesserung) geringerer organisatorischer Aufwand verbunden ist und er ja die Kosten für das Ersatzprodukt auf den Lieferanten abwälzen kann, während für den Lieferanten (mglw. Hersteller) des defekten Produkts Reparatur ohne weiteres und kostengünstig möglich gewesen wäre.[768]

Zur Lösung dieser Effizienzprobleme wird in der Literatur zwar vorgeschlagen, den Regressanspruch eines Zwischenhändlers, der eine unökonomische Art der Nacherfüllung zulässt oder sonst über Gebühr nacherfüllt, anteilig, etwa gestützt auf den Rechtsgedanken des § 254 BGB[769] oder im Wege teleologischer Reduktion,[770] zu kürzen, oder den Regress nur dann zuzulassen, wenn der Letztverkäufer

---

2068; Matthes, NJW 2002, 2505, 2507; Tröger, ZGS 2004, 296, 299 f.; Jacobs, JZ 2004, 225, 229) und es sind nach § 478 II BGB nur die zur Nacherfüllung "erforderlichen" Aufwendungen zu ersetzen (vgl. Schubel, ZIP 2002, 2061, 2065; Jacobs, JZ 2004, 225, 230). In aller Regel wird aber ein gewisser Spielraum vorhanden sein, den ein Zwischenhändler, der sich des Ersatzes seiner Aufwendungen sicher sein kann, nicht ausreizen wird (vgl. Schubel, ZIP 2002, 2061, 2063 ff.). Harke, ZGS 2004, 14, 14 ff. und Bamberger/Roth (Faust), BGB, § 479, Rn. 8 f. gehen scheinbar davon aus, dass ein Zwischenhändler auch dann nach § 478 I und II BGB bei seinem Lieferanten Regress nehmen kann, wenn er bereits verjährte Ansprüche seines Abnehmers erfüllt hat, und versuchen, dieses Ergebnis im Rahmen der Verjährungshemmung nach § 479 II BGB abzuschwächen (dazu oben, Kapitel 3 – F.II). Allerdings widerspricht eine solche Regressnahme insb. Wortlaut und Sinn der § 478 I und II BGB (so auch Faust, a. a. O.), denn bereits verjährte Ansprüche muss der Zwischenhändler ja gerade nicht erfüllen (s. zuvor). Vgl. zum Ganzen Schubel, ZIP 2002, 2061, 2063, 2069; Tröger, ZGS 2003, 296, 299. Vgl. auch K. Schmidt, Händlerregress (Neues SchuldR i. d. Praxis), S. 436 f., S. 443 (kein Werklohnanspruch des regressnehmenden Zwischenhändlers für das 'Gewährleistungshandling'); Tröger, ZGS 2004, 296, 297 f. (ähnlich); vgl. v. Westphalen, DB 1999, 2553, 2556).

767 Vgl. Matthes, NJW 2002, 2505, 2507; Tröger, ZGS 2003, 296, 299; Jacobs, JZ 2004, 225, 230. Zu § 439 III BGB vgl. unten, Kapitel 4 – A.II.3.

768 Vgl. Schubel, ZIP 2002, 2061, 2065.

769 So Westermann, NJW 2002, 241, 252. Vgl. Dauner-Lieb/Heidel/Lepa/Ring (Büdenbender), Neues SchuldR, § 8, Rn. 90 f.; Ernst/Gsell, ZIP 2001, 1389, 1396; Schubel, ZIP 2002, 2061, 2066.

770 Vgl. Matthes, NJW 2002, 2505, 2507 (Letztverkäufer kann nur insoweit Regress nehmen, als er die geltend gemachten Aufwendungen im Verhältnis zum Verbraucher tragen musste, was er zu beweisen hat. Daher muss Zwischenhändler/Regressnehmer auf die ökonomischere Art der Nacherfüllung hinwirken, andernfalls ist sein Regressanspruch um den übersteigendem Anteil zu kürzen); Schubel, ZIP 2002, 2061, 2068 (Ersatz nur der i. S. v. § 478 II BGB erforderlichen Aufwendungen); Jacobs, JZ 2004, 225, 230. Einschränkend Tröger, ZGS 2003,

in dem Fall, dass der Verbraucher Nachlieferung verlangt, die Ware dazu bei seinem Lieferanten bezieht bzw. zunächst zu beziehen versucht.[771] Ob sich diese Vorschläge durchsetzen können, ist derzeit aber völlig offen; letztlich, das ist unvermeidbar, wird dem Zwischenhändler immer ein gewisser (Beurteilungs-) Spielraum verbleiben.[772]

Hinzu kommt, dass dann, wenn es sich um Güter handelt, die ihrer Art nach überhaupt für den Verkauf an einen Verbraucher geeignet sind, die Rechtsposition des Lieferanten und jedes Zwischenhändlers nachträglich dadurch beeinflusst wird (bzw. von vornherein nicht feststeht), an wen der letzte Verkäufer (zufällig) verkauft (an einen Verbraucher oder an einen Unternehmer)[773] und dies für einen vorgelagerten Verkäufer nahezu nicht vorhersehbar ist. Für den Verkäufer solcher Waren bedeutet dies erhebliche Planungsunsicherheit.

Schließlich trifft den Regressschuldner das aufgrund der verlängerten Beweislastumkehr der §§ 476, 478 BGB schwer abzuwendende Risiko, für Warenmängel einstehen zu müssen, die nicht von ihm zu verantworten, sondern bspw. bei/aufgrund der (unsachgemäßen) Lagerung entstanden sind.[774]

IV. Schlussfolgerungen betreffend das zu bevorzugende Rechtsregime

Von den oben, Kapitel 1 – B.II.1, genannten Kriterien berührt die Ausgestaltung der verkäuferischen Regeressmöglichkeiten bei seiner Inanspruchnahme durch einen Abnehmer keines unmittelbar, da es hier nicht um das Verhältnis Zwischenhändler (Verkäufer) - Abnehmer (Käufer), sondern um das zeitlich und in der Lieferkette vorgelagerte Verhältnis Lieferant (Verkäufer) - Zwischenhändler (Käufer) geht. Allerdings strahlt die Ausgestaltung des Regresses v. a. unter dem Gesichtpunkt Haftungsrisiko auch auf das Verhältnis Zwischenhändler - Abnehmer aus, da es darüber bestimmt, ob und in welchem Umfang der Verkäufer im Falle seiner Haftung die Nachteile daraus abwälzen/weiterreichen kann.

296, 299 (keine umfassende Ermittlungspflicht des Zwischenhändlers hins. günstigster Nacherfüllungsmöglichkeit).

771 Dauner-Lieb/Heidel/Lepa/Ring (Büdenbender), Neues SchuldR, § 8, Rn. 89 f.; Anwaltkommentar (Büdenbender), SchuldR, § 478, Rn. 12 ff.; Bamberger/Roth (Faust), BGB, § 478, Rn. 20. Dagegen Tröger, ZGS 2003, 296, 298 f.; Jacobs, JZ 2004, 225, 230 f. Kritisch auch Ernst/Gsell, ZIP 2001, 1389, 1394 f.

772 Vgl. Schubel, ZIP 2002, 2061, 2066 (Lieferant/Hersteller als typischerweise letzter Rückgriffsschuldner muss Beurteilungsspielraum des Letztverkäufers einengen können, bspw. indem er diesem Informationen hinsichtlich der günstigsten Reparaturvariante zur Verfügung stellt).

773 Dauner-Lieb/Heidel/Lepa/Ring (Büdenbender), Neues SchuldR, § 8, Rn. 86; Schubel, ZIP 2002, 2061, 2061 f. ("Wunder"); Matusche-Beckmann, BB 2002, 2561, 2563; K. Schmidt, Händlerregress (Neues SchuldR i. d. Praxis), S. 453.

774 Vgl. insb. Ernst/Gsell, ZIP 2001, 1389, 1397.

Vergleicht man die Rechtslage bei vorrangiger Geltung des UN-Kaufrechts mit der bei ausschließlicher Geltung internen deutschen Rechts unter diesem Gesichtpunkt, so ist zu bedenken, dass eine isolierte Betrachtung nur eines dieser Verhältnisse zu kurz greift. Denn auch wenn die Anwendbarkeit des § 478 BGB aus Sicht eines Zwischenhändlers (nur) im Verhältnis zu seinen Lieferanten vorteilhaft ist, da ihm die Norm einen erleichterten Regress erlaubt, ist sie für ihn aus gleichem Grund im Verhältnis zu seinen Abnehmern nachteilig.

In der notwendigen Gesamtbetrachtung zeigt sich, dass es sich i. E. nicht um ein Nullsummenspiel handelt, sondern dass sich die Anwendbarkeit des § 478 BGB für einen Zwischenhändler (und erst recht für den Erstverkäufer/Hersteller) als insgesamt nachteilig darstellt: da die Regressmodifikationen des § 478 BGB nur dann im Verhältnis Lieferant - Zwischenhändler zur Anwendung kommen, wenn sie auch im Verhältnis Zwischenhändler - Abnehmer zur Anwendung kommen, erlaubt § 478 BGB dem Zwischenhändler im besten Fall, die Kosten aus seiner Inanspruchnahme im wesentlichen an seinen Lieferanten durchzureichen, wobei allerdings gewisse Kosten für die Regressabwicklung bei ihm verbleiben.[775] Dass er die Kosten aus seiner Inanspruchnahme durchreichen kann, ist aber nicht zwingend, da er trotz der Regressmodifikationen durch § 478 BGB im Verhältnis zu seinem Lieferanten noch immer der Gefahr verschiedener (rechtlicher und tatsächlicher) 'Regressfallen' ausgesetzt ist: zum einen kann er noch immer (wenngleich weniger wahrscheinlich) in die Verjährungsfalle geraten, wenn er erst nach Ablauf der zwei- bzw. fünfjährigen Ausschlussfrist nach Art. 39 II CISG bzw. § 479 II 2 BGB von seinem Abnehmer in Anspruch genommen wird,[776] was insbesondere dann denkbar ist, wenn die Ware länger eingelagert war. Sein Rückgriff kann zudem aus anderen Rechtsgründen, bspw. individuellen Haftungsausschlüssen/ -modifikationen oder Rügefristversäumnissen ausgeschlossen sein. Schließlich kann der Rückgriff rein faktisch, bspw. an der Insolvenz seines Lieferanten, scheitern.[777] All dies wird verschärft durch die oben beschriebenen Ineffizienzen der Regressregeln des § 478 BGB, die im Ergebnis zu einer Erhöhung der Ausgleichskosten und damit des Haftungsrisikos (Erhöhung der Haftungsneben-/ -begleitkosten) des Verkäufers führen.

Als zusätzlicher Nachteil tritt unter dem Gesichtpunkt Planungssicherheit hinzu, dass dann, wenn die Regressmodifikationen des § 478 BGB wegen der ausschließ-

---

[775] Vgl. Marx, BB 2002, 2566, 2568 ff. ("Handlingkosten"); K. Schmidt, Händlerregress (Neues SchuldR i. d. Praxis), S. 436 f.

[776] Vgl. oben, Kapitel 3 – F.III.2.

[777] Vgl. zu Letzterem Brüggemeier, JZ 2000, 529, 533 (Letztverkäufer/Händler "in der Zange"); Matusche-Beckmann, BB 2002, 2561, 2562. Allgemein zu den aus §§ 478 f. BGB resultierenden Risiken für den Handel K. Schmidt, Händlerregress (Neues SchuldR i. d. Praxis), S. 440 f. Aus den genannten Gründen ist m. E. die Wertung von Schillo, IHR 2003, 257, 266, § 478 BGB könne für den Verkäufer auch vorteilhaft sein, unzutreffend.

lichen Anwendbarkeit internen deutschen Rechts grundsätzlich zu beachten sind, die Frage, an wen (irgendwann) der Letztverkauf erfolgt – an einen Verbraucher oder nicht – Bedeutung erlangt und dies für einen vorgelagerten Zwischenhändler meist nicht vorhersehbar und entsprechend kalkulierbar ist.

Aus Sicht eines Zwischenhändlers ist es daher insgesamt von Vorteil, wenn schon seine Inanspruchnahme durch seine Abnehmer abgeschnitten oder möglichst weitgehend eingeschränkt ist und er daher gar nicht erst auf die Möglichkeit eines Regresses gegen seine Lieferanten angewiesen ist. Da, wie dargestellt, die den Regress erleichternden Regelungen der §§ 478, 476 BGB nur dann zur Anwendung kommen, wenn auf die in der Lieferkette zeitlich nachgelagerte Vertragsbeziehung ausschließlich internes deutsches Recht zur Anwendung kommt, ist daher, abgestellt auf die Gesamtsicht eines Verkäufers/Zwischenhändlers, auf die Anwendung des UN-Kaufrechts in dem Rechtsverhältnis zu seinen Abnehmern hinzuwirken, um so die Anwendung der Regressmodifikationen durch § 478 BGB auszuschließen.[778] Insoweit ist es dann unerheblich, ob im Verhältnis zu seinen Lieferanten UN-Kaufrecht oder nur internes deutsches Recht zur Anwendung kommt.

---

[778] Tatsächlich stellt die Wahl des UN-Kaufrechts die einzige praktische Möglichkeit dar, im Ergebnis § 478 BGB abzubedingen, denn diese Regeln sind, bei Anwendung ausschließlich internen deutschen Rechts, *de facto* freizeichnungsfest, und zwar auch hinsichtlich der Freizeichnung durch Individualvereinbarung, vgl. § 478 IV BGB, vgl. Piltz, AwPrax 2002, 259, 260 f. ("Das UN-Kaufrecht sperrt die Erstreckung des strengen deutsch-rechtlichen Unternehmer-Rückgriffs über die Grenze. Wird hingegen das UN-Kaufrecht ausgeschlossen [...] gibt es kein Entrinnen."); P. Huber/Faust (P. Huber), Schuldrechtsmod., Kap. 15, Rn. 38; Lorenz/Riehm, Neues SchuldR, Rn. 596; Schlechtriem, SchuldR BT, Rn. 93; Matusche-Beckmann, BB 2002, 2561, 2562; Schubel, ZIP 2002, 2061, 2062; v. Sachsen Gessaphe, RIW 2001, 721, 733; Bereska, ZGS 2002, 59,61 f.; Westermann, NJW 2002, 241, 253; Matthes, NJW 2002, 2505, 2507 f.; Ernst/Gsell, ZIP 2001, 1389, 1401 f.; Gruber, NJW 2002, 1180, 1181; Marx, BB 2002, 2566, 2567; Schillo, IHR 2003, 257, 264. Etwas großzügiger K. Schmidt, Händlerregress (Neues SchuldR i. d. Praxis), S. 442 f.

Kapitel 4 – Die einzelnen Käuferrechtsbehelfe

Im folgenden werden die einzelnen Käuferrechtsbehelfe – der (Nach-) Erfüllungsanspruch, das Recht zur Vertragsauflösung, die in der Praxis regelmäßig auf Geldausgleich gerichteten Rechtsbehelfe der Kaufpreisminderung und des Schadensersatzes, sowie die vorläufigen Käuferrechtsbehelfe – einander gegenübergestellt und anhand der in Kapitel 1 – B.II.1 vorgestellten Kriterien verglichen.

A. Anspruch auf Erfüllung und Nacherfüllung in Natur

I. UN-Kaufrecht

Nach Art. 45 I a), 46 I CISG kann der Käufer vom Verkäufer die Erfüllung seiner vertraglichen Pflichten verlangen, und zwar grundsätzlich in Natur. Dabei handelt es sich dogmatisch um den ursprünglichen vertraglichen Erfüllungsanspruch des Käufers (Art. 30 ff. CISG),[779] der ab der Lieferung den Modifikationen und Einschränkungen des Art. 46 II bzw. III CISG unterliegt (dazu im Anschluss). Die Kosten der Nacherfüllung hat der Verkäufer zu tragen.[780]

1. Einschränkung des Erfüllungsanspruchs durch Art. 28 CISG

Die Durchsetzung des (Nach-) Erfüllungsanspruchs ist im UN-Kaufrecht durch Art. 28 CISG eingeschränkt. Demnach muss das angerufene Gericht eine Verurteilung auf Erfüllung in Natur *(specific performance)* dann nicht aussprechen, wenn es dies auch nach seinem eigenen internen materiellen Recht *(lex fori)* nicht täte.[781]

Ein kontinental-europäisches Gericht wird demnach Erfüllung in Natur stets gewähren, da dies in diesen Staaten der primäre Rechtsbehelf ist.[782] Deswegen spielt die Einschränkung des Art. 28 CISG aus Sicht eines deutschen Verkäufers i. d. R.

---

779 Herber/Czerwenka, Int. Kaufrecht, Art. 46, Rn. 2; Zahraa/Ghith, ULR 2003, 751, 752. A. A. Piltz, Int. Kaufrecht, § 5, Rn. 130

780 Staudinger (Magnus), Wiener UN-Kaufrecht, Art. 46, Rn. 65, Art. 48, Rn. 34; Schlechtriem (Huber), Einh. UN-Kaufrecht, Art. 46, Rn. 65, Art. 48, Rn. 12.

781 Schlechtriem (Huber), Einh. UN-Kaufrecht, Art. 46, Rn. 18, Art. 28, Rn. 5, 17; Herber/Czerwenka, Int. Kaufrecht, Art. 46, Rn. 3; Reinhart, UN-Kaufrecht, Art. 28, Rn. 1; Schlechtriem, Int. UN-Kaufrecht, Rn. 118 f.; Vahle, ZVglRWiss 98 (1999), 54, 62; Honsell, SJZ 1993, 345, 352; i. E. Gillette/Walt, Sales Law, S. 377 f. Vgl. Zahraa/Ghith, ULR 2003, 751, 754 ff.; Piliounis, Pace Int. Law Review 2000, Kap. 4) b) (für das Englische Recht).

782 Vgl. für Deutschland etwa § 249 I BGB. Vgl. Huber, Schadensersatzhaftung (FS Schlechtriem), S. 557. In den Fällen, in denen Erfüllung in Natur unmöglich ist, kann auch ein deutsches/kontinental-europäisches Gericht dies nicht zusprechen, was dogmatisch mit Art. 28 CISG begründet werden kann, Bianca/Bonell (Lando), Int. Sales Law, Art. 28, Anm. 2.2; Herber/Czerwenka, Int. Kaufrecht, Art. 28, Rn. 5; Schlechtriem, Int. UN-Kaufrecht, Rn. 118; ders., Int. einh. Kaufrecht und neues SchuldR (Neues SchuldR i. d. Praxis), S. 75 f. A. A. Staudinger (Magnus), Wiener UN-Kaufrecht, Art. 28, Rn. 10; Schlechtriem (Huber), Einh. UN-Kaufrecht, Art. 28, Rn. 29 ff.

keine Rolle, da Erfüllungsklagen[783] des Käufers gegen ihn regelmäßig vor einem deutschen Gericht stattfinden werden.[784]

Gerichte aus *Common Law*-Staaten werden aber ggf., insbesondere bei Verträgen über Gattungswaren, keine *specific performance* gewähren. In diesen Staaten ist Schadensersatz in Geld der vorrangige Rechtsbehelf bei einer Vertragsverletzung, Erfüllung in Natur kann regelmäßig nur dann verlangt werden, wenn der Gläubiger gerade daran ein besonderes Interesse hat, etwa weil durch eine Geldzahlung kein hinreichender Ausgleich für die Vertragsverletzung zu erreichen ist. Dies ist aber nicht nur bei einzigartigen Gütern wie Kunstgegenständen oder Land der Fall, sondern auch bei Gütern, für die sich der Käufer anderweitig nicht oder nur unter erschwerten Bedingungen Ersatz verschaffen kann, bspw. weil der Verkäufer der einzige Hersteller ist, eine Mangellage besteht oder die Ware sonst auf dem Markt nicht, oder nicht in den vertraglich zugesagten Mengen verfügbar ist (sog. *commercial uniqueness)*.[785]

2. Allgemeine Voraussetzungen des Nacherfüllungsanspruchs

Will der Käufer wegen eines Mangels, den er bei Vertragsschluss nicht kannte ohne insoweit grob fahrlässig zu sein,[786] Nacherfüllung geltend machen, so muss er die gelieferte Ware zunächst auf Sachmängel (Art. 35 I CISG) untersuchen bzw. untersuchen lassen, Art. 38 CISG, und diese ggf. rechtzeitig und ausreichend rügen, Art. 39 CISG. Erfährt er von Rechtsmängeln (Art. 41, 42 CISG) – diesbezüglich trifft ihn keine Unersuchungsobliegenheit – so muss er diese ebenfalls rechtzeitig anzeigen, Art. 43 I CISG. Nur in den Fällen des Art. 40 bzw. des Art. 43 II CISG (Verschweigen des Sach- bzw. Rechtsmangels durch den Verkäufer trotz Kenntnis bzw., bei Sachmängeln, grob fahrlässiger Unkenntnis) behält er andern-

---

[783] Vgl. Schlechtriem (Huber), Einh. UN-Kaufrecht, Art. 28, Rn. 9 f. (schon Interesse des Käufers regelmäßig auf Schadensersatz gerichtet).

[784] Vgl. oben, Kapitel 3 – F.I.

[785] Vgl. für das US-amerikanische Recht UCC § 2-711 (2) (b), § 2-716 (1); Gillette/Walt, Sales Law, S. 378; Stone, UCC, S. 125; Knapp, Contract Law (Fundamentals of American Law), S. 234 f. Für das Englische Recht Zerres, RIW 2003, 746, 748; Piliounis, Pace Int. Law Review 2000, Kap. 4) a). Vgl. allg. Schlechtriem (Huber), Einh. UN-Kaufrecht, Art. 28, Rn. 3; ders., Schadensersatzhaftung (FS Schlechtriem), S. 557, Fn. 96; Schlechtriem, Int. UN-Kaufrecht, Rn. 118; Magnus, Beyond the Digest (Draft UNCITRAL Digest), S. 327 f.; Witz, Durchsetzung Kaufpreisanspruch (FS Schlechtriem), S. 301. Dazu, dass die praktischen Unterschiede zur Rechtslage im internen deutschen Recht aufgrund der rechtlichen Einschränkungen der Zwangsvollstreckung hier und den Ausnahmen dort geringer sind, als die grundsätzlich unterschiedlichen Ausgangspunkte, Schlechtriem, Int. einh. Kaufrecht und neues SchuldR (Neues SchuldR i. d. Praxis), S. 75, Fn. 23; ders., SchuldR AT, Rn. 275, Fn. 12, Fn. 13; Del Duca/Del Duca, 29 Uniform Commercial Code Law Journal 1996, 99, 132.

[786] Vgl. oben, Kapitel 3 – E.I.2 und 3.

falls seinen Nacherfüllungsanspruch. Die Exkulpationsmöglichkeiten des Art. 44 CISG erfasst den Anspruch auf Nacherfüllung nicht.[787]

Der Nacherfüllungsanspruch ist gem. Art. 46 I CISG ausgeschlossen, wenn der Käufer einen mit dem Erfüllungsbegehren unvereinbaren Rechtsbehelf (Vertragsaufhebung, "großer" Schadensersatz oder Minderung) geltend gemacht hat[788] und zudem dann, wenn Nacherfüllung (sei es im Wege der Nachbesserung, sei es durch Ersatzlieferung) objektiv unmöglich ist. Nacherfüllung durch Nachbesserung ist bspw. bei einem Kaufvertrag über Rohstoffe oder bei einer *aliud*-Lieferung regelmäßig schwer vorstellbar, während Ersatzlieferung bei einem Kaufvertrag über ein Einzelstück von vornherein ausscheidet.[789] Die wohl h. M. schließt den Anspruch auf Ersatzlieferung darüber hinaus auch bei einem Spezieskauf über *vertretbare* Sachen aus.[790] Ist nur eine von beiden Möglichkeiten ausgeschlossen, ist der Käufer auf die jeweils andere Art der Nacherfüllung beschränkt. Zudem kann der Käufer Nacherfüllung dann nicht verlangen, wenn die Vertragsverletzung auf einem nicht lediglich unerheblichen Verantwortungsbeitrag seinerseits beruht (Art. 80 CISG).[791]

Eine schwerwiegende, unvorhergesehene Änderung der dem Vertrag zugrundliegenden Umstände berechtigt den Verkäufer nach wohl überwiegender Ansicht hingegen nicht dazu, die Vertragserfüllung zu verweigern und eine Anpassung des Vertrages oder Neuverhandlungen hinsichtlich seines Inhalts zu verlangen. Das gilt auch dann, wenn sich wesentliche Vorstellungen, die zur Grundlage des Vertrags geworden sind, nachträglich als falsch herausstellen. In diesen

---

787 Zum Ganzen oben, Kapitel 3 – E.III.1.

788 Staudinger (Magnus), Wiener UN-Kaufrecht, Art. 46, Rn. 19. Weitergehend Schlechtriem (Huber), Einh. UN-Kaufrecht, Art. 46, Rn. 10 (bei Schadensersatz und Minderung erst dann, wenn Verkäufer sich mit Schadensersatzverlangen einverstanden erklärt hat); Zahraa/Ghith, ULR 2003, 751, 755. Vgl. Vahle, ZVglRWiss 98 (1999), 54, 58 f.; Gillette/Walt, Sales Law, S. 375.

789 Vgl. oben, Kapitel 3 – C.I; Staudinger (Magnus), Wiener UN-Kaufrecht, Art. 46, Rn. 26 ff., Art. 79, Rn. 57 ff.; Schlechtriem (Huber), Einh. UN-Kaufrecht, Art. 46, Rn. 58 ff.; Herber/Czerwenka, Int. Kaufrecht, Art. 46, Rn. 10.

790 So Staudinger (Magnus), Wiener UN-Kaufrecht, Art. 46, Rn. 33; Witz/Salger/Lorenz (Salger), Int. Einh. Kaufrecht, Art. 46, Rn. 10; Achilles, UN-Kaufrecht, Art. 46, Rn. 4; Reinhart, UN-Kaufrecht, Art. 46, Rn. 5; Karollus, UN-Kaufrecht, S. 137; Vahle, ZVglRWiss 98 (1999), 54, 64. Vgl. Huber, Schadensersatzhaftung (FS Schlechtriem), S. 523, Fn. 9 a. E.; wohl auch Schlechtriem (Huber), Einh. UN-Kaufrecht, § 46, Rn. 23 (bei Spezieskauf keine Ersatzlieferung), die dort genannten Beispiele betreffen jedoch Vorratsschulden. A. A. v. Hoffmann, Gewährleistungsansprüche (Einh. Kaufrecht und nat. Obligationenrecht), S. 295 (Ersatzlieferungsanspruch auch bei Spezieskauf); Ziegler, Leistungsstörungsrecht, S. 142 f.; wohl auch Canaris, JZ 2003, 831,834; Piltz, Int. Kaufrecht, § 5, Rn. 155 (Ersatzlieferung dann nicht, wenn nur aus einem bestimmten Vorrat oder einer bestimmten Produktion geschuldet und dieser Vorrat erschöpft ist). Vgl. Canaris, JZ 2003, 831,834; Kamanabrou, ZGS 2004, 57, 58.

791 Vgl. oben, Kapitel 3 – E.II.1.a.

Fällen soll der Verkäufer zur Erfüllung bzw. Nacherfüllung in der vertraglich bestimmten Art und dem vertraglich bestimmten Umfang verpflichtet bleiben; nur unter den Voraussetzungen des Art. 71 CISG[792] könne eine nachvertragliche Umfeldänderung zum Anlass genommen werden, die Erfüllung der eigenen Leistungspflichten auszusetzen. Art. 71 CISG soll daher auch einen Rückgriff auf die intern-nationalen Regelungen über den "Wegfall der Geschäftsgrundlage" ausschließen (keine Regelungslücke i. S. d. Art. 7 II CISG).[793] Dies erscheint zweifelhaft: den Schuldner im Falle eines Wegfalls der Geschäftsgrundlage nicht an seiner unveränderten Leistungspflicht festzuhalten, ist ein Gebot von Treu und Glauben,[794] das als allgemeiner Grundsatz auch im UN-Kaufrecht gilt (vgl. Art. 7 I CISG).[795] Demnach muss unter den Voraussetzungen eines Geschäftsgrundlagenwegfalls (die im Folgenden im Rahmen des internen deutschen Rechts aufgezeigt werden, Kapitel 4 – A.II.2) auch bei Geltung des UN-Kaufrechts Vertragsanpassung verlangt werden können bzw. muss dies als Einrede einem Erfüllungsverlangen des Käufers entgegen gehalten werden können.[796] Folgt man dem, so muss man die Voraussetzungen dafür, dem auf den internationalen Handel zugeschnitten Charakter des UN-Kaufrechts entsprechend, aber noch enger fassen, als im internen deutschen Recht.

3. Zusätzliche Voraussetzungen bei Nachbesserung

Ab der Lieferung der Kaufsache kann der Käufer gemäß Art. 46 III CISG Nachbesserung durch Beseitigung der, auch geringfügigen,[797] "Vertragswidrigkeit" ver-

---

[792] Dazu unten, Kapitel 4 – D.II.1.a.

[793] Staudinger (Magnus), Wiener UN-Kaufrecht, Art. 4, Rn. 58, Art. 71, Rn. 42; Schlechtriem (Ferrari), Einh. UN-Kaufrecht, Art. 4, Rn. 44; Schlechtriem (Leser/Hornung), Einh. UN-Kaufrecht, Art. 71, Rn. 16; Enderlein/Maskow/Strohbach (Enderlein), Int. Kaufrecht, Art. 71, Anm. 2. A. A. Herber/Czerwenka, Int. Kaufrecht, Art. 4, Rn. 13. Vgl. Schlechtriem (Stoll), Einh. UN-Kaufrecht, Art. 79, Rn. 39; Schlechtriem, Int. UN-Kaufrecht, Rn. 189 a. E.; ders., Int. einh. Kaufrecht und neues SchuldR (Neues SchuldR i. d. Praxis), S. 76 f. (zumindest bei wirtschaftlicher Unmöglichkeit Entlastung des Verkäufers nach Art. 79 I CISG); Ferrari/ Flechtner/Brand (Flechtner), Draft UNCITRAL Digest, Art. 79, Anm. 5; LG Aachen, U. v. 14.5.1993, www.unilex.info. Zu den Voraussetzungen der Lückenfüllung gem. Art. 7 II CISG oben, Kapitel 3 – H.I.

[794] Begr. RegE, BT-Drucks. 14/6040, S. 174, rechte Spalte; Haas/Medicus/Rolland/Schäfer/ Wendtland (Medicus), Neues SchuldR, Kap. 3, Rn. 172 f.; Lorenz/Riehm, Neues SchuldR, Rn. 385.

[795] Staudinger (Magnus), Wiener UN-Kaufrecht, Art. 7, Rn. 43; ders., RabelsZ 59 (1995) 469, 480 f.

[796] Staudinger (Magnus), Wiener UN-Kaufrecht, Art. 79, Rn. 24. Vgl. Enderlein/Maskow/Strohbach, Int. Kaufrecht, A., Teil III, Abschn. IV (Befreiungen), Vorbemerkung 3, Art. 79, Anm. 6.3.

[797] Vgl. oben, Kapitel 2 – C.I.1; Piltz, NJW 2000, 553, 558; Handelsgericht Zürich (Schweiz), SZIER 1999, 185, 188.

langen.[798] Vertragswidrigkeit meint dabei einen Sachmangel i. S. v. Art. 35 I CISG, weshalb nach mehrheitlicher Ansicht die Einschränkungen des Art. 46 III CISG (ebenso wie die nach 46 II CISG) nur bei Vorliegen eines Sachmangels, nicht jedoch auch bei einem Rechtsmangel i. S. v. Art. 41, 42 CISG gelten.[799]

Nachbesserung ist aber ausgeschlossen, wenn sie für den Verkäufer "unter Berücksichtigung aller Umstände unzumutbar" ist, insbesondere dann, wenn sie unverhältnismäßig kostspielig (bspw. langwierige Anreise des Verkäufers zu Reparatur notwendig, die ohne erheblichen Aufwand in der Werkstatt des Käufers zu bewerkstelligen ist; Reparaturkosten erheblich höher als Kosten einer Ersatzbeschaffung) oder dem Verkäufer nicht möglich ist (subjektives Unvermögen).[800]

4. Zusätzliche Voraussetzungen bei Ersatzlieferung

Ersatzlieferung kann der Käufer gem. Art. 46 II CISG nur bei einem Sachmangel i. w. S.[801] und nur dann verlangen, wenn der Mangel eine wesentliche Vertragsverletzung darstellt; denn auch bei einer Ersatzlieferung kommt es, wie bei der Vertragsaufhebung, zu einem kostspieligen und risikoreichen Rücktransport der bereits gelieferten Ware, vgl. Art. 82 CISG,[802] den das UN-Kaufrecht möglichst vermeiden will. Da nach hier vertretener und wohl herrschender Ansicht ein Sachmangel eine wesentliche Vertragsverletzung dann nicht darstellt, wenn er im Wege der Nachbesserung zumutbar behebbar ist,[803] besteht faktisch ein Vorrang der Nachbesserung vor der Ersatzlieferung.

Bei einem Sachmangel i. S. v. Art. 35 CISG, der nicht behebbar oder bei dem Reparatur dem Verkäufer nicht zumutbar ist, der aber andererseits auch nicht wesentlich i. S. v. Art. 25 CISG ist,[804] kann der Käufer demnach weder Nachbesserung

---

798 Trotz des etwas verqueren Wortlauts der Vorschrift gewährt sie dem Käufer einen entsprechenden Anspruch, vgl. Staudinger (Magnus), Wiener UN-Kaufrecht, Art. 46, Rn. 55.

799 Vgl. oben, Kapitel 3 – B.I.1. Wie dort ausgeführt sollten m. E. die Einschränkungen des Art. 46 II, III CISG auch bei Rechtsmängeln gelten. Im folgenden wird jedoch die h. M. zu Grunde gelegt.

800 Staudinger (Magnus) Wiener UN-Kaufrecht, Art. 46, Rn. 60 ff.; Schlechtriem (Huber), Einh. UN-Kaufrecht, Art. 46, Rn. 58; Herber/Czerwenka, Int. Kaufrecht, Art. 46, Rn. 10; Vahle, ZVglRWiss 98 (1999), 54, 70; Honsell, SJZ 1993, 345, 353.

801 So die wohl h. M., vgl. zuvor.

802 Die Rückgabepflicht bei Vertragsaufhebung und Ersatzlieferung ist im UN-Kaufrecht nicht ausdrücklich angeordnet, aber als selbstverständlich vorausgesetzt, vgl. Schlechtriem (Huber), Einh. UN-Kaufrecht, Art. 46, Rn. 53; Schlechtriem, SchuldR BT, Rn. 74; ders., IHR 2001, 12, 14.

803 Vgl. oben, Kapitel 3 – B.I.3.

804 Daraus, dass ein Mangel, der zumutbar behebbar ist, keine wesentliche Vertragsverletzung darstellt (vgl. oben, Kapitel 3 – B.I.3) folgt nicht, dass ein unbehebbarer Mangel immer eine wesentliche Vertragsverletzung darstellt.

noch Ersatzlieferung verlangen und den Vertrag auch nicht aufheben.[805] Er ist in diesem Fall auf Ausgleich in Geld, durch Kaufpreisminderung, Art. 45 I a), 50 CISG, und/oder Schadensersatz, Art. 45 I b), 74 ff. CISG, beschränkt; mit der Mangelhaftigkeit der Sache muss er sich abfinden.[806] Hingegen kann der Verkäufer einem berechtigten, auf einem wesentlichen Sachmangel beruhenden Ersatzlieferungsverlangen des Käufers nicht entgegenhalten, die Ersatzlieferung belaste ihn (insb. unter Kostengesichtspunkten) unzumutbar.[807]

Der Anspruch des Käufers auf Ersatzlieferung ist grundsätzlich dann ausgeschlossen, wenn er nicht in der Lage ist, die ursprünglich erhaltene (mangelhafte) Ware "im wesentlichen in dem Zustand zurückzugeben, in dem er sie erhalten hat", Art. 82 I CISG. Gesetzliche Ausnahmen – die in der Praxis die Regel darstellen – bestehen nach Art. 82 II CISG insbesondere dann, wenn die Unfähigkeit zur unversehrten Herausgabe nicht auf einem Verhalten des Käufers beruht, Art. 82 II a) CISG, oder wenn diese eine Folge des regulären Geschäftsgangs des Käufer ist, Art. 82 II b), c) CISG.[808]

Ein subjektives Unvermögen des Verkäufers zur Ersatzlieferung schließt den Anspruch hingegen grundsätzlich nicht aus, ist aber wohl auch wenig praxisrelevant: wenn/solange Ersatzlieferung objektiv möglich ist (bspw. bei üblicher Handelsware), wird auch der Verkäufer regelmäßig zu einer Ersatzbeschaffung in der Lage sein. Ist ihm eine Ersatzbeschaffung nicht möglich ist, so wird regelmäßig ein Fall objektiver Unmöglichkeit vorliegen, bspw. wenn der Warenvorrat, aus dem geschuldet war, verbraucht ist oder bei einem Einzelstück.

5. Bestimmung der Art und Weise der Nacherfüllung, Selbstvornahmerecht des Käufers

Die Wahl der Art und Weise der Nacherfüllung – Nachbesserung (Reparatur) oder Ersatzlieferung – steht im UN-Kaufrecht aufgrund seines vorrangigen Rechts zur zweiten Andienung[809] zunächst dem Verkäufer zu. Mit 'Ablauf' des verkäuferischen Rechts zur zweiten Andienung steht diese Wahl dann zwar grundsätzlich dem Käufer zu, dieses Wahlrecht ist jedoch aufgrund der zuvor genannten zusätzlichen Voraussetzungen, die Art. 46 II und III CISG für die jeweilige Anspruchs-

---

805 Vgl. oben, Kapitel 3 – B.I.2; nachfolgend Kapitel 4 – B.I.1.b; Mischke, BB 1987, 1494, 1497.

806 Schlechtriem (Huber), Einh. UN-Kaufrecht, Art. 46, Rn. 29; Enderlein/Maskow/Strohbach (Enderlein), Int. Kaufrecht, Art. 46, Anm. 5; Karollus, UN-Kaufrecht, S. 136. Vgl. Staudinger (Magnus), Wiener UN-Kaufrecht, Art. 46, Rn. 32.

807 Vgl. Regula/Kannowski, IHR 2004, 45, 49.

808 Vgl. oben, Kapitel 3 – G.II.

809 Vgl. oben, Kapitel 3 – C.I.

variante normieren, derart eingeschränkt, dass eine freie Wahl des Käufers *de facto* ausgeschlossen ist.[810]

Liegen ausnahmsweise gleichermaßen die Voraussetzung für den Anspruch auf Ersatzlieferung und den Anspruch auf Nachbesserung vor, so muss der Käufer die gewünschte Art der Nacherfüllung gem. Art. 46 II bzw. III 2 CISG zusammen mit der Rügeanzeige nach Art. 39 CISG oder innerhalb einer "angemessenen" Frist danach bestimmen. Innerhalb dieser Frist muss er sich also festlegen und kann mit seiner Entscheidung nicht beliebig lange zuwarten.[811] Die Angemessenheit der Entscheidungsfrist ist an ähnlichen Maßstäben zu messen, wie die Dauer der Rügefrist nach Art. 39 CISG:[812] unter Wertung aller Umstände des konkreten Einzelfalles ist einerseits den kalkulatorischen Interessen des Verkäufers daran, nicht unangemessen lange hingehalten zu werden, andererseits dem Interesse des Käufers an angemessenem Mangelausgleich Rechnung zu tragen.[813]

Die vorgegebene zeitliche Bindung schränkt die Möglichkeiten des Käufers, auf Kosten des Verkäufers auf Marktveränderungen zu spekulieren,[814] ein, schneidet sie ihm aber nicht völlig ab. Dass dem Käufer eine gewisse Überlegungs- und Entscheidungsfrist belassen ist, ist aus Sicht des Verkäufers insbesondere deshalb misslich, weil er sich bis zu einer Entscheidung des Käufers doppelt leistungsbereit halten muss: zum einen muss er diejenigen Ressourcen vorhalten, die er ggf. zur Reparatur benötigt, zum anderen muss er sicherstellen, dass er ggf. Ersatz liefern kann.

Scheitert die Nacherfüllung durch den Verkäufer, so kann der Käufer eine Vertragswidrigkeit auch selbst beseitigen bzw. beseitigen lassen und die Aufwendungen dafür (bspw. Reparaturkosten), soweit diese angemessen sind, als Schadensersatz gem. Art. 74 CISG bei dem Verkäufer liquidieren.[815] Da der Schadensersatz-

---

810 Schlechtriem, Int. UN-Kaufrecht, Rn. 186; ders., SchuldR BT, Rn. 74.

811 Witz/Salger/Lorenz (Salger), Int. Einh. Kaufrecht, Art. 46, Rn. 6; Enderlein/Maskow/Strohbach (Enderlein), Int. Kaufrecht, Art. 46, Anm. 6.

812 Staudinger (Magnus), Wiener UN-Kaufrecht, Art. 46, Rn. 43, Rn. 56; ähnlich Herber/Czerwenka, Int. Kaufrecht, Art. 46, Rn. 8 (kürzere Entscheidungsfrist, wenn zuvor Rügefrist ausgeschöpft wurde). A. A. Schlechtriem (Huber), Einh. UN-Kaufrecht, Art. 46, Rn. 44 (Fristbestimmung in Anlehnung an Art. 48).

813 Dazu oben, Kapitel 3 – E.III.1.b.

814 Vgl. Piltz, IHR 2002, 2, 7; Ernst, FAZ vom 19.5.2001, S. 8 (zum Parallelproblem im geplanten internen deutschen Recht).

815 Schlechtriem (Huber), Einh. UN-Kaufrecht, Art. 45, Rn. 43; Schlechtriem (Stoll), Einh. UN-Kaufrecht, Art. 74, Rn. 15; Bianca/Bonell (Knapp), Int. Sales Law, Art. 74, Anm. 3.12; Honsell (Schönle), UN-Kaufrecht, Art. 74, Rn. 29; Herber/Czerwenka, Int. Kaufrecht, Art. 45, Rn. 8. Vgl. Staudinger (Magnus), Wiener UN-Kaufrecht, Art. 48, Rn. 34; Koch, NJW 2000, 910, 921; BGH, NJW 1997, 3311, 3313; OGH (Österreich), U. v. 14.1.2002, www.unilex.info; AG München, U. v. 23.6.1995, www.unilex.info; OLG Hamm, IPrax 1996, 269, 270. Zum Schadensersatzanspruch unten, Kapitel 4 – C.I.3.

anspruch im UN-Kaufrecht unabhängig von einem Vertretenmüssen auf Seiten des Verkäufers ist,[816] hat der Käufer damit ein Recht zur Selbstvornahme, das nur durch das vorrangige Recht des Verkäufers zur Nacherfüllung beschränkt wird.[817]

II. Internes deutsches Kaufrecht

Auch im (neuen) internen deutschen Kaufrecht kann der Käufer ab Gefahrübergang gem. §§ 446 Satz 1 bzw. 447 I BGB, also meist mit Lieferung der mangelhaften Ware bzw. mit deren Absendung,[818] Nacherfüllung in Natur auf Kosten des Verkäufers[819] verlangen, §§ 433 I 2, 437 Nr. 1, 439 I BGB. Die Art der Nacherfüllung – Nachbesserung oder Nachlieferung – ist dabei grundsätzlich der Wahl des Käufers anheim gestellt.

Dogmatisch ist dieser Anspruch identisch mit dem ursprünglichen (bis zum Gefahrübergang bestehenden) Erfüllungsanspruch des Käufers, allerdings in modifizierter Form.[820] Dies betrifft insbesondere die Dauer der Anspruchsverjährung,[821] die sich einerseits nach §§ 195, 199 BGB (regelmäßig drei Jahre ab Ende des Jahres, in dem der Erfüllungsanspruch entstanden ist), andererseits nach § 438 I Nr. 3, II BGB (zwei Jahre ab Ablieferung der Sache) richtet.[822] Da der Verkäufer nach § 433 I 2 BGB zur Lieferung einer mangelfreien Sache verpflichtet ist, kann der Käufer die Transformation des Erfüllungsanspruchs in den Nacherfüllungsanspruch (und die damit verbundenen Modifikationen) durch Zurückweisung der ihm angebotenen, mangelbehafteten Ware verhindern.[823]

---

816 Vgl. oben, Kapitel 3 – D.I.

817 Vgl. Koch, NJW 2000, 910, 912.

818 Lorenz/Riehm, Neues SchuldR, Rn. 504, Fn. 114; P. Huber, NJW 2002, 1004, 1005; Jacobs, Nacherfüllung (Neues SchuldR i. d. Praxis), S. 373 f.; oben, Kapitel 2 – B

819 Haas/Medicus/Rolland/Schäfer/Wendtland (Haas), Neues SchuldR, Kap. 5, Rn. 168; ders., BB 2001, 1313, 1315; Lorenz/Riehm, Neues SchuldR, Rn. 510; Schlechtriem, SchuldR BT, Rn. 72; Canaris, JZ 2004, 214, 216; P. Huber, NJW 2002, 1004, 1006; Brüggemeier, WM 2002, 1376 ff., 1379; Palandt (Putzo), BGB, Erg. 61. A., § 439, Rn. 9.

820 P. Huber/Faust (P. Huber), Schuldrechtsmod., Kap. 13, Rn. 44 f. ("[Der Anspruch] wechselt nur sein Gewand: statt einer weißen Weste trägt er nun den Blaumann der Nacherfüllung"); ders., NJW 2002, 1004, 1005; Dauner-Lieb/Heidel/Lepa/Ring (Büdenbender), Neues SchuldR, § 8, Rn. 47; Lorenz/Riehm, Neues SchuldR, Rn. 504; Haas/Medicus/Rolland/Schäfer/Wendtland (Haas), Neues SchuldR, Kap. 5, Rn. 143, Rn. 145; ders., BB 2001, 1313, 1315; Schlechtriem, SchuldR BT, Rn. 72; Jacobs, Nacherfüllung (Neues SchuldR i. d. Praxis), S. 373; Schubel, JuS 2002, 313, 316; Reinking, ZfS 2003, 57, 57; Petersen, JURA 2002, 461, 461; Maultzsch, ZGS 2003, 411, 413; Palandt (Putzo), BGB, Erg. 61. A., § 439, Rn. 1. Vgl. Canaris, JZ 2004, 214, 216.

821 Vgl. Lorenz/Riehm, Neues SchuldR, Rn. 504; Grigoleit/Herresthal, JZ 2003, 118, 122.

822 Zur Verjährung unten, Kapitel 3 – F.I.

823 Vgl. Lorenz/Riehm, Neues SchuldR, Rn. 567; Dauner-Lieb/Heidel/Lepa/Ring (Büdenbender), Neues SchuldR, § 8, Rn. 21; Palandt (Putzo), BGB, 62. A., § 433, Rn. 21. Zum Zurückweisungsrecht des Käufers unten Kapitel 4 – D.I.1, Kapitel 4 – D.I.3; vgl. schon oben, Kapitel 2 – C.

1. Voraussetzungen

Der Nacherfüllungsanspruch setzt voraus, dass der Verkäufer bereits einmal geliefert hat und dass diese Lieferung irgendwie sach- oder rechtsmangelhaft (§ 434 bzw. § 435 BGB) war.[824] Auch ein geringfügiger Mangel löst den Anspruch aus.[825] Ob die Lieferung bereits fällig war, spielt keine Rolle, da der Verkäufer gem. § 271 II BGB grundsätzlich auch schon vor Fälligkeit erfüllen darf und der Käufer (vorbehaltlich einer abweichenden Vereinbarung) eine vorzeitige Lieferung nicht zurückweisen kann.[826] Nicht erforderlich ist auch, dass der Verkäufer den Mangel oder sonstigen Defekt der Lieferung zu vertreten hat. Bei Sachmängeln ist aber eine rechtzeitige Untersuchung der gelieferten Ware durch den Käufer und eine rechtzeitige und ausreichende Rüge etwaiger Mängel erforderlich.[827]

Liegen die Voraussetzzungen eines Fixhandelskaufes nach § 376 I 1 HGB vor, so kann der Käufer Nacherfüllung zudem nur dann verlangen, wenn er "sofort nach dem Ablaufe [...] der Frist dem [Verkäufer] anzeigt, dass er auf Erfüllung bestehe." Andernfalls verliert er den Anspruch auf Nacherfüllung.[828] Ein Fixhandelskauf liegt vor, wenn zwischen Verkäufer und Käufer Einigkeit dahingehend besteht, dass der ganze Vertrag mit der Fristeinhaltung "stehen oder fallen" soll.[829] Ein nur starkes Interesse einer Partei an rechtzeitiger Erfüllung (bspw. bei starken Preisschwankungen) reicht nicht aus; jeder Zweifel spricht gegen das Vorliegen eines Fixhandelskauf.[830]

Der Nacherfüllungsanspruch erlischt gem. § 346 BGB bzw. § 281 IV BGB erst dann, wenn der Käufer den Rücktritt erklärt oder Schadensersatz statt der Leistung verlangt hat, was insbesondere dazu führt, dass sich der Verkäufer erst dann dar-

---

824 Begr. RegE, BT-Drucks. 14/6040, S. 231, linke Spalte oben; Lorenz/Riehm, Neues SchuldR, Rn. 504, Rn. 569; P. Huber/Faust (P. Huber), Schuldrechtsmod., Kap. 13, Rn. 13; ders., NJW 2002, 1004, 1005; Westermann, NJW 2002, 241, 248; Petersen, JURA 2002, 461, 461; Palandt (Putzo), BGB, Erg. 61. A., § 439, Rn. 2, Rn. 5. Vgl. Maultzsch, ZGS 2003, 411, 412 ff., 418.

825 Haas/Medicus/Rolland/Schäfer/Wendtland (Haas), Neues SchuldR, Kap. 5, Rn. 144; P. Huber/Faust (P. Huber), Schuldrechtsmod., Kap. 13, Rn. 14; ders., NJW 2002, 1004, 1005; Westermann NJW 2002, 241, 248; Brüggemeier, WM 2002, 1376 ff., 1379; Jacobs, Nacherfüllung (Neues SchuldR i. d. Praxis), S. 373. Vgl. Jorden/Lehmann, JZ 2001, 952, 957, 961; oben, Kapitel 2 – C.I.1.

826 Dazu unten, Kapitel 4 – D.I.3. Zur Leistungszeit oben, Kapitel 2 – B.II.

827 Vgl. oben, Kapitel 3 – E.III.2.

828 Hopt (Hopt), HGB, § 376, Rn. 7; Brox, Handelsrecht, Rn. 343. Diese Ausschlusswirkung unterscheidet den Fixhandelskauf maßgeblich vom einfachen Fixgeschäft nach § 323 II Nr. 2 BGB (dazu oben, Kapitel 3 – C.II). Vgl. zu den Unterschieden i. Ü. Hopt (Hopt), HGB, § 376, Rn. 1.

829 BGHZ 110, 88, 96 f.; Hopt (Hopt), HGB, § 376, Rn. 2; Brox, Handelsrecht, Rn. 342. Vgl. oben, Kapitel 3 – C.II.

830 BGHZ 110, 88, 96 f.; BGH, DB 2001, 1553, 1554; Hopt (Hopt), HGB, § 376, Rn. 2.

auf einstellen kann, dass er seine Fähigkeit zur Leistung in Natur nicht mehr aufrechterhalten muss.[831]

Erfolgt die Nacherfüllung durch Lieferung einer mangelfreien Sache, so kann der Verkäufer die Rückgabe der ursprünglich gelieferten Sache gem. §§ 439 IV, 346 ff. BGB verlangen. Ist der Käufer zur Rückgabe außerstande, so ist er gem. § 346 II BGB grundsätzlich zum Wertersatz verpflichtet, regelmäßig wird er jedoch auch von dieser Pflicht frei.[832] Seinen Anspruch auf Nacherfüllung berührt dies nicht.

2. Ausschluss des Anspruchs und Anspruch auf Leistungsanpassung

Die vom Käufer gewählte Art der Nacherfüllung ist nach § 275 I BGB ausgeschlossen, wenn bzw. soweit und solange sie (objektiv oder subjektiv, anfänglich oder nachträglich) unmöglich ist.[833] Sind beide Arten der Nacherfüllung unmöglich, so ist sie insgesamt ausgeschlossen;[834] der Käufer kann dann nur seine sonstigen Rechtsbehelfe ausüben.

Zudem soll, obwohl die Qualifizierung eines Vertrags als Stück- oder Gattungskauf jetzt grundsätzlich unerheblich ist (bzw. sein soll),[835] nach einer Ansicht bei einem Stückkauf Nacherfüllung durch Nachlieferung ausgeschlossen sein, da Nacherfüllung durch Lieferung einer anderen Sache bei einem von vornherein auf einen spezifischen Gegenstand beschränkten Kaufvertrag nicht möglich sei.[836] Zu-

---

831 Lorenz/Riehm, Neues SchuldR, Rn. 234; dazu unten Kapitel 4 – B.II.4 und Kapitel 4 – C.II.2.d

832 Vgl. oben, Kapitel 3 – G.III.

833 Lorenz/Riehm, Neues SchuldR, Rn. 514; Dauner-Lieb/Heidel/Lepa/Ring (Büdenbender), Neues SchuldR, § 8, Rn. 24; Canaris, JZ 2001, 499, 499 f.; P. Huber, NJW 2002, 1004, 1007; Bitter/Meidt, ZIP 2001, 2114, 2119; Zerres, RIW 2003, 746, 753; Zimmermann, Breach of Contract, S. 10 f.; Palandt (Putzo), BGB, Erg. 61. A., § 439, Rn.15. Vgl. Zimmer, NJW 2003, 1, 2 f.; Teichmann, BB 2001, 1485, 1486 f.; Arnold, JZ 2002, 866, 868 ff.

834 Dauner-Lieb/Heidel/Lepa/Ring (Büdenbender), Neues SchuldR, § 8, Rn. 26; Haas/Medicus/Rolland/Schäfer/Wendtland (Haas), Neues SchuldR, Kap. 5, Rn. 155; Bitter/Meidt, ZIP 2001, 2114, 2119; Heinrich, ZGS 2003, 253, 255; P. Huber, NJW 2002, 1004, 1007; Westermann, NJW 2002, 241, 248; Palandt (Putzo), BGB, Erg. 61. A., § 439, Rn. 15.

835 Ausdrücklich Begr. RegE, BT-Drucks. 14/6040, S. 209, rechte Spalte, S. 230, linke Spalte, unten (undeutlich aber a. a. O., S. 232, linke Spalte); Canaris, JZ 2001, 499, 500; Jacobs, Nacherfüllung (Neues SchuldR i. d. Praxis), S. 373; Schubel, JuS 2002, 313, 316; Petersen, JURA 2002, 461, 461; Zerres, RIW 2003, 746, 752; Zimmermann, Breach of Contract, S. 11. Vgl. Lorenz, ZGS 2003, 421, 421. Vor der Schuldrechtsreform bestand ein Nacherfüllungsanspruch des Käufers gem. § 480 a. F. BGB nur bei einem Gattungskauf, vgl. Zerres, RIW 2003, 746, 747, 750.

836 Insb. Ackermann, JZ 2002, 378, 379 ff.; Huber, Schadensersatzhaftung (FS Schlechtriem), S. 523, Fn. 9, S. 538; Zerres, RIW 2003, 746, 753 f. Vgl. P. Huber/Faust (P. Huber), Schuldrechtsmod., Kap. 13, Rn. 20; ders., NJW 2002, 1004, 1006; Lorenz, JZ 2001, 742, 743 f.; Westermann (Buck), SchuldR 2002, S. 125; Brüggemeier, WM 2002, 1376 ff., 1379; Jacobs, Nacherfüllung (Neues SchuldR i. d. Praxis), S. 377 ff.; Gruber, Jb.j.ZivRWiss. 2001, 187, 191; Petersen, JURA 2002, 461, 462; Pammler, NJW 2003, 1992, 1992 ff.; Heinrich,

treffender erscheint jedoch die wohl herrschende Gegenansicht, wonach bei einer i. S. v. § 91 BGB fungiblen Speziessache auch ein Anspruch auf Nachlieferung besteht.[837] Nur dies wird der gesetzgeberischen Intention der Neufassung des Kaufrechts, das Leistungsinteresse des Käufers durch Lieferung *einer,* nicht *der* mangelfreien Sache zu befriedigen (vgl. § 439 I BGB), gerecht.[838] Dies ist insbesondere bei Massenwaren einsichtig, bei denen unschwer eine Ersatzlieferung mit identischer Ware erfolgen kann.[839]

Auch ist der Anspruch, wie alle Rechtsbehelfe des Käufers, ausgeschlossen, wenn der Käufer den Sach- oder Rechtsmangel, auf den er den Nacherfüllungsanspruch stützen will, bei Vertragsschluss kannte oder grob fahrlässig nicht kannte, § 442 BGB, und soweit ein vertraglicher Ausschluss (wirksam) vereinbart wurde.[840] Keinen Ausschluss des Anspruchs auf Nacherfüllung bewirkt hingegen ein eigener, auch erheblicher, Verantwortungsbeitrag des Käufers. Allerdings macht sich der Käufer dadurch u. U. dem Verkäufer gegenüber schadensersatzpflichtig.[841]

ZGS 2003, 253, 255 f.; Heinemann/Pickartz, ZGS 2003, 149, 150 f.; Lettel, JuS 2002, 866, 869; Canaris, JZ 2003, 831, 831 ff.

837 OLG Braunschweig, NJW 2003, 1053, 1054; LG Ellwangen NJW 2003, 517, 517; Haas/Medicus/Rolland/Schäfer/Wendtland (Haas), Neues SchuldR, Kap. 5, Rn. 84 f., Rn. 150; ders., BB 2001, 1313, 1315; Bittner/Meidt, ZIP 2001 2114, 2119; Boerner, ZIP 2001, 2269, Fn. 58; Heinemann/Pickartz, ZGS 2003, 149, 151 f.; Schubel, JuS 2002, 313, 316; Ehmann/Sutschet, JZ 2004, 62, 62, 63; Kamanabrou, ZGS 2004, 57, 58; Hoeren/Martinek (Wolff), Kaufrecht, § 439, Rn. 15; Palandt (Putzo), BGB, 62. A., § 439, Rn. 4. Vgl. Jorden/Lehmann, JZ 2001, 952, 958; Ehmann/Rust, JZ 1999, 853, 858. I. E. ebenso Canaris, JZ 2003, 831, 838, wonach aber nicht die Fungibilität der Ware i. S. v. § 91 BGB, sondern aufgrund des gemeinschaftsrechtlichen Gebots richtlinienkonformer Auslegung maßgeblich sei, ob es sich "funktionell und wirtschaftlich betrachtet um einen ähnlichen Vertrag wie einen Gattungskauf handelt [...] und ob die Ersatzsache als derselben Gattung zugehörig und dabei von mittlerer Art und Güte i. S. v. § 241 I BGB anzusehen wäre" (S. 835); ähnlich Lorenz/Riehm, Neues SchuldR, Rn. 505 f. (durch Auslegung ist zu ermitteln, ob ein vermeintlicher Stückkauf nicht ein beschränkter Gattungskauf ist); ähnlich Reinking, ZfS 2003, 57, 58. Im praktischen Ergebnis wird dies bei i. S. v. § 91 BGB fungiblen Sachen der Fall sein. Allgemein zu der Frage, ob/inwieweit bei der Auslegung der kaufrechtlichen Vorschriften des internen deutschen Schuldrechts auch bei einem Nicht-Verbraucherkauf die gemeinschaftsrechtlichen Vorgaben, insb. der Verbrauchsgüterkaufrichtlinie, zu beachten sind Büdenbender, ZeuP 2004, 36, 38 ff. (i. E. bejahend).

838 OLG Braunschweig, NJW 2003, 1053, 1054; LG Ellwangen, NJW 2003, 517, 517; Begr. RegE, BT-Drucks. 14/6040, S. 216, linke Spalte unten, f.; Bittner/Meidt, ZIP 2001 2114, 2119; Pammler, NJW 2003, 1992, 1994. Wohl auch Heinrich, ZGS 2003, 253, 256. A. A. P. Huber/Faust (P. Huber), Schuldrechtsmod., Kap. 13, Rn. 19 f. (obgleich Willen des Gesetzgebers wie hier erkannt).

839 Vgl. Jorden/Lehmann, JZ 2001, 952, 957 f.

840 Vgl. oben, Kapitel 3 – E.I. §§ 474, 475 BGB sind vorliegend nicht anzuwenden.

841 Vgl. oben, Kapitel 3 – E.II.2.a.

Schließlich kann der Verkäufer nach § 313 BGB die Anpassung des Vertrages bzw. seiner Leistungspflichten daraus verlangen und dies als Einrede gegen ein käuferisches Erfüllungsverlangen geltend machen,[842] wenn sich die Umstände, die zur Grundlage des Vertrages geworden sind, nach Vertragsschluss so schwerwiegend verändert haben, dass die Parteien, hätten sie dies vorausgesehen, den Vertrag nicht bzw. mit anderem Inhalt abgeschlossen hätten und wenn dem Verkäufer unter Berücksichtigung aller Umstände des Einzelfalls, insbesondere der vertraglichen und gesetzlichen Risikoverteilung, deswegen das Festhalten an dem unveränderten Vertrag nicht zugemutet werden kann, § 313 I BGB ("Wegfall der Geschäftsgrundlage"). Gleiches gilt, wenn sich wesentliche Vorstellungen, die zur Grundlage des Vertrags geworden sind, nachträglich als falsch herausgestellt haben, § 313 II BGB. Nur subsidiär, dann wenn eine Anpassung des Vertrages nicht möglich oder einer der Vertragsparteien nicht zuzumuten ist, kann der Verkäufer in diesen Fällen von dem Vertrag zurücktreten, § 313 III 1 BGB.[843]

Die Geschäftsgrundlage wird nach der Rechtsprechung des BGH gebildet durch die nicht zum eigentlichen Vertragsinhalt gewordenen, bei Vertragsschluss aber zutage getretenen, gemeinsamen Vorstellungen der Vertragsparteien oder die dem Käufer erkennbaren und von ihm nicht beanstandeten Vorstellungen des Verkäufers von dem Vorhandensein oder dem künftigen Eintritt bestimmter Umstände, auf denen der Geschäftswille der Parteien aufbaut.[844] Erforderlich ist eine schwerwiegende Veränderung dieser Geschäftsgrundlage, die dazu führt, dass dem Verkäufer nicht zuzumuten ist, an dem unveränderten Vertrag festgehalten zu werden.[845] Zudem darf das in der Veränderung zum Ausdruck gekommene Risiko dem Verkäufer nicht vertraglich oder sonst zugewiesen sein.[846] Dabei sind die Vorhersehbarkeit des Risikos, seine Beherrschbarkeit und nachrangig auch die wirtschaftliche Belastbarkeit der Parteien und die Möglichkeit bzw. Existenz von Ver-

---

[842] Vgl. Lorenz/Riehm, Neues SchuldR, Rn. 397, Fn. 484; Haas/Medicus/Rolland/Schäfer/Wendtland (Medicus), Neues SchuldR, Kap. 3, Rn. 180; Rösler, ZGS 2003, 383, 384, 390. Zur Absage des Gesetzgebers an die *ipso iure*-Anpassung vgl. Begr. RegE, BT-Drucks. 14/6040, S. 176, linke Spalte; Lorenz/Riehm, Neues SchuldR, Rn. 397; Rösler, ZGS 2003, 383, 385, 390.

[843] Vgl. Begr. RegE, BT-Drucks. 14/6040, S. 175 f.; Haas/Medicus/Rolland/Schäfer/Wendtland (Medicus), Neues SchuldR, Kap. 3, Rn. 174 ff., Rn. 178 f.; Lorenz/Riehm, Neues SchuldR, Rn. 396, Rn. 400; Schlechtriem, SchuldR AT, Rn. 411; P. Huber/Faust (P. Huber), Schuldrechtsmod., Kap. 9, Rn. 5, Rn. 9.

[844] BGHZ 25, 390, 392; BGHZ 89, 226, 231. Vgl. Begr. RegE, BT-Drucks. 14/6040, S. 174; Lorenz/Riehm, Neues SchuldR, Rn. 390.

[845] Begr. RegE, BT-Drucks. 14/6040, S. 174 linke Spalte; Haas/Medicus/Rolland/Schäfer/Wendtland (Medicus), Neues SchuldR, Kap. 3, Rn. 177; Lorenz/Riehm, Neues SchuldR, Rn. 391; Schlechtriem, SchuldR AT, Rn. 412; P. Huber/Faust (P. Huber), Schuldrechtsmod., Kap. 9, Rn. 3.

[846] Begr. RegE, BT-Drucks. 14/6040, S. 174, linke Spalte; Lorenz/Riehm, Neues SchuldR, Rn. 393; Schlechtriem, SchuldR AT, Rn. 412 f.

sicherungsschutz zu berücksichtigen.[847] Als Gründe hierfür wird insbesondere an (nicht vorherzusehende) Sozialkatastrophen wie Krieg, Währungsverfall oder Natur- und Umweltkatastrophen gedacht.[848] Insgesamt muss aufgrund der Veränderung die Grenze des noch Zumutbaren, die Opfergrenze, überschritten sein, wobei einerseits die Belastung des Verkäufers durch das Festhalten an dem unveränderten Vertrag, andererseits die Belastung des Käufers durch eine Anpassung zu berücksichtigen ist.[849] Beispiele sind Störungen des vertraglichen Äquivalenzverhältnisses durch einen Wertverlust der Gegenleistung (etwa bei einem Kaufkraftverlust durch Geldentwertung) um 60%[850] und Fälle übermäßiger Leistungserschwerung (sog. "wirtschaftliche Unmöglichkeit", etwa bei einem Anstieg der Herstellungskosten auf das 15-fache oder Kostensteigerungen um 60% aufgrund höherer Gewalt).[851]

3. Bestimmung der Art und Weise der Nacherfüllung, Selbstvornahmerecht des Käufers

Die Art der Nacherfüllung – Nachbesserung (Reparatur) oder Nachlieferung – ist im internen deutschen Kaufrecht grundsätzlich der Wahl des Käufers anheim gestellt.[852] Innerhalb des Anspruchs auf Nachbesserung steht dem Käufer zudem die Auswahl der konkreten Art und Weise der Nachbesserung (bspw. Reparatur durch Teileaustausch oder durch Teilereparatur) analog § 439 I BGB zu.[853]

Der Verkäufer kann die begehrte Art der Nacherfüllung – Nachbesserung oder Nachlieferung – gem. § 439 III BGB jedoch verweigern,[854] wenn diese nur mit

---

847 Haas/Medicus/Rolland/Schäfer/Wendtland (Medicus), Neues SchuldR, Kap. 3, Rn. 177; Lorenz/Riehm, Neues SchuldR, Rn. 394.

848 Begr. RegE, BT-Drucks. 14/6040, S. 174 ff.; Lorenz/Riehm, Neues SchuldR, Rn. 385. Vgl. Schlechtriem, SchuldR AT, Rn. 412 (Verschwinden der DDR), Rn. 414 f.

849 Begr. RegE, BT-Drucks. 14/6040, S. 174, linke Spalte; Lorenz/Riehm, Neues SchuldR, Rn. 395. Vgl. Schlechtriem, SchuldR AT, Rn. 412.

850 BGHZ 90, 227, 229; BGHZ 91, 32, 36; BGHZ 94, 257, 259 f.; Begr. RegE, BT-Drucks. 14/6040, S. 174, rechte Spalte. Vgl. Lorenz/Riehm, Neues SchuldR, Rn. 396, Rn. 402; Schlechtriem, SchuldR AT, Rn. 416.

851 RGZ 101, 79, 81; RGZ 102, 273. Vgl. Begr. RegE, BT-Drucks. 14/6040, S. 174, rechte Spalte, S. 176; Lorenz/Riehm, Neues SchuldR, Rn. 402.

852 Schlechtriem, SchuldR BT, Rn. 73; Canaris, JZ 2003, 831, 832; Jacobs, Nacherfüllung (Neues SchuldR i. d. Praxis), S. 375 f.; Zerres, RIW 2003, 746, 753; Honsell, JZ 2001, 278, 281; Regula/Kannowski, IHR 2004, 45, 48. Zur u. U. gegenläufigen Interessenlage des Käufers und des Verkäufers hinsichtlich der Art und Weise der Nacherfüllung Bitter/Meidt, ZIP 2001, 2114, 2118; Heinrich, ZGS 2003, 253, 255; Boerner, ZIP 2001, 2264, 2268.

853 Vgl. oben, Kapitel 3 – C.II.

854 Ebenso wie bei § 275 II BGB handelt es sich um eine Einrede des Verkäufers, womit es seine Entscheidung ist, die Ausübung der sekundären Rechtsbehelfe durch den Käufer zu verhindern, vgl. Lorenz/Riehm, Neues SchuldR, Rn. 304, Rn. 511; P. Huber/Faust (P. Huber), Schuldrechtsmod., Kap. 13, Rn. 35; ders., NJW 2002, 1004, 1007; Canaris, JZ 2001, 499, 501, 504 (zu § 275 II BGB); Kindl, WM 2002, 1313, 1316.; Jacobs, Nacherfüllung (Neues

"unverhältnismäßigen Kosten" möglich ist. Dieses gegenüber § 275 II BGB[855] speziellere Verweigerungsrecht soll nach dem Willen des Gesetzgebers demgegenüber auch eine niedrigere Schwelle darstellen,[856] weshalb überwiegend angenommen wird, dass § 275 II BGB im Kaufrecht ohne praktische Bedeutung bleiben wird.[857] In § 439 III 2 BGB sind beispielhaft[858] Kriterien zur Bestimmung unverhältnismäßiger Kosten genannt: der (Markt-) Wert[859] der Ware in mangelfreiem Zustand, die Bedeutung des Mangels sowie der Umstand, ob ohne erhebliche Nachteile für den Käufer auf die andere Art der Nacherfüllung zurückgegriffen werden kann.[860] Demnach wird bei geringwertigen Sachen des alltäglichen Gebrauchs regelmäßig eine Nachbesserung (Reparatur) und umgekehrt bei hoch-

---

SchuldR i. d. Praxis), S. 382; Zimmer, NJW 2003, 1, 4; Zimmer/Eckhold, JURA 2002, 145, 149; Teichmann, BB 2001, 1485, 1487; Heinrich, ZGS 2003, 253, 256; Petersen, JURA 2002, 461, 464.

855 Demnach kann der Verkäufer Nacherfüllung verweigern, wenn diese "einen Aufwand erfordert, der unter Beachtung des Inhalts des Schuldverhältnisses und der Gebote von Treu und Glauben in einem groben Missverhältnis zu dem Leistungsinteresse des Gläubigers steht", wobei u. a. zu berücksichtigen ist, ob der Verkäufer den Mangel zu vertreten hat, vgl. Dauner-Lieb/Heidel/Lepa/Ring (Büdenbender), Neues SchuldR, § 8, Rn. 23; Lorenz/Riehm. Neues SchuldR, Rn. 304 ff. Die in § 275 III BGB geregelten Konstellation, Unzumutbarkeit der persönlichen Leistungserbringung durch den Verkäufer, ist im Kaufrecht kaum relevant, vgl. Lorenz/Riehm, Neues SchuldR, Rn. 311 ff.; P. Huber, NJW 2002, 1004, 1007; Jacobs, Nacherfüllung (Neues SchuldR i. d. Praxis), S. 381.

856 Vgl. Begr. RegE, BT-Drucks. 14/6040, S. 232, linke Spalte; P. Huber/Faust (P. Huber), Schuldrechtsmod., Kap. 13, Rn. 34; ders., NJW 2002, 1004, 1007; Dauner-Lieb/Heidel/Lepa/Ring (Büdenbender), Neues SchuldR, § 8, Rn. 25 f.; Schlechtriem, SchuldR BT, Rn. 75; Jacobs, Nacherfüllung (Neues SchuldR i. d. Praxis), S. 381; Gruber, Jb.j.ZivRWiss. 2001, 187, 189; Zimmer/Eckhold, JURA 2002, 145, 149; Maultzsch, ZGS 2003, 411, 411.

857 Jacobs, Nacherfüllung (Neues SchuldR i. d. Praxis), S. 381; Bitter/Meidt, ZIP 2001, 2114, 2120; P. Huber, NJW 2002, 1004, 1007; Zerres, RIW 2003, 746, 754. Vgl. Boerner, ZIP 2001, 2264, 2269; Huber, Schadensersatzhaftung (FS Schlechtriem), S. 542 f. Zweifelnd: Westermann, NJW 2002, 241, 248, Fn. 76; Heinrich, ZGS 2003, 253, 258. A. A. Ackermann, JZ 2002, 378, 382 ff. (§ 439 III BGB "ohne praktischen Sinn", S. 384).

858 Dies ergibt sich aus der Formulierung "insbesondere", vgl. P. Huber/Faust (P. Huber), Schuldrechtsmod., Kap. 13, Rn. 37; ders., NJW 2002, 1004, 1007.

859 OLG Braunschweig, NJW 2003, 1053, 1054; P. Huber/Faust (P. Huber), Schuldrechtsmod., Kap. 13, Rn. 40; Haas/Medicus/Rolland/Schäfer/Wendtland (Haas), Neues SchuldR, Kap. 5, Rn. 158; Heinrich, ZGS 2003, 253, 258; Bitter/Meidt, ZIP 2001, 2114, 2121; Zerres, RIW 2003, 746, 754. Vielfach wird angenommen, der Kaufpreis der Ware sei nicht zu berücksichtigen (vgl. die Vorgenannten). Dies ist nur dann richtig, wenn der Kaufpreis geringer ist als der (allgemeine) Marktwert der Ware (d. h. wenn der Käufer ein 'gutes Geschäft' gemacht hat). Andernfalls markiert gerade der vereinbarte Kaufpreis den Wert, den die Vertragsparteien der Sache beigelegt haben, vgl. Canaris, JZ 2004, 214, 219, Fn. 48.

860 Lorenz/Riehm, Neues SchuldR, Rn. 511; P. Huber, NJW 2002, 1004, 1007; Bitter/Meidt, ZIP 2001, 2114, 2120 ff.; Palandt (Putzo), BGB, Erg. 61. A., § 439, Rn. 16. Vgl. Heinemann/Pickartz, ZGS 2003, 149, 152.

wertigen Gütern oft eine Ersatzlieferung unverhältnismäßig sein.[861] Der Käufer muss etwa verbleibende Mängel aber nicht hinnehmen, d. h. der Rückgriff auf die andere Art der Nacherfüllung scheidet aus, wenn sie nicht zur vollständigen Mangelbeseitigung führt.[862]

Neben den in § 439 III 2 BGB genannten Kriterien sind alle Umstände des Einzelfalles[863] und die individuelle Situation des Verkäufers (eigene Reparaturwerkstatt? Gewerblicher Händler mit problemlosem Zugriff auf Ersatzprodukt? Etc.) zu berücksichtigen.[864] Auch ein etwaiges Verschulden (§ 276 BGB) des Verkäufers hinsichtlich der Pflichtverletzung, das nicht Tatbestandsvoraussetzung des Nacherfüllungsanspruchs an sich ist, soll das Verweigerungsrecht des Verkäufers nach § 439 III BGB beeinflussen. Dies lässt sich insbesondere daraus folgern, dass der Gesetzgeber § 439 III BGB als spezielle kaufrechtliche Ausgestaltung des allgemeinen Rechtsgedankens des § 275 II BGB ansieht und diese Norm explizit das Verschulden des Schuldners als Wertungskriterium nennt.[865] Unberücksichtigt bleibt aber eine etwaige Rückgriffsmöglichkeit des Verkäufers.[866]

Aufgrund der unbestimmten Rechtsbegriffe in § 439 III BGB muss sich eine der Praxis Rechtssicherheit bietende Judikatur dazu erst noch herausbilden.[867] Den-

---

861 P. Huber/Faust (P. Huber), Schuldrechtsmod., Kap. 13, Rn. 37; Zerres, RIW 2003, 746, 754. Vgl. Begr. RegE, BT-Drucks. 14/6040, S. 80, rechte Spalte unten (bereits früher allg. Vertragspraxis, bei hochwertigen Gütern Ersatzlieferung, bei Massenartikeln Nachbesserung als Rechtsbehelf auszuschließen).

862 P. Huber/Faust (P. Huber), Schuldrechtsmod., Kap. 13, Rn. 37; Haas/Medicus/Rolland/Schäfer/Wendtland (Haas), Neues SchuldR, Kap. 5, Rn. 159. Vgl. Begr. RegE, BT-Drucks. 14/6040, S. 232, linke Spalte; Lorenz/Riehm, Neues SchuldR, Rn. 511.

863 Haas/Medicus/Rolland/Schäfer/Wendtland (Haas), Neues SchuldR, Kap. 5, Rn. 158; Jacobs, Nacherfüllung (Neues SchuldR i. d. Praxis), S. 386.

864 P. Huber/Faust (P. Huber), Schuldrechtsmod., Kap. 13, Rn. 38; vgl. auch Haas/Medicus/Rolland/Schäfer/Wendtland (Haas), Neues SchuldR, Kap. 5, Rn. 162.

865 Vgl. Begr. RegE, BT-Drucks. 14/6040, S. 232, linke Spalte. So P. Huber/Faust (P. Huber), Schuldrechtsmod., Kap. 13, Rn. 40; ders., NJW 2002, 1004, 1007; Haas/Medicus/Rolland/Schäfer/Wendtland (Haas), Neues SchuldR, Kap. 5, Rn. 158; Gruber, Jb.j.ZivRWiss. 2001, 187, 196 f.; Zimmer/Eckhold, JURA 2002, 145, 149. Huber, Schadensersatzhaftung (FS Schlechtriem), S. 543 ff. (etwaiges Nichtverschulden des Verkäufers bei § 439 III BGB zu berücksichtigen). Ablehnend Jacobs, Nacherfüllung (Neues SchuldR i. d. Praxis), S. 384 f.

866 Schubel, ZIP 2002, 2061, 2065. Zum Verkäuferregress oben, Kapitel 3 – H.

867 Haas/Medicus/Rolland/Schäfer/Wendtland (Haas), Neues SchuldR, Kap. 5, Rn. 158; Dauner-Lieb/Heidel/Lepa/Ring (Büdenbender), Neues SchuldR, § 8, Rn. 49; Bitter/Meidt, ZIP 2001, 2114, 2121; ähnl. Jacobs, Nacherfüllung (Neues SchuldR i. d. Praxis), S. 382 ff.; Scheibach, Neuwagenverkaufsbedingungen (Neues SchuldR i. d. Praxis), S. 749 ("noch jungfräuliches Sachmängelrecht"). Allerdings kann, mit Einschränkungen, auf die Judikatur zu § 633 II 3 BGB a. F. zurückgegriffen werden, vgl. P. Huber/Faust (P. Huber), Schuldrechtsmod., Kap. 13, Rn. 39; Jacobs, Nacherfüllung (Neues SchuldR i. d. Praxis),

noch wurden bereits erste Faustformeln aufgestellt. So wird vorgeschlagen, dem Verkäufer grundsätzlich keine Anstrengungen abzuverlangen, die den Wert der Sache in mangelfreiem Zustand übersteigen, es sei denn er hat die Mangelhaftigkeit zu vertreten. Dann sollen bis zu 130% des Wertes angemessen sein.[868] Nach anderer Ansicht sollen grundsätzlich 150% des Wertes der mangelfreien Sache oder 200% des mangelbedingten Minderwertes (Mangelunwert) eine 'absolute' Unverhältnismäßigkeitsgrenze markieren.[869] In einem zweiten Schritt sei ein interner Kostenvergleich der beiden Nacherfüllungsalternativen maßgeblich, wobei eine Variante dann 'relativ' unverhältnismäßig sei, wenn sie 5% - 25% teurer ist, als die andere.[870] Dies sind aber alles nur Anhaltspunkte.[871]

Ist die gewählte Art der Nacherfüllung nach § 439 III oder § 275 II BGB unverhältnismäßig, so beschränkt sich der Nacherfüllungsanspruch des Käufers auf die andere Art der Nacherfüllung, die der Verkäufer aber unter den gleichen Voraussetzungen verweigern kann. U. U. kann der Verkäufer Nacherfüllung also insgesamt verweigern.[872]

Ist der Verkäufer nicht nach § 439 III BGB zu Verweigerung einer oder beider Arten der Nacherfüllung berechtigt, so bleibt es grundsätzlich bei dem käuferischen Wahlrecht. Anders als im UN-Kaufrecht ist der Käufer bei seiner Wahl zeitlich nicht eingeschränkt, d. h. er muss sich zunächst nicht auf eine bestimmte Art der Nacherfüllung (oder auf Nacherfüllung überhaupt) festlegen und kann den Verkäufer innerhalb der Grenzen von Treu und Glauben hinhalten.[873] Dies ist für

---

S. 383; Boerner, ZIP 2001, 2264, 2269. Vgl. Westermann (Buck), SchuldR 2002, S. 123 f.; Schubel, JuS 2002, 313, 316.

868 P. Huber/Faust (P. Huber), Schuldrechtsmod., Kap. 13, Rn. 41; ders., NJW 2002, 1004, 1008; Huber, Schadensersatzhaftung (FS Schlechtriem), S. 540 ff. (auch im Falle eines verkäuferischen Verschuldens nur Wert der Sache im mangelfreien Zustand maßgeblich).

869 Bitter/Meidt, ZIP 2001, 2114, 2121; Heinrich, ZGS 2003, 253, 258. Vgl. Heinemann/Pickartz, ZGS 2003, 149, 152 ff.

870 Vgl. Bitter/Meidt, ZIP 2001, 2114, 2122 (10%); Jud, Jb.j.ZivRWiss. 2001, 205, 213 (Grenze bei 100 im Verhältnis zu 80); Bamberger/Roth (Faust), BGB, § 439, Rn. 46 (5-25% in Abhängigkeit vom Verschuldensgrad); LG Ellwangen, NJW 2003, 517, 517 (20%); Heinrich, ZGS 2003, 253, 256 f.; Heinemann/Pickartz, ZGS 2003, 149, 154. Generell für relative Bestimmung der Unverhältnismäßigkeit auch Haas/Medicus/Rolland/Schäfer/Wendtland (Haas), Neues SchuldR, Kap. 5, Rn. 160.

871 Kritisch mit Blick auch Art. 3 III Verbrauchsgüterkaufrichtlinie, wonach die Unverhältnismäßigkeit der Nacherfüllung ausschließlich relativ zu den jeweils vorhandenen Nacherfüllungsalternativen zu bestimmen ist, Canaris, JZ 2004, 214, 219 f.

872 Lorenz/Riehm, Neues SchuldR, Rn. 511; P. Huber/Faust (P. Huber), Schuldrechtsmod., Kap. 13, Rn. 42; Schlechtriem, SchuldR BT, Rn. 76; Jacobs, Nacherfüllung (Neues SchuldR i. d. Praxis), S. 384; Westermann, NJW 2002, 241, 249; Palandt (Putzo), BGB, Erg. 61. A., § 439, Rn. 21.

873 Zum Wahlrecht des Käufers bei Rücktritt und Schadensersatz unten, Kapitel 4 – B.II.4, Kapitel 4 – C.II.2.d. Vgl. Schlechtriem, SchuldR AT, Rn. 436 (Grenze Verwirkung); Derle-

den Verkäufer misslich, da er sich, wie schon angesprochen, solange für Nachlieferung ebenso wie für Reparatur leistungsbereit und entsprechend doppelte Ressourcen vorhalten muss. Erst mit der Ausübung des Wahlrechts oder dem Erlöschen des Nacherfüllungsanspruchs dann, wenn der Käufer einen damit inkompatiblen Rechtsbehelf ausübt,[874] kann der Verkäufer seine Leistungsfähigkeit entsprechend konzentrieren.

Ein Recht zur Selbstvornahme hat der Käufer im internen deutschen Kaufrecht grundsätzlich nicht, ein solches anerkennt das BGB nur im Miet- und Werkvertragsrecht (§ 536a bzw. § 634 Nr. 2, 637 BGB).[875] Repariert der Käufer selbst, lässt er den Mangel durch einen Dritten beseitigen, oder deckt er sich anderweitig ein, ohne zuvor dem Verkäufer durch Einräumung einer Nachfrist die Gelegenheit zur Mangelbeseitigung gegeben zu haben, so könnte er die ihm dadurch entstandenen Aufwendungen lediglich unter den Voraussetzungen des grundsätzlich verschuldensabhängigen Schadensersatzanspruchs geltend machen.[876] Dieser Ersatzanspruch scheitert i. a. R. jedoch daran, dass dann, wenn dem Käufer die Mangelbeseitigung gelingt, der Verkäufer wegen Unmöglichkeit der Nacherfüllung von seiner Nacherfüllungspflicht nach § 275 I BGB frei wird, und dies ausschließlich der Käufer, der dem Verkäufer ja keine Chance zur Nacherfüllung gegeben hat, zu vertreten hat, so dass er keinen Schadensersatzanspruch nach §§ 280 I, III, 283 BGB gegen den Verkäufer hat, nicht nach §§ 326 V, 323 VI BGB von dem Vertrag zurücktreten kann und zur Zahlung des vollen vertraglichen Kaufpreises ver-

---

der, ius variandi (Neues SchuldR i. d. Praxis), S. 422 f. (Sperre für den Wechsel zwischen den Rechten anzunehmen, wenn der Verkäufer das zunächst geltend gemachte Recht anerkannt und im Vertrauen darauf Dispositionen getroffen hat); ders., NJW 2003, 998, 1003 (dito); Piltz, IHR 2002, 2,7; Regula/Kannowski, IHR 2004, 45, 48; Ernst, FAZ vom 19.5.2001, S. 8 (Rücksichtnahme auf Wankelmütigkeit einer Vertragspartei im neuen (geplanten) Recht führt zu nachteiliger Schwebelage für andere Partei, die zunächst nicht weiß, woran sie ist. "Dabei wird eine versierte Vertragspartei mit den vermehrten Handlungsalternativen kunstvoll operieren können. Spekulationen zu Lasten des weniger rechtskundigen Vertragspartners sind nicht auszuschließen").

874 Vgl. zuvor, Ziff. 1 und unten, Kapitel 4 – B.II.4, Kapitel 4 – C.II.2.d

875 Begr. RegE, BT-Drucks. 14/6040, S. 95, rechte Spalte, S. 229, rechte Spalte, unten; Dauner-Lieb/Heidel/Lepa/Ring (Büdenbender), Neues SchuldR, § 8, Rn. 71; Huber, Schadensersatzhaftung (FS Schlechtriem), S. 526 f.; Reinking, ZfS 2003, 57, 61; Brüggemann, WM 2002, 1376, 1378, 1382 f.; Derleder, NJW 2003, 998, 1003; Schubel, JuS 2002, 313, 316; Dauner-Lieb/Dötsch, ZGS 2003, 455, 457 f.; AG Daun, ZGS 2003, 440, 440. Vgl. Katzenstein, ZGS 2004, 144, 146 f.

876 Huber, Schadensersatzhaftung (FS Schlechtriem), S. 526 f. Vgl. Brüggemann, WM 2002, 1376, 1378, 1382 f. Zur Schadensersatzhaftung oben, Kapitel 3 – D.II., zu den Voraussetzungen i. Ü. unten, Kapitel 4 – C.II.2; Lorenz, NJW 2003, 1417, 1418 f.; Dauner-Lieb/Dötsch, ZGS 2003, 250, 251.

pflichtet bleibt, § 326 I 2, 441 BGB.[877] Nur bzw. erst dann, wenn der Verkäufer mit seinen Nacherfüllungsversuchen gescheitert ist, kann der Käufer die Kosten einer Selbstbeseitigung im Wege des Schadensersatzes liquidieren, da dann dem Verkäufer der Entlastungsbeweis betreffend das Scheitern seiner Nacherfüllungsversuche kaum gelingen kann.[878]

III. Vergleich

Ob, unter welchen Voraussetzungen und mit welchen Einschränkungen der Käufer bei einer Vertrags-/Pflichtverletzung des Verkäufers Nacherfüllung verlangen kann, ist eine Frage, die vorrangig das Haftungsrisiko des Verkäufers betrifft. Generell wird Nacherfüllung für den Verkäufer zwar die regelmäßig günstigste Form des Ausgleichs sein. Unterschiede ergeben sich aber aus der Ausgestaltung des Nacherfüllungsanspruchs (bspw. hinsichtlich des Wahlrechts betreffend die Art und Weise der Nacherfüllung) sowie daraus, ob und wann der Verkäufer ausnahmsweise (bspw. dann, wenn Nacherfüllung für ihn vergleichsweise teuer ist) dazu berechtigt ist, den Käufer auf eine andere Art des Ausgleichs zu verweisen.[879]

Die Gegenüberstellung des käuferischen Erfüllungs- bzw. Nacherfüllungsanspruchs in UN-Kaufrecht und internem deutschen Recht offenbart, neben der jetzt grundsätzlichen Übereinstimmung darin, dass ein solcher Anspruch überhaupt besteht, einige Unterschiede in der Ausgestaltung des Anspruchs. Für einen in Deutschland niedergelassenen Exporteur ist dabei die Einschränkung aus Art. 28 CISG von nur geringer praktischer Relevanz. Ebenfalls von untergeordneter praktischer Bedeutung ist, dass im UN-Kaufrecht das subjektive Unvermögen des Verkäufers zur Nacherfüllung den Anspruch des Käufers darauf, anders als im internen deutschen Recht, grundsätzlich unberührt lässt, da der Verkäufer eine ihm subjektiv nicht mögliche Nachbesserung als unzumutbar verweigern kann und eine Ersatzlieferung, wenn sie nicht objektiv unmöglich ist, regelmäßig auch vom Verkäufer erbracht werden kann.

Auch die Voraussetzungen, unter denen der Verkäufer eine Anpassung seiner Leistungspflicht an drastisch geänderte Umstände verlangen (und insoweit die ursprünglich geschuldete Leistung verweigern) kann, sind nach hier vertretener Auf-

---

877 Lorenz, NJW 2003, 1417, 1418 f.; Katzenstein, ZGS 2004, 144, 145; AG Daun, ZGS 2003, 440, 440. I. E. ebenso AG Daun, ZGS 2003, 398. Nach Lorenz, a. a. O. muss sich der Verkäufer analog § 326 II 2 BGB die durch die Selbstvornahme ersparten Aufwendungen anrechnen lassen. Dagegen ausdrücklich Dauner-Lieb/Dötsch, ZGS 2003, 250, 252 f.; dies., ZGS 2003, 455, 456; AG Kempen, U. v. 18.8.2003, ZGS 2003, 440, 440. Vgl. Katzenstein, ZGS 2004, 144, 151 ff. (Kostenersatz nach § 326 II 2 BGB wg. damit verbundener Abkehr von der gefestigten Rechtsprechung nur nach ausführlicher Diskussion in der Wissenschaft möglich).

878 Vgl. oben, Kapitel 3 – D.II.2.c. Vgl. Katzenstein, ZGS 2004, 144, 146.

879 Hingegen sind die Kriterien Planungssicherheit und GPO-Potential v. a. von dem vorrangigen Recht des Verkäufers zur zweiten Andienung betroffen, dazu oben, Kapitel 3 – C.III.

fassung unter beiden Regimes grundsätzlich wohl vergleichbar, wobei aber bei Geltung des UN-Kaufrechts die Voraussetzungen dafür noch strenger sind. Insofern ist das UN-Kaufrecht für den Verkäufer nachteilig, was erst recht gilt, wenn man eine Vertragsanpassung aufgrund eines Wegfalls der Geschäftsgrundlage im UN-Kaufrecht nicht zulässt. Die praktische Relevanz dessen ist in jedem Fall aber wohl gering, da eine Vertragsanpassung auch im internen deutschen Recht die ganz seltene Ausnahme ist.

Schließlich besteht Übereinstimmung auch insoweit, als dass der Käufer erst dann, wenn der Verkäufer mit seinen Nacherfüllungsversuchen gescheitert ist, einen Mangel selbst beseitigen und die Kosten dafür beim Verkäufer im Wege des Schadensersatzes liquidieren kann.

Vergleichsweise vorteilhaft stellt sich das UN-Kaufrecht aber hinsichtlich der Bestimmung der Art und Weise der Nacherfüllung – Nachbesserung oder Ersatz-/Nachlieferung – dar. Im Gegensatz zum UN-Kaufrecht hat im internen deutschen Recht der Käufer diesbezüglich das Wahlrecht und er ist dabei in den Grenzen des § 439 III BGB in sachlicher und zeitlicher Hinsicht frei. Dies ermöglicht es ihm, den Verkäufer im Ungewissen über die weitere Vertragsabwicklung zu lassen, und zwingt diesen dazu, sich auf unbestimmte Zeit hinsichtlich beider Nacherfüllungsvarianten leistungsbereit zu halten. Bei Geltung des UN-Kaufrechts liegt diese Wahl hingegen zunächst (im Rahmen des verkäuferischen Nacherfüllungsrechts) beim (sachnäheren) Verkäufer, der so die günstigere Art der Nacherfüllung bestimmen kann und sich nur darauf einstellen muss. Zudem besteht zwischen beiden Arten der Nacherfüllung faktisch ein Rangverhältnis, da sie an unterschiedliche zusätzliche Voraussetzungen geknüpft sind (Nachbesserung nicht, wenn dem Verkäufer unzumutbar, Ersatzlieferung nur bei wesentlichem Sachmangel).[880] Deswegen ist es sogar denkbar, dass der Käufer bei Geltung des UN-Kaufrechts weder Ersatzlieferung noch Nachbesserung verlangen, noch den Vertrag aufheben kann und i. E. auf einen Ausgleich in Geld (Minderung und/oder Schadensersatz) beschränkt ist. Allerdings kann der Verkäufer im UN-Kaufrecht Ersatzlieferung, wenn die Voraussetzungen dafür vorliegen, auch dann nicht verweigern, wenn sie zu einer für ihn unzumutbaren Belastung führt.

Insgesamt gibt damit das UN-Kaufrecht dem Verkäufer in stärkerem Maße als das interne deutsche Recht die Hoheit über diejenigen Entscheidungen, die den verkäuferischen Gesamtaufwand im Rahmen der Nacherfüllung maßgeblich beeinflussen und damit praktisch besonders relevant sind. Zudem schränkt es die Dispositionsfreiheit des Käufers anlässlich einer Vertragsverletzung des Verkäufers stärker ein. Beides reduziert v. a. die mit der Nacherfüllung assoziierten Haftungskosten des Verkäufers und erhöht seine Planungssicherheit.[881] Schließlich erlaubt

---

[880] Vgl. Schlechtriem, Int. einh. Kaufrecht und neues SchuldR (Neues SchuldR i. d. Praxis), S. 85.
[881] Dazu oben, Kapitel 3 – C.III.

das UN-Kaufrecht dem Verkäufer, seine Betriebsorganisation auf die eine, seiner Erfahrung nach im Regelfall effizientere/kostengünstigere Art und Weise der Nacherfüllung hin auszurichten und seine Geschäftsprozesse entsprechend zu verschlanken/zu optimieren. Aus Verkäufersicht ist das UN-Kaufrecht hinsichtlich des käuferischen Nacherfüllungsanspruchs damit insgesamt vorzugswürdig.

B. Vorzeitige Auflösung des Vertrages

I. Vertragsaufhebung im UN-Kaufrecht

1. Voraussetzungen

Nach Art. 49 I CISG kann der Käufer die Aufhebung des Vertrages erklären, "wenn die Nichterfüllung einer dem Verkäufer nach dem Vertrag oder diesem Übereinkommen obliegenden Pflicht eine wesentliche Vertragsverletzung darstellt oder wenn im Falle der Nichtlieferung der Verkäufer die Ware nicht innerhalb der vom Käufer nach Artikel 47 I gesetzten Nachfrist liefert oder wenn er erklärt, dass er nicht innerhalb der so gesetzten Frist liefern wird."

a. Allgemeine Voraussetzungen

Das Recht zur Vertragsaufhebung steht dem Käufer bei jeder Art von Vertragsverletzung, also insbesondere bei Sachmängeln i. S. v. Art. 35 I CISG (einschließlich Minder- und *aliud*-Lieferung), Rechtsmängeln i. S. v. Art. 41, 42 CISG und bei einer Nichtlieferung oder Lieferverzögerung, zu. Unerheblich ist, auf welchen Gründen die Vertragsverletzung beruht und ob sie der Verkäufer zu vertreten hat.[882]

Das Vertragsaufhebungsrecht ist ausgeschlossen, wenn der Käufer den Sach- oder Rechtsmangel, auf den er den Nacherfüllungsanspruch stützen will, bei Vertragsschluss kannte oder grob fahrlässig nicht kannte bzw. dann, wenn er darin bei Vertragsschluss eingewilligt hat.[883] Die Vertragsaufhebung ist, ebenso wie der Anspruch auf Ersatzlieferung (Art. 46 II CISG), zudem grundsätzlich dann ausgeschlossen, wenn der Käufer zur Rückgabe der ursprünglich gelieferten (mangelbehafteten) Ware nicht in der Lage ist, Art. 82 I CISG. Diese Regel ist freilich vielfach durchbrochen, so dass sie tatsächlich die Ausnahme darstellt.[884] Schließlich kann der Käufer den Vertrag auch dann nicht aufheben, wenn die Vertragsverletzung auf einem erheblichen eigenen Verantwortungsbeitrag seinerseits beruht (Art. 80 CISG).[885]

---

882 Vgl. Staudinger (Magnus), Wiener UN-Kaufrecht, Art. 49, Rn. 8; Schlechtriem (Huber), Einh. UN-Kaufrecht, Art. 49, Rn. 4 ff.

883 Kapitel 3 – E.I.2. und 3.

884 Vgl. oben, Kapitel 3 – G.II.

885 Vgl. oben, Kapitel 3 – E.II.1.a.

b. Zusätzliche Voraussetzungen bei anderen Vertragsverletzungen als Nichtlieferung

Will der Käufer den Vertrag wegen eines Sachmangels i. S. v. Art. 35 I CISG aufheben, so hat er die Ware rechtzeitig zu untersuchen bzw. untersuchen zu lassen und etwaige Mängel zu rügen, Art. 38, 39 CISG. Rügen muss er auch etwaige Rechtsmängel i. S. v. Art. 41, 42 CISG, vgl. Art. 43 I CISG. Die Exkulpationsmöglichkeit nach Art. 44 CISG besteht hinsichtlich des Rechts zur Vertragsaufhebung nicht, so dass der Käufer bei versäumter oder unzureichender Rüge (und bei Vorliegen der Aufhebungsvoraussetzungen im Übrigen) nur in den Fällen des Art. 40 bzw. des Art. 43 II CISG den Vertrag dennoch aufheben kann.[886]

Bei einer Vertragsverletzung, die nicht in einer Nichtlieferung besteht (Mangel, Verletzung einer Zusatz- oder Schutzpflicht), kann der Käufer den Vertrag zudem nur dann aufheben, wenn es sich damit um eine "wesentliche" Vertragsverletzung i. S. v. Art. 25 CISG handelt, Art. 49 I a) CISG.[887] Meist wird maßgeblich sein, ob die Beseitigung der Vertragsverletzung durch Nachbesserung, Nachlieferung, oder Ablösung der vertragswidrigen Ansprüche oder Rechte eines Dritten innerhalb einer dem Käufer zumutbaren Frist und ohne für ihn unzumutbare Unannehmlichkeiten möglich und vom Verkäufer zu erwarten ist, oder ob dem Käufer zugemutet werden kann, die mangelhafte Ware zu behalten und, bspw. durch Verkauf unter Preis, im Rahmen seines Geschäftsbetriebs zu verwerten und die mangelbedingten Nachteile im Wege des Schadensersatzes oder durch Kaufpreisminderung auszugleichen.[888] Ist die Vertragsverletzung nicht wesentlich, so bleibt der Käufer an den Vertrag gebunden; Mangelausgleich kann er dann nur im Wege der Kaufpreisminderung und/oder des Schadensersatzes erlangen.

Bei der Beurteilung, ob eine Vertragsverletzung des Verkäufers wesentlich und der Käufer daher zur Aufhebung des Vertrages berechtigt ist, ist der Käufer zunächst auf sich gestellt, er trägt das mit einer Fehlbeurteilung verbundene rechtliche und wirtschaftliche Risiko.[889] Insbesondere kann er nicht, anders als im Falle der Nichtlieferung (dazu sogleich), durch Setzung einer Nachfrist Klärung dahingehend erreichen, ob er zur Vertragsaufhebung berechtigt ist. Zwar ist es ihm unbenommen, dem Verkäufer eine Nachfrist zur Erfüllung seiner Vertragspflichten

---

[886] Vgl. oben, Kapitel 3 – E.III.1.

[887] Vgl. Staudinger (Magnus), Wiener UN-Kaufrecht, Art. 49, Rn. 2, Rn. 4, Rn. 8; Schlechtriem (Huber), Einh. UN-Kaufrecht, Art. 49, Rn. 2; Schlechtriem (Schlechtriem), Einh. UN-Kaufrecht, Art. 25, Rn. 4; Gillette/Walt, Sales Law, S. 358 f.; Regula/Kannowski, IHR 2004, 45, 51; Mischke, BB 1997, 1494, 1497.

[888] Vgl. oben, Kapitel 3 – B.I.3, Kapitel 3 – C.I.

[889] Staudinger (Magnus), Wiener UN-Kaufrecht, Art. 49, Rn. 45; Schlechtriem (Huber), Einh. UN-Kaufrecht, Art. 49, Rn. 7; Schlechtriem (Schlechtriem), Einh. UN-Kaufrecht, Art. 25, Rn. 16; Piltz, UN-Kaufrecht, § 5, Rn. 248. Vgl. Duncan, B.Y.U. Law Rev. 1363, 1381; Stadie/Nietzer, MDR 2002, 428, 431. Vgl. BGHZ 132, 290, 298.

gem. Art. 47 I CISG zu setzen.[890] Deren Verstreichen macht eine an sich nicht wesentliche Vertragsverletzung aber nicht *per se* zu einer wesentlichen Vertragsverletzung i. S. v. Art. 49 I a) CISG.[891] Entsprechend bedarf es einer Nachfristsetzung durch den Käufer nicht, d. h. dass dann, wenn der Mangel oder die sonstige Vertragsverletzung (außer Nichtlieferung) eine wesentliche Vertragsverletzung darstellt, der Käufer den Vertrag sofort, ohne Nachfristsetzung, aufheben kann.

c. Zusätzliche Voraussetzungen bei Nichtlieferung

Bleibt die Lieferung aus, so kann der Käufer gem. Art. 49 I b) CISG den Vertrag aufheben, nachdem er dem Verkäufer eine angemessene Erfüllungsnachfrist i. S. v. Art. 47 I CISG gesetzt hat und diese erfolglos verstrichen ist. Diese Möglichkeit der Nachfristsetzung erlaubt es dem Käufer, bei Ausbleiben der Lieferung Klarheit über sein Vertragsaufhebungsrecht zu erreichen, ohne sich auf die oft schwierige und mit einem erheblichen Prognoserisiko (vgl. zuvor) behaftete Prüfung einlassen zu müssen, ob schon das Ausbleiben der Lieferung im (letzten) Fälligkeitszeitpunkt allein eine wesentliche Vertragsverletzung darstellt, die ihn nach Art. 49 I a) CISG zur Vertragsaufhebung berechtigt. Die Angemessenheit der Nachfrist bestimmt sich dabei nach den Umständen des Einzelfalles, wobei bei zu kurzer Frist eine angemessene Frist in Gang gesetzt wird.[892]

Einer (sinnlosen[893]) Nachfristsetzung bedarf es aber nicht, wenn feststeht, dass das Ausbleiben der Lieferung endgültig ist, bspw. wenn Lieferung unmöglich ist oder der Verkäufer sie endgültig verweigert; denn dies stellt eine wesentliche Vertragsverletzung i. S. v. Art. 25 CISG dar, bei der sich das Aufhebungsrecht des Käufers nach Art. 49 I a) CISG richtet.[894] Nichtlieferung i. S. v. Art. 49 I b) CISG meint zudem nur die völlige Nichtlieferung durch den Verkäufer, nicht aber die Lieferung einer (auch erheblich) mangelhaften Sache oder eines (auch krass abwei-

---

[890] Vgl. Duncan, B.Y.U. Law Rev. 1363, 1381 f.

[891] Staudinger (Magnus), Wiener UN-Kaufrecht, Art. 47, Rn. 10, Rn. 27, Art. 49, Rn. 21; Herber/Czerwenka, Int. Kaufrecht, Art. 47, Rn. 6; Reinhart, UN-Kaufrecht, Art. 49, Rn. 5; Schlechtriem, Int. UN-Kaufrecht, Rn. 188; Piltz, Int. Kaufrecht, § 5, Rn. 258. A. A. wohl Gillette/Walt, Sales Law, S. 359. Denkbar ist, dass die Vertragsverletzung zusammen mit dem durch die Nachfrist markierten Zeitablauf das Maß der Wesentlichkeit erreicht, das Ablaufen der Nachfrist also gewissermaßen 'das Fass zum Überlaufen bringt.'

[892] Staudinger (Magnus), Wiener UN-Kaufrecht, Art. 47, Rn. 20; Schlechtriem (Huber), Einh. UN-Kaufrecht, Art. 47, Rn. 12; Honsell, SJZ 1993, 345, 352 f.

[893] Schlechtriem (Huber), Einh. UN-Kaufrecht, Art. 49, Rn. 6

[894] Staudinger (Magnus), Wiener UN-Kaufrecht, Art. 49, Rn. 13; Schlechtriem (Huber), Einh. UN-Kaufrecht, Art. 49, Rn. 7; Piltz Int. Kaufrecht, § 5, Rn. 222, Rn. 253; OLG Celle, U. v. 24.5.1995, www.unilex.info.

chenden) *aliud*. Auch diese Fälle sind ausschließlich nach Art. 49 I a) CISG zu beurteilen.[895]

2. Vertragsaufhebung bei Teillieferungen, teilweise mangelhaften Lieferungen und Sukzessivlieferverträgen

Bei einer vertragswidrigen Teillieferung oder dann, wenn nur ein Teil der Lieferung mangelhaft ist, bezieht sich das Recht des Käufers zur Vertragsaufhebung zunächst nur auf den fehlenden bzw. mangelhaften Teil der Lieferung, Art. 51 I CISG. Regelmäßig kommt es also nur zu einer Teilaufhebung.[896] Vertragsaufhebung hinsichtlich des gesamten Vertrages kommt in Betracht, wenn sich der Mangel bezogen auf den gesamten Vertrag als wesentliche Vertragsverletzung darstellt, Art. 51 II CISG.[897] Die Herbeiführung des Aufhebungsrechts hinsichtlich des gesamten Vertrages durch Nachfristsetzung ist in diesen Fällen nicht möglich.[898]

Gleiches gilt gem. Art. 73 I CISG sinngemäß bei einem Sukzessivliefervertrag: regelmäßig kommt es nur hinsichtlich der betroffenen Teillieferung zur Vertragsaufhebung.[899] Hinsichtlich künftiger Lieferungen ist maßgeblich, ob der Käufer aufgrund der Nichtlieferung "triftigen Grund" zu der Annahme hat, dass eine wesentliche Vertragsverletzung auch in Bezug auf die künftigen Teillieferungen zu erwarten ist, Art. 73 II CISG, oder wenn er die künftigen Lieferungen wegen des zwischen den Einzellieferungen bestehenden Zusammenhangs nicht mehr für den dem Vertrag zugrunde liegenden Zweck verwenden kann, Art. 73 III CISG.[900] Letzteres gilt auch für die bereits erhaltenen Teillieferungen.[901]

3. Vertragsaufhebung bei antizipierter Vertragsverletzung

Nach Art. 72 I CISG kann der Käufer den Vertrag bereits dann aufheben, wenn schon vor dem für die Leistungserfüllung festgesetzten Zeitpunkt "offensichtlich" ist, dass der Verkäufer eine wesentliche Vertragsverletzung begehen wird. Offensichtlich ist der künftige Eintritt der Vertragsverletzung, wenn er aus Sicht eines

---

[895] Staudinger (Magnus), Wiener UN-Kaufrecht, Art. 49, Rn. 21; Herber/Czerwenka, Int. Kaufrecht, Art. 49, Rn. 8; Schlechtriem, Int. UN-Kaufrecht, Rn. 189; Karollus, UN-Kaufrecht, S. 146.

[896] Staudinger (Magnus), Wiener UN-Kaufrecht, Art. 51, Rn. 7, Rn. 13; Schlechtriem (Huber), Einh. UN-Kaufrecht, Art. 51, Rn. 4; Herber/Czerwenka, Int. Kaufrecht, Art. 51, Rn. 3; Schlechtriem, Int. UN-Kaufrecht, Rn. 191.

[897] Staudinger (Magnus), Wiener UN-Kaufrecht, Art. 51, Rn. 18; Schlechtriem (Huber), Einh. UN-Kaufrecht, Art. 51, Rn. 5; Herber/Czerwenka, Int. Kaufrecht, Art. 51, Rn. 4.

[898] Staudinger (Magnus), Wiener UN-Kaufrecht, Art. 51, Rn. 19; Herber/Czerwenka, Int. Kaufrecht, Art. 51, Rn. 4.

[899] Staudinger (Magnus), Wiener UN-Kaufrecht, Art. 73, Rn. 10.

[900] Staudinger (Magnus), Wiener UN-Kaufrecht, Art. 73, Rn. 18 f., Rn. 30 ff.

[901] Staudinger (Magnus), Wiener UN-Kaufrecht, Art. 73, Rn. 33. Vgl. Schlechtriem, Int. UN-Kaufrecht, Rn. 192 ff.

objektiven Betrachters in der Lage des Käufers sicher zu erwarten ist.[902] Auch hier besteht, ebenso wie bei einer bereits eingetretenen (vermeintlichen) wesentlichen Vertragsverletzung, die nicht in einer Nichtlieferung besteht, keine Klärungsmöglichkeit durch Setzung einer Nachfrist.[903] Der Käufer läuft daher Gefahr, seinerseits vertragsbrüchig zu werden, was ihn zu einer zurückhaltenden und vorsichtigen Anwendung dieses Rechtsbehelfs anhält.

Will der Käufer den Vertrag nach Art. 72 I CISG aufheben, muss er dem Verkäufer seine Absicht zudem zunächst anzeigen und es ihm so ermöglichen, für die Erfüllung seiner Pflichten ausreichend Gewähr zu geben, Art. 72 II CISG. Nach Art. 27 CISG trifft dabei den Verkäufer das Übermittlungsrisiko hinsichtlich dieser Anzeige, solange der Käufer nur eine geeignete Art und Weise der Übermittlung gewählt hat.[904]

Von der Anzeigepflicht bestehen Ausnahmen: sie kann unterbleiben, wenn "die Zeit es nicht erlaubt", Art. 72 II CISG, oder wenn der Verkäufer bereits verbindlich und endgültig erklärt hat, dass er seine Pflichten nicht erfüllen wird, Art. 72 III CISG. Der Wortlaut der (unverbindlichen) deutschen Übersetzung des Art. 72 II CISG, wonach die Anzeige außerdem "den Umständen nach vernünftig sein muss", legt nahe, in der Unvernünftigkeit einer Anzeige einen weiteren Ausnahmetatbestand zu sehen.[905] Ein Abgleich mit der verbindlichen englischen Sprachfassung *("if time allows, the party ... must give reasonable notice...")* zeigt jedoch, dass ausschließlich die zeitliche Möglichkeit der Anzeige entscheidend sein soll.[906] Daher kann eine Anzeige über Art. 72 II, III CISG hinaus wohl nur dann unterbleiben, wenn sie eine sinnlose Formalität wäre,[907] bspw. wenn die Leis-

---

902 Staudinger (Magnus), Wiener UN-Kaufrecht, Art. 72, Rn. 9 f.; Schlechtriem (Leser/Hornung), Einh. UN-Kaufrecht, Art. 72, Rn. 11 f.; Bianca/Bonell (Bennett), Int. Sales Law, Art. 72, Anm. 2.2; Reinhart, UN-Kaufrecht, Art. 72, Rn. 2; Karollus, UN-Kaufrecht, S. 163. A. A. Herber/Czerwenka, Int. Kaufrecht, Art. 72, Rn. 2 (keine Differenzierung der Wahrscheinlichkeiten in Art. 71 und 72 CISG). Kritisch Gillette/Walt, Sales Law, S. 202: *("Obviously, 'clarity' is in the eye of the beholder").*

903 Staudinger (Magnus), Wiener UN-Kaufrecht, Art. 72, Rn. 19, Rn. 30; Herber/Czerwenka, Int. Kaufrecht, Art. 72, Rn. 3; Bianca/Bonell (Bennett), Int. Sales Law, Art. 72, Anm. 2.3. Vgl. aber Bianca/Bonell (Bennett), Int. Sales Law, Art. 72, Anm. 2.3 (Ausbleiben der Versicherung der Leistungsfähigkeit bestätigt tendenziell, dass es zu einem Vertragbruch durch den Verkäufer kommen wird). Dies scheint zweifelhaft, da der Verkäufer nicht verpflichtet ist, auf eine unberechtigte Anzeige der Aufhebungsabsicht zu reagieren und mglw. nur aus diesem Grund nicht antwortet.

904 Vgl. oben, Fn. 346.

905 So Herber/Czerwenka, Int. Kaufrecht, Art. 72, Rn. 6; Karollus, UN-Kaufrecht, S. 163.

906 Staudinger (Magnus), Wiener UN-Kaufrecht, Art. 72, Rn. 23; Schlechtriem (Leser/Hornung), Einh. UN-Kaufrecht, Art. 72, Rn. 15; Gillette/Walt, Sales Law, S. 202 f.

907 Staudinger (Magnus), Wiener UN-Kaufrecht, Art. 72, Rn. 23; i. E. wohl auch Schlechtriem (Leser/Hornung), Einh. UN-Kaufrecht, Art. 72, Rn. 16 f.

tungserbringung unmöglich geworden ist. Der Verkäufer bekommt dadurch etwas mehr Spielraum, da sich eine *ex ante* und aus Sicht des Käufers vermeintlich unvernünftige Anzeige im Nachhinein als durchaus vernünftig erweisen mag, etwa wenn sich das vom Käufer angenommene Leistungserfüllungshindernis als doch überwindbar erweist.[908] Versäumt der Käufer eine gebotene Anzeige, so behält er dennoch sein Vertragsaufhebungsrecht. Er muss dann nur den Schaden ersetzen, der durch Aufrechterhaltung und weitere Durchführung des Vertrages vermieden worden wäre, wenn der Verkäufer die Möglichkeit gehabt hätte, ausreichende Gewähr für seine Leistungsfähigkeit zu geben und so den Vertrag zu erhalten.[909]

Gibt der Verkäufer auf eine entsprechende Anzeige hin "ausreichende Gewähr" für die Erfüllung seiner Pflichten, dann entfällt das Vertragsaufhebungsrecht des Käufers und der Vertrag bleibt, im Übrigen inhaltlich unverändert, bestehen.[910] Ausreichende Gewähr folgt insbesondere aus der Stellung von Sicherheiten (bspw. Lieferzusagen Dritter, Nachweis von Bezugsmöglichkeiten etc.), aufgrund derer der Käufer bei objektiver Betrachtung unter Berücksichtigung der gefährdeten Leistung, der drohenden Gefahr und des Vertragsrahmens sicher sein kann, die versprochene Leistung oder ihren Gegenwert zu erhalten.[911] Andernfalls ist der Käufer zur Aufhebung des Vertrages berechtigt, wobei die Aufhebungserklärung, anders als die Anzeige der Aufhebungsabsicht, nach Art. 26 CISG empfangsbedürftig ist.

4. Ausübung des Vertragsaufhebungsrechts

Die Vertragsaufhebung ist, ebenso wie das Recht zur Kaufpreisminderung, Gestaltungsrecht und muss erklärt werden, vgl. Art. 26, 49 I, II CISG. Nach Art. 27 CISG reicht die zugangsgeeignete Absendung der Erklärung durch den Käufer aus, um die Vertragsaufhebung im Zeitpunkt der Absendung wirksam werden zu lassen.[912]

---

908 Vgl. Herber/Czerwenka, Int. Kaufrecht, Art. 72, Rn. 6.

909 Staudinger (Magnus), Wiener UN-Kaufrecht, Art. 72, Rn. 28; Herber/Czerwenka, Int. Kaufrecht, Art. 72, Rn. 5. A. A. Schlechtriem (Leser/Hornung). Einh. UN-Kaufrecht, Art. 72, Rn. 21 (Aufhebungsrecht zeitlich blockiert).

910 Staudinger (Magnus), Wiener UN-Kaufrecht, Art. 72, Rn. 29; Herber/Czerwenka, Int. Kaufrecht, Art. 72, Rn. 7; Karollus, UN-Kaufrecht, S. 163.

911 Vgl. Staudinger (Magnus), Wiener UN-Kaufrecht, Art. 72, Rn. 29, Art. 71, Rn. 48 ff.; Schlechtriem (Leser/Hornung), Einh. UN-Kaufrecht, Art. 72, Rn. 20; Sekretariatskommentar, Art. 62, Anm. 13. Vgl. unten, Kapitel 4 – D.II.1.a.

912 Staudinger (Magnus), Wiener UN-Kaufrecht, Art. 49, Rn. 23 ff., Rn. 31; Schlechtriem (Huber), Einh. UN-Kaufrecht, Art. 49, Rn. 28 ff., Rn. 50; Herber/Czerwenka, Int. Kaufrecht, Art. 49, Rn. 11, Rn. 15; Audiencia Provincial de Pontevedro (Spanien), U. v. 3.10.2002, www.unilex.info. Vgl. oben, Fn. 346.

Grundsätzlich unterliegt die Aufhebungserklärung keiner Fristbindung.[913] Hat der Verkäufer die Ware jedoch geliefert, so verliert der Käufer sein Recht zur Aufhebung des Vertrages dann, wenn er nicht innerhalb einer "angemessenen" Ausschlussfrist die Aufhebung des Vertrages erklärt, Art. 49 II CISG.[914] Die Frist beginnt mit der Kenntnis des Käufers von der Lieferverspätung oder sonstigen Vertragsverletzung, Art. 49 II a), b) i) CISG, nachdem der Verkäufer die Erfüllung endgültig verweigert hat, oder sobald eine wegen der Vertragsverletzung von einer der Parteien nach Art. 47 I bzw. Art. 48 II CISG) gesetzte Nachfrist erfolglos verstrichen ist, Art. 49 II b) ii), iii) CISG.[915]

Da erst mit der Erklärung (d. h. Ausübung) der Vertragsaufhebung durch den Käufer dessen Erfüllungsanspruch erlischt (Art. 46 I CISG),[916] hat der Käufer mit zunehmender Länge der Aufhebungsfrist zunehmend die Möglichkeit, auf Veränderungen der Marktsituation und andere Umfeldänderungen zu spekulieren.[917] So wird er bspw. bei einem Verfall des Marktpreises versuchen, die Vertragsaufhebung zügig durchzusetzen und den Kaufpreis zurückzufordern bzw. dessen Zahlung zu verweigern, um dann einen Deckungskauf zum jetzt günstigeren Preis zu tätigen. Hingegen wird er bei einem steigenden Marktpreis geneigt sein, an dem Vertrag festzuhalten und die Wertsteigerung bspw. durch Weiterverkauf zu realisieren.[918]

Eine angemessene Frist i. S. dieser Vorschrift, deren genaue Länge freilich von den konkreten Umständen des Einzelfalls abhängt, sollte daher immer die jeweils denkbar kürzeste Dauer haben.[919] Im Falle der Mangelhaftigkeit der Ware i. S. v.

---

913 Staudinger (Magnus), Wiener UN-Kaufrecht, Art. 49, Rn. 30; Schlechtriem (Huber), Einh. UN-Kaufrecht, Art. 49, Rn. 35; Herber/Czerwenka, Int. Kaufrecht, Art. 49, Rn. 14; Karollus, UN-Kaufrecht, S. 146. Vor Lieferung der Kaufware kann der Käufer daher grundsätzlich zeitlich unbegrenzt an der Vertragserfüllung festhalten oder die Aufhebung des Vertrages erklären.

914 Staudinger (Magnus), Wiener UN-Kaufrecht, Art. 49, Rn. 42; ders., ZEuP 1999, 642, 660; Gillette/Walt, Sales Law, S. 234; Lurger, IHR 2001, 91, 93. Vgl. Piltz, IHR 2002, 2, 7; Court of Appeal of Turku (Finnland), U. v. 12.4.2002, www.unilex.info; Cour de Cassation (Frankreich), U. v. 24.9.2003, www.unilex.info.

915 Vgl. Cour de Cassation (Frankreich), U. v. 24.9.2003, www.unilex.info (Erklärung der Vertragsaufhebung acht Monate nach der letzten Untersuchung jedenfalls zu spät; u. U. Erklärung schon vor Abschluss der Untersuchung angemessen).

916 Vgl. Staudinger (Magnus), Wiener UN-Kaufrecht, Art. 46, Rn. 28a (keine Fristbindung hinsichtlich Nacherfüllungsanspruch); oben, Kapitel 4 – A.I.2.

917 Erst recht, wenn mangels Lieferung die Aufhebung keiner Fristbindung unterliegt.

918 Vgl. Staudinger (Magnus), Wiener UN-Kaufrecht, Art. 49, Rn. 32; Schlechtriem (Huber), Einh. UN-Kaufrecht, Art. 49, Rn. 38, Art. 48, Rn. 30; Herber/Czerwenka, Int. Kaufrecht, Art. 49, Rn. 13.

919 Vgl. Staudinger (Magnus), Wiener UN-Kaufrecht, Art. 49, Rn. 30 ("knappe" Frist); Schlechtriem (Huber), Einh. UN-Kaufrecht, Art. 49, Rn. 38 (Vertragsaufhebung muss bei verspäteter oder Nichtlieferung grundsätzlich "unverzüglich" erfolgen). Vor Lieferung der

Art. 35 CISG wird man dem Käufer allerdings eine gewisse Überlegungsfrist gewähren müssen, die ihm auch die Möglichkeit gibt, Rechtsrat einzuholen.[920] Aus der Rechtsprechung sind, jeweils stark durch die Umstände des jeweiligen Einzelfalls bedingt, Fristen von bis zu einigen Wochen berichtet.[921] Eine gewisse Verlängerung tritt dadurch ein, dass die Frist durch rechtzeitige Absendung der Aufhebungserklärung auf geeignete Art und Weise gewahrt wird, s. zuvor.

Der Verkäufer hat zudem immer die Möglichkeit, den Käufer durch Fristsetzung nach Art. 48 II, III CISG zu einer Entscheidung dahingehend zu zwingen, ob er Nacherfüllung akzeptieren und also auf Vertragsaufhebung verzichten will.[922] Während die Frist läuft, sowie dann, wenn der Käufer das Nacherfüllungsangebot bejaht oder rechtzeitigen Widerspruch dagegen versäumt, kann er den Vertrag nicht aufheben.[923] Widerspricht er einer Nacherfüllung (ob zu Recht oder zu Unrecht spielt zunächst keine Rolle), kann er Nacherfüllung nicht mehr verlangen.[924] Der Verkäufer kann durch Fristsetzung etwaige Spekulationen des Käufers also abschneiden und Planungssicherheit herbeiführen.

5. Rechtsfolgen wirksamer Vertragsaufhebung

Ist die Vertragsaufhebung wirksam, so erlöschen grundsätzlich die beiderseitigen Vertragspflichten, Art. 81 I 1 CISG. Hinsichtlich bereits erbrachter Leistungen entsteht ein Rückgewährschuldverhältnis, aus dem die Parteien verpflichtet sind, einander zurückzugeben, was sie im Rahmen des Vertragsverhältnisses bereits jeweils erhalten haben, Art. 81 II 1 CISG. Hinsichtlich gezogener Vorteile entstehen Ausgleichsansprüche: auf Verzinsung des Kaufpreises durch den Verkäufer nach

---

Kaufware kann der Käufer zeitlich unbegrenzt die Aufhebung des Vertrages erklären, vgl. Staudinger (Magnus), Wiener UN-Kaufrecht, Art. 49, Rn. 30; Schlechtriem (Huber), Einh. UN-Kaufrecht, Art. 49, Rn. 35; Herber/Czerwenka, Int. Kaufrecht, Art. 49, Rn. 14; Karollus, UN-Kaufrecht, S. 146.

920 Vgl. Schlechtriem (Huber), Einh. UN-Kaufrecht, Art. 49, Rn. 44, Art. 48, Rn. 30 ff.

921 Vestre Landsret (Dänemark), U. v. 10.11.99, www.unilex.info (bei Weihnachtsbäumen 8 Tage nach Lieferung, 2 Wochen vor Weihnachten verspätet); Handelsgericht Zürich (Schweiz), U. v. 26.4.1995, www.unilex.info (4 Wochen verspätet); OLG Frankfurt a. M., U. v. 20.4.1994, www.unilex.info (2 Monate verspätet); OLG München, U. v. 2.3.1994, www.unilex.info (4 Monate verspätet); Cour d'Appel Paris (Frankreich), U. v. 14.6.2002, www.unilex.info (8 Monate verspätet); LG München, U. v. 25.1.1996, www.unilex.info (18 Monate verspätet); OLG Oldenburg, U. v. 1.2.1995, www.unilex.info (5 Wochen rechtzeitig). Vgl. OLG Hamburg, U. v. 26.11.1999, www.unilex.info; OLG Koblenz, U. v. 31.1.1997, www.unilex.info. Vgl. Staudinger (Magnus), Wiener UN-Kaufrecht, Art. 49, Rn. 36, Rn. 38; Lurger, IHR 2001, 901, 93.

922 Staudinger (Magnus), Wiener UN-Kaufrecht, Art. 46, Rn. 30, Art. 48, Rn. 36, Art. 49, Rn. 21, Rn. 30; vgl. oben, Kapitel 3 – C.I.

923 Staudinger (Magnus), Wiener UN-Kaufrecht, Art. 48, Rn. 41; Schlechtriem (Huber), Einh. UN-Kaufrecht, Art. 48, Rn. 32; Herber/Czerwenka, Int. Kaufrecht, Art. 48, Rn. 6; Schlechtriem, Int. UN-Kaufrecht, Rn. 181.

924 Schlechtriem (Huber), Einh. UN-Kaufrecht, Art. 48, Rn. 32.

Art. 84 I CISG bzw. auf Ausgleich des aus der Ware gezogenen Nettovorteils durch den Käufer nach Art. 84 II CISG. Gegenseitige Schadensersatzansprüche und solche vertraglichen Regelungen, die sich mit der Streitbeilegung und den Rechten und Pflichten der Vertragsparteien nach Vertragsaufhebung befassen, bleiben wirksam, Art. 81 I CISG.[925]

II. Rücktritt vom Vertrag und Befreiung von der Pflicht zur Kaufpreiszahlung bei Unmöglichkeit der Leistungserbringung im internen deutschen Recht

Im internen deutschen Recht folgt das Recht des Verkäufers zum Rücktritt von dem Vertrag aus den §§ 323 ff. BGB, wobei hinsichtlich der richtigen Anspruchsgrundlage nach der Art der Pflichtverletzung zu unterscheiden ist: nach § 323 I BGB kann der Käufer dann zurücktreten, wenn der Verkäufer nicht oder schlecht geleistet hat, wobei im Falle einer Schlechtleistung (der Lieferung sach- oder rechtsmangelhafter Ware) zunächst ergänzend die §§ 437 Nr. 2, 440 BGB zu beachten sind. Das Rücktrittsrecht richtet sich hingegen nach § 324 BGB, wenn der Verkäufer eine nicht-leistungsbezogene Neben- oder Schutzpflicht i. S. v. § 241 II BGB verletzt hat.[926] Schließlich wird der Käufer nach § 326 I insoweit von seinen eigenen Leistungspflichten (insbesondere Pflicht zur Kaufpreiszahlung) *ipso iure* frei, wie die Leistungserbringung durch den Verkäufer unmöglich und dieser daher nach § 275 I BGB von seiner Leistungspflicht frei wird oder er die Leistung nach § 275 II, III BGB verweigert. Auch in diesem Fall kann der Käufer nach § 326 V BGB (zusätzlich) von dem Vertrag zurücktreten.[927]

1. Voraussetzungen

a. Allgemeine Voraussetzungen

Neben einem fälligen, durchsetzbaren Leistungsanspruch[928] und einer Pflichtverletzung seitens des Verkäufers ist für das Rücktrittsrecht des Käufers grundsätzlich erforderlich, dass der Käufer dem Verkäufer durch Setzung einer angemessenen Nachfrist eine zweite Chance zur Vertragserfüllung eingeräumt hat, vgl. § 323 I, ggf. i. V. m. §§ 437 Nr. 2, 440 BGB (Vorrang der Nacherfüllung).[929] Eine

---

925 Zum Ganzen oben, Kapitel 3 – G.I.

926 Vgl. P. Huber/Faust (P. Huber), Schuldrechtsmod., Kap. 5, Rn. 12 ff.; Canaris, JZ 2001, 499, 509; Zimmer, NJW 2003, 1, 6.

927 Vgl. P. Huber/Faust (P. Huber), Schuldrechtsmod., Kap. 3, Rn. 63; Canaris, JZ 2001, 499, 510.

928 Vgl. Lorenz/Riehm, Neues SchuldR, Rn. 189 ff.; P. Huber/Faust (P. Huber), Schuldrechtsmod., Kap. 5, Rn. 24.

929 Haas/Medicus/Rolland/Schäfer/Wendtland (Haas), Neues SchuldR, Kap. 5, Rn. 170; P. Huber/Faust (P. Huber), Schuldrechtsmod., Kap. 5, Rn. 25, Rn. 13, Rn. 65 ff.; Schlechtriem, SchuldR BT, Rn. 423; Brüggemeier, WM 2002, 1376, 1378; Kindl, WM 2002, 1313, 1321. Vgl. Canaris, JZ 2001, 499, 510; Zimmer, NJW 2003, 1, 5. Zum Nacherfüllungsrecht des Verkäufers oben, Kapitel 3 – C.II.

Ablehnungsandrohung des Käufers ist, ebenso wie ein Vertretenmüssen des Verkäufers, nicht (mehr) erforderlich.[930] Die Nachfrist ist angemessen, wenn sie dem Verkäufer die Nacherfüllung ermöglicht, wobei sie aber nicht so lang sein muss, dass der Verkäufer auch dann, wenn er mit der Leistungserbringung noch gar nicht begonnen hat, noch erfüllen kann. Ist die Frist zu kurz bemessen, so setzt sie eine angemessene Frist in Gang.[931]

Die Nachfristsetzung ist vielfach entbehrlich, vgl. § 323 II und § 440 BGB.[932] Keiner Nachfristsetzung bedarf es auch dann, wenn die Pflichtverletzung des Verkäufers in einer nicht-leistungsbezogenen Nebenpflichtverletzung i. S. v. § 241 II BGB, die durch Nacherfüllung nicht ausgeglichen werden könnte, besteht, § 324 BGB, oder Nacherfüllung gem. § 275 I, II BGB i. w. S. unmöglich ist, vgl. § 326 V BGB.[933] Auch das automatische Freiwerden des Käufers von seiner Zahlungspflicht im Falle der Unmöglichkeit der Leistungserbringung seitens des Ver-

---

930 Beschlussempf. Rechtsausschuss, BT-Drucks. 14/7052, S. 185, linke Spalte (keine "kleine Ablehnungsandrohung", Fristsetzung allein reicht); Canaris, Schuldrechtsref., Einf., S. XVII; Haas/Medicus/Rolland/Schäfer/Wendtland (Haas), Neues SchuldR, Kap. 5, Rn. 171; Lorenz/ Riehm, Neues SchuldR, Rn. 230, Rn. 519; Lorenz, NJW 2002, 2497, 2498; Zimmer, NJW 2003, 1, 5; Kaiser, JZ 2001, 1057, 1058; Kindl, WM 2002, 1313, 1321; Mankowski, ZGS 2003, 451, 454 f.; Rolland, Aufhebung (FS Schlechtriem), S. 633; Westermann, Kaufrecht im Wandel (Schuldrechtsref. vor dem Hintergrund des Gemeinschaftsrechts), S. 125; Schulze/Ebers, JuS 2004, 366, 367 f.; Palandt (Heinrichs), BGB, 62. A., § 323, Rn. 12. Enger aber OLG Köln, ZGS 2003, 392, 393. (Verkäufer muss aus Nachfristsetzung erkennen können, dass er "mit der Aufforderung eine letzte Gelegenheit zur Erbringung der vertraglichen Leistung erhält"); ähnlich Dauner-Lieb/Heidel/Lepa/Ring (Dauner-Lieb), Neues SchuldR, § 2, Rn. 24; Anwaltkommentar (Dauner-Lieb), SchuldR, § 281, Rn. 12. Dagegen Mankowski, ZGS 2003, 451, 451 ff., 455 (keine strengen Anforderungen an Nachfristsetzung).

931 Begr. RegE, BT-Drucks. 14/6040, S. 138, rechte Spalte; Haas/Medicus/Rolland/Schäfer/ Wendtland (Haas), Neues SchuldR, Kap. 5, Rn. 177; P. Huber/Faust (Faust), Schuldrechtsmod., Kap. 3, Rn. 131, Kap. 5, Rn. 25; Schlechtriem, SchuldR BT, Rn. 429, Kindl, WM 2002, 1313, 1319 ff.; Lorenz/Riehm, Neues SchuldR, Rn. 198.

932 Vgl. oben, Kapitel 3 – C.II.

933 Schaden tut eine Nachfristsetzung freilich nicht, vielmehr kann dann offen bleiben, aus welchem Grund der Verkäufer nicht leistet, vgl. Beschlussempf. Rechtsausschuss, BT-Drucks. 14/7052, S. 193, linke Spalte, zu § 326 V RegE; Canaris, Schuldrechtsref., Einf., S. XVIII f.; ders., JZ 2001, 499, 510; P. Huber/Faust (P. Huber), Schuldrechtsmod., Kap. 3, Rn. 63 ff. Dauner-Lieb/Heidel/Lepa/Ring (Dauner-Lieb), Neues SchuldR, § 2, Rn. 83; Meier, JURA 2002, 118, 122. Vgl. Zimmer, NJW 2003, 1, 4. Wiederum gilt, wie jetzt allgemein, die Gleichstellung objektiver, subjektiver, anfänglicher und nachträglicher Unmöglichkeit, vgl. Zimmer, NJW 2003, 1, 4.

käufers ist naturgemäß nicht an eine Nachfrist gebunden, § 326 I BGB.[934] In all diesen Fällen wäre eine Nachfristsetzung sinnlos.[935]

Ausgeschlossen ist das Rücktrittsrecht außer bei Kenntnis oder grob fahrlässiger Unkenntnis des Käufers vom geltend gemachten Sach- oder Rechtsmangel bei Vertragsschluss auch dann, wenn die Vertragsverletzung, auf die der Käufer den Rücktritt stützt, auf einem "weit überwiegenden" eigenen Verantwortungsbeitrag beruht. Nur in diesem Fall bleibt er auch zur Kaufpreiszahlung verpflichtet, trotzdem der Verkäufer von seiner Lieferpflicht gem. § 275 BGB frei wird.[936] Anders als im UN-Kaufrecht führt die Unfähigkeit des Käufers, die empfangenen Leistung im wesentlichen unverändert zurückzugeben, hingegen nie zu einer Sperrung des Rücktrittsrechts. Vielmehr ist der Käufer, wenn er zur Rückgabe *in natura* außerstande ist, grundsätzlich nur zum Wertersatz verpflichtet, wobei auch diese Pflicht regelmäßig entfällt.[937]

b. Zusätzliche Voraussetzungen bei mangelbehafteter Ware

Besteht die Pflichtverletzung des Verkäufers in der Lieferung mangelbehafteter Ware, so folgt das käuferische Rücktrittsrecht aus §§ 437 Nr. 2, 440, i. V. m. §§ 323 f. bzw. § 326 V BGB. Auch die automatische Leistungsbefreiung nach § 326 I BGB ist dann durch die §§ 437 Nr. 2 ff. BGB modifiziert. Neben die sich daraus ergebenden Voraussetzungen tritt zudem § 377 HGB, wonach der Käufer, um sich sein Rücktrittsrecht zu erhalten, die Ware zunächst auf Sachmängel untersuchen und etwaige Mängel bzw. später entdeckte (versteckte) Mängel dem Verkäufer rechtzeitig anzeigen muss. Hinsichtlich Rechtsmängeln trifft ihn nach h. M. hingegen weder eine Untersuchungs- noch eine Anzeigeobliegenheit.[938] Das Versäumnis ausreichender und rechtzeitiger Rüge ist nur dann unschädlich, wenn der Verkäufer auf die Einhaltung der Rügeförmlichkeiten (stillschweigend) verzichtet oder den Mangel arglistig verschwiegen hat.[939]

Ist es dem Verkäufer unmöglich (§ 275 BGB), mangelfreie Ware zu liefern, so bleibt der Käufer zunächst zur (vollständigen) Gegenleistung verpflichtet. Das

---

934 P. Huber/Faust (P. Huber), Schuldrechtsmod., Kap. 3, Rn. 51; Lorenz/Riehm, Neues SchuldR, Rn. 325.

935 Begr. RegE, BT-Drucks. 14/6040, S. 142, S. 184; P. Huber/Faust (P. Huber), Schuldrechtsmod., Kap. 13, Rn. 138, Rn. 143; Haas/Medicus/Rolland/Schäfer/Wendtland (Haas), Neues SchuldR, Kap. 5, Rn. 240, Rn. 191; Canaris, JZ 2001, 499, 515. Vgl. Schlechtriem, SchuldR BT, Rn. 430; Zimmer, NJW 2003, 1, 4.

936 Lorenz/Riehm, Neues SchuldR, Rn. 519; Lorenz, NJW 2002, 2497, 2498; P. Huber/Faust (P. Huber), Schuldrechtsmod., Kap. 3, Rn. 52, Kap. 13, Rn. 76; Dauner-Lieb/Heidel/Lepa/Ring (Dauner-Lieb), Neues SchuldR, § 2, Rn. 76; Schlechtriem, SchuldR BT, Rn. 425; Kindl, WM 2002, 1313, 1322. Vgl. oben, Kapitel 3 – E.II.2.a.

937 Vgl. oben, Kapitel 3 – G.III.

938 Vgl. oben, Kapitel 3 – E.III.2.

939 Vgl. oben, Kapitel 3 – E.III.2.c.

folgt aus § 326 I 2 BGB, wonach § 326 I 1 BGB bei einem unbehebbaren Mangel nicht anzuwenden ist.[940] Er kann in diesem Fall aber gem. § 326 V i. V. m. § 323 BGB von dem Vertrag zurücktreten.[941] Einer (sinnlosen) Fristsetzung bedarf es in diesem Fall nicht, § 326 V BGB a. E. (vgl. zuvor).

Der Rücktritt wegen eines Mangels ist ausgeschlossen, wenn der Mangel, auf den der Käufer sein Rücktrittsbegehren stützt, lediglich "unerheblich" ist, vgl. §§ 437 Nr. 2, 323 V 2 BGB, ggf. i. V. m. § 326 V BGB, wobei der Verkäufer dafür die Beweislast trägt.[942]

Der Frage, ob hinsichtlich der Kaufware die Gefahr bereits auf den Käufer übergegangen ist, kommt in Bezug auf das Rücktrittsrecht nur hinsichtlich der Verjährung Bedeutung zu:[943] diese richtet sich ab Gefahrübergang nach §§ 437 Nr. 2, 438 BGB (regelmäßig zweijährige Verjährungsfrist ab Ablieferung der Kaufsache), davor und bei andersartigen Pflichtverletzungen nach §§ 195, 199 BGB (regelmäßig dreijährige Verjährungsfrist ab Ende des Jahres, in dem der Anspruch entstanden ist, und Kenntniserlangung).[944] Gefahrübergang ist hingegen keine Voraussetzung für das Rücktrittsrecht des Käufers nach § 323 BGB (ggf. i. V. m. § 326 V BGB).

c. Zusätzliche Voraussetzungen bei sonstigen Pflichtverletzungen

Bei andersartigen Pflichtverletzungen folgt das käuferische Rücktrittsrecht unmittelbar aus den §§ 323 ff. BGB und die Leistungsbefreiung aus § 326 BGB.

Im Falle der Nichtlieferung bedarf es dabei gem. § 323 I BGB zunächst einer Nachfristsetzung durch den Käufer, vgl. schon zuvor. Ist die Lieferung durch den Verkäufer hingegen vollständig unmöglich (§ 275 BGB), so wird der Käufer von seiner Leistungspflicht, insbesondere der Pflicht zur Kaufpreiszahlung, automatisch frei, § 326 BGB.[945] Einer (sinnlosen) Fristsetzung bedarf es hier nicht, vgl. zuvor.

---

940 Vgl. Gieseler, ZGS 2003, 408, 411.

941 Begr. RegE, BT-Drucks. 14/6040, S. 222 f.; Lorenz/Riehm, Neues SchuldR, Rn. 327; Lorenz, NJW 2002, 2497, 2498 f.; P. Huber/Faust (P. Huber), Schuldrechtsmod., Kap. 3, Rn. 60 ff., Rn. 67, Kap. 13, Rn. 79; Schlechtriem, SchuldR BT, Rn. 439. Vgl. Dauner-Lieb/ Heidel/Lepa/ Ring (Dauner-Lieb), Neues SchuldR, § 2, Rn. 75, Rn. 81.

942 Dies folgt aus der negativen "es sei denn"-Formulierung, vgl. Lorenz, NJW 2003, 3097, 3098; Gieseler, ZGS 2003, 408, 410. Vgl. Dauner-Lieb, Heidel/Lepa/Ring (Dauner-Lieb), Neues SchuldR, § 2, Rn. 43; Anwaltkommentar (Dauner-Lieb), SchuldR, § 281, Rn. 17.

943 Vgl. Lorenz/Riehm, Neues SchuldR, Rn. 566 f. Mangels Vorliegen eines Sachmangels, der in § 434 BGB definitorisch mit dem Gefahrübergang (dazu oben, Kapitel 2 – B) verknüpft ist, richtet sich das Rücktrittsrecht des Käufers vor Gefahrübergang ausschließlich nach den §§ 323 ff. BGB, die Modifikationen in den §§ 437 Nr. 2 ff. BGB finden keine Anwendung.

944 Vgl. oben, Kapitel 3 – F.I.

945 Lorenz/Riehm, Neues SchuldR, Rn. 325.

Verletzt der Verkäufer eine nicht-leistungsbezogene Nebenpflicht nach § 241 II BGB, so kann der Käufer gemäß § 324 BGB nur dann zurücktreten, wenn ihm "ein Festhalten am Vertrag nicht mehr zuzumuten ist." Wann dies der Fall ist, ist v. a. eine einzelfallbezogene Wertungsfrage, die unter Berücksichtigung der Interessen beider Parteien zu beantworten ist.[946] Eine lediglich unwesentliche Pflichtverletzung wird regelmäßig zumindest dann ausscheiden, wenn der Käufer den Verkäufer nicht zuvor abgemahnt oder ihm eine Frist gesetzt hat.[947] Einer Nachfristsetzung bedarf es in diesem Fall hingegen nicht, vgl. zuvor.

2. Voraussetzungen bei Teilleistungen, teilweise mangelhafter Lieferung und Sukzessivlieferverträgen

Ist nur ein Teil der als zusammengehörig verkauften Waren mangelbehaftet, so ist der Käufer dennoch zum Rücktritt von dem gesamten Vertrag berechtigt, es sei denn, der Mangel stellt sich, bezogen auf die Gesamtlieferung, als lediglich unerheblich dar, vgl. §§ 437 Nr. 2, 323 V 2 BGB. Eine darüber hinausgehende Einschränkung des Rücktrittsrechts durch § 323 V 1 BGB (Rücktritt nur bei Interessenfortfall hinsichtlich der Gesamtleistung) ist für eine teilweise mangelhafte Lieferung nicht vorgesehen.[948]

Bei einer vertragswidrigen Teilleistung (in quantitativer Hinsicht vertragswidrig unvollständigen Lieferung), die der Käufer (zunächst) angenommen hat,[949] kommt nach § 323 V 1 BGB ein Rücktritt von dem gesamten Vertrag nur dann in Betracht, wenn der Käufer an der Teilleistung "kein Interesse" hat. Das ist der Fall, wenn die Teilleistung zusammen mit Schadensersatz das Leistungsinteresse des Käufers nicht zu decken vermag, d. h. der Vertragszweck nicht erreicht werden kann.[950] Dieser Maßstab ist ersichtlich strenger als der "nicht lediglich unerheblich"-Maßstab im Falle der Schlechtleistung (s. zuvor), weswegen von Bedeutung ist, ob die in § 434 III BGB angeordnete Gleichstellung von Sachmangel

---

946 Begr. RegE, BT-Drucks. 14/6040, S. 187, rechte Spalte, S. 142, linke Spalte; Lorenz/Riehm, Neues SchuldR, Rn. 364 f.; Kindl, WM 2002, 1313, 1322. Vgl. Zimmer, NJW 2003, 1, 6.

947 Vgl. Begr. RegE, BT-Drucks. 14/6040, S. 141 f.; Beschlussempf. Rechtsausschuss, BT-Drucks. 14/7052, S. 186, linke Spalte; Lorenz/Riehm, Neues SchuldR, Rn. 364 f.; P. Huber/Faust (P. Huber), Schuldrechtsmod., Kap. 5, Rn. 47; P. Huber/Faust (Faust), Schuldrechtsmod., Kap. 3, Rn. 172 ff.; Kindl, WM 2002, 1313, 1322, Fn. 89. Zum Parallelproblem beim Schadensersatz vgl. unten, Kapitel 4 – C.II.2.b.ii.

948 Lorenz/Riehm, Neues SchuldR, Rn. 519. Vgl. Palandt (Heinrichs), BGB, 62. A., § 323, Rn. 27; Jauernig (Vollkommer), BGB, § 323, Rn. 10 ff.

949 Nimmt der Käufer die Teilleistung an, so behält er hinsichtlich der noch fehlenden Teile seinen urspgl. Erfüllungsanspruch. Er kann die Teilleistung aber auch zurückweisen und nach erfolgloser Nachfristsetzung wegen Nichtleistung nach § 323 I BGB von dem (gesamten) Vertrag zurücktreten bzw. nach §§ 280 ff. BGB Schadensersatz verlangen. Dazu unten, Kapitel 4 – D.I.3.

950 Lorenz/Riehm, Neues SchuldR, Rn. 217; Canaris, JZ 2001, 499, 513; Kindl, WM 2002, 1313, 1320.

(= Schlechtleistung) und Mindermenge (= Teillieferung) auch im Rahmen des Rücktritts anzuwenden ist.[951] Von der Rechtsprechung, der diese Frage von Seiten des Gesetzgebers zur Klärung überantwortet wurde,[952] liegt derzeit noch keine Stellungnahme vor. Von der Literatur wird aufgrund des an sich klaren Wortlauts des § 434 III BGB einerseits, der für eine quantitativ unvollständigen Lieferung allgemein als sachgerechter empfundenen Regelung des § 323 V 1 BGB andererseits, beides vertreten; dabei zeichnet sich allerdings eine Mehrheit gegen eine Gleichstellung im Rahmen des § 323 V BGB ab.[953] Demnach kommt bei einer vertragswidrigen Teillieferung Rücktritt nur bei Interessenfortfall in Betracht.

Gleiches gilt sinngemäß bei einem Sukzessivliefervertrag, bei dem der Verkäufer einzelne Raten nicht oder schlecht erbringt: ein Rücktritt von dem gesamten Vertrag kommt nur bei diesbezüglichem Interessenfortfall aufgrund des teilweisen Leistungsausfalls[954] bzw. dann in Betracht, wenn sich die Schlechterfüllung bezogen auf den gesamten Vertrag als nicht lediglich unerheblich erweist.[955]

Bei (qualitativer oder quantitativer) Teilunmöglichkeit, bei der der Verkäufer gem. § 275 BGB hinsichtlich des unmöglichen Leistungsteils von seiner Leistungspflicht frei wird, erlischt die Gegenleistungspflicht des Käufers (insbesondere zur Kaufpreiszahlung) zu einem der Lieferunmöglichkeit entsprechenden Anteil, §§ 326 I 1, 441 III BGB.[956] Zudem kann der Käufer von dem (gesamten) Vertrag gem. § 326 V i. V. m. § 323 BGB zurücktreten, wenn er an der Teilleistung wegen

---

[951] So Begr. RegE, BT-Drucks. 14/6040, S. 187, linke Spalte, zu § 323 IV RegE (entspr. § 323 V BGB); S. 222, rechte Spalte, zu § 326 I. Vgl. Lorenz/Riehm, Neues SchuldR, Rn. 219; Kindl, WM 2002, 1313, 1320. Zum Parallelproblem beim "großen" Schadensersatz unten, Kapitel 4 – C.II.2.b.iii.

[952] Beschlussempf. Rechtsausschuss, BT-Drucks. 14/7052, S. 185., rechte Spalte oben. Vgl. Lorenz/Riehm, Neues SchuldR, Rn. 219, Fn. 113.

[953] So Canaris, Schuldrechtsref., S. XXII f.; ders. ZRP 2001, 329, 334 f.; Lorenz/Riehm, Neues SchuldR, Rn. 219, Rn. 496, Rn. 519; Lorenz, NJW 2003, 3097, 3098; Griegoleit/Riehm, ZGS 2002, 115, 115 ff., 122; Haas/Medicus/Rolland/Schäfer/Wendtland (Haas), Neues SchuldR, Kap. 5, Rn. 127, Rn. 173; Windel, JURA 2003, 793, 796 f.; wohl auch Kindl, WM 2002, 1313, 1320 f. A. A. aber P. Huber/Faust (P. Huber), Schuldrechtsmod., Kap. 5, Rn. 40; P. Huber/Faust (Faust), Schuldrechtsmod., Kap. 3, Rn. 164 (für den Schadensersatzanspruch). Vgl. Jauernig (Vollkommer), BGB, § 281, Rn. 26. Zum Parallelproblem beim Schadensersatz unten, Kapitel 4 – C.II.2.b.iii.

[954] Vgl. Begr. RegE, BT-Drucks. 14/6040, S. 186, rechte Spalte; Lorenz/Riehm, Neues SchuldR, Rn. 251; Schwab, ZGS 2003, 73, 74 f.; Jauernig (Vollkommer), BGB, § 323, Rn. 18.

[955] Begr. RegE, BT-Drucks. 14/6040, S. 18, linke Spalte. Vgl. Lorenz/Riehm, Neues SchuldR, Rn. 251; Schwab, ZGS 2003, 73, 78 f.

[956] Lorenz/Riehm, Neues SchuldR, Rn. 326; Lorenz, NJW 2002, 2497, 2498; ders., NJW 2003, 3097, 3098; P. Huber/Faust (P. Huber), Schuldrechtsmod., Kap. 3, Rn. 58; Dauner-Lieb/Heidel/Lepa/Ring (Dauner-Lieb), Neues SchuldR, § 2, Rn. 74, Rn. 82.

der Teilunmöglichkeit kein Interesse hat bzw., im Falle eines Mangels, dieser nicht lediglich unerheblich ist (zu Beidem vgl. zuvor).[957]

3. Rücktritt vor Fälligkeit

Auch im internen deutschen Recht kann der Käufer bei Vorliegen der Rücktrittsvoraussetzungen i. Ü. auch schon vor Fälligkeit der Leistung des Verkäufers und ohne dass es einer Fristsetzung bedarf, von dem Vertrag zurücktreten, wenn "offensichtlich ist, dass die Voraussetzungen des Rücktritts eintreten werden" (antizipierter Vertragsbruch), § 323 IV BGB.[958] Dadurch wird ein unzumutbares Abwarten des Fälligkeitszeitpunktes in solchen Situationen vermieden.[959]

Offensichtlich ist eine künftige Pflichtverletzung, wenn sie objektiv mit an Sicherheit grenzender Wahrscheinlichkeit zu erwarten ist, also bspw. dann, wenn die Lieferung einer einmaligen Sache wegen Untergangs unmöglich ist, bei ernsthafter und endgültiger Erfüllungsverweigerung seitens des Verkäufers sowie bei sonstigen, sich aus den Umstände ergebenden unüberwindbaren Leistungshindernissen.[960] Es handelt sich um eine Prognoseentscheidung des Käufer auf eigenes Risiko;[961] eine Möglichkeit klärender Fristsetzung besteht nicht.[962] Allerdings kann ein Schweigen des Verkäufers auf eine Erklärungsaufforderung des Käufers 'das Fass zum Überlaufen bringen', also eine Steigerung der Besorgnis künftiger

---

957 Lorenz/Riehm, Neues SchuldR, Rn. 326; Rn. 568; Lorenz, NJW 2002, 2497, 2498, Fn. 14; ders., NJW 2003, 3097, 3098; P. Huber/Faust (P. Huber), Schuldrechtsmod., Kap. 5, Rn. 66; Dauner-Lieb/Heidel/Lepa/Ring (Dauner-Lieb), Neues SchuldR, § 2, Rn. 82.

958 Begr. RegE, BT-Drucks. 14/6040, S. 186, linke Spalte; Schlechtriem, SchuldR BT, Rn. 431; P. Huber/Faust (P. Huber), Schuldrechtsmod., Kap. 5, Rn. 24; Lorenz/Riehm, Neues SchuldR, Rn. 190; Kindl, WM 2002, 1313, 1321; Medicus, JuS 2003, 521, 524; Zimmer, NJW 2003, 1, 6; Ramming, ZGS 2002, 412, 415; Mossler, ZIP 2002, 1831, 1831 f.; Zimmermann, Breach of Contract, S. 48.

959 Begr. RegE, BT-Drucks. 14/6040, S. 186, linke Spalte; Kindl, WM 2002, 1313, 1321. Zusätzlich hat der Käufer analog § 323 IV BGB schon jetzt einen Schadensersatzanspruch, vgl. Jaensch, ZGS 2004, 134, 134 ff., dazu unten, Fn. 1089.

960 Vgl. P. Huber/Faust (P. Huber), Schuldrechtsmod., Kap. 5, Rn. 24; Lorenz/Riehm, Neues SchuldR, Rn. 190; Kindl, WM 2002, 1313, 1321; Mossler, ZIP 2002, 1831, 1832; Münchner Kommentar (Ernst), BGB, Bd. 2a, § 323, Rn. 132, Rn. 134 ff.; Palandt (Heinrichs), BGB, 62. A., § 323, Rn. 23. Im Falle drohender Insolvenz des Schuldners muss eine Einschränkung dann gelten, wenn der Insolvenzverwalter gem. § 103 InsO Vertragserfüllung wählt, vgl. Mossler, ZIP 2002, 1831, 1831, 1833 ff.

961 Mossler, ZIP 2002, 1831, 1832; Münchner Kommentar (Ernst), BGB, Bd. 2a, § 323, Rn. 134.

962 Münchner Kommentar (Ernst), BGB, Bd. 2a, § 323, Rn. 135. Vgl. aber Mossler, ZIP 2002, 1831, 1833.

Nichterfüllung zur Nahezu-Gewissheit bewirken.[963] Insgesamt entspricht der Standard damit dem des UN-Kaufrechts.[964]

Einer Vorab-Anzeige der Rücktrittsabsicht an den Verkäufer bedarf es grundsätzlich nicht. Allerdings kann der Käufer nach den Grundsätzen von Treu und Glauben bzw. aus vertraglicher Nebenpflicht (§ 241 II BGB) gehalten sein, dem Verkäufer Möglichkeit zur Stellung von Sicherheiten zu geben, um so die Vertragsauflösung abzuwenden.[965] Ggf. ist der Käufer dem Verkäufer zum Schadensersatz nach §§ 280 I, 241 II BGB verpflichtet.

Der an sich vorleistungspflichtige Käufer kann zudem bereits dann vor Fälligkeit der Leistung von dem Vertrag zurücktreten, wenn der Verkäufer auf die Erhebung der Unsicherheitseinrede durch den Käufer (§ 321 I BGB) und nach erfolglosem Verstreichen einer angemessenen Frist zur Leistung oder zur Stellung von Sicherheiten nicht leistet, §§ 321 II, 323 BGB.[966]

4. Ausübung des Rücktrittsrechts

Der Rücktritt ist (jetzt) auch im internen deutschen Recht Gestaltungsrecht[967] und bedarf als solches nur der Erklärung durch den Käufer, § 349 BGB; eine Einwilligung des Verkäufers ist nicht (mehr) erforderlich.[968] Als einseitige, empfangsbedürftige Willenserklärung 'reist' die Rücktrittserklärung auf Risiko des erklärenden Käufers, vgl. § 130 I BGB.[969] Im Falle der Unmöglichkeit der Leistungserbringung seitens des Verkäufers wird der Käufer von seiner Gegenleistungspflicht *ipso iure*, d. h. ohne dass es einer rechtsgestaltenden Erklärung bedarf, frei.[970]

---

963 Vgl. Mossler, ZIP 2002, 1831, 1833; Münchner Kommentar (Ernst), BGB, Bd. 2a, § 323, Rn. 135.

964 Begr. RegE, BT-Drucks. 14/6040, S. 186 linke Spalte; Schlechtriem, SchuldR AT, Rn. 431; Münchner Kommentar (Ernst), BGB, Bd. 2a, § 323, Rn. 132, Rn. 134. Wohl auch P. Huber/Faust (P. Huber) Schuldrechtsmod., Kap. 5, Rn. 24, Fn. 22; Palandt (Heinrichs), BGB, 62. A., § 323, Rn. 23. Vgl. Mossler, ZIP 2002, 1831, 1832.

965 Vgl. Mossler, ZIP 2002, 1831, 1833.

966 Dazu unten, Kapitel 4 – D.II.2.

967 Zu den Implikationen daraus (Recht, nicht Anspruch i. S. v. § 194 BGB) hinsichtlich der Verjährung vgl. § 218 und oben, Kapitel 3 – F.I.

968 Haas/Medicus/Rolland/Schäfer/Wendtland (Rolland), Neues SchuldR, Kap. 4, Rn. 8 f.; Haas/Medicus/Rolland/Schäfer/Wendtland (Haas), Neues SchuldR, Kap. 5, Rn. 170; Dauner-Lieb/Heidel/Lepa/Ring (Büdenbender), Neues SchuldR, § 8, Rn. 56; Lorenz/Riehm, Neues SchuldR, Rn. 416, Rn. 517, Rn. 522; P. Huber/Faust (P. Huber), Schuldrechtsmod., Kap. 13, Rn. 78; Medicus, JuS 2003, 521, 526; Wertenbruch, JZ 2003, 862, 862, 863 f.

969 Haas/Medicus/Rolland/Schäfer/Wendtland (Haas), Neues SchuldR, Kap. 5, Rn. 199. Vgl. Fn. 346.

970 Lorenz/Riehm, Neues SchuldR, Rn. 325 f.; Lorenz, NJW 2003, 3097, 3098.

Erst mit Ausübung des Rücktrittsrechts, und nicht bereits mit erfolglosem Verstreichen der Nachfrist, erlischt der primäre Erfüllungsanspruch des Käufers[971] und der Käufer ist an seine Rechtsbehelfswahl gebunden[972] (Beendigung des sog. *ius variandi)*. Da in all jenen Fällen, in denen kein Fixhandelskauf i. S. v. § 376 I 1 HGB vorliegt,[973] keine Frist festgelegt ist, innerhalb derer der Käufer den Rücktritt erklärt haben muss,[974] kann dieser den Verkäufer auf unbestimmte Zeit (in den Grenzen von Treu und Glauben[975]) im Ungewissen lassen darüber, ob er an dem Vertrag festhalten will (und Nacherfüllung oder nachfolgend Minderung und/oder Schadensersatz verlangt) oder ob er ihn auflöst.[976] Wie schon aufgezeigt, entsteht damit für den Verkäufer erhebliche Planungsunsicherheit, da er sich einerseits weiterhin leistungsbereit halten, andererseits aber mit dem jederzeitigen Rücktritt des Käufers rechnen muss. Für den Käufer eröffnen sich hingegen weitreichende Spekulationsmöglichkeiten: er kann zunächst den Markt und die Entwicklung der Marktpreise beobachten und sodann die Erkenntnisse daraus seiner Entscheidung und dem 'Timing' seiner Entscheidung zugrunde legen. Dadurch hat er die Möglichkeit, zusätzliche (d. h. nicht der ursprünglich ausgehandelten Vertragsbalance entsprechende) Vorteile zu realisieren bzw. Nachteile auszugleichen.[977] Nur durch

---

971 Vgl. Begr. RegE, BT-Drucks. 14/6040, S. 185, linke Spalte; Haas/Medicus/Rolland/Schäfer/Wendtland (Haas), Neues SchuldR, Kap. 5, Rn. 196, Rn. 237; P. Huber/Faust (P. Huber), Schuldrechtsmod., Kap. 5, Rn. 27; Derleder, ius variandi (Neues SchuldR i. d. Praxis), S. 411; ders., NJW 2003, 998, 998; Zimmermann, Breach of Contract, S. 47.

972 Jetzt kann er auch Kaufpreisminderung nicht mehr geltend machen, vgl. Begr. RegE, BT-Drucks. 14/6040, S. 221, rechte Spalte; Wertenbruch, JZ 2003, 862, 863 f.

973 Zu den Voraussetzungen oben, Kapitel 4 – A.II.1

974 Haas/Medicus/Rolland/Schäfer/Wendtland (Rolland), Neues SchuldR, Kap. 4, Rn. 83; Schlechtriem, SchuldR AT, Rn. 436; Rn. 466; Kaiser, JZ 2001, 1057, 1069. Vgl. Derleder, NJW 2003, 998, 1003. Lediglich im Falle eines vertraglich vereinbarten Rücktrittsrechts kann der Verkäufer dem Käufer eine angemessene Rücktrittsfrist bestimmen, § 350 S. 1 BGB, mit deren Ablauf das käuferische Rücktrittsrecht erlischt, vgl. Begr. RegE, BT-Drucks. 14/6040, S. 197, rechte Spalte, zu Nr. 21; Lorenz/Riehm, Neues SchuldR, Rn. 416, Rn. 522; Schlechtriem, SchuldR AT, Rn. 466.

975 Vgl. Schlechtriem, SchuldR AT, Rn. 436 (Verwirkung); Derleder, ius variandi (Neues SchuldR i. d. Praxis), S. 422 f. (Sperre für den Wechsel zwischen den Rechten anzunehmen, wenn der Verkäufer das zunächst geltend gemachte Recht anerkannt und im Vertrauen darauf Dispositionen getroffen hat); ders., NJW 2003, 998, 1003 (dito).

976 Vgl. insb. Piltz, IHR 2002, 2, 7.

977 Vgl. zuvor, Kapitel 4 – B.I.4. Nach Begr. RegE, BT-Drucks. 14/6040, S. 185 wird dies bewusst in Kauf genommen. Dort ist von einem "gewissen Zeitraum" die Rede, ohne dass ersichtlich wird, woraus sich eine Beschränkung des Wahlzeitraumes des Käufers ergeben soll. Vgl. Schlechtriem, SchuldR AT, Rn. 436; Rn. 466; Derleder, ius variandi (Neues SchuldR i. d. Praxis), S. 412 (Gesetzgeber wollte insb. Gläubiger mehr Flexibilität bei der Reaktion auf Pflichtverletzungen und Mängeln gewähren), S. 414 f. (zu den sozio-ökonomischen Folgen); Zimmermann, Breach of Contract, S. 47. Vgl. P. Huber/Faust (P. Huber), Schuldrechtsmod., Kap. 5, Rn. 27; Canaris, ZRP 2001, 329, 334; Gsell, Jb.j.ZivRWiss. 2001, 105, 114 f.;

Erfüllung seiner Leistungspflichten kann der Verkäufer diese Unsicherheit auflösen.[978]

Lediglich unter den (engen) Voraussetzzungen eines Fixhandelskaufes i. S. v. § 376 I 1 HGB[979] ist dem Käufer die Möglichkeit der Spekulation abgeschnitten, denn Erfüllung kann er in diesem Fall nur dann verlangen, wenn er dem Verkäufer sofort anzeigt, dass er auf Erfüllung besteht.

5. Rechtsfolgen wirksamen Rücktritts

Wie ebenfalls bereits dargestellt,[980] entfallen mit der Ausübung des Rücktrittsrechts die beiderseitigen Primärleistungspflichten (insbesondere die Lieferpflicht des Verkäufers und die Pflicht zur Kaufpreiszahlung des Käufers). Es entsteht ein Rückgewährschuldverhältnis bzgl. der bereits empfangenen Leistungen und zwischenzeitlich gezogener Nutzungen, wobei gegenseitige Schadensersatzansprüche den Parteien erhalten beleiben (§ 325 BGB). Außerdem bleiben vertragliche Vereinbarungen, die die Streitbeilegung betreffen, vom Rücktritt unberührt.

III. Vergleich

Der käuferische Rechtsbehelf der vorzeitigen Vertragsauflösung – Vertragsaufhebung bzw. Rücktritt vom Vertrag – betrifft unmittelbar die Frage, ob der Vertrag entsprechend den ursprünglichen Planungen (vollständig) durchgeführt wird und der Verkäufer die ursprünglich avisierten Erlöse daraus, wenngleich u. U. gekürzt bspw. um eine Kaufpreisminderung, realisieren kann. Dies betrifft aus Verkäufersicht v. a. das Vergleichskriterium Planungssicherheit.

Da die Vertragsauflösung zudem zur Rückabwicklung des Vertrages führt, was regelmäßig mit dem Einsatz erheblicher zusätzlicher Ressourcen für die Abwicklung der Vertragsauflösung, bspw. den Rücktransport der Ware zum Verkäufer, verbunden ist, entstehen für den Verkäufer dadurch erhebliche zusätzlich Kosten (Haftungsbegleit- bzw. -nebenkosten). Damit ist auch das Kriterium Haftungsrisiko in besonderem Maße betroffen.

Bei der Gegenüberstellung des käuferischen Rechts zur Vertragsaufhebung im UN-Kaufrecht und seinem Recht zum Rücktritt vom Vertrag im internen deutschen Kaufrecht unter diesen Gesichtspunkten sind zunächst einige grundsätzliche Übereinstimmungen festzustellen: gleichermaßen bedarf es keines Verschuldens

---

Ernst, FAZ vom 19.5.2001, S. 8 (geplante Rücksichtnahme auf Wankelmütigkeit einer Partei führt zu nachteiliger Schwebelage für andere Partei. "Dabei wird eine versierte Vertragspartei mit den vermehrten Handlungsalternativen kunstvoll operieren können. Spekulationen zu Lasten des weniger rechtskundigen Vertragspartners sind nicht auszuschließen").

978 Begr. RegE, BT-Drucks. 14/6040, S. 185, rechte Spalte; P. Huber/Faust (P. Huber), Schuldrechtsmod., Kap. 5, Rn. 27; Canaris, ZRP 2001, 329, 334. Zweifelnd Gsell, Jb.j.ZivRWiss. 2001, 105, 115.

979 Vgl. oben, Kapitel 4 – A.II.1.

980 Dazu oben, Kapitel 3 – G.

oder sonstigen Vertretenmüssens seitens des Verkäufers hinsichtlich der die Vertragsaufsagung tragenden Vertrags- bzw. Pflichtverletzung, gleichermaßen ist die Vertragsaufsagung Gestaltungsrecht und erfolgt durch Erklärung, und übereinstimmend ist das Erlöschen der gegenseitigen Primärleistungspflichten und das Entstehen eines Rückgewährschuldverhältnisses die Folge. Auf die praktisch geringen Unterschiede hinsichtlich des letzteren – grundsätzlich Aufhebungssperre im UN-Kaufrecht, hingegen Wertersatzmodell im internen deutschen Recht bei Unfähigkeit des Käufers zur (unversehrten) Rückgabe des Empfangenen – wurde schon eingegangen.[981]

Ein Unterschied hinsichtlich der Ausübung des Rechtsbehelfs besteht darin, dass im UN-Kaufrecht, anders als im internen deutschen Recht, der Käufer durch die Vorgabe einer "angemessenen" Ausübungsfrist bei einem Mangel und durch die Möglichkeit der Fristsetzung durch den Verkäufer im Falle der Nichtlieferung in zeitlicher Hinsicht eingeschränkt ist, was aus Verkäufersicht insbesondere unter dem Gesichtpunkt Planungssicherheit vergleichsweise vorteilhaft ist. Dieser Vorteil wird nur geringfügig dadurch reduziert, dass die Aufhebungserklärung im UN-Kaufrecht, im Gegensatz zur Rücktrittserklärung des internen deutschen Rechts, auf Risiko des Verkäufers reist, und dieser deswegen insoweit das Verspätungsrisiko trägt.

Unterschiede bestehen auch hinsichtlich der Aufhebungs- bzw. Rücktrittsvoraussetzungen. Neben den bereits erörterten allgemeinen Unterschieden betreffend die Untersuchungs- und Rügeobliegenheit und neben der unterschiedlichen Bewertung eines käuferischen Verantwortungsbeitrags[982] ist die unterschiedlich starke Bindung des Käufers an den einmal geschlossenen Vertrag von entscheidender Bedeutung: während sich der Käufer im UN-Kaufrecht nur dann von einem einmal geschlossenen Vertrag lösen kann, wenn die geltend gemachte Vertragsverletzung wesentlich ist (was auch dann anzunehmen ist, wenn eine dem Verkäufer zur Lieferung gesetzte Nachfrist fruchtlos verstrichen ist), kann er im internen deutschen Recht einen Vertrag meist nur dann nicht auflösen, wenn die Pflichtverletzung lediglich unerheblich (eine Bagatelle) ist.[983] Die insbesondere darin zum Ausdruck kommende "Aufhebungsfeindlichkeit" des UN-Kaufrechts bietet dem Verkäufer ein erheblich höheres Maß an Planungssicherhit und eine Reduzierung seines Haftungsrisikos.

---

981 Oben, Kapitel 3 – G.IV.

982 Dazu oben, Kapitel 3 – E.III.3, Kapitel 3 – E.II.3.

983 Vgl. Bianca/Bonell (Bonell), Int. Sales Law, Art. 7, Anm. 2.3.2.2.; Schlechtriem, Int. UN-Kaufrecht, Rn. 188; ders., Int. einh. Kaufrecht und neues SchuldR (Neues SchuldR i. d. Praxis), S. 85 f. Magnus, Pflichtverletzung (Schuldrechtsref. vor dem Hintergrund des Gemeinschaftsrechts), S. 77 f.; ders., RabelsZ 59 (1995), 469, 483; Regula/Kannowski, IHR 2004, 45, 49.

Insgesamt ist die Ausgestaltung des käuferischen Rechts zu vorzeitigen Vertragsauflösung im UN-Kaufrecht aufgrund der stärkeren Vertragsbindung und der v. a. zeitlich stärker eingeschränkten Wahlfreiheit des Käufers aus Verkäufersicht vorzugswürdig.

C. Auf Geldausgleich gerichtete Rechtsbehelfe (Kaufpreisminderung und Schadensersatz)

I. Kaufpreisminderung

1. UN-Kaufrecht

Bei Lieferung "nicht vertragsgemäßer" Ware und Vorliegen der übrigen, den Rechtsbehelfen des Käufers gemeinsamen Voraussetzungen, namentlich rechtzeitiger und ordnungsgemäßer Mangelrüge sowie erfolgloser Nachfristsetzung (Art. 37 bzw. Art. 48 i. V. m. Art. 50 Satz 2 CISG),[984] hat der Käufer aus Art. 50 Satz 1 CISG einen Anspruch auf Minderung des Kaufpreises, sofern er den geltend gemachten Mangel bei Vertragsschluss nicht kannte, ohne insoweit grob fahrlässig zu sein bzw. sofern er nicht darin eingewilligt hat.[985]

"Nicht vertragsgemäß" heißt, dass der Ware ein Sachmangel i. S. v. Art. 35 I CISG anhaften muss.[986] Nicht erforderlich ist, dass der Mangel "wesentlich" i. S. v. Art. 25 CISG ist oder sonst eine gewisse Mindestschwere aufweist. Auch ein Vertretenmüssen des Verkäufers oder ein Schaden auf Seiten des Käufers ist nicht notwendig.[987] Erforderlich ist aber grundsätzlich, dass die Preisgefahr bereits auf den Käufer übergegangen ist, denn erst dann liegt definitorisch überhaupt ein Mangel vor.[988] Aber auch wenn schon zuvor feststeht, dass die Ware einen Mangel haben wird, kann der Käufer den Kaufpreis zuvor mindern.[989] Ein Rügeversäumnis ist, was das Recht zur Minderung betrifft, ausgeräumt, wenn der Käufer sich dafür "vernünftig entschuldigen" kann, Art. 44 CISG.[990]

Ob eine Kaufpreisminderung auch bei Rechtsmängeln verlangt werden kann, ist umstritten. Wohl überwiegend wird dies aufgrund der Verwendung des Begriffs

---

[984] Staudinger (Magnus), Wiener UN-Kaufrecht, Art. 50, Rn. 27 ff.; Schlechtriem (Huber), Einh. UN-Kaufrecht, Art. 50, Rn. 6; Herber/Czerwenka, Int. Kaufrecht, Art. 50, Rn. 9; Mischke, BB 1997, 1494, 1497. Vgl. Ferrari/Flechtner/Brand (Magnus), Draft UNCITRAL Digest, Art. 50, Anm. 6.

[985] Vgl. oben, Kapitel 3 – E.I.2 und 3.

[986] Im Fall einer Minderlieferung gilt vorrangig Art. 51 I CISG. Demnach gilt Art. 50 CISG in diesem Fall nur für den fehlenden bzw. mangelhaften Teil der Lieferung, vgl. Schlechtriem (Huber), Einh. UN-Kaufrecht, Art. 50, Rn. 4.

[987] Staudinger (Magnus), Wiener UN-Kaufrecht, Art. 50, Rn. 4, Rn. 13; Schlechtriem (Huber), Einh. UN-Kaufrecht, Art. 50, Rn. 14.

[988] Vgl. oben, Kapitel 2 – C.I.1.

[989] Staudinger (Magnus), Wiener UN-Kaufrecht, Art. 50, Rn. 12; Schlechtriem (Huber), Einh. UN-Kaufrecht, Art. 50, Rn. 4.

[990] Vgl. oben, Kapitel 4 – C.I.

"Vertragsgemäßheit der Ware" in Art. 50 CISG, der seinem Wortlaut nach nur auf Art. 35 I CISG Bezug nimmt, sowie der Entstehungsgeschichte des Art. 50 CISG verneint.[991] Hier ist allerdings ist zu berücksichtigen, dass Art. 44 CISG explizit auch auf Art. 43 I CISG (Rechtsbehelfsausschluss bei Rügeversäumnissen bei Rechtsmängeln) Bezug nimmt und, sofern der Käufer ein solches Rügeversäumnis ausreichend entschuldigen kann, Kaufpreisminderung in diesen Fällen ausdrücklich zulässt. Aus Art. 44 CISG ist daher zuschließen, dass Kaufpreisminderung auch bei einem Rechtsmangel möglich ist,[992] was zudem in der Sache wünschenswert ist.[993] Die praktische Bedeutung dieses Streits ist allerdings deswegen gering, weil im UN-Kaufrecht dem Käufer bei Sach- wie Rechtsmängeln (auch) ein Anspruch auf Schadensersatz zusteht, der ebenso wie die Kaufpreisminderung ein Vertretenmüssen des Verkäufers nicht erfordert.[994] Der Käufer kann also ggf. auf diesen Rechtsbehelf ausweichen, um einen Mangelausgleich in Geld zu erhalten.[995]

Die Kaufpreisminderung ist Gestaltungsrecht[996] und muss durch den Käufer ohne Einhaltung einer bestimmten Form, aber auf geeignete Art und Weise erklärt wer-

---

991 So: Sekretariatskommentar, Art. 39, Anm. 8; Schlechtriem (Huber), Einh. UN-Kaufrecht, Art. 50, Rn. 8; Schlechtriem, Int. UN-Kaufrecht, Rn. 202; Karollus, UN-Kaufrecht, S. 114; S. 158; Piliounis, Pace Int. Law Review 2000, Kap. 6) a) iii). A. A. (für Minderung bei Rechtsmängeln): Staudinger (Magnus), Wiener UN-Kaufrecht, Art. 50, Rn. 9 f.; Herber/Czerwenka, Int. Kaufrecht, Art. 50, Rn. 3; Reinhart, UN-Kaufrecht, Art. 50, Rn. 2; Piliounis, Pace Int. Law Review 2000, Kap. 6) a) iii); wohl auch Bianca/Bonell (Will), Int. Sales Law, Art. 50, Anm. 3.4; Neumayer, RIW 1994, 99, 106. Vgl. Mohs, IHR 2002, 59, 61. Die Rechtsprechung hat sich mit dieser Frage noch nicht auseinander gesetzt, vgl. Ferrari/Flechtner/Brand (Magnus), Draft UNCITRAL Digest, Art. 50, Anm. 2. Der Streit entspricht inhaltlich dem Streit um die Frage, ob Art. 46 II, III CISG auch auf Rechtsmängel i. S. v. Art. 41, 42 CISG anzuwenden sind. Dazu oben, Kapitel 3 – B.I.1.

992 Staudinger (Magnus), Wiener UN-Kaufrecht, Art. 50, Rn. 9; wohl auch Bianca/Bonell (Will), Int. Sales Law, Art. 50, Anm. 3.4. Vgl. Neumayer, RIW 1994, 99, 106; Mohs, IHR 2002, 59, 61. Diese Auslegung des Begriffs "Nicht-Vertragsgemäßheit" müsste aus Gründen der Einheitlichkeit dann auch für Art. 46 II, III CISG gelten, vgl. oben, Kapitel 3 – B.I.1. A. A. Piliounis, Pace Int. Law Review 2000, Kap. 6) a) iii).

993 Vgl. Staudinger (Magnus), Wiener UN-Kaufrecht, Art. 50, Rn. 10.

994 Dazu oben, Kapitel 3 – D.I. Vgl. Staudinger (Magnus), Wiener UN-Kaufrecht, Art. 50, Rn. 9; Schlechtriem (Huber), Einh. UN-Kaufrecht, Art. 50, Rn. 3. Eine Ausnahme besteht nur dann, wenn der Verkäufer sich von einem Schadensersatzanspruch des Käufers nach Art. 79 CISG exkulpieren kann, was bei einem Rechtsmangel kaum je der Fall sein dürfte, vgl. Mohs, IHR 2002, 59, 64.

995 Zum Wahlrecht des Käufers zw. Minderung und Schadensersatz im Anschluss Kapitel 4 – C.II.3.d.

996 Zu den Implikationen daraus (Recht, nicht Anspruch i. S. v. § 194 BGB) hinsichtlich der Verjährung vgl. § 218 und oben, Kapitel 3 – F.I.

den. Die Erklärung reist dann auf Risiko des Verkäufers und wird bereits mit ihrer Absendung wirksam, Art. 27 CISG.[997]

Die Berechnung der Minderung erfolgt, ebenso wie im internen deutschen Recht, in Relation zum Kaufpreis, d. h. dass der Käufer den Kaufpreis im Verhältnis des Wertes der gelieferten mangelhaften Ware zum (hypothetischen) Wert entsprechender mangelfreier Ware herabsetzen kann. Als Formel: geminderter Kaufpreis = Vertraglicher Kaufpreis * (Wert der mangelhaften Ware ./. Wert mangelfreier Ware). Wenn sich der Wert mangelfreier Ware nicht ermitteln lässt, bspw. weil ein funktionierender Markt für Waren der verkauften Art nicht existiert, kann dieser für die Berechnung mit dem vertraglich vereinbarten Kaufpreis gleichgesetzt werden. Der Wert mangelhafter Ware ist ggf. zu schätzen.[998]

Maßgeblicher Zeitpunkt für die Wertbestimmung ist der Zeitpunkt der Lieferung (und nicht, wie nach § 441 III BGB n. F. der Zeitpunkt des Vertragsschlusses).[999] Maßgeblicher Ort für die Wertbestimmung ist der Ort, von dem die Ware ihren ökonomischen Wert bezieht. Bei einem Versendungskauf und beim Verkauf reisender Ware ist das der Bestimmungsort, im Übrigen der Erfüllungsort.[1000] Eine anteilige Reduzierung des Minderungsbetrags kann sich daraus ergeben, dass der Käufer für den der Ware anhaftenden Mangel mitverantwortlich ist, vgl. Art. 80 CISG.[1001] Sollte der Käufer bereits den vollen Kaufpreis an den Verkäufer bezahlt haben, so hat er ggf. (selbstverständlich) einen Rückzahlungsanspruch in Höhe des zuviel Geleisteten.[1002]

2. Internes deutsches Kaufrecht

Im internen deutschen Kaufrecht folgt das Recht des Käufers zur Kaufpreisminderung bei Lieferung mangelhafter Ware aus §§ 437 Nr. 2, 441 BGB.

---

997 Staudinger (Magnus), Wiener UN-Kaufrecht, Art. 50, Rn. 15 ff.; Herber/Czerwenka, Int. Kaufrecht, Art. 50, Rn. 4; Schlechtriem, Int. UN-Kaufrecht, Rn. 109, Rn. 204. A. A. Schlechtriem (Huber), Einh. UN-Kaufrecht, Art. 50, Rn. 17 (Einigung zw. Käufer und Verkäufer notwendig). Vgl. oben, Fn. 346.

998 Staudinger (Magnus), Wiener UN-Kaufrecht, Art. 50, Rn. 20; Schlechtriem (Huber), Einh. UN-Kaufrecht, Art. 50, Rn. 9; Herber/Czerwenka, Int. Kaufrecht, Art. 50, Rn. 6; Schlechtriem, Int. UN-Kaufrecht, Rn. 203.

999 Staudinger (Magnus), Wiener UN-Kaufrecht, Art. 50, Rn. 21; Schlechtriem, Int. UN-Kaufrecht, Rn. 204.

1000 Staudinger (Magnus), Wiener UN-Kaufrecht, Art. 50, Rn. 22; Schlechtriem (Huber), Einh. UN-Kaufrecht, Art. 50, Rn. 10 ff.; Herber/Czerwenka, Int. Kaufrecht, Art. 50, Rn. 7; Schlechtriem, Int. UN-Kaufrecht, Rn. 204. A. A. Bianca/Bonell (Will), Int. Sales Law, Art. 50, Anm. 3.3 (grundsätzlich Bestimmungsort maßgeblich).

1001 Vgl. oben, Kapitel 3 – E.II.1.

1002 Staudinger (Magnus), Wiener UN-Kaufrecht, Art. 50, Rn. 25; Schlechtriem (Huber), Einh. UN-Kaufrecht, Art. 50, Rn. 16, Rn. 19; Herber/Czerwenka, Int. Kaufrecht, Art. 50, Rn. 8.

In seinen Voraussetzungen ist das Minderungsrecht an das Rücktrittsrecht angekoppelt.[1003] Neben der grundsätzlich erforderlichen Nachfristsetzung und deren erfolglosem Ablauf[1004] sowie ausreichender und rechtzeitiger Rüge[1005] ist daher nur das Vorliegen eines Sach- oder Rechtsmangels i. S. v. § 434 bzw. § 435 BGB Anspruchsvoraussetzung.[1006] Zudem darf der Käufer den Mangel nicht kennen bzw. grob fahrlässig nicht kennen.[1007] Anders als das Rücktrittsrecht steht das Minderungsrecht nach § 441 I 2 BGB dem Käufer auch bei einem nur geringfügigen Mangel zu.[1008] Ein Verschulden oder sonstiges Vertretenmüssen seitens des Verkäufers ist nicht erforderlich. Da der Anspruch auf Kaufpreisminderung nur bei mangelhafter Kaufware besteht, ist wegen der Anknüpfung der Definition von "Mangel" an den Gefahrübergang[1009] an sich auch Gefahrübergang erforderlich;[1010] Minderung kann aber auch bereits vor Gefahrübergang geltend gemacht werden, wenn feststeht, dass die zu liefernde Kaufware mangelhaft sein wird.[1011] Ggf. muss der Käufer dann nur den bereits geminderten Kaufpreis an den Verkäufer zahlen.[1012]

Die Minderung ist (jetzt) auch im internen deutschen Kaufrecht Gestaltungsrecht[1013] und erfolgt durch empfangsbedürftige Erklärung gegenüber dem Verkäu-

---

[1003] Vgl. oben, Kapitel 3 – E.II.2.a.

[1004] Vgl. oben, Kapitel 3 – C.II.

[1005] Nach h. M. allerdings nur bei Sachmängeln. Eine Exkulpationsmöglichkeit bei versäumter Rüge besteht, anders als im UN-Kaufrecht, nicht. Zur Rügeobliegenheit allg. oben, Kapitel 3 – E.III.2.

[1006] Vgl. Lorenz/Riehm, Neues SchuldR, Rn. 525, Rn. 569; P. Huber/Faust (P. Huber), Schuldrechtsmod., Kap. 13, Rn. 87; Dauner-Lieb/Heidel/Lepa/Ring (Büdenbender), Neues SchuldR, § 8, Rn. 52; Brüggemeier, WM 2002, 1376, 1380; Palandt (Putzo), BGB, Erg. 61. A., § 441, Rn. 7.

[1007] Dazu oben, Kapitel 3 – E.I.3.

[1008] Dauner-Lieb/Heidel/Lepa/Ring (Büdenbender), Neues SchuldR, § 8, Rn. 53; P. Huber/Faust (P. Huber), Schuldrechtsmod., Kap. 13, Rn. 87; Schlechtriem, SchuldR BT, Rn. 79; Brüggemeier, WM 2002, 1376, 1380; Schubel, JuS 2002, 313, 318; Palandt (Putzo), BGB, Erg. 61. A., § 441, Rn. 1, Rn. 7. Vgl. Jorden/Lehmann, JZ 2001, 952, 957, 961.

[1009] Vgl. oben, Kapitel 2 – C.I, Kapitel 2 – C.II.2.

[1010] Lorenz/Riehm, Neues SchuldR, Rn. 497.

[1011] Vgl. Lorenz/Riehm, Neues SchuldR, Rn. 567 (dogm. Begründung aus § 242 BGB – *dolo facit, qui petit, quod statim redditurus est*). In dem vorzeitigen Minderungsbegehren kann auch die konkludente Annahme der mangelhaften Kaufware als Erfüllung gesehen werden, so dass dadurch der Gefahrübergang herbeigeführt wird. Dann kann der Käufer o. w. seine Rechtsbehelfe aus §§ 437 ff. BGB ausüben. Alternativ kann der Käufer die Ware auch zurückweisen und sich so seinen urspgl. Erfüllungsanspruch erhalten. Dazu unten, Kapitel 4 – D.I.3.

[1012] Vgl. Lorenz/Riehm, Neues SchuldR, Rn. 567, Rn. 497.

[1013] Zu den Implikationen daraus (Recht, nicht Anspruch i. S. v. § 194 BGB) hinsichtlich der Verjährung vgl. § 218 und oben, Kapitel 3 – F.I.

fer.[1014] Die Minderungserklärung reist dabei auf Risiko des Käufers, § 130 I BGB.[1015]

Die Berechnung der Kaufpreisminderung erfolgt (weiterhin) ebenfalls in Relation zum Kaufpreis, d. h. der Käufer kann den Kaufpreis im Verhältnis des Wertes der gelieferten mangelhaften Ware zum (hypothetischen) Wert entsprechender mangelfreier Ware herabsetzen.[1016] Soweit erforderlich ist zu schätzen, § 441 III 2 BGB. Formelmäßig entspricht dies der Berechnung im UN-Kaufrecht (s. zuvor, Ziff. 1). Maßgeblicher Ort für die Wertbestimmung ist wohl, ebenso wie im UN-Kaufrecht, der Bestimmungsort (Versendungskauf, Verkauf reisender Ware) bzw. der Erfüllungsort (i. Ü.). Maßgeblicher Zeitpunkt für die Wertbestimmung ist aber, anders als im UN-Kaufrecht, nicht der Zeitpunkt der Lieferung, sondern der Zeitpunkt des Vertragsschlusses, § 441 III 1 BGB. Nachfolgende Veränderungen der Marktsituation ändern die Relation daher nicht mehr.[1017]

Ist der Käufer an der Verursachung des Mangels, deswegen er Kaufpreisminderung begehrt, mitverantwortlich, so ist sein Minderungsrecht bei "weit überwiegender" Eigenverantwortlichkeit gem. § 441 I 1 i. V. m. § 323 IV BGB ausgeschlossen bzw. nach dem allgemeinen Rechtsgedanken des § 254 BGB anteilig zu reduzieren.[1018] Für den Fall, dass der Käufer bereits mehr als den geminderten Kaufpreis an den Verkäufer gezahlt hat, stellt § 441 IV BGB jetzt klar, dass er ein entsprechendes Rückforderungsrecht gegen den Verkäufer hat.[1019]

3. Vergleich

Die Gewährung eines Kaufpreisminderungsanspruchs und dessen konkrete Ausgestaltung betrifft v. a. das verkäuferische Haftungsrisiko. Insoweit herrscht zwischen UN-Kaufrecht und internem deutschen Recht weitgehende Übereinstimmung: gleichermaßen handelt es sich um ein Gestaltungsrecht des Käufers, das dem Käufer unabhängig von einem Vertretenmüssen des Verkäufers und der Schwere des geltend gemachten Mangels einen Geldausgleich gibt, der sich relativ

---

[1014] Lorenz/Riehm, Neues SchuldR, Rn. 528; P. Huber/Faust (P. Huber), Schuldrechtsmod., Kap. 13, Rn. 86, Rn. 88; Schlechtriem, SchuldR BT, Rn. 79; Palandt (Putzo), BGB, Erg. 61. A., § 441, Rn. 4.

[1015] Vgl. Palandt (Putzo), BGB, Erg. 61. A., § 441, Rn. 19; oben, Fn. 346.

[1016] Dauner-Lieb/Heidel/Lepa/Ring (Büdenbender), Neues SchuldR, § 8, Rn. 54 f.; Lorenz/Riehm, Neues SchuldR, Rn. 527; P. Huber/Faust (P. Huber), Schuldrechtsmod., Kap. 13, Rn. 91; Schlechtriem, SchuldR BT, Rn. 80; Brüggemeier, WM 2002, 1376, 1380; Westermann, NJW 2002, 241, 249; Palandt (Putzo), BGB, Erg. 61. A., § 441, Rn. 2, Rn. 12 ff.

[1017] Schlechtriem, SchuldR BT, Rn. 80; vgl. ders., Int. UN-Kaufrecht, Rn. 204

[1018] Vgl. oben, Kapitel 3 – E.II.2.a.

[1019] Vgl. Lorenz/Riehm, Neues SchuldR, Rn. 529; P. Huber/Faust (P. Huber), Schuldrechtsmod., Kap. 13, Rn. 93; Westermann, NJW 2002, 241, 249; Palandt (Putzo), BGB, Erg. 61. A., § 441, Rn. 19.

an dem vertraglich vereinbarten Kaufpreis und einem etwaigen eigenen Mitverantwortungsbeitrag des Käufers an der Vertrags- bzw. Pflichtverletzung orientiert.

Unterschiede bestehen jedoch zunächst darin, dass im UN-Kaufrecht die Minderungserklärung, anders als im internen deutschen Recht, auf Risiko des Verkäufers reist und dem Käufer im Falle eines Rügeversäumnisses hinsichtlich des Minderungsrechts grundsätzlich die Entschuldigungsmöglichkeit des Art. 44 CISG offen steht.[1020] Beides führt zu einer gewissen Verschärfung der verkäuferischen Haftung und lässt das UN-Kaufrecht aus Sicht des Verkäufers daher als nachteilig erscheinen.

Unterschiede bestehen zudem hinsichtlich des für die Minderungsberechnung maßgeblichen Zeitpunkts zur Bestimmung des Wertes der Ware: während dies nach § 441 III BGB der Zeitpunkt des Vertragschlusses ist, ist nach Art. 50 CISG der Zeitpunkt der Lieferung der Ware maßgeblich. Je nach Entwicklung der (Markt-) Preise für die gelieferte, nicht vertragsgemäße Ware im Vergleich zur Entwicklung der Marktpreise für Waren der geschuldeten Qualität zwischen Vertragsschluss und vertraglich vorgesehenem Lieferzeitpunkt ist dies aus Sicht des Verkäufers bei isolierter Betrachtung vor- oder nachteilhaft.[1021] Da der Käufer im UN-Kaufrecht aber auch jederzeit und unabhängig von einem Vertretenmüssen des Verkäufers auf den absolut berechneten Schadensersatz ausweichen kann (dazu unten[1022]), wird er nur bei einer ihm günstigen Preisentwicklung Minderung geltend machen, so dass diese Unschärfe in der Methodik der Berechnung der Kaufpreisminderung im UN-Kaufrecht i. E. zu einer Erhöhung des Haftungsrisikos des Verkäufers führt; die Regelung des UN-Kaufrechts erweist sich damit insgesamt als für den Verkäufer nachteilig.[1023]

Schließlich besteht ein Unterschied darin, dass im UN-Kaufrecht nach h. M. ein Rechtsmangel den Käufer nicht zur Minderung berechtigt. Um einen Mangelausgleich in Geld zu erlangen, muss er daher auf Schadensersatz ausweichen. Dies kann für den Käufer, je nach zwischenzeitlicher Marktentwicklung, nachteilig sein, da Schadensersatz absolut, und nicht wie die Minderung relativ, berechnet wird.[1024] Dieser, aus Verkäufersicht, Vorteil des UN-Kaufrechts wird kaum dadurch kompensiert, dass der Schadensersatzanspruch im internen deutschen Recht im Ausgangspunkt verschuldensabhängig ist, denn regelmäßig ist diese Voraussetzung erfüllt oder greift tatsächlich nicht ein,[1025] so dass der Käufer auch im in-

---

[1020] Vgl. oben, Kapitel 3 – E.III.1.c.
[1021] Vgl. Schlechtriem, Int. UN-Kaufrecht, Rn. 204.
[1022] Zu den Voraussetzungen des Schadensersatzanspruchs unten, Kapitel 4 – C.II.1, zum Verhältnis von Minderung und Schadensersatz zueinander unten, Kapitel 4 – C.II.3.d.
[1023] Vgl. Piliounis, Pace Int. Law Review 2000, Kap. 6) a) i).
[1024] Zur Berechnung von Kaufpreisminderung und Schadensersatz betreffend den Mangelschaden unten, Kapitel 4 – C.II.3.d.
[1025] Vgl. Kapitel 3 – D.II. und III.

ternen deutschen Recht regelmäßig die für ihn günstigere Art der Ausgleichsberechnung heranziehen kann und wird.

Die Gesamtbeurteilung der Ausgestaltung des Minderungsrechts im UN-Kaufrecht im Vergleich zum internen deutschen Kaufrecht hängt demnach von der relativen Gewichtung der Bedeutung von Sach- und Rechtsmängeln in der Vertragsbeziehung ab: während das UN-Kaufrecht für den Verkäufer nachteilig ist, wenn es um den Ausgleich von Sachmängeln geht, ist es hinsichtlich des Ausgleichs von Rechtsmängeln für ihn vorteilhaft.

II. Schadens- und Aufwendungsersatz

1. UN-Kaufrecht

a. Anspruchsgrundlage und Voraussetzungen

Im UN-Kaufrecht hat der Käufer bei einer Vertragsverletzung seitens des Verkäufers (gleich welcher Art) zusätzlich zu[1026] den vorgenannten Ansprüchen immer auch einen Anspruch auf Schadensersatz. Anspruchsgrundlage hierfür ist Art. 45 I b) CISG,[1027] die Berechnung erfolgt nach den Art. 74 bis 77 CISG. Der Anspruch ist, wie alle Käuferrechtsbehelfe, wegen solcher Sach- und Rechtsmängel, die der Käufer bei Vertragsschluss kannte oder grob fahrlässig nicht kannte bzw. in die er bei Vertragsschluss eingewilligt hat, ausgeschlossen.[1028]

Voraussetzung des Anspruchs ist, neben einer Vertragsverletzung durch den Verkäufer[1029] nur, dass dem Käufer dadurch[1030] ein nachweisbarerer Schaden entstanden ist. Einen Sach- oder Rechtsmangel muss der Käufer zudem rechtzeitig und ausreichend rügen, wobei er aber die Möglichkeit hat, sich ggf. für ein Rügeversäumnis zu entschuldigen (Art. 44 CISG) und sich dadurch den Schadensersatzanspruch, allerdings unter Ausschluss des Ersatzes entgangenen Gewinns, zu erhalten.[1031] Ein Verschulden oder sonstiges Vertretenmüssen des Verkäufers ist nicht erforderlich: der Verkäufer unterliegt auch hinsichtlich des Schadensersatzes einer

---

[1026] So explizit Art. 45 II CISG. Vgl. Staudinger (Magnus), Wiener UN-Kaufrecht, Art. 74, Rn. 8 ("Mindestrechtsbehelf"), Art. 45, Rn. 19 ff.; Schlechtriem (Stoll), Einh. UN-Kaufrecht, Art. 74, Rn. 5; Herber/Czerwenka, Int. Kaufrecht, Art. 45, Rn. 6; Karollus, UN-Kaufrecht, S. 205.

[1027] Staudinger (Magnus), Wiener UN-Kaufrecht, Art. 45, Rn. 3; Schlechtriem (Huber), Einh. UN-Kaufrecht, Art. 45, Rn. 1; Herber/Czerwenka, Int. Kaufrecht, Art. 45, Rn. 5, Art. 74, Rn. 4; Schlechtriem, Int. UN-Kaufrecht, Rn. 286; Roßmeier, RIW 2000, 407, 408.

[1028] Vgl. oben, Kapitel 3 – E.I.2 und 3.

[1029] Eine drohende Pflichtverletzung reicht ausnahmsweise dann aus, wenn die Voraussetzungen des Art. 72 CISG (dazu oben, Kapitel 4 – B.I.3) vorliegen und der Verkäufer sich nicht nach Art. 79 CISG entlasten kann, vgl. Staudinger (Magnus), Wiener UN-Kaufrecht, Art. 74, Rn. 10.

[1030] Ursächlichkeit der Vertragsverletzung i. S. e. *conditio sine qua non* für den Schaden ist selbstverständlich erforderlich, vgl. Schlechtriem (Stoll), Einh. UN-Kaufrecht, Art. 74, Rn. 12; Herber/Czerwenka, Int. Kaufrecht, Art. 74, Rn. 5; Roßmeier, RIW 2000, 407, 410.

[1031] Vgl. oben, Kapitel 4 – C.I, Kapitel 3 – E.III.1.

Garantiehaftung, ihm steht lediglich die Möglichkeit der Exkulpation nach Art. 79 CISG offen.[1032]

Nicht erforderlich ist grundsätzlich auch das fruchtlose Verstreichen einer Nachfrist. Vielmehr steht der Schadensersatzanspruch kumulativ neben den anderen Rechtsbehelfen.[1033] Schadensersatz ist aber insoweit ausgeschlossen, als der Verkäufer noch zur Nacherfüllung berechtigt ist, den Schaden bereits beseitigt hat (vgl. Art. 48 CISG),[1034] oder der Käufer anderweit, bspw. durch Kaufpreisminderung, Ausgleich dafür erhalten hat. Der Schadensersatzanspruch ist dann auf die noch verbleibenden Schäden, bspw. Verzögerungsschäden, begrenzt, ein mehrfacher Ausgleich derselben Schadensposition ist ausgeschlossen.[1035]

Schadensersatz für sein verletztes Erfüllungsinteresse unter Rückgabe bereits gelieferter Ware ("großer" Schadensersatz oder, mit den Worten des § 281 BGB, Schadensersatz "statt der *ganzen* Leistung") kann der Käufer nur dann verlangen, wenn er zur Aufhebung des Vertrages berechtigt ist;[1036] denn im Ergebnis kommt dies einer Vertragsaufhebung gleich, insbesondere kommt es zu einer typischerweise kostspieligen und risikoreichen Rücksendung der bereits gelieferten Ware. Vertragsaufhebung wiederum kann der Käufer, wie dargestellt,[1037] nur unter den Voraussetzungen des Art. 49 I CISG, d. h. insbesondere bei Vorliegen einer wesentlichen Vertragsverletzung i. S. v. Art. 25 CISG, verlangen. Liegen diese Vor-

[1032] Vgl. oben, Kapitel 3 – D.I.

[1033] Staudinger (Magnus), Wiener UN-Kaufrecht, Art. 74, Rn. 8, Rn. 12; Roßmeier, RIW 2000, 407, 407; Mischke, BB 1997, 1494, 1497.

[1034] Vgl. Staudinger (Magnus), Wiener UN-Kaufrecht, Art. 45, Rn. 38. Zum Nacherfüllungsrecht des Verkäufers oben, Kapitel 3 – C.I.

[1035] Staudinger (Magnus), Wiener UN-Kaufrecht, Art. 45, Rn. 20 f., Art. 74, Rn. 12; Schlechtriem (Huber), Einh. UN-Kaufrecht, Art. 45, Rn. 39 ff.; Schlechtriem (Stoll), Einh. UN-Kaufrecht, Art. 74, Rn. 5; Piltz, Int. Kaufrecht, § 5, Rn. 318 ff.; Karollus, UN-Kaufrecht, S. 93. Vgl. OLG Schleswig-Holstein, U. v. 22.08.2002, www.unilex.info; Mischke, BB 1997, 1494, 1497; oben, Kapitel 3 – A.I.

[1036] Staudinger (Magnus), Wiener UN-Kaufrecht, Art. 45, Rn. 22, Rn. 24; ders., Pflichtverletzung (Schuldrechtsref. vor dem Hintergrund des Gemeinschaftsrechts), S. 76; Schlechtriem (Stoll), Einh. UN-Kaufrecht, Art. 74, Rn. 3, Rn. 14; ders., Inhalt und Grenzen der Schadensersatzpflicht (Einh. Kaufrecht und nat. Obligationenrecht), S. 264 f.; Bianca/Bonell (Knapp), Int. Sales Law, Art. 74, Anm. 3.13; Schlechtriem, Int. UN-Kaufrecht, Rn. 309 (wohl aus Redaktionsversehen Schadensersatz statt der Leistung – nicht: statt der *ganzen* Leistung – nur unter den Voraussetzungen der Vertragsaufhebung, was ersichtlich nicht richtig sein kann, denn Schadensersatz statt der Leistung erfasst bspw. auch die Reparaturkosten, vgl. unten, Kapitel 4 – C.II.2.f, die der Käufer auch im UN-Kaufrecht ersetzt verlangen kann, ohne den Vertrag aufheben zu müssen); ders., Int. einh. Kaufrecht und neues SchuldR (Neues SchuldR i. d. Praxis), S. 81, Fn. 40 (dito); Roßmeier, RIW 2000, 407, 409; Vgl. Gillette/Walt, Sales Law, S. 359 f.; LG München, U. v. 20.2.2002, www.unilex.info; oben, Kapitel 3 – B.I.2.

[1037] Vgl. oben, Kapitel 4 – B.I.

aussetzungen nicht vor, so bleibt der Käufer an den Vertrag gebunden und kann Schadensersatz nur daneben geltend machen.

b. Geltendmachung des Schadensersatzanspruchs

Eine Frist, innerhalb derer der Käufer Schadensersatz statt der Leistung geltend machen, d. h. auf Nacherfüllung verzichten muss, ist nicht vorgeschrieben.[1038] Da der Erfüllungsanspruch nach Art. 46 I CISG erst erlischt, wenn der Käufer einen damit unvereinbaren Rechtsbehelf (hier: Schadensersatz statt der Leistung) ausgeübt hat,[1039] kann der Käufer den Verkäufer zunächst hinhalten und auf seine Kosten spekulieren.[1040] Der Verkäufer muss zwischenzeitlich doppelte Ressourcen zum Schadensausgleich (durch Nacherfüllung einerseits, durch Schadensersatzzahlung andererseits) vorhalten.

Eine zeitliche Begrenzung dieses *ius variandi* kann sich zum einen aber aus dem Grundsatz von Treu und Glauben (Art. 7 CISG) ergeben, insbesondere dann, wenn der Verkäufer auf Veranlassung des Käufers schon Schritte zur (Nach-) Erfüllung eingeleitet hat.[1041] Zudem hat der Verkäufer, ebenso wie bei der Vertragsaufhebung,[1042] die Möglichkeit, den Käufer durch eine Aufforderung nach Art. 48 II, III CISG zu einer Entscheidung dahingehend zu zwingen, ob er Nacherfüllung akzeptieren und, insoweit der Schaden durch die Nacherfüllung ausgeglichen wird, auf Schadensersatz verzichten will.[1043] Bis und bei Ausbleiben eines rechtzeitigen Widerspruchs sowie dann, wenn der Käufer Nacherfüllung wählt/akzeptiert, kann er keinen Schadensersatz für den Mangelschaden verlangen.[1044] Widerspricht er, so kann er Nacherfüllung nicht mehr verlangen. Dadurch hat der Verkäufer die Möglichkeit, Spekulationen des Käufers abzuschneiden und Planungssicherheit herbeiführen.

c. Exkulpationsmöglichkeit und Haftung für Dritte

Nach Art. 79 I CISG kann sich der Verkäufer durch den Nachweis, dass die entstandenen Schäden auf Ereignissen beruhen, die außerhalb seines Einflussbereiches liegen und die er nach dem Vertrag nicht in Betracht ziehen oder vermeiden musste, exkulpieren. Gelingt dem Verkäufer der Nachweis, so wird er gem.

[1038] Staudinger (Magnus), Wiener UN-Kaufrecht, Art. 46, Rn. 30. Eine äußerste Grenze ergibt sich aus der Anspruchsverjährung.

[1039] Vgl. oben, Kapitel 4 – A.I.2.

[1040] Zum Parallelproblem bei der Vertragsaufhebung oben, Kapitel 4 – B.I.4.

[1041] Staudinger (Magnus), Wiener UN-Kaufrecht, Art. 46, Rn. 30. Vgl. Schlechtriem (Huber), Einh. UN-Kaufrecht, Art. 46, Rn. 10.

[1042] Vgl. oben, Kapitel 4 – B.I.4.

[1043] Staudinger (Magnus), Wiener UN-Kaufrecht, Art. 46, Rn. 30, Art. 48, Rn. 36; oben, Kapitel 3 – C.I.

[1044] Staudinger (Magnus), Wiener UN-Kaufrecht, Art. 48, Rn. 41; Schlechtriem (Huber), Einh. UN-Kaufrecht, Art. 48, Rn. 33; Herber/Czerwenka, Int. Kaufrecht, Art. 48, Rn. 6; Schlechtriem, Int. UN-Kaufrecht, Rn. 181.

Art. 79 I, V CISG (nur) von dem Schadensersatzanspruch des Käufers frei. Entlastung ist, da der Verkäufer für sämtliche aus seinem Einflussbereich stammenden Umstände verantwortlich ist, der seltene Ausnahmefall. Sie kommt v. a. in Fällen 'echter' *force majeure* und bei unerwarteten und unvermeidbaren staatlichen Eingriffen in Betracht.[1045]

Nach Art. 79 I CISG hat der Verkäufer dabei immer auch für das Verhalten seiner eigenen Leute einzustehen.[1046] Bedient er sich zur Erfüllung seiner Vertragspflichten selbständiger Dritter, so wird er nach Art. 79 II CISG nur dann von der Schadensersatzpflicht frei, wenn er selbst nach Art. 79 I CISG befreit ist und, kumulativ, auch der Dritte, dessen er sich zu Erfüllung bedient, bei hypothetischer Anwendung des Art. 79 I CISG befreit wäre.[1047] Im Ergebnis stellt Art. 79 II CISG klar, dass der Verkäufer für Dritte, derer er sich zur Erfüllung seiner vertraglichen Verpflichtungen bedient,[1048] einzustehen hat.[1049]

d. Art, Berechnung und Umfang des Schadensersatzes; Schadensminderungspflicht

Nach Art. 74 CISG ist der "infolge der Vertragsverletzung entstandene Verlust, einschließlich des entgangenen Gewinns, zu ersetzen," (Satz 1) wobei der Schadensersatz denjenigen Verlust nicht übersteigen darf, "den die vertragsbrüchige Partei bei Vertragsabschluss als mögliche Folge der Vertragsverletzung vorausgesehen hat oder unter Berücksichtigung der Umstände, die sie kannte oder kennen musste, hätte voraussehen müssen" (Satz 2).

Innerhalb des Rahmens, der dem Käufer dadurch gesteckt ist, ob er den Vertrag aufheben kann oder nicht, ob er also den "großen" Schadensersatz (statt der ganzen Leistung) oder nur den "kleinen" Schadensersatz verlangen kann (s. zuvor), ist demnach grundsätzlich der gesamte Vermögensschaden des Käufers zu ersetzen,

---

1045 Zum Ganzen oben, Kapitel 3 – D.I.

1046 Staudinger (Magnus), Wiener UN-Kaufrecht, Art. 79, Rn. 19 ff.; Herber/Czerwenka, Int. Kaufrecht, Art. 79, Rn. 6; Schlechtriem, Int. UN-Kaufrecht, Rn. 293; Karollus, UN-Kaufrecht, S. 213; Keil, Haftungsbefreiung, S. 146 f.; Janser, Haftung für Vorlieferanten, S. 21 f.

1047 Staudinger (Magnus), Wiener UN-Kaufrecht, Art. 79, Rn. 36, Rn. 38; Schlechtriem (Stoll), Einh. UN-Kaufrecht, Art. 79, Rn. 33 ff.; Schlechtriem, Int. UN-Kaufrecht, Rn. 294; Keil, Haftungsbefreiung, S. 148 ff.; Janser, Haftung für Vorlieferanten, S. 22 f.

1048 Der Dritte muss in die Leistungsbeziehung eingeschaltet und sich bewusst sein, dass er (auch) eine Verbindlichkeit des Verkäufers ggü. dem Käufer erfüllt. Nicht ausreichend ist, dass es sich um einen Zulieferer oder Beförderer handelt, der im Zweifel nur eigene Verbindlichkeit erfüllen will, vgl. Schlechtriem (Stoll), Einh. UN-Kaufrecht, Art. 79, Rn. 36; Karollus, UN-Kaufrecht, S. 212; Gillette/Walt, Sales Law, S. 258 f. Weiter Staudinger (Magnus), Wiener UN-Kaufrecht, Art. 79, Rn. 40 (auch Subunternehmer, Banken, Transporteure erfasst). Nach Schlechtriem (Stoll), Einh. UN-Kaufrecht, Art. 79, Rn. 38 trifft den Verkäufer die Haftung für Zulieferer und Beförderer bereits nach Art. 79 I CISG als Teil seines allgemeinen Beschaffungs- bzw. Erfüllungsrisikos.

1049 Staudinger (Magnus), Wiener UN-Kaufrecht, Art. 79, Rn. 35.

einschließlich eines entgangenen Gewinns (Grundsatz der Totalreparation):[1050] der Käufer ist so zu stellen, wie er stünde, wenn das schadenstiftende Ereignis nicht eingetreten wäre. Erfasst ist sowohl sein Erfüllungs- als auch sein Integritätsinteresse,[1051] also bspw. neben Reparaturkosten, einem verbleibenden (merkantilen) Minderwert und Verspätungsschäden auch Mangelfolgeschäden wie Rücktransportkosten (insbesondere bei Vertragsaufhebung und Ersatzlieferung), entgangener Weiterveräußerungs- und Betriebsgewinn (entgangener Gewinn allg.) und Schäden am Unternehmensruf *(good will)*.[1052] Schadensersatz ist dabei stets in Geld zu leisten.[1053]

Ersatzfähig sind grundsätzlich auch immaterielle Schäden,[1054] es muss sich nach Sinn und Zweck der Schadensersatzregelung des UN-Kaufrechts aber um vertraglich kommerzialisierte Werte handeln, was nur ausnahmsweise der Fall ist.[1055] Explizit nicht ersatzfähig sind hingegen Ansprüche wegen Personenschäden, Art. 5 CISG. Insoweit ist das über das IPR berufene nationale Recht maßgeblich.[1056] Nicht ersatzfähig sind zudem *punitive damages, restitutionary damages* und dergleichen.[1057]

Der Schadensersatzanspruch ist auf den Schadensumfang und diejenigen Schadenspositionen begrenzt, die für eine vernünftige Vertragspartei in der Position

---

[1050] Staudinger (Magnus), Wiener UN-Kaufrecht, Art. 74, Rn. 19; Schlechtriem (Stoll), Einh. UN-Kaufrecht, Art. 74, Rn. 23; Herber/Czerwenka, Int. Kaufrecht, Art. 74, Rn. 4; Roßmeier, RIW 2000, 407, 408; Honsell, SJZ 1993, 361, 361; OGH (Österreich), U. v. 14.1.2002, www.unilex.info.

[1051] Staudinger (Magnus), Wiener UN-Kaufrecht, Art. 74, Rn. 20 f.; Karollus, UN-Kaufrecht, S. 214; Roßmeier, RIW 2000, 407, 408; OGH (Österreich), U. v. 14.1.2002, www.unilex.info.

[1052] Vgl. Staudinger (Magnus), Wiener UN-Kaufrecht, Art. 74, Rn. 39 ff., Rn. 48 ff. (einschränkend für *good will*-Schäden); Schlechtriem (Stoll), Einh. UN-Kaufrecht, Art. 74, Rn. 43 (dito); Herber/Czerwenka, Int. Kaufrecht, Art. 74, Rn. 5 f.; Roßmeier, RIW 2000, 407, 408.

[1053] Vgl. die verbindliche englische Sprachfassung *("...sum equal to the loss...")*. Staudinger (Magnus), Wiener UN-Kaufrecht, Art. 79, Rn. 24; Schlechtriem (Stoll), Einh. UN-Kaufrecht, Art. 79, Rn. 25; Herber/Czerwenka, Int. Kaufrecht, Art. 74, Rn. 4; Karollus, UN-Kaufrecht, S. 213; Roßmeier, RIW 2000, 407, 408, 412; Honsell, SJZ 1993, 361, 361; OGH (Österreich), U. v. 14.1.2002, www.unilex.info.

[1054] Staudinger (Magnus), Wiener UN-Kaufrecht, Art. 74, Rn. 27; Roßmeier, RIW 2000, 407, 409; vgl. Piltz, UN-Kaufrecht, § 5, Rn. 443. A. A. Schlechtriem, Int. UN-Kaufrecht, Rn. 299; Honsell, SJZ 1992, 361, 362.

[1055] Staudinger (Magnus), Wiener UN-Kaufrecht, Art. 74, Rn. 27; Schlechtriem (Stoll), Einh. UN-Kaufrecht, Art. 74, Rn. 11.

[1056] Staudinger (Magnus), Wiener UN-Kaufrecht, Art. 5, Rn. 4 ff.; Herber/Czerwenka, Int. Kaufrecht, Art. 74, Rn. 5; Roßmeier, RIW 2000, 407, 409.

[1057] Staudinger (Magnus), Wiener UN-Kaufrecht, Art. 74, Rn. 17; Schlechtriem (Stoll), Einh. UN-Kaufrecht, Art. 79, Rn. 31; Roßmeier, RIW 2000, 407, 408; Honsell, SJZ 1993, 361, 361.

des Verkäufers (objektiver Maßstab)[1058] als mögliche Folge der Vertragsverletzung bei Vertragsschluss[1059] vorhersehbar waren, vgl. Art. 74 Satz 2 CISG (sog. *contemplation rule).*[1060] Maßgeblich ist nicht die Vorhersehbarkeit der Vertragsverletzung, sondern ob der Verkäufer, hätte er die Vertragsverletzung vorhergesehen, die dadurch beim Käufer entstandenen Schäden ihrer Art und ihrem wesentlichen Umfang nach als mögliche Schäden vorhersehen konnte.[1061] Für ungewöhnliche Risiken, z. B. aus ungewöhnlicher Verwendung der Ware, muss der Verkäufer demnach nur dann einstehen, wenn er davon bei Vertragsschluss Kenntnis hatte oder haben musste.[1062]

Der Nichterfüllungsschaden, insbesondere der Minderwert mangelbehafteter Ware (Mangelschaden), Untersuchungs-, Schadensbeseitigungs- und ggf. Rücktransportkosten, ist dabei regelmäßig vorhersehbar und vollumfänglich zu ersetzen. Dazu gehört auch ein Preisnachlass, den der Käufer seinen Kunden gewähren muss, um die vertragswidrige Ware loszuschlagen. Diese Kosten müssen aber in einem angemessenen Verhältnis zum Warenwert stehen, unverhältnismäßige Aufwendungen sind nicht ersatzfähig.[1063] Vorhersehbar und zu ersetzen sind zudem Produktionsausfallkosten und ein entgangener Weiterverkaufsgewinn bei Lieferverspätungen, wenn der Verkäufer den entsprechenden Zweck der Ware kannte.[1064]

1058 Vgl. Art. 8 II CISG; Staudinger (Magnus), Wiener UN-Kaufrecht, Art. 74, Rn. 35; Roßmeier, RIW 2000, 407, 410; OGH (Österreich), U. v. 14.1.2002, www.unilex.info.

1059 Staudinger (Magnus), Wiener UN-Kaufrecht, Art. 74, Rn. 38; Schlechtriem, Int. UN-Kaufrecht, Rn. 302; Roßmeier, RIW 2000, 407, 408.

1060 Staudinger (Magnus), Wiener UN-Kaufrecht, Art. 74, Rn. 31 ff.; Schlechtriem (Stoll), Einh. UN-Kaufrecht, Art. 74, Rn. 37; Herber/Czerwenka, Int. Kaufrecht, Art. 74, Rn. 10; Schlechtriem, Int. UN-Kaufrecht, Rn. 302; Karollus, UN-Kaufrecht, S.216 f.; Roßmeier, RIW 2000, 407, 410 f.; Honsell, SJZ 1993, 361, 362; OGH (Österreich), U. v. 14.1.2002, www.unilex.info.

1061 Staudinger (Magnus), Wiener UN-Kaufrecht, Art. 74, Rn. 32 ff.; Schlechtriem (Stoll), Einh. UN-Kaufrecht, Art. 74, Rn. 34; Herber/Czerwenka, Int. Kaufrecht, Art. 74, Rn. 10; Achilles, UN-Kaufrecht, Art. 74, Rn. 10; Karollus, UN-Kaufrecht, S. 217; Roßmeier, RIW 2000, 407, 410; OGH (Österreich), U. v. 14.1.2002, www.www.unilex.info.

1062 Staudinger (Magnus), Wiener UN-Kaufrecht, Art. 74, Rn. 36, Rn. 39 ff., Rn. 47; Schlechtriem (Stoll), Einh. UN-Kaufrecht, Art. 74, Rn. 13 ff.; Schlechtriem, Int. UN-Kaufrecht, Rn. 303 ff.; Roßmeier, RIW 2000, 407, 410 f.

1063 Insb. OGH (Österreich), U. v. 14.1.2002, www.www.unilex.info.

1064 Staudinger (Magnus), Wiener UN-Kaufrecht, Art. 74, Rn. 40; Herber/Czerwenka, Int. Kaufrecht, Art. 74, Rn. 12. Enger Schlechtriem, Int. UN-Kaufrecht, Rn. 305 (Hinweis an Verkäufer notwendig, dass bei Verzögerungen Betriebsausfall droht, zumindest aber konkrete Erkennbarkeit). Vgl. Honsell, SJZ 1993, 361, 364 f.

Auch Folgeschäden sind zu ersetzen, wenn sie bei Vertragsschluss als hinreichend wahrscheinliche Folge erkannt werden konnten.[1065] Vorhersehbar sind etwa übliche Schadensersatzpflichten des Käufers gegenüber seinen Abnehmern wegen der Mangelhaftigkeit der Waren.[1066] Schäden an anderen Rechtspositionen und Gegenständen des Käufers sind vorhersehbar, wenn sie nicht auf einem ganz ungewöhnlichen Kausalverlauf beruhen, also bspw. dann, wenn eine defekte Gasflasche explodiert und dadurch Einrichtungen des Käufers beschädigt werden. Eine umfassende, § 241 II BGB entsprechende Schutzpflicht bezüglich des käuferischen Integritätsinteresses besteht aber nicht.[1067]

Ersatzfähig sind auch außergerichtliche Mahnkosten, Abmahnkosten und sonstige Kosten notwendiger außergerichtlicher Rechts- und Anspruchsverwirklichung, wie bspw. die Kosten der Einschaltung eines Anwalts oder eines (ausländischen) Inkassobevollmächtigten.[1068] Der Ersatz von Prozesskosten und prozessbezogener Rechtsverfolgungskosten richtet sich hingegen nur nach dem Verfahrensrecht des angerufenen Gerichts.[1069] Die obsiegende Partei erhält ihre Prozesskosten also nur dann ersetzt, wenn das Verfahrensrecht des entscheidenden Gerichts den Ersatz dieser Kosten durch die unterlegene Partei vorsieht (sog. *English rule* oder *loser pays*-Regime), wie dies bspw. bei einem deutschen Gerichtsstand nach den §§ 91 ff. ZPO der Fall wäre. Der Ersatz von Prozesskosten ist jedoch ausgeschlossen, wenn das entscheidende Gericht der sog. *American rule* folgt, wonach jede

---

1065 OGH (Österreich), U. v. 14.1.2002, www.unilex.info. Vgl. zum folgenden Staudinger (Magnus), Wiener UN-Kaufrecht, Art. 74, Rn. 45 ff.; Schlechtriem (Stoll), Einh. UN-Kaufrecht, Art. 74, Rn. 20; Roßmeier, RIW 2000, 407, 411; Karollus, UN-Kaufrecht, S. 217.

1066 Vgl. Honsell, SJZ 1993, 361, 365.

1067 Vgl. oben, Kapitel 2 – D.

1068 Staudinger (Magnus), Wiener UN-Kaufrecht, Art. 74, Rn. 51; Schlechtriem (Stoll), Einh. UN-Kaufrecht, Art. 74, Rn. 19; Herber/Czerwenka, Int. Kaufrecht, Art. 74, Rn. 7; OLG Düsseldorf, U. v. 14 .1.1994, U. v. 11.7.1996, www.unilex.info; LG Berlin, U. v. 21.3.2003, www.unilex.info. Vgl. Ferrari/Flechtner/Brand (Winship), Draft UNCITRAL Digest, Art. 74, Anm. 24 f.

1069 Streitig. Wie hier Staudinger (Magnus), Wiener UN-Kaufrecht, Art. 74, Rn. 52; Herber/Czerwenka, Int. Kaufrecht, Art. 74, Rn. 7; OLG Düsseldorf, U. v. 11.7.1996, www.unilex.info; Flechtner, 22 Northwestern Journal of International Law & Business 2002, 121, 127 ff., S. 149 ff.; Flechtner/Lookofsky, 7 Vindobona Journal of International Commercial Law and Arbitration 2003, 93, 94 ff.; Keily, Legal Costs 2003, Kap. 8.1; Rogers, NY State Bar Association New York International Chapter News 2002, 21, 21; Vanto, Attorney's Fees, Kap. IV; Court of Appeals, 7th Circuit (USA), U. v. 19.11.2002 *(Zapata Hermanos Sucesores, S.A. v. Hearthside Baking Co.)*, www.unilex.info (a. A. die Vorinstanz; der Fall ist beim US Supreme Court anhängig). Wohl auch Lookofsky, 6 Vindobona Journal of International Commercial Law and Arbitration 2002, 27, 27 f. Vgl. Ferrari/Flechtner/Brand (Winship), Draft UNCITRAL Digest, Art. 74, Anm. 25 f.

Partei ihre Prozesskosten unabhängig vom Verfahrensausgang selbst zu tragen hat.[1070]

Auch "frustrierte" Aufwendungen, Aufwendungen, die der Käufer im Hinblick auf den Vertrag gemacht hat und die aufgrund der Vertragsverletzung sinnlos geworden sind, sind zu ersetzen, wenn sie durch den Vertrag veranlasst und für seine Durchführung vernünftigerweise geeignet und angemessen waren.[1071]

Die Schadensberechnung erfolgt gem. Art. 74 CISG (bei Weiterbestehen des Vertrages, sog. "kleiner" Schadensersatz) und Art. 75 CISG (bei Vertragsaufhebung und Vornahme eines Deckungsgeschäfts durch den Käufer, sog. "großer" Schadensersatz) grundsätzlich aufgrund eines konkreten Vergleichs der Vermögenslage des Käufers mit und (hypothetisch) ohne das schädigende Ereignis,[1072] wobei ggf. zu schätzen ist.[1073] Eine abstrakte Schadensberechnung anhand von Marktpreisen ist nach Art. 76 CISG ausnahmsweise dann zulässig, wenn der Käufer den Vertrag aufgehoben und kein Deckungsgeschäft abgeschlossen hat.[1074] Maßgeblicher Zeitpunkt und Ort für die Bestimmung des Marktpreises für die Berechnung sind dann der Zeitpunkt der Vertragsaufhebung und der Erfüllungsort, Art. 76 I, II CISG.[1075] Diese eindeutige Fixierung nimmt dem Käufer die Möglichkeit, insoweit auf Kosten des Verkäufers zu spekulieren.[1076]

1070 Vgl. Flechtner, 22 Northwestern Journal of International Law & Business 2002, 121, 133 ff.; Keily, Legal Costs 2003, Kap. 1.1., Kap. 3.1, Kap. 3.2. *English rule* außer in England bspw. auch in Deutschland (vgl. §§ 91 ff. ZPO), *American rule* bspw. in den USA die Grundregel. Die Frage ist von erheblicher praktischer Relevanz, was die zuvor zitierte Entscheidung *Zapata Hermanos Sucesores, S.A. v. Hearthside Baking Co.* verdeutlicht: um Zahlungsansprüche i. H. v. knapp 1 Mio. USD erfolgreich gerichtlich durchzusetzen musste der Kläger *legal fees* i. H. v. ca. einer halben Million USD aufwenden, die er nach Ansicht des Gerichts weder nach Art. 74 CISG noch nach amerikanischem Verfahrensrecht ersetzt erhielt.

1071 Staudinger (Magnus), Wiener UN-Kaufrecht, Art. 74, Rn. 53; Schlechtriem, Int. UN-Kaufrecht, Rn. 308.

1072 Staudinger (Magnus), Wiener UN-Kaufrecht, Art. 74, Rn. 25 f.; Schlechtriem (Stoll), Einh. UN-Kaufrecht, Art. 79, Rn. 17, Rn. 28; Herber/Czerwenka, Int. Kaufrecht, Art. 74, Rn. 9; Roßmeier, RIW 2000, 407, 408 f.; Münchner Kommentar (Emmerich), BGB, Bd. 2a, Vor § 281, Rn. 39. Vgl. auch Art. 75, der dies für den Fall der Vertragsaufhebung, wenn der Käufer ein (konkretes) Deckungsgeschäft geschlossen hat, bestätigt.

1073 Etwa nach § 287 ZPO; vgl. Herber/Czerwenka, Int. Kaufrecht, Art. 74, Rn. 9.

1074 Vgl. Schlechtriem (Stoll), Einh. UN-Kaufrecht, Art. 79, Rn. 28; Schlechtriem, Int. UN-Kaufrecht, Rn. 312; Gillette/Walt, Sales Law, S. 360; Münchner Kommentar (Emmerich), BGB, Bd. 2a, Vor § 281, Rn. 39.

1075 Staudinger (Magnus), Wiener UN-Kaufrecht, Art. 76, Rn. 15 ff.; Münchner Kommentar (Emmerich), BGB, Bd. 2a, Vor § 281, Rn. 52.

1076 Münchner Kommentar (Emmerich), BGB, Bd. 2a, Vor § 281, Rn. 55; vgl. Gillette/Walt, Sales Law, S. 360.

Der Schadensersatzanspruch des Käufers ist entsprechend zu reduzieren, wenn der Käufer seine Schadensminderungsobliegenheit nach Art. 77 CISG verletzt.[1077] Demnach hat der Käufer alle im konkreten Fall nach Treu und Glauben angemessenen Maßnahmen zur Verringerung des Schadens zu treffen.[1078] Dazu gehört die Eindämmung von Folgeschäden (bspw. durch rechtzeitige Tätigung eines Deckungsgeschäfts oder durch Isolierung gefährlicher Ware) und die Vermeidung unnötiger Aufwendungen bei der Schadensbeseitigung.[1079] Zudem unterliegt der Schadensersatzanspruch des Käufers gem. Art. 80 CISG auch dann einer anteiligen Reduzierung, wenn er selbst für die Schadensverursachung (mit-) verantwortlich war.[1080]

e. Aufwendungsersatz und Anspruch auf das Surrogat

Eine allgemeine Kodifikation hinsichtlich des Ersatzes von Aufwendungen, die der Käufer im Hinblick auf den Vertrag gemacht hat und die aufgrund der Vertragsverletzung sinnlos geworden sind (sog. "frustrierte Aufwendungen") enthält das UN-Kaufrecht nicht.[1081] Diese sind, sofern zur Vertragsdurchführung geeignet und angemessen und durch den Vertrag veranlasst, als Schadensersatz ersatzfähig. Ebenfalls im Wege des Schadensersatzes ersetzbar sind Aufwendungen, die der Käufer im Rahmen einer Selbstvornahme tätigt.[1082]

Erlangt der Verkäufer aufgrund eines Umstandes, der ihn nach Art. 79 I CISG exkulpiert, seinerseits einen Ersatzanspruch, bspw. gegen eine Versicherung, dann kann der Käufer, insoweit es sich um einen Ersatzanspruch für die Vertragsware handelt, die Herausgabe dieses Surrogats verlangen.[1083] Den Gewinn des Verkäufers aus einem günstigen Drittverkauf kann der Käufer jedoch nicht herausverlangen.[1084]

1077 Vgl. oben, Kapitel 3 – E.IV.

1078 Staudinger (Magnus), Wiener UN-Kaufrecht, Art. 77, Rn. 10 f.; Schlechtriem, Int. UN-Kaufrecht, Rn. 315 f.; Roßmeier, RIW 2000, 407, 411 f.; OGH (Österreich), U. v. 14.1.2002, www.unilex.info.

1079 Staudinger (Magnus), Wiener UN-Kaufrecht, Art. 77, Rn. 14, Rn. 16; Schlechtriem, Int. UN-Kaufrecht, Rn. 315; Roßmeier, RIW 2000, 407, 412.

1080 Vgl. oben, Kapitel 3 – E.II.1.

1081 Die Art. 86, 87 CISG erfassen nur einen Spezialfall des Aufwendungsersatzes bei vorübergehender Inbesitznahme und Erhaltung der Kaufware.

1082 Vgl. oben, Kapitel 4 – A.I.1.

1083 Staudinger (Magnus), Wiener UN-Kaufrecht, Art. 79, Rn. 54 (dogm. Begründung aus Art. 84 II b) CISG analog); Schlechtriem (Stoll). Einh. UN-Kaufrecht, Art. 79, Rn. 53 (dogm. Begründung aus Sinn und Zweck des Vertrages); Piltz, UN-Kaufrecht, § 4, Rn. 243. Vgl. Zimmermann, Breach of Contract, S. 29 f.

1084 Staudinger (Magnus), Wiener UN-Kaufrecht, Art. 74, Rn. 18.

2. Internes deutsches Kaufrecht[1085]

a. Anspruchsgrundlagen und allgemeine Voraussetzungen

Im internen deutschen Kaufrecht ordnet (jetzt) § 280 I BGB grundsätzlich für jede Art von Pflichtverletzung einen Anspruch auf Schadensersatz an.[1086] Nur wenn die vertragsgemäßen Leistungserbringung von Anfang an unmöglich (§ 275 BGB) ist (was jetzt gem. § 311a I BGB die Wirksamkeit des Vertrages an sich unberührt lässt), ist Anspruchsgrundlage für den käuferischen Schadensersatzanspruch statt der Leistung § 311a II 1 BGB.[1087] Dies erfasst insbesondere diejenigen Fälle, in denen die Kaufsache von vornherein einen unbehebbaren Mangel aufweist ("qualitative Unmöglichkeit").[1088]

Demnach ist, neben einem fälligen, einredefreien Leistungsanspruch,[1089] einer Pflichtverletzung seitens des Verkäufers[1090] und, sofern die Pflichtverletzung in einem Sachmangel[1091] besteht (den der Käufer bei Vertragsschluss nicht kannte, ohne insoweit grob fahrlässig zu sein), dessen rechtzeitiger und ordnungsgemäßer Rüge,[1092] Anspruchsvoraussetzung, dass der Verkäufer die Pflichtverletzung "zu vertreten" hat. Im Falle anfänglicher Unmöglichkeit ist es die Unkenntnis seiner Unfähigkeit zur Leistungserbringung, die der Verkäufer zu vertreten haben muss. Das Vertretenmüssen des Verkäufers wird dabei von Gesetzes wegen vermutet, so dass der Verkäufer grundsätzlich den Entlastungsbeweis führen muss. Dabei hat er sich an einem objektiven, strengen Maßstab messen zu lassen.[1093]

Tatbestandseitig treten je nach Art der Pflichtverletzung – Unmöglichkeit der Leistungserbringung und sonstige Nichtleistung, Leistungsverzögerung, Schlechtleistung (Mangel) oder Verletzung einer Nebenpflicht – und Umfang des begehr-

---

[1085] Nach §§ 249 ff. BGB ist Schadensersatz im internen deutschen Recht grundsätzlich auf Naturalrestitution gerichtet, so dass die Einordnung hier, unter die "auf Geldausgleich gerichteten Rechtsbehelfe", streng genommen falsch ist. Praktisch ist jedoch auch im internen deutschen Recht Schadensersatz in Geld die Regel (dazu unten, Kapitel 4 – C.II.2.f).

[1086] Vgl. oben, Kapitel 3 – B.II.1.

[1087] Vgl. P. Huber/Faust (P. Huber), Schuldrechtsmod., Kap. 13, Rn. 126, Rn. 141; P. Huber/Faust (Faust), Schuldrechtsmod., Kap. 3, Rn. 1; Dauner-Lieb/Heidel/Lepa/Ring (Dauner-Lieb), Neues SchuldR, § 2, Rn. 86; Lorenz, NJW 2002, 2497, 2500 f.; ders., JZ 2001, 742, 743; Zimmer, NJW 2003, 1, 3; Teichmann, BB 2001, 1485, 1486. Kritisch Altmeppen, DB 2001, 1399, 1400; dagegen Canaris, DB 2001, 1815, 1817 ff.

[1088] Lorenz/Riehm, Neues SchuldR, Rn. 516. Vgl. P. Huber/Faust (P. Huber), Schuldrechtsmod., Kap. 13, Rn. 95, Rn. 141.

[1089] Vgl. Lorenz/Riehm, Neues SchuldR, Rn. 189 ff. Nach Jaensch, ZGS 2004, 134, 134 ff., kann analog § 323 IV BGB bei einem "vorweggenommenen Vertragsbruch" schon vor Fälligkeit des Leistungsanspruchs Schadensersatz verlangt werden, vgl. oben, Fn. 959

[1090] Vgl. Magnus, Pflichtverletzung (Schuldrechtsref. vor dem Hintergrund des Gemeinschaftsrechts), S. 72 f.

[1091] Nach wohl h. M. nicht jedoch bei einem Rechtsmangel, vgl. oben, Kapitel 3 – E.III.2.

[1092] Vgl. oben, Kapitel 3 – E.I.3, Kapitel 3 – E.III.2.

[1093] Vgl. oben, Kapitel 3 – D.II.

ten Ersatzes – Schadensersatz "statt der Leistung" als "großer" oder "kleiner" Schadensersatz sowie Schadensersatz "neben" der Leistung – zu diesen Voraussetzungen weitere Voraussetzungen hinzu, die durch die §§ 280 II ff. BGB und, im Falle eines Sach- oder Rechtsmangels, zusätzlich durch §§ 437 Nr. 3, 438, 440 BGB angeordnet werden, vgl. § 280 III BGB bzw. § 311a II 3 BGB.[1094]

b. Schadensersatz "statt der Leistung"

Maßgeblich ist zunächst, ob der Käufer Schadensersatz statt oder neben der Leistung begehrt.[1095]

i. Definition und Abgrenzung

Welche Schadenspositionen dabei vom Schadensersatz "statt der Leistung" umfasst sind, ist noch nicht vollständig geklärt.[1096] Obergerichtliche Rechtsprechung in dieser Frage liegt noch nicht vor.

Nach verbreiteter Ansicht ist Schadensersatz "statt der Leistung" gleichzusetzen mit dem bisherigen Schadensersatz "wegen Nichterfüllung" (positives Interesse oder Erfüllungs-/Äquivalenzinteresse),[1097] wofür sich Argumente auch in der Begründung des Regierungsentwurfes finden lassen. Demnach wäre mit der bisherigen h. M. die Abgrenzung weiterhin anhand der Begriffspaare "Mangelschaden"/"Mangelfolgeschaden" bzw. "Äquivalenz-"/"Integritätsinteresse" vorzunehmen.[1098]

[1094] Lorenz/Riehm, Neues SchuldR, Rn. 171, Rn. 185; Lorenz, NJW 2002, 2497, 2500; P. Huber/Faust (P. Huber), Schuldrechtsmod., Kap. 13, Rn. 96, Rn. 98; Dauner-Lieb/Heidel/Lepa/Ring (Dauner-Lieb), Neues SchuldR, § 2, Rn. 33; Haas/Medicus/Rolland/Schäfer/Wendtland (Haas), Neues SchuldR, Kap. 5, Rn. 233; Schlechtriem, SchuldR BT, Rn. 69; Kindl, WM 2002, 1313, 1313. Vgl. Gieseler, ZGS 2003, 408, 408, Derleder, NJW 2004, 969, 970 f.; oben, Kapitel 3 – B.II.1.

[1095] Dauner-Lieb/Heidel/Lepa/Ring (Büdenbender), Neues SchuldR, § 8, Rn. 61, Rn. 63; Lorenz, NJW 2002, 2497, 2500; Hirsch, JURA 2003, 289, 290.

[1096] Vgl. Schubel, JuS 2002, 313, 319; Regula/Kannowski, IHR 2004, 45, 49 f.

[1097] Vgl. Begr. RegE, BT-Drucks. 14/6040, S. 136 f. (Schaden, der im BGB "Schadensersatz wegen Nichterfüllung genannt wird."), S. 225, linke Spalte (nach bisheriger Terminologie "Nichterfüllungsschaden"); P. Huber/Faust (P. Huber), Schuldrechtsmod., Kap. 13, Rn. 100 f.; Dauner-Lieb/Heidel/Lepa/Ring (Dauner-Lieb), Neues SchuldR, § 2, Rn. 34 f.; Canaris, JZ 2001, 499, 512; ders., ZIP 2003, 321, 321; Grunewald, Schadensersatz (Neues SchuldR i. d. Praxis), S. 314 f.; Gsell, Jb.j.ZivRWiss. 2001, 105, 106; Zimmermann, Breach of Contract, S. 21; Münchner Kommentar (Emmerich), BGB, Bd. 2a, § 281, Rn. 3; Dauner-Lieb/Thiessen, DStR 2002, 809, 813.

[1098] So: P. Huber/Faust (P. Huber), Schuldrechtsmod., Kap. 13, Rn. 100, Rn. 105; Lorenz/Riehm, Neues SchuldR, Rn. 185, Rn. 206; Canaris, JZ 2001, 499, 512; Brüggemeier, WM 2002, 1376, 1382; Recker, NJW 2002, 1247, 1247; Altmeppen, DB 2001, 1399, 1403; Zimmer, NJW 2003, 1, 8. Vgl. Schubel, JuS 2002, 313, 319; Hirsch, JURA 2003, 289, 289. Zweifelnd Zimmermann, Breach of Contract, S. 28. Kritisch Ady, ZGS 2003, 13, 13 f.; Münchner Kommentar (Ernst), BGB, Bd. 2a, § 280, Rn. 65.

Ein anderer Ansatz begrenzt den Schadensersatz statt der Leistung auf den mangelbedingten Minderwert (bspw. den Reparaturaufwand). Auch dies findet Stütze in der Begründung zum Regierungsentwurf und zudem im Wortlaut des § 281 BGB selbst. Alle anderen Schadenspositionen (insbesondere entgangener Gewinn und Nutzungsausfall) wären demnach als Schadensersatz neben der Leistung zu qualifizieren und unterlägen keinem Fristsetzungserfordernis.[1099]

Schließlich wird danach abgegrenzt, ob hinsichtlich der betreffenden Schadensposition eine Nachfristsetzung sinnvoll ist, weil Nacherfüllung (noch) möglich ist. Schadensersatz statt der Leistung erfasst demnach solche Schadenspositionen, die durch die ordnungsgemäße Nachholung der Leistung noch vermieden werden können bzw. Schäden, deren Ersatz eine Nacherfüllung durch den Verkäufer (Reparatur oder Ersatzlieferung) sinnlos macht und also das Nacherfüllungsrecht des Verkäufers unterminiert.[1100] Schadensersatz neben der Leistung erfasst demgegenüber solche Schäden, die nicht auf das endgültige Ausbleiben der vertraglich geschuldeten Leistung zurückzuführen sind, insbesondere Verspätungsschäden, Mangelfolgeschäden und (sonstige) Schäden aus der Verletzung des käuferischen Integritätsinteresses.[1101] Für diesen Ansatz spricht, dass es gerade das Erfordernis der Nachfristsetzung ist, dass den Schadensersatzanspruch statt der Leistung von dem neben der Leistung unterscheidet (dazu sogleich).[1102] Zudem bedarf dieser Ansatz nicht des Rückgriffs auf Hilfskonstruktionen in Fällen gestörten Äquivalenzinteresses, in denen eine Nachfristsetzung sinnlos ist, weil der Schaden durch

---

1099 Vgl. RegE, BT-Drucks. 14/6040, S. 225, linke Spalte oben ("Schaden, der im Mangel der Sache selbst liegt"); P. Huber/Faust (P. Huber), Schuldrechtsmod., Kap. 13, Rn. 103. So: Gruber, ZGS 2003, 130, 133 f.; Grunewald, Schadensersatz (Neues SchuldR i. d. Praxis), S. 317 f.

1100 Lorenz/Riehm, Neues SchuldR, Rn. 185; Lorenz, NJW 2002, 2497, 2500; Haas/Medicus/Rolland/Schäfer/Wendtland (Haas), Neues SchuldR, Kap. 5, Rn. 235; Dauner-Lieb/Heidel/Lepa/Ring (Dauner-Lieb), Neues SchuldR, § 2, Rn. 41; Heinrichs, Pflichtverletzung (FS Schlechtriem), 503, 512 f.; Ady, ZGS 2003, 13, 14 f.; Hirsch, JURA 2003, 289, 289; Münchner Kommentar (Ernst), BGB, Bd. 2a, § 280, Rn. 66 f.; Palandt (Heinrichs), BGB, 63. A., § 280, Rn. 18; Jauernig (Vollkommer), BGB, § 280, Rn. 4, § 281, Rn. 16. Vgl. P. Huber/Faust (P. Huber), Schuldrechtsmod., Kap. 13, Rn. 104; Schulze/Ebers, JuS 2004, 266, 268.

1101 Lorenz, NJW 2002, 2497, 2500, scheinbar missverstanden von Grunewald, Schadensersatz (Neues SchuldR i. d. Praxis), S. 316 f.: mit Schäden, die sich aus dem "endgültigen Ausbleiben" der Leistung ergeben, sind nicht solche Schäden gemeint, die von vornherein nicht abgewehrt werden können, so dass eine Nachfristsetzung in der Tat sinnlos wäre, sondern solche, die nach Verstreichen einer angemessenen Nachfrist bzw. nach einem erfolglosen Nacherfüllungsversuch noch immer vorhanden sind; Dauner-Lieb/Heidel/Lepa/Ring (Dauner-Lieb), Neues SchuldR, § 2 f., Rn. 48; Dauner-Lieb/Thiessen, DStR 2002, 809, 813. Vgl. Canaris, ZIP 2003, 321, 321 f.; Dauner-Lieb/Dötsch, DB 2001, 2537.

1102 Dauner-Lieb/Heidel/Lepa/Ring (Dauner-Lieb), Neues SchuldR, § 2 f., Rn. 37, Rn. 39; Lorenz, NJW 2002, 2497, 2500. Vgl. Schubel, JuS 2002, 313, 319.

Nacherfüllung nicht mehr zu beseitigen ist.[1103] Damit fügt sich das Schadensersatz- und Rücktrittsrecht mit dem vorrangigen Nacherfüllungsrecht des Verkäufers nahtlos zusammen. Schließlich spricht auch die Existenz des § 281 II BGB nicht gegen diese Lösung:[1104] denn nach § 281 II BGB wird die Nachfristsetzung nur in solchen Fällen ausnahmsweise dann für entbehrlich erklärt, in denen sie im Regelfall sinnvoll und nur aufgrund besondere Umstände im Einzelfall funktionslos ist. Daraus lässt sich aber gerade kein Rückschluss auf den generellen Anwendungsbereich des § 281 I BGB ziehen.

Nach dieser Ansicht, der hier gefolgt wird, sind der Minderwert (Mangelschaden), Reparaturkosten und Kosten eines Deckungskaufs ohne weiteres beim Schadensersatz statt der Leistung einzuordnen.[1105] Nutzungsausfall (bis zur Nacherfüllung) und *endgültig* entgangener Gewinn (bspw. aus einem geplanten Weiterverkauf, bei dem der Abnehmer endgültig abgesprungen ist) sind hingegen nicht als Schadensersatz statt der Leistung zu qualifizieren, denn diese Schäden sind durch Nacherfüllung nicht mehr vermeidbar.[1106] Ist der Weiterverkauf lediglich verzögert, also noch möglich, so liegt insoweit ein Fall des Schadensersatzes statt der Leistung vor:[1107] erst wenn nach erfolgloser Nachfristsetzung oder erfolglosem Nacherfüllungsversuch der Weiterverkauf (doch) endgültig scheitert, hat der Käufer deswegen einen Anspruch auf Schadensersatz.[1108] Ein von vornherein nicht mehr vermeidbarer Mindererlös (bspw. aufgrund Marktpreisverfalls oder aufgrund einer dynamischen Preisklausel), etwaige Zeitwertnachteile und ein trotz Nacherfüllung

---

1103 Vgl. P. Huber/Faust (P. Huber), Schuldrechtsmod., Kap. 13, Rn. 106 (Nachfristsetzung ausnahmsweise entbehrlich).

1104 So aber Grunewald, Schadensersatz (Neues SchuldR i. d. Praxis), S. 315 f. (aus Anordnung des § 281 II BGB, wonach u. U. eine Nachfristsetzung entbehrlich ist, folgt, dass § 281 I BGB grundsätzlich auch solche Fälle erfasst, in denen Nacherfüllung von vornherein nicht möglich/sinnvoll ist).

1105 Vgl. P. Huber/Faust (P. Huber), Schuldrechtsmod., Kap. 13, Rn. 104; Lorenz/Riehm, Neues SchuldR, Rn. 184; Dauner-Lieb/Heidel/Lepa/Ring (Dauner-Lieb), Neues SchuldR, § 2, Rn. 40 f.; Haas/Medicus/Rolland/Schäfer/Wendtland (Haas), Neues SchuldR, Kap. 5, Rn. 235.

1106 Vgl. P. Huber/Faust (P. Huber), Schuldrechtsmod., Kap. 13, Rn. 104 (Betriebsausfallschäden aber dem Schadensersatz statt der Leistung zuzuordnen, Rn. 106, Rn. 109); Dauner-Lieb/Heidel/ Lepa/Ring (Dauner-Lieb), Neues SchuldR, § 2, Rn. 42; Hirsch, JURA 2003, 289, 294; Huber, Schadensersatzhaftung (FS Schlechtriem), S. 525 f. Vgl. Canaris, ZIP 2003, 321, 326.

1107 Haas/Medicus/Rolland/Schäfer/Wendtland (Haas), Neues SchuldR, Kap. 5, Rn. 235; P. Huber/Faust (P. Huber), Schuldrechtsmod., Kap. 13, Rn. 104; Huber, Schadensersatzhaftung (FS Schlechtriem), S. 525 f.

1108 Vgl. Haas/Medicus/Rolland/Schäfer/Wendtland (Haas), Neues SchuldR, Kap. 5, Rn. 236; wohl auch Lorenz/Riehm, Neues SchuldR, Rn. 185 ("entgangenen Gewinn aus einem [zunächst noch möglichen, letztlich gescheiterten] Weiterverkauf" unter §§ 280 III, 281 BGB eingeordnet). Vgl. zuvor, Fn. 1101.

verbleibender merkantiler Minderwert sind hingegen Schäden neben der Leistung und als solche ohne weiteres ersatzfähig.[1109]

ii. Differenzierung der Anspruchsvoraussetzungen nach der Art der Pflichtverletzung

Innerhalb der auf Schadensersatz statt der Leistung gerichteten Anspruchsgrundlagen ist hinsichtlich der Anspruchsvoraussetzungen weiter danach zu differenzieren, aus welchem Grund der Käufer Schadensersatz begehrt:

Besteht die verkäuferische Pflichtverletzung in einer (im Wege der Nacherfüllung noch behebbaren) Nicht- oder Schlechtlieferung, so richten sich die weiteren Voraussetzungen nach § 280 I, III, i. V. m. § 281 BGB, wonach Schadensersatz statt der Leistung grundsätzlich nur nach Setzung einer angemessenen Nachfrist und deren erfolglosem Verstreichen verlangt werden kann.[1110] Dabei setzt eine zu kurz bestimmte Nachfrist eine angemessene Frist in Gang.[1111] Nicht erforderlich ist eine Ablehnungsandrohung[1112] und auch die (einfache) Nachfristsetzung ist vielfach entbehrlich, vgl. § 281 II BGB und § 440 BGB.[1113]

Schon im Ausgangspunkt bedarf es keiner Nachfristsetzung, wenn der Käufer Schadensersatz statt der Leistung aufgrund der Befreiung des Verkäufers von seiner Leistungspflicht wegen Unmöglichkeit (i. w. S.) der Leistungserbringung gem. § 275 I, II BGB verlangt, § 280 I, III i. V. m. § 283 BGB bzw. dann, wenn die Unmöglichkeit bereits bei Vertragsschluss bestand, § 311a II 1 BGB.[1114] Hier wäre eine Nachfristsetzung schlicht sinnlos.[1115]

1109 A. A. Dauner-Lieb/Heidel/Lepa/Ring (Dauner-Lieb), Neues SchuldR, § 2, Rn. 41.

1110 Begr. RegE, BT-Drucks. 14/6040, S. 225, linke Spalte oben; Lorenz/Riehm, Neues SchuldR, Rn. 195; Lorenz, NJW 2002, 2497, 2502; Dauner-Lieb/Heidel/Lepa/Ring (Dauner-Lieb), Neues SchuldR, § 2, Rn. 33; Dauner-Lieb/Heidel/Lepa/Ring (Büdenbender), Neues SchuldR, § 8, Rn. 60; P. Huber/Faust (P. Huber), Schuldrechtsmod., Kap. 13, Rn. 130; Grunewald, Schadensersatz (Neues SchuldR i. d. Praxis), S. 314; Kindl, WM 2002, 1313, 1319 f.; Zimmer, NJW 2003, 1, 9; Schubel, JuS 2002, 313, 318; Hirsch, JURA 2003, 289, 291 f.; Zimmermann, Breach of Contract, S. 22. Gegenüber dem Anspruch auf Schadensersatz neben der Leistung erschöpft sich der Unterschied freilich auch schon im Erfordernis der Nachfristsetzung, so dass die praktische Relevanz der Differenzierung nicht sonderlich ins Gewicht fällt, vgl. Münchner Kommentar (Ernst), BGB, Bd. 2a, § 280, Rn. 65; Grunewald, Schadensersatz (Neues SchuldR i. d. Praxis), S. 316 (Fristsetzung jedenfalls nicht schädlich).

1111 Vgl. zuvor, Kapitel 4 – B.II.1.a.

1112 Vgl. zuvor, Kapitel 4 – B.II.1.a.

1113 Dazu oben, Kapitel 3 – C.II.

1114 P. Huber/Faust (P. Huber), Schuldrechtsmod., Kap. 13, Rn. 95, Rn. 138; Dauner-Lieb/Heidel/Lepa/Ring (Dauner-Lieb), Neues SchuldR, § 2, Rn. 47; Haas/Medicus/Rolland/Schäfer/Wendtland (Haas), Neues SchuldR, Kap. 5, Rn. 240; Zimmer, NJW 2003, 1, 9.

1115 Begr. RegE, BT-Drucks. 14/6040, S. 142; P. Huber/Faust (P. Huber), Schuldrechtsmod., Kap. 13, Rn. 138, Rn. 143; Haas/Medicus/Rolland/Schäfer/Wendtland (Haas), Neues SchuldR, Kap. 5, Rn. 240, Rn. 191; Canaris, JZ 2001, 499, 515.

Ist schadensbegründendes Ereignis die Lieferung einer i. S. v. § 434 bzw. § 435 BGB sach- oder rechtsmangelhaften Sache, so werden die genannten Vorschriften weiter durch § 437 Nr. 3 i. V. m. § 440 BGB (weitere Gründe für die Entbehrlichkeit einer Nachfristsetzung) und insbesondere durch § 438 BGB (verkürzte und verobjektivierte Verjährungsfrist) modifiziert.[1116]

Besteht die verkäuferische Pflichtverletzung nicht in einer Nicht- oder Schlechtlieferung, sondern in der Verletzung einer nicht-leistungsbezogenen Neben- oder Schutzpflicht i. S. v. § 241 II BGB, so kann der Käufer Schadensersatz statt der Leistung nur dann verlangen, wenn ihm ein weiteres Festhalten an dem Vertrag "nicht zumutbar" ist, § 280 I, III i. V. m. § 282 BGB.[1117] Wann dies der Fall ist, ist ebenso wie beim Rücktritt eine einzelfallbezogene Wertungsfrage, die unter Berücksichtigung der Interessen beider Parteien zu beantworten ist.[1118]

iii. "Großer" und "kleiner" Schadensersatz

Schließlich hängen im Falle leistungsbezogner Pflichtverletzungen die weiteren Anspruchsvoraussetzungen vom Umfang des begehrten Schadensersatzes ab, davon also, ob der Käufer den "kleinen" oder den "großen" Schadensersatz (jetzt: Schadensersatz "statt der *ganzen* Leistung"), begehrt. Bei dem kleinen Schadensersatz behält der Käufer die gelieferte Ware und liquidiert nur den mangelhaften Teil bzw. die Pflichtverletzung (Mangelschaden) als Schadensersatz.[1119] Schadensersatz statt der ganzen Leistung bedeutet hingegen faktisch den Rücktritt vom Vertrag, denn in diesem Fall will der Käufer die gelieferte Ware zurückgeben und verlangt vom Verkäufer, ihn im Wege des Schadensersatzes wirtschaftlich so zu stellen, als habe er vertragsgerecht erfüllt.[1120]

Entsprechend der Regelung in § 323 V 2 BGB bzgl. des käuferischen Rücktrittsrechts[1121] ist der Anspruch des Käufers auf Schadensersatz statt der ganzen Leistung im Falle einer Schlechtleistung gem. § 281 I 3 BGB (ggf. i. V. m. § 283

[1116] P. Huber/Faust (P. Huber), Schuldrechtsmod., Kap. 13, Rn. 124; Brüggemeier, WM 2002, 1376, 1381 f.

[1117] Dauner-Lieb/Heidel/Lepa/Ring (Dauner-Lieb), Neues SchuldR, § 2, Rn. 46; Kindl, WM 2002, 1313, 1322; Zimmer, NJW 2003, 1, 9 f.

[1118] Begr. RegE, BT-Drucks. 14/6040, S. 141 f.; Kindl, WM 2002, 1313, 1322; Lorenz/Riehm, Neues SchuldR, Rn. 364. Vgl. oben, Kapitel 4 – B.II.1.c.

[1119] P. Huber/Faust (P. Huber), Schuldrechtsmod., Kap. 13, Rn. 133; Canaris, DB 2001, 1815, 1817; Brüggemeier, WM 2002, 1376, 1382; Kindl, WM 2002, 1313, 1320; Hirsch, JURA 2003, 289, 294.

[1120] Vgl. oben, Kapitel 3 – B.II.2. P. Huber/Faust (P. Huber), Schuldrechtsmod., Kap. 13, Rn. 134; Haas/Medicus/Rolland/Schäfer/Wendtland (Haas), Neues SchuldR, Kap. 5, Rn. 242; Canaris, JZ 2001, 499, 513 f.; Brüggemeier, WM 2002, 1376, 1383; Kindl, WM 2002, 1313, 1320; Hirsch, JURA 2003, 289, 294; Maultzsch, ZGS 2003, 411, 413 f. Vgl. Arnold, ZGS 2003, 427, 428; Zimmermann, Breach of Contract, S. 22.

[1121] Canaris, JZ 2001, 499, 513; vgl. oben, Kapitel 4 – B.II.1.b.

Satz 2 BGB bei nachträglicher bzw. § 311a II 2 BGB bei anfänglicher Unmöglichkeit der Leistungserbringung) ausnahmsweise[1122] dahingehend eingeschränkt, dass dieser nicht verlangt werden kann, wenn die Schlechtleistung lediglich unerheblich ist.[1123] Der Maßstab der (Un-) Erheblichkeit ist dabei der gleiche wie beim Rücktritt[1124] und auch hier trifft die Beweislast den Verkäufer.[1125]

Bei einer vertragswidrigen Teilleistung kann gem. § 281 I 3 BGB der große Schadensersatz nur dann verlangt werden, wenn an der Teilleistung "kein Interesse" besteht. Wiederum stellt sich die Frage, ob die in § 434 III BGB angeordnete Gleichstellung von Sachmangel und Mindermenge auch auf § 281 I BGB anzuwenden ist, so dass auch bei einer Teilleistung Schadensersatz statt der ganzen Leistung schon bei einem nicht lediglich unerheblichen "Mangel" verfügbar wäre. Dies wird, ebenso wie beim Rückritt, überwiegend abgelehnt, so dass Interessenfortfall notwendig ist.[1126]

Ob der Käufer bei Vorliegen der Voraussetzungen des § 282 BGB (Verletzung einer nicht-leistungsbezogenen Nebenpflicht und Unzumutbarkeit des weiteren Festhaltens am Vertrag) den großen oder den kleinen Schadensersatz verlangt, ist hingegen seiner freien Wahl anheim gestellt.[1127]

c. Schadensersatz neben der Leistung, einschließlich Schadensersatz wegen Verzögerung der Leistung

Schadensersatz neben der Leistung kann bei Vorliegen der Voraussetzungen des § 280 I BGB grundsätzlich ohne weiteres verlangt werden.[1128] Hierunter fallen, im Umkehrschluss, solche Schadenspositionen, die durch ordnungsgemäße Nachholung der geschuldeten Leistung nicht mehr beseitigt werden können, bspw., vgl. zuvor, ein etwaiger Nutzungsausfall (bis zur Nacherfüllung), *endgültig* entgangener Gewinn, Zeitwertnachteile, merkantiler Minderwert etc. sowie Untersuchungskosten und solche käuferischen Aufwendungen, die trotz erfolgreicher Nacherfüllung ihren Zweck verfehlen. Letzteres betrifft beispielsweise anteilige

---

1122 Lorenz/Riehm, Neues SchuldR, Rn. 218.

1123 Vgl. oben, Kapitel 3 – B.II.2.

1124 P. Huber/Faust (P. Huber), Schuldrechtsmod., Kap. 13, Rn. 136; Lorenz/Riehm, Neues SchuldR, Rn. 217; Kindl, WM 2002, 1313, 1321.

1125 Kindl, WM 2002, 1313, 1320; Gieseler, ZGS 2003, 408, 410. Vgl. Lorenz, NJW 2003, 3097, 3098 (zum Rücktrittsrecht).

1126 Der Käufer kann eine vertragswidrige Teillieferung aber auch zurückweisen (dazu unten, Kapitel 4 – D.I.3) und gem. § 281 I 1 BGB nach erfolgloser Nachfristsetzung wegen Nichtlieferung Schadensersatz statt der ganzen Leistung verlangen. Vgl. zum Parallelproblem beim Rücktritt oben, Kapitel 4 – B.II.2.

1127 Vgl. Lorenz/Riehm, Neues SchuldR, Rn. 364.

1128 Vgl. P. Huber/Faust (P. Huber), Schuldrechtsmod., Kap. 13, Rn. 147; Haas/Medicus/Rolland/Schäfer/Wendtland (Haas), Neues SchuldR, Kap. 5, Rn. 248; Brüggemeier, WM 2002, 1376, 1382; Kindl, WM 2002, 1313, 1322 f.

Arbeits- und Maschinenkosten, die dann 'verloren' sind, wenn erst bei Verarbeitung der gelieferten Ware deren Vertragswidrigkeit und Unbrauchbarkeit festgestellt wurde.[1129]

Schadensersatz wegen Verzögerung der Leistung ist gem. § 280 II BGB an die zusätzliche Voraussetzung des Verzugs gem. § 286 BGB, insbesondere der Nichtleistung trotz Leistungsfälligkeit und Mahnung durch den Käufer, geknüpft.[1130] Der Anwendungsbereich des § 280 II BGB ist allerdings denkbar eng, denn er soll nur solche Schäden erfassen, die der Käufer aufgrund einer zusätzlichen Verzögerung der *Nach*erfüllung durch den Verkäufer erleidet (insbesondere Zinsverluste, Kosten der Rechtsverfolgung), nicht hingegen solche Schäden, die der Käufer dadurch erleidet, dass er zum eigentlichen Liefertermin nur eine mangelbehaftete Sache oder eine sonst nicht vertragsgerechte Leistung erhält (insbesondere Nutzungs- und Betriebsausfallschäden).[1131] Da zudem die Aufforderung des Käufers zur Nacherfüllung wohl immer auch eine Mahnung i. S. v. § 286 BGB, also ein ernsthaftes Leistungsverlangen[1132] darstellt,[1133] und eine Mahnung darüber hinaus

---

[1129] So Arnold/Dötsch, BB 2003, 2250, 2251 f.; Medicus, JuS 2003, 521, 522 f. Auch § 347 II BGB i. V. m. § 281 V bzw. § 439 IV BGB kommen insoweit als Anspruchsgrundlage in Betracht, die Voraussetzungen dürften regelmäßig jedoch nicht vorliegen, vgl. Arnold/Dötsch, a. a. O., 2250; Arnold, ZGS 2003, 427, 431. LG Bonn, U. v. 30.10.2003, nicht veröffentlicht, www.lrz-muenchen.de/~Lorenz/urteile/lgbonn10o27_03.htm, ordnet derartige Aufwendungen wohl dem Schadensersatz statt der Leistung zu, verzichtet insoweit aber auf das Fristsetzungserfordernis. Gsell, Aufwendungsersatz (Neues SchuldR i. d. Praxis), S. 341 ff., will diese von ihr "Fixaufwendungen" genannten Aufwendungen nach § 284 BGB ersetzen, ohne dass es insoweit auf die Voraussetzungen des Anspruchs auf Schadensersatz statt der Leistung (Fristsetzung) ankommen soll. Ähnlich Anwaltkommentar (Dauner-Lieb), SchuldR, § 284, Rn. 7. Zur Ersatzfähigkeit frustrierter Aufwendungen unten, Kapitel 4 – C.II.2.g.

[1130] Vgl. Lorenz/Riehm, Neues SchuldR, Rn. 285; Lorenz, NJW 2002, 2497, 2500, 2502; Dauner-Lieb/Heidel/Lepa/Ring (Büdenbender), Neues SchuldR, § 8, Rn. 62; Kindl, WM 2002, 1313, 1313; Zimmer, NJW 2003, 1, 8.

[1131] Vgl. Begr. RegE, BT-Drucks. 14/6040, S. 225, linke Spalte unten; P. Huber/Faust (P. Huber), Schuldrechtsmod., Kap. 13, Rn. 107 ff., Rn. 146; Haas/Medicus/Rolland/Schäfer/Wendtland (Haas), Neues SchuldR, Kap. 5, Rn. 245 ff. Nach hier bevorzugter Ansicht sind Betriebsausfallschäden nach § 280 I BGB abzuwickeln, da sie durch Nacherfüllung nicht mehr zu beseitigen sind, vgl. zuvor und Canaris, ZIP 2003, 321, 323 f. I. E. ebenso Begr. RegE, BT-Drucks. 14/6040, S. 225, linke Spalte.

[1132] Vgl. Palandt (Heinrichs), BGB, 62. A., § 286, Rn. 16 f.

[1133] Begr. RegE, BT-Drucks. 14/6040, S. 225, rechte Spalte; Haas/Medicus/Rolland/Schäfer/Wendtland (Haas), Neues SchuldR, Kap. 5, Rn. 247; P. Huber/Faust (P. Huber), Schuldrechtsmod., Kap. 13, Rn. 107.

vielfach entbehrlich ist,[1134] ist die Differenzierung praktisch wohl ohne Bedeutung.[1135]

d. Geltendmachung des Schadensersatzanspruchs, Kumulation mit den übrigen Rechtsbehelfen

Schadensersatz kann der Käufer grundsätzlich neben allen anderen Rechtsbehelfen verlangen,[1136] soweit der geltend gemachte Schaden nicht bereits durch einen anderen Rechtsbehelf (bspw. Nacherfüllung) ausgeglichen ist (schadensersatzrechtliches Bereicherungsverbot).[1137] Dies betrifft (jetzt) insbesondere das Rücktrittsrecht des Käufers, vgl. § 325 BGB.

Erst mit dem eindeutig auf Schadensersatz statt der Leistung gerichteten Schadensersatzverlangen des Käufers (und nicht bereits mit Ablauf der Nachfrist) erlischt sein Nacherfüllungsanspruch aus § 439 I BGB, vgl. § 281 IV BGB.[1138] Da (abgesehen vom praktisch seltenen Fall eines Fixhandelskaufs i. S. v. § 376 I 1 HGB[1139]) unterhalb der Treu und Glauben-Grenze keine Frist besteht, innerhalb derer der Käufer unter Verzicht auf sein Nacherfüllungsrecht Schadensersatz statt der Leistung verlangt haben muss, kann der Käufer auch hier den Verkäufer zunächst im Ungewissen lassen darüber, ob er weiterhin Erfüllung verlangen oder statt dessen Ausgleich durch Schadensersatz will. Zu der daraus resultierenden Planungsunsicherheit für den Verkäufer kommt hinzu, dass sich dieser unter entsprechendem Ressourceneinsatz/-bindung solange für beide Ausgleichsalternativen leistungsbereit halten muss.[1140] Nur dadurch, dass der Verkäufer nacherfüllt bzw. nachzuerfüllen versucht, kann er die Unsicherheit ausräumen, den Schwebezustand auflösen und eine Konzentration seiner Ressourcen auf eine Art des Mangelausgleichs erreichen.[1141]

[1134] Vgl. Kindl, WM 2002, 1313, 1324.

[1135] Begr. RegE, BT-Drucks. 14/6040, S. 225, rechte Spalte; Haas/Medicus/Rolland/Schäfer/Wendtland (Haas), Neues SchuldR, Kap. 5, Rn. 247.

[1136] Westermann, NJW 2002, 241, 249.

[1137] Brüggemeier, WM 2002, 1376, 1383; Derleder, NJW 2003, 998, 999 ff.; ders. NJW 2004, 969, 970; Canaris, JZ 2001, 499, 514.

[1138] Begr. RegE, BT-Drucks. 14/6040, S. 140 f.; Haas/Medicus/Rolland/Schäfer/Wendtland (Haas), Neues SchuldR, Kap. 5, Rn. 198; P. Huber/Faust (Faust), Schuldrechtsmod., Kap. 3, Rn. 154 ff.; Kindl, WM 2002, 1313, 1321; Westermann, NJW 2002, 241, 249; Gsell, Jb.j.ZivRWiss. 2001, 105, 114 (zu § 281 III RegE = § 281 IV BGB).

[1139] Dazu oben, Kapitel 4 – A.II.1.

[1140] Vgl. oben, Kapitel 4 – B.II.4 (Parallelproblem beim Rücktritt); Finn, ZGS 2004, 32, 32, 37, Fn. 36; Ernst, FAZ vom 19.5.2001, S. 8. Nach Begr. RegE, BT-Drucks. 14/6040, S. 140 f. wird dies bewusst in Kauf genommen.

[1141] Begr. RegE, BT-Drucks. 14/6040, S. 140, rechte Spalte; P. Huber/Faust (Faust), Schuldrechtsmod., Kap. 3, Rn. 155; Finn, ZGS 2004, 32, 37. Zwar kann der Käufer Nacherfüllungsversuche des Verkäufers zwischen dem Ablauf der Nachfrist und einem Verlangen des Käufers auf Schadensersatz statt der Leistung grundsätzlich zurückweisen. Auch ein erfolg-

e. Vertretenmüssen und Haftung für Dritte

Im internen deutschen Kaufrecht ist ein Anspruch des Käufers auf Schadensersatz grundsätzlich davon abhängig, dass der Verkäufer die Pflichtverletzung zu vertreten hat. Dies wird von Gesetzes wegen vermutet, so dass sich der Verkäufer ggf. exkulpieren muss. Im Falle anfänglicher Unmöglichkeit ist es die Unkenntnis seiner Unfähigkeit zur Leistungserbringung, die er zu vertreten haben muss, was ebenfalls vermutet wird, § 311a II 2 BGB. Nur wenn es dem Verkäufer gelingt, die Verschuldensvermutung zu widerlegen, hat der Käufer keinen Anspruch auf Schadensersatz. Dabei muss sich der Verkäufer an einem strengen objektiven Standard messen lassen. Die übrigen (verschuldensunabhängigen) Käuferrechtsbehelfe bleiben davon unberührt.[1142]

Unverändert hat der Verkäufer nach § 278 BGB auch für das Verhalten seiner Erfüllungsgehilfen, d. h. derjenigen Personen, derer er sich zur Erfüllung seiner kaufvertraglichen Verpflichtungen bedient, einzustehen.[1143] Dabei garantiert der Verkäufer die Pflichterfüllung durch seinen Gehilfen, und haftet entsprechend unabhängig von einem eigenen Verschulden, während an den Gehilfen der gleiche Sorgfaltsmaßstab anzulegen ist, wie er an den Verkäufer anzulegen wäre, wenn dieser selbst handeln würde.[1144] Darüber hinaus kommt hier eine Verschärfung des Haftungsmaßstabs in Betracht, wenn der Erfüllungsgehilfe als Fachmann besonderes Vertrauen für sich in Anspruch nimmt.[1145] Ebenso hat der Verkäufer (selbstverständlich) für das Verhalten eigener Leute einzustehen.[1146]

f. Art, Berechnung und Umfang des Schadensersatzes; Schadensminderungspflicht

In dem durch § 280 I BGB bzw. § 311a II BGB i. V. m. § 280 II ff. BGB vorgegebenen Rahmen – Schadensersatz statt und/oder neben der Leistung, ggf. großer oder kleiner Schadensersatz statt der Leistung – erfolgt die Bestimmung der Art und des Umfangs des zu leistenden Schadensersatzes nach den §§ 249 ff. BGB.

Demnach gilt grundsätzlich das Prinzip der Naturalrestitution, d. h. Schadensersatz ist vorrangig in Natur zu leisten, vgl. § 249 Satz 1 BGB. Nur sekundär kann

---

loser Nacherfüllungsversuch hat aber die beschriebene Konzentrationswirkung, vgl. Finn, ZGS 2003, 32, 36 f.

[1142] Vgl. oben, Kapitel 3 – D.II.

[1143] Schlechtriem, SchuldR AT, Rn. 337; P. Huber/Faust (Faust), Schuldrechtsmod., Kap. 3, Rn. 171; Huber, Schadensersatzhaftung (FS Schlechtriem), S. 521 f.; Münchner Kommentar (Grundmann), BGB, Bd. 2a, § 278, Rn. 20.

[1144] BGHZ 114, 263, 272; Schlechtriem, SchuldR AT, Rn. 336; P. Huber/Faust (Faust), Schuldrechtsmod., Kap. 3, Rn. 171; Münchner Kommentar (Grundmann), BGB, Bd. 2a, § 278, Rn. 49. Zum Haftungsmaßstab oben, Kapitel 3 – D.II.

[1145] BGHZ 114, 263, 272; P. Huber/Faust (Faust), Schuldrechtsmod., Kap. 3, Rn. 171; Münchner Kommentar (Grundmann), BGB, Bd. 2a, § 278, Rn. 49.

[1146] Schlechtriem, SchuldR AT, Rn. 337.

nach § 251 I, II BGB Schadenskompensation in Geld verlangt werden, wobei jedoch zahlreiche Ausnahmen gelten, so dass in der Praxis Schadensersatz in Geld die Regel ist.[1147] Insbesondere bei einem Anspruch auf Schadensersatz statt der Leistung ist Naturalrestitution grundsätzlich ausgeschlossen und Ersatz ausschließlich in Geld geschuldet;[1148] denn andernfalls erhielte der Käufer, der seinen auf Erfüllung in Natur gerichteten Nacherfüllungsanspruch bereits gem. § 281 IV BGB verloren hat, über den Umweg der §§ 280 ff., 249 Satz 2 BGB einen weiteren Natural-Erfüllungsanspruch.[1149]

Auch im internen deutschen Kaufrecht sind grundsätzlich alle kausal zurechenbaren[1150] nachteiligen Folgen aus dem schädigenden Ereignis auszugleichen, d. h. der Käufer ist unter Zugrundelegung eines Gesamtvergleichs seiner Vermögenssituation so zu stellen, wie er ohne das schädigende Ereignis bei wirtschaftlicher Betrachtung stünde (Grundsatz der Totalreparation).[1151] Geschützt sind das positive und das negative Interesse.[1152] Reine Vermögensschäden sind ebenso ersatzfähig[1153] wie entgangener Gewinn (§ 252 BGB).[1154] Grundsätzlich nicht ersatzfähig sind jedoch immaterielle Schäden, § 253 I BGB.[1155] Fremd ist dem deutsche Recht auch die Gewährung sog. *punitive* oder *restitutionary damages*.

Ersatzfähig sind auch die Kosten außergerichtlicher und, ebenfalls nach §§ 249 ff. BGB, die Kosten gerichtlicher Rechtsverfolgung.[1156] Hinsichtlich der Prozesskosten kann, abhängig vom internationalen Gerichtsstand, zusätzlich ein Ersatzanspruch aus dem jeweiligen Verfahrensrecht gegeben sein, wie dies bei einem deutschen Gerichtstand nach §§ 91 ff. ZPO der Fall wäre (insoweit würde einer Ersatzklage aus materiellem Recht dann das Rechtsschutzbedürfnis feh-

---

[1147] Vgl. Schlechtriem, SchuldR AT, Rn. 195, Rn. 224 ff.

[1148] Lorenz/Riehm, Neues SchuldR, Rn. 207; P. Huber/Faust (Faust), Schuldrechtsmod., Kap. 3, Rn. 182; Schlechtriem, SchuldR AT, Rn. 221; vgl. Münchner Kommentar (Emmerich), BGB, Bd. 2a, Vor § 281, Rn. 8.

[1149] Vgl. P. Huber/Faust (Faust), Schuldrechtsmod., Kap. 3, Rn. 182; Schlechtriem, SchuldR AT, Rn. 221. Etwas anderes kann nur in Ausnahmesituationen, etwa bei Warenknappheit in Krisensituationen oder bei unvertretbaren Sachen, gelten, vgl. Münchner Kommentar (Emmerich), BGB, Bd. 2a, Vor § 281, Rn. 8 f.

[1150] Schlechtriem, SchuldR AT, Rn. 239.

[1151] Schlechtriem, SchuldR AT, Rn. 195, Rn. 233; Recker, NJW 2002, 1247, 1247; Münchner Kommentar (Emmerich), BGB, Bd. 2a, Vor § 281, Rn. 7, Rn. 12 ff.

[1152] Schlechtriem, SchuldR AT, Rn. 221 f.

[1153] Münchner Kommentar (Ernst) BGB, Bd. 2a, § 280, Rn. 29.

[1154] Vgl. auch Schlechtriem, SchuldR AT, Rn. 201, Rn. 215 ff.

[1155] Vgl. Schlechtriem, SchuldR AT, Rn. 203.

[1156] Münchner Kommentar (Oetker), BGB, Bd. 2a, § 249, Rn. 174 ff., Palandt (Heinrichs), BGB, 62. A., § 249, Rn. 38.

len).[1157] I. E. erhält die obsiegende Partei bei Anwendung internen deutschen (Schadensersatz-) Rechts ihre Prozesskosten also auch dann ersetzt, wenn vor einem Gericht geklagt wird, dessen Verfahrensrecht der *American rule* folgt.

Eine Begrenzung des Ersatzumfanges auf ein dem Verkäufer bei Vertragschluss vorhersehbares Maß kennt das deutsche interne Kaufrecht nicht unmittelbar;[1158] die notwendige Eingrenzung der Schadensersatzpflicht wird durch die sog. Adäquanztheorie und die Lehre vom Schutzzweck der Norm vorgenommen.[1159] Demnach sind nur die für einen objektiven, optimalen Beobachter im Zeitpunkt des Schadensereignisses vorhersehbaren, nicht außerhalb aller Wahrscheinlichkeit liegenden Schäden[1160] und solche (Folge-) Schäden, vor denen die verletzte (vertragliche oder gesetzliche) Pflicht den Gläubiger zumindest auch schützen soll,[1161] ersatzfähig. Nach beiden Ansätzen ist eine wertende Betrachtung im konkreten Einzelfall vorzunehmen,[1162] wobei insbesondere die Adäquanztheorie ein Vorhersehbarkeitselement enthält.[1163]

Die Berechnung der Höhe des zu leistenden Schadensersatzes kann konkret, auf Basis des durch den Käufer tatsächlich erlittenen Schadens wie bspw. der Kosten eines Deckungskaufs oder, nach h. M. zumindest im Kontext eines Handelsgeschäftes,[1164] abstrakt, also insbesondere auf Basis eines hypothetischen Deckungsgeschäfts oder eines hypothetischen Weiterverkaufs zu Marktpreisen, erfolgen.[1165]

[1157] Münchner Kommentar (Oetker), BGB, Bd. 2a, § 249, Rn. 180, Palandt (Heinrichs), BGB, 62. A., § 249, Rn. 38.

[1158] Lange, WM 1990, Sonderbeilage 7, S. 5 ff.; Regula/Kannowski, IHR 2004, 45, 50; Münchner Kommentar (Ernst), BGB, Bd. 2a, § 280, Rn. 29, Rn. 64. Vgl. Canaris, JZ 2001, 499, 517 hins. des Anspruchs auf Aufwendungsersatz. Der Gläubiger muss den Schuldner aber auf die Möglichkeit eines besonders hohen Schadens hinweisen, § 254 II 1, 1. Alt. BGB.

[1159] Vgl. Schlechtriem, SchuldR AT, Rn. 240 ff.; Münchner Kommentar (Ernst), BGB, Bd. 2a, § 280, Rn. 29.

[1160] Std. Rspr. des BGH, vgl. Kötz, Deliktsrecht, Rn. 151; Schlechtriem, SchuldR AT, Rn. 241 f.; Münchner Kommentar (Oetker), BGB, Bd. 2a, § 249, Rn. 106. Vgl. Honsell, SJZ 1993, 361, 363 (Adäquanztheorie "bis zur Unkenntlichkeit denaturiert", da aufgrund nachträglicher Prognosen und Zugrundelegung eines optimalen Betrachters nahezu alles vorhersehbar); ähnlich Kötz, Deliktsrecht, Rn. 151 f. Vgl. Schäfer/Ott, Ökonomische Analyse, Kap. 5, Ziff. 3.3. f.

[1161] Vgl. Schlechtriem, SchuldR AT, Rn. 241.

[1162] Vgl. Schlechtriem, SchuldR AT, Rn. 241 f.

[1163] Vgl. Kötz, Deliktsrecht, Rn. 151; Brox, SchuldR AT, S. 195 ff.; auch schon Rabel, Recht des Warenkaufs I, S. 486 ff.

[1164] Von dessen Vorliegen im Rahmen dieser Arbeit ausgegangen wird, vgl. oben, Kapitel 1 – B.II.2.

[1165] P. Huber/Faust (Faust), Schuldrechtsmod., Kap. 3, Rn. 211 f. Schlechtriem, SchuldR AT, Rn. 219 f.; Münchner Kommentar (Emmerich), BGB, Bd. 2a, Vor § 281, Rn. 14, Rn. 41, Rn. 47 ff. Für den Fixhandelskauf vgl. zudem § 376 II HGB. Hier braucht nicht auf die im Einzelnen streitigen Voraussetzungen für eine Schadensberechnung nach der sog. Surrogations- bzw. der (eingeschränkten) Differenztheorie eingegangen zu werden. Diese Differenzie-

Maßgeblicher Zeitpunkt bei der abstrakten Schadensberechnung ist dabei der Zeitpunkt des Verzugseintritts (Mahnung bzw. Fristsetzung) oder der Zeitpunkt des Erlöschens des Erfüllungsanspruchs (Zeitpunkt, in dem der Käufer Schadensersatz statt der Leistung wählt, vgl. § 281 IV). Dabei soll nach der Rechtsprechung die Wahl dem Käufer anheim gestellt sein,[1166] was diesem in gewissem Umfang die Möglichkeit zu Spekulationen auf Kosten des Verkäufers gibt.[1167]

Der Schadensersatzanspruch des Käufers ist gem. § 254 BGB anteilig um einen eigenen Verantwortungsbeitrag des Käufers zu reduzieren,[1168] wobei der jeweilige Verursachungsanteil (auch jeweils der Erfüllungsgehilfen, §§ 254 II 2, 278 BGB) und der jeweilige Verschuldensgrad zu berücksichtigen sind.[1169] Aus § 254 II BGB folgt die Obliegenheit des Käufers zur Schadensminderung und -begrenzung. Maßgeblich ist, welche Maßnahmen der Schadenseindämmung und -verhinderung dem Käufer zumutbar sind.[1170] Ein Mitverschulden hinsichtlich des Ausmaßes des Schadens kann den Käufer auch dann treffen, wenn er den Verkäufer für den Fall einer bestimmten Pflichtverletzung nicht auf die Möglichkeit eines besonders hohen Schadens hingewiesen hat, § 254 II 1, 1. Alt. BGB. Auch hier stellt das BGB auf die Vorhersehbarkeit eines Schadens ab.[1171]

g. Aufwendungsersatz und Anspruch auf das Surrogat

Nach § 284 BGB (ggf. i. V. m. § 437 Nr. 3 BGB) kann der Käufer anstelle des Schadensersatzes statt der Leistung, d. h. unter den insoweit gleichen Voraussetzungen,[1172] Ersatz der Aufwendungen verlangen, die er "im Vertrauen auf den Er-

---

rung ist im Kaufrecht nahezu ohne Bedeutung, da es (entsprechend der Definition des Typus Kaufvertrag, vgl. oben, Kapitel 2 – A) regelmäßig um den Austausch einer Sach- gegen eine Geldleistung geht, vgl. Münchner Kommentar (Emmerich), BGB, Bd. 2a, Vor § 281, Rn. 20. Zumindest für die "Vorleistungsfälle" ist der Streit durch § 325 BGB n. F. zudem zugunsten der Differenzmethode entschieden, denn der Gläubiger/Käufer wird durch sein Schadensersatzverlangen am Rücktritt (unter Rückforderung seiner Vorleistung, vgl. § 346 I BGB; oben, Kapitel 3 – G.III, Kapitel 4 – B.II) nicht gehindert, vgl. Lorenz/Riehm, Neues SchuldR, Rn. 209 ff.; Münchner Kommentar (Emmerich), BGB, Bd. 2a, Vor § 281, Rn. 25 f.

1166 P. Huber/Faust (Faust), Schuldrechtsmod., Kap. 3, Rn. 214, Rn. 216; Münchner Kommentar (Emmerich), BGB, Bd. 2a, Vor § 281, Rn. 53. Zum Ganzen Schlechtriem, SchuldR AT, Rn. 219 f.

1167 Vgl. Münchner Kommentar (Emmerich), BGB, Bd. 2a, Vor § 281, Rn. 55. Zum Parallelproblem unter UCC § 2-712 ff. Gillette/Walt, Sales Law, S. 339 ff.

1168 Vgl. oben. Kapitel 3 – E.IV.

1169 BGH, WM 1999, 2255, 2256; Schlechtriem, SchuldR AT, Rn. 244 ff. Vgl. oben, Kapitel 3 – E.II.2.

1170 Schlechtriem, SchuldR AT, Rn. 247 f. Vgl. oben, Kapitel 3 – E.IV.

1171 Vgl. Schlechtriem, SchuldR AT, Rn. 247.

1172 P. Huber/Faust (Faust), Schuldrechtsmod., Kap. 4, Rn. 8; Lorenz/Riehm, Neues SchuldR, Rn. 226; Schlechtriem, SchuldR AT, Rn. 376; Kindl, WM 2002, 1313, 1314; Arnold/Dötsch, BB 2003, 2250, 2251; vgl. Arnold, ZGS 2003, 427, 431. Insbesondere kann Aufwendungsersatz nicht nur bei Nichtleistung, sondern auch in Fällen einer Schlechtleistung oder Nebenhalt der Leistung gemacht hat und billigerweise machen durfte, es sei denn, deren Zweck wäre auch ohne die Pflichtverletzung des Schuldners nicht erreicht worden." Auch sog. "frustrierte" Aufwendungen, Aufwendungen die der Käufer im Vertrauen auf den Erhalt der mangelfreien Leistung gemacht hat und die wegen der Pflichtverletzung sinnlos geworden sind, fallen grundsätzlich hierunter.[1173] Dies erfasst bspw. die Kosten zur Errichtung eines Maschinenfundaments oder zur Herrichtung einer Halle, die wegen des Ausbleibens der Maschinenlieferung oder der Lieferung einer nicht vertragsgerechten und unbrauchbaren Maschine (zunächst) sinnlos geworden sind, sowie vergebliche Vertrags- und Finanzierungskosten. Davon nicht erfasst sind jedoch nachträglich aufgewendete Untersuchungskosten zur Abklärung der Mangelhaftigkeit der Kaufsache.[1174] Letzteres sind Schadensersatzpositionen, die § 280 I BGB zuzurechnen sind, vgl. oben.

Ebenso wie Untersuchungskosten sind auch solche Aufwendungen des Käufers, die auch bei ordnungsgemäßer Nacherfüllung frustriert bleiben, nicht nach § 284 BGB, sondern als Schäden nach § 280 I BGB zu ersetzen.[1175] Darunter fallen insbesondere Arbeitszeit und anteilige Maschinenkosten (Verschleiß) dann, wenn sich die gelieferte Ware erst bei ihrer Verwendung/Verarbeitung als nicht vertragsgerecht und unbrauchbar erweist, so dass die bisher geleistete Arbeit endgültig vertan ist. Schon nach seinem Wortlaut ist § 284 BGB hier nicht einschlägig, denn danach tritt Aufwendungsersatz (nur) an die Stelle des Schadensersatzes *statt* der Leistung. Nach oben[1176] ausgeführter Definition dieses Schadensersatzes, übertragen auf § 284 BGB, sind daher nur solche Aufwendungen, deren Zweck durch die Leistungserbringung im Rahmen der Nacherfüllung noch herbeigeführt werden kann, von dieser Norm erfasst.[1177]

---

pflichtverletzung verlangt werden, vgl. Dauner-Lieb/Heidel/Lepa/Ring (Dauner-Lieb), Neues SchuldR, § 2, Rn. 51 ff. Einschränkend Gsell, Aufwendungsersatz (Neues SchuldR i. d. Praxis), S. 341 ff., S. 346.

1173 Dies folgt aus dem Wortlaut des § 284 BGB und der gesetzgeberischen Intention, vgl. Begr. RegE, BT-Drucks. 14/6040, S. 143 f. Vgl. Haas/Medicus/Rolland/Schäfer/Wendtland (Haas), Neues SchuldR, Kap. 5, Rn. 252; Lorenz/Riehm, Neues SchuldR, Rn. 542; Medicus, SchuldR II, Rn. 389; Schlechtriem, SchuldR AT, Rn. 373; Gsell, Aufwendungsersatz (Neues SchuldR i. d. Praxis), S. 324; Zimmer, NJW 2003, 1, 10; Reim, NJW 2003, 3663, 3664; Derleder, NJW 2004, 969, 973; Anwaltkommentar (Dauner-Lieb), SchuldR, § 284, Rn. 5. A. A. scheinbar Arnold/Dötsch, BB 2003, 2250, 2251 (frustrierte Aufwendungen entsprechend der bisherigen Rechtslage generell nach § 280 I BGB abzuwickeln).

1174 Haas/Medicus/Rolland/Schäfer/Wendtland (Haas), Neues SchuldR, Kap. 5, Rn. 252; Schlechtriem, SchuldR AT, Rn. 373; Dauner-Lieb/Heidel/Lepa/Ring (Dauner-Lieb), Neues SchuldR, § 2, Rn. 55.

1175 Vgl. oben, Kapitel 4 – C.II.2.c.

1176 Vgl. oben, Kapitel 4 – C.II.2.b.i.

1177 So i. E. Arnold/Dötsch, BB 2003, 2250, 2251; Medicus, JuS 2003, 521, 522 f. Ähnlich Bamberger/Roth (Faust), BGB, § 437, Rn. 145; Regula/Kannowski, IHR 2004, 45, 51. Auch Lo-

Ersatzfähig sind Aufwendungen nur, soweit sie "billig" sind, d. h. solche Aufwendungen, die der Käufer im Vertrauen auf den Erhalt der Leistung gemacht hat und machen durfte, sowie solche Aufwendungen, die nicht ohnehin, d. h. auch ohne die verkäuferische Pflichtverletzung, verloren gewesen wären.[1178] Dies entspricht i. E. der einschränkenden Anwendung des § 254 BGB bei Schadensersatzansprüchen.[1179] Unerheblich ist die wertmäßige Angemessenheit im Vergleich zum Wert der Vertragsleistung, d. h. auch überflüssige, luxuriöse und überhöhte Aufwendungen, die der Käufer in Ausübung seiner Privatautonomie gemacht hat, sind zu ersetzen.[1180] Eine Grenze folgt mittelbar aus § 254 II 1 BGB (analog) daraus, dass der Käufer den Verkäufer auf die Gefahr einer für diesen unvorhersehbar hohen Aufwendungsersatzforderung hinweisen muss.[1181] Ausgeschlossen sind regelmäßig nur voreilige[1182] und solche Aufwendungen, die der Käufer bereits vor entstehen der Leistungspflicht, d. h. regelmäßig vor Abschluss des Vertrages getätigt hat.[1183] Grenzfälle entstehen, wenn die Aufwendung nach Eintritt des Leistungshindernisses noch stornierbar ist oder der Käufer sich noch anderweitig am Markt eindecken könnte (insb. bei Massenwaren), wodurch er die Frustration seiner Aufwendungen vermeiden könnte.[1184]

Immer, das ergibt sich aus § 284, 2. HS BGB, hat der Verkäufer zu widerlegen, dass die ausgebliebene oder unzureichende Erfüllung kausal war für die Vergeb-

---

renz/Riehm, Neues SchuldR, Rn. 542, erlauben den Ersatz von Aufwendungen als Schäden. Gsell, Aufwendungsersatz (Neues SchuldR i. d. Praxis), S. 341 f., will demgegenüber auch diese, von ihr "Fixaufwendungen" genannten, Aufwendungen nach § 284 BGB ersetzen, ohne dass es insoweit auf die Voraussetzungen des Anspruchs auf Schadensersatz statt der Leistung, insb. dem Erfordernis einer (sinnlosen) Fristsetzung, ankommen soll; ebenso Anwaltkommentar (Dauner-Lieb), SchuldR, § 284, Rn. 7; Dauner-Lieb/Heidel/Lepa/Ring (Dauner-Lieb), Neues SchuldR, § 2, Rn. 54. Vgl. oben, Fn. 1129. Nach verbreiteter Ansicht ist § 284 BGB bei erwerbswirtschaftlichen Verträgen grundsätzlich nicht oder nur stark eingeschränkt anwendbar, vgl. etwa Regula/Kannowski, IHR 2004, 45, 51; Palandt (Heinrichs), BGB, 62. A., § 284, Rn. 4; dagegen: Gsell, Aufwendungsersatz (Neues SchuldR i. d. Praxis), S. 324.

1178 Vgl. Lorenz/Riehm, Neues SchuldR, Rn. 222 ff., Rn. 227 ff.; Schlechtriem, SchuldR AT, Rn. 374 ff.; Dauner-Lieb/Heidel/Lepa/Ring (Dauner-Lieb), Neues SchuldR, § 2, Rn. 57; Canaris, JZ 2001, 499, 516 f.; Gsell, Aufwendungsersatz (Neues SchuldR i. d. Praxis), S. 322; Kindl; WM 2002, 1313, 1314; Reim, NJW 2003, 3663, 3665.

1179 Lorenz/Riehm, Neues SchuldR, Rn. 228; vgl. Canaris, JZ 2001, 499, 517; Reim, NJW 2003, 3663, 3665. Zu § 254 BGB oben, Kapitel 3 – E.IV.

1180 Canaris, JZ 2001, 499, 517.

1181 Lorenz/Riehm, Neues SchuldR, Rn. 228; Canaris, JZ 2001, 499, 517 (Vorhersehbarkeit der Aufwendungen grundsätzlich jedoch unerheblich).

1182 Canaris, JZ 2001, 499, 517.

1183 Gsell, Aufwendungsersatz (Neues SchuldR i. d. Praxis), S. 332

1184 Vgl. Gsell, Aufwendungsersatz (Neues SchuldR i. d. Praxis), S. 332.

lichkeit der Aufwendung.[1185] Im Unterschied zum Schadensersatzanspruch, bei dem es der Käufer ist, der den Kausalzusammenhang zwischen Pflichtverletzung und Schaden zu beweisen hat, trifft die Beweislast hinsichtlich der Frustration der käuferischen Aufwendungen damit den Verkäufer. Da sich die Unrentabilität einer Investition oft kaum mit Gewissheit beweisen lässt, bietet dies dem Käufer die Möglichkeit, einen Teil seines Investitionsrisikos auf den Verkäufer abzuwälzen.[1186] Zugunsten des Verkäufers werden daher bereits Beweislasterleichterungen, etwa in Anlehnung an § 252 Satz 2 BGB vorgeschlagen.[1187] Ob die Rechtsprechung dem folgen wird, ist derzeit jedoch offen.

Wie bisher hat der Käufer einen Anspruch auf das Surrogat, wenn der Verkäufer ein solches aufgrund des Umstandes, der ihn gem. § 275 I, II BGB von seiner Leistungspflicht befreit, für die geschuldete Leistung bzw. (im Falle anfänglicher Unmöglichkeit) für die Leistung, die vertraglich geschuldet gewesen wäre, erlangt (bspw. einen Anspruch auf eine Versicherungsleistung), § 285 I BGB.[1188] Im Falle des § 275 II BGB ist dazu erforderlich, dass der Verkäufer die Einrede auch geltend macht.[1189] Verlangt der Käufer das Surrogat, so bleibt er gem. § 326 III BGB zur Gegenleistung (insb. zur Kaufpreiszahlung) verpflichtet.[1190]

3. Vergleich

Die Ausgestaltung der käuferischen Schadensersatzansprüche beeinflusst v. a. das Haftungsrisiko des Verkäufers, da dies sowohl die Haftungswahrscheinlichkeit als auch die Haftungshöhe unmittelbar bestimmt. Auch das Kriterium Planungssicherheit ist aber berührt, insbesondere insoweit es um den "großen" Schadensersatz, der einer Vertragsaufhebung gleichkommt bzw. eine solche voraussetzt, geht.

a. Haftungsmaßstab und Haftung für Dritte

Zusammenfassend und vergleichend ist hinsichtlich des käuferischen Schadensersatzanspruchs zunächst auf die bereits erörterten prinzipiellen Unterschiede in den Haftungsmodellen des UN-Kaufrechts und des internen deutschen Rechts – reine Garantiehaftung mit Exkulpationsmöglichkeit im UN-Kaufrecht, verobjektivierte Verschuldenshaftung bei Verschuldensvermutung im internen deutschen Recht – hinzuweisen. Im praktischen Ergebnis verbleibt – zu Lasten des Verkäufers – in-

---

[1185] Dauner-Lieb/Heidel/Lepa/Ring (Dauner-Lieb), Neues SchuldR, § 2, Rn. 57; Gsell, Aufwendungsersatz (Neues SchuldR i. d. Praxis), S. 323; Canaris, JZ 2001, 499, 516; ders., DB 2001, 1815, 1820.

[1186] Gsell, Aufwendungsersatz (Neues SchuldR i. d. Praxis), S. 326.

[1187] Gsell, Aufwendungsersatz (Neues SchuldR i. d. Praxis), S. 326.

[1188] Kindl, WM 2002, 1313, 1318; Zimmer, NJW 2002, 1, 10; Zimmermann, Breach of Contract, S. 29.

[1189] Kindl, WM 2002, 1313, 1318.

[1190] Dauner-Lieb/Heidel/Lepa/Ring (Dauner-Lieb), Neues SchuldR, § 2, Rn. 78; P. Huber/Faust (P. Huber), Schuldrechtsmod., Kap. 3, Rn. 55.

soweit jedoch lediglich der geringfügig strengere Entlastungsstandard im UN-Kaufrecht.[1191]

Aufgrund der 'doppelten Anwendung' des Art. 79 I CISG bei Verursachung der Vertragsverletzung durch Leute des Verkäufers oder Dritte, derer er sich zur Vertragserfüllung bedient, wirkt sich dieser strengere Entlastungsstandard des UN-Kaufrechts auch in diesen Fällen aus.[1192] Auch insoweit ist die Ausgestaltung des Schadensersatzanspruchs im UN-Kaufrecht aus Verkäuferperspektive daher nachteilig.

b. Voraussetzungen im Übrigen

Für einen Anspruch auf Schadensersatz ist im UN-Kaufrecht wie im internen deutschen Kaufrecht gleichermaßen zunächst eine Vertrags- bzw. Pflichtverletzung seitens des Verkäufers notwendig, die zu einem nachweisbaren Schaden auf Seiten des Käufers geführt hat. Der Kreis der verkäuferischen Vertrags- und Schutzpflichten ist dabei im internen deutschen Recht insgesamt wohl etwas weiter als im UN-Kaufrecht und es gelten etwas strengere Erfüllungsstandards,[1193] was das UN-Kaufrecht für den Verkäufer aus Haftungsgesichtpunkten vorzugswürdig macht.

Unterschiede bestehen, wie ebenfalls schon dargestellt, auch hinsichtlich der käuferischen Rügeobliegenheit. So muss der Käufer im UN-Kaufrecht, anders als im internen deutschen Recht, auch eine Zuviellieferung und Rechtsmängel rügen, hingegen sind die Standards hinsichtlich Untersuchung und Rüge im UN-Kaufrecht weniger streng und der Käufer hat hier zumindest theoretisch die Möglichkeit, sich den Anspruch auf Schadensersatz teilweise – ohne Ersatz eines etwaigen entgangenen Gewinns – durch eine "vernünftige Entschuldigung" zu erhalten.[1194] Die Ausgestaltung der Untersuchungs- und Rügeobliegenheit im UN-Kaufrecht führt insgesamt daher zu einem etwas höheren Haftungsrisiko des Verkäufers und ist für ihn daher nachteilig.

Übereinstimmung besteht wiederum insoweit, als der Ersatz von Schäden, die die Vertragsleistung selbst betreffen (Schadensersatz statt der Leistung), gleichermaßen unter dem Vorrang der Nacherfüllung steht, nicht jedoch der Ersatz von Schäden, die neben die Leistung treten. Zudem kann Schadensersatz gleichermaßen kumulativ neben den übrigen Rechtsbehelfen, insbesondere neben der vorzeitigen

---

[1191] Vgl. oben, Kapitel 3 – D.II.2.d.

[1192] Vgl. Staudinger (Magnus), Wiener UN-Kaufrecht, Art. 79, Rn. 35, Rn. 39, Rn. 40; Schlechtriem, Int. UN-Kaufrecht, Rn. 294.

[1193] Vgl. oben, Kapitel 2 – E.

[1194] Vgl. oben, Kapitel 3 – E.III.1.c.

Vertragsauflösung geltend gemacht werden,[1195] ohne dass eine Mehrfachkompensation hinsichtlich einer Schadensposition zulässig wäre.

Hinsichtlich der Ausübung des Schadensersatzanspruchs ist das UN-Kaufrecht für den Verkäufer vorteilig: Schadensersatz statt der ganzen Leistung ("großer" Schadensersatz) ist hier an die Ausübungsvoraussetzungen der Vertragsaufhebung – Erklärung innerhalb angemessener Frist – gebunden, i. Ü. (Schadensersatz statt der Leistung) hat der Verkäufer hier die Möglichkeit, durch Fristsetzung (Art. 48 II, III CISG) etwaige Spekulationen des Käufers auf Marktveränderungen durch Abwarten mit der Ausübung des Schadensersatzverlangens abzuschneiden. Diese Möglichkeit hat er im internen deutschen Recht regelmäßig nicht. Im UN-Kaufrecht ist sein Haftungsrisiko insoweit daher vergleichsweise geringer, seine Planungssicherheit höher.

c. Art und Umfang

Art und Umfang des Schadensersatzes sind wiederum zunächst von einiger Übereinstimmung gekennzeichnet: gleichermaßen führt der Anspruch in der Praxis zu einem Geldausgleich und einfacher Totalreparation ohne Mehrfachausgleich einer Schadensposition. *Punitive damages* und andere nicht-reparative Schadensersatzformen sind beiden Rechtsregimes unbekannt.

Schadensersatz statt der ganzen Leistung ("großer" Schadensersatz) gewährt das UN-Kaufrecht jedoch nur dann, wenn der Käufer den Vertrag aufheben kann, also v. a. dann, wenn eine wesentliche Vertragsverletzung vorliegt. Im internem deutschen Recht reicht dafür regelmäßig schon ein nicht lediglich unerheblicher Mangel. Damit stellt sich das UN-Kaufrecht deswegen insoweit als für den Verkäufer vorteilhaft dar, weil es ihm v. a. ein höheres Maß an Planungssicherheit bietet.

Auch die Eingrenzung der Schäden, für die gehaftet wird, fällt im Ansatz unterschiedlich aus: während im UN-Kaufrecht unmittelbar die Vorhersehbarkeit eines bestimmten Schadens maßgeblich ist, hat nach internem deutschen Recht die Eingrenzung danach zu erfolgen, ob der Schaden adäquate Folge der Pflichtverletzung ist bzw. ob er vom Schutzzweck des kaufrechtlichen Schadensersatzanspruchs erfasst ist. Freilich dürften die praktischen Ergebnisse hier regelmäßig gleich ausfallen, da auch im Rahmen der Adäquanzprüfung die Vorhersehbarkeit des Schadens die letztlich ausschlaggebende Rolle spielt.[1196]

Unterschiede bestehen auch hinsichtlich des Ersatzes von Prozesskosten: während diese bei Geltung des UN-Kaufrechts ausschließlich – ggf. – nach dem Verfahrensrecht des entscheidenden Gerichts ersetzt werden, besteht im internen deut-

---

[1195] So insb. Schlechtriem, Int. UN-Kaufrecht, Rn. 286 a. E.

[1196] Vgl. Staudinger (Magnus), Wiener UN-Kaufrecht, Einl. zum CISG, Rn. 32; Schlechtriem, Int. UN-Kaufrecht, Rn. 286; Karollus, UN-Kaufrecht, S. 218; Honsell, SJZ 1993, 361, 362; Begr. RegE, BT-Drucks. 14/6040, S. 131, rechte Spalte.

schen Recht diesbezüglich auch ein materiellrechtlicher Anspruch. Bei Geltung internen deutschen Rechts erhält der Käufer, wenn er den Verkäufer erfolgreich verklagt, seine Prozesskosten also auf jeden Fall ersetzt, bei Geltung des UN-Kaufrechts hingegen nur dann, wenn das Verfahrensrecht des Gerichts insoweit der sog. *English rule* folgt. Dieser augenscheinliche Verkäufervorteil des UN-Kaufrechts hat für einen deutschen Verkäufer allerdings kaum Bedeutung, da der internationale Gerichtsstand in diesen Konstellationen regelmäßig in Deutschland liegt (vgl. Art. 28 I, V, Art. 32 I Nr. 4 EGBGB)[1197] und damit (jedenfalls auch) die §§ 91 ff. ZPO maßgeblich sind. Im umgekehrten Fall, wenn es um den Ersatz der Prozesskosten des Verkäufers bei einer Klage seinerseits gegen den Käufer geht, kann dies aber bedeutsam sein.

Aus Sicht des Verkäufers vorteilhaft ist das UN-Kaufrecht hingegen bei der Berechnung des Schadensersatzes: während der der Berechnung zugrundezulegende maßgebliche Ort und Zeitpunkt im UN-Kaufrecht eindeutig fixiert sind, kann der Käufer im internen deutschen Recht zwischen zwei Zeitpunkten den ihm günstigeren auswählen. Zudem ist die abstrakte Schadensberechnung im UN-Kaufrecht immer nur dann zulässig, wenn sie mangels Deckungskauf seitens des Käufers auch die einzig mögliche Berechnungsmethode ist, während im internen deutschen Handelskaufrecht insoweit der Käufer die Wahl hat. Beides räumt dem Käufer gewisse Spekulationsspielräume ein, die er zum Nachteil des Verkäufers nutzen kann.

Hinsichtlich des Anspruchs des Käufers auf Aufwendungsersatz ist aus Verkäufersicht das interne deutsche Recht deswegen nachteilhaft, weil hier, anders als im UN-Kaufrecht, er es ist, der, um den Anspruch abzuwehren, die Unrentabilität von Vertragsinvestitionen des Käufers beweisen muss, was oftmals schwierig ist. Kein Unterschied besteht hingegen bei dem Anspruch auf ein Surrogat, das der Verkäufer aufgrund der Vertrags- bzw. Pflichtverletzung erhalten mag.

d. Nebeneinander von Kaufpreisminderung und Schadensersatz

Wie dargestellt sind im UN-Kaufrecht sowohl der käuferische Anspruch auf Kaufpreisminderung als auch der Anspruch auf Schadensersatz gleichermaßen unabhängig von einem Verschulden oder sonstigen Vertretenmüssen des Verkäufers, und beide Ansprüche sind auch sonst an die gleichen Voraussetzungen geknüpft.[1198] Hinsichtlich des Minderwertes der Ware aufgrund eines Sachmangels (Mangelschaden) kann der Käufer daher zwischen beiden Rechtsbehelfen frei wählen.[1199] Dabei wird sich ein rationaler, d.h. gewinnorientiert handelnder Käufer

---

[1197] Vgl. oben, Kapitel 3 – F.I.

[1198] Der Minderwert der Kaufsache ist insb. immer vorhersehbar i. S. v. Art. 74 Satz 2 CISG.

[1199] Vgl. Gillette/Walt, Sales Law, S. 363 f.; Piliounis, Pace Int. Law Review 2000, Kap. 6) a); Gabriel, General Provisions (Draft UNCITRAL Digest), S. 358; Ferrari/Flechtner/Brand (Winship), Draft UNCITRAL Digest, Section II, Damages, Anm. 9 (S. 775); Arbitration

insbesondere davon leiten lassen, aufgrund welchen Rechtsbehelfs er einen höheren Ausgleich für den mangelbedingten Minderwert der Ware erhält.

Verantwortlich dafür, dass der Käufer je nach gewähltem Rechtsbehelf u. U. einen unterschiedlich hohen Ausgleich für den Minderwert der Ware/Mangelschaden erhält, sind die unterschiedlichen Berechnungsweisen von Kaufpreisminderung und Schadensersatz: während die Berechnung der Kaufpreisminderung im UN-Kaufrecht (ebenso wie im internen deutschen Recht) relativ, d. h. orientiert an der ausgehandelten Vertragsäquivalenz erfolgt und so dem Käufer die Vorteile eines ursprünglich günstigen, ggf. aber auch die Nachteile eines ursprünglich ungünstigen Geschäfts erhält,[1200] erfolgt die Berechnung des zu ersetzenden Mangelschadens absolut, d. h. als Differenz zwischen dem Wert der Ware in vertragsgerechtem Sollzustand und ihrem tatsächlichen Wert aufgrund des Mangels.[1201] Dies lässt sich an einem Beispiel verdeutlichen:

Lautet ein Vertrag auf einen Preis von 80 für eine mangelfreie Ware mit einem Marktwert von 100 (der Käufer hat also ein gutes Geschäft gemacht) und entpuppt sich der Wert der gelieferten, mangelhaften Ware als 90, so beläuft sich der geminderte Kaufpreis nach o. g. Formel auf 80 * (90 ./. 100) = 72. Der Käufer hat, entsprechend der ausgehandelten Vertragsbalance, nur 80% des tatsächlichen Wertes der mangelhaften Ware zu bezahlen.[1202] Freilich wird der Käufer in diesem Fall Schadensersatz vorziehen, da er auf diesem Wege den absolut berechneten Minderwert der Sache[1203] i. H. v. 10 ersetzt erhält und also im Saldo nur 70, d. h. weniger als 78% des Wertes der mangelhaften Ware, einsetzen muss, um die gleiche (mangelhafte) Ware im Wert von 90 zu erhalten.

Im umgekehrten Fall, wenn der Käufer ursprünglich ein ungünstiges Geschäft abgeschlossen hat, bleibt ihm dies wiederum proportional erhalten, wenn er Minderung geltend macht: wurde im vorgenannten Beispiel 120 als Preis vertraglich vereinbart, so beliefe sich der geminderte Kaufpreis auf 108, also wiederum auf 120% des Marktwertes mangelhafter Ware von 90. Im Wege des Schadensersatzes müsste der Käufer für die gleiche mangelhafte Ware allerdings 110 einsetzen (den

---

054/1999, Int. Court of Arbitration of the Chamber of Commerce and Industry (Russland), Schiedsspruch v. 24.1.2000, www.unilex.info.

1200 Vgl. oben, Kapitel 4 – C.I.1.

1201 Vgl. oben, Kapitel 4 – C.II.1.d.

1202 Dies setzt voraus, dass sich der Wert der Ware bestimmen lässt, was im folgenden angenommen wird. Vgl. aber Piliounis, Pace Int. Law Review 2000, Kap. 6) a) i).

1203 Dass, wenn der Käufer die mangelhafte Sache behält, jedenfalls der Minderwert der Sache als Differenz zwischen dem (Markt-)Wert einer entsprechenden mangelfreien Sache und dem (Markt-)Wert der gelieferten mangelhaften Sache zu ersetzen ist, ergibt sich aus Art. 74 CISG. Vgl. oben, Kapitel 4 – C.II.1.d; Schlechtriem, Int. UN-Kaufrecht, Rn. 303; Karollus, UN-Kaufrecht, S. 214 f.

vereinbarten Kaufpreis von 120 weniger Schadensersatz für den Mangelschaden i. H. v. 10). In diesem Fall wird er also Minderung bevorzugen.[1204]

Im UN-Kaufrecht, indem bei der Minderungsberechnung die Marktpreise im Zeitpunkt der Lieferung, und nicht wie im internen deutschen Recht die im Zeitpunkt des Vertragsschlusses maßgeblich sind,[1205] verhält es sich ähnlich dann, wenn der Marktwert der Ware in der Zeit zwischen Vertragsschluss und Lieferung steigt oder fällt, wie dies z. B. bei frei gehandelten Rohstoffen regelmäßig der Fall ist.[1206] Steigt der Marktpreis zwischenzeitlich auf einen Wert, der über dem vereinbarten Vertragspreis liegt (der Käufer hat, wie sich im nachhinein herausstellt, ein gutes Geschäft gemacht), so wird ein rational handelnder Käufer Schadensersatz bevorzugen.[1207] Fällt der Marktpreis hingegen (entpuppt sich das Geschäft für den Käufer nachträglich als ungünstig), so wird er Minderung geltend machen.

Der Käufer hat im UN-Kaufrecht also die Möglichkeit und den Anreiz, anlässlich einer Vertragsverletzung des Verkäufers durch eine strategische Entscheidung die ausgehandelte Vertragsbalance im nachhinein zu beeinflussen: hat er ein günstiges Geschäft abgeschlossen oder steigt der Marktpreis für mangelfreie Ware, so kann er seinen Vorteil ausbauen, in dem er Schadensersatz statt Minderung für den Minderwert der gelieferten, mangelbehafteten Ware geltend macht. Hat er hingegen ein ungünstiges Geschäft abgeschlossen oder fällt der Marktpreis, so kann er, indem er Minderung geltend macht, seinen Nachteil teilweise auf den Verkäufer abwälzen.[1208]

Demgegenüber unterscheiden sich Minderung und Schadensersatz im internen deutschen Recht im Ausgangspunkt sowohl hinsichtlich der Voraussetzungen als auch hinsichtlich der Rechtsfolgen: für den Schadensersatzanspruch ist grundsätzlich ein Verschulden oder sonstiges Vertretenmüssen des Verkäufers erforderlich, und der Anspruch ist grundsätzlich auf Naturalrestitution, nicht auf Geldausgleich gerichtet (vgl. § 249 Satz 1 BGB). Dadurch ist die eigenständige Bedeutung des jeweiligen Rechtsbehelfs an sich gewahrt. Wie dargestellt sind die praktischen Un-

---

[1204] Vgl. auch das Beispiel bei Gabriel, General Provisions (Draft UNCITRAL Digest), S. 358 f., Fn. 106.

[1205] Vgl. oben, Kapitel 4 – C.I.1.

[1206] Vgl. Gillette/Walt, Sales Law, S. 362; Piliounis, Pace Int. Law Review 2000, Kap. 6) a) ii).

[1207] Schlechtriem, Int. UN-Kaufrecht, Rn. 204, spricht den Fall an, dass dem Käufer durch zwischen Vertragsschluss und Lieferung unterschiedlich stark steigende Preise für vertragkonforme und mangelhafte Ware (letztere stärker steigend) durch Kaufpreisminderung die Vorteile eines günstigen Kaufs teilweise verloren gehen. Auch in diesem Fall wird der Käufer Schadensersatz bevorzugen.

[1208] Vgl. ausf. Gillette/Walt, Sales Law, S. 363 ff. *("Because we lack a good justification of Articles 50's price reduction, we find it puzzling")*. Vgl. Staudinger (Magnus), Wiener UN-Kaufrecht, Art. 50, Rn. 30; Schlechtriem (Huber), Einh, UN-Kaufrecht, Art. 50, Rn. 3; Piliounis, Pace Int. Law Review 2000, Kap. 6) a) i), ii).

terschiede betreffend die Schadensersatzhaftung jedoch marginal,[1209] und inhaltlich geht der Ersatzanspruch wegen des Mangelschadens, der ja nach allen Ansichten Teil des Schadensersatzes statt der Leistung ist,[1210] ebenfalls auf Geld.[1211] Insoweit sind die Unterschiede zum Verhältnis zwischen Minderung und Schadensersatz im UN-Kaufrecht daher vernachlässigbar gering, die aus Verkäufersicht insoweit gegebene grundsätzliche Nachteiligkeit des UN-Kaufrechts fällt nicht ins Gewicht. Nur hinsichtlich der für die Berechnung der Kaufpreisminderung maßgeblichen Zeitpunkte verbleibt ein relevanter Unterschied, der, wie bereits dargestellt,[1212] im Zusammenspiel mit der Wahlmöglichkeit des Käufer zwischen Kaufpreisminderung und Schadensersatz aus Verkäufersicht das UN-Kaufrecht nachteilig erscheinen lässt.

e. Zusammenfassung

Der Vergleich des Schadensersatzanspruchs des Käufers im UN-Kaufrecht und im internen deutschen Recht zeigt v. a., dass insoweit die fundamentalen Unterschiede zwischen dem UN-Kaufrecht und dem alten internen deutschen Kaufrecht, die maßgeblichen Anteil am Ruf des UN-Kaufrechts als verkäuferfeindlich hatten,[1213] mit der Reform des internen deutschen Rechts weitgehend entfallen sind: auch hierzulande hat der Käufer jetzt bei jeglicher Art von Pflichtverletzung seitens des Verkäufers und kumulativ zu seinen sonstigen Rechtsbehelfen grundsätzlich einen Schadensersatzanspruch, dessen Voraussetzungen ganz weitgehend denen des UN-Kaufrechts entsprechen. Neben dem etwas strengeren Exkulpationsmaßstab im UN-Kaufrecht und den geringen Unterschieden in den gemeinsamen Rechtsbehelfsvoraussetzungen (einerseits Rüge im UN-Kaufrecht auch bei Zuviellieferung und Rechtsmängeln, andererseits laxere Standards betreffend die Rügeobliegenheit), die das UN-Kaufrecht aus Verkäufersicht (noch immer) teilweise nachteilig erscheinen lassen, bietet dieses jetzt auch einige klare Vorteile. So kann der Käufer im UN-Kaufrecht den "großen" Schadensersatz nur im Zusammenspiel mir einer Vertragsaufhebung – unter den strengen Voraussetzungen einer wesentlichen Vertragsverletzung – und nicht schon bei jedem Mangel, der gerade eben die Bagatellschwelle überschreitet, geltend machen, und bei seiner Wahl zwischen Nacherfüllung und Schadensersatz ist er, anders als im internen deutschen Recht, zeitlich eingeschränkt.

Nach allem: betreffend die Schadensersatzhaftung insgesamt ist das UN-Kaufrecht aus Verkäufersicht nunmehr weder eindeutig vor-, noch eindeutig nachteilig; entscheidend sind die Umstände des konkreten Einzelfalls.

1209 Vgl. oben, Kapitel 3 – D.III.

1210 Vgl. oben, Kapitel 4 – C.II.2.b.i.

1211 Vgl. oben, Kapitel 4 – C.II.2.f.

1212 Dazu oben, Kapitel 4 – C.I.3.

1213 Vgl. Mischke, BB 1997, 1494, 1494, 1497; Mankowski, RIW 2003, 2, 9; Koch, NJW 2000, 910, 915; Schillo, IHR 2003, 257, 263 ff.

D. Vorläufige Rechtsbehelfe

Neben den bisher besprochenen 'endgültigen' Rechtsbehelfen stehen dem Käufer in UN-Kaufrecht und internem deutschen Handelskaufrecht begleitende Rechtsbehelfe zur Verfügung, die dazu dienen, vorübergehende Phasen der Unsicherheit in der Vertragsbeziehung zu überbrücken und in dieser Zeit die Rechte des Käufers wegen einer Vertrags-/Pflichtverletzung des Verkäufers zu sichern.

I. Zurückweisung der Ware und Erhaltungspflichten

1. Vorbemerkung: Bedeutung und praktische Relevanz des Zurückweisungsrechts

Die Bedeutung des Zurückweisungsrechts, des käuferischen Rechts, Ware, die der Verkäufer ihm im Rahmen der Vertragsbeziehung andient, nicht abnehmen zu müssen, liegt darin, dass dann, wenn der Käufer die Ware erfolgreich zurückweist, der Verkäufer seine vertragliche Lieferpflicht noch nicht erfüllt hat und der ursprüngliche Erfüllungsanspruch des Käufers ohne jegliche Modifikation fortbesteht.[1214] Insbesondere die Verjährung des Anspruchs richtet sich dann nach den §§ 194, 195, 199 BGB und beträgt regelmäßig drei Jahre ab Ende des Jahres, in dem der Lieferanspruch fällig wird. Ab der Lieferung , die auch den Zeitpunkt des Gefahrübergangs und damit den maßgeblichen Zeitpunkt für die Bestimmung des Vorliegens eines Mangels markiert, richten sich die Rechtsbehelfe des Käufers und insbesondere die Frage der Verjährung hingegen nach den speziellen Mangelgewährleistungsvorschriften (Art. 45 ff. CISG bzw. §§ 437 ff. BGB); v. a. die Verjährungsfrist beträgt dann regelmäßig nur zwei Jahre und beginnt bereits mit der Ablieferung der Ware beim Käufer (vgl. § 438 BGB).[1215]

Das käuferische Zurückweisungsrecht unterliegt, neben den im folgenden darzustellenden rechtlichen Einschränkungen, auch in tatsächlicher Hinsicht Schranken, denn es setzt voraus, dass der Käufer den Grund, auf den er die Zurückweisung stützen will (bspw. einen Mangel), entdeckt, bevor er die Ware als Erfüllung der verkäuferischen Lieferpflicht annimmt (ohne freilich dadurch seine Gewährleistungsrechte wegen des Mangels zu verlieren).[1216] Der letzte Zeitpunkt, in dem der Käufer ein Zurückweisungsrecht ausüben kann, ist damit praktisch der Zeitpunkt, in dem er letztmalig eine Mangelrüge i. S. v. Art. 39 CISG bzw. § 377 HGB erhe-

---

[1214] Vgl. für das interne deutsche Recht Haas/Medicus/Rolland/Schäfer/Wendtland (Haas), Neues SchuldR, Kap. 5, Rn. 145 f.; Lorenz/Riehm, Neues SchuldR, Rn. 472, Rn. 500, Rn. 567. Dauner-Lieb/Heidel/Lepa/Ring (Büdenbender), Neues SchuldR, § 8, Rn. 21; Anwaltkommentar (Büdenbender), SchuldR, § 433, Rn. 5. Dies ist auf das UN-Kaufrecht übertragbar, vgl. Ernst, NJW 1997, 896, 898.

[1215] Vgl. Haas/Medicus/Rolland/Schäfer/Wendtland (Haas), Neues SchuldR, Kap. 5, Rn. 147, Rn. 262; Lorenz/Riehm, Neues SchuldR, Rn. 566 f.; P. Huber, NJW 2002, 1004, 1005; Schlechtriem, SchuldR BT, Rn. 68. Vgl. oben, Kapitel 3 – F.I, Kapitel 2 – B.

[1216] Vgl. Ernst, NJW 1997, 896, 901; Enderlein/Maskow/Strohbach (Maskow), Int. Kaufrecht, Art. 60, Anm. 2.1.

ben könnte (wobei in der Erhebung einer Mangelrüge keinesfalls immer auch die Zurückweisung der betroffenen Ware liegt).[1217] Die Inbesitznahme der Ware zum Zwecke der Untersuchung nach Art. 38 CISG bzw. § 377 HGB selbst stellt noch keine Abnahme i. S. v. Art. 60 CISG bzw. § 433 II BGB dar und berührt daher das Zurückweisungsrecht des Käufers an sich nicht;[1218] erst die dem ggf. nachfolgende Akzeptanz der Ware als erfüllungstauglich, bspw. durch Verstreichenlassen der letzten Möglichkeit zu ihrer Zurückweisung, bedeutet Abnahme.

2. UN-Kaufrecht

Im UN-Kaufrecht steht es dem Käufer, vorbehaltlich einer anderweitigen vertraglichen Vereinbarung oder eines entsprechenden Handelsbrauchs sowie in den Grenzen von Treu und Glauben, nach Art. 52 I CISG frei, Ware, die der Verkäufer vor dem vereinbarten (ersten) Liefertermin liefert (Zufrühlieferung), abzunehmen oder zurückzuweisen.[1219] Gleiches gilt im Falle einer Zuviellieferung hinsichtlich des zuviel gelieferten Teils, Art. 52 II 1CISG,[1220] und, in analoger Anwendung des Art. 52 II CISG, wohl auch dann, wenn der Verkäufer höherwertige Ware als die geschuldete liefert.[1221]

Bei einer vertragswidrigen Teillieferung richten sich die Rechtsbehelfe des Käufers gem. Art. 51 I CISG i. V. m. Art. 46 ff. CISG und Art. 51 II CISG. Demnach kann er wegen einer solchen Teillieferung den Vertrag nur dann aufheben, wenn sich die 'häppchenweise Erfüllung' bezogen auf den gesamten Vertrag als wesent-

---

1217 Ernst, NJW 1997, 896, 899, 901. Vgl. Enderlein/Maskow/Strohbach, Int. Kaufrecht, Art. 60, Anm. 7.1.; Herber(Czerwenka, Int. Kaufrecht, Art. 86, Rn. 4.

1218 Ernst, NJW 1997, 896, 899 f.; Staudinger (Magnus), Wiener UN-Kaufrecht, Art. 86, Rn. 10; Schlechtriem (Bacher), Einh. UN-Kaufrecht, Art. 86, Rn. 7; Schlechtriem (Eberstein), Einh. UN-Kaufrecht (2. A. 1995), Art. 86, Rn. 9b. Vgl. Reinhart, UN-Kaufrecht, Art. 86, Rn. 4.

1219 Staudinger (Magnus), Wiener UN-Kaufrecht, Art. 52, Rn. 10 f., Art. 60, Rn. 19; Schlechtriem (Huber), Einh. UN-Kaufrecht, Art. 52, Rn. 1, Rn. 3; Herber/Czerwenka, Int. Kaufrecht, Art. 52, Rn. 3; Bianca/Bonell (Will), Int. Sales Law, Art. 52, Anm. 2.1.3; Schlechtriem, Int. UN-Kaufrecht, Rn. 208, Rn. 221; Karollus, UN-Kaufrecht, S. 173. Vgl. Schackmar, Lieferpflicht, Rn. 407. Zum Lieferzeitpunkt bzw. -raum vgl. oben, Kapitel 2 – B.I.

1220 Staudinger (Magnus), Wiener UN-Kaufrecht, Art. 52, Rn. 21 f., Art. 60, Rn. 19; Schlechtriem (Huber), Einh. UN-Kaufrecht, Art. 52, Rn. 5; Herber/Czerwenka, Int. Kaufrecht, Art. 52, Rn. 5; Karollus, UN-Kaufrecht, S. 174.

1221 Staudinger (Magnus), Wiener UN-Kaufrecht, Art. 52, Rn. 29. Vgl. Achilles, UN-Kaufrecht, Art. 52, Rn. 6 (hins. nicht abtrennbarer Zuviellieferung); Herber/Czerwenka, Int. Kaufrecht, Art. 39, Rn. 15; Schlechtriem (Schwenzer), Einh. UN-Kaufrecht, Art. 39, Rn. 30. A. A. Schlechtriem (Huber), Einh. UN-Kaufrecht, Art. 52, Rn. 11 (Lösung über ergänzend heranzuziehendes intern-nationales Sachrecht); Achilles, UN-Kaufrecht, Art. 52, Rn. 8. Grdstzl. gg. eine Ausweitung der käuferischen Zurückweisungsrechte auch Reinhart, UN-Kaufrecht, Art. 60, Rn. 7; Piltz, Int. Kaufrecht, § 4, Rn. 168.

liche Vertragsverletzung darstellt. Nur dann kann er die Teillieferung auch zurückweisen, i. Ü. muss er sie abnehmen.[1222]

Ware, die der Verkäufer verspätet liefert, muss der Käufer ebenfalls abnehmen, es sei denn, die Verspätung stellt (ausnahmsweise) eine wesentliche Vertragsverletzung dar, die ihn zur Vertragsaufhebung berechtigt, was i. d. R. nur bei einem (absoluten oder einfachen) Fixgeschäft der Fall ist.[1223]

Die Frage, ob der Käufer auch bei Lieferung mangelhafter Ware berechtigt ist, diese als erfüllungsuntauglich zurückzuweisen, findet im UN-Kaufrecht keine ausdrückliche Antwort. Überwiegend wird dies im Grundsatz verneint – grundsätzlich kann der Verkäufer seine kaufvertragliche Lieferpflicht also auch mit mangelbehafteter Ware erfüllen.[1224] Nur dann, wenn der Käufer aufgrund eines Mangels berechtigt wäre, den Vertrag aufzuheben oder Nacherfüllung durch Ersatzlieferung zu verlangen, also dann, wenn ein Mangel eine i. S. v. Art. 25 CISG wesentliche Vertragsverletzung darstellt, wird ihm ein Zurückweisungsrecht eingeräumt.[1225] Fehlt es daran, so ist der Käufer zur Übernahme der mangelhaften Ware verpflichtet und auf die Rechtsbehelfe nach Art. 45 I CISG beschränkt.

In jedem Fall ist der Käufer nach Art. 86 CISG verpflichtet, zurückgewiesene Ware, die der Verkäufer nicht unmittelbar wieder zurücknimmt bzw. zurücknehmen lässt, vorübergehend in Besitz zu nehmen und zu erhalten (zu den Grenzen

---

[1222] Staudinger (Magnus), Wiener UN-Kaufrecht, Art. 51, Rn. 11; Schlechtriem (Huber), Einh. UN-Kaufrecht, Art. 51, Rn. 6; Enderlein/Maskow/Strohbach (Maskow), Int. Kaufrecht, Art. 60, Anm. 2.1; Schlechtriem, Int. UN-Kaufrecht, Rn. 208, Rn. 221.

[1223] Staudinger (Magnus), Wiener UN-Kaufrecht, Art. 60, Rn. 20; Schlechtriem (Hager), Einh. UN-Kaufrecht, Art. 60, Rn. 3; Enderlein/Maskow/Strohbach (Maskow), Int. Kaufrecht, Art. 60, Anm. 2.1; Witz/Salger/Lorenz (Witz), Int. Einh. Kaufrecht, Art. 60, Rn. 10. Vgl. oben, Kapitel 3 – B.I.3.

[1224] Vgl. oben, Kapitel 2 – C.

[1225] Staudinger (Magnus), Wiener UN-Kaufrecht, Art. 52, Rn. 27, Art. 60, Rn. 20; Enderlein/Maskow/Strohbach (Maskow), Int. Kaufrecht, Art. 60, Anm. 2.1; Herber/Czerwenka, Int. Kaufrecht, Art. 53, Rn. 11; Achilles, UN-Kaufrecht, Art. 52, Rn. 3; Bianca/Bonell/Maskow, Int. Sales Law, Art. 53, Anm. 3.2.2; Schlechtriem, Int. UN-Kaufrecht, Rn. 206, Rn. 208, Rn. 221; Piltz, Int. Kaufrecht, § 4, Rn. 168. Weiter Schlechtriem (Hager), Einh. UN-Kaufrecht, Art. 60, Rn. 3 (Annahmeverweigerungsrecht darüber hinaus auch bei einem nicht wesentlichen Mangel, wenn der Käufer die Ware am Sitz des Verkäufers oder an einem dritten Ort, bspw. dem Lagerort, unmittelbar zurückweist; bei Versendungskauf Annahmeverweigerung nur bei einem wesentlichen Mangel); Herber/Czerwenka, Int. Kaufrecht, Art. 53, Rn. 11 (ebenso); Karollus, UN-Kaufrecht, S. 84, S. 174 (Zurückweisungsrecht auch dann, wenn von der mangelhaften Ware eine Gefahr für andere Güter des Käufers ausgeht, bspw. wenn verseuchtes Vieh Vieh des Käufers anzustecken droht). Enger Reinhart, UN-Kaufrecht, Art. 60, Rn. 7 (Annahmeverweigerung durch den Käufer nur dann zulässig, wenn der Käufer den Kaufvertrag bereits vor Eintreffen der Ware aufgehoben hat).

insoweit vgl. Art. 86 II CISG).[1226] Tut er dies, so hat er wegen der ihm dadurch entstehenden Auslagen gegen den vertragsbrüchigen Verkäufer einen Erstattungsanspruch und ein Zurückbehaltungsrecht an der Ware.[1227]

3. Internes deutsches Kaufrecht

Anders als im UN-Kaufrecht darf der Verkäufer gem. § 271 II BGB seine Vertragspflichten im Zweifel (vorbehaltlich einer anderweitigen, auch konkludenten Vereinbarung oder eines entgegenstehenden Handelsbrauchs) auch schon vor Fälligkeit erfüllen. Entsprechend darf der Käufer eine vorzeitige Lieferung grundsätzlich nicht zurückweisen.[1228]

Betreffend Zuviellieferungen enthalten HGB und BGB keine Regelung. Insoweit ist der Käufer berechtigt, bei einer teilbaren Leistung das Zuviel, bei einer unteilbaren Leistung (insbesondere höherwertigerer Ware) diese insgesamt als nicht geschuldet/unbestellt zurückzuweisen, wobei die Grenzen von Treu und Glauben zu beachten sind.[1229] Entsprechend ist der Verkäufer berechtigt, solche Ware gem. §§ 812 ff. BGB zurückzufordern.[1230]

Soweit Lieferung noch möglich ist, d. h. keine Teilunmöglichkeit vorliegt, bei der der Verkäufer gem. § 275 BGB hinsichtlich des unmöglichen Leistungsteils von seiner Leistungspflicht und der Käufer gem. § 326 I i. V. m. § 441 III BGB von dem entsprechenden Anteil seiner Zahlungs- und Abnahmepflicht frei wird und zudem unter den Voraussetzungen der §§ 326 V, 323 BGB (insbesondere bei Interessenfortfall in Bezug auf die Gesamtleistung) von dem Vertrag zurücktreten kann,[1231] muss der Käufer eine Teillieferung gem. § 266 BGB grundsätzlich (vorbehaltlich einer anderweitigen Parteivereinbarung sowie entgegenstehender Parteigepflogenheiten oder Handelsbräuche und in den Grenzen von Treu und Glauben[1232]) nicht annehmen.[1233] Weist er zurück, so liegt eine vollständige Nicht-

---

1226 Schlechtriem (Huber), Einh. UN-Kaufrecht, Art. 52, Rn. 3; Herber/Czerwenka, Int. Kaufrecht, Art. 52, Rn. 2, Rn. 3; Schlechtriem, Int. UN-Kaufrecht, Rn. 208, Rn. 221, Rn. 337 f.; Karollus, UN-Kaufrecht, S. 173 f.

1227 Staudinger (Magnus), Wiener UN-Kaufrecht, Art. 86, Rn. 13; Schlechtriem, Int. UN-Kaufrecht, Rn. 336; Karollus, UN-Kaufrecht, S. 90.

1228 Vgl. Schlechtriem. SchuldR AT, Rn. 159 f.

1229 Werner, BB 1984, 221, 221 f.; Ernst, NJW 1997, 896, 901, 902; Palandt (Heinrichs), BGB, 62. A, § 266, Rn. 10. Vgl. Münchner Kommentar (Krüger), BGB, Bd. 2a, § 266, Rn. 22 (etwas verwirrend).

1230 Vgl. Kapitel 3 – E.III.2

1231 Vgl. oben, Kapitel 4 – B.II.2; Lorenz, NJW 2003, 3097, 3098; Münchner Kommentar (Krüger), BGB, Bd. 2a, § 266, Rn. 2; Jauernig (Vollkommer), BGB, § 266, Rn. 7.

1232 Münchner Kommentar (Krüger), BGB, Bd. 2a, § 266, Rn. 1, Rn. 13 ff.; vgl. Palandt (Heinrichs), BGB, 62. A., § 266, Rn. 8.

1233 Lorenz/Riehm, Neues SchuldR, Rn. 496, Rn. 567; Lorenz, NJW 2003, 3097, 3098; ders., JuS 2003, 36, 37; Schlechtriem, SchuldR AT, Rn. 161 ff.; Münchner Kommentar (Krüger), BGB, Bd. 2a, § 266, Rn. 1; Palandt (Heinrichs), BGB, 62. A., § 323, Rn. 24; Jauernig (Vollleistung durch den Verkäufer vor und der Käufer behält seinen ursprünglichen, unmodifizierten Erfüllungsanspruch.[1234] Statt zurückzuweisen kann er die ihm angediente Teilleistung aber auch annehmen und behält dann nur hinsichtlich des noch fehlenden Teils seinen Erfüllungsanspruch. I. Ü. hat er die 'normalen' Rechtsbehelfe[1235] sowie, in jedem Fall, zusätzlich einen Anspruch auf Schadensersatz.

Eine verspätete Lieferung muss der Käufer hingegen grundsätzlich abnehmen. Ein Zurückweisungsrecht hat er hier nur bei einem absoluten oder einfachen Fixgeschäft, also dann, wenn der Verkäufer gem. § 275 I BGB wegen Unmöglichkeit von der Pflicht zur Leistungserbringung und entsprechend der Käufer gem. § 326 I BGB von der Pflicht zur Kaufpreiszahlung frei wird bzw. dann, wenn der Käufer gem. § 376 HGB/§ 323 II Nr. 2 BGB unmittelbar (ohne Nachfristsetzung) von dem Vertrag zurücktreten kann.[1236]

Schließlich kann der Käufer deshalb, weil die Mangelfreiheit der Ware Teil der verkäuferischen Lieferpflicht ist,[1237] auch mangelbehaftete Ware, die ihm der Verkäufer andient bzw. anzudienen versucht, zurückweisen und die Zahlung des Kaufpreises vollständig verweigern (dazu im Anschluss), ohne dass es grundsätzlich auf die Schwere des Mangels ankommt.[1238] Bei einem unbehebbaren Mangel hat der Käufer aber kein Zurückweisungsrecht, denn insoweit ist die Leistungspflicht des Verkäufers nach § 275 I BGB ausgeschlossen. Sofern der Mangel nicht lediglich unerheblich ist, kann der Käufer in diesem Fall aber unmittelbar (ohne Fristsetzung) von dem Vertrag zurücktreten, §§ 326 V, 323 BGB.[1239] Das Zurückweisungsrecht wegen Mangelhaftigkeit der angedienten Ware wird dem Käufer

---

kommer), BGB, § 323, Rn. 17. Nach Windel, JURA 2003, 793, 795 folgt das käuferische Zurückweisungsrecht bei einer Mankolieferung nicht aus § 266 BGB, sondern aus §§ 433 I 2, 434 III BGB, ohne dass es darauf ankommt, ob eine offene oder verdeckte Mankolieferung vorliegt. Zweifelnd hinsichtl. § 266 BGB als Anspruchsgrundlage auch Ernst, NJW 1997, 896, 902.

[1234] Vgl. zuletzt LG Rottweil, NJW 2003, 3139, 3139; dazu Lorenz, NJW 2003, 3097, 3098. Vgl. Schlechtriem, SchuldR AT, Rn. 161; Jauernig (Vollkommer), BGB, § 281, Rn. 26.

[1235] Schlechtriem, SchuldR AT, Rn. 161 ff.; Lorenz/Riehm, Neues SchuldR, Rn. 496; Lorenz, JuS 2003, 36, 37; Münchner Kommentar (Krüger), Bd. 2a, BGB, § 266, Rn. 8, Rn. 13.

[1236] Vgl. Lorenz/Riehm, Neues SchuldR, Rn. 201 f; Ernst, NJW 1997, 896, 901; Palandt (Heinrichs), BGB, 62. A., § 323, Rn. 19; Jauernig (Vollkommer), BGB, § 323, Rn. 12.

[1237] Vgl. oben, Kapitel 2 – C.

[1238] Haas/Medicus/Rolland/Schäfer/Wendtland (Haas), Neues SchuldR, Kap. 5, Rn. 75, Rn. 145 f. (Ergebnis der jetzt in § 433 I 2 BGB verankerten Erfüllungstheorie); Lorenz/Riehm, Neues SchuldR, Rn. 567; Lorenz, JuS 2003, 36, 38; Dauner-Lieb/Heidel/Lepa/Ring (Büdenbender), Neues SchuldR, § 8, Rn. 21; P. Huber/Faust (P. Huber), Schuldrechtsmod., Kap. 13, Rn. 44 f., Rn. 150; ders., NJW 2002, 1004, 1005; Schlechtriem, SchuldR BT, Rn. 135, Rn. 92; Huber, Schadensersatzhaftung (FS Schlechtriem), S. 533; Jansen, ZIP 2002, 877, 878; Palandt (Putzo), BGB, 62. A., § 434, Rn. 8, § 433, Rn. 47. Zum alten Recht Ernst, NJW 1997, 896, 901 f.

[1239] Vgl. oben, Kapitel 4 – B.II.2.

zudem dann zu versagen sein, wenn der Verkäufer berechtigt wäre, die Nacherfüllung durch Nachlieferung wegen unverhältnismäßigen Kostenaufwands zu verweigern (§ 439 III BGB),[1240] denn andernfalls würde die den Verkäufer vor übermäßigen Belastungen schützende Einschränkung des § 439 III BGB hier unterlaufen.

Gem. § 379 I HGB ist der Käufer in jedem Fall verpflichtet, für die einstweilige Aufbewahrung der zurückgewiesenen Ware zu sorgen. Ggf. kann er die Ware gem. §§ 379 II, 373 HGB im Interesse des Verkäufers verkaufen (Notverkauf). Eine Verletzung dieser Pflicht führt zum Schadensersatz, lässt die Rechte des Käufers i. Ü. aber unberührt.[1241]

4. Vergleich

Von den oben, Kapitel 1 – B.II.1, dargestellten Vergleichskriterien berührt das käuferische Zurückweisungsrecht alle drei. Zunächst ist das Kriterium Planungssicherheit berührt, da der Verkäufer immer dann, wenn der Käufer zur Zurückweisung der angedienten Ware berechtigt ist und dieses Recht wahrnimmt, entgegen seiner Ausgangsplanung (zunächst) weiterhin tatsächlich mit der Ware belastet ist, und zwar auch dann, wenn der Käufer die Ware zu Erhaltungszwecken in Besitz nimmt und Eigentum daran erwirbt, da beides von nur vorübergehender Natur ist und in absehbarer Zeit wieder an den Verkäufer zurückfällt. Zudem sind für den Verkäufer mit der Zurückweisung neben den (Verwaltungs-) Kosten für die Abwicklung des Vorgangs auch die Kosten für die Erhaltung der Ware assoziiert, die er entweder dem Käufer erstatten oder selbst tragen muss. Damit erhöhen sich die Haftungsbegleit- bzw. -nebenkosten und das verkäuferische Haftungsrisiko. Schließlich muss er sich organisatorisch auf die Möglichkeit einer Zurückweisung einstellen, einerseits indem er durch leistungsfähige Qualitätssicherungsmechanismen das Risiko einer Zurückweisung minimiert, andererseits indem er im Falle einer Zurückweisung diese abwickeln oder abwickeln lassen kann. Beides nimmt ihm in gewissem Umfang die Möglichkeit, seine Geschäftsprozesse zu verschlanken.

Die Ausgestaltung des Zurückweisungsrechts im UN-Kaufrecht, wonach die Zurückweisung der Ware durch den Käufer in den praktisch relevanten Bereichen stärker eingeschränkt ist, stellt sich aus Verkäufersicht unter diesen Gesichtpunkten daher als insgesamt vorteilhaft dar: zwar kann der Käufer nur im UN-Kaufrecht eine Zufrühlieferung ohne weiteres zurückweisen, während er eine solche im

---

[1240] Vgl. Jansen, ZIP 2002, 877, 878 f.; P. Huber/Faust (P. Huber), Schuldrechtsmod., Kap. 13, Rn. 45 (ab der ersten Lieferung kann Käufer nur noch Nacherfüllungsanspruch, mit den Einschränkungen der §§ 437 ff. BGB, geltend machen). Vgl. auch Haas/Medicus/Rolland/Schäfer (Haas), Neues SchuldR, Kap. 5, Rn. 263, Rn. 267. Zu § 439 III BGB oben, Kapitel 4 – A.II.3.

[1241] Schmidt, Handelsrecht, § 29 III 7.

deutschen Recht grundsätzlich annehmen muss. Die praktische Relevanz dessen ist aber gering,[1242] wohl weil ein Käufer durch eine vorzeitige Lieferung regelmäßig keine Nachteile erleidet und diese daher regelmäßig annimmt. Übereinstimmung besteht zwischen UN-Kaufrecht und internem deutschen Recht bei Zuviellieferungen, die der Käufer hier wie dort ohne weiteres zurückweisen kann, sowie bei einer verspäteten Lieferung, die er gleichermaßen nur dann zurückweisen kann, wenn ein (absolutes oder einfaches) Fixgeschäft vereinbart war. Hingegen kann der Käufer vertragswidrige Teillieferungen und mangelbehaftete Ware im UN-Kaufrecht nur unter den strengen Voraussetzungen einer wesentlichen Vertragsverletzung zurückweisen, während eine vergleichbare Hürde im deutschen Recht nicht besteht. Weitgehende Übereinstimmung besteht wiederum hinsichtlich der käuferischen Pflicht ggf. für den Erhalt der Ware Sorge zu tragen.[1243]

II. Zurückhaltung der eigenen Leistung

1. UN-Kaufrecht

a. Leistungsaussetzungsrecht[1244] bei Leistungsgefährdung

Im UN-Kaufrecht hat der Käufer nach Art. 71 I CISG das Recht, die Erfüllung seiner Vertragspflichten, insbesondere die Zahlung des Kaufpreises, vorübergehend auszusetzen, wenn sich nach Vertragsschluss herausstellt, dass der Verkäufer einen "wesentlichen Teil seiner Pflichten nicht erfüllen wird." Ausreichend ist, dass die Erfüllung eines wesentlichen Teils der Pflichten aufgrund einer Zukunftsprognose *gefährdet* ist, dass also eine Vertragsverletzung aus Sicht eines objektiven Betrachters in der Lage des Käufers zu erwarten ist. Absolute Gewissheit oder "Offensichtlichkeit", wie sie Art. 72 I CISG als Voraussetzung für die antizipierte Vertragsaufhebung verlangt, ist nicht erforderlich.[1245] Es muss sich aber um Pflichten aus demselben Vertrag handeln, mangelhafte Leistungen aus Altverträgen erlauben dem Käufer nicht die Leistungsaussetzung.[1246]

[1242] Vgl. Staudinger (Magnus), Wiener UN-Kaufrecht, Art. 52, Rn. 3; Ernst, NJW 1997, 896, 898 ("hauptsächliche Bedeutung" des Zurückweisungsrechts im Bereich der Sachmängelhaftung). UNILEX (www.unilex.info) teilt nur zwei Entscheidungen zu Art. 52 CISG mit (Stand: 1.5.2004), die beide Zuviellieferungen behandeln: Ontario Superior Court of Justice (Kanada), U. v. 31.08.1999; OLG Rostock, U. v. 25.9.2002.

[1243] Vgl. Schlechtriem, Int. UN-Kaufrecht, Rn. 335b.

[1244] Zu den unterschiedlichen Bezeichnungen für das Recht nach Art. 71 I, II CISG vgl. Staudinger (Magnus), Wiener UN-Kaufrecht, Art. 71, Rn. 11.

[1245] Staudinger (Magnus), Wiener UN-Kaufrecht, Art. 71, Rn. 18; Schlechtriem (Leser/Hornung), Einh. UN-Kaufrecht, Art. 71, Rn. 8, Rn. 17 ("beträchtliche Wahrscheinlichkeit" notwendig); Herber/Czerwenka, Int. Kaufrecht, Art. 71, Rn. 4; Schlechtriem, Int. UN-Kaufrecht, Rn. 262; Karollus, UN-Kaufrecht, S. 87.

[1246] Hof van Beroep Gent (Belgien), U. v. 28.4.2000, www.cisg.law.pace.edu; ICC Zürich (Schweiz), Arbitration Case Nr. 9448, Juli 1999, www.unilex.info; Piltz, NJW 2003, 2056, 2061.

Der "wesentliche Teil der Pflichten", deren Verletzung drohen muss, ist nicht gleichzusetzen mit einer wesentlichen Vertragsverletzung i. S. v. Art. 25 CISG.[1247] Es handelt sich um ein Weniger, auch das zeigt wieder der Vergleich mit Art. 72 I CISG, der explizit eine wesentliche Vertragsverletzung voraussetzt.[1248] Was einen wesentlichen Teil der jeweiligen Pflichten konstituiert, ist im Einzelfall in Bezugnahme auf die Gesamtheit aller aus dem Vertrag fließenden Pflichten zu bestimmen. Der Erkennbarkeit der besonderen Bedeutung einzelner Pflichten kommt dabei, ähnlich wie bei der Frage, ob eine bestimmte Pflicht wesentlich ist, besonderes Gewicht zu.[1249] Keine Rolle spielt hingegen ein etwaiges Verschulden.[1250]

Das Beurteilungsrisiko hinsichtlich der Gefährdung und der Gewichtung der betroffenen Pflichten liegt beim Käufer als demjenigen, der seine Leistung aussetzen will.[1251] Eine Möglichkeit, diese Frage bspw. durch Nachfristsetzung vorab zu klären, besteht nicht. Der Käufer läuft damit Gefahr, selbst vertragsbrüchig zu werden.[1252]

Art. 71 I CISG nennt umfassend Gründe, auf denen eine Erfüllungsgefährdung durch den Verkäufer beruhen kann: schwerwiegender Mangel seiner Fähigkeit zur Vertragserfüllung, mangelnde Kreditwürdigkeit, ein (sonstiges) Verhalten bei der Vorbereitung der Erfüllung oder bei der Erfüllung des Vertrages. Meist wird es sich um eine Verschlechterung der wirtschaftlichen Lage des Verkäufers handeln.[1253] Unberücksichtigt bleiben Gründe, die außerhalb des Bereichs der Leistungsfähigkeit des Verkäufers liegen, wie bspw. Veränderungen des Marktumfelds.[1254] Berücksichtigt werden dürfen zudem nur solche Gründe, die sich erst nach Vertragsschluss herausstellen, d. h. Gründe, die der Käufer bei Vertragsschluss nicht kannte und die eine objektive Person in der Lage des Käufers auch

---

1247 Staudinger (Magnus), Wiener UN-Kaufrecht, Art. 71, Rn. 15; Schlechtriem (Leser/Hornung), Einh. UN-Kaufrecht, Art. 71, Rn. 8; Schlechtriem, Int. UN-Kaufrecht, Rn. 263; Bianca/Bonell (Bennett), Int. Sales Law, Art. 71, Anm. 2.4; Gillette/Walt, Sales Law, S. 197.

1248 Schlechtriem, Int. UN-Kaufrecht, Rn. 263; Herber/Czerwenka, Int. Kaufrecht, Art. 71, Rn. 5; Karollus, UN-Kaufrecht, S. 87; Gillette/Walt, Sales Law, S. 197 f.

1249 Schlechtriem (Leser/Hornung), Einh. UN-Kaufrecht, Art. 71, Rn. 9; Herber/Czerwenka, Int. Kaufrecht, Art. 71, Rn. 5; Schlechtriem, Int. UN-Kaufrecht, Rn. 263.

1250 Staudinger (Magnus), Wiener UN-Kaufrecht, Art. 71, Rn. 13; Schlechtriem (Leser/Hornung), Einh. UN-Kaufrecht, Art. 71, Rn. 9.

1251 Vgl. Staudinger (Magnus), Wiener UN-Kaufrecht, Art. 71, Rn. 39; Schlechtriem (Leser/Hornung), Einh. UN-Kaufrecht, Art. 71, Rn. 25; Herber/Czerwenka, Int. Kaufrecht, Art. 71, Rn. 11; Enderlein/Maskow/Strohbach (Enderlein), Int. Kaufrecht, Art. 71, Anm. 2.; Gillette/Walt, Sales Law, S. 198.

1252 Vgl. Magnus, ZEuP 1999, 642, 661 f.

1253 Staudinger (Magnus), Wiener UN-Kaufrecht, Art. 71, Rn. 25; Herber/Czerwenka, Int. Kaufrecht, Art. 71, Rn. 3; Schlechtriem, Int. UN-Kaufrecht, Rn. 257 f. Vgl. Schlechtriem (Leser/Hornung), Einh. UN-Kaufrecht, Art. 71, Rn. 10; Karollus, UN-Kaufrecht, S. 87.

1254 Gillette/Walt, Sales Law, S. 198.

nicht hätte kennen müssen. Wann die Leistungsgefährdung entstanden ist, ist hingegen unerheblich.[1255]

Nach Art. 71 III CISG hat der Käufer die Aussetzung seiner Vertragspflichten dem Verkäufer "sofort" anzuzeigen, wobei nach Art. 27 CISG den Verkäufer das Übermittlungsrisiko für die Anzeige trifft.[1256] Versäumt der Käufer die rechtzeitige Anzeige, so wird er dem Verkäufer schadensersatzpflichtig.[1257]

Gibt der Verkäufer für die Erfüllung seiner Pflichten "ausreichende Gewähr", so muss der Käufer die Erfüllung seiner Pflichten fortsetzen, Art. 71 III CISG a. E. Notwendig ist eine aus Sicht eines objektiven Betrachters unter Berücksichtigung der gefährdeten Leistung, der drohenden Gefahr und des Vertragsrahmens ausreichende Sicherheit.[1258] Auch wenn die drohende Störung auf andere Weise wegfällt, leben die beidseitigen Erfüllungspflichten aus dem Vertrag wieder auf.[1259] In beiden Fällen kommt es durch die vorübergehende Leistungsaussetzung aber zu einer entsprechenden Verschiebung des zeitlichen Programms,[1260] weil eine Überschreitung der ursprünglichen Leistungsfristen zumeist nicht zu vermeiden ist; dies stellt keine Vertragsverletzung dar.[1261]

[1255] Schlechtriem (Leser/Hornung), Einh. UN-Kaufrecht, Art. 71, Rn. 14 f.; Herber/Czerwenka, Int. Kaufrecht, Art. 71, Rn. 3; Schlechtriem, Int. UN-Kaufrecht, Rn. 260. Vgl. Karollus, UN-Kaufrecht, S. 88.

[1256] Staudinger (Magnus), Wiener UN-Kaufrecht, Art. 71, Rn. 45; Schlechtriem (Leser/Hornung), Einh. UN-Kaufrecht, Art. 71, Rn. 20; Herber/Czerwenka, Int. Kaufrecht, Art. 71, Rn. 12; vgl. oben, Fn. 346.

[1257] So Staudinger (Magnus), Wiener UN-Kaufrecht, Art. 71, Rn. 47; Herber/Czerwenka, Int. Kaufrecht, Art. 71, Rn. 12; Schlechtriem, Int. UN-Kaufrecht, Rn. 266. Nach a. A. entfällt in diesem Fall das Leistungsaussetzungsrecht des Käufers. So: Schlechtriem (Leser/Hornung), Einh. UN-Kaufrecht, Art. 71, Rn. 21. Vgl. Piltz, NJW 2003, 2056, 2061. Im praktischen Ergebnis kommen beide Ansichten zum gleichen Ergebnis, da auch der Käufer, der seine Leistung aussetzt, obwohl ihm ein Leistungsaussetzungsrecht mangels rechtzeitiger Anzeige nicht (mehr) zusteht, eine Vertragsverletzung begeht, die den Verkäufer zum Schadensersatz berechtigt.

[1258] Staudinger (Magnus), Wiener UN-Kaufrecht, Art. 71, Rn. 48 ff.; Schlechtriem (Leser/Hornung), Einh. UN-Kaufrecht, Art. 71, Rn. 39. Vgl. Herber/Czerwenka, Int. Kaufrecht, Art. 71, Rn. 14; Schlechtriem, Int. UN-Kaufrecht, Rn. 267; Witz, Durchsetzung Kaufpreisanspruch (FS Schlechtriem), S. 294; oben, Kapitel 4 – B.I.3.

[1259] Staudinger (Magnus), Wiener UN-Kaufrecht, Art. 71, Rn. 51; Karollus, UN-Kaufrecht, S. 87.

[1260] Staudinger (Magnus), Wiener UN-Kaufrecht, Art. 71, Rn. 51 (Verlängerung um eine angemessene Frist); Schlechtriem (Leser/Hornung), Einh. UN-Kaufrecht, Art. 71, Rn. 22, Rn. 36 (Verlängerung um die Zeit der Aussetzung); Bianca/Bonell (Bennett), Int. Sales Law, Art. 71, Anm. 3.6 (Verlängerung um eine angemessene Frist); Schlechtriem, Int. UN-Kaufrecht, Rn. 264.

[1261] Schlechtriem (Leser/Hornung), Einh. UN-Kaufrecht, Art. 71, Rn. 22.

Während der Verkäufer den Schwebezustand außer durch Sicherheitsleistung oder Leistungserbringung ohne weiteres auch dadurch beenden kann, dass er den Vertrag (bspw. durch endgültige Leistungsverweigerung) zum Scheitern bringt, hat der Käufer nur unter den strengen Voraussetzungen des Art. 72 CISG die Möglichkeit der Vertragsaufhebung wegen antizipierten Vertragsbruchs.[1262] Allein die Tatsache, dass der Verkäufer keine Sicherheit beibringt, stellt aber noch keine wesentliche Vertragsverletzung dar und indiziert eine solche auch nicht,[1263] wenngleich dieser Umstand bei der Prüfung nach Art. 72 CISG berücksichtigt werden kann.[1264]

b. Recht zur Zurückhaltung der Kaufpreiszahlung

Das UN-Kaufrecht enthält keine explizite Anordnung eines Zurückbehaltungsrechts des Käufers hinsichtlich der Kaufpreiszahlung oder anderer käuferischer Leistungen. Aus Art. 58 I 2 CISG ergibt sich jedoch, dass der Käufer (vorbehaltlich einer abweichenden vertraglichen Vereinbarung) den Kaufpreis zurückhalten kann, bis der Verkäufer ihm die Ware bzw. die die Ware repräsentierenden Dokumente entsprechend der vertraglichen Vereinbarung "zur Verfügung gestellt hat."[1265] Maßgeblich ist auch beim Verkauf reisender Ware oder bei einem Versendungskauf, bei dem der Verkäufer seine Lieferpflicht ja bereits mit der Übergabe der Ware an den ersten Beförderer erfüllt hat, die tatsächlich Aushändigung der Ware bzw. Dokumente an den Käufer am Bestimmungsort durch den letzten Beförderer, weswegen der Verkäufer die Versendung der Ware nicht bis zu ihrer Bezahlung aufschieben kann;[1266] zudem hat der Käufer grundsätzlich das Recht, die Ware bei Aushändigung zunächst zumindest oberflächlich zu untersu-

---

1262 Dazu oben, Kapitel 4 – B.I.3.

1263 So aber Schlechtriem, Int. UN-Kaufrecht, Rn. 268; Bianca/Bonell (Bennett), Int. Sales Law, Art. 71, Anm. 3.7. Vgl. Staudinger (Magnus), Wiener UN-Kaufrecht, Art. 71, Rn. 52; Gillette/Walt, Sales Law, S. 198.

1264 Sekretariatskommentar, Art. 63, Anm. 2; Staudinger (Magnus), Wiener UN-Kaufrecht, Art. 71, Rn. 52; Schlechtriem (Leser/Hornung), Einh. UN-Kaufrecht, Art. 71, Rn. 40.

1265 Staudinger (Magnus), Wiener UN-Kaufrecht, Art. 58, Rn. 7 f.; Schlechtriem (Hager), Einh. UN-Kaufrecht, Art. 58, Rn. 13; Karollus, UN-Kaufrecht, S. 83; Witz, Durchsetzung Kaufpreisanspruch (FS Schlechtriem), S. 293. Vgl. Magnus, RabelsZ 59 (1995), 469, 486. Zum Inhalt der Lieferpflicht oben, Kapitel 2 – B.

1266 Staudinger (Magnus), Wiener UN-Kaufrecht, Art. 58, Rn. 13, Rn. 15; Schlechtriem (Hager), Einh. UN-Kaufrecht, Art. 58, Rn. 2, Rn. 7 f.; Herber/Czerwenka, Int. Kaufrecht, Art. 58, Rn. 3, Rn. 5; Enderlein/Maskow/Strohbach (Maskow), Int. Kaufrecht, Art. 58, Anm. 5.1; Achilles, UN-Kaufrecht, Art. 58, Rn. 3; Witz/Salger/Lorenz (Witz), Int. Einh. Kaufrecht, Art. 58, Rn. 1; Honsell (Schnyder/Straub), UN-Kaufrecht, Art. 58, Rn. 21 f., Rn. 27 f.; Piltz, Int. Kaufrecht, § 4, Rn. 151 f. Vgl. Witz, Durchsetzung Kaufpreisanspruch (FS Schlechtriem), S. 303.

chen, Art. 58 III CISG.[1267] Im Gegenzug kann der Verkäufer die endgültige Aushändigung der Ware an den Käufer von der Kaufpreiszahlung abhängig machen, Art. 58 I 2 CISG.[1268] Das in Art. 58 CISG insgesamt zum Ausdruck kommende Zug um Zug-Prinzip liegt dem UN-Kaufrecht als allgemeiner Grundsatz zugrunde[1269] und gilt daher nicht nur für die Kaufpreiszuzahlung, sondern für alle geschuldeten Leistungen.[1270]

Nicht geregelt ist auch das Recht des Käufers zur Zurückhaltung der Kaufpreiszahlung bei Lieferung sach- oder rechtsmangelhafter Ware. Nach überwiegender Ansicht kann der Käufer in diesem Fall die Kaufpreiszahlung nur in dem Umfang zurückhalten, in dem er nach den ihm wegen des Mangels zur Verfügung stehenden endgültigen Rechtsbehelfen zur Rückforderung der Kaufpreiszahlung berechtigt wäre. D. h. dass er die Kaufpreiszahlung nur dann vollständig zurückhalten kann, wenn er aufgrund der Vertragsverletzung zur Vertragsaufhebung berechtigt ist, also insbesondere bei einer wesentlichen Vertragsverletzung. Wenn er nur zur Minderung des Kaufpreises berechtigt ist oder einen Anspruch auf Schadensersatz hat, so ist er hingegen nur in der jeweiligen Höhe zur Zurückhaltung berechtigt.[1271]

Selbstverständlich kann der Käufer die Kaufpreiszahlung vorbehaltlich der Voraussetzungen des Art. 71 und Art. 72 CISG dann nicht zurückhalten, wenn er ver-

---

[1267] Vgl. Staudinger (Magnus), Wiener UN-Kaufrecht, Art. 58, Rn. 24 ff.; Honsell (Schnyder/Straub), UN-Kaufrecht, Art. 58, Rn. 58, Rn. 70 ff. ("begutachten", nicht "untersuchen"); Achilles, UN-Kaufrecht, Art. 58, Rn. 7; Piltz, Int. Kaufrecht, § 4, Rn. 55, Rn. 69 ff., Rn. 155 f.

[1268] Vgl. Staudinger (Magnus), Wiener UN-Kaufrecht, Art. 58, Rn. 22; Schlechtriem (Hager), Einh. UN-Kaufrecht, Art. 58, Rn. 2, Rn. 7; Witz, Durchsetzung Kaufpreisanspruch (FS Schlechtriem), S. 293.

[1269] Staudinger (Magnus), Wiener UN-Kaufrecht, Art. 58, Rn. 3; ders., RabelsZ 59 (1995), 469, 485 f.; Schlechtriem, Int. UN-Kaufrecht, Rn. 205 f., Fn. 164; Karollus, UN-Kaufrecht, S. 168. Vgl. Enderlein/Maskow/Strohbach (Maskow), Int. Kaufrecht, Art. 58, Anm. 1.1; Witz, Durchsetzung Kaufpreisanspruch (FS Schlechtriem), S. 293. Vgl. auch Art. 58 II CISG, wonach Zug um Zug auch für die verkäuferische Leistung gilt und Art. 85 S. 1 CISG, der dieses Prinzip ebenfalls voraussetzt. A. A. Schillo, IHR 2003, 257, 262 (Verkäufer gem. Art. 58 CISG im Zweifel vorleistungspflichtig).

[1270] Schlechtriem (Hager), Einh. UN-Kaufrecht, Art. 58, Rn. 13; Schlechtriem, Int. UN-Kaufrecht, Rn. 206; Magnus, RabelsZ 59 (1995), 469, 485; Witz, Durchsetzung Kaufpreisanspruch (FS Schlechtriem), S. 293, S. 295. Teilw. a. A. Honsell (Schnyder/Straub), UN-Kaufrecht, Art. 58, Rn. 65 ff.

[1271] Schlechtriem, Int. UN-Kaufrecht, Rn. 206, Rn. 208 (dogm. Begründung aus Art. 7 II CISG); Karollus, UN-Kaufrecht, S. 83 f. (dogm. Begründung aus dem UN-Kaufrecht- Grundsatz *dolo facit qui petit quod redditurus est*). Weitergehend Schlechtriem (Hager), Einh. UN-Kaufrecht, Art. 58, Rn. 13 (Zurückbehaltungsrecht bei Verletzung jeglicher Pflicht von einigem Gewicht; dogm. Begründung aus Art. 71 CISG). Enger Herber/Czerwenka, Int. Kaufrecht, Art. 53, Rn. 11 (nur Annahmeverweigerungsrecht).

traglich zur Vorleistung verpflichtet oder wenn er zur Zahlung gegen Vorlage vertragsgemäßer Dokumente verpflichtet ist.[1272]

Daneben stehen dem Käufer aufgrund des Vorrangs des UN-Kaufrechts die Zurückbehaltungsrechte der § 273 BGB und § 369 HGB wohl nicht zur Verfügung.[1273]

2. Internes deutsches Kaufrecht

a. Unsicherheitseinrede

Die Unsicherheitseinrede des § 321 I BGB, d. h. das Recht des Käufers, seine Leistung (insbesondere die Kaufpreiszahlung) zunächst zu verweigern, wenn nach Vertragsschluss erkennbar wird, dass sein Anspruch auf Lieferung aufgrund mangelnder Leistungsfähigkeit des Verkäufers gefährdet ist, steht dem Käufer nur dann zu, wenn er vertraglich zur Vorleistung verpflichtet ist, nicht jedoch im gesetzlichen Regelfall der Zug um Zug-Leistung.[1274] Allerdings bedarf es für Zug um Zug-Leistungen der Unsicherheitseinrede grundsätzlich auch nicht, insbesondere dann, wenn man bei "großzügigem Verständnis" notwendige leistungsvorbereitende Handlungen (bspw. die notwendige Anmietung einer Lagerhalle oder die technische Vorbereitung einer Maschinenhalle durch den Käufer) als Vorleistungen qualifiziert.[1275]

Auch hier ist, ausdrücklich, eine Gefährdung des käuferischen Anspruchs ausreichend, was ebenfalls nach objektiven Gesichtspunkten im Zeitpunkt der käuferischen Vorleistung zu beurteilen ist.[1276] Relevant sind dabei nur solche Leistungsgefährdungen, die erst nach Vertragsschluss erkannt wurden oder erkennbar waren, unabhängig davon, wann sie entstanden sind.[1277] Die Gefährdung muss den

---

[1272] Dadurch ist Art. 58 I CISG gerade abbedungen, vgl. Herber/Czerwenka, Int. Kaufrecht, Art. 52, Rn. 11; Witz, Durchsetzung Kaufpreisanspruch (FS Schlechtriem), S. 291 f.

[1273] So: Staudinger (Magnus), Wiener UN-Kaufrecht, Art. 4, Rn. 47a; Schlechtriem (Leser/Hornung), Einh. UN-Kaufrecht, Art. 71, Rn. 25a; Herber/Czerwenka, Int. Kaufrecht, Art. 71, Rn. 16. A. A. Witz/Salger/Lorenz (Witz), Int. Einh. Kaufrecht, Art. 58 - 59, Rn. 11; ders., Durchsetzung Kaufpreisanspruch (FS Schlechtriem), S. 296; Achilles, UN-Kaufrecht, Art. 4, Rn. 10; wohl auch Honsell (Siehr), UN-Kaufrecht, Art. 4, Rn. 21. Vgl. Lurger, IHR 2001, 91, 95 f.

[1274] Begr. RegE, BT-Drucks. 14/6040, S. 179, rechte Spalte; P. Huber/Faust (P. Huber), Schuldrechtsmod., Kap. 5, Rn. 4. Vgl. Ramming, ZGS 2003, 209, 212.

[1275] Begr. RegE, BT-Drucks. 14/6040, S. 179 f. Vgl. Staudinger (Magnus), Wiener UN-Kaufrecht, Art. 71, Rn. 16, Rn. 30.

[1276] Vgl. Begr. RegE, BT-Drucks. 14/6040, S. 179, linke Spalte, ff. (notwendig sind "bestimmte signifikante Vorkommnisse", bspw. die Ausgabe ungedeckter Schecks); Münchner Kommentar (Emmerich), BGB, Bd. 2a, § 321, Rn. 10, Rn. 15.

[1277] Begr. RegE, BT-Drucks. 14/6040, S. 179, rechte Spalte; Haas/Medicus/Rolland/Schäfer/Wendtland (Medicus), Neues SchuldR, Kap. 3, Rn. 224; P. Huber/Faust (P. Huber), Schuldrechtsmod., Kap. 5, Rn. 4 f.; Schlechtriem, SchuldR AT, Rn. 407; ders., Int. einh. Kaufrecht und neues SchuldR (Neues SchuldR i. d. Praxis), S. 77; Ramming, ZGS 2003, 209, 212;

Leistungsanspruch des Käufers auf Lieferung mangelfreier Ware aus § 433 I BGB, betreffen.[1278] Daraus folgt, dass eine Gefährdung i. S. v. § 321 BGB nicht nur dann vorliegt, wenn völlige Nichtlieferung droht, sondern auch bei einer drohenden Vertragswidrigkeit von einigem Gewicht,[1279] wobei derzeit aber noch unklar ist, welchen genauen Umfang die drohende Vertragswidrigkeit haben muss. Ein lediglich unerheblicher Mangel, bei dem auch der Rücktritt vom Vertrag ausgeschlossen ist (vgl. i. S. v. § 323 V 2 BGB) reicht aber wohl nicht aus. Auch hier trifft den vorleistungspflichtigen Käufer die Beweislast und das Beurteilungsrisiko hinsichtlich der Gefährdung und Gewichtung.[1280]

Der Grund für die Leistungsgefährdung muss nicht (mehr) auf einer Vermögensverschlechterung beruhen, sondern kann auch aus sonstigen Leistungshindernissen folgen. Dazu gehören bspw. überraschende Im- oder Exportverbote oder der drohende Ausfall von Zulieferern oder Mitarbeitern des Verkäufers.[1281]

Eine Anzeigepflicht trifft den Käufer grundsätzlich nicht, nur ausnahmsweise kann sich nach den Grundsätzen von Treu und Glauben (§ 242 BGB) etwas anderes ergeben.

Nach § 321 I 2 BGB entfällt das Leistungsverweigerungsrecht, wenn der Verkäufer seine Leistung erbringt oder Sicherheit leistet.[1282] Den Schwebezustand kann der Käufer aber auch dadurch beenden, dass er dem Verkäufer eine angemessene Frist zur Leistung oder Stellung von Sicherheit setzt, § 321 II 1 BGB, nach deren erfolglosem Ablauf er nach § 323 BGB (also insbesondere nicht bei einem lediglich unerheblichen Mangel) von dem Vertrag zurücktreten kann, § 321 II 2, 3 BGB.[1283] Einen Anspruch auf Sicherheitsleistung hat der Käufer hingegen nicht.[1284]

Münchner Kommentar (Emmerich), BGB, Bd. 2a, § 321, Rn. 11; Palandt (Heinrichs), BGB, 62. A., § 321, Rn. 4.

1278 Dazu oben, Kapitel 2 – C, Kapitel 2 – C.II.

1279 Begr. RegE, BT-Drucks. 14/6040, S. 179, rechte Spalte; P. Huber/Faust (P. Huber), Schuldrechtsmod., Kap. 5, Rn. 4; Bamberger/Roth (Grothe), BGB, § 321, Rn. 6; Anwaltkommentar (Dauner-Lieb), SchuldR, § 321, Rn. 3.

1280 Haas/Medicus/Rolland/Schäfer/Wendtland (Medicus), Neues SchuldR, Kap. 3, Rn. 225; Anwaltkommentar (Dauner-Lieb), SchuldR, § 321, Rn. 3; Jauernig (Vollkommer), BGB, § 322, Rn. 9.

1281 Begr. RegE, BT-Drucks. 14/6040, S. 179, rechte Spalte; Haas/Medicus/Rolland/Schäfer/Wendtland (Medicus), Neues SchuldR, Kap. 3, Rn. 225; P. Huber/Faust (P. Huber), Schuldrechtsmod., Kap. 5, Rn. 4; Schlechtriem, SchuldR AT, Rn. 407; ders., Int. einh. Kaufrecht und neues SchuldR (Neues SchuldR i. d. Praxis), S. 77; Zimmermann, Breach of Contract, S. 48.

1282 Vgl. P. Huber/Faust (P. Huber), Schuldrechtsmod., Kap. 5, Rn. 6.

1283 Zu den Voraussetzungen des Rücktritts oben, Kapitel 4 – B.II.1.

1284 Begr. RegE, BT-Drucks. 14/6040, S. 180, linke Spalte; Haas/Medicus/Rolland/Schäfer/Wendtland (Medicus), Neues SchuldR, Kap. 3, Rn. 226 f.; P. Huber/Faust (P. Huber),

b. Einrede des nichterfüllten Vertrages und Zurückbehaltungsrechte

Nach § 320 I BGB kann der Käufer, vorbehaltlich der Vereinbarung einer Vorleistungspflicht seinerseits und in den Grenzen von Treu und Glauben (vgl. § 320 II BGB) die Zahlung des Kaufpreises verweigern, bis der Verkäufer seine Lieferpflicht und ggf. Nacherfüllungspflicht[1285] vollständig erfüllt.[1286] Dies gilt insbesondere auch dann, wenn ihm der Verkäufer mangelbehaftete Ware andient, weil sich die Lieferpflicht des Verkäufers grundsätzlich auch auf die Mangelfreiheit der Kaufware erstreckt, vgl. § 433 I 2 BGB.[1287] Die Einrede des § 320 BGB steht dem Käufer mangels ausstehender Leistung aber nicht zu, wenn/soweit der Verkäufer wegen Unmöglichkeit (§ 275 BGB) von seiner Leistungspflicht befreit ist.[1288] Dann bedarf es einer Einrede auch nicht, da dann auch der Käufer automatisch von seiner Gegenleistungspflicht frei wird, § 326 I BGB.

Bei einem Versendungskauf hat der Verkäufer seine Lieferpflicht zwar bereits mit Übergabe der Ware an den ersten selbständigen Beförderer erfüllt, so dass der Käufer mit dieser Übergabe an sich zur Zahlung verpflichtet wäre.[1289] Nach ganz überwiegender Auffassung beinhaltet die Vereinbarung eines Versendungskaufes aber auch die Vereinbarung einer Vorleistungspflicht des Verkäufers dergestalt, dass die Kaufpreiszahlung erst gegen Ablieferung der Ware am Bestimmungsort fällig sein soll.[1290] Ein Recht des Käufers, die Ware zunächst (oberflächlich) untersuchen zu dürfen, besteht aber nicht.

Schuldrechtsmod., Kap. 5, Rn. 7; Schlechtriem, SchuldR AT, Rn. 408 ff.; Anwaltkommentar (Dauner-Lieb), SchuldR, § 321, Rn. 7.

1285 Palandt (Heinrichs), BGB, 62. A., § 320, Rn. 2.

1286 Schlechtriem, SchuldR AT, Rn. 396; Zimmermann, Breach of Contract, S. 48; Palandt (Heinrichs), BGB, 62. A., § 320, Rn. 8 f.

1287 P. Huber/Faust (P. Huber), Schuldrechtsmod., Kap. 5, Rn. 2, Kap. 13, Rn. 44 f.; Schlechtriem, SchuldR BT, Rn. 93; Haas/Medicus/Rolland/Schäfer/Wendtland (Haas), Neues SchuldR, Kap. 5, Rn. 145 f., Rn. 263 ff.; Dauner-Lieb/Heidel/Lepa/Ring (Büdenbender), Neues SchuldR, § 8, Rn. 21. Vgl. Lorenz/Riehm, Neues SchuldR, Rn. 472, Rn. 500, Rn. 567; Schlechtriem, SchuldR AT, Rn. 403. Zur Lieferpflicht des Verkäufers oben, Kapitel 2 – C.

1288 Vgl. Schlechtriem, SchuldR BT, Rn. 67; Haas/Medicus/Rolland/Schäfer/Wendtland (Haas), Neues SchuldR, Kap. 5, Rn. 46, Rn. 263. Zur Leistungsbefreiung nach § 326 I BGB oben, Kapitel 4 – B.II.

1289 So wohl Schlechtriem, SchuldR BT, Rn. 17.

1290 Bamberger/Roth (Grothe) BGB, § 320, Rn. 10; BGHZ 74, 136, 142 (zu Art. 71, 72 EKG; Vertragsabwicklung Zug um Zug mit Wesen des Versendungskaufs nicht vereinbar); Soergel (U. Huber), BGB, § 433, Rn. 126; Dölle (U. Huber), Einh. Kaufrecht, Art. 72, Rn. 1; Witz/Salger/Lorenz (Witz), Int. Einh. Kaufrecht, Art. 58, Rn. 1; Palandt (Heinrichs), BGB, 62. A., § 320 Rn. 16; Jauernig (Vollkommer), BGB 2003, § 320, Rn. 21. Leise kritisch ("... nach Ansicht des BGH...") Schlechtriem, Int. UN-Kaufrecht, Rn. 217. Gesetzessystematisch ließe sich dem wohl entgegenhalten, dass im internen deutschen Recht eine dem Art. 58 I, III CISG vergleichbare Sonderregel gerade nicht enthalten ist.

Für Leistungen, die nicht im Gegenseitigkeitsverhältnis stehen, zu denken ist etwa an Schadensersatzansprüche, folgt ein Zurückbehaltungsrecht des Käufers aus den § 273 BGB, § 369 HGB dann, wenn er seinerseits einen fälligen Anspruch gegen den Verkäufer hat.[1291]

3. Vergleich

Die Unsicherheitseinrede bei drohender Vertrags-/Pflichtverletzung und die Zurückbehaltungsrechte des Käufers hinsichtlich seiner Leistungspflichten (insbesondere der Pflicht zur Kaufpreiszahlung) betreffen aus Verkäufersicht insbesondere das Kriterium der Planungssicherheit, weil es hier v. a. um die Frage geht, ob und wann der Käufer für die Ware bezahlen muss, d. h. der Verkäufer den vertraglichen Kaufpreis als Ertrag realisieren kann.

Vorteilhaft ist das UN-Kaufrecht insoweit zunächst, was die Verschlechterungseinrede betrifft. Zwar stimmen hier Grundstruktur und weitgehend auch die einzelnen Voraussetzungen zwischen UN-Kaufrecht und internem deutschen Recht überein (was deswegen nicht verwunderlich ist, weil das UN-Kaufrecht dem deutschen Recht hier direkt Pate stand[1292]): gleichermaßen muss sich der drohende Leistungsausfall aus bestimmten objektiven Anhaltspunkten ergeben, ohne dass absolute Gewissheit erforderlich wäre, und übereinstimmend sind die Gründe für die Leistungsgefährdung sowie ihr Entstehungszeitpunkt unerheblich, solange diese sich erst nach Vertragsschluss herausstellt. Im UN-Kaufrecht muss allerdings ein wesentlicher, d. h. erheblicher Pflichtenteil gefährdet sein, während im internen deutschen Recht ein geringerer Umfang (wohl) ausreichend ist. Zudem muss der Käufer im UN-Kaufrecht, anders als grundsätzlich im internen deutschen Recht, den Verkäufer vorwarnen (Anzeige der Aussetzungsabsicht), was diesem die Möglichkeit gibt, die Aussetzung abzuwehren und den Vertrag entsprechend seiner Ausgangsplanung durchzuführen. Schließlich hat der Käufer im UN-Kaufrecht nur sehr eingeschränkt die Möglichkeit, seinerseits den aus der Leistungsaussetzung resultierenden Schwebezustand zu beenden, während er dies im deutschen Recht ohne weiteres dadurch erreichen kann, dass er dem Verkäufer eine Nachfrist setzt und nach deren erfolglosem Ablauf von dem Vertrag zurücktritt. Auch dies weicht die Planungsgrundlage des Verkäufers auf.

Auch die Ausgestaltung des käuferischen Zurückbehaltungsrechts betreffend die Kaufpreiszahlung ist im UN-Kaufrecht insgesamt verkäuferfreundlicher als im internen deutschen Handelskaufrecht. Zwar muss der Käufer im UN-Kaufrecht, hinausgehend über die grundsätzliche Übereinstimmung darin, dass der Käufer unabhängig von der Kaufart nur gegen tatsächliche Übergabe der Ware am Bestimmungsort zur Zahlung verpflichtet ist, die Möglichkeit gehabt haben, die Ware (oberflächlich) zu untersuchen, bevor die Kaufpreiszahlung fällig wird. Die Be-

---

1291 Vgl. Schlechtriem, SchuldR BT, Rn. 92; ders., SchuldR AT, Rn. 135 ff.

1292 Vgl. Begr. RegE, BT-Drucks. 14/6040, S. 179 f.

deutung dessen wird aber dadurch geschmälert, dass der Käufer nur dann zur Zurückweisung der Ware (dazu zuvor Kapitel 4 – D.I.2) und zu vollständiger Zurückhaltung der Kaufpreiszahlung berechtigt ist, wenn dabei entdeckte etwaige Mängel derart gravierend sind, dass sie eine wesentliche Vertragsverletzung darstellen; im internen deutschen Recht reicht dafür hingegen schon ein nicht lediglich unerheblicher Mangel aus. Tatsächlich scheint die praktische Relevanz des Untersuchungsrechts insgesamt gering zu sein.[1293]

Schließlich ist es für den Verkäufer vorteilhaft, dass bei Geltung des UN-Kaufrechts die Zurückbehaltungsrechte aus § 273 BGB und § 369 HGB dem Käufer (wohl) nicht zur Verfügung stehen.

Insgesamt stellt sich das UN-Kaufrecht insoweit demnach als aus Verkäufersicht vorteilhaft dar.

[1293] UNILEX (www.unilex.info) benennt nur eine Entscheidung zu Art. 58 III CISG: Gerichtskommission Oberrheintal (Schweiz), U. v. 30.06.1995 (Stand: 1.5.2004).

Kapitel 5 – Zusammenfassung

A. Gesamtvergleich

Der im Rahmen dieser Untersuchung angestellte abstrakt-generalisierende Vergleich der Käuferrechtsbehelfe des UN-Kaufrechts mit denen des neuen internen deutschen Handelskaufrechts anhand der Vergleichskriterien *Haftungsrisiko, Planungssicherheit* und *GPO-Potential* zeigt, dass aus der Sicht eines deutschen Warenexporteurs das UN-Kaufrecht insgesamt vorzugswürdig ist. Allerdings werden aufgrund der Umstände des Einzelfalls einzelne Vor- und Nachteile für bestimmte Verkäufer/Verkäufergruppen unterschiedliches Gewicht haben (vgl. oben, Kap. 1 – B.II.1), weswegen eine konkret-individuelle Einzelprüfung grundsätzlich unumgänglich ist und zu einer abweichenden Bewertung kommen kann.

I. Kriterium Haftungsrisiko

Betreffend das verkäuferische Haftungsrisiko lässt sich eine uneingeschränkte Aussage weder zugunsten des UN-Kaufrechts noch zugunsten des neuen internen deutschen Handelskaufrechts treffen.

Insoweit ergibt sich zunächst hinsichtlich der Höhe der Haftung/maximalen Haftsumme im Haftungsfall ein gemischtes Bild. Dabei sind die unterschiedlichen Ansatzpunkte hinsichtlich der Limitierung der betragsmäßigen Höhe der verkäuferischen Haftung durch die Beschränkung der Schadensersatzhaftung auf vorhersehbare bzw. adäquate Schadensfolgen wohl ohne praktische Relevanz. Für das UN-Kaufrecht spricht insoweit aber, dass der Käufer im internen deutschen Recht auf die Modalitäten der Schadensberechnung (konkret oder abstrakt, maßgeblicher Ort und Zeitpunkt für die Bestimmung der Vergleichsmarktpreise bei abstrakter Schadensberechnung) und damit die Höhe der Ersatzsumme zum Nachteil des Verkäufers in höherem Maße Einfluss nehmen kann. Dem steht gegenüber, dass der Käufer im UN-Kaufrecht wegen seines Wahlrechts zwischen Kaufpreisminderung und Schadensersatz für den Mangelschaden sowie der Berechnung der Kaufpreisminderung auf Basis der Marktpreise im Zeitpunkt der Lieferung (und nicht, wie im internen deutschen Recht, im Zeitpunkt des Vertragsschlusses) anlässlich einer Vertragsverletzung durch den Verkäufer in gewissem Umfang auf Kosten des Verkäufers auf Marktveränderungen spekulieren kann.

Aus Verkäufersicht vorteilhaft stellt sich das UN-Kaufrecht hinsichtlich der Haftungsneben-, -begleit- und -folgekosten dar, was seine Ursache v. a. darin hat, dass die Dispositionsfreiheit des Käufers anlässlich einer Vertrags-/Pflichtverletzung des Verkäufers im UN-Kaufrecht stärker eingeschränkt ist als im internen deutschen Recht. So obliegt die Wahl betreffend die Art und Weise der Nacherfüllung im internen deutschen Recht dem Käufer, während im UN-Kaufrecht zunächst der Verkäufer die Art und Weise der Nacherfüllung bestimmen kann und auch nach

'Ablauf' des verkäuferischen Nacherfüllungsrechts das diesbezügliche Wahlrecht des Käufers im UN-Kaufrecht derart eingeschränkt ist, dass eine freie Auswahl *de facto* kaum je stattfinden kann. Zudem ist der Käufer dann, wenn er ausnahmsweise tatsächlich zwischen beiden Varianten der Nacherfüllung auswählen kann, dabei, anders als im internen deutschen Recht, zeitlich eingeschränkt. Schließlich entfällt im internen deutschen Kaufrecht das vorrangige Nacherfüllungsrecht des Verkäufers in Verbraucher-Regressfällen, die immer dann eintreten können, wenn irgendwann am möglicherweise entfernten Ende der Lieferkette ein Verkauf an einen Verbraucher erfolgt könnte.

Auch betreffend die übrigen Rechtsbehelfe und das Recht des Käufers, zwischen diesen zu wählen *(ius variandi)*, unterliegt der Käufer im UN-Kaufrecht v. a. in zeitlicher Hinsicht stärkeren Einschränkungen. Namentlich bei der Ausübung des Vertragsaufhebungsrechts unterliegt er zeitlichen Schranken (Erklärung innerhalb angemessener oder innerhalb einer durch den Verkäufer gesetzten Frist), so dass der Verkäufer zumindest mit Ablauf dieser tendenziell kurzen Fristen Klarheit darüber erhält, wie es mit dem Vertrag weitergeht und auf welche Art des Ausgleichs er seine Leistungsfähigkeit ausrichten (konzentrieren) kann.

Schließlich sind die aufgrund der mit ihnen verbundenen Begleitkosten und -risiken besonders schwer wiegenden Käuferrechtsbehelfe Vertragsaufhebung, Ersatzlieferung und "großer" Schadensersatz im UN-Kaufrecht regelmäßig nur bei einer wesentlichen Vertragsverletzung verfügbar, d. h. nur dann, wenn die Vertragsdurchführung aufgrund der Vertragsverletzung für den Käufer keinen Sinn mehr macht. Zudem sind die 'unteilbaren' Käuferrechtsbehelfe (Vertragsaufhebung und Nacherfüllung allgemein) ausgeschlossen, wenn der Käufer selbst (nicht lediglich unerheblich) zu der Vertrags-/Pflichtverletzung des Verkäufers beigetragen hat, ohne dass dazu der käuferische Verantwortungsbeitrag den Verkäuferbeitrag weit überwiegen muss. Demgegenüber unterliegen die genannten Rechtsbehelfe im internen deutschen Recht keinen vergleichbaren Einschränkungen; insbesondere kann der Käufer bereits dann von dem Vertrag zurücktreten oder Schadensersatz "statt der ganzen Leistung" verlangen, wenn ein Mangel nicht lediglich unerheblich ist, und eine Leistungsbefreiung des Verkäufers aufgrund eines käuferischen Verantwortungsbeitrags setzt voraus, dass der Käufer nahezu alleine für die Pflichtverletzung verantwortlich ist.

All dies führt dazu, dass sich der Verkäufer im internen deutschen Recht für einen unbestimmten, u. U. langen Zeitraum auf unterschiedliche Arten der Nacherfüllung und des Ausgleichs der Pflichtverletzung i. Ü. einstellen, sich entsprechend leistungsbereit halten und entsprechend mehrfache Ressourcen (zum Ausgleich durch Nachlieferung, Reparatur und in Geld) vorhalten muss, was die mit seiner Haftung assoziierten Neben- und Begleitkosten gegenüber dem UN-Kaufrecht erheblich erhöht.

Hinsichtlich der Wahrscheinlichkeit des Eintritts eines Haftungsfalles (Vertrags- bzw. Pflichtverletzung des Verkäufers) und der Ausübung von Rechtsbehelfen durch den Käufer deswegen, ergibt sich wiederum ein insgesamt gemischtes Bild, wobei sich im Regelfall die Ausgestaltung des UN-Kaufrechts als insgesamt verkäuferfreundlicher erweist.

Zunächst ist der dem Verkäufer auferlegte Pflichtenumfang und der ihm bei der Pflichterfüllung abverlangte Sorgfaltsmaßstab im UN-Kaufrecht insgesamt geringer bzw. laxer, so dass ihm ein etwas größerer Spieltraum bei der Pflichterfüllung bleibt und eine Vertrags- bzw. Pflichtverletzung seinerseits weniger wahrscheinlich ist. Vorteilhaft ist aus Verkäufersicht auch, dass hinsichtlich der physischen (objektiven) Beschaffenheit der Ware regelmäßig die dem Verkäufer bekannten oder ohne weiteres (kostengünstig) in Erfahrung zu bringenden Produktstandards seines eigenen Landes maßgeblich sind, während er bei Geltung ausschließlich des internen deutschen Rechts die entsprechenden Vorschriften des Importlandes (des Käufers) zu ermitteln und zu beachten hat.

Hinsichtlich Rechtsmängel trifft den Verkäufer im UN-Kaufrecht zwar die Pflicht, den Käufer von auch nur behaupteten Ansprüchen und Rechten Dritter freizustellen, was im Einzelfall eine gewichtige Einschränkung sein kann. Andererseits hat er hier für solche Ansprüche und Rechte, die i. w. S. auf geistigem Eigentum beruhen, nur unter erheblichen subjektiven und geographischen Einschränkungen einzustehen.

Als Nachteile des UN-Kaufrechts sind insoweit zu verbuchen, dass im UN-Kaufrecht eine Anpassung der Verkäuferpflichten aufgrund unerwarteter erheblicher Umfeldänderungen ("Wegfall der Geschäftsgrundlage") nicht oder zumindest nur unter noch strengeren Voraussetzungen, als im internen deutschen Recht, zulässig ist, und auch was die Schadensersatzhaftung betrifft, unterliegt der Verkäufer im UN-Kaufrecht einem strengeren Entlastungsstandard. Beides wiegt im Vergleich aber deswegen wohl gering, weil auch im internen deutschen Recht die Voraussetzungen für Vertragsanpassung und Enthaftung sehr streng sind und beides praktisch die eher seltene Ausnahme darstellt.

Schließlich ist die Ausgestaltung der vorläufigen Rechtsbehelfe (Zurückweisung der Ware, Unsicherheitseinrede, Zurückhaltung der eigenen Leistung) im UN-Kaufrecht aus Verkäufersicht insgesamt vorzugswürdig, insbesondere deswegen, weil der Käufer hier, anders als im internen deutschen Recht, zur Zurückweisung mangelhafter Ware und zur Zurückhaltung des ganzen Kaufpreises deswegen nur dann berechtigt ist, wenn der Mangel eine wesentliche Vertragsverletzung darstellt. Insbesondere die mit diesen Rechtsbehelfen assoziierten Handlingkosten als Haftungsbegleit- und -nebenkosten sind im UN-Kaufrecht daher für den Verkäufer geringer.

Auch was die Verfügbarkeit der käuferischen Rechtbehelfe im Übrigen betrifft, ist das UN-Kaufrecht aus Verkäufersicht insgesamt vorzugswürdig.

Zunächst geht die von dem vorrangigen verkäuferischen Nacherfüllungsrecht ausgehende Sperrwirkung hinsichtlich der (übrigen) Käuferrechtsbehelfe im UN-Kaufrecht weiter als im internen deutschen Recht, da bei Geltung des internen deutschen Rechts der Vorrang der Nacherfüllung in Verbraucher-Regressfällen völlig entfällt.

Aus Verkäufersicht vergleichsweise nachteilig ist aber die Ausgestaltung der käuferischen Untersuchungs- und Rügeobliegenheit im UN-Kaufrecht. So sind in inhaltlicher und zeitlicher Hinsicht insbesondere die Anforderungen der Rügeobliegenheit im UN-Kaufrecht weniger streng als im internen deutschen Handelskaufrecht, die Berufung des Verkäufers auf ein Rügeversäumnis ist schon bei Mangelkenntnis bzw. grob fahrlässiger Mangelunkenntnis seinerseits (und nicht erst bei Arglist) ausgeschlossen; schließlich besteht zugunsten des Käufers eine Entschuldigungsmöglichkeit, die es ihm (zumindest theoretisch) erlaubt, sich seine Rechtsbehelfe trotz eines Rügeversäumnisses teilweise zu erhalten. Vorteilhaft ist insoweit aber, dass der Käufer im UN-Kaufrecht, anders als (wohl) im internen deutschen Handelskaufrecht, auch Rechtsmängel und Zuviellieferungen rechtzeitig und hinreichend spezifisch anzeigen muss, um sich seine Rechtsbehelfe deswegen zu erhalten bzw. (Zuviellieferung) um eine ungewollte Vertragserweiterung zu vermeiden. Insgesamt ist eine Haftungsbefreiung des Verkäufers wegen eines Rügeversäumnisses des Käufers im UN-Kaufrecht aber weniger wahrscheinlich.

Vergleichsweise nachteilig ist das UN-Kaufrecht aus Verkäufersicht auch deswegen, weil die rechtsbehelfsbezogenen Erklärungen des Käufers (Ausübung des Wahlrechts zwischen Nacherfüllung durch Nachbesserung oder Ersatzlieferung, Minderungserklärung, Erklärung der Vertragsaufhebung) im UN-Kaufrecht, anders als im internen deutschen Recht, auf Risiko des Verkäufers reisen, ihn insoweit also das Verlust- und insbesondere auch das Verzögerungsrisiko trifft.

Vorteilhaft ist hingegen wiederum, dass die Käuferrechtsbehelfe wegen Sachmängeln bei vorrangiger Geltung des UN-Kaufrechts neben der Verjährung auch der zweijährigen Ausschlussfrist des Art. 39 II CISG unterliegen, was insbesondere bei Baumaterial (Regelverjährung fünf Jahre ab Ablieferung) und bei solchen Waren, die für den Verkauf an einen Verbraucher ihrer Art nach geeignet sind (ohne notwendigerweise auch dafür bestimmt zu sein) und bei denen daher u. U. die Verjährungshemmung nach § 479 BGB eingreift, bedeutsam werden kann. Zudem sind Situationen denkbar, in denen die mit der teilweisen Rückabwicklung des Vertrages verbundenen Käuferrechtsbehelfe Vertragsaufhebung und Ersatzlieferungsverlangen bei vorrangiger Geltung des UN-Kaufrechts gesperrt sind, während im internen deutschen Recht nicht einmal Wertersatz geschuldet wäre, weil der Käufer hier insoweit nur an der Einhaltung seines eigenen, möglicherweise recht laxen Sorgfaltstandards gemessen wird. Schließlich entfallen bei vorrangiger Geltung des UN-Kaufrechts auch die durch § 478 BGB angeordneten Regresserleichterungen, was sich in der insoweit notwendigen Gesamtbetrachtung ebenfalls als für den Verkäufer vorteilhaft erweist.

II. Kriterium Planungssicherheit

Aus Verkäufersicht vorzugswürdig, und zwar mit einiger Deutlichkeit, ist das UN-Kaufrecht unter dem Vergleichsgesichtspunkt Planungssicherheit. Zusammenfassend lässt sich dies v. a. auf die im UN-Kaufrecht gegenüber dem internen deutschen Handelskaufrecht deutlich stärkere Bindung der Vertragsparteien an den Vertrag anlässlich bzw. trotz einer verkäuferischen Vertrags-/Pflichtverletzung zurückführen (sog. *favor contractus*-Grundsatz). Die Auflösung des Vertrages, Ersatzlieferung und der "große" Schadensersatz – Rechtsbehelfe, die regelmäßig den Rücktransport der bereits gelieferten Ware zur Folge haben, was im internationalen Handelskontext typischerweise einen Transport über große Distanzen und Landesgrenzen hinweg bedeutet und daher mit hohen Kosten und Risiken verbunden ist (was auch dazu führen kann dass sich der Käufer strategisch verhält, um einen über seinen eigentlichen Nachteil hinausgehenden Ausgleich zu erhalten[1294]) – sind im UN-Kaufrecht *ultima ratio*:[1295] sie können vom Käufer nur dann verlangt werden, wenn seitens des Verkäufers eine "wesentliche", d. h. eine derart schwerwiegende Vertragsverletzung vorliegt, dass die weitere Vertragsdurchführung für den Käufer keinen Sinn mehr hat. Regelmäßig wird der Käufer an dem Vertrag festgehalten und muss auch mangelhafte Ware abnehmen, Ausgleich kann er dann oft nur in Geld, über eine Kaufpreisminderung und/oder Schadensersatz, erlangen.[1296]

Die im Begriff der "wesentlichen Vertragsverletzung" angelegte Aufhebungsfeindlichkeit des UN-Kaufrechts wird dadurch noch verstärkt, dass der Käufer, der einen der genannten Rechtsbehelfe geltend machen will, das Risiko für die Einschätzung trägt, ob eine Vertragsverletzung wesentlich ist oder nicht. Klärung

---

[1294] Vgl. Gillette/Walt, Sales Law, S. 358 f. (im Vergleich zum *perfect tender*-Regime nach UCC, § 2-601), S. 339 ff. (hins. strategischen Verhaltens durch *ius variandi* bei der Wahl zwischen konkreter und abstrakter Schadensersatzberechnung).

[1295] Vgl. Staudinger (Magnus), Wiener UN-Kaufrecht, Art. 49, Rn. 4; ders., RabelsZ 59 (1995), 469, 483; Schlechtriem (Huber), Einh. UN-Kaufrecht, Art. 49, Rn. 2, Rn. 6; Bianca/Bonell (Bonell), Int. Sales Law, Art. 7, Anm. 2.3.2.2; Schlechtriem, Int. UN-Kaufrecht, Rn. 188; Piltz, UN-Kaufrecht, § 5, Rn. 248; Lurger, IHR 2001, 91, 96; Fountoulakis, IHR 2003, 160, 160 f.; BGH, NJW 1996, 2364, 2366; OLG Köln, U. v. 14.10.2002, www.unilex.info.

[1296] Staudinger (Magnus), Wiener UN-Kaufrecht, Art. 25, Rn. 2; ders., RabelsZ 59 (1995), 469, 483; Bianca/Bonell (Bonell), Int. Sales Law, Art. 7, Anm. 2.3.2.2; Schlechtriem (Schlechtriem), Einh. UN-Kaufrecht, Art. 25, Rn. 1 ff. Vgl. BGH, U. v. 3.4.1996 ("Kobaltsulfat"), www.unilex.info; OLG Köln, U. v. 14.10.2002, www.unilex.info; Lurger, IHR 2001, 91, 96; Piltz, UN-Kaufrecht, § 5, Rn. 248.

vorab kann er nur im Falle vollständiger Nichtlieferung durch Nachfristsetzung nach Art. 49 I b), 47 I CISG erreichen. Erklärt er auf Basis einer Einschätzung, die von der des Verkäufers und insbesondere der des streitentscheidenden Gerichts abweicht, bspw. die Vertragsaufhebung, so wird er selber vertragsbrüchig.[1297] Zudem unterliegt der Käufer bei der Ausübung der genannten Rechtsbehelfe der Bindung an eine "angemessene", tendenziell kurze Ausübungsfrist, mit deren Ablauf er die Rechtsbehelfe verliert.

Den genannten Rechtsbehelfen als zusätzliche Aufhebungsblockade vorgeschaltet ist das konsequent im Sinne des Verkäufers ausgestaltete Nacherfüllungsrecht, das ohne signifikante Ausnahmen (bspw. in Verbraucher-Regressfällen, wie im internen deutschen Kaufrecht) und mit einem Wahlrecht des Verkäufers betreffend die wesentlichen wirtschaftlichen Entscheidungen diesbezüglich diesem zunächst eine zweite Erfüllungschance einräumt und so gewissermaßen schon an der Wurzel einer Vertragsauflösung entgegenwirkt.

Darüber hinaus sind die auf eine (teilweise) Vertragsauflösung hinauslaufenden Käuferrechtsbehelfe im UN-Kaufrecht dann ausgeschlossen, wenn der Käufer zu der Vertragsverletzung des Verkäufers selber zumindest nicht lediglich unerheblich beigetragen hat, ohne dass sein Verantwortungsbeitrag dazu überwiegendes Gewicht haben muss; zudem ist es zumindest theoretisch denkbar, dass die Vertragsaufhebung daran scheitert, dass der Käufer zur Rückgabe der bereits erhaltenen Ware in im wesentlichen unveränderten Zustand nicht in der Lage ist (Aufhebungssperre). Schließlich unterliegen alle Käuferrechtsbehelfe wegen eines Sachmangels der absoluten, weder hemm- noch unterbrechbaren zweijährigen Ausschlussfrist des Art. 39 II CISG.

Auch die die 'endgültigen' Rechtsbehelfe flankierenden vorläufigen Rechtsbehelfe des Käufers unterliegen im UN-Kaufrecht ähnlichen Einschränkungen: mangelbehaftete Ware kann er nur in dem Ausnahmefall als erfüllungsuntauglich zurückweisen, dass der Mangel eine wesentliche Vertragsverletzung darstellt. Nur dann ist er auch berechtigt, die Kaufpreiszahlung vollständig zurückzuhalten. Schließlich ist für eine Unsicherheitseinrede die drohende Verletzung eines "wesentlichen Pflichtenanteils" durch den Verkäufer notwendig.

Gegenüber dem internen deutschen Handelskaufrecht, in dem die entsprechenden Rechtsbehelfe (Rücktritt vom Vertrag, Nachlieferung und Schadensersatz statt der ganzen Leistung) vergleichbaren Einschränkungen nicht unterliegen, sondern nur einen nicht lediglich unerheblichen Mangel (bzw. Interessenfortfall oder Unzumutbarkeit der Vertragsfortführung) voraussetzen, und in dem das vorrangige

---

[1297] Vgl. Staudinger (Magnus), Wiener UN-Kaufrecht, Art. 49, Rn. 20; Schlechtriem (Huber), Einh. UN-Kaufrecht, Art. 49, Rn. 65 ff.; Herber/Czerwenka, Art. 49, Rn. 6; Benicke, IPRax 1997, 326, 329.

Nacherfüllungsrecht des Verkäufers insbesondere aufgrund der Verbraucherregress-Ausnahme[1298] und des Käuferwahlrechts hinsichtlich der Art und Weise der Nacherfüllung dem Verkäufer weit weniger Schutz vor diesen einschneidenden Käuferrechtsbehelfen bietet, schmälert lediglich die zugunsten des Käufers insgesamt großzügigerer/laxere Ausgestaltung der Untersuchungs- und Rügeobliegenheit und die Zuordnung des Übermittlungsrisikos betreffend die rechtsbehelfsbezogenen Erklärungen zum Verkäufer das Schutzniveau im UN-Kaufrecht etwas. Insgesamt wird jedoch deutlich, dass die Vertragsbindung und damit die Planungssicherheit des Verkäufers im UN-Kaufrecht erheblich weiter geht, als im internen deutschen Recht.

III. Kriterium GPO-Potential

Schließlich ist das UN-Kaufrecht auch nach dem letzten Vergleichskriterium, der Möglichkeit zur Straffung/Optimierung der internen Geschäftsprozesse auf Seiten des Verkäufers, dem internen deutschen Handelskaufrecht gegenüber aus Verkäufersicht vorzuziehen.

Dies folgt zum einen aus der im UN-Kaufrecht stärker eingeschränkten Dispositionsfreiheit des Käufers anlässlich einer verkäuferischen Vertragsverletzung. Als Einzelbestandteile dessen sind das konsequent ausgestaltete vorrangige Nacherfüllungsrecht des Verkäufers, das kaum Ausnahmen kennt und die Wahl der Art und Weise der Nacherfüllung dem Verkäufer einräumt, die hohen sachlichen Hürden betreffend den Ersatzlieferungs- und Vertragsaufhebungsanspruch sowie die Fristbindung des Käufers bei der Ausübung seiner Rechtsbehelfe in den Fällen, in denen er ausnahmsweise ein Wahlrecht hat, zu nennen. Insgesamt gehen die Einschränkungen im UN-Kaufrecht so weit, dass der Käufer für eine Vertragsverletzung u. U. von vornherein Ausgleich ausschließlich in Geld (durch Kaufpreisminderung oder Schadensersatz) verlangen kann, zumindest aber hat es der Verkäufer in der Hand, die Ausgleichsvariante zu bestimmen, die seiner Erfahrung nach oder aufgrund seiner organisatorischen Ausrichtung am kostengünstigsten/effizientesten ist. Dies ermöglicht es dem Verkäufer, seine interne Organisation entsprechend zu optimieren/straffen und entsprechende Kostenpotentiale zu realisieren.

Dazu im Gegensatz steht im internen deutschen Recht das Wahlrecht hinsichtlich der Art und Weise der Nacherfüllung dem Käufer zu, grundsätzlich ohne dass dieser dabei in sachlicher oder zeitlicher Hinsicht Bindungen unterliegt, und sein Rücktrittsrecht wegen eines Mangels ist nur dann ausnahmsweise ausgeschlossen, wenn der Mangel lediglich eine Bagatelle darstellt. Zudem ist der Käufer bei der

---

[1298] Vgl. Ernst, FAZ vom 19.5.2001, S. 8 (gemeinsamer Nenner der unterschiedlichen Veränderungen im allgemeinen Vertragsrecht ist "Grundtendenz, die Vertragsstrenge abzumildern"); Zimmer, NJW 2003, 1, 3 (Aufweichung des *pacta sunt servanda*-Grundsatzes schon durch die Leistungsverweigerungsrechte des Verkäufers nach § 275 II BGB). Dagegen aber Canaris, JZ 2001, 499, 501; Däubler-Gmelin, NJW 2001, 2281, 2286 f.

Ausübung seiner Wahlrechte (zwischen den Rechtsbehelfen und zwischen den Arten der Nacherfüllung) in zeitlicher Hinsicht unterhalb der Treu und Glauben-Grenze nicht gebunden. Dies führt dazu, dass der Verkäufer bei einer Pflichtverletzung seine Leistungsfähigkeit und -bereitschaft für unbestimmte Zeit auf alle denkbaren Ausgleichsvarianten erstrecken muss, was einer effizienten Organisationsgestaltung entgegen steht.

Schließlich ist das UN-Kaufrecht auch aufgrund seiner zugunsten des Verkäufers geringeren Informationspflichten, insbesondere bzgl. der maßgeblichen Produktstandards und betreffend Hersteller-Produktangaben, seines (wohl) etwas geringeren Schutzpflichtenumfangs und seiner insgesamt etwas laxeren Standards bei der Leistungserbringung in zeitlicher Hinsicht deswegen aus Verkäufersicht vergleichsweise vorteilhaft, weil all dies es dem Verkäufer erlaubt, seine betrieblichen Einrichtungen zur Qualitätssicherung und -kontrolle, zur Informationsbeschaffung sowie seine internen Risk Management-Prozesse vergleichsweise schlank zu halten.

B. Ausblick

Schon aufgrund der mit der strukturellen Angleichung des neuen internen deutschen (Handels-) Kaufrechts an das UN-Kaufrecht einhergehenden Reduzierung der Rechtsermittlungs- und -anwendungskosten und dem damit verbundenen Abbau psychologischer Anwendungshemmschwellen, der aufgrund der umfassenden Reformierung des internen deutschen Kaufrechts erheblich angestiegenen Rechtsunsicherheit (oben, Kapitel 1 – B.I) sowie den allgemeinen Vorteilen, die aus der konsequenten Anwendung des UN-Kaufrechts in einer Geschäftsbeziehung bzw. in allen Geschäftsbeziehungen mit Auslandsbezug gegenüber der Anwendung eines internen nationalen Kaufrechts folgen (oben, Kapitel 1 – B.III), ist eine weitere Bedeutungszunahme des UN-Kaufrechts in deutschen Außenhandelsbeziehungen zu erwarten.

Darüber hinaus ist deutschen Warenexporteuren die konsequente und breite Anwendung des UN-Kaufrechts unter Anpassung und Standardisierung der jeweiligen Lieferbedingungen und entsprechender Optimierung ihrer vertriebsbezogenen Geschäftsprozesse auch wegen der in der vorliegenden Untersuchung aufgezeigten verkäuferspezifischen Vorteile und der vergleichsweise geringen Nachteile des UN-Kaufrechts gegenüber dem internen deutschen Handelskaufrecht zu empfehlen, zumal sich die wenigen Nachteile durch vertragliche Gestaltung, auch unter Verwendung von AGB, weitgehend ausräumen lassen (vgl. Art. 6 CISG).[1299] Dementsprechend ist von den Branchenverbänden eine offensive Auseinandersetzung und (weitere) Überprüfung ihrer Position hinsichtlich des UN-Kaufrechts sowie

---

[1299] Vgl. Piltz, IHR 2002, 2, 4 ff.; Koch, NJW 200, 910, 913 ff.

die Entwicklung und Bereitstellung von daran angepassten Musterbedingungen zu erwarten.

Der deutschen Anwaltschaft und anderen Rechtspraktikern bietet die Schuldrechtsreform, die eine intensive Auseinandersetzung mit dem neuen Recht sowie mittelbar der Verbrauchsgüterkaufrichtlinie und auch dem UN-Kaufrecht erforderlich macht, aufgrund der strukturellen Übereinstimmungen von neuem internem deutschen Kaufrecht und UN-Kaufrecht die einmalige Chance, sich im internationalen Wettbewerb um Rechtsberatungsdienstleistungen auf dem Wachstumsmarkt 'UN-Kaufrecht' gegenüber Juristen aus solchen Ländern, deren internes Kaufrecht in geringerem Maße dem UN-Kaufrecht entspricht, einen Wissens-, Verständnis- und damit Kostenvorsprung zu erarbeiten. Möglicherweise erreicht die Schuldrechtsreform daher eines ihrer erklärten Ziele, einen Internationalisierungs- bzw. Europäisierungsschub der deutschen Juristenschaft herbeizuführen,[1300] mittelfristig dadurch, dass sie den deutschen Exporthandel und, in seiner Gefolgschaft, eine Vielzahl deutscher Rechtspraktiker und -akademiker 'in die Arme' des UN-Kaufrechts treibt. Dies bleibt abzuwarten.

***

[1300] Vgl. Begr. RegE, BT-Drucks. 14/6040, S. 86, rechte Spalte; Dauner-Lieb, ZGS 2003, 10, 12 ("Europäisierungsschub"); Däubler-Gmelin, 171. Sitzung des dt. Bundestages (18.5.2001), Plenarprotokoll 14/171, S. 16719, rechte Spalte; dies., NJW 2001, 2281, 2289; Gruber, ZVglRWiss 101 (2002), 38, 38, 42 f.; Ernst, FAZ vom 19.5.2001, S. 8.

Beiträge zum UN-Kaufrecht

Herausgegeben von Ulrich Magnus

Band 1 Alexander Mittmann: Einheitliches UN-Kaufrecht und europäische Verbrauchsgüterkauf-Richtlinie. Konkurrenz- und Auslegungsprobleme. 2004.

Band 2 Nicolas Hagge: Das einheitliche Kaufrecht der OHADA (Organisation pour l'Harmonisation en Afrique du Droit des Affaires). 2004.

Band 3 Urs Verweyen: Die Käuferrechtsbehelfe des UN-Kaufrechts im Vergleich zu denen des neuen internen deutschen Handelskaufrechts aus Sicht eines deutschen Warenexporteurs. 2005.

www.peterlang.de

Jörg Schultheiß

Allgemeine Geschäftsbedingungen im UN-Kaufrecht

Eine vergleichende Analyse des Einheitsrechts mit dem Recht Deutschlands, Österreichs, der Schweiz, Frankreichs und der USA

Frankfurt am Main, Berlin, Bern, Bruxelles, New York, Oxford, Wien, 2004.
XLV, 185 S.
Europäische Hochschulschriften: Reihe 2, Rechtswissenschaft. Bd. 3964
ISBN 3-631-52299-1 · br. € 42.50*

Das Buch beinhaltet die Thematik der AGB im UN-Kaufrecht. Hierbei wird im Einzelnen auf die Einbeziehungs-, Auslegungs- und Inhaltskontrolle eingegangen. Bei der Behandlung einer Vielzahl von Einzelproblemen werden die Besonderheiten des internationalen Geschäftsverkehrs und des UN-Kaufrechts berücksichtigt. Weitere Schwerpunkte werden auf die Thematik der „Battle of Forms" und die Verwendung von Rechtswahlklauseln gelegt. Darüber hinaus wird auch eine vergleichende Analyse der inhaltlichen Kontrollvorschriften bei der Verwendung von AGB nach deutschem, österreichischem, schweizerischem, französischem und US-amerikanischem Recht vorgenommen.

Aus dem Inhalt: Bedeutung von AGB im UN-Kaufrecht · Einbeziehungs- und Auslegungskontrolle · Inhaltskontrolle nach deutschem, österreichischem, französischem, schweizerischem und US-amerikanischem Recht · Rechtswahlklauseln · „Battle of Forms"

FSC
www.fsc.org
MIX
Papier | Fördert gute Waldnutzung
FSC® C083411

Kolibri 360 GmbH
Ferdinand-Jühlke-Straße 7
99095 Erfurt, Deutschland
produktsicherheit@kolibri360.de

Druck:
CPI Druckdienstleistungen GmbH
im Auftrag der
Kolibri 360 GmbH
Ferdinand-Jühlke-Str. 7
99095 Erfurt